DAS CHARISMA

Funktionen und symbolische Repräsentationen

Pavlína Rychterová, Stefan Seit und Raphaela Veit (Hg.)

Beiträge zu den
Historischen Kulturwissenschaften Bd. 2

Herausgegeben im Auftrag des
Historisch-Kulturwissenschaftlichen Forschungszentrums Mainz-Trier
von Mechthild Dreyer, Claudine Moulin und Jörg Rogge

DAS CHARISMA

Funktionen und symbolische Repräsentationen

Herausgegeben von
Pavlína Rychterová, Stefan Seit und
Raphaela Veit

unter Mitarbeit von
Daniel Gotzen und Susanne Kurz

im Auftrag
der Heidelberger Akademie der Wissenschaften
und des Kulturwissenschaftlichen
Forschungszentrums „Norm und Symbol“
(SFB 485) an der Universität Konstanz

Akademie Verlag

Den Druck des vorliegenden Bandes haben die Heidelberger Akademie der Wissenschaften und das Kulturwissenschaftliche Forschungszentrum „Norm und Symbol“ (SFB 485) an der Universität Konstanz finanziert.

Bibliografische Information der Deutschen Nationalbibliothek

Die Deutsche Nationalbibliothek verzeichnet diese Publikation in der Deutschen Nationalbibliografie; detaillierte bibliografische Daten sind im Internet über http://dnb.d-nb.de abrufbar.

ISBN 978-3-05-004315-9

Das eingesetzte Papier ist alterungsbeständig nach DIN/ISO 9706.

Druck und Bindung: Druckhaus „Thomas Müntzer“, Bad Langensalza

Printed in the Federal Republic of Germany

Inhalt

1.2 Soziologische und sozialhistorische Perspektiven

2 Wissenschaft als Charisma

2.1 Geschenk oder eigene Leistung? – Wissen im europäischen Mittelalter

2.2 Neuzeitliche Perspektiven: Wissenschaft zwischen Professionalität und Genialität

3 Das Charisma in Mystik, Frömmigkeit und religiöser Praxis

3.1 Religion als ‚Begabung' im mittelalterlichen Christentum

3.2 Religiöses Virtuosentum im Islam

4 Charisma und Politik

4.1 Charismatische Legitimation und Delegitimation von Herrschaft im Christentum

4.2 Politisches Charismatikertum im Islam

Vorwort

Die *Beiträge zu den Historischen Kulturwissenschaften* präsentieren Forschungserträge zu aktuellen Sachthemen sowie zu methodologischen und wissenschaftstheoretischen Fragen der Historischen Kulturwissenschaften.

Herausgeber der Reihe ist das im Jahr 2005 gegründete Historisch-Kulturwissenschaftliche Forschungszentrum (HKFZ) Mainz-Trier. Das Zentrum wird von den beiden Universitäten in Mainz und Trier getragen und aus Mitteln des Landes Rheinland-Pfalz finanziert. Dem Zentrum gehören auch Mitglieder außeruniversitärer wissenschaftlicher Einrichtungen beider Städte an. Hinzu kommen Kooperationspartner aus dem In- und Ausland. Im Forschungszentrum werden – im Gegensatz zur üblichen universitären Struktur mit ihrer Vereinzelung von Fächern und Fachbereichen – fächerübergreifende Fragestellungen der Historischen Kulturwissenschaften behandelt, deren Beantwortung nur inter- und transdisziplinär erfolgen kann.

Mit den *Beiträgen zu den Historischen Kulturwissenschaften* bietet das HKFZ ein Forum für diese historisch und fachübergreifend angelegte Form der Forschung. Zur Diskussion gestellt werden Arbeiten, die sich mit kulturellen Erscheinungsformen und Symbolstrukturen in Sozialformationen in historischer Perspektive beschäftigen und unter Transdisziplinarität nicht eine additive Reihung von Disziplinen, sondern eine integrative Forschungshaltung verstehen.

Ein weiteres zentrales Anliegen des HKFZ und dieser Reihe ist es, über die theoretischen Bedingungen und die methodischen Möglichkeiten der Historischen Kulturwissenschaften Rechenschaft abzulegen. Denn nur in der Reflexion auf ihr Tun können sie ihren Gegenstand letztlich einholen und ihre Arbeit entsprechend den wissenschaftlichen Standards argumentativ ausweisen.

Mechthild Dreyer Claudine Moulin Jörg Rogge

Vorwort

‚Charisma' ist ein überaus schillernder Begriff, der in der wissenschaftlichen Terminologie ebenso seinen festen Platz hat wie in der Werbung, in den Medien und in der Alltagssprache; er ist insbesondere auch in die Sprache der Wirtschaftspolitik und des Marketings sowie in die pseudowissenschaftliche Ausdruckweise der esoterisch-psychologischen Ratgeberliteratur vorgedrungen. Aufgrund dieses ‚Verfalls' des Begriffs ist es freilich oft unmöglich, zu unterscheiden, was ‚Charisma' – über die Idee einer außergewöhnlichen, nicht recht erklärlichen persönlichen Attraktivität hinaus – bedeuten soll, und auf welchen Denktraditionen die jeweilige Verwendung des Begriffs beruht. Der Begriff selbst steht allerdings auch schon im wissenschaftlichen Sprachgebrauch auf der Grenze von Theologie (und religiöser Praxis), Psychologie, Soziologie, Politikwissenschaft und Historiographie, was ihm, wenn schon nicht von Anfang an, so doch, seit er um die Wende zum 20. Jahrhundert insbesondere durch Max Weber einen erheblichen Aufschwung nahm, eine gewisse Unschärfe und Uneindeutigkeit eingeschrieben hat. Genau dies macht den Begriff offenbar auch in eher wissenschaftsfernen Kontexten wie dem Journalismus und der Esoterik so überaus brauchbar, ebenso wie es seine breite Verwendbarkeit als einer wissenschaftlichen Kategorie begründet.

Der Begriff Charisma, so, wie er im Ausgang von Paulus in die christliche Theologie eingegangen ist, bildet auch die Grundlage des Konzeptes von Charisma und charismatischer Herrschaft, das am Anfang des vergangenen Jahrhunderts Max Weber ausformulierte, und das in dieser Gestalt eine zwar unzweifelhaft schwierige oder sogar problematische, aber doch äußerst wichtige Kategorie für die Beschreibung und Analyse einer Vielzahl verschiedenster gesellschaftlicher Phänomene geworden ist. Verstanden als Konzept der Lebensführung, der sozialen und kulturellen Selbstvergewisserung und der Herrschaftslegitimation stellt der Charismabegriff (namentlich im spannungsvollen Verhältnis etwa mit dem der ‚Institution') eine der zentralen Denk- und Argumentationsfiguren sowohl der Theologie als auch der Frömmigkeits-, wie auch allgemein der politischen und sozialen Praxis von der Spätantike bis zum späten Mittelalter und – mit signifikanten Verschiebungen – bis zur Gegenwart. Besonders brisant ist die Frage nach dem Verhältnis zwischen dem theologischen und dem soziologischen oder psychologischen Gebrauch des Charismabegriffs freilich gerade dort, wo die Phänomene zusammenzufließen scheinen, die mit diesem Begriff beschrieben und auf seiner Grundlage gedeutet werden: nämlich bei der Untersuchung der institutionenkritischen und in diesem Sinn ‚charismatischen' religiösen Bewegungen insbesondere der christlichen Tradition in Geschichte und Gegenwart. Charismatische Formen des Kommunizierens und Handelns in religiösen Gemeinschaften, in Theologie wie Soziologie lange Zeit eher beiläufig zur Kenntnis genommen, sind inzwischen geradezu ins Zentrum des Interesses gerückt, und zwar nicht nur aus i. e. S. wissenschaftlichen, sondern vielmehr auch aus gesellschaftlich-politischen Gründen. Mit besonderem Nachdruck stellt sich gerade unter diesem Aspekt die Frage, ob und wie ein Begriff, der einerseits eine soziologische Analysekategorie von hohem Allgemeingültigkeitsanspruch darstellt, andererseits aber offensichtlich vom Christentum und seiner geschichtlichen Entwicklung her genommen ist, auf andere, nicht-christliche Kulturen angewandt werden kann.

Vor diesem Hintergrund wurde im Rahmen der Tagung „Das Charisma – Funktionen und symbolische Repräsentationen", die die Projektgruppe „Welterschließung im Spannungsfeld von symbolischer und universalisierter Rationalität" im „Akademiekolleg für den wissenschaftlichen Nachwuchs" der Heidelberger Akademie der Wissenschaften zusammen mit dem Kulturwissenschaftlichen Forschungskolleg „Norm und Symbol" (SFB 485) der Universiät Konstanz veranstaltete, vom 17. bis 20. November 2005 der Versuch unternommen, den wissenschaftlichen Gebrauch des Charismabegriffs, seine Geschichte und seine Verwendungskontexte näher zu beleuchten und mindestens in Ansätzen aufzuklären. Der vorliegende Sammelband dokumentiert die Beiträge, die Vertreter der verschiedensten wissenschaftlichen Disziplinen zu dieser Tagung geleistet haben, und nimmt außerdem die Erträge der interdisziplinären Diskussion über das Phänomen und den Begriff des Charisma auf.

Im Zentrum des vorliegenden Bandes steht damit zunächst das Unternehmen einer historischen Rekonstruktion des Charisma-Begriffs; darüber hinaus werden dann die kulturellen und sozialen Funktionen des Charismakonzeptes in unterschiedlichen Kulturen der Geschichte und Gegenwart erörtert. Auf diese Weise sollen – jenseits aller Unterschiede und Spannungen – vor allem die Bezüge zwischen den fachspezifischen Perspektiven der wissenschaftlicher Disziplinen herausgearbeitet werden, die den Begriff ‚Charisma' benutzen oder untersuchen: als theologisches Konzept bei Paulus und in der Alten Kirche sowie in seinem Fortwirken in der Theologie-, Philosophie- und Wissenschaftsgeschichte und schließlich nicht zuletzt als soziologisches Konzept, das aufgrund der Forschungen Max Webers wiederum auch als Interpretament zur geschichtswissenschaftlichen Erschließung vielfältiger historischer Phänomene und Entwicklungen herangezogen wird. Die Absicht ist näherhin, den Weg nachzuzeichnen, den der Charismabegriff (und seine funktionalen Äquivalente) im Lauf der Jahrhunderte gegangen sind, verlief dieser Weg doch keineswegs so linear, wie es unter einer sozialwissenschaftlichen Perspektive erscheint, mithin also nicht etwa von einem rein theologischen zu einem rein soziologischen Begriff, der dann unabhängig von seinen Ursprüngen sein Dasein führt.

Die komplexen und oft auch widersprüchlichen Denkprozesse, die sich des Charismabegriffes bedienten und bedienen, machen diesen Terminus ungewöhnlich schwer greifbar; sie bedeuten allerdings gleichzeitig eine Herausforderung: Es ist nicht nur zu fragen, wie man den soziologischen oder theologischen Begriff, je für sich, noch weiter präzisieren kann, um ihn für den disziplinären Gebrauch funktionsfähig zu erhalten, sondern vor allem, warum und wie der Begriff wiederholten Versuchen trotzt, ihn eindeutig ein für allemal zu definieren. Begriffe werden immer neu definiert, wenn man den von ihnen repräsentierten Diskurs uminterpretieren will, und dies gilt auch und sogar in besonderem Maße für den Charismabegriff; dies belegen die einzelnen Aufsätze des vorliegenden Sammelbandes. Die Vielzahl der Definitionen wird von dem Bedeutungsüberschuß verursacht, der dem Charismabegriff eigen ist. Die Frage nach dem Wesen dieses Bedeutungsüberschusses und nach den unterschiedlichen Möglichkeiten, wie man ihn erfassen kann, bildet eine der Leitfragen des Bandes. Der Anspruch ist allerdings nicht, eine definitive Antwort darauf zu liefern, sondern einen Beitrag zu einer Diskussion zu liefern, die erst an ihrem Anfang steht. Die interdisziplinäre Programmatik, die der vorliegende Band verfolgt, wird durch den einleitenden Aufsatz über Rudolph Sohms Theorien zur Entstehung des Kirchenrechts und des Katholizismus profiliert, stellen Sohms Überlegungen doch die Basis für Webers soziologisches Verständnis der charismatischen Herrschaftslegitimation bereit, so daß in dieser wissenschaftsgeschichtlichen Konstellation der theologische und der soziologische Charismabegriff nachvollziehbar ineinandergreifen. Ein interdisziplinärer Zugang, wie er im Folgenden unternommen wird, hat schon deshalb alle Berechtigung.

Die soziologische Kategorie des Charisma und der charismatischen Herrschaft, mag sie auch aus der christlichen Theologie heraus entstanden sein, muß darüber hinaus jedoch auch auf nicht-christliche kulturelle Kontexte sinnvoll anwendbar sein. Die Untersuchung des Charisma-Begriffs muß deshalb über den engeren europäischen Raum hinausgreifen, um vor der Kontrastfolie anderer Kulturen zu neuen, vielleicht auch unerwarteten Einsichten in Inhalt und Reichweite des Konzeptes zu gelangen. Es bietet sich in besonderer Weise an, den islamischen Kulturraum in den Blick zu nehmen: Bei aller Verschiedenheit steht die islamische Kultur der des westlichen Europa doch nahe genug, um sinnvolle Vergleiche anstellen zu können. Fünf Beiträge fragen deshalb nach dem Phänomen Charisma im islamischen Kulturraum. Sie beschreiben das soziologisch aufgefaßte Charisma, seine Äquivalente und symbolischen Repräsentationen, dies vor allem mit Blick auf die juristische und soziale Legitimation von Führungspersönlichkeiten des Islam vom Propheten Muḥammad bis zu Āyatullāh Ḫumainī und Exponenten des politischen Islam wie den „Märtyrern“ der Hamas-Bewegung. Unter diesem Aspekt wird das Charisma auch für den Bereich der islamischen Kultur zunehmend zu einem Thema der historiographischen, soziologischen und politikwissenschaftlichen Forschung.

Die Organisatoren der Tagung und Herausgeber dieses Bandes haben zunächst allen Teilnehmerinnen und Teilnehmern der Tagung sowie den Moderatoren der einzelnen Sektionen ihren Dank abzustatten, den Herren Professoren M. Rainer Lepsius, Gert Melville, Alexander Patschovsky Rudolf Schlögl, Bernd Schneidmüller, Josef van Ess, Johannes Weiß und Georg Wieland. Dank gilt ferner der Heidelberger Akademie der Wissenschaften – ihrem Präsidenten, Herrn Prof. Dr. Peter Graf Kielmansegg, und ihrem Geschäftsführer, Herrn Gunther Jost, M. A., sowie Frau Heidi Herburger – und dem Sonderforschungsbereich 485, insbesondere seinem Sprecher, Herrn Prof. Dr. Rudolf Schlögl, für ihre inhaltliche, materielle und organisatorische Unterstützung bei der Durchführung der Tagung und der Realisierung des Tagungsbandes; außerdem den Herausgeberinnen und dem Herausgeber der „Beiträge zu den Historischen Kulturwissenschaften“, Frau Univ.-Prof. Dr. Mechthild Dreyer, Frau Univ.-Prof. Dr. Claudine Moulin und Herrn Prof. Dr. Jörg Rogge für die Aufnahme unseres Bandes in die von ihnen verantwortete Publikationsreihe.

Ohne die engagierte und kenntnisreiche Mitarbeit unserer Wissenschaftlichen Hilfskräfte wären weder die Tagung noch der Tagungsband zu verwirklichen gewesen. Wir schulden deshalb Frau Simone Helmschrott und Frau Katrin Esther Lörch sowie den Herren Michael Hitzelberger, Markus Kettnacker, Matthias Mehne, Johannes Nicklaus, Oliver Smith und Florian Specker für ihre tatkräftige Unterstützung in den verschiedenen Phasen des Unternehmens unseren Dank.

An dieser Stelle auch den Wissenschaftlichen Mitarbeitern der Projektgruppe „Welterschließung“, Frau Dr. Susanne Kurz und Herrn Daniel Gotzen, M. A., für ihre Hilfe zu danken, hieße, ihre Bedeutung für Tagung und Tagungsband sowie für die gemeinsame Arbeit viel zu gering zu veranschlagen: Dieses Buch, um das wir uns so lange – sehr viel länger, als ursprünglich geplant – gemeinsam gemüht haben, ist der Sache, wenn schon nicht dem Namen nach, ebenso sehr ihres wie unseres.

Schließlich danken wir aber den Beiträgerinnen und Beiträgern des nun vorliegenden Bandes für ihre Beteiligung, für die gute Zusammenarbeit bei der Redaktion, für ihre Hilfsbereitschaft – und nicht zuletzt für ihren Langmut und ihre Geduld.

Tübingen und Konstanz, im Sommer 2008

Pavlína Rychterová
Stefan Seit
Raphaela Veit

Stefan Seit

Charisma oder Recht?

Webers Charisma-Konzept und das Bild der Kirche in Rudolph Sohms Interpretation des Ersten Clemensbriefs. Vorüberlegungen zu einem schwierigen Begriff[1]

1 Der „Erste Clemensbrief“ und seine Rezeption durch Rudolph Sohm

1.1 Die Kontroverse mit Adolf Harnack um das „Wesen des Katholizismus“ und das „protestantische Prinzip“

Die Gemeinde [von Korinth] hatte (...) ihre bestellten Ältesten (die Bischöfe[2]) von der Verwaltung der Eucharistie ausgeschlossen und dieselbe einem Asketen, welcher durch Geistesgaben hervorragte, übertragen.[3]

Im 1892 erschienenen, den „geschichtlichen Grundlagen“ gewidmeten ersten Band seines wirkungsgeschichtlich hochbedeutsamen „Kirchenrecht[es]“ resümiert der – programmatisch-ausdrücklich – *evangelische* Jurist und Rechtshistoriker Rudolph Sohm (1841–1917) die Ereignisse in der christlichen Gemeinde von Korinth, die wohl um die Mitte der 90er Jahre des ersten Jahrhunderts eine briefliche Intervention der römischen Gemeinde veranlaßten. Die Ermahnungen der römischen Christen an ihre griechischen Glaubensbrüder lassen die historische Situation in Korinth, da sie den Empfängern des Schreibens ja hinlänglich bekannt war, eher in Andeutungen durchscheinen, als daß die Differenzen und Spannungen, die die Eintracht der

---

1 Der vorliegende Beitrag ist die erweiterte Fassung des Einführungsreferats zur Tagung „Das Charisma – Funktionen und symbolische Repräsentationen“. – Herrn Prof. Dr. Ernst Ludwig Grasmück schulde ich Dank für wertvolle Anregungen, Hinweise und Kritik.

2 Zur Problematik bereits dieser Gleichsetzung vgl. unten, insbes. Anm. 4 und 60.

3 SOHM, R., Kirchenrecht. Erster Band: Die geschichtlichen Grundlagen (Systematisches Handbuch der Deutschen Rechtswissenschaft VIII/1), Leipzig 1892, S. 157. – Grundlegende Informationen zur Biographie Sohms, seinem wissenschaftlichen Werdegang, seinem Standort und seiner Konzeption des Kirchenrechtes bieten z. B. KIENZLER, K., Art. „Sohm, Rudolph, in: Biographisch-bibliographisches Kirchenlexikon 10 (1995), Sp. 743–745, und GRUNDMANN, S., Art. „Sohm, Rudolph“, in: RGG^3 6, S. 116f.

korinthischen Gemeinde bedroht zu haben scheinen, im Detail beschrieben würden. Die wenigen Hinweise, die der sogenannte „Erste Clemensbrief", eine der wichtigsten außerkanonischen Quellen zur Geschichte des frühen Christentums, immer schon im Horizont theologischer Deutungen, bietet, interpretiert Sohm zuspitzend im Sinn einer klaren Antithese von „bestellten Ältesten" bzw. Bischöfen,[4] jedenfalls Amtsträgern im Rechtssinn, einerseits und geistbegabten Asketen – Charismatikern – andererseits. Diese seine Auslegung, die, bereits was ihre Prämissen angeht, historisch nicht unproblematisch ist, verdankt sich, wie im Weiteren noch im Detail zu belegen sein wird, erwartungsgemäß auch den theologischen Selbstverständlichkeiten, unter denen Sohm den Brief liest; näherhin kommt neben dem Kirchenbild, dem Sohm anhängt und das er im Rückgriff auf die Geschichte der Alten Kirche zu begründen und zu explizieren sucht, auch ein spezifisches (Vor-)Verständnis der Kirchengeschichte als einer Geschichte des Abfalls von einem idealen Urzustand zum Tragen, das Sohm in seinen Quellen wiederfindet. Auf die eklatante Voraussetzungsabhängigkeit seiner historischen Analyse zielt auch der von seinen Gegnern, namentlich von Adolf von Harnack (1851–1930), dem wohl bedeutendsten Kirchen- und Dogmenhistoriker der Zeit, erhobene Vorwurf, Sohms Geschichtsdarstellung sei bloße ‚Konstruktion'. Der so Angegriffene, der diese Kritik pauschal und ohne detaillierten Nachweis zitiert, läßt die erhobenen Einwände zwar im Grundsatz gelten, macht aber zugleich geltend, die „rechte Konstruktion" sei der Kern jeder wissenschaftlich-historischen Arbeit. Im Gegenzug wirft er den Vertretern der ‚herrschenden Lehre' vor, ihrerseits die gegenwärtigen Verhältnisse, die letztlich auf dem Religionsverständnis der Aufklärung beruhten, auf das Urchristentum zurückzuprojizieren.[5] Entsprechend fordert Sohm immer wieder sehr nachdrücklich die Befrei-

4 SOHM, Kirchenrecht I (wie Anm. 3), S. 93–98; 157–160, präsentiert den „Ersten Clemensbrief" insbesondere als Beleg für die Existenz eines (gerade eben etablierten) Bischofsamtes; dies setzt freilich u. a. die überaus problematische Interpretation voraus, daß die im Brief kaum prominent und in programmatischer Absicht vorkommenden ἐπίσκοποι so mit den πρεσβύτεροι (als Amtsträgern) identifiziert oder doch der sozialen Gruppe der ‚Ältesten' oder sonst Ausgezeichneten eingeordnet werden, daß sich die Aussagen des Briefs über die ‚Ältesten' (im Gegensatz zu den ‚Jungen') als Aussagen über das vermeintliche Bischofsamt lesen lassen; vgl. S. 96: „Die *Bischöfe* sind ‚bestellt' (1.Clem 42,4; 44,2.3) und zählen zugleich zu den Alten, aus deren Reihen sie hervorgehen" oder denen sie kraft ihres Amtes, „weil der Bischof als solcher ein Alter ist", zugehören. „Die *bestellten Alten*, welche durch ihre ‚Bestellung' zu einer bestimmten Amtsthätigkeit berufen werden, *sind die Bischöfe*. (…) Es *giebt keine Erwählung, Bestellung zum Alten* (Presbyter), wohl aber eine Erwählung, Bestellung zum Bischof: *der bestellte Alte* ist bestellt zum *Bischofsamt*." – Sohms Interpretation hängt in diesem Punkt also allein an der Frage, ob der Vorgang der ‚Bestellung' mit dem Begriff des ‚Presbyters' i. w. S. vereinbar ist, ob es also ‚bestellte Älteste' gegeben hat, die *nicht* – als Episkopen – ein besonderes Amt versehen haben. Die Bedeutung, die Sohm in diesem Punkt 1Clem zuweist, zeigt sich auch, wenn er an anderer Stelle geradezu feststellt: „Auch die römische Ekklesia selbst ist erst durch den Clemensbrief katholisch geworden" (S. 166).

5 Vgl. hierzu SOHM, R., Wesen und Ursprung des Katholizismus, in: Abhandlungen der philosophisch-historischen Klasse der Königlich Sächsischen Gesellschaft der Wissenschaften 27/10 (1909), 2., durch

ung von den Selbstverständlichkeiten der Gegenwart – und gesteht Harnack zu, diese seine Forderung immerhin teilweise zu erfüllen. Gleichzeitig läßt er aber an seiner Überzeugung keinen Zweifel, daß es „für die Ordnung der Einzelekklesia als einer örtlichen rechtlich verfaßten Größe in *Harnacks* Sinn (...) es *kein einziges* Quellenzeugnis [gibt]"[6]. Demnach beruht Harnacks Auffassung, die christlichen Gemeinden seien von Anfang an als einzelne und deshalb rechtlich (etwa nach dem Vorbild von Kultvereinen) organisiert gewesen, auf einer „bodenlose[n] Konstruktion". Tatsächlich geht Sohms zunächst nicht unplausible Replik, historische Forschung komme ohne ein Moment der ‚Konstruktion' nicht aus, diese müsse aber eine hinreichende Fundierung in den Quellen vorweisen können, am eigentlichen Kern der geäußerten Kritik vorbei, die auf die Herkunft und Begründung des „Grundgedanken[s] der geschichtlichen Einzelheiten" zielt, in den Sohm diese aus den Quellen erhobenen Details einordne und von dem her er sie deute. Allein der urchristlichen Programmatik der Weltabkehr gemäß, so gesteht Harnack zu, hätte die frühe Kirche in der Tat ‚rechtsfrei' im Sinn Sohms gewesen sein müssen; freilich sei – ausweislich der Quellen – dieses Ideal nirgends und niemals voll verwirklicht gewesen, so daß Sohms idealistische Rekonstruktion die historische Realität doch verfehle: In Wirklichkeit sei auch das Urchristentum sehr viel weniger radikal und sehr viel mehr an lebenspraktischen Notwendigkeiten orientiert gewesen, als einzelne Texte vermuten ließen.[7] Insgesamt läuft Harnacks Kritik an Sohm

---

ein Vorwort vermehrte Ausgabe, Leipzig/Berlin 1912, Nachdr. Darmstadt 1967, Vorwort, S. X: „Die von mir vertretene Auffassung hat man geglaubt als ‚Theorie' eines ‚konstruierenden' Juristen ablehnen zu können. Wenn ‚Konstruktion' ein Vorwurf sein soll, so kann nur falsche, in die Luft bauende, *bodenlose* Konstruktion gemeint sein. Denn rechte Konstruktion, Aufbau der Quellenzeugnisse zu einem geordneten, den Grundgedanken der geschichtlichen Einzelheiten aussprechenden Ganzen, ist mit wissenschaftlicher Behandlung gleichbedeutend. Wer konstruiert *nicht*? Etwa Harnack oder die herrschende Lehre? Bei wem aber ist die *bodenlose* Konstruktion? Die überlieferte Lehre baut auf dem Boden des Gedankens: wie es heute ist, so war es immer! Das nenne ich: in die Luft bauen." – Sohm wendet sich dabei insbesondere gegen die Rückprojektion einer ‚aufgeklärten' Religionsauffassung. Sein Aufklärungsverständnis und -kritik verdiente – über die wenigen im Folgenden gegebenen Hinweise hinaus – eine separate Untersuchung.

6 SOHM, Wesen und Ursprung (wie Anm. 5), S. IXf.

7 Diese Auffassung formuliert HARNACK, A. [V.], Art. „Verfassung, kirchliche, und kirchliches Recht im 1. und 2. Jahrhundert", in: Realencyklopädie für protestantische Theologie und Kirche 20 (1908), S. 508–546, hier S. 541 (Hervorhebungen St. S.) sehr ausdrücklich. Harnack räumt nämlich zwar zunächst ein: „*Prinzipiell* hat Sohm Recht: die Negation der Welt, die Überweltlichkeit, die brüderliche Gleichheit und das Bewußtsein charismatischer Leitung duldeten *eigentlich* überhaupt keine Rechtsbildung. Liest man z. B. Hermas, Simil[itudo] 1f. und verwandte Stellen, so muß man zu dem Glauben kommen, die Kirche verwerfe mit dem Privatbesitz überhaupt jede Rechtsordnung; *aber nicht einmal bei Hermas ist es so gemeint* – Besitz plus Almosengeben ergeben auch nach ihm einen erlaubten Zustand –, und die Mehrzahl der Christen erkannte die gewordenen Rechte des Standes und des Besitzes als gestattete Güter an (...)." – Gemeint ist der sogenannte „'Hirt' des Hermas", eine umfangreiche wohl in der ersten Hälfte des 2. Jahrhunderts entstandene „Bußschrift im Gewand einer Apokalypse" (LINDEMANN,

also darauf hinaus, dieser verwechsle das christliche Ideal, das ,Eigentliche' und ,Prinzipielle', das in den Quellen durchaus aufscheine, mit der geschichtlichen Wirklichkeit, ,konstruiere' diese also insofern nach dem Ideal.

Tatsächlich lassen sich für die Richtigkeit dieser Kritik auf der Basis der von Sohm selbst auch noch in seiner Schrift über „Wesen und Ursprung des Katholizismus" von 1909 ([2]1912) gelegentlich angestellten methodologischen Überlegungen einige aussagekräftige Indizien beibringen. Besonders sticht in diesem Zusammenhang die Art und Weise ins Auge, in der Sohm mit dem „Wesen der Christenheit"[8] und – geradezu als dessen Negation – mit dem „Wesen des Katholizismus" argumentiert, – und zwar schon im Titel seiner Schrift. Daß dabei die Wesenserkenntnis, die Einsicht in das, was Christentum und christliche Kirche, folglich aber auch der Katholizismus, *eigentlich* sind, jedenfalls der historischen *vorausgeht* (und nicht etwa nachfolgt), macht Sohm selbst unmißverständlich deutlich, wenn er auch nicht klar macht, aus welcher Quelle sich seine Wesenseinsicht speist. So behandelt er den „Ursprung des Katholizismus"[9], also diesen unter einer historisch-genetischen Per-

---

A./PAULSEN, H. [Hrsg.], Die Apostolischen Väter. Griechisch-deutsche Parallelausgabe auf der Grundlage der Ausgaben von Franz Xaver Funk/Karl Bihlmeyer und Molly Whittaker mit Übersetzungen von M. Dibelius und D.-A. Koch neu übersetzt und herausgegeben von Andreas Lindemann und Henning Paulsen, Tübingen 1992 u. ö., Herausgebereinleitung zum „Hirten", S. 325), die in (autobiographisch gestaltete) *visiones, mandata* (Gebote) und *similitudines* (Gleichnisse) untergliedert ist und Harnack am ehesten ein radikales Selbstverständnis der Christen dieser frühen Zeit zu repräsentieren scheint; in dieser Hinsicht gehe der „Hirt" sogar deutlich über noch ältere Quellen hinaus; vgl. in diesem Sinn z. B. HIRT DES HERMAS (wie oben), Sim I/1f.: „[Der Engel] sprach zu mir: ,Ihr wißt, ihr Knechte Gottes, daß ihr in der Fremde wohnt. Denn eure Stadt ist fern von dieser Stadt. Wenn ihr nun eure Stadt kennt', fuhr er fort, ,in der ihr wohnen sollt, warum erwerbt ihr euch hier Äcker, kostbare Einrichtungen, Häuser und vergängliche Wohnungen? Wer sich dergleichen in dieser Stadt erwirbt, kann nicht erwarten in seine Stadt heimzukehren. (...)'" Die Radikalität der Fremdheitserfahrung, die sich im „Hirten" ausspricht, der Überzeugung, gleichsam aus der Sozialordnung (*πόλις*) der heidnischen Umwelt oder sogar der Welt überhaupt herauszufallen, sieht Harnack jedoch durch lebenspraktische Zugeständnisse relativiert, die folglich eine gewisse (auch bewußt gehaltene) Differenz zwischen der Realität der christlichen Gemeinden, des Gemeindelebens und der allgemeinen Lebenspraxis einerseits und dem Idealzustand andererseits erkennen lassen; vgl. hierzu z. B. HIRT DES HERMAS (wie oben), Sim II/5–7: „So unterstützt der Reiche den Armen in allem, ohne zu zaudern; und der vom Reichen unterstützte Arme betet zu Gott, wenn er ihm dankt, zugleich für den, der ihn beschenkt. (...) Beide also vollbringen das Werk: Der Arme betätigt sich im Beten, worin er reich ist; das hat er vom Herrn empfangen und das gibt er dem Herrn, der's ihm verlieh, wieder. Und ebenso verschenkt der Reiche den Reichtum, den er vom Herrn empfangen hat, ohne Zaudern an den Armen. Auch dieses Werk ist groß und angenehm vor Gott, weil er bei seinem Reichtum einsichtig geworden ist, sich mit den Gaben des Herrn für den Armen betätigt und seinen Dienst recht ausgerichtet hat." – Harnack interpretiert diese Aussagen – unter der Bedingung lediglich der Unterstützung der Armen – als eine grundsätzliche Affirmation des Eigentums („Gaben des Herrn") und damit der das Eigentum garantierenden Rechtsordnung.

8 SOHM, Wesen und Ursprung (wie Anm. 5), S. 22

9 Vgl. SOHM, Wesen und Ursprung (wie Anm. 5), Kap. III, S. 24.

spektive, nicht nur einfach *nach* dem „Wesen des Katholizismus“[10], sondern er erklärt, das mit dem „Ursprung“ befaßte dritte Kapitel einleitend, auch ausdrücklich: „Sobald das Wesen des Katholizismus erkannt ist, ergibt sein Ursprung sich von selbst“[11]. Ob man unter diesen Umständen Sohm tatsächlich ohne detaillierte Prüfung eine „quellennah erarbeitete Darstellung“[12] attestieren kann, scheint dann doch fraglich. Dies gilt um so mehr, als Sohms (theologisch, nicht historisch fundiertes) Verständnis von der „Unsichtbarkeit der Kirche Christi“ grundsätzlich ausschließt, daß diese „für den Verstand und darum für jedermann (die Welt) sichtbar [ist]“; sie ist vielmehr „Gegenstand des Glaubens“[13], weil „[i]hr Ursprung (...) anderer, höherer, geistlicher Art [ist]“[14]. Wenn und insofern die Kirche aber nicht mit dem „Verstand“, d. h. kausal aufgrund ihres kulturellen Umfelds und überhaupt ihrer innerweltlichen Entstehungsbedingungen, erklärt werden kann, kann sie schwerlich Gegenstand historisch-wissenschaftlicher Erkenntnis werden. Es besteht in diesem Punkt ein nicht unerheblicher Widerspruch zwischen Sohms Prämissen und dem Versuch, den er – in der Auseinandersetzung mit der ‚zünftigen' Kirchengeschichtsforschung – faktisch unternimmt, die vorliegenden Quellen nach den Regeln der wissenschaftlichen Kunst zu interpretieren. Jedenfalls aber liegt seiner Interpretation eine durchweg massiv wirksame Glaubensüberzeugung zugrunde,[15] näherhin ein

10 Vgl. SOHM, Wesen und Ursprung (wie Anm. 5), Kap. II, S. 8.

11 SOHM, Wesen und Ursprung (wie Anm. 5), S. 24.

12 KROLL, Th., Max Webers Idealtypus der charismatischen Herrschaft und die zeitgenössische Charisma-Debatte, in: Max Webers Herrschaftssoziologie. Studien zu Entstehung und Wirkung, hrsg. v. HANKE, E./MOMMSEN, W. J., Tübingen 2001, S. 47–72, hier S. 70 (u. ö.).

13 SOHM, Wesen und Ursprung (wie Anm. 5), S. 11.

14 SOHM, Wesen und Ursprung (wie Anm. 5), S. 49.

15 Vgl. hierzu wiederum Harnack, A. [v.], Entstehung und Entwicklung der Kirchenverfassung und des Kirchenrechts in den zwei ersten Jahrhunderten. Nebst einer Kritik der Abhandlung R. Sohm's: „Wesen und Ursprung des Katholizismus“ und Untersuchungen über „Evangelium“, „Wort Gottes“ und das trinitarische Bekenntnis, Leipzig 1910, S. 143f. (Hervorhebungen St. S.), wo Harnack einräumt: „Es liegt *heute, besonders nach unseren evangelisch-modernen Vorstellungen über das Verhältnis von christlicher Religion und ‚Recht'*, nahe, beide als inkompatibel zu betrachten: die Religion schafft und verlangt ein Leben aus Gott und kennt lediglich die Sphäre freier, nur in Gott gebundener Betätigung; das Recht verlangt Nachachtung und Gehorsam, erzwingt sie, wenn sie fehlen, begnügt sich aber auch mit einer tatsächlichen Unterwerfung (...). (...) Von hier aus ergibt sich, *wie es scheint* mit Notwendigkeit, die Unverträglichkeit von christlicher Religion und Recht. Allein man braucht sich nur einen Augenblick zu besinnen, um zu erkennen, wie viel komplizierter das Verhältnis ist (...).“ Harnacks Zustimmung ist – über die abstrakte Anerkennung der Leistung Sohms bei der Bestimmung des „pneumatischen Charakter[s] der Urkirche“ hinaus – also eine bedingte: Sohms Auffassungen scheinen zwingend, – unter der Prämisse gegenwärtiger, näherhin ‚evangelischer' Überzeugungen. Diese Beurteilung impliziert offensichtlich die fundamentale Kritik, Sohm (der ja seinerseits seinen Gegnern einen ganz entsprechenden Fehler vorwirft) trage die modernen ekklesiologischen Selbstverständlichkeiten allzu vorschnell an die altkirchlichen Quellen heran. Wenig später erklärt sich Harnack noch deutlicher: „Ohne weiteres stimmen wir ihr [sc. Sohms These] zu, wenn sie näher so präzisiert wird: ‚das Wesen des katholischen

Kirchenbild, das Sohm – gegen die kirchenhistorische Mehrheitsmeinung – aus der primär theologischen oder sogar religiösen Motivation heraus durchzusetzen sucht, dem Protestantismus seiner Zeit im Rückgriff auf das Vorbild des Urchristentums ein geschärftes Profil zu geben. Nicht zuletzt dieses Erkenntnisinteresse erklärt die Vehemenz und Emotionalität, ja Aggressivität, mit der Sohm über einen Zeitraum von mehr als zwei Jahrzehnten seine historische Rekonstruktion gegen die *communis opinio* der evangelischen Kirchengeschichtsschreibung und namentlich gegen die Auffassungen Adolf von Harnacks zu behaupten versuchte:[16] Sohm streitet eben nicht nur (und vielleicht nicht einmal primär) für eine wissenschaftliche Position, sondern vielmehr darum, was der Protestantismus, für sich genommen, und vor allem im Gegensatz zum Katholizismus des Vaticanum I und des Antimodernismus ist und sein soll.[17] Deshalb besitzt für Sohm der Nachweis fundamentale Bedeutung,

---

Kirchenrechts steht mit dem Wesen der Kirche, wie Luther es gefaßt hat, in Widerspruch'; denn die Kirche ist nach Luther eine geistliche und geistige Gemeinschaft (...)" (S. 147). Wo Sohm vom ‚Wesen der Kirche' spricht, als handle es sich nicht nur um eine überzeitlich-objektive, sondern auch um eine ohne weiteres erkennbare Größe, hebt Harnack die Abhängigkeit einer solchen Wesenserkenntnis von ideologischen Voraussetzungen hervor, die nicht einfachhin der historischen Wirklichkeit entsprechen; im gegebenen Fall bestehen diese Voraussetzungen in der Ekklesiologie Luthers. Doch selbst, ob deren Interpretation durch Sohm die einzig mögliche ist, zieht Harnack schließlich, kaum verholen, in Zweifel; Sohms ekklesiologisches Vorverständnis wird schließlich vollends als rein subjektiv ausgewiesen: „Die These, wie sie bei *Sohm* lautet: ‚das Wesen des Kirchenrechts steht in Widerspruch mit dem Wesen der Kirche', kann nur bedeuten: ‚Nach meiner (*Sohms*) Vorstellung von dem Wesen der Kirche darf es ein Kirchenrecht, wie man es auch fassen möge, überhaupt nicht geben' (...)" (S. 147).

16 In seiner Schrift über „Wesen und Ursprung des Katholizismus" nennt Sohm insbesondere HARNACK, A. [V.], Lehrbuch der Dogmengeschichte. Bd. 1: Die Entstehung des kirchlichen Dogmas, Tübingen ⁴1909, der im Jahr der Publikation von Sohms kleiner Katholizismus-Schrift in vierter Auflage erschienen war, und Harnacks Artikel „Verfassung, kirchliche, und kirchliches Recht im 1. und 2. Jahrhundert" in der Realencyklopädie für protestantische Theologie und Kirche (wie Anm. 7), in dem sich von Harnack ausdrücklich und ausführlich mit Sohms Thesen auseinandersetzt. Ferner bezieht sich Sohm auf RITSCHL, A., Die Entstehung der altkatholischen Kirche. Eine kirchen- u. dogmengeschichtliche Monographie, Bonn ²1857, und SCHUBERT, H. V., Grundzüge der Kirchengeschichte. Ein Ueberblick, Tübingen 1904. – Kennzeichnend für die Verbissenheit, mit der Sohm die Kontroverse betreibt, ist namentlich das umfangreiche Vorwort, das er im Jahr 1912 der zweiten Auflage seiner Abhandlung über „Wesen und Ursprung des Katholizismus" hinzufügte, und das mit 30 Seiten nahezu die Hälfte des Umfanges des ursprünglichen Textes erreicht. Sohm repliziert in dieser Erweiterung (erneut) auf seine Gegner; vor allem aber sucht er nachzuweisen, Harnack habe sich insbesondere in seinem Buch über die „Enstehung und Entwicklung der Kirchenverfassung und des Kirchenrechts in den zwei ersten Jahrhunderten" inzwischen doch seiner, Sohms, Auffassung angeschlossen; vgl. SOHM, Wesen und Ursprung (wie Anm. 5), S. IV u. ö.; vgl. dazu allerdings HARNACK, Entstehung und Entwicklung der Kirchenverfassung (wie Anm. 7), S. 143: „[D]ie Theorie [Sohms] als exklusive ist in sich unhaltbar, und sie scheitert auch an geschichtlichen Tatsachen." – Weiteres zum systematischen Kern von Harnacks Kritik oben in Anm. 15 sowie im Folgenden, Anm. 20.

17 Zu Sohms evangelischem Selbstverständnis, zu seiner schroffen Gegnerschaft gegenüber dem Katholizismus und der (Römisch-)Katholischen Kirche, aber auch zu seiner – indirekten – Kritik an der Auf-

weichung des von Luther aufgefundenen ‚protestantischen Prinzips' in der lutherischen Tradition vgl. z. B. SOHM, Wesen und Ursprung (wie Anm. 5), S. 5: „Immer blieb, wenn auch oft genug verkümmert und verschüttet, innerhalb des Protestantismus der *Grundsatz* der religiösen *Freiheit* des einzelnen von der Kirchengewalt und damit das den Katholizismus *ausschließende* Prinzip." Die solchermaßen vom Protestantismus verfochtene Freiheit beschränkt sich jedoch nicht allein auf die ‚religiöse Freiheit des einzelnen'; vielmehr „befreite" Luther als der historisch entscheidende Exponent des protestantischen Prinzips damit „zugleich die Christenheit, den Staat, die Wissenschaft, die Welt" von der „geistliche[n] Zwangsgewalt" (S. 12) der römisch-katholischen Kirche und insbesondere des Papsttums. Folgerichtig verdankt sich für Sohm die moderne Wissenschaft im Wesentlichen dem Protestantismus, während Katholizismus und Wissenschaft einander geradezu ausschlössen. Die Fortschritts- und Wissenschaftsfeindschaft des Katholizismus und der katholischen Kirche ist dabei für ihn die logische Folge aus dessen konstitutionellem Unvermögen, freies Erkenntnisstreben zuzulassen, insofern es sich *per se* der letztinstanzlichen Leitungs- und Entscheidungsgewalt der Kirche widersetzt. Sohm bringt die grundverschiedenen Haltungen der beiden Konfessionen der modernen Wissenschaft gegenüber in aller nur wünschenswerten Klarheit auf den Punkt; vgl. hierzu insbesondere S. 23: „Der Protestantismus gibt ihrem Fortschritt grundsätzlich freie Bahn. Der Katholizismus hat den Kampf mit ihr aufgenommen, und er muß ihn aufnehmen." Der Grund ist einfach; er liegt eben in der „*Feindschaft* (...) mit der Freiheit des christlichen Glaubenslebens", die zugleich auch die Feindschaft gegenüber der Freiheit der Wissenschaft bedeutet: „Freie Wissenschaft duldet der Katholizismus nicht, er *kann* sie gar nicht dulden, er *muß* in Anspruch nehmen, die Grenzen der Wissenschaft durch seine obrigkeitliche *Befehlsgewalt* zu bestimmen. Als ob das möglich wäre!" – Sohm bringt diesen Mangel an Freiheit und Freiheitsbewußtsein insbesondere mit der singulären Stellung des Papstes an der Spitze der hierarchischen katholischen Kirchenrechtsordnung, näherhin mit dem päpstlichen Jurisdiktionsprimat in Zusammenhang, der 1870 durch die Dogmatische Konstitution „Pastor aeternus" des Ersten Vatikanischen Konzils gemeinsam mit dem vom Jurisdiktionsprimat ‚umfaßten' unfehlbaren päpstlichen Lehramt – „supremam quoque magisterii potestatem comprehendi haec Sancta Sedes semper tenuit" (cap. 4, DH 3065) – definiert worden war; vgl. cap. 3, DH 3059ff., insbes. 3060: „Docemus (...) et declaramus, Ecclesiam Romanam, disponente Domino, super omnes alias ordinariae potestatis obtinere principatum, et hanc Romani Pontificis iurisdictionis potestatem (...) immediatam esse: erga quam cuiuscumque ritus et dignitatis Pastores atque fideles (...) officio hierarchicae subordinationis veraeque oboedientiae obstringuntur (...)." – Vgl. dazu SOHM, Wesen und Ursprung (wie oben), z. B. S. 22: „Die hierarchische Regierungsgewalt der katholischen Kirche (jurisdictio) *vernichtet* das geistliche Eigenleben aller Glieder der Christenheit, um einem Einzigen, dem Papst, die Freiheit eines Christenmenschen, das freie Leben in und mit den Kräften des göttlichen Wortes zuzusprechen. (...) Einer kann ein Christ sein im vollen Sinn des Worts: der Papst. Alle übrigen sind Christen zweiter Klasse (...)." – Zweifellos ist es gerade auch das vom Vaticanum I zugespitzt formulierte primär *rechtliche* Selbstverständnis der Katholischen Kirche – die Lehre wird dem Recht ja tatsächlich ausdrücklich ein- und untergeordnet –, bei dem Sohm mit seiner Bestimmung des wesentlich Katholischen ansetzt, die im Weiteren detailliert dargestellt werden wird. Bedenkt man außerdem die Zielrichtung seiner Kritik am Katholizismus, etwa die klar formulierte Opposition zwischen dem Katholizismus und der modernen Wissenschaftskultur, wird deutlich, daß Sohm sich sehr weitgehend an die Polemik eines fortgeführten Kulturkampfes anschließt. Seine Auseinandersetzung mit dem zeitgenössischen Protestantismus und seiner theologischen Mehrheitsposition versteht sich deshalb geradezu als nachdrückliches Insistieren auf einer Selbstbestimmung des Protestantismus, die möglichst große Distanz zum Katholizismus im Sinn des Vaticanum I hält. Näherhin dringt Sohm auf eine Rekonstruktion der Geschichte der frühen Kirche, die dem modernen Protestan-

daß – in Gestalt der (Jerusalemer) Urgemeinde – eine dezidiert *nicht-katholische*, nämlich nicht-rechtliche Entwicklungsphase am für die Zukunft maßstäblichen Anfang des Christentums und seiner Geschichte gestanden hat.

Sohms Kirchenbild und dessen Herkunft, die auf ihm beruhende Konstruktion der Geschichte der frühen Kirche, namentlich Sohms Interpretation des „Ersten Clemensbriefs", und nicht zuletzt das Weiterwirken des so gewonnenen und untermauerten Chrisma-Begriff im Kontext von Max Webers Herrschaftssoziologie sollen im Weiteren etwas genauer untersucht werden.

Die Auseinandersetzung mit von Harnack im Besonderen und mit „der gegenwärtig (auf protestantischer Seite) allgemein herrschenden Lehre"[18] im Allgemeinen bündelt Sohm namentlich und besonders ausdrücklich in seiner bereits zitierten Schrift über „Wesen und Ursprung des Katholizismus". Gegen Harnack vertritt er dabei die Auffassung, erst etwa ab dem Ende des 1. Jahrhunderts sei die Kirche ‚katholisch' im engeren Sinn gewesen; obwohl das „Wesen des Katholizismus" sich vom wesentlich Christlichen der Urkirche fundamental unterscheide,[19] bestehe es *nicht* in einer von außen, nämlich durch den Kontakt mit der spätantiken Umwelt induzierten „'Hellenisierung' des Christentums, d. h. *nicht* in Intellektualismus und Moralismus"[20] (wenngleich Sohm diesen Faktoren ihre Bedeutung keineswegs völlig

tismus möglichst weitreichende antikatholische Identifikations- und Legitimationspotentiale eröffnet. Gerade in dieser Hinsicht ist etwa Harnack aus Sohms Sicht schlicht nicht protestantisch genug. Umgekehrt hat Sohms dann von Weber rezipiertes Konzept des Charisma als Prinzip geradezu des Nicht-Rechtlichen seinen Ort genau in diesem Kontext.

18 SOHM, Wesen und Ursprung (wie Anm. 5), S. 3.

19 Vgl. SOHM, Wesen und Ursprung (wie Anm. 5), S. 1: „Es ist zweifellos, daß das Urchristentum nicht katholisch war. Das ist durch die protestantisch-theologische Arbeit unerschütterlich festgestellt." In seinem Vorwort zur zweiten Auflage seiner Katholizismus-Schrift von 1912 bezeichnet es Sohm geradezu als „(...) die allergewisseste Tatsache der ganzen Kirchengeschichte, daß das Urchristentum *nicht katholisch gewesen ist*" (S. XXXIII), und zwar ungeachtet der inneren Notwendigkeit, mit der der Katholizismus in einem naturnotwendigen Entwicklungsprozeß aus dem Urchristentum heraus entsteht, obwohl er diesem zugleich als dessen Wesensgegensatz entgegentritt.

20 SOHM, Wesen und Ursprung (wie Anm. 5), S. 5. Kurz zuvor resümiert er die der seinen entgegengesetzte Position: „Die *Hellenisierung* des Evangeliums aber ist der Katholizismus". Selbst, wenn man Sohms Prämisse akzeptiert, daß das Christentum und das „Evangelium" schlechthin identisch sind, es eine Entwicklungsgeschichte des Christlichen also nur als Verfallsgeschichte geben kann, ist von Harnacks Position so aber nicht wirklich zutreffend zusammengefaßt; Harnack geht ja eben davon aus, daß es einen nicht nur von jüdischen, sondern auch von heidnisch-antiken (eben ‚hellenistischen') Einflüssen völlig unberührten ersten, ursprünglichen Abschnitt des Christentums nie gegeben hat, auch und gerade nicht im „Evangelium": Gerade die ersten Christen haben einen – selbstverständlich – jüdischen oder heidnisch-hellenistischen Hintergrund (und stehen gelegentlich sogar in beiden Traditionen), der stets direkt oder indirekt wirksam ist und bleibt, und zwar auf rechtlichem wie auf intellektuellem und allgemein kulturellem Gebiet; vgl. HARNACK, Art. „Verfassung" (wie Anm. 7), S. 540f. – dazu die etwas detaillierteren Ausführungen unten in Anm. 29 und 30 –, sowie DERS., Dogmengeschichte I (wie

Anm. 16), insbes. S. 48–65, wo sich zeigt, daß Harnacks These, das Christentum sei immer schon *in sich* jüdisch und hellenistisch gewesen, auch (und gerade auch) für den theologisch-dogmatischen Bereich Bestand hat. Dabei ist für Harnack (anders als für Sohm) die „Entstehung des kirchlichen Dogmas" auf das Engste mit der Ausbildung eines ‚religiösen Gemeinwesens' (vgl. S. 52 u. ö.) verbunden. Das Christentum, das im Evangelium noch ganz „auf dem Boden des Alten Testaments" (S. 48) steht und als Kirche auch auf Dauer „fort und fort aus dem A. T. gelebt und Vieles aus der jüdischen Kirche [sic!] mit herüber genommen hat" (S. 53), wird doch genau in dem Maße eine dem Judentum gegenüber eigenständige Religion und bildet die Strukturen eines eigenständigen ‚religiösen Gemeinwesens', d. h. Organisationsformen im Sinn einer ‚rechtlich' verfaßten Kirche aus, in dem es sich mit der griechisch-hellenistischen Kultur, insbesondere der Philosophie amalgamiert: „Wir bemerken in diesem Formen wenig Jüdisches, aber viel Griechisch-Römisches, und wir erkennen schließlich auch in der Glaubenslehre, auf die dieses Gemeinwesen sich gründete, den philosophischen Geist der Griechen wieder" (S. 52). Recht verstanden, entsteht durch dieses Inkulturationsgeschehen also überhaupt erst das Christentum, da es zuvor gänzlich innerhalb des Judentums existiert. Für die Verschränkung des (jüdischen) Evangeliums mit der hellenistischen Kultur der Umwelt gilt folglich, daß die aus dieser Verbindung entstehenden „(...) Bildungen (...) in ihren frühesten Ursprüngen so alt [sind] wie die Loslösung des Evangeliums von der jüdischen Kirche" (S. 53; im Original gesperrt) und wie das Abklingen des für Harnack klar dem Judentum zugehörigen frühen apokalyptischen Enthusiasmus, der, sicher dem Charismatikertum Sohms verwandt, somiteben *kein originär und unterscheidend christliches Phänomen* ist. Obgleich das Verhältnis des (entstehenden) Christentums zur heidnischen Kultur dauernd spannungsvoll und partiell auch problematisch ist und bleibt, reicht die wechselseitige Durchdringung der beiden Sphären bis zu „den ältesten Heidenchristen", also den eigentlichen Trägern eines eigenständigen Christentums, zurück; „das relativ neue Element, welches für die Bildung der Kirche (...) und somit auch für die Bildung ihrer Lehre von Bedeutung ist, das griechische, ist schon im apostolischen Zeitalter (in den *Gemeinden*) nachweisbar" (S. 57), wenngleich es erst nach und nach, in vollem Umfang wirksam wird. Harnack macht jedoch überdies deutlich, daß zwischen dem Katholizismus, d. h. dem Christentum als eigenständiger Religion, und dem „dem ursprünglichen Zustande der christlichen Religion als einer Bewegung auf dem Boden des Judentums" (S. 61) mehrere Verbindungen bestehen, die einen radikalen Bruch ausschließen: die fortbestehende Bedeutung des Alten Testaments (vgl. S. 59f.), ein gewisses begrenztes Weiterwirken des „enthusiastische[n] Element[s]" (S. 60) und schließlich die Existenz eines hellenistisch durchformten „ausserpalästinensischen" Judentums (vgl. S. 61–64). „Indem das Evangelium das ganze Judenthum ergriff und bewegte, mußte es auch in dem ausserpalästinensischen wirksam werden. Damit aber war bereits der Uebergang des Evangeliums auf das außerjüdische, griechische Gebiet und das Geschick, das es dort erleben sollte, vorgezeichnet" (S. 63), und zwar eben *innerhalb* des Judentums selbst und des Urchristentums als einer zunächst *innerjüdischen* Bewegung. Im Ergebnis beschreibt Harnack die dogmengeschichtliche Entstehung des Katholizismus als ein langwieriges Entwicklungsgeschehen ohne erhebliche Brüche; vor allem aber hat es nach seinem Verständnis nie ein *vorkatholisches* Christentum gegeben, das – im Sinn von Sohms Rekonstruktion der Überlegungen Harnacks – durch Hellenisierung erst zum Katholizismus geworden wäre. Wenn folglich aber die Opposition von Christentum und ‚Hellenismus', verstanden im Sinn eines Innen-Außen-Gegensatzes, Harnacks Intentionen im Kern verfehlt, dann ist es aus dessen Perspektive auch kaum sinnvoll, von einer externen Veranlassung der Transformation des Christentums in den Katholizismus zu sprechen: Heidnische und jüdische Einflüsse wirken immer schon *im Inneren* des Christentums, und ein Übergang, gar ein Abfall vom (ursprünglichen) Christentum zum Katholizismus hat folgerichtig niemals stattgefunden.

abspricht), sondern in der „Vergöttlichung des Kirchenrechts“[21]. Diese Veränderung sieht Sohm nicht nur rein immanent veranlaßt; vielmehr bringe das Urchristentum das unterscheidende Merkmal des Katholizismus und mit ihm den Katholizismus selbst „nicht ohne Kämpfe, aber doch unbewußt mit der Unwiderstehlichkeit einer naturhaften Entwicklung und darum mit nie abirrender Folgerichtigkeit“[22] hervor, die auch in der weiteren Geschichte des Christentums dauernd wirksam bleibe. Der „Keim, aus dem der Katholizismus hervorgehen mußte“[23], ist demnach bereits im Urchristentum angelegt; dennoch entsteht aus diesem „Keim“ mit dem Kirchenrecht etwas Neues, das der ‚charismatischen Organisation' der Kirche in ihrer ursprüngli-

21 SOHM, Wesen und Ursprung (wie Anm. 5), S. 7; zu den Konsequenzen für das Selbstverständnis des Katholizismus vgl. z. B. S. 18f. – Später, S. 61ff., beschreibt Sohm zusammenfassend den Mechanismus, dem gegen Ende des 1. Jahrhunderts die Entstehung einer kirchlichen *Rechts*ordnung folgt. Entscheidend ist ihm dabei die Tatsache, daß neben der „pneumatische[r] Anarchie“ (S. 61) folgenden, d. h. eigentlich charismatisch strukturierten „Versammlung um das Wort“ und zunächst von dieser klar unterschieden die „eucharistische Versammlung“ steht, die unausweichlich – und um so mehr, je größer die Gemeinde wird – einen Vorsteher als Vertreter Christi an der Spitze hat, um den sich schließlich noch eine Reihe ausgezeichneter Gemeindemitglieder gruppiert, weiterhin ergänzt um Funktionsträger mit dienenden Aufgaben. Demgegenüber sind die einfachen Gemeindemitglieder schließlich nurmehr Zuschauer der eucharistischen Versammlung: „So ergab sich in der größeren eucharistischen Versammlung ganz von selber die Gliederung, die dann ziemlich bald in festen Bezeichnungen zum Ausdruck kam: Bischöfe (Presbyter), Diakonen, Volk. Die ersteren waren *tätig* in der Eucharistie, das Volk war untätig“ (S. 63). Noch verstärkt wurde diese Aufspaltung der Gemeinde durch die Einbeziehung der Wortversammlung in die eucharistische Feier: Wenngleich auch der Vorsitz in der Eucharistie zunächst noch in einem Charisma gründet und nicht in einer dauernden Rechtsposition, ändert sich dies doch mit der (offenbar von der Eucharistie und ihrer Verwaltung ausgehenden) fortschreitenden ‚Sakramentalisierung' der Kirche. „Die Entwicklung bewegte sich in der Richtung auf die heilsvermittelnde Sakramentskirche der Folgezeit“ (S. 65). Die Konsequenz ist schließlich unvermeidlich die in Sohms Interpretation in 1Clem formulierte: „Die römische Ekklesia (…) erklärte, daß das durch ‚Bestellung' gegebene Bischofs- und Diakonenamt ein *lebenslängliches* Amt sei, welches ohne Grund nicht entzogen werden könne: die Bestellung gibt ein dauerhaftes Recht auf die kirchliche Funktion, auf die Leistung der Eucharistie, ein Recht kraft *formalen* Erwerbsgrundes (…). Das *Kirchenrecht* tritt auf. Die Ordnung der Ekklesia wird durch die Anforderungen des *Gemein*lebens bestimmt.“ (ibid.). Immerhin wird auch dieses nun rechtlich definierte Amt noch programmatisch als charismatische Qualifikation, also als ‚Amtscharisma' beschrieben (vgl. S. 66). Da nun freilich auch die eucharistische Versammlung zunächst noch charismatisch fundiert ist, muß das eigentliche Movens der Verrechtlichung in der Idee der sakramentalen, ja kultischen Heilsvermittlung im Unterschied vom und Gegensatz zum Glauben an das Wort Gottes bestehen. Wenngleich recht zurückhaltend und eher indirekt, qualifiziert Sohm diese Neuerung, die aus seiner Sicht auch der Ansatzpunkt für den Rekurs des Clemensbriefes auf das alttestamentliche Priesterrecht darstellt, doch erkennbar negativ. In der *Sakramentalisierung* der Kirche vollzieht sich demnach recht eigentlich der Abfall von der urchristlichen Situation, und hinter der *Antithese von Charisma und Recht* zeichnet sich die *Opposition von Wort und Sakrament* ab, die sich als historisches Interpretament wiederum Sohms Kirchenbild verdankt.

22 SOHM, Wesen und Ursprung (wie Anm. 5), S. 1.

23 SOHM, Wesen und Ursprung (wie Anm. 5), S. 2.

chen Gestalt mehr als nur fremd ist, nämlich geradezu in einen Gegensatz zu ihr tritt: Ämter der (Einzel-)Gemeind(en), die sich auf die Apostel – insbesondere auf den Apostel, den die Gemeinde als ihren Gründer ansieht – als gleichsam von Christus eingesetzte erste Amtsträger zurückführen.[24] Insofern in der ununterbrochenen ‚apostolischen Sukzession' zugleich die Glaubenslehre weitergegeben und so in ihrer ursprünglichen Reinheit bewahrt werden soll, werden – im Verständnis Sohms – auch die Inhalte des Glaubens verrechtlicht;[25] es ist demnach letztlich diese Identifikation von Tradition, Glaubenslehre und Kirchenrecht, die für Sohm den Katholizismus ausmacht und ihn von der Urgemeinde unterscheidet: In der frühesten Zeit habe nicht die geregelte Weitergabe eines Amtes und die einmal vorgenommene Amtseinsetzung ein Herrschafts*recht* der Amtsträger über die Laien begründet, sondern „Gott den Leib der Christenheit", nicht etwa die einzelne Gemeinde als rechtlich verfaßten ‚Kultverein', „durch Verteilung der Gnadengaben (Charismen)"[26] strukturiert und geordnet. In dieser Situation befähigt den einzelnen sein jeweiliges Charisma persönlich zur Wahrnehmung seiner Aufgabe (seines ‚Berufs'), auch und gerade der Leitungsaufgabe der Lehre, und „verpflichtet die anderen zur Anerkennung der Gabe und damit zur Unterordnung", und zwar kraft der wiederum diesen anderen Gemeindemitgliedern zugeteilten Charismen und der in deren wechselseitigen Bezogenheit gründenden Liebe, nicht jedoch aufgrund des äußeren und äußerlichen Zwanges einer rechtlichen Ordnung.[27] Vielmehr ist es Gott selbst – der Geist Gottes –, der den Organismus der Kirche errichtet und Sorge trägt, daß sich die Individuen in ihn eingliedern. Gewiß wirkt das Charisma in der Kirche und für sie nur durch die Anerkennung, die sogar die Gestalt einer „Wahl" durch die Versammlung aller Christen annimmt; jedoch liegen einer solchen Wahl keine willkürlichen Entscheidungen zugrunde; es handelt sich auch nicht um ein gleichsam demokratisches, rechtlich formalisiertes Einsetzungsverfahren, durch das ein ‚Amt' allererst übertragen wird. Ihrerseits vom Geist Gottes geführt, artikuliert die Versammlung vielmehr die Kenntnis, Anerkenntnis und Bezeugung der immer schon vorgängigen göttlichen Berufung des Geistträgers. Die charismatische Organisation der ursprünglichen Kirche und *jede* charismatische Organisation ist deshalb, wie Sohm immer wieder her-

---

24 Selbst dabei zeigt sich aber der geistlich-charismatische Hintergrund des neuen Selbstverständnisses darin, daß die kirchliche Rechtsordnung und die kirchlichen Ämter, die für Sohm als solche menschlich-weltlicher, natürlicher Herkunft sein *müssen*, als göttliche Setzungen gedeutet werden.

25 Vgl. z. B. SOHM, Wesen und Ursprung (wie Anm. 5), S. 6: „(...) [A]lle Glaubenslehre ist in der katholischen Kirche Kirchenrecht und umgekehrt (...)"; der Grund dafür ist, daß „(...) die ‚Tradition' im Sinn der katholischen Kirche" – ausdrücklich die „ganze Tradition", nämlich einschließlich der Glaubenslehre – „mit dem göttlich gesetzten Kirchenrecht *zusammenfällt* (...)."

26 SOHM, Wesen und Ursprung (wie Anm. 5), S. 50.

27 Zur Liebe *(ἀγάπη)* als dem gemeindebildenden ‚höheren' Charisma vgl. 1Kor 12,31–14,1 (dazu unten meinen Beitrag *„At vero perpauci sunt ..."*). – Über die Anerkennung eines Charisma durch die Gemeinde und zur Rezeption dieses Gedankens bei Weber wird weiter unten einiges ausgeführt werden.

vorhebt, zwar einerseits frei im Sinn der geistig-geistlichen ‚Freiheit vom Gesetz', dabei aber andererseits doch in hohem Maße autoritär strukturiert.[28]

Gegenüber der These von der ursprünglich rein charismatischen Struktur der Kirche vertritt Adolf von Harnack nachdrücklich die Auffassung, die christliche Kirche sei von Anfang an in Einzelgemeinden und rechtlich organisiert gewesen, weil sie – im judenchristlichen Bereich –, aus der jüdischen Synagogalgemeinde herauswachsend, folgerichtig deren Strukturen im Kern beibehalten und sich beim Übergang ins Milieu der heidnischen Kultur – zusätzlich – ebenso selbstverständlich an die vertrauten vereinsrechtlichen Organisationsformen angelehnt habe. – Die sei, mindestens indirekt, auch dort der Fall gewesen, wo diese rechtlichen Strukturen nicht nur ‚verbessert' werden sollten, sondern sogar abgelehnt wurden; gänzlich rechtsfrei ist die Kirche nach Harnacks Verständnis also nie gewesen, einen in gewissem Sinn katastrophalen Umschlag in das ganz Andere des Urzustandes hat es deshalb nicht gegeben.[29] Harnack rekonstruiert die Ausbildung des Kirchenrechtes

28 Vgl. SOHM, Wesen und Ursprung (wie Anm. 5), z. B. S. 50; dies bedeutet also keinen Widerspruch zu dem in der Urgemeinde herrschenden „pneumatische[n] Anarchismus" (S. 54 u. ö.).

29 Vgl. hierzu z. B. HARNACK, Art. „Verfassung" (wie Anm. 7), S. 540f.: „Die Kirche als Transformation der Judenkirche und der Synagoge erhielt eben dadurch auch den Antrieb zu gewissen Rechtsbildungen sowie zu den Formen, in die sie die Rechtsbildungen satzte." Noch sehr viel wichtiger als die Fortführung jüdischer Denkweisen und Rechtsformen ist aber ein weiterer Faktor, nämlich die gebrochen-uneindeutige, weitgehend unbewußte Orientierung an der Kultur und damit auch an den rechtlichen Strukturen der heidnischen Umwelt: „Die Kirche sah sich einem hochkultivierten Staate gegenüber, zu dessen Rechte sie aber vom Anfang an ein eindeutiges Verhältnis nicht zu gewinnen vermochte. (...) Eben weil ihr Verhältnis zu ihm ein kompliziertes war, weil sie sich zugleich ihm unterordnete (Rö 13) und ihn bekämpfte (Jo-Apk, etc.), ihn sich unbewußt zum Vorbild nahm und ihn negierte, kam es zu dauernden Rechtsbildungen in ihrer Mitte" (S. 541). – Vgl. in diesem Sinn auch DERS., Entstehung und Entwicklung der Kirchenverfassung (wie Anm. 15), S. 146f., Anm. 1 (Hervorhebung St. S.): „Religion und Recht sind also keine Gegensätze (...); ja selbst *Charisma und Recht schließen sich nicht aus.*" – Harnacks Rekonstruktion beruht demnach auf der Voraussetzung, die ersten Christen seien niemals völlig aus ihrer jüdischen oder heidnischen Ursprungskultur herausgetreten, sondern dauernd ihrer kulturellen Umgebung (einschließlich ihrer rechtlichen Strukturen) verbunden geblieben, und sei es im Modus der Negation. Dies, nämlich die Überzeugung von der immer schon, wenngleich nie ungebrochen bestehenden Verbindung des Christentums und der Kirche mit der spätantiken Umwelt, verallgemeinert Harnack dann zu einer grundsätzlichen Überlegung: „Daß aber der Charakter einer sei es auch spezifisch charismatischen Organisation, auch nur für kurze Zeit, geschweige in ihrem zeitlichen Fortgang, lediglich auf dem Charisma zu verharren vermag, kann nicht zugestanden werden" (S. 154). Gegen KROLL, Max Webers Idealtypus der charismatischen Herrschaft (wie Anm. 12), S. 65, impliziert Sohms Eingeständnis, die charismatische Struktur der Urgemeinde könne unmöglich auf Dauer fortbestanden haben – Kroll bezieht sich auf SOHM, Wesen und Ursprung (wie Anm. 5), S. 54, sowie auf DERS., Kirchenrecht I (wie Anm. 3), S. 104 –, jedoch insofern *keine* grundsätzliche Übereinstimmung der beiden Autoren. Die bleibende Spannung gründet in den verschiedenen Antworten auf die zentrale Frage, ob es überhaupt jemals eine rein charismatisch verfaßte Urgemeinde gegeben hat und gegeben haben kann. Die weiteren Konsequenzen der Differenz zwischen Sohm und Harnack, insbesondere auch für das Selbstverständnis der Reformation und des Protestantismus wiegen schwer, können sich doch nach von

und die Entstehung einer ‚Amtskirche' vielmehr als einen – ausdrücklich – bruchlosen Prozeß, der sich „langsam, so zu sagen von Fall zu Fall"[30] vollzogen habe, während Sohm zwar einerseits eine immanente Entwicklungsnotwendigkeit postuliert, die das Ergebnis sehr viel stärker an die Ursprünge zurückbindet, als es angesichts eher zufälliger Antriebe, Einflußfaktoren und Entwicklungsschritte bei Harnack der Fall sein kann, dabei aber andererseits doch zu einem völligen Umkehr der Verhältnisse, nämlich zu einer ‚Zerstörung des Wesens der Christenheit'[31] führt. „Das Kirchenrecht", so formuliert Sohm schon in seinem „Kirchenrecht" den „Grundgedanken(s) (...) welcher die Geschichte des Kirchenrechts bestimmt hat", „steht mit dem Wesen der Kirche in Widerspruch"[32]; dieses Wesen – die wesentlich charismatische Struktur der Urkirche – wird folglich „zerstört", sobald es zur Ausbildung einer Rechtsordnung in der Kirche kommt. An anderer Stelle spitzt er diese Überlegung noch einmal zu: „Die Kirche will kraft ihres Wesens *kein* Kirchenrecht."[33] Sohm bezieht damit eine nicht nur für einen Kirchenrechtler und (kirchlichen) Rechtshistoriker zweifellos bemerkenswerte (und, wie die Wirkungsgeschichte zeigt, nicht unproblematische) Position, die freilich als solche weder juristisch noch selbst historisch begründet zu werden vermag: Sohm beruft sich vielmehr immer wieder auf ‚das Wesen der Kirche', er bringt also ein – sein – Kirchenbild zur Geltung, das

---

Harnack Reformation und Protestantismus – anders als bei Sohm, dem es genau hierauf ankommt – nicht ohne Weiteres in identifikatorischer Absicht auf die, wenngleich kurze, so doch reale, jedenfalls aber ausdrücklich nicht-katholische geschichtliche Phase des nicht rechtlich, sondern charismatisch verfaßten Urchristentums zurückbeziehen. Bei HARNACK, Art. „Verfassung" (wie Anm. 7), S. 546, stellt sich das Verhältnis des Protestantismus zur Geschichte vielmehr deutlich komplizierter und uneindeutiger dar. Näherhin findet die Reformation im Urchristentum *keinerlei* direkten Anhalt und Anknüpfungspunkt; vielmehr stellt *gerade sie* den entscheidenden „Bruch" mit der gesamten Kirchengeschichte dar. Insofern sie sich dann doch – indirekter – auf die frühe Kirche berufen kann, korrespondiert Harnacks kategorischer Bestreitung der historischen Realität rein charismatischer Strukturen folgerichtig, daß auch im Horizont der lutherischen Reformation ein kirchliches Amt schlechterdings unverzichtbar und auch legitim ist: „Einen Bruch hat nur die Reformation vollzogen. (...) Sie hat nicht nur die mittelalterliche Kirchenverfassung bei sich zerstört, sondern *sie besitzt auch keinen Zusammenhang mehr mit der Kirchenverfassung des 2. und des 1. Jahrhunderts*. Sie hat sich als lutherische Reformation auf den einzigen Grundsatz zurückgezogen, den sie allerdings aus den ältesten Urkunden zu begründen vermag und mit dem sie das Wichtigste trifft, daß das Wort Gottes verkündet werden müsse und *daß ein Amt für diese Verkündigung nicht fehlen dürfe*" (ibid.; Hervorhebungen St. S.). Demgegenüber bedeutet die Ausbildung ‚sichtbarer', rechtlicher Strukturen im Luthertum innerhalb des dialektischen Geschichtsmodells Sohms wiederum einen Abfall von den Intentionen des Reformators.

30 HARNACK, Art. „Verfassung" (wie Anm. 7), S. 541: „Das kirchliche Recht (im weiteren Sinn) entstand also hauptsächlich aus der Notwendigkeit, für die Rechte und Rechtsordnungen, die im Staate galten und die man nicht anerkennen konnte, andere analoge zu substituieren und die, welche man anerkennen konnte, zu verbessern."

31 Vgl. SOHM, Wesen und Ursprung (wie Anm. 5), S. 22.

32 SOHM, Kirchenrecht I (wie Anm. 3), S. 1.

33 SOHM, Kirchenrecht I (wie Anm. 3), S. 3.

sich letztlich aus originär *theologischen* und wohl noch eher *Glaubens*entscheidungen speist, die Sohm als fundamentale Interpretamente an die Geschichte der Kirche und ihres Rechtes heranträgt.

Die Voraussetzungen, auf denen Sohms Rekonstruktion der Geschichte der frühen Kirche beruht, werden besonders deutlich, wenn man den Gedanken der naturalen Notwendigkeit der historischen Entwicklung zum Katholizismus etwas näher in den Blick nimmt, die Sohm in „Wesen und Ursprung des Katholizismus" immer wieder deutlich herausstellt.[34] Diese Notwendigkeit ist nun nicht lediglich als eine bedingte zu verstehen, als behauptete Sohm nur, *wenn* einmal das Kirchenrecht entstanden sei, *dann* müsse sich unvermeidlich auch der Katholizismus entwickeln; vielmehr ist im Zusammenhang völlig klar, daß er bereits die Entstehung des Kirchenrechtes selbst (und *folglich* auch die des Katholizismus) für ein schlechterdings naturnotwendiges Geschehen hält. Nicht nur deshalb verdient aber die Naturnotwendigkeit der Ausbildung des Kirchenrechts und des Katholizismus Interesse, weil sie den Ansatzpunkt für Max Webers These von der ‚Verrechtlichung des Charismas' bildet,[35] sondern zunächst und vor allem wegen des massiven Selbstwiderspruchs, unter dem Sohms Rekonstruktion der Geschichte des Christentums in diesem Punkt zu leiden scheint: Wie verträgt sich nämlich die starke Akzentuierung der – immanenten – Naturnotwendigkeit des Überganges zum ‚göttlichen' Kirchenrecht und damit zum Katholizismus, die ja zwangsläufig auch die Alternativlosigkeit dieser historischen Entwicklung impliziert, mit der Entschiedenheit, mit der Sohm dem Katholizismus, aber auch dem ‚aufgeklärten' Protestantismus die charismatische Urgemeinde als kritisches Korrektiv vor Augen stellt? Denn in diesem Sinn konfrontiert Sohm ja dem „Wesen des Katholizismus" „innerhalb des Protestantismus de[n] *Grundsatz* der religiösen *Freiheit* des einzelnen von der Kirchengewalt" als „das den Katholizismus *ausschließende* Prinzip"[36], auf das er den Protestantismus – die evangelische Theologie und eben insbesondere die Kirchengeschichtsschreibung – verpflichtet. Dieses ‚protestantische Prinzip der Freiheit' ist es näherhin, das verhindere, daß auch im Protestantismus vorfindliche Tendenzen des Intellektualismus und Moralismus – nach Harnack sind dies ja die entscheidenden, dem Hellenismus entstammenden Momente des Katholischen – eine Katholisierung herbeiführten. Paradigmatischer Exponent, ja geradezu der Erfinder des protestantischen „Grundsatz[es] der religiösen Freiheit" ist für Sohm Martin Luther, und zwar insbesondere aufgrund seiner scharfen Unterscheidung zwischen sichtbarer und unsicht-

34 Vgl. z. B. SOHM, Wesen und Ursprung (wie Anm. 5), S. 68, wo der Autor zusammenfassend festhält, „mit der Entstehung von Rechtsordnung für die Christenheit (Kirche im religiösen Sinne) [ist] naturnotwendig aus dem Urchristentum der *Katholizismus* hervorgegangen".

35 Vgl. Webers These von der „Veralltäglichung des Charismas", dazu die Ausführungen unten; zum Zusammenhang vgl. KROLL, Max Webers Idealtypus der charismatischen Herrschaft (wie Anm. 12), S. 64–66.

36 SOHM, Wesen und Ursprung (wie Anm. 5), S. 5f.

barer Kirche.[37] Mit seiner Lehre von der wesentlichen Unsichtbarkeit der eigentli-

---

37 Sohm bezieht sich dabei ganz ausdrücklich auf Luthers Schrift „Von dem Papstthum zu Rom wider den hochberühmten Romanisten zu Leipzig"; dies belegt z. B. SOHM, Wesen und Ursprung (wie Anm. 5), S. 9: „*Luther* setzte (gegen *Alveld* 1520) die Kirche Christi als die ‚geistliche, innere Christenheit' der rechtlich verfaßten ‚leiblichen, äußerlichen' Christenheit (der katholischen Kirche seiner Zeit), die als *solche nicht* die Kirche Christi darstellt, gegenüber"; dazu auch die Ausführungen oben, Anm. 17. Vgl. außerdem Sohms Referenztext: LUTHER, M., Von dem Papstthum zu Rom wider den hochberühmten Romanisten zu Leipzig [1520], Weimarer Ausgabe VI, S. 285–324, hier S. 296, der – auf der Basis einer recht traditionellen ‚Zwei-Naturen-Anthropologie' nachdrücklich darauf besteht, „(...) das die Christenheit ein geistlich vorsamlung der seelenn in einem glaubenn [sey], unnd das niemand seins leybs halben werd fur ein Christen geachtet, auff das ehr wisse, die naturlich, eygentlich, rechte, wesentliche Christenheit stehe ym geiste, unnd in keinem eusserlichenn Ding, wie das mag genennet werdenn. Dan alle ander ding mag haben ein unchristen, die yhn auch nymmer mehr einen Christen machen, außgenommen den rechten glaubenn, der allein Christenn macht. (...) Auff disse weyß redt die heylig schrifft von der heyligen kirchen unnd Christenheit unnd hat kein andere weyß zureden. Ubir die selben ist nu ein ander weyse vonn der Christenheit zureden. Nach der heisset man die Christenheit einn vorsamlung in ein hauß odder einer pfar, bisthum, ertzbistumb, bapstum, in wilcher vorsamlung gahen die euserlichen geperden, als singen, lesen, meßgewand. Unnd vor allen dingenn heysset man hie den geistlichen stand die bischoff, priester und ordens leut, nit umbs glaubens willen, den sie villeicht nit haben, sondern das sie mit eußerlichen salbenn gesegnet sein, kronen tragen, sonderlich kleyder tragen (...). Wie wol nw dem wortlein ‚geystlich' odder ‚kirchen' hie gewalt geschicht, das solch euserlich wesen alßo genandt wirt, szo es doch allein den glauben betrifft, der in der seelen recht worhafftige geistliche und Christen macht, hat doch der prauch uber hand genommen (...)." – Luther stellt folglich den Glauben, namentlich den *rechten* Glauben, und das heißt abstrakter: den Geist, den „äußerlichen Ding[en]" gegenüber. Diese sind völlig unabhängig vom Glauben (und umgekehrt), der allein im eigentlichen Sinn zum Christen macht; sie können nämlich auch von einem Ungläubigen, einem „Unchrist[en]" gleichsam usurpiert werden; dabei denkt Luther sicher nicht in erster Linie an die Angehörigen anderer Religionen, etwa an die Muslime (obgleich die nach Europa expandierenden Türken mit ihrer nicht-christlichen Religion für seine Zeit ein ganz unmittelbares relevantes Phänomen darstellen), sondern an Menschen, die nur dem äußeren Anschein nach Christen, Kirchenmitglieder, und sogar geistliche Amtsträger sind, obgleich sie nicht glauben, also in einem geistigen Sinn überhaupt nicht zur Kirche gehören. Entsprechend bringt Luther dann auch zwei Verständnisweisen von ‚Kirche' und ‚Christenheit' – nicht aber etwa die ‚sichtbare' und die ‚unsichtbare Kirche' als real verschiedene und klar voneinander unterscheidbare Entitäten – in eine Opposition. Seiner Auffassung nach ist allein das ‚geistige' Verständnis biblisch begründet, von dem für Luther anscheinend kein Weg zu jener anderen Redeweise führt, in der ‚Kirche' eben die äußere bzw. äußerliche Organisation mit Bräuchen und Riten sowie insbesondere mit ihrer institutionellen Ordnung, ihrer Ämterhierarchie ist. Er läßt dabei keinen Zweifel daran, daß die Wahrnehmung eines geistlichen Amtes durchaus nichts über den Glauben des Amtsinhabers aussagt: Man kann nicht nur Mitglied, sondern sogar Bischof oder Papst der äußerlichen, ‚sichtbaren' Kirche, d. h. in der rechtlichen Kirchenorganisation, sein, ohne auch nur zur *eigentlichen*, geistig-geistlichen Kirche zu gehören. Die Mitgliedschaft in der ‚sichtbaren Kirche' schließt hier die Zugehörigkeit zur ‚unsichtbaren Kirche' umgekehrt aber auch nicht aus, die Aufrechterhaltung einer kirchlichen Organisation nicht automatisch den ‚rechten Glauben'. In diesem Punkt geht Sohms These, jede rechtliche Organisation stehe als solche geradezu im Widerspruch zum Wesen des Christlichen, deutlich über Luther hinaus, dem vor allem an einem angemessenen (Selbst-)Verständnis der Kirche

chen, ursprünglichen Kirche, d. h. ihrer Freiheit von jeder rechtlichen Organisation, habe sich der Reformator in exemplarischer Weise an der Situation der Urgemeinde orientiert, so daß deren Kirchenbild (das ursprünglich natürlich mit nahezu ungebrochener Selbstverständlichkeit gelebt worden ist) bei Luther erstmals in vollem Umfang ausdrücklich werde,[38] nun freilich in theologisch reflektierter Gestalt, da Luther seine Ekklesiologie in der Auseinandersetzung mit dem Katholizismus erarbeitet habe. Die damit gegebene Konfrontation sei denn auch als der Urkirche fremder Gegensatz in das Kirchenverständnis des Reformators eingegangen, weil dieser den Kern des christlichen Selbstverständnisses unter gänzlich veränderten bedingungen zur Geltung bringt: Indem Martin Luther „den rücksichtslos scharfen Trennungsstrich" „zwischen der rechtlich verfaßten Kirche und der Kirche Christi"[39] zieht, befreit er sich nach Sohms Auffassung vom geistlichen Herrschaftssystem der spätmittelalterlichen (römisch-katholischen) Kirche. Zwar habe das Urchristentum einen „Unterschied zwischen der *äußerlich* sichtbaren Christenheit und dem nur für das Auge des Glaubens vorhandenen Volke Gottes, der Ekklesia (...) *nicht* gemacht"[40], aber eben gerade aus dem Grund, weil „[d]ie Urzeit (...) den Begriff einer rechtlich verfaßten Kirche nicht gehabt"[41] habe. Da die Vorstellung einer geistig-geistlichen und in diesem Sinn unsichtbaren Gemeinschaft folglich das Selbstverständnis der Urkirche dominierte, war die später von Luther mit Blick auf das inzwischen eingetretene Übergewicht der rechtlich-sichtbaren Dimension vorgenommene Unterscheidung weder nötig noch auch nur möglich. Indem Luther die unsichtbare Kirche – die Kirche im einzigen Sinn des Urchristentums – scharf von der rechtlich verfaßten sichtbaren Kirche unterscheidet, restituiert er insofern die urchristliche Situation, als er unter anderen historischen Umständen wieder auf der Idee einer rechtsfreien, unsichtbaren Kirche besteht.

Wie ist eine derartige Revision der historischen Entwicklung aber möglich, wenn die Entstehung des Kirchenrechtes, also der sichtbaren Außenseite der Kirche, tatsächlich einen sich mit naturgesetzlicher Zwangsläufigkeit vollziehenden Prozeß darstellt? Wie kann die insofern notwendig-unvermeidliche, alternativlose Versinnli-

---

gelegen ist. Dies erklärt sich aus der pietistischen Provenienz von Sohms gegenüber Luther deutlich zugespitzten Kirchenbegriff, der im Folgenden noch weiter nachzugehen sein wird.

38 Vgl. SOHM, Wesen und Ursprung (wie Anm. 5), S. 11: „In Wahrheit ist die Gegensätzlichkeit des rechtlichen Verbandes und der Kirche Christi zuerst von dem tiefen Geiste Luthers wirklich begriffen und in Kraft gesetzt worden. (...) In Wahrheit ist der Gedanke der Unsichtbarkeit der Kirche Christi die größte und mächtigste Idee gewesen, die überhaupt in der *Geschichte* der Kirche aufgetreten ist. Was rechtlich verfaßt ist, das ist für den Verstand und darum für jedermann (die Welt) sichtbar und kann deshalb (als solches) kein Gegenstand des Glaubens, kann (als solches) *niemals* die heilige christliche Kirche sein, von welcher das christliche Glaubensbekenntnis redet. So die zwingende Logik *Luthers*."

39 SOHM, Wesen und Ursprung (wie Anm. 5), S. 13.

40 SOHM, Wesen und Ursprung (wie Anm. 5), S. 26.

41 SOHM, Wesen und Ursprung (wie Anm. 5), S. 27.

chung und ‚Veräußerlichung des Religiösen'[42] auch nur partiell zurückgenommen werden? – Sohm deutet eine Lösung an, wenn er anmerkt, das „brennende(n) Verlangen der Menschenseele nach Sichtbarkeit des Unsichtbaren", dem „[d]as katholische Prinzip entspricht"[43], sei näherhin „[d]as Verlangen des *natürlichen* Menschen"[44]. Das klar abwertend gebrauchte Attribut ‚natürlich' scheint den Gegensatz zu einem anderen, gleichsam *über*-natürlichen Typus des Menschen zu markieren, der dann auch der *naturalen* Notwendigkeit der historischen Entwicklungen *nicht* (mehr) unterläge. Näherhin handelt es sich um den mit dem göttlichen Geist begabten und von diesem (an-)geleiteten Menschen zunächst der erste(n) christliche(n) Generation(en), dann aber auch späterer Zeiten; dabei wäre dann namentlich auch an Martin Luther selbst zu denken.

Jedoch wird die Differenz zwischen dem ‚natürlichen Menschen', der „Masse", die „autoritär regiert sein [will]"[45], und dem freien, d. h. unter der Autorität des Geistes stehenden geistlich-charismatischen Menschen – bereits dieser Gegenbegriff fällt bei Sohm allerdings *nicht* – nirgends ausdrücklich ausgesprochen. Gleichwohl scheint sie die unverzichtbare Prämisse von Sohm Konzeption darzustellen, die sich nur im Lichte dieser Oppositionaufrechterhalten läßt, ohne in den skizzierten (Selbst-)Widerspruch zwischen naturaler Notwendigkeit des Katholizismus und der gleichwohl bestehenden Alternative des ‚protestantischen Prinzips' zu geraten. Sohms Verständnis der Kirchengeschichte scheint folglich bestimmt von der Idee einer naturgesetzlichen Notwendigkeit, der der ‚natürliche Mensch' unterliegt, und die sich – gegen Ende des ersten nachchristlichen Jahrhunderts – mindestens an der Oberfläche, d. h. im Bereich des ‚für jedermann Sichtbaren' gegen die Herrschaft des Geistes durchsetzt, sie gewissermaßen überdeckt und konterkariert; gelegentlich aber verschafft sich der Geist aber doch erneute Geltung, indem er die Naturordnung und das „Verlangen (…) nach Sichtbarkeit des Unsichtbaren"[46] durchbricht. Freilich kann sich dieses Verlangen, wie die Geschichte der Reformation und nicht zuletzt Sohms Kontroverse mit dem Kulturprotestantismus seiner Zeit zeigen, im Anschluß wiederum durchsetzen. In diesem Sinn übt Sohm – recht pauschal – Kritik an der weiteren Geschichte der Reformation und des Protestantismus, insbesondere an der Aufklärung und schließlich an einem ‚aufgeklärten' Verständnis der Kirche, wie er es durch die unter den protestantischen Kirchenhistorikern vorherrschende Meinung auf die frühe Kirche projiziert sieht:[47] Das Kirchenbild und Selbstver-

42 Vgl. SOHM, Wesen und Ursprung (wie Anm. 5), S. 20.

43 SOHM, Wesen und Ursprung (wie Anm. 5), S. 21.

44 SOHM, Wesen und Ursprung (wie Anm. 5), S. 20 (Hervorhebung St. S.).

45 SOHM, Wesen und Ursprung (wie Anm. 5), S. 21.

46 SOHM, Wesen und Ursprung (wie Anm. 5), S. 21.

47 Sohm resümiert diese Sicht der Kirchengeschichte mit der ironischen Bemerkung, „[s]elbstverständlich" hätten „die Christen der Urzeit bereits den Kirchenbegriff der Aufklärung" (SOHM, Wesen und Ursprung [wie Anm. 5], S. 10) gehabt.

ständnis des zeitgenössischen Kulturprotestantismus kennzeichnet aus seiner Sicht primär die Beschränkung auf das, was „für den Verstand und darum für jedermann (die Welt) sichtbar" ist „und (...) deshalb (als solches) kein Gegenstand des Glaubens [sein kann]"[48], also die Abkehr von fundamentalen reformatorischen Überzeugungen. Die logische Konsequenz dieser Auffassung ist die Überbetonung der sichtbaren gegenüber der unsichtbaren Kirche, die mangelnde Unterscheidung dieser beiden Dimensionen und – in der weiteren Folge – die wesenswidrige Einbeziehung auch der *geglaubten* Kirche in die staatliche Rechtssphäre, also die (erneute) Verweltlichung und Verstaatlichung der Kirche.[49] Sohm begreift diese Sicht zwar einerseits als Fortschreibung der Lutherischen Unterscheidung, wobei deren eigentlicher Gehalt aber namentlich durch Kalvinismus und Aufklärung pervertiert worden sei; demgegenüber sei, wie er zustimmend vermerkt,

[i]m Gebiet der lutherischen Reformation (...) infolgedessen die Kirche für lange Zeit als selbständiges rechtliches Gebilde überhaupt vollständig verschwunden, denn einer Kirche im Rechtssinn bedarf es nicht[50].

Sohms dialektisches Geschichtsmodell vermag wohl auch den religiösen Eifer zu erklären, mit dem er die vordergründig (nur) wissenschaftliche Auseinandersetzung insbesondere mit Harnack als einem Exponenten jenes aufgeklärten Kulturprotestantismus führt: Es handelt sich um eine weitere Etappe in dem die Geschichte prägenden Streit zwischen Geist und Natur. Insbesondere bestimmt sein Denkmodell aber seine Perspektive auf den Katholizismus, und zwar über die Idee von der Na-

48 SOHM, Wesen und Ursprung (wie Anm. 5), S. 11.

49 Demnach ist im Gegensatz zur „Kirche im Lehrsinn die Kirche im Rechtssinn(,) ein *besonderes*, vom Staat sich abhebendes, aber doch in den Bereich des Staates gehörenden *rechtliches* Gebilde. Der Aufklärung ist die Kirche im Rechtssinn eine Religionsgesellschaft (Kirchengesellschaft), insbesondere die vom Staat privilegierte Religionsgesellschaft" (SOHM, Wesen und Ursprung [wie Anm. 5], S. 9).

50 SOHM, Wesen und Ursprung (wie Anm. 5), S. 9; ob Sohm mit dieser seiner Rekonstruktion der „lutherischen Reformation" und ihrer Geschichte den historischen Befunden tatsächlich gerecht wird, muß hier dahingestellt bleiben. Zweifellos liegt der Akzent in Sohms Aussage aber auf der ‚Selbständigkeit' der „Kirche im Rechtssinn", – nämlich als *kirchlicher* Sphäre und gegenüber der staatlichen Administration. Daß es im Kontext des lutherischen Protestantismus keine selbständige rechtlich organisierte ‚sichtbare, Kirche gegeben haben soll, schließt freilich die Existenz einer ‚rechtlichen' Kirchenorganisation nicht aus, – aber eben geradezu als Teil der staatlichen Rechtsordnung und scharf unterschieden von der Innerlichkeit der ‚unsichtbaren' Kirche des Glaubensbekenntnisses. Sohm kritisiert also näherhin, daß und wie der Kalvinismus und die Aufklärung (freilich aus ganz verschiedenen Gründen) durch die sichtbare Kirche und die Verbindung mit ihr die unsichtbare Kirche verrechtlichen und verstaatlichen, während der Katholizismus zwar seinerseits die unsichtbare Kirche mit der sichtbaren geradezu identifiziert, dabei aber aufgrund anderer Voraussetzungen und Vorentscheidungen eher noch auf eine Verkirchlichung des Staates abzielt(e). – Vgl. Sohms Darstellung des katholischen Selbstverständnisses S. 14ff.; zum systematisch wichtigen Punkt der Identifikation von Recht, Welt und Verstand z. B. S. 11.

turnotwendigkeit seiner Entstehung hinaus: Einerseits favorisiert Sohm gegen den Katholizismus Luthers scharfe Unterscheidung zwischen sichtbarer und unsichtbarer Kirche; andererseits liegt die Identifikation dieser beiden Dimensionen in gewissem Sinn in der Konsequenz der urchristlichen Nicht-Unterscheidung. Diese steht freilich unter dem klaren Primat des Unsichtbaren, während im Katholizismus für Sohm ein klarer Vorrang des Sichtbaren besteht, die urchristlichen Verhältnisse gleichsam in sich pervertiert vorliegen, so daß geradezu „der Mangel der Unterscheidung (...) das katholische Prinzip [bedeutet]"[51].

1.2 Geist gegen Amt – Amt gegen Geist: Der „Erste Clemensbrief" und seine Interpretation durch Rudolph Sohm

Als zentrale kirchenhistorische Quelle, die den Bruch belegen soll, der sich aus innerer, naturaler Notwendigkeit im Übergang vom Urchristentum des 1. Jahrhunderts zum Katholizismus einstellt, fungiert nun bei Rudolph Sohm der „Erste Clemensbrief",[52] und zwar gewiß nicht allein aus im engeren Sinn inhaltlichen Gründen, sondern gerade auch deshalb, weil die kirchliche Tradition den Brief, ohne Anhalt im Text selbst, einem Clemens – Clemens Romanus, *Papst* Clemens I. – zuschreibt. Die offiziellen Papstkataloge führen diesen Clemens als dritten Nachfolger des Petrus in der Leitung der römischen Gemeinde, – die zu dieser Zeit selbstverständlich noch keinen (Einzel-)Bischof (im späteren Sinn) an ihre Spitze hatte.[53] Jedoch fungierte (und fungiert teilweise noch immer) der „Erste Clemensbrief" traditionell als wichtige Referenzquelle für das Selbst- und Amtsverständnis der Katholischen Kirche und des Papsttums: Unter dieser Perspektive belehrt und ermahnt, ja maßregelt der ‚Römische Bischof' mit autoritativem Anspruch eine – zudem ausgesprochen prominen-

---

51 SOHM, Wesen und Ursprung (wie Anm. 5), S. 13. – Dennoch ist – insbesondere im Vergleich mit der aufgeklärten ‚Verstaatlichung' der Religion – offenbar nicht einfach-eindimensional negativ zu bewerten, daß „Gewalt des Staates über das katholische Kirchenregiment, Gesetzgebung des Staates in Sachen des katholischen Kirchenregiments (staatliche Kirchenhoheit) unmöglich [ist]" (S. 15). Umgekehrt trifft sowohl die ‚aufgeklärte' Fortschreibung der Opposition Luthers gegen den „Mangel der Unterscheidung" als auch den Katholizismus, in dem „[d]as Wesen der Christenheit (...) zerstört [ist]" (S. 22), harsche Kritik. – Zur Einordnung von Sohms Kirchen- und Geschichtsbild wird weiter unten noch einiges auszuführen sein.

52 Vgl. z. B. SOHM., Wesen und Ursprung (wie Anm. 5), S. XVIf., Anm. 13 („das älteste Zeugnis für das katholische Traditionsprinzip [...] und zugleich für die Geltendmachung der römischen Tradition"), S. XXIXf. mit Anm. 39 sowie insbes. S. 64–68: „Dies Wesen des Katholizismus erscheint zuerst im Clemensbrief (...)" (S. 68).

53 Diese Fragen sind bekannt, spielen im vorliegenden Zusammenhang aber keine größere Rolle. Sie müssen deshalb hier nicht detailliert dargestellt und diskutiert werden.

te – auswärtige Gemeinde apostolischen Ursprungs, und zwar überdies in einer die Gemeindeorganisation und das kirchliche Amt, seinen Charakter und seine Kompetenzen, unmittelbar betreffenden Angelegenheit. Das allein ist für Rudolph Sohm, den überzeugten Protestanten, dessen theologische Ansichten erkennbar pietistisch grundiert sind,[54] Grund genug, diese Interpretation einerseits aufzugreifen, andererseits aber gleichsam gegen sich selbst zu wenden und zu verwenden. Folgerichtig liest Sohm den „Ersten Clemensbrief" als Beleg für den ‚Sündenfall' der Kirche, die ihren anfänglichen Glaubensmut fortschreitend verliert, die deshalb ihre ausschließlich charismatischen Ursprünge verläßt und sich – gerade im Amtsverständnis – kleingläubig verrechtlicht:[55] Insofern Sohms rechtsgeschichtliche Deutung dieses kirchengeschichtlich zentralen Textes sowie die sich daran anschließenden Kontroversen um die Frühgeschichte des Christentums und die Entstehung der kirchlichen Ämter entscheidende Quellen von Max Webers Charisma-Konzept darstellen,[56] beruht dieses – indirekt – auf Rudolph Sohms Kirchenbild und seiner Perspektive auf die christliche Urgemeinde und die Geschichte der Alten Kirche.

Soweit er sich rekonstruieren läßt, ist der geschichtliche Hintergrund, vor dem der „Erste Clemensbrief" über die internen Verhältnisse der christlichen Gemeinde(n) nachdenkt, in Kürze der folgende: Wie die römischen Briefschreiber ausdrücklich festhalten, erfolgte ihre Stellungnahme mit einiger Verspätung, nämlich aufgrund „der über uns gekommenen Unglücke und Mißhelligkeiten"[57]. Diese nur angedeuteten ungünstigen Umstände werden von der Forschung gelegentlich, wenngleich nicht unwidersprochen, mit Verfolgungsmaßnahmen unter Domitian (81–96) identifiziert und stellen traditionell einen wichtigen Ansatzpunkt für die Eingrenzung der Entstehungszeit des umfangreichen Briefes dar. Die ‚domitianische Verfolgung' war freilich recht unspezifisch und scheint die Stadt Rom kaum in erheblichem Umfang betroffen zu haben. Die exakte Datierung der Quelle ist folglich in der Forschung höchst umstritten.[58]

---

54 Vgl. hierzu die Ausführungen und Belege unten, Abschnitt 3.

55 Vgl. SOHM, Kirchenrecht I (wie Anm. 3), S. 162: „Dieser Glaubensmut, welcher dem Geiste und Worte Gottes als solchem traut, ist seit dem Ende des ersten Jahrhunderts in unaufhaltsamem Sinken. (…) Der *Kleinglaube* fordert Stützen,Hülfsmittel, Krücken, äußere Bürgschaften für die Einhaltung rechter Ordnung in der Ekklesia. Der *Kleinglaube* verlangt *Rechtsordnung*, formale Schranken, Garantieen für die Aufrechterhaltung der Christenheit. Aus diesem Kleinglauben ist der Katholizismus entsprungen."

56 Vgl. KROLL, Max Webers Idealtypus der charismatischen Herrschaft (wie Anm. 12), S. 51–54.

57 1Clem 1,1. – Der Brief, der griechische Text und seine deutsche Übersetzung, wird hier und im Folgenden zitiert nach LINDEMANN/PAULSEN (Hrsg.), Die Apostolischen Väter (wie Anm. 7), S. 77–151; zur Interpretation der „Unglücke und Mißhelligkeiten" als möglichen Hinweis auf eine Christenverfolgung vgl. LINDEMANN, A., Die Clemensbriefe (Handbuch zum Neuen Testament 17: Die Apostolischen Väter I), Tübingen 1992, S. 26f.

58 Zusammenfassend zur Datierung vgl. POWELL, D., Art. „Clemens von Rom", in: TRE 8, S. 113–120, hier S. 117f.; LINDEMANN, Die Clemensbriefe (wie Anm. 57), S. 12f.

Doch auch, was in der ersten Hälfte der 90er Jahre, vielleicht auch schon zuvor, in Korinth tatsächlich vorgefallen ist, worin also der „unpassende(n) (...) abscheuliche(n) und gottlose(n) Aufruhr" bestanden haben könnte, „den einige unbesonnene und freche Personen (...) entfacht haben"[59], läßt sich in den Details kaum mehr feststellen: Die Briefschreiber können den Sachverhalt natürlich als hinlänglich bekannt voraussetzen und halten sich nicht weiter mit seiner Rekapitulation auf; sie konfrontieren die Empfänger vielmehr sogleich mit ihren sittlichen Bewertungen und theologischen Interpretationen. Der Brief insistiert jedoch auffällig auf der Frage nach dem rechten Verhältnis zwischen Jungen und Alten;[60] deshalb hat man an einen bloßen Generationenkonflikt gedacht; auch die Möglichkeit einer Kollision zwischen der Binnenentwicklung der Korinthischen Gemeinde und den Usancen des antiken Vereinsrechtes ist diskutiert worden, aufgrund derer auch religiöse Vereinigungen ihre Beamten zunächst für begrenzte ‚Amts'-Zeiten bestimmten. Demgegenüber hat sich in den christlichen Gemeinden zweifellos sukzessive die Vorstellung durchgesetzt, deren Funktionäre übernähmen ihre Ämter, die sich nunmehr mit einer besonderen religiösen Dignität ausgestattet finden, auf Lebenszeit.[61] Die Korinthischen ‚Aufrührer' hätten dann nicht mehr getan, als gegen das sich neu etablierende kirchliche Amtsverständnis an der hergebrachten, im kulturellen und rechtlichen Umfeld verankerten Auffassung festzuhalten. Interessant ist unter diesem Aspekt allerdings in der Tat der geradezu betont selbstverständliche Nachdruck, mit dem Status und Bedeutung der gemeindlichen Funktionsträger seitens der römischen Briefschreiber in Analogie zum jüdischen Tempelpriestertum und vor dem Hintergrund des alttestamentlichen Priestergesetzes verstanden und dargestellt werden.[62] Als Amtsträger werden die von den Aposteln, auf die die Gemein-

---

59 1Clem 1,1; dieser ‚Aufruhr' *(στάσις)* in der Gemeinde von Korinth wird damit bereits eingangs des Briefes als dessen eigentliches Thema eingeführt.

60 Vgl. z. B. 1Clem 1,3, wo die Verfasser die in der Gemeinde von Korinth ehemals bestehende einträchtige Ordnung rühmen, und 3,3f., wo, ganz entsprechend, die inzwischen eingetretene tiefgreifende Störung dieser Ordnung beklagt wird: „So erhoben sich die nicht Geachteten gegen die Geachteten, die Ruhmlosen gegen die Berühmten, die Unverständigen gegen die Verständigen, die Jungen gegen die Älteren [οἱ νέοι ἐπὶ τοὺς πρεσβυτέρους]. Deshalb sind Gerechtigkeit und Friede in weiter Ferne (...)." Die Opposition νέοι – πρεσβύτεροι ist freilich aufgrund der Mehrdeutigkeit im Griechischen gleichermaßen im Sinn eines Generationenkonflikts wie einer Spannung zwischen (einzelnen) Gemeindemitgliedern und den „Ältesten", den „Presbytern" zu interpretieren; vgl. LINDEMANN, Die Clemensbriefe (wie Anm. 57), S. 28 und 33 (speziell zum Gegensatz νέοι – πρεσβύτεροι).

61 Vgl. zu dieser Forschungsposition beispielsweise bereits LIETZMANN, H., Geschichte der Alten Kirche. Mit einem Vorwort von Christoph Markschies. 4./5. Auflage in einem Band, Berlin 1999, S. 203f. [= Bd. I, S. 201f.]; in der Tendenz auch SOHM, Wesen und Ursprung (wie Anm. 5), S. 65.

62 Vgl. das gesamte Buch Levitikus, insbes. Lev 8, wo in Gestalt eines Berichtes über die Einsetzung Aarons und seiner Söhne als Priester das Ritual der Amtseinsetzung des Hohenpriesters beschrieben wird; außerdem, zur Rolle der Leviten, z. B. Num 3,5–10; 18,1. – Vgl. LINDEMANN, Die Clemensbriefe (wie Anm. 57), S. 121f.

den ihre Gründung zurückführen, direkt oder indirekt eingesetzten *Diakone* und *Episkopen* genannt (das meint zunächst buchstäblich nur ‚Aufseher', wohl über den gemeinsamen Besitz und etwa den Versammlungsraum) sowie *Presbyter*,[63] wobei kaum deutlich wird, wie insbesondere Episkopen und Presbyter (‚Älteste' im Sinn der Verfassung der jüdischen Synagogalgemeinde), was ihren Status und ihre Aufgaben angeht, voneinander abgehoben werden können, wie also die Presbyter den im Zusammenhang genannten Episkopen und Diakonen zuzuordnen sind. Eine durchgehende hierarchische Struktur der drei ‚Ämter' im Sinn der späteren Stufen des Weihesakramentes – Diakon, Priester (i. e. S.) und Bischof – liegt jedoch ganz gewiß noch nicht vor. Es gibt folglich auch kein Anzeichen für die – anscheinend – naheliegende Parallelisierung der beiden Reihen *Hoherpriester – Priester – Leviten* (sowie die ‚Menschen aus dem Volk')[64] und *Episkop(en) – Presbyter – Diakone*, – und zwar schon deshalb nicht, weil eine solche klare Ordnung der gemeindlichen Ämte im Brief überhaupt nicht vorkommt. Für christliche Gemeinde und ihre Funktionäre, Presbyter sowie Diakonen und Episkopen, gilt im Brief das Alte Testament vielmehr in dem grundlegenden Sinn als maßstäblich, daß – in analoger Entsprechung – auch die Christen der Verpflichtung unterliegen, die von Gott selbst für den Tempel- bzw. Gottesdienst festgesetzten Regularitäten – Zeiten und Zuständigkeiten – präzise einzuhalten.[65] Wie die Analogie zwischen dem alttestamentlichen Priestertum und den Amtsträgern der christlichen Gemeinde weiter entfaltet wird und im Detail verstanden werden kann – werden Presbyter und Episkopen wirklich geradezu als ‚Opferpriester' begriffen? – muß und soll hier nicht weiter untersucht werden; Zweifel gegenüber einer allzu anspruchsvollen Interpretation sind jedoch angebracht, zumal sich das theologische Interesse des Briefes eigentlich auf einen ganz anderen Gesichtspunkt richtet.

Der thematische Akzent liegt nämlich sehr viel mehr auf der Einheit und Eintracht in der Gemeinde, auf Glaube, Frömmigkeit und Gastfreundschaft,[66] die die Schreiber durch „Eifersucht und Neid, Streit und Aufruhr, Verfolgung und Unordnung"[67], durch

---

63 Vgl. 1Clem 42,4f. (einzige Nennungen des ἐπίσκοπος in 1Clem, daneben gelegentlich das ‚Amt des Aufsehers', die ἐπισκοπή, z. B. 44,1.4); 47,6; 54,2 und 57,1; dazu LINDEMANN, Die Clemensbriefe (wie Anm. 57), S. 126.127f. (mit Exkurs).

64 Vgl. LINDEMANN, Die Clemensbriefe (wie Anm. 57), S. 123f.

65 Vgl. hierzu 1Clem 40,1–5: „(...) [W]ir [sind] verpflichtet, alles der Ordnung gemäß zu tun, was der Herr zu festgesetzten Zeiten zu vollziehen befohlen hat, daß nämlich die Opfer und Dienste vollzogen werden. (...) Wo und durch wen er den Vollzug will, hat er selbst durch seinen allerhöchsten Rat bestimmt (...). (...) Dem Hohenpriester nämlich sind eigene dienstliche Handlungen übertragen, und den Priestern ist ein eigener Platz zugewiesen, und den Leviten obliegen eigene Dienstleistungen. Der Mensch aus dem Volk ist an die für das Volk geltenden Vorschriften gebunden."

66 Vgl. 1Clem 12,1 u. ö. *(πίστις)*; 11,1 u. ö. *(ευσεβεία, φιλοξενία)*.

67 Vgl. 1Clem 3,2: „ζῆλος καὶ φθόνος, ἔρις καὶ στάσις, διωγμὸς καὶ ἀκαταστασία". – Der Brief bedient sich freilich gerade in diesem Punkt hochgradig topischer Beschreibungen, die kaum valide

„Prahlerei und Aufgeblasenheit und Torheit und Zorn“[68] gefährdet sehen und zu deren Bewahrung sie Demut und Bescheidenheit sowie den Gehorsam gegenüber den Leitern der Gemeinde einfordern.[69] Die christliche Gemeinde wird – wie schon bei Paulus – ‚organologisch‘ verstanden und ist in dieser Hinsicht Abbild des Kosmos; vielmehr *soll* sie das Abbild eines Kosmos sein, den Gott als harmonisches, letztlich spannungs- und widerspruchsfreies Ordnungsgefüge errichtet hat, weil er selbst „frei von Zorn ist gegenüber seiner ganzen Schöpfung“[70]. Umgekehrt ist deren immanente (hierarchische) Ordnung Ausdruck und Garant ihrer gehorsamen Unterordnung unter ihren Schöpfer. Die Autoren des Briefes führen diesen theologisch anspruchsvollen Gedanken im Anschluß breit aus, indem sie zahlreiche weitere Naturphänomene zum Beleg anführen, mündend in die Vorstellung, insbesondere die Menschen und namentlich die Christen seien die Nutznießer der von Gott gesetzten Ordnung.[71] Daraus folgt freilich sogleich ein enormer sittlicher Anspruch, dem sich konsequenterweise vor allem die Christen zu stellen haben, und zwar zuallererst in ihrem Umgang untereinander.[72] Immer wieder ist es die Eintracht und das harmonische Einverständnis, das die Briefschreiber in den Vordergrund stellen: Das Einvernehmen in der Gemeinde begreifen sie als erste Schuldigkeit gegenüber Gott, als obligatorische Antwort auf dessen ‚Wohltaten‘, die sie – unter dem Aspekt der Ordnung und ihrer Bewahrung – eben auch in einen Zusammenhang bringen mit der – zeitlichen, örtlichen und personellen – ‚Pünktlichkeit‘ des Tempelritus, wie sie das alttestamentliche Priestergesetz von Leviten und Priestern sowie insbesondere dem Hohenpriester fordere; allein um dieses Zieles willen habe es überhaupt einer hierarchischen Ordnung der priesterlichen Ämter bedurft. Der Brief vergleicht den religiösen und sittlichen Auftrag, der sich daraus für die Christen ergibt, mit dem Kriegsdienst und formuliert als Ergebnis die Lehre von der funktionalen, auch hierarchischen Ausdifferenzierung der christlichen Gemeinde. Dabei werden die

---

Rückschlüsse auf die konkrete Gemeindesituation in Korinth zulassen dürften; vgl. dazu LINDEMANN, Die Clemensbriefe (wie Anm. 57), S. 32f.

68 Vgl. 1Clem 13,1: „ἀλαζονεία, τύφος, ἀφροσύνη, ὀργή“.

69 Vgl. 1Clem 13,1; 16,1 u. ö. *(ταπεινότης)*; 19,1 *(ὑπακοή)*.

70 1Clem 19,3. – Vgl. weiter 20,1–3: „Die Himmel, kreisend durch sein Walten, ordnen sich ihm in Frieden unter. Tag wie Nacht vollenden den von ihm angeordneten Lauf, ohne einander zu behindern. Sonne und Mond und die Chöre der Sterne durchlaufen entsprechend seiner Anordnung in Eintracht ohne jede Überschreitung die ihnen vorgeschriebenen Bahnen.“ – Vgl. zur Stelle LINDEMANN, Die Clemensbriefe (wie Anm. 57), S. 70f.

71 Vgl. 1Clem 20,11: „Daß dies alles in Frieden und Eintracht sei, hat der große Schöpfer und Herr des Alls angeordnet – Wohltaten allen spendend, in überreichem Maße aber uns, die wir Zuflucht genommen haben zu seinem Erbarmen durch unseren Herrn Jesus Christus (...).“ – Vgl. LINDEMANN, Die Clemensbriefe (wie Anm. 57), S. 75.

72 Vgl. 1Clem 21,1: „Seht zu (...), daß nicht seine vielen Wohltaten uns zum Gericht werden, wenn wir nicht seiner würdig wandelnd das vor ihm Gute und Wohlgefällige tun in Eintracht.“

den verschiedenen Aufgaben entsprechenden Fähigkeiten und Fertigkeiten als ,Charismen' angesprochen und beschrieben.[73]

Von diesen Gnadengaben ist demnach in einem Sinn die Rede, der dem Charismabegriff des Paulinischen „Ersten Korintherbriefes", des grundlegenden Textes für die gesamte Diskussion um dieses Konzept, zwar vergleichbar ist, was den Zusammenhang eines ,organologischen' Gemeindeverständnisses angeht; die bei Paulus angeführten i. e. S. ,pneumatischen' Geistesgaben fehlen jedoch völlig.[74] Anders als Paulus benutzt der Clemensbrief den Charismabegriff jedoch auch nicht ausdrücklich gegen spiritualistische Überlegenheitsansprüche; er wird überhaupt nicht programmatisch eingeführt, sondern nur vereinzelt und beiläufig gebraucht. Das Schreiben der römischen an die Gemeinde von Korinth stellt im Kern eine großangelegte und weit, nämlich bis in kosmologische Erwägungen hinein, ausgreifende Meditation über die Einheit der christlichen Gemeinde und deren Eintracht dar, über den innergemeindlichen Frieden – vielleicht auch in einem Gegensatz zu den äußeren Unbilden der äußeren Umstände. Allein in diesem Zusammenhang kommt der Brief auch auf diejenigen gemeindlichen Funktionen zu sprechen, die später, mindestens der Terminologie nach, zu den kirchlichen Ämtern werden, und zwar durchaus nicht unprononciert. Daß die römische Gemeinde aber geradezu einer Verrechtlichung der Kirche das Wort redete, wird man bei nüchterner Prüfung des Textes kaum sagen können, zumal wenn man nicht die einschlägigen Entwicklungen der folgenden Jahrzehnte und Jahrhunderte (über die freilich zunächst auch nur bruchstückhafte und punktuelle Informationen vorliegen) immer schon mit- und in die Quelle hineinliest. Namentlich aber gibt es keinen validen Beleg für den von Rudolph Sohm behaupteten Konflikt zwischen den „bestellten Ältesten", gar den ,Bischöfen', die in Korinth „von der Verwaltung der Eucharistie ausgeschlossen" worden seien, um „dieselbe einem Asketen, welcher durch Geistesgaben hervorrag-

73 Vgl. 1Clem 37,3–38,1: „Nicht alle sind Befehlshaber (...); sondern jeder vollzieht auf seinem eigenen Posten das vom König und von den Herrschenden Angeordnete. – Die Großen können ohne die Kleinen nicht sein; und die Kleinen nicht ohne die Großen. Es gibt bei allem eine gewisse Mischung, und darin liegt die Brauchbarkeit. Nehmen wir unseren Leib: Der Kopf ist ohne die Füße nichts; so sind auch die Füße nichts ohne den Kopf. Die geringsten Glieder unseres Leibes sind notwendig und nützlich für den ganzen Leib. Aber alle stimmen sie überein und geben sich einer einträchtigen Unterordnung hin, auf daß der ganze Leib bewahrt werde. – Es soll also bewahrt werden unser ganzer Leib in Christus Jesus, und es soll sich ein jeder seinem Nächsten unterordnen, wie es bestimmt ist in seiner Gnadengabe [ἐν τῷ χαρίσματι αὐτοῦ]." – Zum Begriff in 1Clem vgl. LINDEMANN, Die Clemensbriefe (wie Anm. 57), S. 116 zu 38,1: „(...) [D]as Wort χάρισμα begegnet im Urchristentum nur bei Paulus und in dessen Umkreis (...); der Sinn unterscheidet sich allerdings von dem typisch paulinischen, denn im folgenden werden keine πνευματικά genannt (...)."

74 Vgl. 1Kor 12,4–31a, insbes. 12,12–27, mit dem Resümee: „Ihr aber seid der Leib Christi, und jeder einzelne ist ein Glied an ihm."

te,[zu] übertragen"[75]. Noch weniger läßt sich ein epochaler Übergang von einer charismatischen zu einer amtsbezogenen rechtlich-institutionellen Gemeindestruktur oder gar eine Verrechtlichung der lehrmäßigen Glaubensinhalte und die „Vergöttlichung des Kirchenrechtes"[76] im „Ersten Clemensbrief" greifen.

Die Problematik von Sohms Interpretation tritt noch deutlicher hervor, wenn man seine Quellenbelege für den Konflikt zwischen den ‚Beamten' und charismatischen Asketen im Detail überprüft: Sohm zitiert die (oben angeführte) Bezugnahme der Briefschreiber auf den „abscheulichen und gottlosen Aufruhr" sowie zwei Belegstellen für die sehr geringe Zahl der Verursacher der innergemeindlichen Spannungen, die auf „einige unbesonnene und freche Personen"[77], auf „ein oder zwei Personen" oder – in Sohms Interpretation – sogar nur auf ein einziges Gemeindemitglied zurückgingen;[78] schon diese Zuspitzung auf eine in irgendeiner Weise ausgezeichnete Einzelperson verdankt sich einer kaum nachvollziehbaren Interpretation. Die andeutenden Hinweise des Briefs auf die Zahl der ‚Aufrührer' – den Verfassern liegt wohl daran, den ‚Aufruhr' als das Fehlverhalten einer Minderheit zu marginalisieren und an den guten Willen der Mehrheit zu appellieren – rückt Sohm dann zudem in das Licht der Kritik an „Prahlerei und Aufgeblasenheit", die der Brief auf recht unspezifische und eher topisch wirkende Weise in ganz anderen Zusammenhängen übt. Sohms Befund lautet folglich: Dem negativen Urteil der römischen Gemeinde zufolge

[rühmen sich d]iese ‚ein oder zwei' Männer (...) ihrer Weisheit, ihres Verständnisses des göttlichen Wortes, ihrer Keuschheit, ihrer Liebe zu Christo (...). Augen-

---

75 SOHM, Kirchenrecht I (wie Anm. 3), S. 157. – Sohm behandelt den „Ersten Clemensbrief" kennzeichnenderweise zu Beginn des ersten Abschnittes über den Bischof des zweiten Kapitels „Der Katholizismus" seines Werkes zur historischen Grundlegung des Kirchenrechtes, d. h. als fundamentale Quelle, die die erste Phase einer geschichtlichen Entwicklung dokumentiert, die schließlich – im direkten Gegensatz zum ursprünglichen Geist des Christentums – zur Entstehung und Etablierung der Katholischen Kirche mit ihrer rechtlich-hierarchischen Ämterordnung führt; vgl. S. 158: „Dies berühmte römische Gemeindeschreiben (...) macht Epoche in der Kirchenverfassungsgeschichte. Dasselbe war bestimmt, *der urchristlichen Verfassung in der Kirche ein Ende zu machen.*"

76 SOHM, Wesen und Ursprung (wie Anm. 5), S. 7 u. ö.

77 1Clem 1,1: „ὀλίγα πρόσωπα προπετῆ καὶ αὐθάδη". – Vgl. LINDEMANN, Die Clemensbriefe (wie Anm. 57), S. 26f.

78 Vgl. 1Clem 47,6 („ἐν ἢ δύο πρόσωπα"); 54,1f.; dazu SOHM, Kirchenrecht I (wie Anm. 3), S. 157f., Anm. 4. – Mindestens 1Clem 54,1f. ist demgegenüber dem Wortlaut nach freilich eher unspezifisch, was die innergemeindlichen Zahlenverhältnisse angeht; der Singular „τίς (...) ἐν ὑμῖν" spricht vielmehr jedes einzelne Gemeindemitglied an, insofern es – potentiell – Ausgangspunkt von Irritationen und Spaltungen in der Gemeinde ist oder wird.

scheinlich war es vor allem ihre Askese (Ehelosigkeit), welche ihnen Ansehen in der Gemeinde gab.[79]

Zur Plausibilisierung seiner These, im Zentrum einer Kontroverse nicht nur in Korinth, sondern in der christlichen Kirche überhaupt, habe der Streit zwischen Amt und Asketentum um den Vorrang in den Gemeinden gestanden, verweist Sohm auf eine recht weit entfernte andere Fußnote weiter; dort wiederum führt er beispielhaft einige deutlich spätere vermeintliche Konflikte mit ‚Bekennern' und Asketen um die dann schon bischöfliche Gemeindeleitung an, von denen – freilich noch einmal später und überdies kaum mit dieser Akzentsetzung – Eusebius von Caesarea (ca. 265–339) in seiner „Kirchengeschichte" ausdrücklich berichte.[80] Freilich ist Sohms

---

79 SOHM, Kirchenrecht I (wie Anm. 3), S. 157, Anm. 4.

80 Vgl. SOHM, Kirchenrecht I (wie Anm. 3), S. 110, Anm. 71, wo er freilich die These zu belegen sucht, Witwen, Asketen und Bekenner, d. h. Märtyrer i. w. S. – für die Märtyrer i. e. S. gilt dies aus begreiflichen Gründen nicht –, hätten aufgrund ihrer ausgezeichneten „praktischen Bewährung" im Glauben zunächst noch als den Presbytern „gleichartig" gegolten. „Die Bischofswahl richtet sich auf die Asketen und die Märtyrer in gleicher Weise, wie auf die Presbyter. Ja, die Märtyrer sind vor allen anderen bevorzugt." (Der Terminus ‚Märtyrer' wird hier im weiteren Sinn gebraucht; gemeint sind offenbar Bekenner, die in der Verfolgungssituation Zeugnis abgelegt haben, ohne in ihrem Glauben wankend zu werden.) Zum Beleg stützt sich Sohm auf einige wenige Hinweise bei EUSEBIUS, Die Kirchengeschichte, hrsg. v. SCHWARTZ, E. Die lateinische Übersetzung des Rufinus bearbeitet von … Theodor Mommsen (Werke 2; GCS IX/1–3), Leipzig 1903–1909, die Sohm freilich wiederum recht großzügig interpretiert. So berichtet Eusebius, V/28(7-12), Bd. 1, S. 502/503, unter Bezugnahme auf ein anonym und ohne Nennung eines Titels zitiertes Werk „gegen die Häresie des Artemon" (V/28[1]; als sein Verfasser kommt möglicherweise Hippolyt von Rom in Betracht), der Bekenner (*ὁμολογητής/confessor*) Natalios sei – gegen einen Monatslohn von 150 Denaren – als Gegenbischof gegen Zephyrinus von Rom eingesetzt worden. Trotz der nur spärlichen Informationen, die Eusebius (bzw. seine Quelle) bietet, wertet Sohm allein den Hinweis auf einen *confessor*, d. h. einen durch seinen Bekennermut ausgezeichneten Christen, der in einen Gegensatz zu einem Amtsträger tritt, indem er dessen Amt für sich beansprucht, als Beleg für seine Thesen; darin sieht er sich durch die klar negative Wertung bei Eusebius und seiner Vorlage (die die Position des Amtes vertreten, indem sie auf den von Natalios gezogenen wirtschaftlichen Vorteil hinweisen) wohl eher bestätigt. Sohms Verweis auf den ‚geisterfüllten' Bischof Melito von Sardes, der bei Rufinus als geisterfüllter „Eunuch um des Himmelreiches willen" vorgestellt wird – „τὸν εὐνοῦχον, τὸν ἐν ἁγίῳ πνεύματι παντα πολιτευσάμενον" (in der Übersetzung des Rufinus: „propter regnum dei eunuchum et sancto spiritu repletum") – , und die Position, die er im Osterfeststreit zusammen mit weiteren (östlichen) Bischöfen gegen Viktor von Rom und seine Anhänger vertritt (vgl. EUSEBIUS, Kirchengeschichte, V/24[5], Bd. 1, S. 492/493), ist eher noch unspezifischer. Auch die weiteren Belege können kaum als hinreichend aussagekräftig gelten; teilweise werden sie von Sohm sehr spekulativ interpretiert: So liest Sohm Eusebs Hinweis auf den – allgemein bekannten – enthaltsamen Lebenswandel des Bischofs Narcissos von Jerusalem („διὰ τὴν εἰς πάντας λάμπουσαν ἐκ τοῦ παντὸς σωφροσύνην τε καὶ πανάπετον ἀγωγὴν τοῦ Ναρκίσσου"/„eo quod vita Narcissi et institutio ac pudicitia ab omnibus nosceretur"), der schon längst ein beschauliches Leben („τὸν φιλόσοφον […] βίον"/„secretam ac philosophicam vitam") habe führen wollen und sich schließlich aus der Gemeinde in die Wüste zurückgezogen habe („διαδρὰς πᾶν τὸ τῆς ἐκκλησίας πλῆθος, ἐν

Interpretation der gewählten Referenzen bei Eusebius (bei denen es sich lediglich um verstreute Einzelbemerkungen handelt) in jedem einzelnen Fall mindestens zweifelhaft – und nur nachvollziehbar, wenn wiederum ein ganz bestimmtes Verständnis der Kirche und ihrer Geschichte bereits vorausgesetzt wird, das es freilich allererst zu begründen gilt.

2 Rudolph Sohm und Max Webers Charisma-Begriff

Daß Sohms Deutung des „Ersten Clemensbriefs" und überhaupt der altkirchlichen Verhältnisse nicht nur problematisch, sondern nachweislich unzutreffend ist, und zwar einschließlich der Konsequenzen, die er aus seiner Interpretation zieht, ist – seit seiner Kontroverse mit Adolf von Harnack[81] und durch eine jahrzehntelange

ἐρημίαις καὶ ἀφανέσιν ἀγροῖς λανθάνων πλείστοις ἔτεσιν διέτριβεν"/„subterfugit ecclesiae multitudinem, in desertis locis atque agellis secretoribus delitescit annis quam plurimis"; VI/9[5f.], Bd. 2, S. 538/539) offensichtlich als Beleg für das Asketentum als Grund der (vorherigen) Wahl zum Bischof, d. h. als zu dieser Zeit teilweise noch erwartete oder doch akzeptierte ‚geistig'-personale Qualifikation für das Bischofsamt. Weiterhin führt Sohm Eusebs Bericht über die Wertschätzung an, die der Bekenner Alexander wegen seiner Standhaftigkeit (in den Verfolgungen unter Septimius Severus) erfahren habe, und die so groß gewesen sei, daß Alexander noch zu Lebzeiten des Narcissos zu dessen Nachfolger gewählt worden sei (vgl. VI/8[7], Bd. 2, S. 536/537), sowie die Wahl des Bekenners Asklepiades zum Bischof von Antiochien (vgl. VI/11[4], Bd. 2, S. 542/543). Alle diese Hinweise legen – neben dem Ansehen, das eine asketische Lebensführung und nachgewiesener Bekennermut in Verfolgungssituationen in den christlichen Gemeinden genoß – freilich nur nahe, daß es um die Wende vom zweiten zum dritten Jahrhundert keinen kirchlichen *cursus honorum* gab, der regelmäßig über den Presbyterat zum Episkopat geführt hätte. Von einer grundsätzlichen Konkurrenz, gar einem Gegensatz zwischen dem *establishment* der ‚Amtskirche' einerseits und charismatischen Außenseitern – Asketen, Bekennern u. ä. – andererseits wird hingegen kaum die Rede sein können.

81 Vgl. zusammenfassend zur Position Sohms und zur Kritik Adolf von Harnacks GERKE, F., Die Stellung des Ersten Clemensbriefs innerhalb der Entwicklung der altchristlichen Gemeindeverfassung und des Kirchenrechts (Texte und Untersuchungen zur Geschichte der altchristlichen Literatur 47,1), Leipzig 1931, S. 1–10, sowie Harnacks eigenes Resümee der Kontroverse: HARNACK, A. [v.], Das Schreiben der römischen Kirche an die korinthische aus der Zeit Domitians (I. Clemensbrief). Übersetzt und den Studierenden erklärt von Adolf von Harnack (Einführung in die Alte Kirchengeschichte), Leipzig 1929, S. 91: „'Geist, nicht Amt' kann (…) mindestens *nicht* die *generelle* Parole der Unruhestifter gewesen sein (…)." Er relativiert weiterhin zwar einerseits die negative Bewertung des ‚Aufruhrs' durch die Briefschreiber, weist andererseits aber auch die Tendenz zurück, gerade „(…) die Unruhestifter (…) für besonders hervorragende Christen [zu] halten (…)" (ibid.). Harnacks Gesamtbefund ist eindeutig: „Um persönliche Cliquenwirtschaft hat es sich also gehandelt, ohne jeden prinzipiellen Hintergrund (…)" (S. 92): Einigen prominenten Gemeindemitgliedern hätten die amtierenden Presbyter-Episkopen bei der Durchsetzung ihrer „vielleicht berechtigten" Interessen im Wege gestanden, über die aber nichts Weiteres bekannt sei. Die innergemeindliche Opposition habe deshalb gegen die Amtsträger Stimmung gemacht, schließlich die Mehrheit der Gemeindemitglieder auf ihre Seite gebracht und die Absetzung der Episkopen durchgesetzt. Allenfalls gesteht von Harnack zu, unter deren Gegnern, hätten jüngere Chris-

Forschungsdiskussion – längst bekannt und wird wohl von niemandem mehr ernsthaft bestritten. Diesem Aspekt braucht deshalb im gegenwärtigen Zusammenhang nicht weiter nachgegangen zu werden. Interessant und überaus wichtig ist Sohms Deutung aber eben als Ausdruck eines – der historischen Rekonstruktion eher vorausgehenden als nachfolgenden – Bildes von der Kirche und ihrer Geschichte. Ganz unabhängig von der Frage nach ihrer historischen Begründung zeitigten Sohms Auffassungen außerdem eine enorme Wirkung. Sie wurden und werden, wenngleich indirekt und außerhalb der eigentlichen theologischen, kirchen- und rechtsgeschichtlichen Fachdiskussion, insbesondere deshalb breit rezipiert, weil Max Weber (1864–1920) sie den Überlegungen zugrundelegt, die er namentlich in seinem 1909/10 begonnenen und 1922 posthum publizierten Werk „Wirtschaft und Gesellschaft" über das spannungsvolle Verhältnis zwischen der ‚charismatischen', der rational-legalen und der traditionalen Herrschaft bzw. Herrschaftslegitimation, anstellt.[82] Weber, von Haus aus Jurist, war mit dem Werk Sohms, eines der bedeutendsten Rechtsgelehrten seiner Zeit, selbstverständlich gut vertraut[83] und beruft sich ausdrücklich auf dessen „Kirchenrecht":

> *Der Begriff des ‚Charisma' (‚Gnadengabe') ist altchristlicher Terminologie entnommen. Für die christliche Hierokratie hat zuerst Rudolph Sohms Kirchenrecht der Sache, wenn auch nicht der Terminologie nach[,] den Begriff (...) verdeutlicht. Er ist also nichts Neues.*[84]

Natürlich weiß auch schon Weber um die Problematik, die sich mit der historischen und rechtshistorischen Grundlegung des Begriffs durch Rudolph Sohm verbindet; das belegt nicht zuletzt die sprachliche Angestrengtheit, mit der er seinen Referenzautor einführt: Was hat man sich etwa unter einem ‚Begriff' vorzustellen, der einerseits „altchristlicher Terminologie entnommen" sein soll, dabei aber – gerade als Begriff! – von Sohm *nicht* „der Terminologie nach" (sondern nur „der Sache" nach) „verdeutlicht" worden sei? – Das im Hintergrund stehende Problem ist hinreichend klar ersichtlich: Weber erscheint der Charisma-Begriff, wie er ihn bei Sohm vorfindet, zwar als hilfreiches Interpretament im Zusammenhang seines Projektes einer „verstehenden Soziologie", er ist sich aber offenbar sehr wohl bewußt, daß dieses konzeptionelle und terminologische Instrument seinerseits einer historischen Grund-

---

ten (und Frauen) ein gewisses Gewicht besessen (vgl. S. 92, Anm. 2). Um einen „Kampf(es) gegen das Amt als solches seitens der Unruhestifter" (S. 91) habe es sich jedoch keinesfalls gehandelt.

82 WEBER, M., Wirtschaft und Gesellschaft. Grundriß der verstehenden Soziologie. Fünfte, revidierte Auflage, mit textkritischen Erläuterungen herausgegeben von Johannes Winckelmann. 1. Halbband, Tübingen 1976, insbes. Kapitel III „Die Typen der Herrschaft".

83 Zu Webers Kenntnis und Verwendung der Theorien Sohms vgl. KROLL, Max Webers Idealtypus der charismatischen Herrschaft (wie Anm. 12), S. 52–54 (weitere Literatur).

84 WEBER, Wirtschaft und Gesellschaft I (wie Anm. 82), III/1, §2, S. 124.

legung *lege artis* entbehrt oder in dieser Hinsicht doch mindestens als nicht hinreichend abgesichert gelten muß. Wohl auch deshalb führt er die Trias der rational legitimierten ‚legalen', der ‚traditionalen' sowie der ‚charismatischen Herrschaft'[85] von Anfang an nicht als *Ergebnis* historischer oder soziologischer Forschung ein, das als solches bereits Anspruch auf theoretische Wahrheit erhebt, sondern als einen programmatischen Vorwurf, der sich in der Anwendung auf konkrete soziale (und historische) Konstellationen allererst zu bewähren und so zu bestätigen hat: „Die Zweckmäßigkeit dieser Einteilung kann nur der dadurch erzielte Ertrag an Systematik erweisen"[86], – und zwar, so ist hinzuzufügen, nicht allein hinsichtlich ihrer Tauglichkeit zur Erschließung und Einordnung einzelner historischer Phänomene, sondern im Ganzen. Mit diesem hermeneutisch offenen Ansatz trägt Weber, wenngleich nicht ausdrücklich, dem historisch problematischen Charakter des ihm vorliegenden theologischen Charisma-Konzeptes Rechnung. Nach Weber soll nun

> *‚Charisma' (...) eine als außeralltäglich (ursprünglich [...] als magisch bedingt) geltende Qualität einer Persönlichkeit heißen, um derentwillen sie als mit übernatürlichen oder übermenschlichen oder mindestens spezifisch außeralltäglichen, nicht jedem anderen zugänglichen Kräften oder Eigenschaften [begabt] oder als gottgesandt oder als vorbildlich und deshalb als ‚Führer' gewertet wird.*[87]

Demnach besteht das Charisma – unter Absehung von den Fragen nach der objektiven Wirklichkeit der extraordinären Qualität und nach deren eventueller Provenienz – geradezu in seiner Anerkennung durch diejenigen Menschen, die sich einem solchen ‚charismatischen Führer' unterordnen.[88] Sie beugen sich dabei jedoch weder einem äußeren Zwang[89] – dann handelte es sich nicht um eine Form der Herrschafts-

---

85 Vgl. WEBER, Wirtschaft und Gesellschaft I (wie Anm. 82), III/1, §2, S. 124, die Aufzählung zu Beginn des Paragraphen.

86 WEBER, Wirtschaft und Gesellschaft I (wie Anm. 82), III/1, §2, S. 124.

87 WEBER, Wirtschaft und Gesellschaft I (wie Anm. 82), III/4, §10, S. 140.

88 Wie bei Sohm kommt also auch bei Weber der Anerkennung des Charismas fundamentale Bedeutung zu. Für Sohm steht freilich die Objektivität der Geistbegabung außer jedem Zweifel: Es ist der Heilige Geist, der diese Eigenschaft zuweist und zugleich bei den anderen Gemeindemitgliedern deren Anerkennung bewirkt. Diese ist folglich allein im Sinn der Freiheit von äußerem Zwang frei, innerlich aber unausweichlich, solange der Geist Gottes überhaupt wirkt; sie ist damit ihrerseits eine geistig-geistliche Realität, die primär auf der Ebene der Gottesbeziehung des einzelnen Christen angesiedelt ist, während sie bei Weber ausschließlich als *sozial-kommunikatives* Geschehen in den Blick kommt, dessen funktionale Qualität sich ganz ohne Rekurs auf religiöse Überzeugungen feststellen und beschreiben läßt. Folglich verweigern sich das Charisma und seine Anerkennung bei Sohm letztlich dem rationalen Zugriff, da sie ‚unsichtbar' in seinem spezifischen Verständnis sind, während sie bei Weber gerade als soziologische und historische Analyse- und Deutungskategorien dienen.

89 Vgl. WEBER, Wirtschaft und Gesellschaft I (wie Anm. 82), III/4, §10, S. 140: „freie (...) *Anerkennung* durch die Beherrschten", die aber gleichwohl als – freilich *innerlich* zwingende – Pflicht gilt.

legitimation –, noch fügen sie sich dem Träger der Herrschaft aus Respekt vor den Ansprüchen eines abstrakten Rechts oder „der Heiligkeit altüberkommener (‚von jeher bestehender') Ordnungen und Herrengewalten“[90], die in Gestalt eines „Alltagsglauben[s]“[91] als Autoritäten anerkannt werden; vielmehr unterwerfen sie sich im psychologischen Modus einer wesentlich außeralltäglichen, „aus Begeisterung oder Not geborene[n] gläubige[n], ganz persönliche[n] Hingabe“[92]. Die emotional besetzte Anerkennung des Herrschers durch die Beherrschten, deren Glaube also an die Existenz und Wirkmächtigkeit einer außergewöhnlichen persönlichen Eigenschaft ist insofern nicht rational rekonstruierbar; sie gründet nicht einfach in konkreten Leistungen und *begründet* nicht (in einem komplexen, gleichsam syllogistisch rekonstruierbaren Sinn) die Herrschaft des Charismatikers und ihre Legitimität. Diese Legitimität trägt das Charisma vielmehr bereits in sich, insofern es denn tatsächlich vorliegt. Im ‚reinen' Charisma fallen folglich die persönliche Qualität, die von ihr erheischte Anerkennung und die Herrschaftslegitimation so zu einer untrennbaren, ‚notwendigen' Einheit zusammen, daß zwar einerseits die ungezwungene Anerkennung durch die Beherrschten konstitutiv für das Charisma ist, sie aber andererseits doch als „*Pflicht* der (...) zur Anerkennung dieser Qualität Aufgerufenen“[93] erscheint. Freilich haben derartige zirkuläre Begründungsverhältnisse, mindestens unter Webers säkularen Prämissen, stets nur gleichsam aus der Innenperspektive des Charismatikers, seiner Anhängerschaft und – mehr noch – der sinnstiftenden Kommunikation zwischen beiden Bestand. Sie können deshalb auf der anderen Seite auch ge- oder sogar – schlagartig – zerstört werden, wenn sich die ‚Außenwelt' geradezu gewaltsam Geltung verschafft, wenn der Charismatiker also – gegen die äußeren Verhältnisse – „kein Wohlergehen für die Beherrschten“[94] durchzusetzen, sein Charisma nicht zu bewähren vermag: Im strengen Sinn ist das Schwinden der charismatischen Herrschaftslegitimation also nicht das Ergebnis eines komplexen sozialen Abwägungsprozesses über die Qualitäten und die Leistungsfähigkeit des Führers, sondern Konsequenz eines ‚einfachen' Vertrauensverlustes.

Umgekehrt besteht nach Weber die charismatische Herrschaft *als solche* freilich gerade auch dann nicht fort, wenn sie zum Dauerzustand wird, wenn also nicht immer wieder Situationen eintreten, in denen sich der Herrscher als *außergewöhnlich* begabt bewähren und bestätigen kann und muß. In diesem Fall und insbesondere, wenn die Herrschaft auf einen Nachfolger übergehen muß, kommt es vielmehr zur

90 WEBER, Wirtschaft und Gesellschaft I (wie Anm. 82), III/3, §6, S. 130.

91 WEBER, Wirtschaft und Gesellschaft I (wie Anm. 82), III/1, §2, S. 124.

92 WEBER, Wirtschaft und Gesellschaft I (wie Anm. 82), III/4, §10, S. 140.

93 WEBER, Wirtschaft und Gesellschaft I (wie Anm. 82), III/4, §10, S. 140. – In der Vorstellung, die Anerkennung des Charisma und des Charismatikers, sei eine im Charisma selbst gründende Pflicht, kehrt (freilich zu psychologischen und sozialen Wirkmechanismen säkularisiert) Sohms Idee von der geistgewirkten Autorität des Charismatikers wieder, deren Anerkennung ebenfalls der Geist Gottes bewirkt.

94 WEBER, Wirtschaft und Gesellschaft I (wie Anm. 82), III/4, §10, Nr. 2, S. 140 (im Original hervorgehoben).

Transformation der Herrschaft, ihres Charakters und ihrer Legitimation, nämlich zur ‚Traditionalisierung' oder sogar zur ‚Rationalisierung' bzw. ‚Legalisierung' der Herrschaft.[95] Der Grund für diese Verschiebung liegt im wesentlichen im Streben nach Stabilität – der gesamten Gemeinschaft und ihres einzelnen Mitgliedes, nämlich hinsichtlich seines materiellen und immateriellen Status.

Die charismatische Herrschaft in ihrer Reinform kann es also nur als einen höchst labilen Übergangszustand geben; mit einer aus der Chemie genommenen recht erhellenden Metapher formuliert Weber, sie bestehe (nur) „in statu nascendi"[96], der – so könnte man Weber konsequent weiterführen – lediglich solange vorliegen kann, wie eine vergleichsweise kleine soziale Gruppe sich (und ihre Identität) in der Konfrontation mit einer übermächtigen Umgebung behaupten muß, und sei es auch nur gegen den Assimilationsdruck, der von dieser Umgebung ausgeht; die ‚charismatisch' legitimierte Herrschaft liegt also nur vor, solange diese Gruppierung sich ihrerseits in einer Situation der Außergewöhnlichkeit befindet, die sich aufgrund des Gegensatzes zum ‚Gewöhnlichen' der Umgebung definiert, so daß die Aufgabe der Bestandssicherung dem „Führer" außergewöhnliche, eben ‚charismatische' Qualitäten und der Gemeinschaft Gefolgschaft abverlangt. Gerade in diesem Punkt läßt Webers Konzeption deutlich die Situation der christlichen Urgemeinde durchscheinen, wie sie Sohm in Abgrenzung von Harnack beschreibt, nämlich als nicht nur verschieden von ihrer Umwelt, sondern als schlechthin (und programmatisch-gewollt) gegensätzlich zu ihr. Die im Laufe der Zeit zunehmende ‚Kleingläubigkeit', das nachlassende Vertrauen auf die Führung durch den Heiligen Geist und die auf die durch ihn gewirkten charismatischen Begabungen bedingt folgerichtig mit der ‚Veralltäglichung' der Situation zugleich die Entstehung des kirchlichen Rechts.

Mit seinem Verständnis charismatischer Sozialstrukturen als einem lediglich „in statu nascendi" auftretenden Übergangsphänomen, das insbesondere unter den Bedingungen der Konfrontation einer Minderheit mit einer Mehrheit auftritt, jedenfalls aber durch ‚Veralltäglichung' untergeht oder doch seinen Charakter tiefgreifend verändert, schließt Weber nicht nur an Sohms Bild der christlichen Urgemeinde an; er nimmt dessen Überlegungen auch auf und führt sie fort, indem er das Moment der geschichtlichen Notwendigkeit und Zwangsläufigkeit weiter ausgestaltet, mit

---

95 Vgl. WEBER, Wirtschaft und Gesellschaft I (wie Anm. 82), III/5, §11, S. 142: „In ihrer genuinen Form ist die charismatische Herrschaft spezifisch *außeralltäglichen* Charakters und stellt eine streng persönliche, an die Charisma-Geltung persönlicher Qualitäten und deren *Bewährung*, geknüpfte soziale Beziehung dar. Bleibt diese nun aber nicht rein ephemer, sondern nimmt sie den Charakter einer *Dauer*beziehung: – ‚Gemeinde' von Glaubensgenossen oder Kriegern oder Jägern, oder Parteiverband, oder politischer, oder hierokratischer Verband – an, so muß die charismatische Herrschaft, die sozusagen nur in statu nascendi in typischer Reinheit bestand, ihren Charakter wesentlich ändern: sie wird traditionalisiert oder rationalisiert (legalisiert) oder: beides in verschiedenen Hinsichten." – Zum Prozeß der ‚Veralltäglichung' vgl. auch den Beitrag von Agathe Bienfait im vorliegenden Band.

96 WEBER, Wirtschaft und Gesellschaft I (wie Anm. 82), III/5, §11, S. 143.

denen nach Sohm der verrechtlichte Katholizismus aus der charismatisch strukturierten Urgemeinde hervorwächst, und mit denen die Kirche allererst ‚sichtbar' und also auch historisch-konkret wird. Denn in der Tat konnte es – nach Sohms Verständnis – die Kirche, die „kraft ihres Wesens kein Kirchenrecht [will]"[97], nicht anders denn gleichsam „in statu nascendi" geben, nämlich in einer durch die akute Naherwartung bestimmten ‚Zwischenzeit', – und das heißt ja auch: nicht eigentlich als eine historisch-empirische soziale Größe. Allerdings wird aus dem zwar notwendigen, dabei aber doch, theologisch gedacht, katastrophalen Rückfall auf das Niveau des natürlichen Menschen, aus dem Rückfall *in die Geschichte* bei Weber zwangsläufig eine rein *innergeschichtliche* Entwicklungsnotwendigkeit. Das kritische Potential, das Sohms Idee der Kirche, der Kirchengeschichte, des Kirchenrechts und der kirchlichen Rechtsgeschichte, vom Pietismus Gottfried Arnolds herkommend,[98] wesentlich entfalten will, reduziert sich damit sehr weitgehend, nämlich eben auf die Funktion eines heuristischen Instruments der „beschreibenden Soziologie" und einer sozialhistorisch fundierten Geschichtsforschung. Umgekehrt bedeutet das: Damit der Charismabegriff überhaupt zum soziologischen und historischen Interpretament taugt, hat ihn bereits Weber, wenigstens gemessen an seinem Referenzautor, ausdünnen und gleichsam minimalisieren, nämlich seiner massiven theologischen, anthropologischen und ekklesiologischen, Implikationen sehr weitgehend entkleiden müssen. Auf diesem Weg ist sich an Weber anschließende soziologisch orientierte Geschichtswissenschaft sogar noch über ihn hinausgegangen. Gleichwohl haben Sohms ideologische Prämissen ihre Spuren in einem soziologischen Verständnis des Charisma und des Charismatikertums hinterlassen, etwa in Gestalt der charakteristischen Opposition von Charisma und Recht und der Idee der geschichtlichen Entwicklungsnotwendigkeit, der der Prozeß der ‚Veralltäglichung' unterliegt. Wenn Weber auch von Sohms ideologischen Prämissen weitgehend zu abstrahieren sucht, werden sie doch stets mitrezipiert, wenn Webers Begriff des Charismas als historisches Interpretament gebraucht und so auf geschichtliche Phänomene gleichsam rückübertragen wird.

---

97 SOHM, Kirchenrecht I (wie Anm. 3), S. 3.

98 Vgl. dazu die Ausführungen im folgenden Abschnitt 3.

3 Gottfried Arnolds radikaler Pietismus als indirekte Grundlage von Webers Charisma-Konzept

Um diese Überlegungen zu prüfen und – gegebenenfalls – zu untermauern, ist im Ausgang von den bislang erhobenen Befunden noch einmal das Kirchenbild in den Blick zu nehmen und auf seine Provenienz zu befragen, das Rudolph Sohm seiner Interpretation des „Ersten Clemensbriefes" im besonderen und seiner Rekonstruktion der Geschichte der frühen Kirche im allgemeinen zugrundelegt.

Wie sich bereits gezeigt hat, unterscheidet Sohm die Kirche als „empirische Größe" und Inhalt des „socialen Begriff[s]"[99] der ‚Kirche' d. h. die einzelnen, konkreten rechtlich organisierten christlichen (Orts-)Gemeinden, von der Kirche als einer, *der einen und einzigen* geistigen und Liebesgemeinschaft, die unter Christus als ihrem Oberhaupt zusammengerufen wird und sich gleichsam um ihn versammelt. Dies, so meint er, sei der eigentliche, ursprüngliche Inhalt des Begriffs der *‚Ekklesia'*: Anfänglich habe es also durchaus keine Ortsgemeinden als originär menschliche Versammlungen und Vereine gegeben, die einer menschlichen Organisation und rechtlichen Strukturierung bedürftig oder auch nur zugänglich gewesen wären; vielmehr handle es sich dabei lediglich um partikulare, sekundäre und gleichsam unselbständige „Erscheinungsformen" jener unsichtbar-geistigen Kirche, die Sohm als den ‚Leib Christi' verstanden wissen will.[100] Dieser ‚Leib Christi' werde durch das Wort und den Geist Gottes selbst zusammengeführt und vereinigt, gründe wesentlich auf den Charismen,[101] scheint als solcher aber offenbar kaum geschichtliche Konkretheit erlangen zu können.

Zwar besteht Sohm nachdrücklich darauf, er greife die von Luther ausgearbeitete Unterscheidung der sichtbaren von der unsichtbaren Kirche nur auf und schreibe sie fort, steigere diese Differenzierung aber keineswegs in einem spiritualistischen Sinn bis zur vollständigen Leugnung der sichtbaren Seite der Kirche; diese sei und bleibe vielmehr auch für ihn in ihren partikularen Konkretisierungsgestalten stets ‚sichtbar'.[102] Jedoch kommt den sichtbaren Einzel-‚Kirchen' und -Gemeinden für Sohm

99 SOHM, Kirchenrecht I (wie Anm. 3), S. 19.

100 Vgl. SOHM, Kirchenrecht I (wie Anm. 3), S. 21: „Es giebt überhaupt keine Ortsgemeindeversammlung oder Hausgemeindeversammlung als solche. Was wir thatsächlich Ortsgemeindeversammlung nennen können, nämlich die Hauptversammlung der Christen einer Stadt, ist das, was sie ist, *nicht* als diese Ortsgemeindeversammlung, sondern als eine Erscheinungsform der Ekklesia, der Versammlung des gesamten Christenvolks." Vgl. entsprechend DERS., Wesen und Ursprung (wie Anm. 5), S. 30 (Hervorhebungen St. S.): „Die örtlich zusammengehörige Christengemeinschaft ist als örtliche Größe *nichts*, denn sie ist als örtliche Größe *religiös wertlos*."

101 Vgl. SOHM, Kirchenrecht I (wie Anm. 3), S. 26 u. ö.; DERS., Wesen und Ursprung (wie Anm. 5), S. 50ff.

102 Vgl. SOHM, Kirchenrecht I (wie Anm. 3), S. 22 („sichtbar und wirksam in all den Versammlungen innerhalb der Christenheit").

eben doch nur ein gleichsam uneigentlicher Charakter zu: „Nur die Ekklesia", und das ist das ‚gesamte Christenvolk', ist überhaupt „vorhanden, und folgeweise nur die Ekklesia ist organisiert".[103] Allein diese verfügt somit über „Organe", freilich nicht rechtlich bestimmte, sondern geistig-geistliche, nämlich die Christen als Träger ihrer Charismen, „welche den einzelnen Christen geschenkt sind, um sie zum Dienst der Christenheit zu berufen"[104]. Kraft dieser ihrer Gnadengaben stehen die Christen aber eben nicht im Dienst ihrer konkreten Ortsgemeinde, sie agieren also in keinem Fall als *deren* Funktionäre oder Amtsträger. Sie sind näherhin überhaupt nicht Inhaber von Funktionen oder Ämtern im rechtlich-institutionellen Sinn; dieser wird nämlich von der *Ekklesia* in Sohms Verständnis jederzeit transzendiert: „Vermöge der Verteilung der Charismen besitzt die Kirche eine *von Gott gegebene* Organisation"[105], die nichts gemein hat mit einer menschlich-rechtlichen Organisation der Ortsgemeinden und überhaupt der sichtbaren Konkretion der geistigen Kirche, wie sie sich dann ausbildete; im Gegenteil finden sich die Christen kraft der Charismen, insbesondere der zentralen „Lehrgabe"[106] dauernd – über die konkrete soziale Struktur der (Orts-)Gemeinden hinaus und in Spannung zu ihr – auf das Ganze des Leibes Christi bezogen. Insofern besteht geradezu ein Widerspruch zwischen den Charismen und einer charismatischen Gemeindestruktur einerseits, die – auch bei Sohm – durch die „freie Anerkennung des Charismas (in den Handelnden)" und die „Liebe" konstituiert wird, „welche aus freien Stücken wie das eigne Charisma im Dienste der Ekklesia verwertet, so den Charismen der andern sich unterordnet, damit ‚keine Spaltung an dem Leibe sei'"[107], und einer rechtlichen Amtsordnung andererseits, die ja jederzeit ein Moment des Zwanges einschließt.

Wie kommt es dann aber überhaupt zur Verrechtlichung der Kirche, wenn eine ‚rechtliche Organisation' doch klar dem ‚Wesen der Kirche' als des (im Wortsinn) charismatisch ‚organisierten' Leibs Christi widerspricht? – Sohm führt diesen historischen Sündenfall konsequent auf die ‚Verwechslung' zwischen der *Ekklesia* und der (dieser gegenüber sekundären) Ortsgemeinde mit ihren funktionalen Strukturen zurück, die zur Institutionalisierung drängen; auf die ‚Verwechslung' also zwischen

---

103 Genau in diesem Punkt besteht ja, wie bereits deutlich geworden ist, der letztlich entscheidende Unterschied zwischen den – historischen *und systematisch-normativen* – Kirchenbegriffen Sohms und Harnacks: Für den letztgenannten ist Kirche niemals ganz rechtsfrei gewesen; sie kann und darf es deshalb auch im reformatorischen Kontext niemals sein.

104 SOHM, Kirchenrecht I (wie Anm. 3), S. 26.

105 SOHM, Kirchenrecht I (wie Anm. 3), S. 26.

106 SOHM, Kirchenrecht I (wie Anm. 3), S. 28f.: „(...) [U]nter den Christen treten solche hervor, welche durch die Kraft ihres Charismas sich auszeichnen, denen der Geist Gottes in besonderem Maß gegeben worden ist. (...) Sie sind und heißen die ‚Geistlichen' (...) im engeren Sinn des Worts. Unter diesen Geistträgern nehmen uns an erster Stelle die in besonderer Weise *Lehrbegabten* in Anspruch (Apostel, Propheten, Lehrer). In dieser Lehrgabe liegt die Gabe des Regiments."

107 SOHM, Kirchenrecht I (wie Anm. 3), S. 27, zit. 1Kor 12,25.

der geistigen Wirklichkeit und ihrer äußerlichen Erscheinungsform, zwischen Sein und Schein, der, als solcher ‚uneigentlich' und unselbständig, sich gleichwohl als das ausgibt, was eigentlichen Bestand hat und im Äußeren erscheint.[108] Eben dieser Gedanke stand im Mittelpunkt der Kontroverse zwischen Sohm und von Harnack; es handelt sich um eine Denkfigur, die von Augustinus ausgearbeitet worden ist und in dieser Gestalt ganz erhebliche Wirkung in den verschiedensten Problemzusammenhängen erlangt hat.[109] Nicht erst bei Luther und seinen Nachfolgern (die in ihrer Interpretation teilweise weit über den Reformator hinausgehen) wird der Gedanke in spezifischer Umdeutung und Radikalisierung auch auf die Kirche und ihre Geschichte angewandt.

Sohms Verständnisgrundlage bildet dabei – ungeachtet aller seiner Beteuerungen einer ‚orthodox'-lutherischen Grundhaltung – weniger Luthers Unterscheidung von ‚sichtbarer' und ‚unsichtbarer Kirche' selbst als vielmehr die zuspitzende Umdeutung dieser Differenzierung im Horizont eines prononcierten, radikal-pietistischen Kirchen- und Geschichtsbildes, wie es paradigmatisch Gottfried Arnold (1666–1714) in seinem Buch über „Die Erste Liebe der Gemeinden Jesu Christi" (1696) sowie insbesondere in seiner „Unparteiischen Kirchen- und Ketzerhistorie" (erschienen 1699/70; „Supplementa, Illustrationes und Emendationes" 1703) und in weiteren Schriften ausformulierte.[110] Arnold, mit dem Sohm nicht nur in der grundsätzlichen Ablehnung der ‚Amtskirche' übereinkommt, sondern etwa auch in der Idee, diese sei das Ergebnis eines Abfalls des Christentums von seinen Anfängen als einer radikal

---

108 Dies betrifft namentlich den Vorsitz in der gemeindlichen Eucharistiefeier, der im Zug der ‚Katholisierung' von den persönlich ausgezeichneten Charismaträgern auf die von der Gemeinde selbst (nicht vom Geist Gottes!) mit spezifischen administrativen Funktionen betrauten „Ältesten" übergeht; vgl. hierzu auch oben, Anm. 21.

109 Zur Verwechslung von Innen und Außen vgl. insbesondere AUGUSTINUS, De doctrina Christiana, Prolog, 5(9)ff., zusammen mit der Zeichentheorie des ersten Buches, II/2(4–6), und der Unterscheidung zwischen *utenda* und *fruenda* in lib. I, III/3(7); dazu die Ausführungen in meinem Beitrag *„At vero perpauci sunt ..."* in diesem Band, S. 233f., Anm. 12.

110 ARNOLD, G., Die erste Liebe der Gemeinen Jesu Christi / Das ist / Wahre Abbildung der ersten Christen / Nach ihren lebendigen Glauben und heiligen Leben ..., Frankfurt/Main 1696; DERS., Unparteyische Kirchen- und Ketzer-Historie von Anfang des Neuen Testaments biß auff das Jahr Christi 1688, Frankfurt/Main 1699 [= Teile I und II des Gesamtwerkes; Teile III und IV: Frankfurt/Main 1700]. – Vgl. zu Arnold allgemein WALLMANN, J., Der Pietismus (Die Kirche in ihrer Geschichte 4, Lieferung O1), Göttingen 1990, S. 89–95, zu seinem Verständnis der Kirchengeschichte als einer Verfallsgeschichte insbes. S. 93f. – Vgl. zu Arnolds Kirchenbild und seinem Konzept der Kirchengeschichte zusammenfassend GRESCHAT, K., Gottfried Arnolds ‚Unparteiische Kirchen- und Ketzerhistorie' von 1699/1700 im Kontext seiner spiritualistischen Kirchenkritik, in: Zeitschrift für Kirchengeschichte 116/1 (2005), S. 46–62, die gegen die These vom mehrfachen Bruch in Leben und Werk Arnolds die Kontinuität seiner Kritik an der institutionalisierten Kirche auf der Basis eines „ausschließlich spiritualistische[n] Kirchenbegriff[s]" (S. 52) besonders herausstellt; zu Sohms Verhältnis zu Arnold vgl. den Hinweis bei GRUNDMANN, Art. „Sohm, Rudolph" (wie Anm. 3).

verinnerlichten Glaubenshaltung, erteilt *jedem* ‚kirchlichen' Christentum eine kategorische Absage, und zwar nicht etwa nur dem römischen Katholizismus, sondern insbesondere auch der ‚Lutherischen Orthodoxie', mit der er sich selbst sein Leben lang direkt auseinanderzusetzen hatte. Seine „Kirchen- und Ketzerhistorie" ‚beschließend' und resümierend, stellt Arnold deshalb „die *sogenandte* Kirche", die „in so viel tausend-stuecke gleichsam oder partheyen und secten von anfang her / zerrissen und zertrennet worden" sei, programmatisch der „allererste[n] apostolische[n] gemeine"[111] gegenüber, die er durch ihre innere Einheit und Geschlossenheit im Geiste Christi gekennzeichnet sieht. Aus dieser Diskrepanz, d. h. aus dem bereits innerhalb kürzester Zeit einsetzenden und unter Konstantin d. Gr. abgeschlossenen Abfall von den apostolischen Ursprüngen, ist dann für Arnold

(...) offenbar und [leicht] zu schliessen (...) / ob die gemeinen und grössten hauffen oder parteyen / deren ein jeder sich rechtglaubig und in der lehre (wie sie diese von dem leben also abgerissen) vor vollkommen ausgeben / die wahre kirche jemals wahrhaftig ausgemachet? oder / ob diejenigen vor die unsichtbare rechte heilige gemeine Christi anzusehen seye / die unter allen sichtbaren secten Richtungen als schaafe Christi den grossen hirten allein gehoert und respektiret und das ewige Leben von ihm empfangen?[112]

Folgerichtig diagnostiziert Arnold einen klaren Gegensatz: Die ‚sichtbare Kirche' ist nicht eigentlich *eine* oder die Kirche, sondern wird vielmehr gerade durch die Vielzahl der religiösen Richtungen und Denominationen bestimmt. Diese treten aber jeweils mit einem unbedingten Wahrheitsanspruch auf, dem in jedem Fall eine theoretisch überhöhte, „von dem leben also abgerissen[e]" theologische Lehre zugrunde liegt, und konkurrieren aufgrund dieses exklusiven Selbstverständnisses miteinander. Der Zwietracht im Sichtbaren steht während der ganzen Kirchengeschichte die „unsichtbare rechte heilige gemeine Christi" gegenüber, die sich allein an Jesus Christus orientiert. Diese ‚unsichtbare Kirche' befindet sich in gleichsam typologischer Entsprechung zur ‚Kirche' der Urchristen, „welche noch mit dem Heyland der welt untereinander wahrhaftig und wuercklich eins gewesen"[113] sind: ‚Sichtbare' und ‚unsichtbare Kirche' sind bei Arnold nicht nur Inneres und Äußeres eines und desselben Dinges, die, zwar verschieden, erst dann in einen Gegensatz treten, wenn die Außenseite für die Sache selbst – die eigentliche Kirche – ausgegeben wird; sie sind zwei

---

111 ARNOLD, Kirchen- und Ketzer-Historie (wie Anm. 110), Beschluß dieser kirchen- und ketzer-historie, §20, Teil II, S. 725[b]. – Zu Arnolds Sicht auf die Urkirche und die anschließende Verfallsgeschichte des Christentums vgl. BÜCHSEL, J., Gottfried Arnold. Sein Verständnis von Kirche und Wiedergeburt (Arbeiten zur Geschichte des Pietismus 8), Witten 1970, S. 82–90.

112 Ibid.

113 Ibid. – Zum Konzept der ‚unsichtbaren Kirche' in der „Kirchen- und Ketzerhistorie" vgl. BÜCHSEL, Verständnis (wie Anm. 111), S. 95f.

mehr als nur getrennte, nämlich von vorne herein gegensätzliche Entitäten, „die sogenannte Kirche“ einerseits und die „wahre Kirche“ andererseits, die in der Nachfolge der Urgemeinde die Geschichte des Christentums hindurch eben unsichtbar und gleichsam im Untergrund fortbesteht. Sie tritt immer wieder dort in Erscheinung, wo sich zumeist arme und ungelehrte „eifferer und bekuemmerte“, die also weder über Macht und Einfluß noch über (theologische) Bildung verfügen, dennoch als „Propheten GOttes“ und „seine Gesandten“[114] die Machtpositionen der Amtsträger in Frage stellen. Sie können sich dabei auf das Vorbild Jesu Christi und seiner Apostel berufen, geriet doch Jesus selbst „wegen seines eifers ueber das hauß Gottes und zeugnisses wider die verderbte Priesterschafft zu Jerusalem“[115] mit dieser Priesterschaft in einen Konflikt, der schließlich zu seinem Tod führte. Entsprechend werden auch die „eifferer und bekuemmerte[n]“, die eigentlichen Helden der von Arnold rekonstruierten Kirchengeschichte, von den (kirchlichen) Amtsträgern als den Repräsentanten der ‚sichtbaren Kirche' ‚verketzert', um auf diese Weise, etwa auch mit Hilfe der gelehrten Theologie, die bestehenden Machtstrukturen, namentlich die Unterscheidung von Klerikern und Laien, gegen die nur allzu berechtigte Kritik abzusichern. Diese Sicht der Dinge macht Arnold bereits zu Beginn seiner „Kirchen- und Ketzer-Historie“ in Gestalt einer langen Folge von erkenntnisleitenden Fragen deutlich; deren achte gibt zu erwägen,

[o]b es nicht meistentheils (wo nicht allezeit) eingetroffen / daß die verkaetzernde in so genannten ordentlichen aemtern gewesen / und also um derselben willen unterwerffung und beyfall in ihren saetzen von allen praetendiret; hingegen die gantze gemeinde ihres rechts dißfalls beraubet / und sonderlich denen so genannten layen nur das nachsehen gelassen? Und ob nicht die verkaetzerte dagegen entweder keine ordinare Bischoeffe / Superintendenten / Doctores, Professores und Prediger gewesen / oder doch bald aus solchen aemtern / und zwar wiederum bald freiwillig bald mit gewalt gesetzet worden?[116]

Hinter der Kirchen- als Ketzergeschichte steht folglich als ihr zentrales Movens der Gegensatz zwischen dem Amt (einschließlich institutioneller theologischer Gelehrsamkeit), das für Arnold kaum mehr ist als die Usurpation einer vom Stifter der

---

114 ARNOLD, Kirchen- und Ketzer-Historie (wie Anm. 110), S. 4[a].

115 Ibid.

116 ARNOLD, Kirchen- und Ketzer-Historie (wie Anm. 110), S. 2[a]. – Zu Arnolds Ketzerbegriff vgl. z. B. WOLLGAST, S., Zu den philosophischen Quellen von Gottfried Arnold und zu Aspekten seines philosophischen Systems, in: Gottfried Arnold (1666–1714). Mit einer Bibliographie der Arnold-Literatur ab 1714 (Wolfenbütteler Forschungen 61), hrsg. v. BLAUFUSS, D./NIEWÖHNER, F., Wiesbaden 1995, S. 301–335, hier S. 304f., sowie in demselben Sammelband den Beitrag von MÜHLPFORDT, G., Pietistische Ökumene: Die Bogumilen als östliche Pietisten in der Sicht Gottfried Arnolds, S. 205–246, hier insbes. S. 205–209; außerdem BÜCHSEL, Verständnis (wie Anm. 111), S. 87f. und 97f.

Kirche nicht gewollten Machtstellung, und mehr noch den Amtsträgern, die ihre Position teilweise gewaltsam verteidigen, einerseits und dem religiösen ‚Eifer' andererseits, in dem recht eigentlich der ursprüngliche Impuls des Christentums fortlebt. Dieser religiöse Eifer stellt – oftmals wohl nicht einmal gewollt – allein als solcher die illegitimen Strukturen der ‚so genannten Kirche' in Frage und wird deshalb von deren Exponenten ‚verketzert'. Diese durchaus auch gewalttätige Opposition ergibt sich folgerichtig aus der Abkehr von der urchristlichen Gemeindeform; insofern die vermeintlichen Ketzer an die Urkirche anschließen und so die unsichtbare „wahre Kirche" bilden, haben sie alle Legitimität auf ihrer Seite – gegen das Amt, das (wie bei Sohm) seine Existenz der Verfälschung des Urzustandes verdankt, wenngleich diese Verfälschung (anders als bei Sohm) nicht einer inneren Notwendigkeit folgt, sondern in der Angleichung an die heidnische und jüdische Umwelt gründet. Die wesentliche Übereinstimmung zwischen Arnold und Sohm (etwa gegen Harnack) besteht aber zweifellos darin, daß dieser Prozeß *überhaupt* in Gang kommen muß, nämlich als Abwendung vom Urchristentum; daß in der apostolischen Urzeit also ein nicht-rechtliches Christentum real existiert hat, auf das sich spätere Zeiten zurückbeziehen können und sollten. Die von Sohm wie Arnold behauptete reale Existenz vorrechtlicher Strukturen ist wiederum die Systemstelle, an der, vermittelt insbesondere durch Sohms „Clemensbrief"-Interpretation, Max Weber mit seiner soziologischen Typologie der Herrschaftslegitimationen ansetzt.

Zwischen Arnold und Sohm besteht jedoch noch eine weitere wichtige Übereinstimmung: Da der eigentliche Verfall der Kirche nach Arnolds Auffassung lange vor Entstehung des Papsttums begonnen hat und besiegelt worden ist, kann er auch nicht ohne Weiteres durch eine Reformation der Kirche rückgängig gemacht werden, solange noch (oder wieder) ‚sichtbare' kirchliche Institutionen und Organisationsformen das religiöse Leben bestimmen.[117] Eben dies beobachten Arnold und

---

117 Tatsächlich beschreibt Arnold, was seine Sicht der alten Kirche angeht, einen gestreckten, sich über zwei bis drei Jahrhunderte hinweg immer weiter zuspitzenden Entwicklungsprozeß, um zu zeigen, daß und in welchem Sinn die Wurzeln späterer Phänomene sehr viel weiter in die Geschichte zurückreichen, – nämlich bis in die unmittelbar nachapostolische Zeit. Aus diesem Grund bezieht sich Arnold in der Beurteilung der Reformation (insofern diese sich an der frühen Kirche orientiert) zwar affirmativ auf Luther, unterscheidet von ihm aber scharf die weitere Geschichte der Reformation: Nach positiven Anfängen kommt es, wenngleich vielleicht in abgeschwächter Form, gleichsam zu einer Neuauflage der altkirchlichen Fehlentwicklungen; vgl. hierzu ARNOLD, Kirchen- und Ketzer-Historie (wie Anm. 110), z. B. Teil II, XVI/6, §1, S. 54[b]: „Nun ist wahr / daß gleich in den ersten jahren der Reformation, eine grosse bewegung und veraenderung der hertzen (...) vorgegangen (...). Womit sichs aber bald nach ereigneter ruhe und sicherheit aenderte / nicht anders als es in der ersten kirchen etwa zugegangen ist." Gelegentlich deutet Arnold auch Ursachen und Erscheinungsformen dieser Veränderungen an, indem er sehr (selbst-)kritisch die eigentlichen, wenig idealistischen Beweggründe hinter der Erfolgsgeschichte der reformatorischen Bewegung aufdeckt; vgl. z. B. Teil II, XVI/6, §8, S. 57[b]: „Viele lockte nur die neugierigkeit selber an / die alte Religion zu verlassen. Die Grossen liessen sich guthentheils durch die Kirchen-güter bewegen / die Kirchen-diener durch die freyheit zu heurathen / die gemeine leute durch

Sohm am jeweils zeitgenössischen Protestantismus. Die Gefahr der Verweltlichung, der sich auch die Reformation ausgesetzt sieht, findet ihre Entsprechung darin, daß der geschichtliche Verfall der christlichen Kirche sich bereits in den ersten Jahrhunderten der Kirchengeschichte in Gestalt einer schrittweisen Verrechtlichung vollzieht und umgekehrt in diesem Prozeß seinen greifbaren Ausdruck findet: Die Urgemeinde und die Gemeinden der apostolischen Zeit beschreibt Arnold als egalitäre, freie und freiwillige Zusammenschlüsse derer, die an Christus glauben und ihm nachfolgen. Zwar hätten die „lehrer" – wie bei Sohm handelt es sich um einen Sammelbegriff unter den (gemäß Eph 4,11) Apostel, Propheten, Evangelisten, Hirten und Lehrer (i. e. S.) fallen – insofern die besondere Aufgabe ausgeübt, das Evangelium zu verkünden;[118] damit sei aber schon allein deshalb keinerlei administrative Leitungsfunktion einhergegangen, weil diese Personen „eigentlich an keine gewisse gemeine gebunden"[119] gewesen, sondern predigend von Gemeinde zu Ge-

---

die hoffnung / von der beicht-marter und andern lasten frey zu werden. In summa/ die meisten hatten ihr Interesse dabei / darueber die erkaenntniß und liebe der wahrheit zum deckmantel dienen muste." Die (partielle) Auflösung des reformatorischen Anliegens betrifft auch und gerade auch die Theologie und Kirchenorganisation, die erneut in einen Widerspruch zum einfachen, innerlichen Glauben treten; vgl. etwa Teil II, XVI/9, §4, S. 94^{b}: „Dergestalt wurde nicht allein (...) die Schul-Philosophie / sondern auch die Theologie wiederum voellig eingefuehret / un[n] lief endlich alles auf eine hohe gelehrte art des vortrages bey denen Professoribus, Doctoribus, Superintendenten und andern hinaus / dabey die einfaeltige lautere kaentniß Christi und seines Evangelii unmoeglich statt funde." Als vielleicht wichtigster Exponent dieser Fehlentwicklung gilt Arnold Philipp Melanchthon. In der logischen Konsequenz werden – auch im reformatorisch-protestantischen Kontext – wiederum die Gegner dieser eklantanten Degeneration des reformatorischen Anliegens ‚verketztert', nämlich beispielsweise als ‚Schwärmer' und ‚Enthusiasten' angegriffen; vgl. hierzu z. B. Teil II, XVI/19, §2, S. 227^{b}-228^{a}: „Wiewol dieser name [d. i. die Bezeichnung ‚Enthusiasten'] nach und nach bey den verfallenen Christen sehr weit ausgedehnet / un[d] also bald auch jenen beygelegt worden / welche sich nur mit einigem ernst der innern vereinigung mit Gott beflissen und nicht bloß mit der aeusserlichen heucheley und maul-Christenthum vergnuegt seyn wollten." In diesem Sinn, so zitiert Arnold Johann Arndt, seien dann aber wohl auch die Propheten, Apostel und etwa der Märtyrer Stephanus ‚Enthusiasten', und nach Arnolds Überzeugung können sich die vermeintlichen ‚Schwärmer' außerdem durchaus auch auf das Vorbild der wichtigen Reformatoren und vieler ihrer unmittelbaren Nachfolger berufen. – Zu Arnolds Ablehnung der scholastischen Philosophie vgl. WOLLGAST, Zu den philosophischen Quellen (wie Anm. 116), S. 319–321; zur Kritik an Folgegeschichte der Reformation z. B. BÜCHSEL, Verständnis (wie Anm. 111), S. 92 („Wiedereinmünden in den allgemeinen Verfall").

118 Vgl. zu den ‚Lehrern' ARNOLD, Kirchen- und Ketzer-Historie (wie Anm. 110), Teil I, I/2, §2, S. 34^{b}ff.

119 ARNOLD, Kirchen- und Ketzer-Historie (wie Anm. 110), Teil I, I/2, §2, S. 35^{a}. – Im Gegensatz zur kirchlichen Tradition kommen sie (und insbesondere die Apostel) deshalb auch nicht als Gründer und erste Oberhäupter der frühen Gemeinden außerhalb von Jerusalem in Betracht: „Dahero denn die fabeln von sich selbst wegfallen / wenn man nachmals auf die art der sich schon sehr geaenderten kirchenverfassungen Petrum zum Bischoff von Rom oder Antiochien / Jacobum zu einem von Epheso machen wollen; gerade als wenn diese maenner an statt der ernstlichen verkuendigung des Evangelii in aller welt nichts noethigers zu thun gehabt haetten / als so zu reden eigene kirch-spiele anzurichten / Pfarren zu bauen und sich also feste einzusetzen / wo es ihnen am bequemsten gewesen."

meinde gezogen seien. Ebenso wie die Diakone und Diakonissen, „Diener“ und „Dienerinnen“

(...) erhuben sich solche erwehlte Personen keines wegs ueber ihre brueder / daß sie sie als layen oder gar als sclaven von sich abgesondert und einen besonderen Orden oder Priesterthum gemacht / und dahero von noetigen dingen ausgeschlossen haetten. Gestalt anderswo erwiesen / daß diese dinge mit dem Wider-Christ gleichsam einen *Geburtstag gehabt haben.*[120]

Zunächst – Arnold beschreibt so den Zustand des 1. Jahrhunderts – kennen die Christen also zwar individuell ausgezeichnete Einzelpersonen, die besondere Aufgaben versehen; dabei handelt es sich aber nicht um institutionalisierte ‚Ämter‘, und dieser gleichsam ‚anarchische‘ Zustand bleibt im Grundsatz noch bis weit in das zweite Jahrhundert hinein bestehen: Wenngleich nämlich bereits nach dem Tod „der Apostel und ihrer nächsten Jünger“, also der Christen der ersten Generation, allmählich Veränderungen im Selbstverständnis der Christen und in der Struktur ihrer Gemeinden um sich zu greifen beginnen, die sich immer deutlicher nach dem Vorbild des ‚weltlichen Staates‘ organisieren,[121] konstituiert das „durch die auflegung der haende“ übertragene „Lehr-Ampt“ doch auch dann „noch keinen abgesonderten stand oder orden“ im Sinn der sich erst später durchsetzenden Unterscheidung „unter Clerisey und Layen“[122]. Zwar verstärken sich nämlich im Lauf des 2. Jahrhunderts Entwicklungstendenzen, die in diese Richtung weisen; die Entstehung eines kultisch verstandenen Priestertums, eines Klerus (im Gegensatz zu den Laien), einer hierarchischen Ordnung kirchlicher Ämter und Aufgaben und damit überhaupt erst der Kirche als einer Institution, die sich schließlich rechtlich organisiert, resultieren aber aus einer Abwendung vom „wahren Gottesdienst“ zugunsten bloßer Äußerlichkeiten nach dem Vorbild ‚heidnischer‘ und ‚jüdischer‘ Denkweisen und Praktiken. Am nachhaltigsten wirkt jedoch die fundamentale Reorganisation der christlichen Kirche nach dem Vorbild der staatlichen Ordnung während des

---

120 ARNOLD, Kirchen- und Ketzer-Historie (wie Anm. 110), Teil I, I/2, S. 36[a] (Hervorhebung St. S.); gemeint ist das Bündnis mit dem ‚widerchristlichen‘ Staat.

121 Vgl. hierzu ARNOLD, Kirchen- und Ketzer-Historie (wie Anm. 110),Teil I, II/2, §10, S. 61[a], wo Arnold über die die sich im 2. Jahrhunderts allmählich wandelnden kirchlichen Verhältnisse urteilt: „(...) [D]a begunten die Kirchen-Sachen schon einigermaßen nach dem weltlichen formiret zu werden“, nämlich die Bischöfe sich über die einfachen Gemeindemitglieder zu erheben. – Arnold hat wohl in erster Linie die Anlehnung an die staatliche Rechtsordnung im Blick: Die Christen, die nun, nach dem Tod derer, die Jesus noch persönlich kannten, keine gleichsam ‚natürlichen‘ Führungspersonen und Lehrer mehr haben, aber zugleich ihre Glaubensüberzeugungen ebenso wie ihre Gemeinden auf Dauer stellen, geben sich – naheliegenderweise – die ‚rechtlichen‘ Organisationsformen, die ihnen aus ihrem sozialen und kulturellen Umfeld vertraut sind.

122 ARNOLD, Kirchen- und Ketzer-Historie (wie Anm. 110), Teil I, II/2, S. 61[b].

3. Jahrhunderts. Den unumkehrbaren Abschied von den Ursprüngen des Christentums besiegeln deshalb schließlich – Anfang des vierten Jahrhunderts – die staatliche Anerkennung der christlichen Religion und die wechselseitige Durchdringung von staatlicher und kirchlicher Organisation, die sich dann – auf der Grundlage der Religionspolitik insbesondere Konstantins des Großen, mit dem sich Arnold ausführlich und recht kritisch auseinandersetzt[123] – sehr schnell vollzieht. Institutionalisierung und Verrechtlichung fallen demgemäß mit der Verweltlichung des Christentums und der Angleichung an die heidnische Umwelt zusammen. Näherhin identifiziert Arnold jede Form von rechtlicher oder auch nur rechtsförmiger Ordnung mit dem Staat, den er als geradezu ‚teuflisch' der ‚christlichen Religion' in einer schroffen Antithese gegenüberstellt.

Im Gegensatz zur institutionalisierten, verrechtlichten und also gleichsam ‚verstaatlichten' Kirche repräsentieren für Arnold folgerichtig die Mystiker[124], Einsiedler und Asketen (auch noch späterer Zeiten) als Gegner der Institution die wahre Kirche; mit ihnen identifiziert sich der Pietist, der sein Christentum ‚innerlich' ernst nehmen will, und mit ihnen orientiert er sich an jenen ehelosen Asketen, die recht eigentlich den urchristlichen Anspruch verkörpern (und die auch Sohm im „Ersten Clemensbrief" wiederzufinden meint, wo sie ihm aber bereits dem verrechtlichten Amt zu unterliegen scheinen). Die Spannung zwischen Amt und ‚Eifer' durchzieht in Arnolds Rekonstruktion die ganze Geschichte der Kirche, und dieses Verständnis liegt dann noch Sohms Opposition zwischen Recht und Charisma zugrunde. Im Zug seiner Ausführungen über die Kirche im 12. Jahrhundert etwa stellt sich Arnold – gegen den „Anti-Christ(s) / der sich immer noch vor othodox und die reine Catholische kirche ausgab"[125] – freilich nicht nur auf die Seite der Bogumilen und Waldenser, die er ausdrücklich als „zeugen der warheit"[126] rühmt, und der Katharer, indem er zu zeigen versucht, daß die gegen „diese gute[n] leute"[127] vorgebrachten Anklagen in den zentralen Punkten, wenn nicht auf Böswilligkeit, so doch auf Unkenntnis und Mißverständnissen beruhen; darüber hinaus verteidigt er, trotz größter Vorbehalte gegen jede Form ‚wissenschaftlicher' Theologie, beispielsweise auch Gelehrte

---

123 Vgl. hierzu ARNOLD, Kirchen- und Ketzer-Historie (wie Anm. 110), Teil I, IV/2, S. 136ff., insbes. S. 140ª–143ᵇ.

124 Zu Arnolds Verständnis der Mystik vgl. WOLLGAST, Zu den philosophischen Quellen (wie Anm. 116), S. 317–321.

125 ARNOLD, Kirchen- und Ketzer-Historie (wie Anm. 110), Teil I, XII/5, §3, S. 366ᵇ.

126 ARNOLD, Kirchen- und Ketzer-Historie (wie Anm. 110), Teil I, XII/5, §1, S. 365ᵇ, über die Bogumilen: „Daß die von der im grund verderbten Clerisey angegebene kaetzer nur zeugen der warheit / diese [d. i. der Klerus] aber irrig und des kaetzer-namens werth gewesen / lassen uns die besagten Geschichte alle nicht zweiffeln." Entsprechend heißt es in §2, S. 366ª über die Waldenser: „In Occident machten die groesten haufen unter den zeugen der warheit die Waldenser aus / welche dißmal am meisten ausbrachen. Da duerffen wir nun nicht lange diejenigen fragen / die sich orthodox nennten / was es vor leute gewesen."

127 ARNOLD, Kirchen- und Ketzer-Historie (wie Anm. 110), Teil I, XII/5, §12, S. 371ᵇ, ebenso bereits in §3, S. 366ᵇ, über die Waldenser („rechtglaeubige / fromme und redliche leute", „gute leute").

wie Peter Abaelard und Gilbert Porreta[128] – nicht nur gegen den Vorwurf der Heterodoxie, sondern erkennbar gerade *deshalb*, weil sie als Ketzer angegriffen worden sind; Arnolds Sympathie beruht also ganz wesentlich auf allem, was er als Anzeichen eines Gegensatzes zur institutionalisierten Kirche und eines in seinem Sinn ‚ernsthaften' d. h. ‚innerlichen' Gottesverhältnisses deuten kann.[129] In der Deutung der Kirchengeschichte im Licht der Grundopposition von Amt und Geist, die sich so kaum aus der Geschichte gewinnen läßt, aber gleichwohl in der Rekonstruktion der urchristlichen Gemeindesituation verankert wird und schließlich von dort her normative Qualität für die jeweilige Gegenwart gewinnt, findet Arnold in Sohm seinen Nachfolger. Weber wiederum destilliert aus dieser Idee, dem spannungsvollen Verhältnis von Charisma und Recht, ein übergreifendes soziologisch-historisches Interpretament.

Arnolds und Sohms überaus kritische Perspektive auf das (kirchliche) Amt und die Institution überhaupt ist freilich durchaus kein Gemeinplatz der europäischen Denkgeschichte: Die Warnung vor der Verwechslung von Sein und Erscheinung, die Augustinus besonders prominent in „De doctrina Christiana" gerade mit einer antipneumatischen Spitze ausspricht, wird – anders als bei Sohm – über weite Strecken der abendländischen Theologie- und Philosophiegeschichte, schließlich nahezu topisch geworden, eher in ihrer antispiritualistischen Gestalt rezipiert (die auch das lutherisch-orthodoxe und danach von Harnacks Kirchen- und Geschichtsbild bestimmt). Mitgedacht wird stets Augustins Insistieren auf der Unvermeidlichkeit der ‚Zeichen', also der ‚körperlichen' Außenseite auch der Kirche, und der *instituta*, mit deren Hilfe sich die Menschen in ihrer Welt orientieren und einrichten. Der Kirchenvater hatte sich in diesem Sinn gegen asketische ‚Pneumatiker' – ‚Charismatiker', wenn man so will – aus dem Umkreis des Johannes Cassian und des Priscillian gewandt.[130] Seine (mittelalterlichen und neuzeitlichen) Interpreten haben ihn

128 Vgl. ARNOLD, Kirchen- und Ketzer-Historie (wie Anm. 110), Teil I, XII/5, §7, S. 369[ab] (Peter Abaelard), und §9, S. 370[a] (Gilbert Porreta). – Vgl. hierzu im vorliegenden Band den Beitrag von Ingo Klitzsch über Peter Abaelard als Charismatiker sowie meinen eigenen Beitrag zu Wissen als Charisma bei Peter Abaelard, Gilbert Porreta und Bernhard von Clairvaux.

129 Freilich trifft andererseits – zunächst überraschenderweise – beispielsweise Bernhard von Clairvaux, den theologischen Gegner Gilberts und Abaelards, nur maßvolle Kritik; als Zisterziensermönch und Vertreter einer mystisch grundierten Theologie steht er – gemeinsam mit seinen Kontrahenten – für Arnold mindestens teilweise auf der Seite der Kritiker der insititutionalisierten Kirche; vgl. ARNOLD, Kirchen- und Ketzer-Historie (wie Anm. 110), Teil I, XII/3, §3, S. 362[a]: „Er hat (...) viel gutes bey dem allgemeinen verderb gestiftet und erhalten. (...) Sein eiffer wider die damaligen kaetzer" – darunter eben auch Gilbert und Abaelard – „mochte wol aus seinen vorgefassten meynungen und der guten intention herruehren (...). (...) Und haette der mann zweiffels ohne etwas wichtigers wider den Pabst und die Clerisey thun koennen / wenn er alle bloedigkeit und praejudicia ueberwunden gehabt."

130 Zur Frage, mit welchen – realen oder fiktiven – Gegnern sich Augustinus auseinandersetzt, wenn er die Schriftauslegung an ein kunst- und regelgerechtes, lehr- und lernbares hermeneutisches Verfahren bin-

durchweg so verstanden, daß er sich mit dieser seiner Auffassung auf Paulus und den „Ersten Korintherbrief" berufen könne, der seine Lehre von den Charismen ja ebenfalls in ausgesprochen kritischer Absicht gegenüber den Ansprüchen ausgezeichneter Geistigkeit formuliert. Mögen Arnolds harsche Kritik an der institutionalisierten Kirche und Sohms Opposition von Charisma und Recht auch historische Vorläufer haben, repräsentieren sie doch keinesfalls allein die Hauptlinie des (lateinisch-)christlichen Verständnisses von kirchlichem Amt, kirchlicher Institution und Charisma.[131] Gleichwohl sind die höchst kritische Perspektive auf das Kirchenrecht und die Geschichte einer verrechtlichten Kirche, die Rudolph Sohm im Anschluß an seine pietistischen Vorläufer zur Geltung bringt, sowie das auf diesem Kirchenbild beruhende Konzept des Charisma und der Charismen – auch und gerade in der durch Max Weber modifizierten Gestalt – höchst wirkmächtig geworden. Ganz folgerichtig erscheinen insbesondere die historischen Gegner namentlich religiöser Institutionen als ‚Charismatiker' im Weber'schen Sinn,[132] beruht doch Sohms Kirchenbild auf der Hochschätzung der „Ketzer" im Horizont einer radikal institutionenfeindlichen pietistischen Ekklesiologie, wie sie sich bei Arnold ausformuliert findet. Vermittelt durch Sohm, trägt wiederum Max Weber diese theologischen (oder vielmehr religiösen) Prämissen in seinen Begriff des Charisma ein.

Faßt man abschließend zusammen, ist festzuhalten, (1) daß sich Webers Charismabegriff ausdrücklich auf Rudolph Sohm zurückbezieht, die Implikationen, was das Kirchen- und Geschichtsbild im allgemeinen betrifft, aber bereits weitgehend zu-

---

det und deshalb die Berufung allein auf die Inspiration zurückweist, vgl. POLLMANN, K., Doctrina christiana. Untersuchungen zu den Anfängen der christlichen Hermeneutik unter besonderer Berücksichtigung von Augustinus, *De doctrina christiana*, Freiburg/Ue. 1996, S. 72. 76f., sowie die anschließenden Ausführungen zu Cassian und Priscillian: Pollmann identifiziert als Augustins eigentliche „Gegner ‚Charismatiker' in engerem Sinn" (S. 72), die ein durch den Heiligen Geist gnadenhaft gewährtes Schriftverständnis für sich reklamierten und deshalb das Erfordernis einer regelhaften Schriftexegese prinzipiell bestritten (vgl. S. 76); näherhin schreibt sie dieses Verständnis der „asketische[n] (Mönchs-)Bewegung mit ihren charismatischen Grundzügen" (S. 77) zu und bringt sie mit der in diesen Kontexten vertretenen „Ablehnung der weltlichen Wissenschaft" (S. 78) in Verbindung, hinsichtlich derer Pollmann namentlich eben auf Johannes Cassianus und Priscillianus verweist.

131 Vgl. unten etwa die Beiträge von Mechthild Dreyer und Matthias Vollet sowie von Gerhard Krieger und Gian Luca Potestà, zu den altkirchlichen Grundlagen und Transformationen des Charismabegriffs die Aufsätze von Ernst Ludwig Grasmück, Hildegard Scherer und Herbert Schmid sowie – mit Fokus auf Armenien – den Beitrag von Bärbel Dümler.

132 Vgl. hierzu im vorliegenden Band etwa den Beitrag von Pavlína Rychterová, die – problematisierend – Leben und Werk, namentlich aber die Rezeption des Johannes Hus unter dem Aspekt des Wechselspiels von Charisma und Amt diskutiert, und den Aufsatz von Agathe Bienfait, die den originären Charismabegriff Webers auf seine Tauglichkeit für die Analyse einiger Elemente des Selbstverständnisses der Römisch-Katholischen Kirche untersucht. Beide Beiträge machen unter je eigener Perspektive das vielschichtige Ineinander von Charisma und Institition deutlich.

rückdrängt und von fundamentalen theologischen Prämissen Sohms nahezu vollständig absieht. Damit macht sich (2) das Konzept einerseits für Soziologen und Historiker deutlich weniger anfechtbar, jedoch andererseits um den Preis eines nicht unerheblichen Inhaltsverlustes. Weber sucht diese Tendenz (3) aufzufangen, indem er seinen Charismabegriff einschließlich der Einteilung der Herrschaftsformen, in der er seinen Platz findet, als einen hermeneutischen Vorschlag formuliert, den er der Prüfung und Bewährung anheimstellt. Befragt man Sohms Charismaverständnis jedoch (4) auf seine Prämissen und Impliaktionen, wird deutlich, daß das Konzept namentlich die Dualität von körperlicher und geistiger Wirklichkeit (in ihren verschiedenen Ausformulierungen, etwa als Dualität von sichtbarer und unsichtbarer, ‚geistig-geistlicher' Kirche) immer schon voraussetzt. Bei Sohm geschieht dies in der Weise, daß aus der Perspektive der Kirche als einer geistig-charismatischen Liebesgemeinschaft die Dimension der *menschlichen* Gesellschaft, ihrer funktionalen, institutionellen und rechtlichen Ordnung, weitgehend zurückgedrängt und negativ gewertet wird. Bei Weber bleibt davon zunächst nur der Gedanke einer außeralltäglichen Begabung, die nur *in statu nascendi* Anerkennung findet und deshalb sozial wirksam wird. Man wird (5) gleichwohl fragen müssen, ob, in welchem Umfang und in welcher Weise das Konzept des Charismas, wenn es noch weiter an Inhalt einbüßt, mit hinreichender Trennschärfe als historisches Interpretament gebraucht werden kann,[133] welche Überreste der ganz spezifischen religiös-theologischen Konzepte, von denen er abstammt, der Charismabegriff also zu diesem Zweck beibehalten muß. Ist das Konzept dann aber noch im Sinn Max Webers universal einsetzbar?[134] Welche Bedeutung hat andererseits der Charismabegriff, wenn man die ihm von Rudolph Sohm eingeschriebenen und von Weber indirekt rezipierten Implikationen – mit guten historischen Gründen – zurückweist und dem Begriff so seine geschichtlich-konkrete Grundlegung entzieht?

---

133 Vgl. dazu die Beiträge von Albrecht Diem, Ulrich Gotter, Valentin Rauer, Christoph Schneider und Martin Wihoda, die das Charismakonzept in diesem Sinn nutzbar machen, sowie die Aufsätze von Hans Günter Dosch, Daniel Gotzen und Eberhard Tiefensee, die teilweise mit einem historischen, teilweise mit einem systematischen Akzent insbesondere nach der Idee des ‚charismatischen' Wissenschaftlers fragen.

134 Macht man sich klar, das das Konzept des Charisma nicht nur originär christlicher Provenienz ist, sondern darüber hinaus als soziologischer Begriff in einer ganz bestimmten Ekklesiologie wurzelt, die ihrerseits weitreichende und durchaus nicht selbstverständliche Voraussetzungen macht, wird die Anwendbarkeit des Begriffs auf andere Kulturen, etwa auf die islamische, zu einem besonders interessanten Problem – und zum eigentlichen Prüfstein, an dem sich im Sinn Webers die hermeneutische Tauglichkeit des Konzeptes entscheiden muß; vgl. hierzu die historisch-islamwissenschaftlichen Beiträge von Heinz Halm, Agnes Imhof, Susanne Kurz und Raphaela Veit sowie, mit einer aktualisierenden Wendung, den Aufsatz von Johannes Bergmann.

1 Historische und theoretische Grundlegungen

1.1 Amt und Charisma in der Alten Kirche

Hildegard Scherer

Charismen in Korinth – das Konzept des Paulus[1]

1. Einleitung

Begriffe machen Geschichte. Sie werden aufgegriffen und angepaßt, definiert und geweitet, übernommen und neu kontextualisiert. In den Wissenschaftssprachen der Theologie oder Soziologie haben sich Begriffe von Charisma etabliert, die das Ergebnis einer 2000-jährigen Geschichte mit manchen Höhen und Tiefen und auch manchem Wandel sind. Die Entstehung eines ersten Charisma-Begriffs ist am Beginn der christlichen Überlieferung, in den paulinischen Briefen, dokumentiert. Paulus führt ihn im ersten Korintherbrief in seine theologische Argumentation ein, um einer problembelasteten christlichen Gruppe einen neuen Horizont für ihr Selbstverständnis zu öffnen.

2. Zur Begriffsgeschichte

Das griechische Lexem χάρισμα ist vor Paulus in der Schriftsprache bedeutungslos. Häufig gebraucht sind dagegen die verwandten Verben χαίρω, sich freuen, und χαρίζομαι, schenken, oder das Nomen χάρις, das in einer Bandbreite von Bedeutungen wie Freude, Dank, Schönheit oder Gnade auftritt. Χάρισμα ist Verbalsubstantiv zu χαρίζομαι und faßt sprachlich das Ergebnis des Schenkens.[2] Zwei semantische Komponenten der Wortbasis χάρις fließen in die Ableitungen χαρίζομαι/χάρισμα ein. Χάρις bezeichnet zum einen etwas Angenehmes, Erfreuliches. Zum anderen wird χάρις innerhalb eines Machtgefälles von „oben“ nach „unten“

1 Diesen Beitrag zur Charisma-Tagung habe ich für die Veröffentlichung überarbeitet. Ich danke an dieser Stelle den Veranstaltern herzlich für die Einladung und den Teilnehmern für die konstruktiven Anmerkungen und Diskussionsbeiträge.

2 Vgl. BLASS, F./DEBRUNNER, A./REHKOPF, F., Grammatik des neutestamentlichen Griechisch (BDR), Göttingen [17]1990, §109,2.

weitergegeben, als Gunst von Göttern oder Herrschern.[3] Wer anderen χάρις im Sinne von Gnade erweist, reagiert nicht auf eine Notwendigkeit, sondern handelt souverän. In diesem Sinne bezeichnet χάρισμα ein Geschenk, das ungeschuldet, aus freien Stücken, an andere übermittelt wird.

Es ist wohl Paulus zu verdanken, daß der Begriff χάρισμα in den theologischen Diskurs eintritt.[4] Er erscheint zuerst in der neutestamentlichen Briefliteratur.[5] Am Ursprung der Begriffsentwicklung steht der erste Brief des Paulus an die Korinther (1 Kor), in dem erstmals von Charismata die Rede ist. 1 Kor ist das zweite Schreiben des Paulus, das er wohl 54/55 n. Chr. an die von ihm gegründete christliche Gemeinde in Korinth verfaßt hat.[6] Wirkungsgeschichtlich relevant ist vor allem die Schlußpassage des 12. Kapitels des 1 Kor. In 1 Kor 12,31 wurde das griechische Wort χάρισματα in die Vulgata, die lateinische Bibelübersetzung, hinein entlehnt und bahnte von dort seinen Weg in die westliche Theologie.[7]

---

3 Vgl. CONZELMANN, H./ZIMMERLI, W., Art. χάρις κτλ., Theologisches Wörterbuch zum Neuen Testament (ThWNT) IX, S. 363–393. Zur Bedeutung auch BERGER, K., Art. χάρις, in Exegetisches Wörterbuch zum Neuen Testament (EWNT) III, Sp. 1095–1102, Sp. 1096.

4 Die beiden Belege aus der Septuaginta, LXX Sir 7,33 und 38,30 sind textgeschichtlich ambivalent und jeweils nur in einer bedeutenden Handschrift belegt. PHILO VON ALEXANDRIEN, Legum Allegoriae I-II/78 ist singulär, es besteht Interpolationsverdacht; des weiteren erscheint das Wort im Testamentum Salomonis 1,7 (Siegelring), Sibyllae 2,54 (Seele) und als erster profaner Beleg im 2. Jh n. Chr. in ALCIPHRON, Epistulae III, 17,4 (Topf und Schüssel). Vgl. CONZELMANN, χάρις (wie Anm. 3), S. 393; BAUMERT, N., Charisma – Taufe – Geisttaufe. Entflechtung einer semantischen Verwirrung, Würzburg 2001, S. 19, S. 28; NDUBUISI, L., Paul's Concept of Charisms in 1 Corinthians 12. With emphasis on Nigerian Charismatic Movement (Europäische Hochschulschriften, Reihe 23, Theologie 765), Frankfurt/Main 2003, S. 37f.

5 In den echten Paulusbriefen 1 Kor 1,7; 7,7; 12, 4.9.28.30.31; 2 Kor 1,1; Röm 1,11; 5,15f., 6,23; 11,29; 12,6; in den Pastoralbriefen 1 Tit 4,14; 2 Tit 1,6; schließlich noch 1 Petr 4,10.

6 Zu Chronologie und Datierung vgl. BECKER, J., Paulus. Apostel der Völker, Tübingen 1992, S. 17–33; VIELHAUER, P., Geschichte der urchristlichen Literatur. Einleitung in das Neue Testament, die Apokryphen und die Apostolischen Väter, Berlin 1975, S. 141.

7 In Vg 1 Kor 12,31 wird *charismata* im lateinischen Text als Fremdwort übernommen. Es taucht unter den lateinischen Kirchenvätern bisweilen auf, wird aber durch lat. *donum* o. ä. verstärkt. Augustinus verwendet es nur als Zitat von 12,31; Thomas v. Aquin gebraucht das Wort 42 mal, nur 6 mal aus eigener Motivation, 14 mal als Kirchenväterzitat und 22 mal als Zitat von 12,31. Ab dem 17. Jh. wird Charisma im Zuge des zunehmenden Interesses an der griechischen Ursprache wieder thematisiert, wobei 1 Kor 12 den Ausgangspunkt bildet. Vgl. BAUMERT, Charisma – Taufe – Geisttaufe (wie Anm. 4), S. 188, S. 193f., S. 205–208.

3. Der Charismen-Begriff im Kontext von 1 Kor

3.1. Der theologische Kontext: Der Sprung von 1 Thess zu 1 Kor

Biblische Begriffe und Texte erschließen sich in literarischen, kulturellen, sozialen, theologischen Kontexten. Aufschlußreich ist daher ein Blick auf den theologischen Vorgänger des 1 Kor, den ersten Brief an die Thessalonicher (1 Thess), den Paulus als seinen ersten Gemeindebrief einige Jahre zuvor verfaßt hat.[8] Zwischen 1 Thess und 1 Kor scheint jedoch, was Charismen und das angrenzende Konzept des Geistes (πνεῦμα) betrifft, ein theologischer Sprung zu liegen. In 1 Thess werden χάρις[9] und Geist nur am Rande erwähnt und sind für Paulus noch kein eigenes theologisches Thema.[10] In 1 Kor dagegen argumentiert Paulus mit dem Wirken der Gnade Gottes,[11] gestaltet den Begriff der Charismen aus und widmet im Zusammenhang damit dem Geist elaborierte Passagen.[12]

Wie läßt sich dieser Sprung erklären? Paulus beabsichtigt mit seinen Briefen nicht, ein dogmatisches Traktat einer fertigen „Theologie im Fernkurs“ an seine Gemeinden weiterzugeben – er gestaltet kontextuelle Theologie. Diese reagiert auf die vorgefundenen Zustände, ringt nach neuen Begriffen und schärft sich an den Problemen in den Gemeinden. Den Thessalonichern braucht Paulus nur ein knappes

8 Der 1 Kor wird in den 2–3-jährigen Aufenthalt des Paulus in Ephesus datiert, ebenso der Galaterbrief (Gal). Die Chronologie ist hypothetisch –VIELHAUER, Geschichte (wie Anm. 6), S. 111 setzt die Briefe zeitgleich an und wertet die Hinweise auf die Jerusalem-Kollekte nicht aus. Dies tut hingegen BECKER, Paulus (wie Anm. 6), S. 22–27. Er deutet 1 Kor 16,1 als ältesten Beleg der Kollekte in der Korrespondenz und ordnet Gal deswegen nach. SCHNELLE, U., Wandlungen im paulinischen Denken (Stuttgarter Bibelstudien 137), Stuttgart 1989, S. 24f., sieht die zeitliche Priorität des 1 Kor als gesichert an. Ebenso BROER, I., Einleitung in das Neue Testament, Bd. 2: Die Briefliteratur, die Offenbarung des Johannes und die Bildung des Kanons, Würzburg 2001, S. 442 f., der mit der theologischen Nähe der Rechtfertigungslehre zum Römerbrief argumentiert. Sollten die Briefe tatsächlich zeitgleich entstanden sein, tut dies dem Argument des theologischen Sprungs allerdings keinen Abbruch, denn auch in Gal wird mit der Opposition von Fleisch und Geist das Pneuma-Thema neu durchbuchstabiert, und zwar aufgrund der Gemeindesituation.

9 1 Thess 1,1; 5,28.

10 1 Thess 1,5; 4,8; 5,19.

11 1 Kor 1,4; 2,12; 3,10; 15,10;

12 1 Kor 2,10–16; 3,16–19; 12,4–11.13; 14,14–17. An den Stellen außerhalb des 1 Kor, an denen Paulus den Begriff Charisma noch verwendet, ist der Zusammenhang mit dem Pneuma nicht konstitutiv, die Verbindung zur Gnade Gottes dagegen schon. Die Kontextualisierung des Begriffs geht also weiter. Vgl. zu den weiteren Verwendungen NARDONI, E., The Concept of Charism in Paul, in: Catholic Biblical Quarterly 55 (1993), S. 68–80, S. 69–72.

Zeichen der Bestätigung zu setzen, diese Musterschülergemeinde lebt tadellos und vorbildlich.[13] In Korinth dagegen muß er korrigierend eingreifen und dafür bestimmte Elemente seiner Theologie klären. Daß Paulus hier seine Pneuma-Lehre expliziert und den Charismen-Begriff einführt, hat mit der Situation der Gemeinde in Korinth zu tun.

3.2. Der soziale Kontext: Probleme in der korinthischen Gemeinde[14]

Der soziale Kontext in Korinth ist geprägt durch Differenzen innerhalb der Gemeinde. Vor der Abfassung seines Briefes hat Paulus davon gehört und stellt deshalb an den Anfang seines Schreibens die Mahnung, keine Spaltungen zuzulassen und einmütig zu reden und zu denken (1 Kor 1,10). Zwei der Problempunkte, an denen sich der Streit entzündet, hängen mit dem Pneuma-Verständnis zusammen.

3.2.1 Zu wenig Geist: Das Problem weltlicher Weisheit

Eine der Konfliktparteien – wohl die, die sich auf einen gewissen Apollos[15] bezog – wird von Paulus kritisiert, weil sie einerseits die Rede vom Kreuz und damit von den harten Fakten des Todes Jesu in gesellschaftlicher Ächtung unterschlägt.[16] Sie legt, Paulus zufolge, andererseits zu großen Wert auf „menschliche Weisheit" und deren elaborierte Artikulation in herausragenden Reden und klugen Worten.[17] Eine solche Partei, die die gängigen gesellschaftlichen Wertmaßstäbe hochhält, muß in Korinth Statusgefälle und damit Streit provozieren. Dies liegt auf der Hand, wenn man beachtet, wie Paulus die Gemeinde in Korinth in ihrer sozialen Stellung wahrnimmt: „Seht eure Berufung, Brüder, daß ihr nicht viele Weise dem Fleische nach

13 1 Thess 1,6–8.

14 Die Rekonstruktion des sozialen Kontexts der Paulusbriefe steht vor einem methodischen Problem. Sie hat fast nur Daten zur Verfügung, die aus den Briefen selbst stammen. Das beiden Kommunikationspartnern gemeinsame Erleben, das ungeschriebene Wissen um die Situation fehlt uns heute. Uns bleibt nichts anderes übrig, als aus dem Text des Paulus Hinweise auf den sozialen Kontext herauszufiltern, die ihre Berechtigung allein aus ihrer Kongruenz und (lückenhaften) Konsistenz erfahren.

15 Den Apollos stellt Apg 18,24–28 als gewandten Redner (ἀνὴρ λόγιος) aus Alexandria dar, der in Korinth wirkt und nur die Johannestaufe hat. In 19,1–7 schiebt Lukas eine Perikope mit Johannesjüngern nach, die präzisiert, daß der Johannestaufe das Wissen um den Heiligen Geist fehlt. Dieses Profil paßt zur Problematik, die Paulus in Korinth vorfindet. Apollos ist für ihn die prominente Figur innerhalb der Parteiungen: vgl. 1 Kor 3,5f.22.

16 Vgl. 1 Kor 1,18–24.

17 „Καθ᾽ ὑπεροχὴν λόγου ἤ σοφίας; ἐν πειθοῖ[ς] σοφίας [λόγοις]" (Kor 2,1.4).

seid, nicht viele Mächtige, nicht viele von höherem Stand." (1 Kor 1,26). Paulus stellt den korinthischen Tendenzen zur Elitebildung das „Wort vom Kreuz", das unverkürzte Bekenntnis zum Gekreuzigten, entgegen. Dabei geht es ihm nicht in erster Linie um theoretische Überzeugungsarbeit, sondern um die praktischen Konsequenzen der Theologie. Mit seinem Kerygma verbindet er eine Bewußtseinsänderung auf sozial-kultureller Ebene, nämlich den Abschied von Status- und Führungsansprüchen der rivalisierenden Gruppen, die sich nach weltlichen Maßstäben definieren. Diese sind durch den Kreuzestod Jesu außer Kraft gesetzt.

Dieses Kerygma ist für Paulus völlig hinreichend[18] und so klar wie einfach, daß es keine gebildeten Verbrämungen braucht. Überzeugungskraft erhält diese Botschaft durch das Pneuma, den Geist Gottes.[19] Das Pneuma ist gemeinsame Grundlage aller Christusgläubigen. Es ist allen von Gott geschenkt und kann so das durch „die Weisheit dieser Welt" (1 Kor 1,20 u. ö.) verursachten Differenzen einebnen.

3.2.2 Geist exklusiv: das Problem Zungenrede

Paulus greift einen vorausgehenden Brief der Gemeinde in Korinth auf.[20] Darin baten die Korinther Paulus um eine Klärung wegen der πνευματικά, der geistlichen Dinge.[21] Anlaß war wohl, daß einige Gemeindemitglieder die Zungenrede (λαλεῖν γλώσσῃ) praktizierten. Diese Glossolalen scheinen in Korinth als „Pneumatiker" bezeichnet worden zu sein.[22] Was beim Phänomen Zungenrede genau vor sich geht, erfahren wir aus dem 1 Kor nicht – Paulus deutet nur *ex negativo* an, daß der Zungenrede das klar umrissene Wort fehlt.[23] Probleme bereitet allerdings ihre Unverständlichkeit. Sie grenzt einen Zuhörer, der sie nicht kennt, als ἰδιώτης, als Unwissenden, aus (1 Kor 14,23f.). Zungenrede bringt so keinen Nutzen für die anderen. Deshalb verweist Paulus sie in den Bereich des Privatgebets oder ordnet in der Gemeindeversammlung ihre Übersetzung an. Der zweite Haken ist die Verwechslungsgefahr mit paganer ekstatischer Erfahrung. Paulus imaginiert die Fremdwahrnehmung der Zungenrede in 1 Kor 14,23: Ein Außenstehender würde sie mit dem Verb μαίνω bezeichnen. Das Wort ist in den ekstatischen Erfahrungsräu-

---

18 1 Kor 2,1–5.

19 1 Kor 2,4f.10–16

20 Die περὶ-δὲ-Phrase in 1 Kor 12,1 leitet wie in 7,1.25; 8,1; 15,1 ein von den Korinthern im vorausgehenden Brief (7,1) gestelltes Thema ein.

21 Grammatisch ist nicht entscheidbar, ob Paulus hier geistliche Dinge oder Menschen meint. Im weiteren Kontext halte ich die Übersetzung als geistliche Dinge für plausibler.

22 Dies wird deutlich, wenn Prophetie und Glossolalie gegenübergestellt werden: In den Antithesen zur Prophetie ist „Reden in Zungen" und „Pneumatiker sein" in 14,1.37 austauschbar; vgl. auch 1 Kor 14,2: Zungenrede geschieht im Geist, bei der Prophetie wird dies nicht eigens erwähnt.

23 „Μὴ εὔσημον λόγον δῶτε" (1 Kor 14,9).

men der Umwelt, wie z. B. dem Dionysoskult, gängig und wird ansonsten im NT sorgfältig vermieden. Es bezeichnet einen göttlich verursachten „Wahnsinn“. Wenn ein Ungläubiger oder nicht-eingeweihter Christ die Glossolalie hört, wird er das Eigenprofil der christlichen Gruppe nicht erkennen und sich aufgrund der Unverständlichkeit ihrer theologischen Botschaft nicht zuwenden.[24]

Daß die Korinther, besonders die im hellenistischen Bereich Beheimateten, in diesem auffälligen Phänomen eine göttlichen Macht zu erkennen glaubten, liegt auf der Hand. Gefährlich wird in Korinth eine Position, die daran besonders oder gar ausschließlich das Wirken des Geistes Gottes festmacht. Dem will Paulus in den Kapiteln 12–14 seines Briefs entgegensteuern. Dazu klärt er zunächst in Kap. 12 allgemeine pneumatologische Grundsätze, bevor er sich in Kap. 13 der Liebe (ἀγάπη) als höchstem Wert und in Kap. 14 dem Verhältnis von Glossolalie und Prophetie im Speziellen zuwendet.[25]

4. Das Charismen-Konzept in der Antwort des Paulus

4.1. Charismen und Zungenrede

1 Kor 12 beginnt mit einer grundsätzlichen Belehrung. Paulus greift in der Themenangabe „Περὶ δὲ τῶν πνευματικῶν“ den Begriff der Pneumatika, der geistlichen Dinge, auf, den wohl die Korinther im vorausgehenden Brief ins Spiel gebracht hatten. Wenn Paulus nun seine Position zum Wirken des Geistes darlegt, führt er dafür in 12,4 den – bislang unbelasteten – Begriff der Charismata ein, den er eng an das Pneuma als Grundlage bindet. In 12,31 wird er am Schluß des Kapitels im Sinne einer Inklusion aufgegriffen und dadurch als Themawort platziert.

Der Text ist folgendermaßen strukturiert:

24 Vgl. hierzu CHESTER, S. J., Divine Madness? Speaking in Tongues in 1 Corinthians 14.23, in: Journal for the Study of the New Testament 17 (2005), S. 417–446, hier S. 426–430; SMIT, J. F. M., Tongues and Prophecy: Deciphering 1 Cor 14,22, in: Biblica 75 (1994), S. 175–190, hier S. 183f.

25 Die Prophetie ist der dritte Weg innerhalb der problematisierten Glaubensartikulationen in der Gemeinde. Im Gegensatz zur ebenso inspirierten Glossolalie ist sie verständlich und dient dem Gemeindeaufbau – im Gegensatz zur verständlichen, aber menschengemachten Rhetorik gilt sie jedoch als vom Geist inspiriert.

Einleitung *(VV. 1–3)*	Über die geistlichen Dinge/Menschen... (Περὶ δὲ τῶν *πνευματικῶν*)
1. Liste *(VV. 4–11)*	Es gibt verschiedene *Gnadengaben* (Διαιρέσεις δὲ *χαρισμάτων*), aber nur einen Geist (τὸ δὲ αὐτὸ πνεῦμα)... *Jedem* (ἑκάστῳ) aber wird die Offenbarung des Geistes zum Nutzen gegeben: (1) Dem einen wird durch den Geist die *Rede von Weisheit* (λόγος σοφίας) gegeben, (2) dem anderen gemäß dem selben Geist die *Rede von Erkenntnis* (λόγος γνώσεως), (3) einem anderen *Glaube* (πίστις) durch den selben Geist. (4) Einem werden *Gaben der Heilungen* (χαρίσματα ἰαμάτων) durch den einen Geist gegeben, (5) dem anderen aber *Machterweise* (ἐνεργήματα δυνάμενων), (6) einem *Prophetie* (προφητεία), (7) dem anderen *Unterscheidungen der Geister* (διακρίσεις πνευμάτων), (8) einem anderen *Arten von Zungen* (γένη γλωσσῶν), (9) dem anderen *Auslegung der Zungen* (ἑρμηνεία γλωσσῶν). Dies alles wirkt ein und derselbe Geist, der *jedem* (ἑκάστῳ) zuteilt, wie er es will.
Leibgleichnis *(VV. 12–27)*	
2. u. 3. Liste *(VV. 28–31a)*	Eifert nach den größeren *Gnadengaben* (*χαρίσματα*)!

Textstruktur 1Kor 12,1–31a

Wenn Charismata die Geschenke des Geistes Gottes an die Gläubigen sind, meint „durch den Geist gegeben" das gleiche. „Durch den Geist gegeben", also Charismata, sind die Komponenten der in VV. 8-10 folgenden Aufzählung, die stellvertretend für alle möglichen Arten von Glaubensvollzügen und –artikulationen von Gemeindemitgliedern stehen. Rahmendes Stichwort ist in V. 7 und V. 11 ἑκάστος, jeder. Paulus stellt heraus, daß jedes Mitglied der christlichen Gruppe den Geist bzw. ein Geschenk des Geistes besitzt.[26] Strukutrell ist zu beobachten, daß die aufgezählten Charismen, bis auf eine Ausnahme, paarweise angeordnet sind. Deutlich erkennbar als Paare sind:

(1) und (2): Das Nomen λόγος ist jeweils um einen Genitiv ergänzt.
(4) und (5): Es ähneln sich ebenfalls die Objekte durch das Suffix –ματα und das angehängte Nomen im Genitiv Plural. In den Listen 12,28-30 werden δυνάμεις und χαρίσματα ἰαμάτων in gleicher Kombination, aber umgekehrter Reihenfolge aufgegriffen.
(8) und (9): Es liegt eine Genitivkonstruktion eines Nomens mit γλωσσῶν vor.

Daß auch (6) und (7) zusammengehören, erschließt sich nur auf dem Hintergrund von 14,27.29: Wie zur Zungenrede die Übersetzung gehört, so auch zur Prophetie die kritische Begutachtung.

Aus der strukturellen Reihe tanzt dagegen das Charisma des Glaubens (3). Es steht alleine und ist als drittes Glied an das erste Paar angehängt. Diese Auffälligkeit hat eine rhetorische Signalwirkung: Paulus stellt damit seine Überzeugung heraus, daß jedes Mitglied der Gemeinde ein Charisma besitzt. Auch etwas für die christliche Gemeinde so Grundlegendes wie der Glaube[27] – ohne den wohl kein

26 NIJRU, P. K., Charisms and the Holy Spirit's Activity in the Body of Christ. An Exegetical-Theological Study of 1 Corinthians 12,4–11 and Romans 12,6–8 (Tesi Gregoriana. Serie Teologia 86), Rom 2002, S. 116, liest hier distributive Bedeutung. Vgl. jedoch 1 Kor 7,7, wo Paulus wiederum herausstellt, daß jeder ein Charisma besitzt. In diesem Sinne auch SCHÜTZ, J. H., Art. Charisma IV, Theologische Realenzyklopädie VII, S. 688–693, hier S. 689.

27 Gegen die Interpretation von NDUBUISI, Paul's Concept (wie Anm. 4), S. 163f., NIJRU, Charisms (wie Anm. 26), S. 140f, S. 144–146 oder MERKLEIN, H./GIELEN, M., Der erste Brief an die Korinther. Kapitel 11,2–16,24 (Ökumenischer Taschenbuchkommentar zum Neuen Testament 7,3), Gütersloh 2005, 1 Kor, 126, hier würde eine Sonderform von Glauben, ein besonders starker Glaube o. ä., genannt, läßt sich mit SCHÜTZ, Charisma (wie Anm. 26), S. 690 einwenden: In 1 Kor 12,3 wird bereits der elementare Glaubensakt des Bekenntnisses zum Kyrios Jesus als Artikulation des Geistes verstanden (so auch MERKLEIN, H./GIELEN, M., [wie oben], 1Kor 11,2–16,24 S. 119f, S. 229). Paulus betont so sehr, daß keiner vom Charisma ausgeschlossen ist, daß ich es für wahrscheinlicher halte, er wollte in der Liste bewußt ein sehr niederschwelliges Charisma einflechten, mit dem sich auch wirklich jeder identifizieren kann. Wäre hier ein Sonderglaube gemeint, ginge die Behauptung, jeder hätte eine Geistesgabe, leicht an der Realität vorbei, denn in einer randständigen Gemeinde wie Korinth hat es wahrscheinlich Menschen gegeben, die keines der übrigen Charismen ohne weiteres auf sich bezogen hätten.

Mitglied sich zugehörig fühlen würde –, ist für Paulus bereits Geistesgabe und damit gleichrangig zu Spezialbegabungen wie der Glossolalie.[28]

Den Begriff Charismata verwendet Paulus als Variante zum Begriff der Pneumatika.[29] Die Pneumatika mit der Glossolalie als Prototyp sind nach korinthischem Verständnis durch Auffälligkeit gekennzeichnet. Wenn Paulus nun den Begriff der Charismata an deren Stelle setzt, kann er ihm eine neue Prägung geben: Geistesgaben im Sinne der Charismata sind jedem Gläubigen gegeben und äußern sich auf verschiedenste, nicht immer außergewöhnliche Weise.

Wenn in 12,31 auch die beiden abschließenden Listen als Charismata subsumiert werden, soll das dort Genannte als ebenso als frei geschenkte Äußerung des Geistes gelten. Die drei Listen sind nicht identisch. Verwirrend erscheint, daß gerade in der zweiten Liste Ungleiches nebeneinander steht: Personen – Apostel, Propheten, Lehrer –, bereits aus Liste 1 bekannte Charismen – Heilungen, Machterweise, Zungenrede, Auslegung –, und ganz neue Beispiele – Hilfdienste (ἀντιλήμψεις) und Steuermannskünste (κυβερνήσεις). Der Leser folgert aus dieser Diskrepanz eine hartnäckige Absicht des Paulus, sich hier nicht systematisch und stringent festlegen zu wollen. Paulus will nicht den Eindruck erwecken, es gäbe eine geschlossene Liste von Geistesgaben, weil es ihm um etwas anderes geht: um ein umfassendes, möglichst vielseitiges Verständnis von Geistesgaben.[30]

Für das paulinische Konzept von Charismen trägt dies eine inhaltliche Bestimmung aus: Für Paulus ist Charisma auf jeden Fall ein Pluralbegriff. Paulus denkt immer an Charismata, an eine Vielfalt von Geistesgaben, die nicht genau systematisiert und aufgelistet werden will und kann. Ihre Gestalt ist so offen wie die Vielfalt der Gläubigen in der Gemeinde.

Paulus antwortet mit seinem Charismen-Konzept auf das Problem der Zungenrede, einer Engführung des Verständnisses von Geistesgaben.

Doch auch beim ersten Problemfeld, das um ein „zu wenig" an Geist kreist und sich mit der Weisheit „dieser Welt" auseinander zu setzen hat, spielt das Charismen-Verständnis eine Rolle. Ein methodisches Nota bene zeigt sich in diesem Konfliktfall. Hier will Paulus nicht auf die Frage antworten, was Charismen eigentlich sind;

---

28 Auch Prophetie ist ein „flächendeckendes" Charisma, wie Paulus in 14,31 festhält – alle können sie praktizieren.

29 Vgl. auch NIJRU, Charisms (wie Anm. 26), S. 46f, S. 114f.; KLAUCK, H.-J., Die Autorität des Charismas. Zehn neutestamentliche Thesen zum Thema, in: KLAUCK, H.-J., Gemeinde – Amt – Sakrament. Neutestamentliche Perspektiven, Würzburg 1989, S. 223–231, hier S. 226; SCHÜTZ, Charisma (wie Anm. 26), S. 689f., sowie LIPS, H. von, Der Apostolat des Paulus – ein Charisma? Semantische Aspekte zu χάρις – χάρισμα und anderen Wortpaaren im Sprachgebrauch des Paulus, in: Biblica 66 (1985), S. 305–343, S. 339.

30 So auch KLAUCK, Autorität (wie Anm. 29), S. 227.

er ist um die Klärung der Frage bemüht, weshalb die Gemeindemitglieder in Korinth wissen und reden, was sie wissen und reden.[31]

Unsere Fragestellung ist also an dieser Stelle nicht auf Anhieb deckungsgleich mit der Pragmatik des Paulus. Die Charismen treten in diesem Konflikt auf einen nicht wenig aufschlußreichen Nebenschauplatz.

4.2. Charismen und Bildungsgefälle: ein Gegenkonzept

In der oben genannten Liste stammen die Charismen (3) und (6) mit (9) aus dem Konfliktfeld um die Glossolalie. Übrig bleiben zwei Paare von Geistesgaben: die Rede von Weisheit und Wissen sowie die eigenartig umständlich bezeichnete, weil nochmals extra mit dem Begriff Charismata belegte, Gabe der Heilungen in Verbindung mit den „Machttaten".

Die Rede von Weisheit und Wissen paßt zum ersten Konflikt und ist stichwortartig von dort aufgenommen. Der Charismenbegriff erhält im Konflikt um die menschliche Weisheit eine argumentative Funktion.

4.2.1 Charisma statt Kunst in 1 Kor 12

Ein Charisma, ein Geschenk, gestaltet eine Beziehung zwischen zwei Beteiligten – dem Schenkenden und dem Beschenkten. Für Paulus, den Theozentriker, ist klar, auf welchen Ebenen diese beiden Rollen anzusiedeln sind: Beschenkte sind Menschen, Schenkender ist Gott bzw. sein Geist. Der paulinische Charismen-Begriff impliziert diesen Horizont.[32] Paulus zeigt, daß der Mensch sich seine Möglichkeiten, zumindest was seine Verbindung zu Gott und die Performanz im christlichen Leben angeht, nicht selbst schafft. Der Mensch muß sie aus einer anderen Quelle empfangen. Paulus beantwortet also die Ausgangsfrage, woher das für die Glaubenden in Korinth relevante Reden und Wissen kommt, in 1 Kor 1-2 mit verschiedenen Verweisen auf die Aktivität Gottes. Diese Aktivität bringt er nun mit dem Begriff des Charisma auf einen Nenner.

Was für neuzeitlich und christlich sozialisierte Ohren selbstverständlich klingt, steht jedoch quer zu antiker Denkgewohnheit. Diese hätte die von Paulus aufgelistete Rede von Weisheit bzw. Wissen mit zwei etablierten Disziplinen antiker Bildung assoziiert: der Rhetorik und der Philosophie. Darin Fähigkeiten zu erwerben, ist in der Antike eine „Kunstfertigkeit", eine τέχνη. Sie gilt als prinzipiell erlernbar und

---

31 Zentrales Stichwort im Plädoyer des Paulus sind dabei Berufung (1 Kor 1,24–29) und Offenbarung (1 Kor 2,10); Paulus bindet das Kerygma immer wieder an eine göttliche Aktivität (z. B. 1,21; 2,4f.13).

32 Vgl. NJIRU, Charisms (wie Anm. 26), S. 98.

gründet auf systematisch-rationalem, empirisch fundiertem Fachwissen. Mit den Worten des Aristoteles: „Die Kunst (τέχνη) entsteht dann, wenn sich aus vielen durch die Erfahrung gegebenen Gedanken eine allgemeine Annahme über das Ähnliche gebildet hat."[33]

Die περὶ τοὺς λόγους τέχνη,[34] die Redekunst, ist, wie andere Kunstfertigkeiten, durch Ausbildung erwerbbar. Ihr sind in der Antike Rhetorik-Fachbücher wie die des Aristoteles, Cicero oder Quintilian gewidmet. Als Handwerkszeug sollten junge Leute, so die Theorie der Enkyklios Paideia bzw. der *artes liberales,* Rhetorik und Philosophie am Ende ihrer Ausbildung erlernen. Die Rhetorik als Fähigkeit zu eigenständiger, kontrollierter Artikulation in der Öffentichkeit gilt als Indikator für gesellschaftlichen Status und Macht.

Fortgeschrittene Fähigkeiten in diesen Künsten hatte man Spezialausbildungen zu verdanken. Derartig raffinierte τέχνη war ein Privileg der Bessergestellten und Reichen, die über die nötigen Ressourcen an Zeit und Geld verfügten. Das Höchstpreisedikt des Diokletian spricht eine deutliche Sprache: 250 Denare pro Schüler und Monat konnte ein Rhetor oder Sophist verlangen, fünfmal so viel wie ein Elementarlehrer.[35]

Für Korinther, die in den herkömmlichen Bahnen dachten, mußte also eine Aussage wie „Weisheitsrede, vom Geist gegeben" höchst befremdlich erschienen sein, denn: das Reden lernt der Gebildete für viel Geld beim Rhetoriklehrer, die dazugehörige Weisheit beim Philosophen.

Paulus schneidet im vierten Listenpunkt mit den Heilungen (χαρίσματα ἰαμάτων) den Bereich der Medizin an. Darin findet sich ein Paradebeispiel für eine menschlich-rationale, erworbene Kunstfertigkeit: der Arzt (ἰατρός, *medicus*). In der antiken Literatur wird seine Tätigkeit oft, beinahe sprichwörtlich, zur Veranschaulichung einer τέχνη herangezogen. Paulus besitzt dagegen die rhetorische Absicht, dessen Fertigkeit gleich doppelt als ein Geschenk des Geistes zu klassifi-

---

33 ARISTOTELES, Metaphysik I 1 981a.

34 Zu Belegen vgl. LOBELL, H.G./SCOTT, R./JONES, H.S., A GREEK-ENGLISH LEXICON, OXFORD 1996, Art. τέχνη, Sp. 1785. Zur Rhetorik als Kunst vgl. z. B. CICERO, Rhetorica ad Herennium, I 1.3.; QUINTILIAN, Inst. II 17.

35 [DIOKLETIAN], Diokletians Preisedikt (Texte und Kommentare 5), hrsg. von LAUFFER, S, Berlin 1971, 7, 65.71, S. 124/125. Zum Vergleich: der Tageslohn eines Landarbeiters betrug bis zu 25 Denare, der von Handwerkern wie Schreiner, Maurer oder Bäcker bis zu 50 Denare (7, 2.3.12).
MORGAN, T., unterscheidet nach Analyse der antiken Schulpapyri als Belegen für tatsächlich stattgefunden Unterricht bei den antiken Bildungsinhalten „core" und „periphery". Grammatik und Rhetorik gehören zur „periphery", die nur von wenigen, fortgeschrittenen Schülern erlernt wurde (Education, S. 71f.). Zur Stellung und Bedeutung der Rhetorik vgl. weiter MORGAN, T., Literate Education in the Hellenistic and Roman Worlds, Cambridge 1998, S. 84, S. 190–196, S. 234–239. Zum Zusammenhang zwischen Bildung und sozialem Status siehe auch KÜHNERT, E. F., Zur Einteilung in sogenannte frei Künste und in handwerksmäßige Künste, in: RIEDEL, V. (Hg.), Friedmar Kühnert. Bildung und Redekunst in der Antike. Kleine Schriften, Jena 1994, S. 23–26.

zieren, indem er die Heilungen einerseits in die Charismen-Liste einreiht und sie zusätzlich noch mit der Genitiv-Konstruktion umschreibt. Sinnvoll unterstellen läßt sich, daß Paulus mit diesem Reizwort χαρίσματα ἰαμάτων genau den Kontext der τέχνη aufrufen wollte, gegen den er das Charisma als nicht verfügbares, nicht rational einholbares Geschenk gestellt haben möchte.

Neben dem Arzt ist auch der Steuermann (κυβερνήτης, *gubernator*) Vertreter einer vielzitierten Kunst. Arzt und Steuermann werden in der antiken Literatur von Platon über Cicero bis Quintilian öfters in einem Atemzug genannt, wenn sie als Beispiele für eine τέχνη stehen.[36] Auch in der zweiten Charismen-Liste des 1 Kor erscheinen sie in V. 28, unterbrochen durch den Gegenbegriff zu κυβερνήσεις, den Hilfsdiensten (ἀντιλήμψεις). Die κυβερνήσεις stehen hier für Leitungsfunktionen innerhalb der Gemeinde,[37] wobei Paulus diese metaphorische Ausdrucksweise bewußt mit Blick auf die τέχνη-Konnotation gewählt haben könnte.

Drei einschlägige antike Beispiele für eine menschliche τέχνη, Rhetorik, Arztkunst und Steuermannskunst (in übertragener Bedeutung), besetzt Paulus durch die Anwendung seines Charismen-Konzepts neu – als göttliche Geschenke. In der christlichen Gemeinde werden sie inhaltlich von menschlicher Bildung abgekoppelt. Während die antike Theorie behauptete, Kunstfertigkeit sei der Grund der Qualifikationen, die Menschen in der Gesellschaft an den Tag legen, so setzt Paulus dem das Charisma entgegen, das Geschenk Gottes, das die Menschen zu ihrem Tun in der christlichen Gemeindeversammlung befähigt.

4.2.2 Ein neuer Unterton in 1 Kor 1,4-7

Im Kontrast von Charisma und Kunst bekommt auch der zunächst so unverdächtige Satz in 1 Kor 1,4-7 einen subtilen und subversiven Unterton:

Ich danke meinem Gott überall wegen euch
für die Gnade Gottes (ἐπὶ τῇ χάριτι τοῦ θεοῦ),
die euch gegeben ist in Christus Jesus,
so daß ihr durch ihn an allem reich geworden seid (ἐπλουτίσθητε),
an jedem Wort und jedem Wissen;
so ist das Zeugnis von Christus unter euch gefestigt worden,
daß es euch an keiner Gnadengabe mangelt (ὑμᾶς μὴ ὑστερεῖσθαι ἐν μηδενὶ χαρίσματι) (...).

---

36 Z. B. PLATON, Ion 537c.540b.; CICERO, De finibus III 24f.; QUINTILIAN, Institutio oratoria. II 17,24f.

37 Vgl. BEYER, H. W., Art. κυβερνήσεις, ThWNT III, S. 1034–1036, hier S. 1034f.

Paulus schreibt den „Reichtum“ nicht dem *self-made man*, dem Protagonisten von Fleiß und Bildung zu, sondern konfrontativ der Gnade Gottes, die sich jeder menschlichen Verfügbarkeit entzieht. Die Analogie aus der Besitzwelt schafft neue Untertöne:

Τέχνη ist teuer, wird mit Geld bezahlt – χάρις/χάρισμα ist dagegen Geschenk ohne Gegenleistung. Semantisch trifft dieses ungewöhnliche Wort den Nagel auf den Kopf. Reichtum und Mangel erscheinen ironisch gebrochen. Reichtum im herkömmlichen Sinn, der einem Kunstfertigkeit verschafft, zählt für Paulus nicht mehr. Reichtum und Mangel will er nur noch in der Währung „Gnade“ verstanden wissen. Damit hebelt er den antiken gesellschaftlichen Referenzrahmen, der sich aus der Kombination von Wohlstand und Bildung ergibt, für die christliche Gemeinde aus.

Charisma statt Kunst – die menschliche Leistung, die einem Amt oder Beruf einträgt, ist in der Sicht des 1 Kor nivelliert. Nichts an menschlicher Leistung bleibt, auf was man noch stolz sein könnte, nichts, was Gemeindemitglieder berechtigen würde, sich aufzublähen, wie das in Korinth geschehen war.[38] Das Geschenk des Geistes befreit die Christusgläubigen in Korinth aus der Verstrickung von Geld und gesellschaftlichen Chancen.

4.2.3 Paulus als Prototyp

Paulus, die anerkannte Autorität der christlichen Gemeinden, der Verkünder des heilsrelevanten Evangeliums, versteht sich selbst als Prototyp dieses χάρις/χάρισμα-Konzepts.[39] Betontermaßen stellt er als eigentliche Ursache seines eigenen Auftrags die Gnade Gottes heraus, und zwar in einem Bild, das jeder antike Mensch auf Anhieb mit einer τέχνη verbunden hätte, im Bild des Baumeisters:

Durch die Gnade Gottes, die mir gegeben wurde (κατὰ τὴν χάριν τοῦ θεοῦ τὴν δοθεῖσάν μοι), habe ich wie ein weiser Baumeister das Fundament (ergänze: der Gemeinde) gelegt. (1 Kor 3,10)

In 1 Kor 15,10 resümiert er nochmals seine Tätigkeit als einziges Produkt der Gnade Gottes:

38 1 Kor 4,6.

39 Dabei macht er keinen qualitativen Unterschied zwischen seiner Gnadengabe und der der anderen. Individuelle Ausprägungen sind in seinem Konzept vorgesehen. Zur Argumentation vgl. LIPS, Apostolat (wie Anm. 29), S. 334–342. Eine Analyse des paulinischen Wirkens mit dem religionssoziologischen Charisma-Begriff käme hier unter Umständen zu anderen Ergebnissen als die (Selbst-)Analyse des Paulus mit seinem theologischen Charismenbegriff.

Durch die Gnade Gottes bin ich, was ich bin, und seine Gnade in mir ist nicht vergebens entstanden. Sondern mehr als alle anderen habe ich gearbeitet, nicht ich, sondern die Gnade Gottes mit mir zusammen.

5. Fazit

Nach diesem Blick auf den ersten Korintherbrief lassen sich zwei Thesen zum paulinischen Charismen-Konzept zusammenfassen:

1. Charismen sind vielfältig – „Charisma" gibt es für Paulus nur im Plural. Es ist theologisch deutender Sammelbegriff für verschiedene Arten, den christlichen Glauben in der Gemeinde zu artikulieren.

2. Charisma – geschenkte Kompetenz ist das Gegenkonzept zu τέχνη – käuflich erwerbbare Kompetenz. Indem Paulus die τέχνη in der christlichen Gemeinde entmachtet, entmachtet er damit zugleich die Status- und Leistungsimplikationen, die mit ihr verbunden sind. An deren Stelle hebt er die Souveränität Gottes, die mittels des Pneuma alle Glaubenden am Kommunikationsprozeß der christlichen Gemeinde beteiligt, und zwar auf vielfältigste Weise. Zur Gemeinschaft gehört jeder, der glaubt: Nach 1 Kor 12,3 ist das Bekenntnis schon der erste Beweis dafür, daß Pneuma und Charisma wirken. Es sind also nicht einzelne innerhalb der Gruppe, die durch das Charisma hervorgehoben werden, sondern im Glauben an des Wirken von Pneuma und Charismata in allen Mitgliedern konstruiert sich die ganze Gruppe als aus ihrer Umgebung herausgehoben.[40]

Mit dem Begriff Charisma gelingt es Paulus, das in der christlichen Gemeinde Grundlegende – Glaube – mit dem exklusiv Außergewöhnlichen – z. B. Glossolalie – auf eine Ebene zu heben. Im Unterschied zur religionssoziologischen Rezeption des Charisma-Begriffs ist für Paulus die Rede von den Charismen in Korinth gerade ein Korrektiv zu Selbstinszenierung innerhalb der Gemeinde, ein Begriff der Kritik an allem, was auf Kosten der anderen auffällt und Machtansprüche erhebt.

---

40 Hierin ist in der paulinischen Theologie am ehesten das „Außeralltägliche" verortet, das in anderem Sinne später den Charisma-Begriff Max Webers prägt.

Ernst Ludwig Grasmück

Von der charismatischen Struktur der christlichen Gemeinden in „apostolischer" Zeit zu den frühen Formen von Hierarchie und Institutionalisierung

Trotz eingehender Studien zur Geschichte des frühesten Christentums, der Zeit also bis zum Ende etwa des 1. Jahrhunderts, bleiben unsere Kenntnisse über die Jesus-Bewegung nach dem Tod auf Golgotha dürftig und mit zahlreichen offenen Fragen behaftet. Als direkte Quellen haben wir nur die echten Paulusbriefe, die aus den Synoptikern herauszulösenden Logien, die sich einer Überlieferung früherer Zeit zuordnen lassen, sowie Elemente aus der Apostelgeschichte, die historisch einigermaßen zuverlässig auf die zurückliegende Zeit und deren Ereignisse verweisen.

Das Bild, das wir üblicherweise von der Gemeinde der Frühzeit vermittelt bekommen, gehört dem Befund nach in eine spätere Zeit und ist – durch Quellen gedeckt – an den Verhältnissen, wie sie sich etwa bis zur Mitte des 2. Jahrhunderts entwickelt haben, abgelesen, so daß wir eine bereits relativ strukturierte und organisierte Gemeinde unter „fester" Leitung vor Augen haben.[1]

Für die ersten Jahrzehnte nach dem gewaltsamen Tod des Jesus von Nazareth in Jerusalem können wir zwar schon eine Anzahl von Orten (*poleis*) ausmachen, in denen sich kleine Gruppen von Jesusanhängern befinden – wir brauchen ja nur die Absendeorte der Paulusbriefe und deren Adressaten heranzuziehen –, aber so wie Paulus selbst nicht zum unmittelbaren Schülerkreis des Jesus gehörte, dürften wohl nicht alle diese Gemeinschaften auf unmittelbare Augen- und Ohrenzeugen des Lebens und Todes Jesu zurückgehen, auch wenn wir in der Mehrzahl der Fälle Rückbeziehungen zu bestimmten Zentren wie Jerusalem (Jakobus, Kephas, Johannes) und Antiochien (Kephas) oder auch Rückfragen an Augenzeugen in Rechnung stellen müssen. Wanderprediger (Apostel/Propheten/Lehrer)[2] und Berichte einzelner Synagogenmitglieder (ob deren relativer Mobilität) dürften die Nachrichtenübermittler gewesen sein.

---

1 Vgl. HOFFMANN, P., Der Stiftungswille Jesu? Das hierarchische Amtsverständnis der römischen Kirche im Spiegel des Neuen Testaments, in: Orientierung 70 (2006), S. 154–160.

2 Die Termini können unterscheidend verwendet, aber auch synonym gebraucht werden (vgl. etwa Didache, in: Die Apostolischen Väter. Griechisch-deutsche Parallelausgabe, hrsg. von LINDEMANN, A./ PAULSEN, H., Tübingen 1992, 11.13, S. 14/15–16/17 und S. 16/17–18/19 und 2 Tim 1,11).

Bei den uns in den Quellen genannten Orten handelt es sich um kleine Gruppen von Menschen – in Antiochien zuerst „Christen“ genannt –, die sich über ihr Bekenntnis zu Jesus als dem verheißenen und erwarteten Messias, dem Gesalbten Gottes, identifizieren und sich – soweit rekonstruierbar – gleichzeitig über das „Gedächtnismahl“, das sie, wenn auch in gewissen abweichenden Formen, gemeinsam begehen und sich so als *koinonia tou hagiou pneumatos*[3] verstehen. Entsprechend den im Matthäusevangelium notierten Aussendungsformeln (vgl. Mt 9,37f.; 10,7–16 u. Lk 10,2–16 sowie Mk 6,7–13 u. Lk 9,1–6) hat es von Anfang an eine Weitergabe der Botschaft Jesu oder (genauer) der Botschaft von Jesus und dem Bekenntnis zu ihm gegeben, so daß Paulus auf bereits bestehende Gemeinden trifft und in fast allen Briefen, auch an die von ihm selbst gegründeten Gemeinden, gegen Abweichungen und Spaltungen angehen muß. Das heißt, es hat keine einheitliche Überlieferung gegeben, und diese wurde durch personale oder lokal bedingte Voraussetzungen und Vorstellungen obendrein modifiziert (vgl. den Galaterbrief und für die spätere Zeit den Epheserbrief),[4] so daß der Sachverhalt des eigentlich Gemeinten mißdeutet, wenn nicht verfälscht werden konnte. Hinzu kamen Rivalitäten innerhalb der einzelnen Gemeinden, nicht zuletzt bedingt durch enthusiastische Verhaltensweisen, die in den „heidenchristlichen Gemeinden“ anders und stärker als in den „judenchristlichen Gemeinden“ gewesen sind.[5]

Für Paulus ergab sich die Notwendigkeit – und sie ist Anlaß fast aller seiner Schreiben –, gegen einen nicht vertretbaren Enthusiasmus ebenso wie gegen die Rivalitäten untereinander anzugehen.

I.

Paulus weist deshalb in mehreren Briefen, vor allem im Ersten Korinther- und im Römerbrief, die angeschriebenen Gemeinden auf das Charisma hin, das sie empfangen haben, das Geschenk der Erlösung, den Glauben (Röm 5,15). Damit begegnen wir dem Begriff „Charisma“, der, wie wir sehen werden, bis zu diesem Zeitpunkt nur äußerst selten belegt ist.

---

3 Ein Blick in die Konkordanz zeigt, wie häufig der Begriff im Neuen Testament für die Versammlung der Christen genannt wird; er ist Ausdruck für das Selbstverständnis derer, die den *Kyrios* in ihrer Mitte wissen, wo immer sie „in seinem Namen“ versammelt sind.

4 Zu diesem Tatbestand im Epheserbrief vgl. zuletzt HOPPE, R., Erinnerung an Paulus, in: „Für alle Zeiten zur Erinnerung“. Festgabe für Franz Mußner (Stuttgarter Bibelstudien 209), hrsg. von THEOBALD, M./ HOPPE, R., Stuttgart 2006, S. 281–299; für Korinth und Ephesus vgl. auch Apg 17–19.

5 Für die Judenchristen drückt er den „Jubel“ über den von Gott Gesandten, den Erwählten, den das Heil bringenden „Menschensohn“ oder Messias aus, mit dessen Ankunft Gottes „Reich“ angebrochen ist. Für die „Heidenchristen“ bedeutet das Kreuz „Heil“; der „erhöhte Herr“/*Kyrios* ist das Unterpfand der Erlösung (*soteria*), der Garant der Unsterblichkeit (*athanasia*).

Es ist ein *charisma pneumatikon* (Röm 1,11), von dem Paulus spricht, das jeden einzelnen gleichermaßen auszeichnet und jeden zugleich zum Träger eines eigenen, seines speziellen Charisma macht (1 Kor 7,7; 1 Kor 12,4.9.28.30.31; Röm 12,6)[6]. Durch dieses (Gnaden-)Geschenk (= *charisma*) hat niemand innerhalb der Gemeinschaft dem anderen etwas voraus. Jedes Glied des Leibes, dessen Haupt Christus ist, hat seine je eigene Bedeutung (und Funktion). Durch die Taufe werden die Glieder der Gemeinde zu einem Leib (in Christus). Dem von Paulus gebrauchten Bild von der Gemeinde als „Leib“ und der Gleichheit und Notwendigkeit seiner Glieder entspricht die Gleichrangigkeit der *charismata*, auch wenn deren funktionaler Charakter (nur) als Dienst an der Gemeinschaft zu verstehen ist.

Darum erkläre ich euch: Keiner, der aus dem Geist Gottes redet, sagt: Jesus sei verflucht! Und keiner kann sagen: Jesus ist der Herr!, wenn er nicht aus dem Heiligen Geist redet. Es gibt verschiedene Gnadengaben, aber nur den einen Geist. Es gibt verschiedene Dienste, aber nur den einen Herrn. Es gibt verschiedene Kräfte, die wirken, aber nur den einen Gott: Er bewirkt alles in allen. Jedem aber wird die Offenbarung des Geistes geschenkt, damit sie anderen nützt. Dem einen wird vom Geist die Gabe geschenkt, Weisheit mitzuteilen, dem andern durch den gleichen Geist die Gabe, Erkenntnis zu vermitteln, dem dritten im gleichen Geist Glaubenskraft, einem andern – immer in dem einen Geist – die Gabe, Krankheiten zu heilen, einem andern Wunderkräfte, einem andern prophetisches Reden, einem andern, die Fähigkeit, die Geister zu unterscheiden, wieder einem andern verschiedene Arten von Zungenrede, einem andern schließlich die Gabe, sie zu deuten. Das alles bewirkt ein und derselbe Geist; einem jeden teilt er seine besondere Gabe zu, wie er will. Denn wie der Leib eine Einheit ist, doch viele Glieder hat, alle Glieder des Leibes aber, obgleich es viele sind, einen einzigen Leib bilden: so ist es auch mit Christus. Durch den einen Geist wurden wir in der Taufe alle in einen einzigen Leib aufgenommen, Juden und Griechen, Sklaven und Freie; und alle wurden wir mit dem einen Geist getränkt. Auch der Leib besteht nicht nur aus einem *Glied, sondern aus vielen Gliedern. Wenn der Fuß sagt: Ich bin keine Hand, ich gehöre nicht zum Leib!, so gehört er doch zum Leib. Und wenn das Ohr sagt: Ich bin kein Auge, ich gehöre nicht zum Leib!, so gehört es doch zum Leib. Wenn der ganze Leib nur Auge wäre, wo bliebe dann das Gehör? Wenn er nur Gehör wäre, wo bliebe dann der Geruchssinn? Nun aber hat Gott jedes einzelne Glied so in den Leib eingefügt, wie es seiner Absicht entsprach. Wären alle zusammen nur* ein *Glied, wo bliebe dann der Leib? So aber gibt es viele Glieder und doch nur* einen *Leib. Das Auge kann nicht zur Hand sagen: Ich bin nicht auf dich angewiesen. Der Kopf kann nicht zu den Füßen sagen: Ich brauche euch nicht. Im Gegenteil, gerade die schwächer*

6 Vgl. Röm 5,15 zu 1 Petr 4,10 oder Röm 6,23 zu IGNATIUS VON ANTIOCHIEN, An die Epheser, in: Die Apostolischen Väter (wie Anm. 2), 17,2, S. 188/189.

scheinenden Glieder des Leibes sind unentbehrlich. Denen, die wir für weniger edel ansehen, erweisen wir umso mehr Ehre, und unseren weniger anständigen Gliedern begegnen wir mit mehr Anstand, während die anständigen das nicht nötig haben. Gott aber hat den Leib so zusammengefügt, daß er dem geringsten Glied mehr Ehre zukommen ließ, damit im Leib kein Zwiespalt entstehe, sondern alle Glieder einträchtig füreinander sorgen. Wenn darum ein *Glied leidet, leiden alle Glieder mit; wenn ein Glied geehrt wird, freuen sich alle anderen mit ihm. Ihr aber seid der Leib Christi und jeder einzelne ist ein Glied an ihm.*[7]

Es steht außer Frage, daß es Paulus mit den *charismata*, die er den einzelnen zuspricht, um die Eintracht innerhalb der Gruppe (des Vereins/hier des Kultvereins im antiken Sinn) geht. Das wird besonders deutlich am Beispiel Korinth. Hier gibt es um 55 n. Chr. eine größere Zahl von Christen (vielleicht mehrere Dutzend) in eigenen Hausgemeinden (= *oikoi*), die sich auf verschiedene Häupter (wohl die, die sie für das Christentum gewonnen oder getauft haben), so zum Beispiel auf Kephas, Apollos oder eben auf Paulus beziehen. Er möchte erreichen, daß das, was *er* gelehrt hat, beachtet und bewahrt wird; ferner: daß kein Charisma höher steht als ein anderes (außer der Autorität des Apostels), jedes der Erbauung der Gemeinde dienen soll und daher Regeln zu beachten sind, und schließlich daß die, die die Ersten waren oder/und die Gemeinde leiten, (entsprechend) zu achten sind.[8]

Die Charismata dienen nicht dem individuellen Selbstverständnis oder gar der individuellen Selbstdarstellung, sondern der inneren und der von außen wahrgenommenen Einheit. Das Anliegen entspricht der Anweisung, die wir bei den Synoptikern lesen, daß es als jesuanische Forderung keine ersten und keine letzten Plätze geben soll.[9] Für die Zuordnung der Charismata als Dienst an- und füreinander gibt es eine verbindliche Norm. Diese ist in dem sublimen und später individualistisch verstandenen, geradezu verführerischen Text 1 Kor 13 niedergelegt: Es ist die Liebe (*agape*), die alles duldet, alles aushält und alles übersteigt.[10] Es ist fast enttäuschend für alle, die je in den Jahrhunderten danach bis heute diesen Text als das „Hohelied der Liebe" im individuellen und damit erhabensten Sinn gelesen haben, diese Zeilen als Befriedungskonzept für die Gemeinde verstehen zu müssen. Gegen die Zuordnung der Charismata unter diese Norm läßt sich nicht argumentieren. Allerdings

7 1 Kor 12,3–27. – Zum genauen und erweiternden Verständnis dieses Textes vgl. 1 Kor 1; 1 Kor 7; 1 Kor 10 u. 11 sowie Röm 1; Röm 5 u. 6; Röm 12; Röm 15 u. 16.

8 Vgl. zu 1 Kor auch die Apokryphen im Blick auf die „Ersten" und die „Ältesten" (*presbyteroi*).

9 Vgl. dazu HOFFMANN, P., Der Stiftungswille Jesu? (wie Anm. 1).

10 Der Begriff *agape* ist bis zu den neutestamentlichen Schriften, besonders bei Paulus, im Johannesevangelium und in den Johannesbriefen, selten belegt und avanciert zu seiner spezifischen Bedeutung, die bei Augustinus (vgl. „Confessiones"; „In Johannis evangelium tractatus"; „In epistulam Johannis ad Parthos tractatus", z. B. 2.5.7.8.; „De civitate Dei") einen neuen Vermittler und Höhepunkt erreicht. Der Plural *agapai* bezeichnet zunächst „Liebesmahl"/Mahlfeier und Armenspeisung.

müssen wir im Blick auf den Kontext eine Einschränkung vornehmen. In 1 Kor 14,5 durchbricht Paulus einmal die Gleichrangigkeit der Charismata, indem er dem Charisma der prophetischen Rede vor dem der Glossolalie, also des Zungenredens, den Vorzug einräumt, es sei denn, daß das „unverständliche Reden" (sofort) seinen Dolmetscher findet.

Der Philipperbrief, als letzter der Paulusbriefe wohl um 60 n. Chr. verfaßt, zeigt eine gewisse Entwicklung. In der Anrede des Verfassers werden neben oder mit der Gemeinde deren Episkopen und Diakonen genannt.[11] Beide Begriffe stehen im Plural und sind in der ursprünglichen Bedeutung, also des Aufsichtführens und Dienens/Helfens, zu verstehen.

Doch werfen wir zunächst, ehe wir die zeitlich späteren Quellen in und außerhalb des Neuen Testamentes untersuchen, die den paulinischen Begriff übernehmen, aber bereits bestimmten Funktionen zuweisen und diese damit aus dem Gesamten der Gemeinde herausheben, einen Blick auf das Wort „Charisma" und die für ihn aufzuspürenden Belege, dann müssen wir überrascht feststellen, daß wir in den zur Verfügung stehenden Hilfsmitteln – soweit ich sehe – nur drei Belegstellen vor Paulus ausmachen können:

(1) Ps 31,22 (LXX), wo das Substantiv wohl dem Wort *charis* im Sinn von Gunst, Huld (und am ehesten) gnädiger Fürsorge entspricht.

(2) Sir 7,33 – im Kontext der Verse 32–35 (LXX) –, in denen es um die Wohltaten oder Gaben (Gnadengaben?) gegenüber den Armen und (Leid-) Geprüften geht, – ein Text, der (in gewandelter Form) in der Jesuspredigt von Bedeutung ist. Wir müssen es an dieser Stelle offen lassen, ob Paulus mit seiner Vorstellung von diesen Texten beeinflußt ist, diese aber dann sehr spezifisch auf die Christengemeinschaft angewandt und abgewandelt hat.

(3) Bei Philo von Alexandrien, *legum allegoriae* 3,78,[12] wo es um *δωρεὰ (...) καὶ εὐεργεσία καὶ χάρισμα θεοῦ* geht. Diese Formulierung könnte am ehesten Vorlage für die paulinische Verwendung von *χάρισμα* im genannten Zusammenhang gewesen sein. Aber es bleibt fraglich, ob Paulus – trotz der Bekanntheit Philos in jüdischen Kreisen, zumal des Diasporajudentums – diese philonische Begrifflichkeit wenigstens mittelbar gekannt hat. Alle weiteren profanen Belege gehören einer

11 Zu den Begriffen *episkopos* und *diakonos* vgl. BEYER, H. W., Art. „ἐπίσκοπος", in: Theologisches Wörterbuch zum Neuen Testament (1935), Bd. 2, S. 604–617, und BEYER, H. W., Art. „διάκονος", in: Theologisches Wörterbuch zum Neuen Testament (1935), Bd. 2, S. 88–93. Zu *diakonos* vgl. auch 1 Kor 3,5 (und später Kol 1,23.25). Zur Bestellung von „Aufsehern und Hirten" vgl. Apg 20,28.

12 PHILO VON ALEXANDRIEN, Legum Allegoriae I–III. Introduction, traduction et notes par Claude Mondésert (Les Œuvres de Philon d'Alexandrie 2), Paris 1962, III/78, S. 214/215.

späteren Zeit an. Die Belegstellen aus neutestamentlicher und frühchristlicher Zeit stehen in Abhängigkeit von Paulus.

II.

Resümieren wir das bisher Gesagte. Wenn wir die Paulusbriefe in chronologischer Reihenfolge unter dem Skopos *charisma/charismata* prüfen, läßt sich folgendes festhalten: Alle durch die Taufe geschenkten Gaben (*charismata*) sollen dem Aufbau der Gemeinde dienen. Aber es geht Paulus nicht primär um Funktionen in und damit um die Struktur der Gemeinde, sondern um das Vermeiden von Unruhe und Rivalitäten und um Wahrung und Sicherung der Ordnung beim Zusammentreffen der in der Mehrzahl wohl enthusiastisch gestimmten Mitglieder; vergleichen wir zu 1 Kor 14 etwa Röm 6.

Ruhe und Beruhigung intern und Friedfertigkeit nach außen sind sein Ziel. (Dieses Anliegen vertritt später auch der 1. Clemensbrief im Blick auf die Unruhen in Korinth.) Dabei soll für alle, uneingeschränkt, sittliches Verhalten Ausdruck des Christseins bleiben. Jeder Verstoß in dieser Hinsicht muß korrigiert oder gar durch Ausschluß geahndet werden. Neben und über der „Gesamt"-Autorität der Gemeinde[13] steht als einzige Autorität und Richtschnur des zu Verkündenden der *apostolos*. In der Doppel-Selbstbezeichnung als *doulos* und *apostolos* wird diese Autorität besonders charakterisiert: Als Knecht, Diener, Sklave ist er einerseits ganz Eigentum seines Herrn, hier des *Kyrios Christos*; als Gesandter (hebr.: *schaliach*) ist er der (im rechtlichen Sinn) mit aller Vollmacht des Herrn Beauftragte. Er ist anzusehen gleichsam wie sein Herr (vgl. 1 Kor 11). Die spätere Entwicklung bestätigt den Befund und begründet zugleich die zeitliche Befristung dieser Autorität(en). Als *apostolos* weiß er sich vom *Kyrios* berufen und denen, die vor ihm Apostel waren (vgl. Gal 1), gleichgestellt.[14]

III.

In 1 Petr. 4,10 und 1 Clem 38,1[15] geht es bei dem Begriff Charisma um eine Gabe nicht materieller Art, die einem einzelnen Gläubigen gewährt wird.[16] In diesen Briefen und – deutlicher noch – in den sogenannten Pastoralbriefen (Erster und Zweiter Timotheusbrief; der Titusbrief) zeichnen sich bereits Gemeindestrukturen ab, die

13 Vgl. HOFFMANN, P., Der Stiftungswille Jesu? (wie Anm. 1), zur Autorität der Gesamtgemeinde.

14 Vgl. dazu auch 2 Kor 1 u. 2; RENGSTORF, K. H., Art. „ἀπόστολος", in: Theologisches Wörterbuch zum Neuen Testament (1933), Bd. 1, S. 406–446.

15 Erster Clemensbrief, in: Die Apostolischen Väter (wie Anm. 2), 38,1, S. 122/123.

16 Er ist als χάρισμα κατὰ τὴν χάριν (vgl. Röm 12,4ff.) zu verstehen.

die zu Ende gehende sogenannte „Apostolische Zeit“ und die beginnende nachapostolische Epoche charakterisieren.[17] Außerhalb der Tradition paulinischer Theologie stehen das Johannesevangelium und die sogenannten Johannesbriefe.

In der Zeit, nachdem die synoptischen Evangelien abgeschlossen, die Apostelgeschichte sowie der Kolosser- und der Epheserbrief geschrieben sind, bieten die weiteren neutestamentlichen Quellen (z. B. Erster und Zweiter Timotheusbrief, der Titusbrief, Erster Petrusbrief, der Jakobusbrief) und die außerneutestamentlichen Schriften (die Didache und der Erste Clemensbrief) ein Bild der Gemeinden, das durch Träger von Aufgaben und Funktionen, von Zu-, Über- und Unterordnungen eine gewisse Struktur und Organisation gewonnen hat. Es gibt Aufseher/Episkopen und Älteste/Presbyter, die die *didache*/Lehre der Apostel als *paradosis*/Überlieferung (unverändert) zu bewahren und weiterzugeben haben. Mindestens im Ersten Clemensbrief steht die Bezeichnung Presbyter/Episkopen synonym für die Aufgabe, nämlich zunächst die Unversehrtheit der *paradosis*, die sie von den *apostoloi* empfangen haben, zu garantieren; sie betrifft im engeren Sinn den Inhalt der „Danksagung“ (*eucharistia*) beim gemeinsamen Mahl als Ausdruck der Erinnerung und des Wartens auf die Wiederkunft. Beide Bezeichnungen sind im profanen Bereich und in Bezug auf die „Ältesten“ auch im synagogalen Judentum üblich.[18] Für die Auswahl dieser Funktionsträger und deren Bestellung werden in den Quellen Kriterien genannt. Solche gibt es ebenso für die Helfer/Diener (auch weibliche), die *diakonoi*,[19] beim „Herrnmahl“ und der Armenspeisung. Für die Gemeinden, denen die sogenannten Pastoralbriefe gelten, wird je eine Liste der Kriterien für die Auswahl von Episkopen und Diakonen niedergelegt (vgl. 1 Tim 3,1ff. u. 3,8ff.). In 2 Tim 1,6 wird auch zum ersten Mal die *cheirotonia*, also die Handauflegung zur Bestellung für die dem Betreffenden zugewiesene Aufgabe genannt. Die Didache zeigt eine Entwicklung, indem Kriterien benannt werden, Pseudoapostel und falsche Propheten und ebensolche Lehrer von den wahren zu unterscheiden. Es geht um das ursprüngliche Zugeständnis, daß jeder wahre „Lehrer“ vom Evangelium leben darf, d. h. von der Gemeinde zu versorgen ist.[20] Inhaltlich ist in der Didache wie beim Ersten Clemensbrief der ausgeprägt judenchristliche Charakter unübersehbar. Außerdem ist für den Ersten Clemensbrief die Nähe zum Matthäusevangelium unver-

17 Vgl. BROX, N., Die Pastoralbriefe, Regensburg 1969 und BROX, N., Der 1. Petrusbrief (Evangelisch-Katholischer Kommentar zum Neuen Testament 21), Zürich/Neukirchen-Vluyn ^{4}1993.

18 Zu *presbyteros* vgl. BORNKAMM, G., Art. „πρεσβύτερος“, in: Theologisches Wörterbuch zum Neuen Testament (1959), Bd. 6, S. 651–680.

19 Zu *diakonos* vgl. Anm. 11.

20 Vgl. Didache, in: Die Apostolischen Väter (wie Anm. 2), 11.13, S. 14/15–16/17 und S. 16/17–18/19. Zu *didaskalos* vgl. RENGSTORF, K. H., Art. „διδάσκαλος“, in: Theologisches Wörterbuch zum Neuen Testament (1935), Bd. 2, S. 150–162.

kennbar; ebenso muß, lokal verständlich, der Römerbrief als bekannt vorausgesetzt werden.[21]

Kommen wir im Zusammenhang mit dem Ersten Clemensbrief noch einmal auf Rudolph Sohms Interpretation zurück:[22] Der Erste Clemensbrief bietet keinen Anhaltspunkt für eine verfassungsrechtliche Entwicklung im Sinne einer frühesten Inanspruchnahme der besonderen Autorität der römischen Gemeinde. Bei den schon bei Paulus beschriebenen vielfältigen Konnexionen zwischen Korinth und Rom ist der Hilferuf der Korinther an die römische Gemeinde naheliegend. Die durch *tribulationes* verzögerte Antwort von Rom nach Korinth erhebt keinerlei Anspruch auf Autorität eines einzelnen oder eines Gremiums. Es gilt die Autorität der Gesamtgemeinde. Allerdings reklamiert die Gemeinde von Rom als „Gemeinde des Petrus und Paulus" den „Vorsitz in der Liebe". Da sie (jedoch) ohne Macht und Befugnis ist, bietet der Brief unter unzähligen Hinweisen auf Beispiele aus dem Alten Testament eine einzige beschwörende Bitte, die Aufrührer sollten aus Korinth weggehen (emigrieren); die abgesetzten Presbyter, die sich nichts hätten zuschulden kommen lassen, sollten erneut eingesetzt werden, um Frieden und Eintracht in der Gemeinde (wieder-)herzustellen.[23] Die einzige Unterscheidung, die – wie auch in anderen zeitnahen Quellen – getroffen wird, ist die zwischen Klerus und Laien, so daß hier das bereits erkennbar wird, was später als „Stand" (*ordo*) sich abzeichnet. Mit dem Ausbleiben der Naherwartung werden ein enthusiastischer Charakter der Gemeinde und eine charismatische Spezifizierung ihrer Glieder in keiner der eben genannten Quellen mehr erkennbar.[24]

Die nachfolgenden Jahrzehnte bis etwa zur Mitte des 2. Jahrhunderts zeigen deutlich die Entwicklung in der organisatorischen Struktur der Gemeinde und zugleich auch die Entwicklung, die von einem gesamtgemeindlichen Verständnis und damit von einer horizontalen hin zu einer vertikalen Orientierung, also zur Ausbildung einer Hierarchie, führt. Dem historischen Befund des sich allmählich durchsetzenden Monepiskopates unter der Vorstellung des „Hirten" und „Vaters" gehen die sogenannten Ignatiusbriefe parallel, die ihrerseits wieder der paulinischen Tradition verpflichtet sind. Das heißt: Das, was die sogenannten Ignatiusbriefe beschreiben oder

21 Belege wie 1 Kor 3,3 im Ersten Clemensbrief lassen sich außerdem anführen. Didache, in: Die Apostolischen Väter (wie Anm. 2), 11–15, S. 14/15–18/19, der Erste Clemens- und der Polykarpbrief (Edition ebda.) ergänzen einander zum genaueren Verständnis der genannten Funktion als Glieder am „Leibe".

22 Vgl. MIKAT, P., Die Bedeutung der Begriffe Stasis und Aponoia im 1. Clemensbrief, in: DERS., Religionsrechtliche Schriften, hrsg. von LISTL, J., Berlin 1974, 2. Halbbd., S. 719–752, und den Einleitungsaufsatz von Stefan Seit in diesem Band.

23 Paul Mikats Interpretation des Ersten Clemensbriefes scheint mir trotz aller nachfolgenden umfangreichen Untersuchungen, die darauf wenig Bezug nehmen, im Kontext der etwa zeitgleichen Schriftzeugnisse immer noch ebenso zutreffend wie überzeugend.

24 Vielleicht läßt sich – auch mit Blick auf die Apokryphen – sagen: Das Martyrium bedeutet fortan die höchste Form der „Erwählung" als χάρισμα κατὰ τὴν χάριν.

eher urgieren, läßt sich um die Mitte des 2. Jahrhunderts oder kurz danach auch empirisch verifizieren. Die Tendenz zum *monepiskopos* ist ebenso klar wie die Forderung der Unterordnung der Gemeinde (des *laos*) unter den Bischof, das Presbyterium und die Diakone. Wie und warum es zur Herausbildung des Einzelbischofs kommt, bleibt nach wie vor eine offene Frage.[25] Von der Funktion des Vorstehers der Gemeinde (wohl nicht nur in der *leiturgia*) über die Inanspruchnahme der Funktion des Hirten, des Lehrers, des *hiereus* zum Repräsentanten der Gemeinde im Gegenüber von „*pater episcopus*" und „*mater ecclesia*" bedurfte es nur noch des Weges bis zur Mitte des 3. Jahrhunderts.[26] Mit der Entmachtung der „Lehrer" und dem *officium* des *sacerdos* war schließlich auch der Begriff des Amtes (*munus/officium*) programmiert.[27] Die allmähliche Institutionalisierung der „*corporate group*" erfolgte vor allem durch die strikte Beachtung des geltenden, zumal des römischen Rechtes und dessen partieller Adaptation, nämlich in der Rezeption der Sklavengesetze, der Regelungen des Vereinswesens sowie der Ehegesetze.

Am Ende der sogenannten Apostolischen Zeit ist von einer Mehrzahl oder Gleichrangigkeit der *charismata* keine Rede mehr. Der Begriff tritt zugunsten der Termini für die Inhaber bestimmter Aufgaben und Funktionen, die ursprünglich zu den „*charismata*" zählten, zurück und unterliegt insofern einem Wandel, als er die spezifische Gnadengabe für einen einzelnen bezeichnen kann,[28] so etwa für die *martyria* dessen – gleich ob männlich oder weiblich –, der seinen Glauben mit dem Leben bezahlt. „Im Blute getauft" zu sein, stellt die wahre und höchste Form des Bekenntnisses, das dem *Kyrios* Anverwandeltwerden, dar.

Neben den Funktionsträgern gewinnt das Charisma des *didaskalos*, der seine „Offenbarung" unmittelbar auf den *Logos* zurückführt, Bedeutung. Diesen Anspruch erhebt gegebenenfalls der gnostische Lehrer, wenn er seine *revelatio* mit „*Audi*" beginnt. Nicht ohne Grund beansprucht seit den letzten Jahrzehnten des 2. und dem Beginn des 3. Jahrhunderts der Bischof (i. S. des *monepiskopos*) in Konkurrenz zu den (vor allem gnostischen) Lehrern die *didaskalia* (als Lehrautorität) für sich. Wenn im Polykarpmartyrium 16,2[29] der Protagonist als *didaskalos aposto-*

---

25 Die verschiedenen Möglichkeiten sollen hier, da der Blick auf Charisma gerichtet ist, nicht erörtert werden. Für den historischen Befund der Entwicklung zum Einzelbischof bleibt die semasiologische Studie von Christine Mohrmann dazu immer noch hilfreich. Anders als die (pseudepigraphischen) Ignatiusbriefe, spricht der Polykarpbrief nur von *presbyteroi* und *diakonoi*.

26 So mehrfach bei Cyprian von Karthago, vor allem in „De unitate ecclesiae".

27 Das hängt nicht zuletzt mit der Terminologie und der „Außenansicht" der Darbringung der Gaben (προσφορά) zusammen: προσφέρειν τὰ δῶρα/*offere oblationes* bezeichnete die kultische Aufgabe (*munus/officium*) des ἱερεύς/*sacerdos*.

28 Vgl. LAMPE, G. W. H., Art. „χάρισμα", in: A Patristic Greek Lexicon (1961), S. 1518–1519. Vgl. LIDDELL, H. G./SCOTT, R., Art. „χάρισμα", in: A Greek-English Lexicon (1996), S. 1979; STEPHAN, H. U. A., Art. „χάρισμα", in: Thesaurus Graecae Linguae (1829), Bd. 8, Sp. 1342D–1343B.

29 Polykarpmartyrium, in: Die Apostolischen Väter (wie Anm. 2), 16,2, S. 278/279.

likos kai prophetikos bezeichnet wird, ist der Weg für und in die Vorstellung von der *diadoche/successio* des Bischofs (neben der Repräsentanz der *paradosis*) angezeigt, wie sie Irenaeus beschreibt. *Traditio* und *successio* werden fortan zum bestimmenden Charakteristikum des Bischofsamtes.[30]

Wenn der Begriff *charisma* einen sachlichen Inhalt (etwa Taufe oder „ewiges Leben") meint, kann zeitweise das Wort *charisma* (i. S. von χάρις) eine eigen- oder einzigartige Konjunktion mit dem Wort ἀγάπη eingehen, um z. B. „Gnadengabe" als Geschenk und die „Ant-wort" darauf auszudrücken.

Die Schritte der Entwicklung von *charisma* als Bezeichnung und Anspruch eines einzelnen Funktions- oder Leitungsträgers lassen sich über Irenaeus und die „Traditio apostolica" (gleich, ob von Hippolyt oder nicht) nachzeichnen, bis die Reduktion des Begriffs *charisma* als Bezeichnung für diejenigen, die durch Handauflegung (*cheirotonia*) mit einem Dienst betraut und schließlich als „Amts-"träger verstanden werden, mit Buch VIII der „Apostolischen Konstitutionen"[31] zum Abschluß gekommen ist, fortan Sprachgebrauch und -regelung bestimmt hat und wesentlich dem Sprachschatz der Kirche und ihres Rechts angehört.

Der Wandel des Sprachgebrauchs in der Moderne wird in diesem Band an anderer Stelle behandelt.

30 Welches Charisma die Asketen des frühen Anachoretentums für sich reklamierten, bevor die „Vita Antonii" Idee und Vorstellung des *eremos* prägte, werden möglicherweise die weiteren Untersuchungen zeigen.

31 Constitutiones Apostolorum, hrsg. von FUNK, F. X., Paderborn 1905, Nachdruck Turin 1959. Constitutions Apostoliques (Sources Chrétiennes 336), hrsg. von METZGER, M., Paris 1987, Buch VIII.

Herbert Schmid

Gnostischer Charismatiker und kirchlicher Bischof: Vorbild oder Gegensatz?

Das zweite Jahrhundert ist, wie David T. Runia in einem unlängst erschienenen Artikel feststellt, „the first and most decisive watershed in the formation of Christian theology".[1] Winrich A. Löhr betrachtet diesen Zeitraum als „eine Art Labor der altkirchlichen christlichen Theologie (...): Hier wurden radikale theologische Konsequenzen gezogen und kühne, oft überspannte Konzeptionen durchdacht; zuweilen wohl auch im praktischen Lebensvollzug ausprobiert".[2]

Im zweiten Jahrhundert experimentierten die Christen mit theologischen Konzepten und erprobten gleichzeitig in der intensiven Auseinandersetzung mit der so genannten Gnosis kirchliche Verfassungsstrukturen, um nach und nach zu einer festeren Organisation zu finden. In der zweiten Hälfte dieses Jahrhunderts betraten zwei neue Figuren die Bühne der Kirchengeschichte: zum einen der gnostische ‚charismatische' Lehrer, zum anderen der ‚kirchliche' Bischof, der Monepiskopos, der von nun an allein an der Spitze der bislang durch mehrere Presbyter oder Episkopen kollegial geleiteten Gemeinden steht.

Daß die Figuren des gnostischen Lehrers und des kirchlichen Monepiskopos in Zusammenhang stehen, ist eine alte und m. E. zutreffende These. So vermutete schon Adolf von Harnack, daß sich die bischöfliche Verfassung wohl „in Folge der sogenannten gnostischen Krisis" ausgebildet hat.[3] Welcher Art aber ist dieser Zusammenhang von Bischof und gnostischem Lehrer? Üblicherweise geht man davon aus, daß das kirchliche Bischofsamt als „ein Lehramt gegen die Gnostiker"[4] ausdifferenziert

---

1 RUNIA, D. T., Clement of Alexandria and the Philonic Doctrine of the Divine Power(s), in: Vigiliae Christianae 58, (2004), S. 258–276, hier S. 256.

2 LÖHR, W. A, Epiphanes' Schrift „Περὶ δικαιοσύνης" (= Clemens Alexandrinus, Str. III,6,1–9,3), in: Logos. Festschrift für Luise Abramowski (Zeitschrift für die neutestamentliche Wissenschaft und die Kunde der älteren Kirche, Beihefte 67), hrsg. von BRENNECKE, H. C./GRASMÜCK, E. L./MARKSCHIES, CH., Berlin/New York 1993, S. 12–29, hier S. 29.

3 HARNACK, A. VON, Lehrbuch der Dogmengeschichte, Tübingen [4]1909, S. 237; vgl. auch S. 238.

4 CAMPENHAUSEN, H. FRHR. V., Kirchliches Amt und geistliche Vollmacht in den ersten drei Jahrhunderten, Tübingen 1953, S. VIII (Inhaltsangabe zu seinem Abschnitt zu den Pastoralbriefen auf S. 118–122).

wurde, das heißt, daß alles, was die Rolle des Bischofs ausmacht, seine Legitimation und seine Kompetenzen, ganz und gar un-gnostisch und anti-gnostisch ist. Entsprechend werden die gnostischen Gruppen zumeist als weitgehend freier Zusammenschluß von Ebenbürtigen und Gleichgesinnten gedacht. „Eine hierarchische Ämterstruktur", schreibt Kurt Rudolph, „war den Gnostikern weithin fremd, ja im Grunde zuwider, da sie eher einem charismatischen Gemeindeverständnis zuneigten."[5]

Demgegenüber soll im Folgenden dargelegt werden, daß der gnostische Charismatiker[6] und der kirchliche Bischof nicht ausschließlich in einem Verhältnis gegenseitiger Abgrenzung zu sehen sind, sondern daß beide Konzepte in charakteristischen Punkten einander gleichen. Im ersten Abschnitt wird versucht, die gängige idealtypische Unterscheidung der Organisation kirchlicher und der Organisation gnostischer Gruppen knapp zu skizzieren. Als Beispiel einer gnostischen Autorität wird in einem zweiten Abschnitt ‚Markus der Magier', näherhin seine bei Irenäus geschilderte Eucharistiefeier, vorgestellt. Gegenstand des dritten Abschnitts ist dann das Selbstverständnis des gnostischen Lehrers, das im Auftreten des Markus zu erkennen ist. Auf dieser Grundlage wird abschließend ein möglicher Zusammenhang der gnostischen Lehrer vom Schlage des Markus mit dem priesterlichen Bischofsamt nachgezeichnet.

Zunächst ist wenigstens eine knappe Bemerkung zur Terminologie nötig: Vor allem der Begriff ‚gnostisch' ist in der neueren Literatur zu Recht wiederholt kritisiert worden.[7] Wenn sich auch nicht präzise angeben läßt, was ‚Gnosis' ist, so sind die Begriffe ‚gnostisch' und ‚kirchlich' zur Beschreibung der Auseinandersetzungen, die in der zweiten Hälfte des zweiten Jahrhunderts um die christliche Identität stattfanden, dennoch brauchbar. Für die folgenden Ausführungen ist es ausreichend, die

---

5 RUDOLPH, K., Die Gnosis, Göttingen [3]1990, S. 231. Diesen Blick auf die Gnostiker überspitzt BELTZ, W., Wie gnostisch sind die Gnostiker (gewesen)?, in: For the Children, Perfect Instruction. Studies in Honor of Hans-Martin Schenke on the Occasion of the Berliner Arbeitskreis für koptisch-gnostische Schriften's Thirteeth Year, (Nag Hammadi and Manichaen Studies 54), hrsg. von BETHGE, H. G., u. a., Leiden, Boston 2002, S.231–245, der die ‚gnostische Bewegung' zu einer antiken Vorform der „Aufklärung" (S. 243f) stilisiert und ihr die Bildung festerer Gruppen weitgehend absprechen möchte (S. 245).

6 ‚Charisma' wird im Folgenden nicht im Sinne der paulinischen Gemeindeordnung 1 Kor 12 verstanden, sondern im Anschluss an WEBER, M., Wirtschaft und Gesellschaft. Grundriss der verstehenden Soziologie, 1. Halbband, Tübingen [5]1972, unveränd. Nachdruck Tübingen 1985, S. 140, als „eine als außeralltäglich (...) geltende Qualität einer Persönlichkeit (...), um derentwillen sie als mit übernatürlichen oder übermenschlichen oder mindestens spezifisch außeralltäglichen, nicht jedem anderen zugänglichen Kräften oder Eigenschaften [begabt] oder als gottgesandt oder vorbildlich und deshalb als *‚Führer'* gewertet wird."

7 ‚Gnosis' und ‚Gnostizismus' als Bezeichnungen einer mehr oder weniger fest umrissenen Vorstellungswelt sind Konstrukte der neuzeitlichen Forschung. Ein antiker Sammelname mit ähnlicher Bedeutung existierte nicht; vgl. HOLZHAUSEN, J., Gnostizismus, Gnosis, Gnostiker. Ein Beitrag zur antiken Terminologie, in: Jahrbuch für Antike und Christentum 44 (2001), S. 58–74, hier S. 74; WILLIAMS, M. A., Rethinking „Gnosticism". An Argument for Dismantling a Dubious Category, Princeton 1996, S. 7.

durch die altkirchlichen Häresiologen abgesteckten Fronten zu übernehmen. Als Gnostiker werden hier also diejenigen christlichen Gruppen bezeichnet, welche Irenäus von Lyon, Hippolyt von Rom oder Tertullian von Karthago zu ihren Gegnern, das heißt zu Gegnern der Bischofskirche erklärt haben.[8]

1. Kirchliche und gnostische Gemeindeorganisation

Das kirchliche Amt wird als eine durch Tradition begründete Einrichtung verstanden. Die geistgeleitete Gemeinde – in späterer Zeit dann die von der Gemeinde akkreditierte Versammlung der geistgeleiteten Amtsträger – wählt einen aus ihrer Mitte, dem ein Leitungsamt übertragen werden soll. Dieses Leitungsamt wird auf apostolische Überlieferung (Erster Clemensbrief [1 Clem]) – gelegentlich auf himmlische Vorbilder (Ignatius von Antiochien [Ign]) – zurückgeführt und so legitimiert.[9]

Gnostische Gemeinden, bzw. elitäre Zirkel von ‚Wissenden' innerhalb größerer Ortsgemeinden[10] kümmerten solche festen Wahlämter wenig. So kritisiert beispiels-

---

8 Vgl. KLAUCK, H.-J., Himmlisches Haus und irdische Bleibe. Eschatologische Metaphorik in Antike und Christentum, in: New Testament Studies 50 (2004), S. 5–35, hier S. 33: „An den Begriffen liegt nicht viel, abgesehen davon, daß wir einige Allgemeinbegriffe brauchen um Phänomene benennen und uns darüber verständigen zu können." Auch KING, K. L., What is Gnosticism?, Cambridge/MA 2003, S. 2–4 sieht, obwohl sie die Begriffsprobleme deutlich herausstellt, eine radikale Änderung der Terminologie für unnötig an. Sie plädiert dafür, die historische Bedingtheit des Begriffs zu erkennen und ihn als vorläufiges, heuristisches Werkzeug transparent zu machen. Als ‚Kirche', bzw. ‚Großkirche' (ἡ μεγάλη ἐκκλησία) bezeichnet Celsus, ap. ORIGENES, Contra Celsum V,59 (ORIGENE, Contre Celse. Tome III [SC 147], hrsg. von BORRET, M., Paris 1969, S. 160,4), diejenige Kirche, „die durch das Festhalten an der Heiligen Schrift der Juden in Kontinuität mit dem Judentum steht", so LONA, H. E., Die ‚Wahre Lehre' des Kelsos (Kommentar zu frühchristlichen Apologeten, Ergänzungsband 1), Freiburg 2005, S. 309).

9 Die sogenannten „Apostolischen Väter" werden zitiert nach der Ausgabe Die Apostolischen Väter. Griechisch-deutsche Parallelausgabe auf der Grundlage der Ausgaben von F.X. Funk, K. Bihlmeyer und M. Whittaker mit Übersetzungen von M. Dibelius und D.-A. Koch neu übersetzt und herausgegeben von Andreas Lindemann und Henning Paulsen, Tübingen 1993. Zum ‚Sukzessionsgedanken' in 1 Clem 42,1–5 und 44,1–2, der vom späteren Konzept bischöflicher Sukzession unterschieden werden muß, vgl. LONA, H. E., Der erste Clemensbrief (Kommentar zu den Apostolischen Vätern 2), Göttingen 1998, S. 475–477. Zum ‚himmlischen Vorbild' in den Ignatianen vgl. z. B. IGNATIUS VON ANTIOCHIEN, An die Magnesier (Mg) 3,1f., S. 192/193; 6,1, 7,1, S. 194/195; An die Traller (Tr) 2,1–3. 3,1; S. 200/201; An die Philadelphier (Phld) 5,1, S. 220/221; An die Smyrnäer (Sm) 8,1f., S. 230/231.

10 Zu Gnostikern in innerkirchlichen Zirkeln vgl. KOSCHORKE, K., Die Polemik der Gnostiker gegen das kirchliche Christentum. Unter Berücksichtigung der Nag-Hammadi-Traktate „Apokalypse des Petrus" (NHC VII,3) und „Testimonium Veritatis" (NHC IX,3) (Nag Hammadi Studies 12), Leiden 1978, S. 220f; DASSMANN, E., Weltanschauung oder Konkurrenzkirche? – Offene Fragen, in: Institutionalität und Symbolisierung. Verstetigung kultureller Ordnungsmuster in Vergangenheit und Gegenwart. Im Auftrag des SFB 537 hrsg. von MELVILLE, G., Köln 2001, S. 281–290, hier 285f; KLAUCK, H.-J., Die religiöse Umwelt des Urchristentums II. Herrscher- und Kaiserkult, Philosophie, Gnosis, Stuttgart 1996, S. 186f.

weise Tertullian seine gnostischen Gegner an einer berühmten Stelle aus „De praescriptione haereticorum“, sie würden zwischen Laien und Klerus keine Unterscheidung treffen:

Deswegen ist heute der eine Bischof, morgen ein anderer, heute ist einer Diakon, welcher morgen Lektor ist; heute ist einer Presbyter, welcher morgen (wieder) Laie ist. Sie übertragen nämlich auch den Laien priesterliche Aufgaben.[11]

Klaus Koschorke hat in seiner Dissertation „Die Polemik der Gnostiker gegen das kirchliche Christentum" (1981) die überraschende Beobachtung gemacht, daß in gnostischen Dokumenten eine deutliche Polemik gegen das kirchliche Amt erstaunlich selten ist. Im Gegenteil haben Häresiologen, wie Irenäus, Tertullian oder Epiphanius, zu berichten, daß Gnostiker sich gelegentlich an kirchlichen Gemeindestrukturen orientieren konnten und sogar im Leitungskollegium der Ortsgemeinde zu finden waren.[12] Koschorke kommt daher zu dem Ergebnis, daß man „nicht von einem Gegensatz der Gnostiker gegen das kirchliche Amt als solches reden“ kann, sondern ihre Haltung „eher als *Desinteresse*“ beschreiben muß.[13] Die gnostische Kritik richtet sich, Koschorke zufolge, „gegen den *Geltungsanspruch* des kirchlichen Amtes“, gegen den Anspruch nämlich, „Mittler“ zwischen Gott und der Gemeinde zu sein.[14]

Vor dem Hintergrund gnostischer Soteriologie ist diese Haltung einsichtig. Die Seele des Gnostikers ist ein Teil des Göttlichen. Wer den Ursprungsort seiner Seele erkannt hat und um seine Identität mit Gott weiß, benötigt keine weitere Belehrung oder Heilsvermittlung durch Autoritäten.[15] Dennoch berichten die Quellen auch von Autoritäten in gnostischen Elitezirkeln. In deren Mittelpunkt standen charismatische Lehrer, die ihre Anhänger durch eine ihnen eigene Strahlkraft an sich banden. Einige dieser Lehrerpersönlichkeiten sind uns namentlich überliefert, so beispielsweise Ptolemäus, Markus oder Theodot; andere haben anonyme Texte hinterlassen, wie sie im Schriftenfund von Nag Hammadi entdeckt worden sind. Das Beispiel des

---

11 TERTULLIAN, De praescriptione haereticorum. 41,8 (hrsg. von REFOULÉ, R. F., in: Tertulliani Opera. Pars I. Opera Catholica. Adversus Marcionem [Corpus Christianorum Series Latina 1], Turnhout 1954, S. 185–224, hier 222,20–22; eigene Übers.): „Itaque alius hodie episcopus, cras alius; hodie diaconus qui cras lector; hodie presbyter qui cras laicus. Nam et laicis sacerdotalia munera iniungunt.“

12 Vgl. KOSCHORKE, Polemik (wie Anm. 10), S. 67–68; DERS., Eine neugefundene gnostische Gemeindeordnung. Zum Thema Geist und Amt im frühen Christentum, in: Zeitschrift für Theologie und Kirche 76, 1979, S. 30–60; hier S. 48. Die herangezogenen Belege sind zum Teil allerdings unsicher.

13 KOSCHORKE, Polemik (wie Anm. 10), S. 68. Vgl. auch POKORNÝ, P., Die gnostische Soteriologie in theologischer und soziologischer Sicht, in: Gnosis und Politik. Religionstheorie und politische Theologie, Bd. 2, hrsg. von TAUBES, J., München 1984, S. 154–162, hier S. 161.

14 KOSCHORKE, Gemeindeordnung (wie Anm. 12), S. 54; vgl. DERS., Polemik (wie Anm. 10), S. 69.

15 Vgl. GREEN, H. A., Suggested Sociological Themes in the Sudy of Gnosticism, in: Vigiliae Christianae 31 (1977), S.169–180, hier S. 176: „the experience of *gnosis* is by definition anti-institutional“.

valentinianischen Lehrers Markus, den Irenäus, der Bischof von Lyon, als „Magier" diskreditiert,[16] zeigt, daß Gnostiker sehr wohl mit dem Anspruch auftreten konnten, für einen Kreis von Anhängern Vermittler des Heils zu sein.

2. Markus der Magier

Im 13. Kapitel des ersten Buches seiner großen Streitschrift „gegen die Häresien" („Adversus haereses") aus den 70er und 80er Jahren des zweiten Jahrhunderts macht Irenäus seine Leser mit geheimnisvollen Ritualen des Lehrers Markus bekannt:

Er (sc. Markus) tut so, als würde er über einen Kelch mit Mischwein den Dank sprechen (εὐχαρστεῖν), und zieht den Text der Anrufung (ἐπίκλησις) ganz erheblich in die Länge. Dabei macht er, daß der Wein rot aussieht, und man soll glauben, daß die aus den allerobersten Räumen stammende Charis (Gnade) ihr Blut auf seine Anrufung hin (διὰ τῆς ἐπικλήσεως αὐτοῦ) in seinen Kelch tröpfeln läßt, und die Anwesenden sollen ganz versessen darauf werden, von seinem Trank zu kosten, damit die von diesem Magier beschworene Charis auch auf sie herabregnet.
Oder er gibt Frauen solche Becher mit Mischwein und läßt sie den Dank darüber sprechen (εὐχαριστεῖν), während er dabeisteht. Danach nimmt er selbst dann einen anderen Kelch, der sehr viel größer ist als der, über den die hinters Licht geführte Frau den Dank gesprochen hat (ηὐχαρίστησε), leert den Wein aus dem kleineren Becher, über den von der Frau der Dank gesprochen worden war (εὐχαριστημένου), in den von ihm herbeigebrachten und sagt dazu:
*‚Die Charis, die vor allem war, unausdenkbar, unsagbar, erfülle deinen inneren Menschen und vermehre in dir die Erkenntnis (*gnosis*), indem sie das Senfkorn in die gute Erde senkt.'*
Mit solchen Redensarten bringt er die unglückliche Frau völlig durcheinander und spielt den Wundertäter, da der größere Kelch aus dem kleineren so voll wurde, daß er überfloß. Mit lauter solchen Sachen hat er viele hinters Licht geführt und an sich gebunden.[17]

Ein gnostischer Lehrer namens Markus hat seine Gemeinde versammelt und betet vor ihr über einem „Kelch mit Mischwein" ein Dankgebet (*eucharistia*) und eine Anrufung (*epiklesis*). Sein Gebet bewirkt, daß der Kelchinhalt sich verwandelt und

---

16 So in IRENÄUS VON LYON, Adversus haereses, I 13,2, hrsg. von ROUSSEAU, A. und DOUTRELEAU, L. (Sources Chrétiennes 264), Paris 1979, S. 192,18; griech. S. 192,8f: ἡ διὰ τοῦ μάγου τούτου (= Markus) κληζομένη Χάρις.

17 IRENÄUS VON LYON, Adversus haereses (wie Anm. 16), I 13,2, S. 190–193; Übers. von BROX, N., Epideixis (Fontes Christiani 8,1), Freiburg 1993, S. 219; vgl. HIPPOLYT VON ROM, Refutatio omnium haeresium (Patristische Texte und Studien 25), hrsg. von MARCOVICH, M. Berlin 1986, VI 39–40, S. 256–258.

rot wird. Markus erklärt dabei den Anwesenden, dieses Schauspiel geschehe deshalb, weil er die himmlische Gnade, die Charis, durch seine Anrufung (*epiklesis*) dazu bringe, ihr Blut von oben herabtröpfeln zu lassen. In einer zweiten Variante des Rituals spricht zunächst eine Assistentin ein Dankgebet (*eucharistia*) über einen kleinen Becher, daraufhin spricht Markus dann selbst ein weiteres Gebet[18] und leert dabei den so besprochenen kleinen Becher in einen viel größeren Kelch, der wundersamerweise überfließt. Auf solche Wandlungsrituale folgt offensichtlich eine Kommunion, denn Irenäus zufolge zielen die Darbietungen darauf ab, daß „die Anwesenden (...) ganz versessen darauf werden (sollen), von seinem Trank zu kosten".

Niclas Förster hat in seiner Dissertation über Marcus Magus überzeugend dargelegt,[19] daß ein im Anschluß an den Ritualbericht in Irenäus von Lyons „Adversus haereses" I 13,3 wiedergegebenes Gebet eigentlich eine Spendeformel des Trankrituals ist, welche Irenäus nur aus polemischen Gründen aus dem Ritualkontext herausgelöst hat. In dieser Formel tritt Markus ganz dezidiert als Heilsmittler auf. Er betet:

Von meiner Charis will ich dir mitteilen, da der Vater aller Dinge deinen Engel ständig vor seinem Angesicht sieht. Der Ort der Größe ist in uns; wir müssen zu Einem werden. Laß dir zuerst von mir und durch mich die Charis geben (...).[20]

Markus' Feier steht für Bischof Irenäus offensichtlich in Konkurrenz zur eigenen Eucharistiefeier und Markus selbst wie seine Anhänger haben die geschilderten Kelchrituale zweifellos als christliche „Eucharistie" gedeutet.[21] Zu Irenäus' Schilderung der Eucharistiefeier Markus' des Magiers schreibt Adolf von Harnack: „hier hat man *mutatis mutandis* den späteren katholischen Bischof, der allein im Stande ist, ein geheimnisvolles Opfer zu vollziehen, an dessen Person Kräfte der Gnade gebunden sind (...)"[22] Markus – „the classic charismatic leader in the Weberian

18 Vielleicht ist es wie bei der ersten Variante des Rituals eine Anrufung (ἐπίκλησις).

19 FÖRSTER, N., Marcus Magus. Kult, Lehre und Gemeindeleben einer valentinianischen Gnostikergruppe. Sammlung der Quellen und Kommentar (Wissenschaftliche Untersuchungen zum Neuen Testament 114), Tübingen 1999, S. 72f., S. 133.

20 IRENÄUS VON LYON, Adversus haereses (wie Anm. 16) I 13,3, S. 194,39–43; griech. S. 194,30–34; Übersetzung von BROX (wie Anm. 17), S. 221. Indem Irenäus die Spendeformel vom Mahlkontext löst, verbindet er das im weiteren Text der Formel vorhandene Brautgemachbild mit den in Adversus haereses (wie Anm. 16), I 13,3.5, S. 192–194 angefügten Vorwürfen, Markus habe seine Anhängerinnen auch sexuell verführt.

21 Dies ist zwar immer wieder bestritten worden, zuletzt auch von FÖRSTER, Marcus Magus (wie Anm.19), S. 67–69 (mit Verweisen auf die ältere Literatur in den Anm. 62–64). Försters Argumente reichen jedoch nicht aus, die Deutung der Kelchhandlung als „Eucharistie" zurückzuweisen; vgl. SCHMID, H., Die Eucharistie ist Jesus. Anfänge einer Theorie des Sakraments im koptischen Philippusevangelium (NHC II 3; Supplements to Vigiliae Christianae 88), Leiden 2007, S. 399-405.

22 HARNACK, A. V, Lehrbuch der Dogmengeschichte (wie Anm. 3), S. 459, Anm. 2, zu IRENAEUS, Adversus haereses I 13.

sense", wie ihn Henry A. Green nennt,[23] tritt tatsächlich im Grunde nicht anders auf als der priesterliche Bischof der Großkirche. Markus' Darbietung mag zwar theatralischer und spektakulärer gewesen sein, als das, was Irenäus mit seiner Gemeinde zu feiern pflegte, aber auch Markus ist Vorsteher der Heil-vermittelnden kultischen Mahlversammlung und öffnet, vermutlich exklusiv, den Zugang zur wunderbaren Kommunion mit der himmlischen *charis*. Hippolyt von Rom berichtet in der „Refutatio", seiner antihäretischen Streitschrift, wenige Zeit nach Irenäus über „Bischöfe" der Markosier. Diese würden ihre Schüler dadurch an sich binden, daß sie für sich beanspruchten, allein die zur Erlösung nötigen Ritualhandlungen vollziehen zu können.[24] Hippolyts Bemerkung ist nicht zwingend in der Weise zu deuten, als hätten Markus' Anhänger sich kirchliche Verfassungsstrukturen zu eigen gemacht und eine Parallelorganisation ausgebildet.[25] Der Stelle ist möglicherweise nur zu entnehmen, daß das Auftreten des Markus und seiner Nachfolger dem Auftritt kirchlicher Bischöfe entsprach.[26]

Das Beispiel Markus' des Magiers zeigt, daß Gnostiker, wenn sie den Anspruch kirchlicher Amtsträger ablehnten, Heilsmittler zu sein, dies deshalb taten, weil sie in ihren eigenen Reihen Lehrer hatten, die selbst mit diesem Anspruch auftraten.

---

23 GREEN, H. A., Ritual in Valentinian Gnosticism: A Sociological Interpretation, in: Journal of Religious History 12 (1982), S. 109–124, hier S. 123.

24 HIPPOLYT VON ROM., Refutatio (wie Anm. 17), VI 41,5, S. 258,16 – S. 259,22; Übersetzung von PREYSING, K. GRAF V., Des heiligen Hippolytus von Rom Widerlegung aller Häresien (Bibliothek der Kirchenväter 2, 40), München 1922, S. 179f.: „(...) seinen Anhängern wird nach der Taufe eine zweite versprochen, die sie Erlösung nennen, (...) Durch solchen Betrug halten sie anscheinend die Schüler zusammen; (...) Sie sagen nämlich etwas mit unartikulierter Stimme, indem sie dem, der die Erlösung erhalten, die Hand auflegen; (...) Und dieser Betrug zielt dahin, daß die Schüler immer beim Bischof bleiben im Verlangen, zu erfahren, was denn endlich dieses im letzten Augenblick gesprochene Wort sei, durch das der Schüler unter die Vollkommenen gelange."

25 So FÖRSTER, Marcus Magus (wie Anm. 19), S. 138.

26 Vgl. TERTULLIAN, Adversus Valentinianos. 37,1, in: Tertulliani Opera. Pars II. Opera Montanistica (Corpus Christianorum Series Latina 2), hrsg. von KROYMANN, E., Turnhout 1954, S. 751–778, hier S. 778,25, der einem valentinianischen Lehrer vorwirft, er habe „ex pontificali sua auctoritate" urteilen wollen. An dieser Stelle kann man auch an die Warnung des IRENÄUS VON LYON Adversus haereses. IV 26,3 (Rousseau [wie Anm. 16], 720,62–66; Übers. BROX [wie Anm. 17], S. 209) denken, es gebe Häretiker, „die von vielen Leuten für Presbyter gehalten werden".

3. Gnostische Heilsmittler

Gnostische Konzepte der Erlösung setzen voraus, daß der himmlische Erlöser nicht durch das, was er tut, die Seinen erlöst, sondern durch das, was er lehrt. Die erlösende Erkenntnis über den göttlichen Ursprung, die Gnosis, kann der Mensch in der Welt nicht aus sich selbst heraus gewinnen. Erst der 'Weck-Ruf'[27] des Erlösers erinnert die in der Welt exilierten Seelen an ihre himmlische Herkunft. Der Mensch, der um seine göttliche Natur weiß, der Gnostiker, weiß so auch um seine Wesenseinheit mit dem Erlöser; er ist, mit den Worten des in Nag Hammadi gefundenen Philippusevangeliums, noch „in der Welt" (ϩⲙ̄ ⲡⲕⲟⲥⲙⲟⲥ) zum „Christus" geworden.[28] Die Identität des Gnostikers mit Christus beschreibt nun nicht allein dessen Heilsstand, sondern auch die Funktion, die er als Erweckter in der Welt zu erfüllen hat. In der Zeit, in der er noch in seiner leiblichen Hülle verbleibt, hat der Gnostiker Gelegenheit, den Ruf des Erlösers weiterzutragen und so für andere selbst zum Erlöser zu werden.

Erlösung ist im gnostischen Kontext kein geschichtlich einmaliges Geschehen, sie ist vielmehr als ein fortlaufender Prozeß gedacht, den der himmlische Erlöser (lediglich) in Gang gesetzt hat. Da die Erlösung des Menschen wesentlich durch den ‚Ruf' und die auf ihn antwortende Erkenntnis geschieht, läßt sich die Lehrpredigt als dauerhaft eingerichtetes Medium der Erlösung deuten.[29] Die Tätigkeit des Predigers ist nicht darauf beschränkt, Zeugnis der einmal historisch ergangenen Offenbarung zu geben, sondern sie ist Teil der Offenbarung. Gnostische Lehrer setzten ihrem eigenen Selbstbewußtsein nach das Werk des Erlösers unmittelbar fort.

Heinrich Kraft schreibt dazu treffend in seiner leider ungedruckten Dissertation über „Gnostisches Gemeinschaftsleben":

---

27 Zum Motiv des „Weckrufs" vgl. JONAS, H., Gnosis und spätantiker Geist. I. Die mythologische Gnosis. Mit einer Einleitung zur Geschichte und Methodologie der Forschung, Göttingen ^{3}1964, S. 113 und 115; desweiteren MACRAE, G., Sleep and Awakening in Gnostic Texts, in: Le origini dello Gnosticismo. Colloquio di Messina 13–18 Aprile 1966. Testi e discussioni (Supplements to Numen 12), hrsg. von BIANCHI, U., Leiden 1967, S. 496–507, hier S. 499.

28 Vgl. Philippusevangelium (EvPhil) # 44a (NHC II) p. 61,27–32 und # 67e, p. 67,23–27 in: LAYTON, B., Nag Hammadi Codex II, 2-7 (Nag Hammadi Studies XX), Leiden 1989, S. 162/163 und 176/177.

29 Vgl. z. B. Authentikos Logos (NHC VI, 3) p. 34,3–7 .Übers. von K. Heyden u. C. Kulawik, in: Nag Hammadi Deutsch. 2. Band (Koptisch-gnostische Schriften 3; Die griechischen christlichen Schriftsteller der ersten Jahrhunderte N.F. 12), hrsg. von SCHENKE, HANS-MARTIN, u.a., Berlin, New York 2003, S. 467–481, hier S. 480, stellenweise verändert: „So nun ist der unverständige Mensch: Er hört zwar den Ruf (ⲉⲡⲧⲱϩⲙ), ist aber unwissend über den Ort, zu dem man ihn gerufen hat (ⲉⲡⲙⲁ ⲉⲛⲧⲁⲩⲧⲁϩⲙⲉϥ). Und in der Predigt (ϩⲙ̄ ⲡⲧⲁϣⲉ ⲟⲉⲓϣ) fragt er nicht: ‚Wo ist der Tempel, zu dem ich gehen und meine Hoffnung anbeten soll?'" Demnach erfährt der verständige Mensch also in der Predigt, wohin er gerufen ist.

Der Gnostiker, der seine Gnosis mitteilt, wiederholt den im Erlösungsmythos geschilderten Vorgang. Aber es ist ungnostisch, hier von Wiederholung zu sprechen: es geschieht eben dieser Vorgang, identisch, in aktuellem Vollzug, wo immer Gnosis weitergegeben wird.[30]

Der Gnostiker ist zwar nicht – oder nicht mehr – auf eine heilsvermittelnde Gemeinschaft mit anderen angewiesen, dennoch zeigen gnostische Zirkel von der Art des Markuskreises eine Schichtung in Christen verschiedenen Niveaus. Während die einen bereits zur Erkenntnis gelangt sind, befinden sich andere noch auf dem Weg. Hierin sieht auch Kraft den Keim gnostischer Gemeindebildung:

„Gnosis wird gespendet und empfangen; sie bedarf der Mitteilung. Mit dieser Eigenschaft, die zu ihrem Wesen gehört, setzt sie von vorneherein die Gemeinschaft von Spender und Empfänger unter einander."[31] In gnostisch-christlichen Gruppen, in welchen Rituale in die Heilsvermittlung einbezogen werden, tritt der gnostische Lehrer nicht allein in der Lehrpredigt als Typos des Erlösers auf, sondern auch dann, wenn er der Feier sakramentaler Rituale vorsteht. Am Beispiel des Markus ist das zu sehen.[32] Es gab gnostische (valentinianische) Lehrer, die sichtbare Rituale als unumgänglich für die Erlangung des Heils ansahen.[33]

4. Gnostischer Charismatiker und Bischof

Gnostische Autoritäten, die in Vertretung des Erlösers handelten, waren die Konkurrenten der kirchlichen Amtsträger. Dabei übersteigt die sich aus der gnostischen Soteriologie ergebende heilsvermittelnde Funktion der Ritualvorsteher die Funktion der großkirchlichen Amtsträger deutlich – zumindest in den ersten beiden Dritteln des zweiten Jahrhunderts. So gibt es beispielsweise in der Gemeinde der wohl aus dem syrisch-plästinischen Raum stammenden Didache, einer Gemeindeordnung vermutlich vom Anfang des zweiten Jahrhunderts, angesehene Autoritäten, die Pro-

30 KRAFT, H., Gnostisches Gemeinschaftsleben. Untersuchungen zu den Gemeinschafts- und Lebensformen häretischer christlicher Gnosis des zweiten Jahrhunderts, Diss. Univ. Heidelberg 1950, S. 165–166.

31 KRAFT, Gemeinschaftsleben (wie Anm. 30), S. 3.

32 Dazu, wie im Philippusevangelium vor dem Hintergrund valentinianisch-gnostischer Kosmologie und Soteriologie eine Art Sakramentenlehre entworfen wird, vgl. SCHMID, Eucharistie (wie Anm. 21), insbesondere S. 224-229; 368-371.

33 Vgl. IRENÄUS VON LYON, Adversus haereses (wie Anm. 16), I 21,4, S. 302f, der eine ganze Reihe von Tauf- und Salbungsriten seiner Gegner schildert. Er scheint nur wenige Gruppen zu kennen, die auf Rituale ganz verzichten. AUNE, D. E., The Phenomenon of Early Christian „Antisacramentalism", in: Studies in New Testament and Early Christian Literature, FS A. P. Wikgren, hrsg. von AUNE, D. E., (NT.S 33), Leiden 1972, S. 194–214, hier S. 212, kommt zu dem Ergebnis, ein strikter Antisakramentalismus sei „remarkably rare in the broad early Christian movement".

pheten und Lehrer (Did 13), dann auch Episkopen und Diakone (Did 15), dennoch scheint die ganze Gemeinde über die heilsvermittelnden Rituale zu verfügen. Die Anweisungen zum Taufritual ergehen im Plural, der alle Gemeindemitglieder einschließt: „Was die Taufe betrifft, tauft so: ...". Gleiches gilt für das Eucharistiegebet: „Sprecht so das Dankgebet: ..."[34].

Das Fehlen einer herausragenden Mittlerfigur im Zentrum der Gemeinde macht Heinrich Kraft in seiner Typologie frühchristlicher Gemeinschaftsformen zum Charakteristikum des Typs ‚Kirche' im Unterschied zu den Typen ‚Schule' und ‚Mysterienverein':

Gemeinsam ist allen Kirchen (...), daß die Gemeinschaft, nicht ein einzelner in ihr, Träger und Uebermittler des vom Erlöser gebrachten Heils ist; (...) In der ‚Kirche' kann der Einzelne unter Wahrung seiner Individualität gegenüber der Gemeinschaft nur als Heilsempfänger erscheinen; als Spender verschwindet seine Persönlichkeit und er kann nicht mehr werden als tätiges Werkzeug der Gemeinschaft und des in ihr wirkenden Erlösers.[35]

Da Jesus Christus, wie der Hebräerbrief ausführt (Hebr 9,12-14; 10,12-14.18), durch sein Selbstopfer den vermittelnden Dienst der Opferpriester des Alten Bundes zum Ende gebracht hat und „der einzige Mittler" Christus Jesus ist, wie der Verfasser des ersten Timotheusbriefes feststellt (1 Tim 2,5), ist zunächst kein Platz für weitere Mittlergestalten in den christlichen Gemeinden.

Am Ende des ersten Jahrhunderts greift beispielsweise der römische Verfasser des ersten Clemensbriefes in eine Autoritätskrise der korinthischen Gemeindeleitung ein. Gegen eine oppositionelle Fraktion in Korinth verteidigt er die dortigen Presbyter mit der Erklärung, die Amtsträger seien gemäß einer von Gott begründeten Ordnung unabsetzbar. Als Beispiel dieser göttlichen Ordnung erinnert er seine Adressaten an das Priestertum der Israeliten.[36] Wie das alte Bundesvolk soll auch das neue Bundesvolk der Christen die eingesetzten Repräsentanten respektieren, welche „untadelig die Opfer" des Gebetes darbringen.[37] Horacio E. Lona hat in seinem großen Kommentar zu 1 Clem gezeigt, daß entgegen der sakral gefärbten Sprache des Briefes die kultische Funktion der Amtsträger erstaunlicherweise fast keine Rolle spielt.[38] Der Verweis auf die Priester des Alten Bundes soll nur darlegen, daß nach dem Willen Gottes in der Gemeinde alles in angemessener Ordnung geschehen soll.

---

34 DIDACHE = Zwölf-Apostel-Lehre (Fontes Christiani 1), übersetzt und eingeleitet von SCHÖLLGEN, G., Freiburg i. Br. 1991, 7,1, S. 23–139, hier S. 118; 9,1, S. 120; 10,1, S. 122.

35 KRAFT, Gemeinschaftsleben (wie Anm. 30), S. 182f.

36 1 Clem. 40,1–41,4.

37 1 Clem. 40,1–5; vgl. 44,4: Die das Episkopenamt innehaben, bringen „untadelig und fromm die Opfer" dar.

38 LONA, Der erste Clemensbrief (wie Anm. 9), S. 468, zu 1 Clem.44,4; vgl. ebd., S. 436–437 zu 1 Clem. 41,1; ebd., S. 473.

Eine Verbindung von Amt und sakramentaler Heilsvermittlung hätte durchaus im Interesse des Verfassers von 1 Clem gelegen, weshalb es wohl über ein bloßes *argumentum e silentio* hinausgeht, wenn man es bemerkenswert findet, daß diese Verbindung nicht gezogen wird.

Ignatius von Antiochien (bzw. der Verfasser der so genannten Ignatianen) ist der erste, der in einer Krisensituation kleinasiatischer Gemeinden einen amtlichen Mittler einführt und eine exklusive Verbindung zwischen Amt und Sakrament voraussetzt. Ignatius zufolge ist in jeder Ortsgemeinde ein Einzelner, der Bischof, allein rechtmäßiger Taufspender[39] und verfügt exklusiv über das eucharistische Brot, das für Ignatius heilsnotwendige „Unsterblichkeitsarznei" („φάρμακον ἀθανασίας") ist.[40] Die Briefe des Ignatius von Antiochien werden häufig immer noch an den Anfang des zweiten Jahrhunderts datiert, obwohl 1979 Robert Joly und neuerdings vor allem Reinhard Hübner und Thomas Lechner gezeigt haben, daß diese, erst seit etwa 1920 üblich gewordene Datierung kaum zu halten ist. Vermutlich sind die Ignatianen eine pseudepigraphische Werbeschrift für die Anerkennung der exklusiven Leitungskompetenz des Einzelbischofs. Motiviert durch die Bedrohung valentinianischer Lehrer, vielleicht aus dem Umfeld Markus' des Magiers, wurden sie wohl in dem Zeitraum 165 bis 175 n. Chr. verfaßt.[41] Wenn diese Datierung zutrifft, so tritt in keinem Text vor den Ignatianen, das heißt in keinem Text vor der zweiten Hälfte des zweiten Jahrhunderts der Vorsteher der Gemeinde dezidiert als sakramentaler Mittler des Heils auf. Erst in der ‚gnostischen Krise', in der Auseinandersetzung mit den ‚charismatischen' Lehrern vom Schlage des Markus also, wird der christliche Gemeindeleiter zum ‚Priester'.

Die Frage der zeitlichen Abfolge ist hier freilich nicht abschließend zu klären. Aber bereits Adolf von Harnack hatte vermutet, daß sich „hierurgische Priester (...)

---

39 IGNATIUS VON ANTIOCHIEN, An die Smyrnäer 8,2.

40 IGNATIUS VON ANTIOCHIEN, An die Epheser 20,2.Vgl. weiterhin An die Epheser 5,2 mit An die Traller 7,2; An die Philadelphier 4; An die Smyrnäer 8,1.2. Wenn der Verfasser der Ignatianen an einer Reihe weiterer Stellen (An die Epheser 4,1; An die Magnesier 4; 6,1; 7; An die Traller 2,2; An die Philadelphier 7,2; An die Smyrnäer 9,1; An Polykarp 4,1) mahnt, nichts dürfe ohne den Bischof geschehen, so dürften auch dort vor allem die sakramentalen Handlungen, insbesondere die Eucharistie gemeint sein, die unter bischöflichem Vorsitz erfolgen sollen.

41 Vgl. JOLY, R., Le dossier d'Ignace d'Antioche, Brüssel 1979; HÜBNER, R. M., Die Ignatianen und Noet von Smyrna, in: DERS., Der Paradox Eine. Antignostischer Monarchianismus im zweiten Jahrhundert. Mit einem Beitrag von Markus Vinzent (Supplements to Vigiliae Christianae 50), Leiden 1999, S. 131–206; DERS., Thesen zur Echtheit und Datierung der sieben Briefe des Ignatius von Antiochien, in: Zeitschrift für Antike und Christentum 1 (1997), S. 44–72; LECHNER, T., Ignatius adversus Valentinianos? Chronologische und theologiegeschichtliche Studien zu den Briefen des Ignatius von Antiochien (Supplements to Vigiliae Christianae 47), Leiden 1999.

zuerst bei den Gnostikern" finden.[42] Zu beobachten ist jedenfalls, daß die Kompetenz der gnostischen Magier von den zeitgenössischen Amtsträgern der Großkirche zunächst nicht erreicht wird. Eine solche Beobachtung macht auch der Innsbrucker Liturgiewissenschaftler Reinhard Meßner in Bezug auf eine Stelle aus dem valentinianischen Philippusevangelium:

> *(...) Das Handeln des Pneumatikers bzw. Gnostikers ist für die Heiligung der eucharistischen Gaben offensichtlich bedeutsamer, als es der Rolle des Amtsträgers (Bischofs) in den Ortsgemeinden entspricht, welcher das Eucharistiegebet (die Epiklese) als Sprecher der Gemeinde vorträgt.*[43]

Tatsächlich könnte es sein, daß die Idee der Heilsmittlerschaft durch irdische *Repräsentanten in der Gemeinde* ihren Ursprung in gnostischen Zirkeln vom Zuschnitt der Markusgruppe hat. Dort hat diese Idee wohl auch ihren originären theologischen Ort. Während Amtsträger der Großkirche (in der Gemeinde) lediglich als *Repräsentanten der Gemeinde* handeln, handeln gnostische Autoritäten wie Markus (in der Gemeinde) als *Repräsentanten des Erlösers*. Sie sind nicht anders als der himmlische Christus Mittler der Erlösung.

Da die Repräsentanz des Erlösers, die vermittelnde Kompetenz in den gnostischen Gruppen an eine charismatisch begabte Persönlichkeit gebunden war, war sie grundsätzlich nicht auf eine Verstetigung und Stabilisierung der Gruppen ausgerichtet.[44] Der Tod oder die Abreise des Charismatikers hinterließ eine Lücke, die nur durch einen Nachfolger mit vergleichbarer Begabung geschlossen werden konnte. Demgegenüber war eine schlichte Wahl von Amtsträgern durch die Gemeinde sehr wohl geeignet, dauerhafte und persönlichkeitsunabhängige Strukturen grundzulegen.[45] Allerdings sicherte der persönliche Kontakt zu einem heilsmächtigen Meister gnostischen Zirkeln offenbar einen Vorsprung an Attraktivität – das läßt zumindest Irenäus' heftiges Engagement gegen Markus vermuten. Indem nun der gewählte Bischof nach gnostischem Vorbild mit Kompetenzen der Heilsmittlerschaft ausgestattet wurde, ließen sich die Vorteile beider Konzepte nutzen.

---

42 HARNACK, A. VON, Dogmengeschichte, Tübingen 1991. unveränd. Nachdr. d. 7. Aufl. 1931, S. 106; Harnack spricht von den „Gnostikern (Marcianern)" und meint damit ohne Zweifel die Anhänger Markus' des Magiers. Siehe auch oben, Anm. 3 und 22.

43 MESSNER, R., Zur Hermeneutik allegorischer Liturgieerklärung in Ost und West, in: Zeitschrift für Katholische Theologie 115 (1993), S. 284–319, hier S. 307 zu EvPhil # 108 (NHC II p. 77,2–7).

44 Da die gnostischen Gruppen des zweiten Jahrhunderts keine eigenen Gemeinden, sondern wohl überwiegend kleine Zirkel von ‚Wissenden' innerhalb großkirchlicher Gemeinden bildeten (siehe oben Anm. 10), stellte sich die Frage von Verstetigungsstrategien für sie lange Zeit nicht.

45 Vgl. GREEN, Sociological Themes (wie Anm. 15), S. 174. 176; DERS.: Power and knowledge: A study in the social development of early Christianity, in: The Sociological Review 20 (1991), S. 217–231, hier S. 219.

Reinhard Hübner vermutete, daß Ignatius sein Modell der Gemeindeleitung durch einen Monepiskopos gegen vorhandene kollegiale Strukturen nur deshalb durchsetzen konnte, weil seine Gegner eine heilsvermittelnde Kompetenz für sich beanspruchten, die überboten werden mußte:

(...) ich deute nur an, daß es wohl ebenfalls die gnostische Bedrohung war (in diesem Fall wohl der Sakramentalismus des Valentinianers Markus [...]), wodurch Ignatius veranlaßt wurde, den Bischofstitel, der grundsätzlich jedem Presbyter zukommen konnte, einem einzigen, nicht mehr zu den Presbytern zählenden Mann an der Spitze vorzubehalten. Der ἐπίσκοπος wird die zentrale Figur im christlichen Kult, besonders beim eucharistischen Opfer. Die eine, rechtsgültige Eucharistie der katholischen Kirche konnte nur von dem einen, von Gott legitimierten Opferpriester = ἐπίσκοπος vollzogen werden (vgl. Eph. 5,2; Philad. 4,1; Smyrn. 8,1f.).[46]

Von dieser Überlegung ausgehend stellt sich das kirchliche Bischofsamt nicht nur als „ein Lehramt gegen die Gnostiker" dar[47], sondern auch als ein sakramentales Amt *von* den Gnostikern. Wenn Ernst Troeltsch den kirchlichen Bischof zur Zeit des „Frühkatholizismus" als „Ersetzung und Materialisierung des erhöhten Christus und des Geistes" und als „Verlängerung und Verewigung der Menschwerdung, die Sichtbar- und Faßbarmachung der göttlichen Wahrheit und Kraft" beschreibt,[48] so läßt diese Formulierung an den Gnostiker denken, der sich selbst als Fortsetzer der Erlösung und Vertreter des Erlösers sieht.

Der Einfluß der Gnostiker auf die Entwicklung der christlichen Theologie ist weithin unbestritten. Nicht nur die kirchliche Glaubensregel ist in erster Linie gegen den Glauben christlicher Gnostiker gerichtet, auch die Festlegung des neutestamentlichen Kanon wurde durch die Inflation der gnostischen Offenbarungstexte motiviert. Möglicherweise ist sogar das kirchliche Amt von gnostischen Modellen geprägt, hier jedoch nicht allein in Negation, sondern ebenso als positive Übernahme. Um die Attraktivität der gnostischen Lehrer zu brechen, haben großkirchliche Gemeinden versucht, deren Angebot zu überbieten, indem sie die ursprünglich außeralltäglichen Fähigkeiten der charismatisch legitimierten gnostischen Heilsmittler im Wahlamt des Bischofs sicher institutionalisierten. Es wären demnach die Gnostiker gewesen, die die Richtung vorgegeben haben, in der es der Großkirche am Ende des zweiten Jahrhunderts möglich war, eine stabile Gemeindeorganisation um den Monepiskopos herum zu etablieren.

46 HÜBNER, Thesen (wie Anm. 41), S. 65.

47 CAMPENHAUSEN, Kirchliches Amt (wie Anm. 4), S. VIII.

48 TROELTSCH, E., Die Soziallehren der christlichen Kirchen und Gruppen. Bd. 1. Neudruck der Ausgabe Tübingen 1912, Tübingen 1994, S. 85.

Bärbel Dümler

Zwischen Professionalität und Charisma

Die Erfindung des armenischen Alphabets durch Mesrop Maštocʿ[1] nach der Vita des Koriwn

Die Erfindung des armenischen Alphabetes zu Beginn des 5. Jahrhunderts fiel in eine politisch unruhige Zeit. Zwischen 384 und 387 einigten die damaligen Weltmächte Rom unter Theodosius I. und Persien unter Šapur III. sich nach langwierigen Auseinandersetzungen über eine Grenzziehung, die eine Teilung Armeniens in eine westliche römisch-griechische Hälfte, nunmehr bestehend aus Armenia minor und Armenia interior, und eine östliche sassanidische, von nun an als Persarmenien bezeichnet, zur Folge hatte.[2] Die neuen Machthaber waren auf eine entsprechende Assimilation der Landesteile bedacht[3] und achteten u.a. darauf, daß in ihren Gebieten jeweils die Sprache und Schrift des Feindes keine Verwendung fand.[4] Die Familien

---

1 Umschrift gemäß dem in der Revue des Études Arméniennes (REArm) verwendeten System von Hübschmann und Meillet.

2 Zu einer genaueren „geographischen Definition" Armeniens s. GARSOÏAN, N., Armenien, in: Die Geschichte des Christentums 3, hrsg. von PIÉTRI, L., Freiburg/Basel/Wien 2001, S. 1191f. – Der Streit zwischen Rom und Persien drehte sich ausschließlich um ‚Groß-Armenien', das Gebiet im Besitz der armenischen Arsakiden östlich des Euphrats. Die Region am Westufer des Euphrats war bereits früh als ein Teil Kappadokiens ins Römische Reich eingegliedert worden. Die Gebiete Groß-Armeniens, die nun an das Römische Reich fielen, wurden entweder ‚Armenia interior' oder weiterhin ‚Armenia maior' genannt, während die Teile Groß-Armeniens, die an die Perser gingen, nun als Persarmenien bezeichnet wurden; vgl. WINKLER, G., Koriwns Biographie des Mesrop Maštocʿ. Übersetzung und Kommentar (Orientalia Christiana Analecta 245) Rom 1994, S. 91–138, S. 207f.

3 MARRAVAL, P., Die neuen Grenzen. II. Armenien, in: Die Geschichte des Christentums 2, hrsg. von PIÉTRI, C./PIÉTRI, L., Freiburg/Basel/Wien 1996, S. 1087f.

4 MOVSĒS XORENACʿI, Patmutʿiun hayocʿ, hrsg. von ABEŁEAN, M./YARUTʿIWNEAN, S., Tiflis 1913, Kap. 3/54 S. 328, Z. 11–13; S. 329, Z. 9–13. Zum Verbot des Griechischen in Persarmenien auch Koriwn II (wie Anm. 4), 18,94. – Hier wie im Folgenden wird durch die Kürzel Koriwn I und Koriwn II mit entsprechender Kapitel- und Paragraphennummer auf die Übersetzungen der beiden Rezensionen der Maštocʿ-Vita bei WINKLER, G., Koriwns Biographie (wie Anm. 2), S. 91–138, und die dortige Zählung verwiesen, die gegenüber der bloßen Kapitelzählung in armenischen Buchstaben in den Ausgaben KORIWN, Varkʿ Mashtotsʿi. A Photoreproduction of the 1941 Yerevan Edition [ed. M. Abełyan] with a Modern Translation, hrsg. u. übers. von K. H. Maksoudian, Delmar/N.Y. 1985 (= Koriwn I), und KO-

der Oberschicht des geteilten Landes konnten ihre Kinder nurmehr in der jeweils geforderten Sprache ausbilden lassen, die breiten Schichten des Volkes aber sprachen und verstanden seit jeher nur das Armenische.[5]

Dies hatte Konsequenzen natürlich auch für die Christianisierung des Landes, die bereits unter König Trdat[6] veranlaßt durch das bekehrende Wirken des Grigor lusaworičʿ (Erleuchter [Armeniens]) Anfang des 4. Jahrhunderts zum Ziel staatlicher Religionspolitik erhoben worden war.[7] Das Christentum war schon vor dem Jahr 314/15, dem wahrscheinlichen Datum seiner Installation als Staatsreligion, aus Syrien und Kappadokien in das Land gesickert. Daher waren und blieben zunächst das Syrische und das Griechische die Sprachen, in denen sich die neue Religion präsentierte: Bibel- und Kirchenvätertexte, aber auch die Liturgie waren nur dem fremdsprachlich Gebildeten zugänglich; das Volk wurde auch unter Anwendung von Gewalt gezwungen eine Religion anzunehmen,[8] deren Sprache es nicht verstand. Unter solchen Umständen muß eine Christianisierung etwas Oberflächliches bleiben.[9] Erst Katholikos Nersēs († 373) erkannte die Mängel und deren Gründe und berief im Jahr 365 die erste armenische Synode in der Stadt Aštišat ein. Auf ihr wurde eine Kirchenreform in Anlehnung an kappadokische Vorbilder initiiert,[10] die u.a. eine Evangelisation des Landes durch Predigt in der Landessprache beinhaltete. Sprache der Liturgie und der Schriftlektüre blieben aber vorerst noch das Syrische und das Griechische – sie wurden in Teilen während der Gottesdienste mündlich übersetzt[11] –, da es an einer Schrift mangelte, die es ermöglicht hätte, Übersetzungen in die eigene Sprache zu fixieren. Der Sohn des Nersēs, Sahak Partʿew, im Exil

---

RIWN, Patmutʿiwn varucʿ ew mahuan srboyn Mesropay vardapeti meroy tʿargmančʿi, Venedig 1894 (= Koriwn II), ein genaueres Benennen der Stellen erlaubt.

5 S. u., Anm. 11.

6 Zu den Schwierigkeiten der Identifizierung als Trdat III. oder IV. s. KETTENHOFEN, E., Trdad und die Inschrift von Paikuli. Kritik der Quellen zur Geschichte Armeniens im späten 3. und frühen 4. Jh. n. Chr., Wiesbaden 1995, bes. S. 162f.

7 Zu Geschichte und Legende der ‚Bekehrung' Armeniens s. etwa MARRAVAL, Die neuen Grenzen (wie Anm. 3), S. 1085–87; DEDEYAN, G. (Hrsg.), Histoire des Arméniens, Toulouse 1982, S. 141–145; HAGE, W., Armenien I, in: TRE 4 (1979), S. 40–45. Zur umstrittenen Datierung der ‚Bekehrung' Armeniens unter Trdat zuletzt SEIBT, W., Der historische Hintergrund und die Chronologie der Christianisierung Armeniens bzw. der Taufe König Trdats (ca. 315), in: Die Christianisierung des Kaukasus. Referate des Internationalen Symposions (Wien 9.–12. Dezember) (Denkschriften/Österreichische Akademie der Wissenschaften, Philosophisch-Historische Klasse 296; Veröffentlichungen der Kommission für Byzantinistik 9), hrsg. von SEIBT, W., Wien 2002, S. 125–133.

8 MARRAVAL, Die neuen Grenzen (wie Anm. 3), S. 1086.

9 HOVHANNISSIAN, A., L'alphabet arménien et son action historique, in: REArm 2 (1965), S. 362.

10 MARRAVAL, Die neuen Grenzen (wie Anm. 3), S. 1087, bes. Anm. 51.

11 HOVHANNISSIAN, Alphabet arménien (wie Anm. 9), S. 362; NERSOYAN, H. J., The Why and When of the Armenian Alphabet, in: Journal of the Society for Armenian Studies 2 (1985/86), S. 55f., vergleicht dies mit Verhältnissen in jüdischen Synagogen der Diaspora.

auf dem Gebiet des Römischen Reiches aufgewachsen, infolgedessen hellenophil wie sein Vater und aus diesem Grunde erst nach heftigen Nachfolgestreitigkeiten ab 386/89 Katholikos, setzte unter sassanidischer Herrschaft bis 438/39 das Werk seines Vaters fort.[12] Mitbedingt durch die neue politische Situation löste sich die armenische Kirche in Persarmenien, deren Oberhäupter vor der Teilung des Landes in der Regel in Caesarea geweiht worden waren, jetzt von der griechischen ab, zugleich mußte sie sich aber auch gegen eine religiöse Unterdrückung durch die Sassaniden wehren, die sowohl Versuche unternahmen, die armenische Kirche der im Perserreich beheimateten ostsyrischen Kirche einzugliedern als auch den persischen Staatskult des zoroastrischen Mazdaismus in Armenien zu reetablieren.[13] Ein erster Schritt in diese Richtung war das Verbot des Griechischen, so daß der persarmenischen Kirche nun nur noch syrische Texte zur Verfügung standen.[14] Es wundert daher nicht, daß die Erfindung einer eigenen armenischen Schrift in das Katholikat des Sahak fällt.

Mit Hilfe eines eigenen armenischen Alphabetes konnten in der Folge Übersetzungen christlicher Texte aus dem Syrischen und Griechischen schriftlich fixiert werden, was den Fortbestand des armenischen Christentums über die Grenze des geteilten Landes hinweg sichern sollte, da so ein nationales Bewußtsein gegenüber Griechen wie Ostsyrern, insbesondere aber gegenüber den zoroastrischen Persern entstehen konnte.[15]

Dem Erfinder des bis heute fast unverändert in Benutzung befindlichen armenischen Alphabetes,[16] dem aus der Provinz Tarōn stammenden Mesrop Maštocʿ (361/364–439/440), wird von den Armeniern bis heute eine bemerkenswerte Ehrerbietung entgegengebracht.[17] Alljährlich im Juni gedenken die Armenier der Heiligen

---

12 Sahak war der letzte Katholikos aus der Familie des Grigor Lusaworičʿ. Zu seiner Person sowie zur Unsicherheit in der Frage der Nachfolge des Nersēs vgl. WINKLER, Koriwns Biographie (wie Anm. 2), S. 221–225.

13 Ausführlich GARSOÏAN, Armenien (wie Anm. 2), S. 1202f.; HAGE, Armenien I (wie Anm. 7), S. 44–46; DEDEYAN, Histoire (wie Anm. 7), S. 145–155.

14 S. o. Anm. 4.

15 HOVHANNISSIAN, alphabet arménien (wie Anm. 9), S. 365, weist m. E. zu Recht ausdrücklich darauf hin, daß die Folgen der Erfindung des armenischen Alphabetes nicht auch die Gründe für den Vorgang gewesen sein müssen: „On ne peut pas sous-estimer ce fait que l'invention de l'alphabet arménien, objectivement, a créé une atmosphère favorable aux tendances émancipatrices du peuple arménien aux V-VIIe siècles. Mais il n'est ni logique ni fondé en raison d'expliquer le *projet* ou les *motifs* de l'invention de l'alphabet par les *consequences* qu'eut cette invention" (Kursive im Original).

16 Zu den ursprünglich 36 Buchstaben, die exakt den armenischen Lautbestand abbilden, kamen erst im 12. Jh. zur Zeit des Königreiches Kilikien unter Einfluß der Kreuzfahrer die Buchstaben o und ֆ hinzu; s. ASSFALG, J., Armenische Schrift, in: KAUFHOLD, h. (Hrsg.), Kleines Lexikon des Christlichen Orients, 2. Aufl. des Kleinen Wörterbuches des Christlichen Orients, Wiesbaden 2007, S. 29f.

17 Zur volkstümlichen Verehrung des Maštocʿ s. KANALANIAN, A., Mesrop Maštocʿ dans la tradition arménienne, in: REArm 3 (1966), S. 359–367.

Mesrop und Sahak und im Oktober ihrer aus dem Schülerkreis des Mesrop hervorgegangenen ‚Heiligen Übersetzer'. Im Jahr 2005 verband sich damit entsprechend armenischer Tradition die Feier des 1600. Jahrestages der Erfindung des armenischen Alphabets.[18]

Überliefert ist der Vorgang der Erfindung der armenischen Schrift in der Vita des Mesrop Maštocʿ, die von Koriwn, einem seiner Schüler und Mitglied der ersten Generation der armenischen Übersetzer, zwischen 442/43 und ca. 449,[19] also nur wenige Jahre nach dem Tod des Maštocʿ, verfaßt wurde, uns jedoch wohl nur in zwei Überarbeitungen vorliegt, deren ältere wahrscheinlich schon aus dem 5. Jahrhundert stammt,[20] während die jüngere und kürzere spätestens ins 7.–8. Jahrhundert. datiert.[21]

1. Historisches zur Person des Maštocʿ

Über die Person des Erfinders des armenischen Alphabetes, der bis ins 8. Jahrhundert ausschließlich mit dem Namen Maštocʿ belegt, in späteren Quellen dann auch Mesrop genannt wird,[22] läßt sich historisch soviel rekonstruieren:[23] Mesrop Maštocʿ

18 Ein Internationaler Kongreß der Universitäten Stepanakert und Jerewan fand anläßlich der 1600-Jahr-Feier vom 2. bis 5. Juni 2005 in Stepanakert (Berg-Karabach) statt, eine Internationale Konferenz wurde von der Staatlichen Akademie der Wissenschaften der Republik Armenien vom 12. bis 17. September 2005 in Jerewan veranstaltet. Weitere Veranstaltungen wurden von der weltweiten armenischen Diaspora durchgeführt. Zum Ausklang des Jubiläumsjahres wurde vom 1. bis 4. Dezember 2005 ein Symposion zur Entstehung der kaukasischen Alphabete in Wien abgehalten. Eine Veröffentlichung der Symposionsakten ist angekündigt. Eine knappe Übersicht zu den Konferenzen bietet DROST-ABGARJAN, A., Höhepunkte des Jubiläumsjahres 1600 Jahre der armenischen Schrift, in: Armenisch-Deutsche Korrespondenz 129/130 (2005) S. 38–40.

19 WINKLER, Koriwns Biographie (wie Anm. 2), S. 196f.

20 Dies legen das verwendete ‚klassische' Armenisch sowie die frühe Rezeption durch Agatʿangelos und Łazar P'arpec'i nahe; s. MATHEWS, E. G., The Life of Maštocʿ as an Encomium. A Reassassment, in: REArm 24 (1993), S. 5–26.

21 Zur Textgestalt, verschiedenen Rekonstruktionsversuchen und dem Verhältnis zu Paralleltexten vgl. WINKLER, Koriwns Biographie (wie Anm. 2), S. 44–79. – Im Folgenden wird in erster Linie die ältere und längere Rezension, KORIWN I, herangezogen, da sie weithin als authentisches und zeitgenössisches Werk gilt (s. MATHEWS, Life of Maštocʿ [wie Anm. 20], S. 14), wenn auch die Frage der Zugehörigkeit der Präambel bis heute umstritten ist (s. ebd. S. 11, Anm. 36). Nur in Fällen, in denen KORIWN II bezüglich der hier thematisierten Fragen erheblich von der älteren Fassung abweicht, wird auch die jüngere Rezension berücksichtigt. Auf die Auswertung späterer Quellen, wie sie die Ausgabe von WINKLER, Koriwns Biographie (wie Anm. 2), S. 139–185, unter der Überschrift „Paralleltexte zu Koriwn" in Übersetzung bietet, wird verzichtet, da sie in den hier angesprochenen Fragen Koriwn lediglich rezipieren; vgl. NERSOYAN, The Why and When (wie Anm. 11), S. 52f.

22 Vgl. WINKLER, Koriwns Biographie (wie Anm. 2), S. 187; zur möglichen Bedeutung der beiden Namen ebd., S. 187–190.

ist – wahrscheinlich zwischen 361 und 364[24] – im Dorf Hac'ik' westlich des Van-Sees geboren.[25] Er stammt aus adeligem Geschlecht[26] und genießt daher in seiner Jugend, d.h. etwa um 380, eine Ausbildung in „griechischer Literatur",[27] vielleicht in Antiochien.[28] Zwischen 384 und 387 tritt er ein Amt als Sekretär oder Archivar[29] in der Kanzlei am Hof der persarmenischen Arsakiden[30] (in Vałaršapat, dem heutigen Ējmiacin[31]) an, sammelt also Erfahrungen im persischen Verwaltungsdienst, erhält Einsicht in zivile Angelegenheiten, tut sich aber auch auf militärischem Gebiet hervor.[32]

Zwischen 390 und 395 gibt er sein Amt am Königshof auf und wird zunächst Eremit, schließt sich dann aber mit anderen zusammen, die er im Evangelium unterrichtet, um im Ort Gołtʿn mit dem Einverständnis des dortigen Prinzen auch die Bevölkerung der Region zu missionieren.[33]

Schon bald möchte er seine Missionstätigkeit auf ganz Persarmenien ausdehnen und sucht daher den Kontakt zum Oberhaupt der groß-armenischen Kirche, zu Katholikos Sahak.[34] Damit setzt der Vorgang der Erfindung des armenischen Alphabetes ein, denn Maštocʿ stößt auf Schwierigkeiten bei der Missionierung,[35] die ihren

23 Gegenüber den folgenden historisch nachweisbaren oder wahrscheinlichen Daten beinhalten neuzeitliche Biographien häufig detailreicheres, aber legendarisches Material; s. etwa ANANIAN, P., Mesrop, in: Bibliotheca Sanctorum 9 (^{3}1996), S. 374–379.

24 WINKLER, Koriwns Biographie (wie Anm. 2), S. 201.

25 KORIWN I (wie Anm. 4), 3,19, WINKLER, Koriwns Biographie (wie Anm. 2), S. 197f. – Die Provinz Tarōn stand schon vor der Teilung des Landes unter starkem syrischen Einfluß; nach der Teilung gehörte sie zu Persarmenien.

26 Ob sein Vater Vardan identifiziert werden kann mit dem berühmten Feldherrn Vardan Mamikonean, ist umstritten; s. WINKLER, Koriwns Biographie (wie Anm. 2), S. 199.

27 KORIWN I (wie Anm. 4), 3,20.

28 Möglicherweise ist er daher mit Theodor, dem späteren Bischof von Mopsuestia, bekannt; s. WINKLER, Koriwns Biographie (wie Anm. 2), S. 201f.

29 Er war entweder Sekretär des Königs Xosrov III. oder Archivar des persischen Reichsverwesers Aṙawan; vgl. WINKLER, Koriwns Biographie (wie Anm. 2), S. 208–211.

30 KORIWN I (wie Anm. 4), 3,20, 2. Es handelt sich hierbei um den armenischen Zweig der parthischen Dynastie der Arsakiden, dem unter sassanidischer Herrschaft im Iran teils mit Mißtrauen, teils mit offener Feindseligkeit begegnet wurde; vgl. WINKLER, Koriwns Biographie (wie Anm. 2), S. 203–207.

31 Über den Ort der Residenz lassen sich nur Vermutungen anstellen; s. WINKLER, Koriwns Biographie (wie Anm. 2), S. 203.

32 WINKLER, Koriwns Biographie (wie Anm. 2), S. 203–211.

33 KORIWN I (wie Anm. 4), 4,24–5,26; WINKLER, Koriwns Biographie (wie Anm. 2), S. 213–215, S. 218.

34 KORIWN I (wie Anm. 4), 6,29. Faktisch war Sahak wohl nurmehr Oberhaupt der persarmenischen Kirche; vgl. oben Anm. 12.

35 KORIWN I (wie Anm. 4), 6,28.

Grund darin hatten, daß die breite Masse der Unterweisung nicht folgen konnte, da sie mit dem Syrischen und dem Griechischen nicht vertraut war.[36]

Nachdem Maštoc' das Problem durch Entwicklung eines eigenen armenischen Alphabetes gelöst hat, wendet er sich seinem eigentlichen Anliegen wieder zu und zieht evangelisierend durch die verschiedenen Regionen Armeniens,[37] bis nach Georgien,[38] aber auch nach Konstantinopel und in die römischen Gebiete Armeniens,[39] schließlich ins kaukasische Albanien.[40] Er arbeitet als Übersetzer und Vardapet (geistlicher Lehrer), gründet Mönchsgemeinschaften,[41] erlebt den Tod des Sahak zwischen 438 und 439,[42] nur sechs Monate danach verstirbt er selbst.[43] Daß Maštoc' nach dem Tod des Sahak noch kurze Zeit das Amt des Katholikos innehatte, ist historisch eher unwahrscheinlich.[44]

Was dieses aus der Vita eruierbare Datengerüst betrifft, entspricht Maštoc' damit offenbar dem charakteristischen Bild eines ländliche Regionen missionierenden Heiligen, wie er auch in der westlichen Hagiographie für das 4. Jahrhundert etwa in der Person Martin von Tours[45] oder für das 5. Jahrhundert in der Person Patricks[46]

---

36 WINKLER, Koriwns Biographie (wie Anm. 2), S. 218, die u. a. auf die Darstellung in KORIWN II (wie Anm. 4), 6,28, verweist.

37 KORIWN I (wie Anm. 4), 11,53–16,82; WINKLER, Koriwns Biographie (wie Anm. 2), S. 270–288.

38 KORIWN I (wie Anm. 4), 17,83–93.27,125–130; WINKLER, Koriwns Biographie (wie Anm. 2), S. 288–319.

39 KORIWN I (wie Anm. 4), 18,94–22,109; WINKLER, Koriwns Biographie (wie Anm. 2), S. 320–336.

40 KORIWN I (wie Anm. 4), 26,117–130; WINKLER, Koriwns Biographie (wie Anm. 2), S. 340–354.

41 KORIWN I (wie Anm. 4), 33,142–36,152; WINKLER, Koriwns Biographie (wie Anm.2), S. 383f.

42 KORIWN I (wie Anm. 4), 39,162–40,171; WINKLER, Koriwns Biographie (wie Anm. 2), S. 395–399.

43 KORIWN I (wie Anm. 4), 41,172–42,182; WINKLER, Koriwns Biographie (wie Anm. 2), S. 409.

44 WINKLER, Koriwns Biographie (wie Anm. 2), S. 402–408, als Kommentierung zu KORIWN I (wie Anm. 4), 40, 169: „schulterte er (...) die Leitung der Kirche". MAHÉ, J.-P., L'alphabet arménien et les Saints Traducteurs, in: L'alphabet arménien, hrsg. vom Centre Culturel Sahak-Mesrop, Marseille 2006, S., 72, spricht dagegen von einer Art ‚moralischen Führungsposition' des Maštoc'; vgl. WINKLER, Koriwns Biographie (wie in Anm.2), S. 406.

45 Siehe SEELIGER, H. R., Macht und Charisma eines Außenseiters. Der Rottenburger Dom- und Diözesanpatron Martin von Tours, in: GROSS, W. (Hg.), Wo Kirche sich versammelt. Der Dom „St. Martin" zu Rottenburg in Geschichte und Gegenwart, Ostfildern 2003, S. 40–52. Seeliger zeichnet das Bild des ehemaligen Soldaten, der Mönch wurde, Schüler um sich sammelte, ohne eine weitergehende monastische Bewegung auszulösen, da das Mönchtum Martins auf seiner charismatischen Gestalt aufbaute (ebd., S. 43), der in Begleitung seiner Mönche intensiv missionierend umherreiste (ebd., S. 44), als Bischof dann aber anders als Maštoc' gegenüber der weltlichen Autorität in Person des Kaisers eine sehr distanzierte Rolle einnahm (ebd., S. 45), der von seinem Biographen Sulpicius Severus schließlich im Kontext seiner missionierenden Tätigkeit unter einer agrarischen Bevölkerung als Wundertäter und Charismatiker dargestellt wird (ebd., S. 47f.), da er „göttliche Kraft spürbar machte (...), göttliche Macht verkörperte und ausübte, freilich ohne über sie letztlich willentlich verfügen zu können" (ebd., S. 49), daher schon zu Lebzeiten, verstärkt dann aber ab der Mitte des 5. Jahrhunderts verehrt wurde und schließlich zum Reichspatron des Frankenreiches avancierte (ebd., S. 50). Martin „war Mönch und Bischof, aber in erster Linie war er für seine Zeitgenossen ein großer Charismatiker, der Gottes Macht im

begegnet. Der beamteten Mittelschicht entstammend und daher mit einem gewissen Grad an Bildung ausgestattet, was bei Martin ähnlich wie bei Maštocʿ zu einer militärischen Karriere beigetragen haben dürfte,[47] dann das Mönchtum zunächst in Form des Eremitentums für sich entdeckend, nach dieser Übergangsphase aber koinobitisch Schüler um sich sammelnd und mit diesen umherreisend, wirken sie in bisher vom Christentum vernachlässigten Regionen intensiv missionierend, im Falle Patricks auch mit Unterstützung von „Stammeskönigen“[48], und werden so zu ‚Aposteln' der sich in diesen Regionen herausbildenden Nationen, nicht zuletzt durch ein entsprechend gesetztes hagiographisches Denkmal.

Sinne der Gottesherrschaft präsent sein ließ“ (ebd., S. 49). – Die biographische Nähe zwischen Maštocʿ und Martin dürfte dazu beigetragen haben, daß nach einer neuzeitlichen Lokaltradition ein Schüler des Maštocʿ, Grégoire d'Arménie genannt, im Département Hautes-Alpes als Patron der in Südfrankreich lebenden Armenier und Bindeglied zwischen armenischer und lateinischer Kirche verehrt wird. Der Legende nach reiste dieser Schüler u.a. nach Rom, wo er von Martin erfuhr und sich auf den Weg zu ihm nach Tours machte. Während der Reise missionierte er zahlreiche gallische Dörfer. Auf seiner Rückreise wurde er vom Bischof von Gap gebeten, sich in Tallard niederzulassen, wo er am 21. September 404 gestorben sein soll. Bis heute feiert man in Tallard am dritten Sonntag im September seinen Gedenktag. So KHAZINÉDJIAN, A., L'invention de l'alphabet arménien, in: L'alphabet arménien, (wie in Anm. 44), S. 15f. Nach CARAFFA, F., Gregorio, in: Bibliotheca Sanctorum 7 (^{2}1996), S. 213f., entbehren die Daten jeglichen historischen Wertes, vermutlich handelt es sich bei dem nachweislich seit dem 18. Jh. verehrten Heiligen um eine lokale Adaption der Gestalt des Grigor lusaworičʿ.

46 Siehe GUTSFELD, A., Patricius, in: Biographisch-Bibliographisches Kirchenlexikon (BBKL) 7 (1994), S. 9–12; EGER, C., Patricius, in: LThK^3 7 (1998),S. 1468f. Anders als bei Martin und Maštocʿ erwacht bei Patrick der Glaube in unfreiwilliger Einsamkeit, nämlich nach Entführung durch Piraten aus Britannien nach Irland; er kann nach Gallien fliehen, wo er nach irischer Überlieferung, historisch aber nicht nachweisbar, Kontakte nach Lérins und zu Papst Leo in Rom knüpft; 434 wird er als Bischof zur Mission nach Irland geschickt, der er fortan als „ein Mann der Tat“ (GUTSFELD, Patricius, S. 10) seine ganze Kraft widmete. Neben wenigen eigenen Schriften des Patrick, aus denen biographische Daten eruierbar sind, entstehen ab dem 6. Jahrhundert in Irland, ab dem 7. Jahrhundert im Frankenreich legendarische Viten, die ihn zum Gründer der irischen Kirche stilisieren.

47 Siehe SEELIGER, H. R., Litteratulus christianus. Beobachtungen und Bemerkungen zum Bildungsgrad der antiken Christen, in: Theologische Quartalschrift 183 (2003), S. 302: „Faßt man die des Schreibens und Lesens in irgendeiner Weise kundigen Bevölkerungsstrata des Römischen Reiches genauer ins Auge, so fällt auf, daß unter ihnen die Angehörigen des Militärs eine besonders breite Schicht bildeten. (...) Das römische Militär garantierte einen Großteil der Verwaltung im Römischen Reich, die auf Schriftverkehr basierte.“ Ähnliches läßt sich dann für die Bischöfe konstatieren, ebd., S. 307: „die lese- und schreibkundigen Bischöfe in ihrer großen Zahl kamen (...) aus dem Kreis der Mittelschicht. Es waren vielfach ehemalige *curiales* aus den städtischen Führungsschichten (...) Sie alle verfügten über berufsbezogen-instrumentelle (...) Schreib- und Lesefähigkeit“ (Kursive im Original). Eine ähnliche Beobachtung macht MAHÉ, J.-P., L'alphabet arménien (wie in Anm. 44), S. 44, auch für den Orient: Schriftbeherrschung war bis ins Mittelalter auch dort eine Fähigkeit von Experten, die in aller Regel der Verwaltung entstammten.

48 EGER, Patricius (wie Anm. 45), S. 1469.

Noch frappierender ist die Nähe zu den im 9. Jahrhundert tätigen Slavenaposteln Method und Kyrill und der Erfindung des glagolitischen Alphabets[49] zu Missionszwecken durch den jüngeren der Brüder, Konstantin den Philosophen (Kyrill). Obschon diese Parallele vermutlich auf die Kenntnis armenischer Quellen auf Seiten der Missionare oder zumindest des Verfassers der Methodios-Vita zurückgeführt werden kann,[50] so weisen doch die wahrscheinlich historischen biographischen Daten der Brüder Elemente auf, die auch sie für die Arbeit als Missionar geradezu zu prädestinieren scheinen: Auch Konstantin-Kyrill und Method entstammen einer Offiziersfamilie und genießen nun schon eine „theologische und humanistische Ausbildung";[51] Konstantin nimmt an byzantinischen Gesandtschaften Teil, Method ist in der Verwaltung tätig; Method wird früh Mönch, Konstantin erst kurz vor seinem Tod in Rom, zunächst werden beide jedoch aufgrund ihrer beruflichen Erfahrung zu einer durch das Fürstenhaus bereits zum Christentum bekehrten Nation, nach Großmähren, gesandt, um die Bevölkerung in der neuen Religion zu unterweisen und eine Hierarchie aufzubauen. Konstantin, der Gelehrte, erfindet zu diesem Zweck das glagolitische Alphabet und beide Brüder übersetzen nun biblische, liturgische und kirchenrechtliche Texte ins Slavische. Bei ihrer Missionstätigkeit arbeiten sie mit dem Fürstenhof zusammen und ziehen in mönchisch-asketischer Missionswanderschaft durch das Land. Sie sammeln Schüler um sich und senden sie aus; diese begründen im südslavischen Raum eine christlich-slavische Kultur.[52]

Voraussetzungen einer effektiven Missionstätigkeit sind offenbar, das läßt sich aus allen hier angeführten Beispielen ableiten, eine Herkunft des Missionars aus der Mittel- oder Oberschicht und eine entsprechende Ausbildung. Auf dieser Grundlage kann er missionierend tätig sein und dabei zugleich zum Schöpfer einer regionalspezifischen christlichen Kultur werden.

---

49 Dieses ist nicht zu verwechseln mit dem kyrillischen Alphabet, welches erst Ende des 9. Jh.s von Konstantin Presbyter, einem Schüler des Method, als Anpassung an das griechische Alphabet geschaffen wurde; s. GRIVEC, F., Konstantin und Method. Lehrer der Slaven, Wiesbaden 1960, S. 169.

50 Siehe LILIENFELD, F. v., Das Werk der heiligen Brüder Konstantin-Kyrill und Methodios und der heiligen Mesrop-Maštock [sic] und Sahak von Armenien, in: DIES., Sophia. Die Weisheit Gottes. Gesammelte Aufsätze 1983–1995, hrsg. von FELMY, K. C./OHME, H./WILDT, K. (Oikonomia 36), Erlangen 1997, S. 471f., S. 478. TRUNTE, N., Ex Armenia lux. Konstantin-Kyrill und Mesrop-Maštocʽ, in: Palaeoslavica 7 (1997) S. 31–57, hingegen versucht anhand einer Analyse der glagolitischen Schrift und der slavischen Phoneme nachzuweisen, daß die glagolitische Schrift zwar zufriedenstellende Darstellungsmöglichkeiten für alle Phoneme des Slavischen, die auch im Armenischen vorhanden sind, gefunden habe, nicht jedoch für solche Phoneme des Slavischen, die das Armenische nicht kennt. Er schließt daraus, daß der Erfinder der glagolitischen Schrift mit dem Lautsystem des Armenischen vertraut, Konstantin-Kyrill vielleicht sogar armenischer Herkunft gewesen sei.

51 MAKRIS, G., Konstantin, in: BBKL 4 (1992), S. 460; vgl. REICHERT, E., Methodios, in: BBKL 5 (1993), S. 1382: „seiner Herkunft und Begabung angemessene Ausbildung".

52 MAKRIS, Konstantin, (wie Anm. 50), S. 460f.; REICHERT, Methodios (wie Anm. 50), S. 1382–1386; VON LILIENFELD, Das Werk (wie Anm.50), S. 472–474.

2. Das systematische Vorgehen des Maštocʿ

Betrachtet man auf diesem Hintergrund die koriwn'sche Vita des Maštocʿ, so erstaunt es nicht, daß sie deutlich ein systematisches, gleichermaßen zielgerichtetes wie wohlorganisiertes missionarisches Vorgehen des Heiligen erkennen läßt, an dessen Anfang die Entwicklung der Schriftzeichen und ihre Etablierung in Armenien stehen. Maštocʿ dürfte bei seinem Vorgehen von seinen Erfahrungen in der persischen Verwaltung Gebrauch gemacht und von seinen Beziehungen profitiert haben.[53] Erste Maßnahme bei jeder seiner Unternehmungen ist immer die Einholung des Einverständnisses und in der Folge die Inanspruchnahme der Unterstützung der jeweiligen geistlichen wie weltlichen Autorität. Dies garantiert eine Umgehung möglicher Konflikte und eine Effektivität des Einsatzes.

Schon zu Beginn seines missionarischen Wirkens wird Maštocʿ gastfreundlich von Šabitʿ, dem Fürsten von Gołtʿn, aufgenommen und erfährt dessen „bereitwillige Förderung"[54]. Offenbar verbindet sich die religiöse Sorge des Missionars um die Bewohner Gołtʿns, die von vorchristlichen „einheimischen Überlieferungen und der diabolischen Idolatrie gefangengenommen waren"[55], mit dem politischen Interesse des Fürsten, die aufsässige Bevölkerung „des ungeordneten und unverbesserlichen Ort{es} von Gołtʿn"[56] in ihre Grenzen zu weisen.[57]

In der Sorge um die Ausdehnung der Evangelisierung auf ganz Persarmenien wendet Maštocʿ sich dann zuerst an Katholikos Sahak, „den er bereit fand, da er dessen Sorge (...) {um die} für alle Seelen (...) von Christus gebrachte Erlösung" teilte.[58] Gemeinsam und – in der Deutung Koriwns – mit Gottes Hilfe, welcher als höchste Autorität von beiden um Unterstützung angerufen wird,[59] beraten sie sich, möglicherweise mit anderen Klerikern auf einer eigens einberufenen Synode.[60] Maštocʿ bedient sich offenbar auch hier aller zur Verfügung stehender Mittel der kirchlichen Infrastruktur. Die Beteiligten gelangen zur Einsicht der Notwendigkeit einer armenischen Schrift.

---

53 Vgl. MATHEWS, The Life of Maštocʿ (wie Anm. 20), S. 15: „it is not at all surprising that such an important figure as Maštocʿ would have connections in positions of importance in both civil and ecclesiastical offices."

54 KORIWN I (wie Anm. 4), 5,26.

55 Ebd.

56 KORIWN I (wie Anm. 4), 5,25. – Hier wie im folgenden eckige Klammern im Original (Ergänzungen Winklers), deshalb zur Differenzierug geschwungene Klammern B. D.

57 S. WINKLER, Koriwns Biographie (wie Anm. 2), S. 215f.

58 KORIWN I (wie Anm. 4), 6,29f.

59 KORIWN I (wie Anm. 4), 6,30.

60 S. WINKLER, Koriwns Biographie (wie Anm. 2), S. 229f.

Maštocʿ und Sahak beziehen nun eine hohe weltliche Autorität, den von den Persern eingesetzten armenischen König,[61] mit ein: sie „informierten (...) den König der Armenier, dessen Name Vṙamšapuh lautete, über die vorangegangenen Beratungen".[62] Darauf erfahren sie durch den König von bereits existierenden „Buchstaben für das Alphabet der armenischen Sprache", die ein syrischer Bischof Daniēl „auf irgendeine Weise herausgefunden hatte."[63] Dabei handelte es sich vermutlich um aus dem Syrischen abgeleitete Schriftzeichen des Bischofs Daniēl von Arzūn.[64] Der König wird weiter in den Vorgang eingebunden: Maštocʿ und Sahak „veranlaßten (...) den König, sich um so eine dringende Sache zu kümmern. Und dieser sandte einen gewissen [Mann] namens Vahrič mit Dekreten zu einem Mann, einen {sic} Presbyter, dessen Name Habēl lautete (...)."[65] Nachdem dieser die Buchstaben von Daniēl „erhalten hatte, sandte er [sie] zum König in das Armenierland."[66] Der König wird also mit seinem Beamtenapparat und seiner Vollmacht in Anspruch genommen, und es ist auch der König, dem von den anderen Beteiligten Folge geleistet wird. Erst bei der Bewertung des Ergebnisses des Unternehmens spielen Maštocʿ und Sahak wieder eine Rolle, „zusammen (...) waren sie hocherfreut".[67] Auch in der Folge nutzt Maštocʿ die Unterstützung durch den König: „die Seligen (...) erbaten vom König noch Kinder, durch die sie die [Verbreitung] der Buchstaben anschüren konnten."[68] Und es ist schließlich der König selbst, der „Befehl {gab}, überall [die Kinder] damit zu erziehen."[69] Empfänger des Befehls ist Maštocʿ, er führt ihn selbst aus und gelangt damit in den offiziellen Rang eines Vardapet (geistlichen Lehrers).[70]

Erst auf der Basis dieses Amtes fällt Maštocʿ eine unabhängige Entscheidung: Die danielische Schrift wird nach zwei Jahren[71] der Tauglichkeitsprüfung im Schülerkreis für nicht geeignet befunden, da sie aus einer fremden Sprache stammend der

61 Ebd., S. 230–234.

62 KORIWN I (wie Anm. 4), 7,32. Zu den divergierenden Datierungen der Herrschaft Vṙamšapuhs s. WINKLER (wie Anm.2), S. 230–233.

63 KORIWN I (wie Anm. 4), 7,33.

64 KORIWN I (wie Anm. 4), 7,33. Zur Identifizierung der Person s. WINKLER, Koriwns Biographie (wie Anm. 2), S. 235–237. Den Versuch einer Rekonstruktion des danielischen Alphabetes unternahm MOURAVIEV, K., Les Caractères daniéliens. Identification et reconstruction, in: REArm 14 (1980) S. 55–85.

65 KORIWN I (wie Anm. 4), 7,34f.

66 KORIWN I (wie Anm. 4), 7,36.

67 KORIWN I (wie Anm. 4), 7,38.

68 KORIWN I (wie Anm. 4), 8,39.

69 KORIWN I (wie Anm. 4), 8,40.

70 Ebd.

71 Diese Zeitangabe führt zu erheblichen Datierungsschwierigkeiten; s. WINKLER, Koriwns Biographie (wie Anm. 2), S. 245–251; sie bewertet sie, ebd., S. 250, als späteren Einschub.

Phonetik des Armenischen nicht genügte.[72] Daraufhin tritt Maštocʿ mit einer Gruppe von Schülern eine Reise nach Syrien an, auch dieses wieder autorisiert, nämlich „auf Befehl des Königs und mit dem Einverständnis des heiligen Sahaks".[73]

In Syrien werden sogleich wieder die geistlichen und weltlichen Autoritäten kontaktiert und eingebunden:

Er stellte sich den heiligen Bischöfen vor (...). Indem sie sich mit dem Klerus und den Fürsten der Städte trafen und den Ankömmlingen [dabei] hohe Ehren erwiesen wurden, sind sie mit der Fürsorge nach der Ordnung derer, die man Christen nennt, empfangen worden.[74]

Eine Schülergruppe läßt Maštocʿ in Edessa, die sich dort mit der syrischen Schrift und Literatur beschäftigen soll, mit einer anderen geht er selbst über Amida nach Samosata, um sich dem Griechischen zu widmen.[75] Dort kommt es nach Anrufung Gottes zur Erfindung der armenischen Buchstaben.[76]

Obwohl das eigentliche Ziel der Reise erreicht scheint, nimmt Maštocʿ auch in Samosata Kontakt zum Bischof auf,[77] darüber hinaus zu einem Fachmann, einem „Schreiber der griechischen Schule namens Hṙopʿanos"[78]. Dieser Kalligraph führt ihn offenbar in die Feinheiten der griechischen Schrift ein, woraufhin Maštocʿ nun sein neues armenisches Alphabet mit Hilfe des Hṙopʿanos und möglicherweise auf der Grundlage der danielischen Buchstaben diese erweiternd und in Anlehnung an das Griechische neu ordnend überarbeitet.[79] Danach beginnt er sofort mit seinen Schülern die Übersetzertätigkeit.[80]

---

72 KORIWN I (wie Anm. 4), 8,42: „Als sie jedoch gewahr wurden, daß die Schriftzeichen nicht ausreichten, um die Silben und Konsonanten der armenischen Sprache vollständig wiederzugeben – zumal, da die Schriftzeichen einfach aus anderen, [zuerst] begrabenen und [dann wieder] ins Leben gerufenen Lettern zufällig zustande gekommen waren – kehrten daraufhin wieder die gleichen Sorgen von neuem zurück". Korrekturvorschläge, s. WINKLER, Koriwns Biographie (wie Anm. 2), S. 251f., verfälschen m.E. die Stelle; gesagt wird schlichtweg, daß die Zeichen sich schon einmal nicht hatten durchsetzen können. Die von Winkler vorgeschlagene Ergänzung ‚zuerst' wäre lediglich zu ändern in ‚schon einmal'.

73 KORIWN I (wie Anm. 4), 9,43.

74 KORIWN I (wie Anm. 4), 9,44f.

75 KORIWN I (wie Anm. 4), 9,46.

76 KORIWN I (wie Anm. 4), 9,47–49. Zum Ablauf dieses Vorgangs s. u.

77 KORIWN I (wie Anm. 4), 10,50.

78 KORIWN I (wie Anm. 4), 10,51.

79 Zur wissenschaftlichen Diskussion der möglichen Vorlagen des Alphabets s. WINKLER, Koriwns Biographie (wie Anm. 2), S. 262–268.

80 KORIWN I (wie Anm. 4), 10,51: „Und als er dort in derselben Stadt einen gewissen Schreiber der griechischen Schule namens Hr˙opʿanos gefunden hatte, mit dem er die Auswahl der Schriftzeichen, die dünneren und die breiteren, die kurzen und die langen, die Einzel- und Doppel[laute] zusammengestellt und zum Abschluß gebracht hatte, wandten sie sich mit zwei Männern, seinen Schülern, der Übersetzung zu."

Für den Vorgang der Erfindung des Alphabetes läßt sich bis hierher festhalten: Maštocʿ versichert sich bei seinem Vorgehen nicht nur der Legitimierung durch weltliche und geistliche Autoritäten, durch den Fürsten von Gołtn, den armenischen König, den Katholikos und diverse armenische und syrische Bischöfe, er berät sich auch mit ihnen und nimmt die Unterstützung von Gleichgesinnten und Experten in Anspruch. Dies geschieht durchaus auch unter großem persönlichen Einsatz[81] und erheblichem Personalaufwand aus dem Kreis seiner Schüler.[82] Dabei hält Maštocʿ sich zunächst alle Optionen offen, er arbeitet mit dem danielischen Alphabet, nach dem Misslingen des Versuchs orientiert er sich am Syrischen wie am Griechischen, entwirft auf diesem Hintergrund ein eigenes Alphabet, das er schließlich nochmals mit Hilfe eines Experten in eine ausgewogene Endfassung bringt. Alles in allem, so scheint es, die professionelle, sorgfältige Recherche und Arbeit eines versierten und angesehenen Kanzleibeamten und fleißigen Forschers.

Ähnlich zielgerichtet und gut organisiert ist das weitere Vorgehen des Maštocʿ und seiner Mitarbeiter, sie beginnen mit der Übersetzung der Heiligen Schrift zunächst aus dem Syrischen, da in Persarmenien ja allein diese Texte noch zur Verfügung stehen; vermutlich werden zuerst nur die Texte übersetzt, die für die Glaubensverkündigung und Liturgie gebraucht werden.[83] Einige Jahre später veranlaßt Sahak eine Überarbeitung unter Zuhilfename griechischer Vorlagen aus Konstantinopel; im Anschluß daran werden Kommentare übersetzt.[84]

Nach der Rückkehr nach Armenien beginnt Maštocʿ eine überaus systematisch strukturierte Evangelisierung des Landes mit Hilfe der nun verfügbaren Übersetzungen. Er versammelt weitere Schüler um sich und instruiert sie, so daß jetzt dem armenischen Volk auf persischem Gebiet flächendeckend Mission und Bildung gebracht werden können:

Nachdem sie nun die Dauerhaftigkeit der Sache überprüft hatten, versammelten sie noch entschlossener und in größerem Umfang Schüler für die neu geschaffene Unterweisung, um [sie] zu unterrichten, zu formen und für die anstehende Missionierung der unwissenden Menschen auszubilden. (...) Sie (...) begannen nun auch in

---

81 KORIWN I (wie Anm. 4), 6,28: „unter beständigem Seufzen und unaufhörlichen Tränen (...) und er überlegte hin und her (...)"; KORIWN I (wie Anm. 4), 6,29f.: „viele Tage" lang; KORIWN I (wie Anm. 4), 7,32: „mit vielen Versuchen und gründlichen Untersuchungen (...) und große Mühe geduldig auf sich" nehmend; KORIWN I (wie Anm. 4), 8,39: „die Seligen, sie sich [so um das Alphabet] gekümmert [und] den unerwarteten Fund [ihrer] Nachforschungen erhalten hatten, (...)"; KORIWN I (wie Anm. 4), 8,41: „während er zwei Jahre lang seinen Unterricht abhielt"; KORIWN I (wie Anm. 4), 9,47: „Nachtwachen und Bittgebete in Tränen, ein asketisches Leben [und] den Kummer und die Sorge um die Welt"; KORIWN I (wie Anm. 4), 9,48: „so hielt er geduldig die vielen Mühen aus".

82 KORIWN I (wie Anm. 4), 9,46: „zwei [Gruppen]" von Zöglingen.

83 S. WINKLER, Koriwns Biographie (wie Anm. 2), S. 269.

84 KORIWN I (wie Anm. 4), 32,142–145; WINKLER, Koriwns Biographie (wie Anm.2), S. 269, S. 382.

großem Stil die Arbeit der Verkündigung Christi durchzuführen: [Sie begannen] in den Gegenden, Gauen [und] den jeweiligen Ortschaften des Armeniervolkes, die, die unterrichtet worden waren, in mehrere Gruppen zusammenzufassen, um die, die zum Abschluß [der Aneignung] des Wissens gelangt waren, für befähigt zu erklären, [nun] auch den anderen [das Evangelium zu erklären].[85]

Ebenso systematisch werden auch die Vertiefung der Evangelisierung angegangen und die Fortschritte kontrolliert: Maštocʿ „machte (...) sich auf [und] zog durch die Ortschaften und Gaue des Armenierlandes, die [von ihm] eingerichtet [und] unterrichtet worden waren, um [sie] zu beleben, zu erneuern und zu festigen.“[86]

Zum Abschluß seiner durchorganisierten Evangelisierungsmaßnahmen[87] dehnt Maštocʿ seine Tätigkeit sogar über die politischen Grenzen hinaus aus. Der Friedensvertrag des Jahres 422 zwischen Theodosius II. und Bahram V. machte es wohl möglich,[88] daß der persarmenische Missionar sich eine Autorisierung durch den römischen Kaiser[89] und durch Atticus, den Bischof von Konstantinopel (406–425),[90] einholen und in den römischen Gebieten Armeniens missionieren und unterrichten kann. Die Vita vermittelt den Eindruck, daß sich auch hier das Anliegen des Maštocʿ mit Interessen des Kaisers bzw. des Bischofs von Konstantinopel verknüpfen lassen.[91] Und so kommt Maštocʿ auch auf römischem Boden seiner Gewohnheit nach, informiert die lokale weltliche Autorität und macht sich die politische Infrastruktur zu Nutze,[92] wie er es ähnlich bei sämtlichen anderen Unternehmungen in Armenien,[93] Georgien[94] und Albanien[95] zu tun pflegte.

---

85 KORIWN I (wie Anm. 4), 14,67–70.

86 KORIWN I (wie Anm. 4), 18,95.

87 Vgl. KORIWN I (wie Anm. 4), 17,93: „Als er nun an allen Ortschaften (...) die Sache des Dienstes an Gott organisiert (...) hatte (...)“.

88 S. MAHÉ, L'alphabet arménien (wie in Anm. 44), S. 66. Nach SCHIPPMANN, K., Grundzüge der Geschichte des Sasanidenreiches, Darmstadt 1990, wurde Bahram im Friedensvertrag von 422 verpflichtet, wieder die ungestörte Religionsausübung für die Christen im Persischen Reich zuzulassen. Dieselben Rechte wurden im Gegenzug den Zoroastriern im Oströmischen Reich gewährt.

89 KORIWN I (wie Anm. 4), 19,97. Ebd., 22,104: „und er erhielt eine unumstößliche Bevollmächtigung mit einem vom Kaiser abgefaßten und signierten Erlaß über das Zusammenholen der Jugend aus [ihrer] Hälfte des armenischen Volkes zur Ausbildung [in der armenischen Schrift]“.

90 KORIWN I (wie Anm. 4), 21,102; 22,105; KORIWN II (wie Anm. 4), 19,97. – Nach KLEIN, R., Attikos, in: LThK 1 (^{3}1993), S. 1165, wurde Atticus in Sebaste, also auf armenischem Gebiet, geboren.

91 KORIWN I (wie Anm. 4), 22,104: „er erhielt eine unumstößliche Bevollmächtigung mit einem vom Kaiser abgefaßten [und] signierten Erlaß über das Zusammenholen der Jugend aus [ihrer] Hälfte des armenischen Volkes zur Ausbildung [in der armenischen Schrift], zudem über das üble Volk der Borboriten und der Absicherung der Kirchen [gegen sie] (...)“.

92 KORIWN I (wie Anm. 4), 22,106–108: „Und da sie dort umgehend auf den Oberbefehlshaber für die Armenier stießen, zeigten sie [ihm] den Erlaß des Kaisers. Und als er von ihnen den Erlaß mit dem kaiserlichen Siegel entgegengenommen hatte, beeilte er sich, die Befehle umgehend auszuführen. Und daraufhin sandte er Boten in die Gaue der unter der Herrschaft des Kaisers [stehenden] Hälfte des ar-

Maštocʿ legt es also konsequent darauf an, „gemeinsam {etwas} zuwege“ zu bringen.[96] Sein „evangelisches und heilverkündendes Einherwandeln vor Königen und Prinzen“[97] ist Methode und wird auch als solche wahrgenommen. Koriwn beschreibt diese Professionalität des Maštocʿ als Teil der „Art und Weise [seines] Vorgehens“.[98]

Auf dem Hintergrund des professionellen, politisch klugen und entsprechend effektiven Vorgehens des Maštocʿ ist auch die Frage nach der Datierung der Erfindung des armenischen Alphabets neu zu überdenken. Nach wie vor ist die Forschung sich in diesem Punkt nicht einig, man diskutiert lebhaft und kontrovers Daten zwischen 383 und 416.[99]

Einer der jüngeren Vorschläge unternimmt die Datierung ausdrücklich unter Berücksichtigung des kulturpolitischen Kontextes.[100] Den Rahmen dieses Datierungsversuches bilden die Erprobungsphase des danielischen Alphabetes auf der einen und der Beginn einer armenischen Literatur auf der anderen Seite.[101] Vorausgesetzt wird, daß die von Danīēl benutzte und vielleicht auch erfundene Schrift ihrem Herkunftsort nach vermutlich aramäischen Typs gewesen sein dürfte, vielleicht dem syrischen Estrangelo oder parthischen Pahlavi verwandt.[102] Eine solche Herkunft ließe den Einsatz des armenischen Königs Vrʻamšapuh für ebendieses Alphabet verständlich erscheinen, da ihm angesichts seiner Abhängigkeit von den Sassaniden politisch sehr daran gelegen sein mußte, eine Schrift für das Armenische zu etablie-

menischen Volkes, um eine Reihe von Jugendlichen zu versammeln und für sie ein Stipendium in den günstigsten Ortschaften bereitzustellen.“

93 S. etwa KORIWN I (wie Anm. 4), 16,78: Unterstützung durch den Fürsten von Siwnikʿ; KORIWN I (wie Anm. 4), 16,81: Unterstützung durch den Nachfolger in Siwnikʿ.

94 KORIWN I (wie Anm. 4), 17,85: Unterstützung durch den König Bakur und den Bischof Movsēs. Hier zieht Maštocʿ auch einen Experten, nämlich einen Übersetzer, hinzu. KORIWN I (wie Anm. 4), 27,130: „Damals überantwortete sich ihm der Prinz der Taširer“ (in der südlichen Grenzregion Georgiens).

95 KORIWN I (wie Anm. 4), 26,118: König und Bischof des kaukasischen Albanien (Ałuankʿ) geben Anweisungen, Maštocʿ zu unterstützen, und vergeben Stipendien an junge Männer; KORIWN I (wie Anm. 4), 27,127: Der Prinz von Gardman stellt sich „samt seiner Befehlsgewalt“ zur Verfügung.

96 KORIWN I (wie Anm. 4), 26,123.

97 KORIWN I (wie Anm. 4), 35,147.

98 KORIWN I (wie Anm. 4), 11,57 (wie Anm.4).

99 Eine Übersicht über die verschiedenen Datierungsvorschläge bieten WINKLER, Koriwns Biographie (wie Anm. 2), S. 270f. und NERSOYAN, The Why and When (wie Anm. 11), S. 1f. Auch auf den Tagungen des Vorjahres, s. o. Anm. 18, wurde die Frage kontrovers diskutiert: Auf dem Kongreß in Stepanakert datierte R. Vardanjan die Erfindung in das Jahr 406/07, G. Simonjan in das Jahr 407/08, S. Karjan hingegen in das Jahr 392. Auf der Konferenz der Akademie der Wissenschaften in Jerewan widmete sich B. Harutjunjan dem Thema, auf dem Symposion in Wien M. Grigorjan.

100 NERSOYAN, The Why and When (wie Anm. 11), S. 51.

101 Ebd.

102 So auch MAHÉ, L'alphabet arménien (wie Anm. 44), S. 46f.

ren, die nicht den Unmut der Perser auf sich zog.[103] Nur dies wird als Grund dafür von Nersoyan angesehen, daß Maštocʿ sich nicht nach nur kurzer Überprüfung gegen das phonetisch ungeeignete danielische Alphabet entscheidet.[104] In der Tat ist man trotz fehlender Hinweise in der Vita geneigt zu mutmaßen, daß die Erfahrung des Verwaltungsbeamten Maštocʿ bewogen haben dürfte, in dieser Angelegenheit einen politisch geeigneten Moment abzuwarten, um sich der Unterstützung durch die weltlichen Autoritäten gewiß zu sein – auch über einen Zeitraum von zwei Jahren hin.

Die Spannungen zwischen Sassaniden und Römern nahmen bekanntlich in den letzten Regierungsjahren des Arkadius (395–408) ab.[105] Dies hatte einen Grund u.a. darin, daß Ende des Jahres 399, Anfang 400 mit Yazdegird I. ein persischer Herrscher sein Amt antrat, der im Gegensatz zu seinen Vorgängern Šapur III. und Bahram IV.[106] zunächst überaus tolerant eingestellt war, auch gegenüber dem christlichen Westen.[107] Damit war für das Vorhaben des Maštocʿ eine ideale politische Situation gegeben. Eine Datierung der Erfindung des armenischen Alphabetes unter deutlichen, auch optisch sichtbaren griechischen Einflüssen[108] legt sich deshalb für die Zeit um das Jahr 400 nahe,[109] denn nur innerhalb einer solchen politischen Großwetterlage hatte der armenische König Vṙamšapuh nicht mit einer persischen Gegenreaktion zu rechnen. Ein späterer Zeitpunkt erscheint dagegen unwahrscheinlich, da sich die Sympathie Yazdegirds für das Christentum bald geradezu in ihr Gegenteil kehren sollte.[110]

Eine Datierung der Erfindung des armenischen Alphabets in das Jahr 400, wie sie Nersoyan vornimmt, gewährt zudem bis 405/07, der Zeitspanne, die bis heute als Beginn des ‚Goldenen Zeitalters' der armenischen Literatur diskutiert wird,[111]

---

103 NERSOYAN, The Why and When (wie Anm. 11), S. 56f.63; ebenso MAHÉ, L'alphabet arménien (wie Anm. 44), S. 47. DERS., ebd., S. 46f., wendet sich damit vehement und ausdrücklich gegen die communis opinio einer frühen Überarbeitung des Ur-Koriwn, für ihn ist Koriwn I der ursprüngliche Text.

104 Ebd., S. 63; MAHÉ, L'alphabet arménien (wie Anm. 44), S. 45–48.

105 S. MAHÉ, L'alphabet arménien (wie Anm. 44), S. 47.

106 Vgl. die chronologische Tabelle bei WINKLER, Koriwns Biographie (wie Anm. 2), S. 429.

107 NERSOYAN, The Why and When (wie Anm. 11), S. 63f.; KHAZINÉDJIAN, L'inventinon (wie Anm. 45), S. 26.

108 S. o. Anm. S. 78f. – Die Frage nach der Herleitung der armenischen Buchstaben ist ebenfalls bis heute umstritten; es stehen den Verfechtern einer Entwicklung aus dem griechischen Alphabet solche gegenüber, die die armenische Schrift hauptsächlich aus iranisch-aramäischen Vorbildern herleiten; daneben gibt es Arbeiten, die ausschließlich von der Form der Buchstaben her argumentierend eine Verwandtschaft mit der äthiopischen Schrift konstatieren; eine Übersicht bietet WINKLER, Koriwns Biographie (wie Anm.2), S. 266–268.

109 NERSOYAN, The Why and When (wie Anm. 11), S. 65.

110 Vgl. SCHIPPMANN, Grundzüge (wie Anm. 88), S. 40f.

111 NERSOYAN, The Why and When (wie Anm. 11), S. 69. – Eine Auflistung der aus den Zeitangaben im Epilog des Koriwn abgeleiteten Daten bei WINKLER, Koriwns Biographie (wie Anm. 2), S. 417–428; sie selbst, ebd., S. 426, scheint das Jahr 404 zu befürworten, macht jedoch ausdrücklich darauf aufmerksam, daß „die genaueren Zeitbestimmungen {im koriwn'schen Corpus} wahrscheinlich einer rela-

noch genügend Zeit zur Umsetzung des eigentlichen Ziels des Maštocʿ, einer ersten Übersetzung der Heiligen Schrift, und würde damit insgesamt ganz der Professionalität des Maštocʿ entsprechen.

3. Die Deutung der Person des Maštocʿ und seines Tuns

In spannungsvollem Kontrast zu dem aus der Vita rekonstruierbaren methodisch-systematischen und durchorganisierten Vorgehen des Forschers und dem politisch opportunen Abwarten des Kanzleibeamten steht in beiden Fassungen der Vita die Deutung der Person des Maštocʿ und seines Tuns. Sie gründet zuerst im Selbstverständnis des Verfassers (oder eines späteren Bearbeiters[112]) der Vita bzw. der mit der Vita laut Präambel verbundenen Intention. Die Vita, die als Auftragsarbeit aus dem Schülerkreis des Maštocʿ vorgestellt wird,[113] dient, so der Verfasser der Präambel, einerseits dazu, zur Nachahmung des Heiligen anzuregen[114] – der armenische Terminus օրինակ entspricht hier deutlich dem lateinischen Begriff *exemplum*,[115] der eine zentrale Rolle im Kontext antiker Bildungsvermittlung spielt. Andererseits fungiert der hagiographische Text als schon irdische Verherrlichung und somit besondere Form der Vergeltung des guten Tuns des Heiligen[116] und entspricht damit ganz dem Konzept früher Heiligenviten und Märtyrerakten.[117]

---

tiv späten Zeit angehören" und daß „die präzisen zeitlichen Angaben im Zusammenhang mit der Erfindung des armenischen Alphabets (…) im Epilog wohl nicht zum Urtext von Koriwns Vita des Maštocʹ gehört haben."

112 Ob die Präambel, d.h. KORIWN I, 2,5–18, zum Urtext des Koriwn gehörte, ist „mehr als ungewiß", so WINKLER, Koriwns Biographie (wie Anm. 2), S. 48.

113 KORIWN I (wie Anm. 4), 1,2. Der dort erwähnte Auftraggeber Yovsēpʿ war selbst Schüler des Maštocʿ und wird von MATHEWS, The Life of Maštocʿ (wie Anm. 20), S. 5, für den zur Zeit der Abfassung der Vita amtierenden Katholikos gehalten. WINKLER, Koriwns Biographie (wie Anm. 2), S. 193, äußert dies nicht, unterscheidet den auftraggebenden Yovsēpʿ jedoch ausdrücklich von einem weiteren Schüler gleichen Namens; vgl. jedoch ebd., S. 219, wie Anm. 2, wo eine Textvariante mit dem Titel Katholicos für Yovsēpʿ erwähnt wird; s. auch ebd., S. 402–408.412. – Literaturhinweise zu den Schülern des Maštocʿ insgesamt ebd., S. 193.

114 KORIWN I (wie Anm. 4), 2,5. Daß auch die Leser bzw. Hörer zur Nachahmung aufgerufen sind, wird erst aus dem Folgenden deutlich, ausdrücklich etwa in KORIWN I (wie Anm. 4), 2,16: „nicht zur individuellen Prahlerei, sondern um die Nachahmung untereinander anzuregen".

115 Siehe MISKGIAN, I., Manuale Armeno-Latinum, Rom 1887, Repr. Löwen 1966, S. 481.

116 KORIWN I (wie Anm. 4), 2,5. – Unter Bezug auf diese Stelle wurde die Vita gelegentlich auch der literarischen Gattung der Panegyrik oder des Encomiums zugeordnet; s. WINKLER, Koriwns Biographie (wie Anm. 2), S. 47f. Sie selbst, ebd., S. 47–48, zweifelt jedoch ähnlich wie kurz zuvor schon MATHEWS, The Life of Maštocʿ (wie Anm. 20), S. 5–26, (der in Winklers Bibliographie noch nicht aufgenommen ist) die zugrunde liegenden Prämissen an, insbesondere die von Koriwns Kenntnis griechischer Rhetorik. WINKLER, Koriwns Biographie (wie Anm. 2), S. 49, räumt ein: „Terian hat natürlich recht, Koriwns Darstellung des Lebens von Maštocʿ der Sache nach als eine ‚Lobrede' auf Maštocʿ zu

Der Verfasser der Präambel begreift sich selbst bzw. den Verfasser der Vita dabei als in der Tradition der Autoren der Heiligen Schrift,[118] insbesondere des Paulus, stehend. Dieser berichtete von der hohen Gesinnung seiner Mitarbeiter „nicht zur Lobhudelei, sondern damit es als Vorbild und Richtschnur – օրինակ եւ կանոն – für die Nachkommenden diente",[119] wie dies gemäß der Präambel überhaupt die Aufgabe der Heiligen Schrift ist. Genannt werden ausdrücklich die Bücher des Mose,[120] „das Evangelium" und die Apostelgeschichte, die katholischen Briefe,[121] v. a. aber die „14 Briefe" des Paulus[122] sowie „die nachfolgenden kanonischen, von den Aposteln gnadenhaft berichtenden Schriften".[123] Sie beschreiben wie „alle vom göttlichen Geist inspirierten Schriften den Mut aller Streiter" Gottes,[124] sie verkünden das

Lob aller gottgeliebten Auserwählten (...), um die Nachahmung untereinander anzuregen, damit wir, indem wir uns gegenseitig ermutigen, zur Vollendung im Guten gelangen, zu dem vom seligen Paulus bezeichneten Ziel, (...) um auf den Erlöser (...) [unser] Augenmerk zu lenken.[125]

Auf diesem Hintergrund sagt der Verfasser der Präambel schließlich von sich: „Und so nehme ich mir (...) die Freiheit, das Leben des gerechten Mannes schriftlich niederzulegen."[126]

Spätestens an dieser Stelle der Lektüre wird klar, daß Maštocʿ selbst mit den in der Präambel angeführten alt- und neutestamentlichen Exempla in eine Reihe gestellt wird als einer ihrer Nachfolger: er ist wie Abel, Abraham, Noah und viele andere „Gottvertraute" Sprachrohr Gottes und dessen Verbündeter,[127] wie Joseph

---

bezeichnen (...). Nur kann vielleicht nicht zwingend nachgewiesen werden, daß bei diesem Opus des Koriwn die griechische Rhetorik Pate gestanden hat." MATHEWS, The Life of Maštocʿ (wie Anm. 20), S. 21, spricht bezüglich der Gattungszugehörigkeit von einer „narrative biography".

117 S. MATHEWS, The Life of Maštocʿ (wie Anm. 20), S. 13; ebd., S. 22, zieht er etwa Kapitel 3 der Kirchengeschichte des Eusebius, welches das Leben des Origenes zum Inhalt hat, die athanasianische Vita des Antonius oder die Akten der persischen Märtyrer zum Vergleich heran.

118 Vgl. hierzu den Hinweis bei BAUMEISTER, T., Vita, in: Lexikon der antiken christlichen Literatur (^{3}2002), S. 721, auf die jüngere Forschung, die die Evangelien durchaus als eine Untergruppe der Gattung der griechisch-römischen Viten betrachtet.

119 KORIWN I (wie Anm. 4), 2,13.

120 KORIWN I (wie Anm. 4), 2,6.

121 KORIWN I (wie Anm. 4), 2,12.15.

122 KORIWN I (wie Anm. 4), 2,7 u. 2,12–14.

123 KORIWN I (wie Anm. 4), 2,17.

124 KORIWN I (wie Anm. 4), 2,8.

125 KORIWN I (wie Anm. 4), 2,16.

126 KORIWN I (wie Anm. 4), 2,18.

127 KORIWN I (wie Anm. 4), 2,6f.

und Daniel Ratgeber mächtiger Könige,[128] er verdient Lob wie Hiob und ist mit Gott vertraut wie Moses.[129] Er entspricht nicht nur den „dem eingeborenen Sohn Gottes, dem Heiland aller, vorangegangenen“, sondern auch den „später Geborenen“, von denen das Evangelium berichtet, „besonders in den Seligpreisungen“, den „auserwählten Zwölf“ und auch „anderen Hinzugekommenen“.[130] Nach einer Reihe neutestamentlicher Beispiele stellt der Verfasser Maštocʿ besonders in die Nachfolge des Paulus,[131] insofern dieser „sich entschloß, die (...) von Christus gestiftete Ordnung zu verbreiten: Als auserlesenes Werkzeug bestimmt (...), wirkte er für seinen wunderbaren Namen (...), indem er [seinen] Namen in die Welt hinaustrug.“[132] Paulus selbst beruft sich dabei auf „die Gnade Gottes – շնորհք Աստուծոյ – , die aus jedem von uns [seinen] Ruhm verbreitet und den Duft seines Wissens durch uns an allen Orten offenbart [2 Kor 2,14].“[133] Maštocʿ ist wie die angeführten biblischen Gestalten ein Auserwählter Gottes,[134] er empfängt wie die „seligen Apostel den Beistand des Herrn“.[135]

Angesichts dieses umfänglichen indirekten Vergleichs in der Präambel fallen die sich anschließenden Informationen zum Leben des Maštocʿ eher knapp bemessen aus. In den ersten Abschnitten der eigentlichen Vita berichtet Koriwn kurz von der Herkunft des Maštocʿ, seiner gründlichen Ausbildung in „griechischer Literatur“ und seiner weltliche Karriere in der Kanzlei des armenischen Königshofs und im Militär,[136] wobei er die Kenntnisse des Heiligen und dessen Beliebtheit bei den Soldaten besonders betont.[137] Damit scheinen bereits an dieser Stelle die wesentlichen Züge, die die Gestalt des Heiligen in der Vita prägen, genannt: der Professionalität des Kanzleibeamten, wie sie vergleichbar für das missionarische Engagement des Heiligen herausgearbeitet werden konnte, wird eine charismatische Ausstrahlung auf seine Kameraden beim Militär, später dann bei der Tätigkeit als christlicher Lehrer und Missionar gegenübergestellt.[138]

---

128 KORIWN I (wie Anm. 4), 2,8.

129 KORIWN I (wie Anm. 4), 2,9.

130 KORIWN I (wie Anm. 4), 2,10.

131 Dieselbe Beobachtung macht auch NERSOYAN, The Why and When (wie Anm. 11), S. 53.

132 KORIWN I (wie Anm. 4), 2,12. Im Text der eigentlichen Vita wird Maštocʿ ausdrücklich mit Paulus verglichen bei der Verarbeitung der Trauer über den Tod des Sahak; s. KORIWN I (wie Anm. 4), 40, S. 168f.

133 KORIWN I (wie Anm. 4), 2,12.

134 Röm 8,33 in KORIWN I (wie Anm. 4), 2,12.

135 Ebd.

136 KORIWN I (wie Anm. 4), 3,19–21.

137 KORIWN I (wie Anm. 4), 3,21: „Er war bestens informiert, und er kannte sich in zivilen Angelegenheiten aus, [und] durch sein militärisches Geschick war er bei seinen Truppen geschätzt.“ – Zur Charakterisierung als ցանկալի (geschätzt, wörtl.: ersehnt) s. WINKLER, Koriwns Biographie (wie Anm. 2), S. 212.

138 WINKLER, Koriwns Biographie (wie Anm. 2), S. 97, fügt in der Übersetzung von KORIWN I (wie Anm. 4), 3,21, ein „[und]“ in die Reihung der Partizipien ein; m.E. handelt es sich hier jedoch eher um ein adversatives Asyndeton.

Schon während seiner Zeit am Königshof, das betont Koriwn im Anschluß ausdrücklich, beschäftigt Maštocʿ sich „eifrig mit dem Lesen der göttlichen Schrift“ und trachtet danach „zutiefst in die Eigentümlichkeit der von Gott gegebenen Bestimmung – աստուածատուր հրամանք – einzudringen“. Auf diese Weise leistet er bereits jetzt einen eigenen Beitrag und rüstet sich so „selbst mit aller Sorgfalt [für seine Bestimmung] aus“.[139]

Dann bricht er seine Karriere ab, um nach dem Bruch mit dem „Gelüst nach Macht“ stattdessen als Mönch in der Askese des Eremiten die „Pracht des Kreuzes“ auf sich zu nehmen.[140] Als seine eigentliche Bestimmung entdeckt Maštocʿ schließlich jedoch die Missionierung und Evangelisierung Armeniens.[141] Koriwn deutet dies entsprechend der Hinweise in der Präambel so: „Und als er an [seiner] Bestimmung – հրամանք – Gefallen fand, reihte er sich in die Schar Christi [und ihrem] Verlangen nach dem Kreuz ein.“[142]

Der mehrfach verwendete Terminus հրաման bedeutet wörtlich ‚Befehl, Auftrag’, Winkler übersetzt den Plural mit „Bestimmung“, da hier auf sämtliche Aufträge, die Maštocʿ in seinem Leben erfahren wird, abgehoben ist. Die Aufträge, die er erhält, sind աստուածատուր, „von Gott gegeben“.[143] Noch bevor Koriwn vom missionarischen Wirken des Heiligen berichtet, weist er so darauf hin, daß Maštocʿ als ein ‚von Gott Ausgestatteter’ und in diesem Sinne als ‚Charismatiker’ von seiner Umgebung wahrgenommen wird.[144]

Betrachtet man die Frage nach dem Charisma in der Vita des Maštocʿ eingehender, lassen sich zunächst folgende terminologische Beobachtungen machen: Der neutestamentliche griechische Begriff χάρισμα wie auch sein Plural werden im biblischen Armenischen beide konsequent und ausschließlich mit dem Plural des Terminus շնորհ wiedergegeben.[145] Eine gewisse Uneindeutigkeit entsteht an den Stellen, an denen die armenische Übersetzung der Schrift sowohl für χάρισμα wie für χάρις

139 Koriwn I (wie Anm. 4), 3,22.

140 Koriwn I (wie Anm. 4), 3,19–4,24.

141 Koriwn I (wie Anm. 4), 4,24–5,26.

142 Koriwn I (wie Anm. 4), 3,23.

143 Koriwn I (wie Anm. 4), 3,22.

144 Nach Conzelmann, H., χάρισμα, in: Theologisches Wörterbuch zum Neuen Testament 9 (1990), S. 393, bezeichnet der Terminus Charisma eine „Gunstbezeugung, Wohltat, Geschenk“ Gottes als Ergebnis seiner als Aktion verstandenen χάρις. Berger, K., χάρισμα, in: Exegetisches Wörterbuch zum Neuen Testament 3 (1983) s. 1105, hebt darauf ab, daß das Einzelcharisma nach 2 Kor 1,11 *„aufsehenerregender* Machterweis Gottes“ und *„staunenerregende“* Tätigkeit des so Begabten ist. (Kursive B. D.)

145 S. Röm 1,11; 5,15f.; 6,23; 11,29; 12,6; 1 Kor 1,7; 7,7; 12,4.9.28.30f.; 2 Kor 1,11; 1 Tim 4,14; 2 Tim 1,6; 1 Petr 4,10f. – Diese wie auch sämtliche im Folgenden angeführten armenischen Schriftbelege nach: Astuatsashunchʿ Matean Hin ew Nor Ktakarants, hrsg. von Zohrapian, H., Venedig 1805, Nachdr. Delmar/N.Y. 1984.

auf denselben Terminus zurückgreift;[146] der Grund hierfür scheint in der schon im Griechischen nicht immer scharfen Unterscheidung zu liegen.[147]

Eine vergleichbare Uneindeutigkeit findet sich bei der Verwendung des Begriffs շնորհ auch in der koriwn'schen Vita. Dennoch lassen sich inhaltlich drei unterschiedliche Verwendungen aus den jeweiligen Kontexten herleiten, wobei die Grenzen allerdings fließend bleiben:[148] շնորհ bzw. der Plural steht in der Vita des Maštocʿ allgemein für eine nicht näher eingegrenzte Begabung, die konkretes Tun durch einen grundsätzlichen, unspezifischen Beistand Gottes zum Erfolg gelangen läßt, im deutschen am besten mit dem Begriff ‚Gnade' oder ‚Gnadenbegabung' wiederzugeben.[149] Ähnlich findet der Terminus auch Verwendung, wenn die eigene Person oder andere der Gnade Gottes anempfohlen werden – hier wird für die jeweilige Person solch grundsätzlicher Beistand Gottes erbeten, der zukünftigem Tun Erfolg verspricht.[150] Davon zu unterscheiden ist die Verwendung des Terminus im Sinn eines spezifischen Charismas, etwa ‚das vom allgnädigen Gott gewährte Schicksal des Maštocʿ, das armenische Alphabet zu erfinden',[151] oder seine Fähigkeit zu ‚begnadeter Predigt'.[152] In diesem Zusammenhang läßt sich häufig eine Verbindung mit attributivem աստուածատուր (gottgegeben)[153] bzw. աստուածապարգեւ (gottgeschenkt)[154] ausmachen.[155] Indirekt ist in der Vita daher durchaus auch von

146 S. Röm 5,15; 12,6; 1 Petr 4,10f. Vgl. AWETIKʿEAN, G. u.a. (Hrsg.), Nor bargirkʿ haykazean lezwi (Neues Wörterbuch der [alt-]armenischen Sprache), Bd. 2, Venedig 1837, Nachdr. Erivan 1981, S. 481: „Χάρις, χάρισμα. Gratia, beneficium"; MISKGIAN, wie Anm. 115, S. 288: „gratia – beneficium – (...) donum – (...) munus" sowohl für den Singular wie für den Plural.

147 S. CONZELMANN, χάρισμα (wie Anm. 144), S. 393: χάρισμα"bezeichnet das Ergebnis der als Aktion verstandenen χάρις, ohne immer scharf von diesem Wort unterschieden zu sein."

148 Nicht eindeutig den folgenden Differenzierungen zuordnen läßt sich die Verwendung des Terminus in KORIWN I (wie Anm. 4), 23,111; 24,112; 32,141; 44,186; KORIWN I (wie Anm. 4), 5,25f.; 23,111; 32,144; 34,145; 37,154; 43,185.

149 S. etwa KORIWN I (wie Anm. 4), 11,58; 16,81; 17,84; 23,111; 24,112; 25,116; 32,141; 33,144 (1 Tim 4,14); 34,145; 36,152; 40,169; 43,185; 44,186; KORIWN II (wie Anm. 4), 5,25f.; 17,83–92; 18,94; 23,111; 29,133–134; 32,141; 33,144 (1 Tim 4,14); 34,145; 36,152; 37,154; 40,170; 43,185.

150 S. etwa KORIWN I (wie Anm. 4),15,75; 25,114; 27,125; 39,162; 41,173; KORIWN II (wie Anm. 4), 25,115; 39,163; 41,173.

151 KORIWN I (wie Anm. 4), 9,48. Gleichfalls als Charisma (շնորհ) gekennzeichnet sind die Erfindung des georgischen Alphabetes in KORIWN I (wie Anm. 4), 17,84, und des albanischen Alphabetes in 24,112.

152 KORIWN I (wie Anm. 4), 34,145.

153 Vgl. AWETIKʿEAN 2, S. 892: տուր bzw. der Plural entsprechend „ Δόσις. Datio, datum, donatio, donum"; MISKGIAN, Manuale (wie Anm. 115), S. 431: տուր bzw. der Plural entsprechen: „datum – donum – munus – gratia".

154 Vgl. AWETIKʿEAN 2, S. 631: պարգեւ entspricht „ Δόμα, δωρέα, δώρεμα, δόσις (...) Donum, munus"; MISKGIAN, Manuale (wie Anm. 115), S. 340: պարգեւեմ entspricht „dono (...) praebeo".

155 Etwa KORIWN I (wie Anm. 4), 1; 2,12 (2 Kor 2,14); 7,31; 9,48; 11,53f.; 12,60; 13,61.63.66; 14,69; 16,81; 21,102; 33,144; KORIWN II (wie Anm. 4), 11,56; 25,116; 32,144. Auch diese Verknüpfungen greifen ntl. Sprachgebrauch auf: In Röm 5,15 entspricht պարգեւք griechischem δορέα, in Röm 5,16

Charismen die Rede, wenn Gottesgabe (աստուածատուր) und Gottesgeschenk (աս-տուածապարգեւ) ohne die Verbindung mit dem Terminus շնորհ begegnen und häufig ganz konkrete Dinge beschreiben, die sich Gott verdanken.[156]

Allein die Dichte, die eine sprachliche Untersuchung bezüglich der angeführten Begriffe zutage bringt, zeigt, daß շնորհ in der Bedeutung von Charisma als aktiv eingreifende Gnade Gottes,[157] wie sie in allen drei Verwendungen des Begriffes durchscheint, eines der zentralen Themen der Vita ist, hinter das die biographischen Informationen deutlich zurücktreten.[158]

Bezogen auf die Person des Maštocʿ und den Akt der Erfindung des Alphabetes läßt sich dieser Befund folgendermaßen konkretisieren:

Die charismatische Begabung des Maštocʿ läßt Koriwn in ganz besonderer Weise nach der Erfindung des Alphabetes deutlich werden; gewissermaßen ‚nach getaner Tat' erweist sich die Bedeutung des Heiligen, der damit in die Fußstapfen eines großen biblischen Vorbildes tritt: Wie Moses vom Berg Sinai mit gottgeschriebenen Geboten

---

δώρεμα; s. auch 1 Tim 4,14, wo das Verb տուաւ griech. ἐδόθη vertritt; in 1 Petr 4,11 findet das Verb շնորհել Einsatz in ähnlicher Bedeutung: շնորհէ Աստուած entspricht χορηγεῖ ὁ θεός- Vgl. auch նորաղատուր աստուածեղէն շնորհք (neugegebene göttliche Gnadengaben) in KORIWN I (wie Anm. 4), 1; Աստուածոյ (...) շնորհք (...) մատակարարին (die Gnadengaben Gottes werden hilfreich an die Hand gegeben) in KORIWN I (wie Anm. 4), 11,58; շնորհատուր իմաստութիւն Աստուծոյ (gnadengegebene Weisheit Gottes) in KORIWN I (wie Anm. 4), 16,81; շնորհագիր մատեանք (gnadengeschriebene Codices) in KORIWN I (wie Anm. 4), 23,111; շնորհագիր հարց (gnadengeschriebene Untersuchungen {der Kirchenväter}) in KORIWN I, 32,141 (wie Anm.4); շնորհագիր ճառք (gnadengeschriebene Predigten) in KORIWN I (wie Anm. 4), 34,145; շնորհապատում վարդապետութիւն (gnadenerzählte Lehre) in KORIWN I (wie Anm. 4), 44,186.

156 Աստուածապարգեւ գիր (gottgeschenkte Schrift) in KORIWN I (wie Anm. 4), 1; պարգեւական յամենաբարին Աստուծոյ (vom allgütigen Gott gewährt) in KORIWN I (wie Anm. 4), 7,31; աստուածատուր իմաստութիւն (gottgegebene Weisheit) in KORIWN I (wie Anm. 4), 12,60; աստուածատուր օրէնք (gottgegebene Gesetze) in KORIWN I (wie Anm. 4), 13,63, ausdrücklich bezogen auf den Missionsauftrag Ps 101,19 / Mt 14,14; 28,19; աստուածատուր աւանդութիւն (gottgegebene Überlieferungen {der Schrift}) in KORIWN I (wie Anm. 4), 13,66; վերնապարգեւ սովորութիւն (von oben geschenkte Gewohnheit) in KORIWN I (wie Anm. 4), 24,112; աստուածատուր գիրք (gottgegebene Schriften {der Bibel}) in KORIWN I (wie Anm. 4), 32,141. – Vgl. auch քրիստոսաբեր փրկութիւն (christusgebrachte Erlösung) in KORIWN I (wie Anm. 4), 6,30; WINKLER, Koriwns Biographie (wie Anm. 2), S. 225, plädiert wegen sprachlicher Parallelen für den Ersatz durch քրիստոսատուր (christusgegeben, christusgewährt); աստուածագործ մշակութիւն (gottgewirkte Sorgfalt) in KORIWN I (wie Anm. 4), 13,61; աստուածա-գործ սկանչելագործութիւն (gottgewirkte Wundertaten) in KORIWN I (wie Anm. 4), 13,66; աստուա-ծակարգ թագաւորք (gotteingesetzte Könige) in KORIWN I (wie Anm. 4), 21,102, vom Kaiser in Konstantinopel (!); աստուածակարգ պատգամաւորք (gotteingesetze Boten) in KORIWN I (wie Anm. 4), 33,144; աստուածաբեր բարութիւն (gottgebrachte Güte) in KORIWN I (wie Anm. 4), 39,162.

157 Vgl. oben (wie Anm. 144).

158 M. E. ist daher der mißverständliche Begriff „Biographie", wie er etwa von WINKLER schon im Titel ihrer Ausgabe favorisiert wird, zu meiden. Vgl. das Kapitel „Biographie und Vita" in NAHMER, D. V. D., Die lateinische Heiligenvita. Eine Einführung in die lateinische Hagiographie, Darmstadt, 1994, S. 57–79.

– աստուածագիր հրաման – herabstieg,[159] so kehrt Maštocʿ aus Syrien nach Armenien mit gottgegebenen Buchstaben – նշանագիրք աստուածատուրք – zurück.[160]

Was den biblischen Vorgang sogar noch übertrifft, ist jedoch nicht so sehr in der Person des Maštocʿ begründet, er ist ein eher geringer Mann gemessen an dem großen Moses, „der Gott geschaut hatte“ – աստուածատես[161] – und „sich mit Gott unterredete“ – աստուածախոս.[162] Der Unterschied liegt im Empfang des Heiligen durch die wartend Zurückgelassenen: Die Untat des Volkes Israel, die Anbetung des Kalbes, veranlaßte Moses zu Zorn und Kummer, während „die Bereitschaft der Empfänger [der Schriftzeichen]“ und ihre Freude Maštocʿ mit geistigem Trost erfüllten.[163]

Auch wenn der Verfasser sich sogleich für den beschriebenen Vergleich entschuldigt,[164] zeigt sich hier deutlich das Selbstbewußtsein, das schon im Titel der Schrift das armenische Volk auf alttestamentliche Wurzeln zurückführt: Die Vita ist zuerst „[(…) die Geschichte] über die dem Stamm von Aschkenaz und dem Armenierland gottgeschenkte Schrift“ – աստուածապարգեւ գիր[165] –, gemeint ist hier die Heilige Schrift und ihre frohe Botschaft,[166] die von Maštocʿ zunächst durch Verkündigung verbreitet,[167] im Anschluß an die Erfindung des Alphabetes dann durch die sofortige Übersetzung zugänglich gemacht wird.[168] Erst an zweiter Stelle beschreibt die Vita, „durch was für einen Mann diese wiederbelebende, göttliche Gabe – նորոգատուր աստուածեղէն շնորհք[169] – aufgekommen ist“.[170] Maštocʿ bekommt also schon im Titel deutlich die Funktion eines Werkzeugs der Vermittlung der

159 KORIWN I (wie Anm. 4), 11,56.

160 KORIWN I (wie Anm. 4), 11,53.

161 Ebd.

162 KORIWN I (wie Anm. 4), 11,57.

163 Ebd.

164 KORIWN I (wie Anm. 4), 11,58: „Doch soll uns keiner wegen des ausgesprochenen [Vergleichs] für unverschämt halten: (…)“.

165 KORIWN I (wie Anm. 4), 1. – Über den in Gen 10,3 genannten Aschkenaz werden die Armenier zurückgeführt auf Noah; so auch NERSOYAN, wie Anm. 11, S. 55. Daß Koriwn hier auf Aschkenaz als Stammvater zurückgreift und nicht wie andere Historiographen auf Thorgama, vgl. WINKLER, Koriwns Biographie (wie Anm.2), S. 191f., dürfte m. E. seinen Grund in der Erwähnung des Königreichs Aschkenas eben im armenischen Raum in Jer 51,27 haben.

166 Koriwn benutzt zur Bezeichnung des Alphabetes an anderen Stellen den Terminus գիր nachweislich nicht, sondern zieht dafür meist den Begriff նշանագիր (Schriftzeichen) oder auch das Lehnwort ալփաբետք (Alphabet) heran; s. WINKLER, Koriwns Biographie (wie Anm. 2), S. 192; NERSOYAN, The Why and When (wie Anm. 11), S. 67.

167 S. etwa die Missionierung in Gołtn vor der Erfindung des Alphabetes bei KORIWN I (wie Anm. 4), 5,27: „als er unter ihnen das Wort des Lebens aussäte“.

168 KORIWN I (wie Anm. 4), 10,50.

169 Wörtlich: ‚unlängst gegebene, göttliche Gnaden(gaben)‘.

170 KORIWN I (wie Anm. 4), 1.

Gnadengaben (շնորք) Gottes zugewiesen, was auch syntaktisch durch die Verwendung des Instrumentalis angezeigt wird.[171]

Diese Funktion des Heiligen bestätigt in besonderer Weise der Akt der Erfindung des armenischen Alphabetes selbst. Nachdem Maštocʿ sich in seiner Sorge um das religiöse Wohl des Landes an Katholikos Sahak gewandt hatte, ist es nach der Darstellung Koriwns Gott, der ihnen die Einsicht in die Notwendigkeit einer eigenen armenischen Schrift schenkt:

Dann wurde ihnen vom allgütigen Gott gewährt – պարգեւական ամենաբարի Աստուած –, sich [in ihrer] Sorge um das Land zu versammeln, um sich [in einer] glücklichen Beratung einig zu werden und zur Erfindung der Schriftzeichen für das armenische Volk zu gelangen.[172]

Es schließen sich dann die ‚zahlreichen Versuche und gründlichen Untersuchungen' an, die sie mit ‚großer Mühe geduldig auf sich nahmen',[173] die geschilderten Bemühungen um das danielische Alphabet, das kein gottgegebenes ist, sondern das Daniēl „auf irgendeine Weise herausgefunden hatte"[174] und das als ‚fremdes' Alphabet sich zudem als phonetisch ungenügend erweist.[175] Die Bemühungen des Maštocʿ setzen sich schließlich fort in der Reise mit seinen Schülern nach Syrien. Aber auch dieses Vorgehen deutet Koriwn als zwar engagierte, doch für sich betrachtet unfruchtbare Anstrengungen. So läßt er den Heiligen sich in „Kummer und Sorge um die Welt" im Bittgebet an Gott wenden, „um ein wenig Gunst [und] Huld[176] für sein Volk zu gewinnen."[177] Schließlich werden die menschlichen, aber unzureichenden Bemühungen um die Lösung des Problems durch das Eingreifen Gottes zum gewünschten Ergebnis geführt und damit belohnt:

In der Tat wurde ihm [dann] vom allgütigen Gott [dieses] Glück zuteil – բում պարգեւէր իսկ վիճակ յամենաշնորհողէն Աստուծոյ[178]. *– Denn mit seiner heiligen Rechten wurden neue und wunderbare Sprößlinge des väterlichen Mannesalters hervorgebracht:*[179] *die Schriftzeichen der armenischen Sprache. Und indem er sie dabei*

171 KORIWN I (wie Anm. 4), 1: որպիսի արամբ (durch was für einen Mann).

172 KORIWN I (wie Anm. 4), 7,31.

173 KORIWN I (wie Anm. 4), 7,32.

174 KORIWN I (wie Anm. 4), 7,33.

175 KORIWN I (wie Anm. 4), 8,42.

176 Wörtlich: ‚Beistand' (օճան).

177 KORIWN I (wie Anm. 4), 9,47f.

178 Wörtlich: „Ihm wurde aber gewährt das Schicksal vom allgnädigen Gott."

179 Wörtlich: „Auf väterliche Weise wurde Nachkommenschaft erzeugt, neue und wundervolle, durch seine heilige Rechte."

umgehend aufzeichnete, benannte und anordnete, gestaltete er [sie] mit Vokalen und Konsonanten.[180]

Hier erweist sich jetzt, daß Maštocʿ wie in der Präambel angedeutet gleich den Aposteln „den Beistand des Herrn“ empfängt,[181] er selbst ist Instrument, das Partizip ծնեալ in Verbindung mit dem Instrumentalis սուրբ աջովն[182] – ‚durch seine heilige Rechte hervorgebracht' – bringt deutlich den passiven Aspekt zum Ausdruck; erst im nächsten Schritt, bei der weiteren Gestaltung, wird Maštocʿ wieder aktiv (յօրինէր)[183]. Deutlicher formuliert es die zweite, jüngere Überarbeitung der Vita, die soweit geht, für die Erfindung der armenischen Buchstaben Gott selbst Hand anlegen zu lassen, was Maštocʿ in einer Art inneren Vision erlebt. Man liest dort:

Aber nach vielen Mühen und Versuchen und Belehrungen blieb er {Maštocʿ} [doch] ohne Erfolg (...) Da nahm er gläubig Zuflucht zu Gott, und er richtete in Tränen Gebete an Gott, und Tag und Nacht erflehte er vom Herrn aller [Geschöpfe, ihm doch] die heiß ersehnten Buchstaben zu zeigen. Und [da] schaute er [sie], nicht als Traum im Schlaf, auch nicht als Gesicht im wachen [Zustand], sondern mit dem Instrument des Herzens: indem sie vor den Augen [seiner] Seele erschienen, wobei eine rechte Hand [sie] auf einen Stein schrieb. (...) Und das [Alphabet] erschien nicht nur [als Ganzes], sondern sogar die Einzelheiten aller [Buchstaben, und] sie wurden in seinem Verstand wie in einem Reservoir aufgespeichert.[184]

Hieraus läßt sich als Ergebnis für die Deutung nun klar herleiten: Jedes auf forschende und intellektuelle Anstrengung beschränkte Bemühen ist zum Scheitern verurteilt,[185] sei es auch von noch so hoher weltlicher oder geistlicher Autorität legitimiert und unterstützt; der letztlich gelingende Akt der Erschaffung der Schriftzeichen wird als Tun Gottes, das Alphabet als gottgegebenes Gnadengeschenk, eben als Charisma,[186] interpretiert; Maštocʿ ist lediglich Werkzeug in der Hand Gottes, er ist im besten Fall charismatisch-begabter ‚Erfinder', keineswegs ‚Schöpfer' des Alphabetes. Seine Professionalität und sein Engagement treten hinter die charismatische Qualität

---

180 KORIWN I (wie Anm. 4), 9,48f.

181 KORIWN I (wie Anm. 4), 2,12.

182 KORIWN I (wie Anm. 4), 9,48.

183 KORIWN I (wie Anm. 4), 9,49.

184 KORIWN I (wie Anm. 4)I, 8,42; 9,47.

185 Vgl. auch KORIWN II (wie Anm. 4), 6,30: „Nach vieler Müh' und Plage, ohne jedoch ein Ergebnis zu erzielen, nahmen sie nochmals Zuflucht zum Gebet [und] erflehten von Gott [die Erfüllung] dessen, was sie so sehnsüchtig begehrten“; KORIWN II (wie Anm. 4), 8,42.47: „Aber nach vielen Mühen und Versuchen blieb er [doch] ohne Erfolg (...). Da nahm er gläubig Zuflucht zu Gott (...)“.

186 Vgl. CONZELMANN, χάρισμα (wie Anm. 144), S. 393: „Gunstbezeugung, Wohltat, Geschenk“ Gottes als Ergebnis seiner als Aktion verstandenen χάρις.

des ‚Gottesgeschenks' zurück. Damit entspricht die koriwn'sche Vita ganz den Gepflogenheiten christlicher Hagiographie; denn es gehört zu den Eigenheiten dieser Literaturgattung, daß in der Person des Heiligen das Wirken Gottes greifbar wird.[187]

Dies klingt in Koriwn I verhaltener, aber dennoch in derselben Aussageabsicht an: Gott schenkt Maštocʿ das Schicksal, zum Erfinder des Alphabetes zu werden.[188] Deshalb ist es auch keineswegs vermessen, Maštocʿ mit Moses zu vergleichen:

Durch vermehrten Glauben jedoch vermögen wir auch [diesen Vergleich zu wagen], denn es gibt keinen Grund offen oder insgeheim das, was von Gott ausgeht – աստուածականն –, zu verachten, denn von einem [einzigen] allmächtigen Gott werden die Gnaden – շնորք – an alle Geschlechter der Erdgeborenen verteilt.[189]

Auf dem Hintergrund des entscheidenden Eingreifens Gottes kann Koriwn dann auch alles weitere Vorgehen als von Gott gewirkt deuten:[190] „Von da an unternahmen sie mit der von Gott gewirkten Sorgfalt – աստուածագործ մշակութիւն – die Kunst der Evangelisierung: mit dem Übersetzen, dem Schreiben und dem Unterrichten."[191] Dabei verstehen sich die Missionare als durch die Schrift Beauftragte,[192] „den Auftrag des gottgegebenen Gesetzes – աստուածատուր օրէնք – bezüglich aller Völker" umsetzend.[193] Die gottgewirkte Erfindung des armenischen Alphabetes und die Übersetzung der gottgegebenen heiligen Schrift garantieren den Erfolg der Mission:

Zu dieser Zeit wurde [unser] seliges und geliebtes Armenierland über alle Maßen bewundernswert: Nachdem nun [gänzlich] unerwartet [in armenischer Schrift] der

---

187 S. V. D. NAHMER, Heiligenvita (wie Anm. 158), S. 53, S. 55 und öfter.

188 S. o. Anm. S. 178–180.

189 Koriwn I (wie Anm. 4), 11,58. Das Verb մատակարարել, das Winkler, Koriwns Biographie (wie Anm. 2), S. 102, mit ‚verteilen' übersetzt, entspricht dem lateinischen administrare; s. Miskgian, Manuale (wie Anm. 115), S. 212; es klingt daher auch die Bedeutung ‚etwas hilfreich an die Hand geben' mit.

190 GUGEROTTI, C., L'invenzione dell'alfabeto in Armenia. Teologia della storia nella Vita di Maštocʹ di Koriwn, in: La traduzione die testi religiosi. Atti del convegno tenuto a Trento il 10–11 febbraio 1993, hrsg. von MORESCHINI, C./MENESTRINA, G., Brescia 1994, S. 107–110, stellt diese Feststellung unter die Überschrift „Dio, causa prima".

191 KORIWN I (wie Anm. 4), 13,61.

192 KORIWN I (wie Anm. 4), 13,61–64.

193 KORIWN I (wie Anm. 4), 13,63: Zitation der biblischen Missionsaufträge Ps 101,19; Ps 86,6; Mt 28,19; Mt 14,14.; und ebd., 64: „Indem sich unsere seligen Väter von daher auch die Freiheit nahmen [die Völker zu evangelisieren], bewiesen sie – in [ihrem] zuversichtlichen Bestreben auch sichtbar und wirksam nach dem Evangelium [diesen] Auftrag zu vollziehen – ihren Dienst [an den Völkern]." – Vgl. auch VON LILIENFELD, Das Werk (wie Anm. 50), S. 474–482, zur Frage nach der theologischen Begründung für die Erfindung des armenischen und in Anlehnung daran des glagolitischen Alphabetes; sie geht, ebd., S. 476, sogar soweit, von der Erfindung der Schrift und vom Schreiben von Büchern als von einer „Gottestat" im Sinne des Erfüllens der Gebote Gottes zu sprechen.

Lehrer des Gesetzes, Moses, mit einer Reihe von Propheten und der fortschrittliche Paulus mit der gesamten Schar der Apostel, zusammen mit dem die Welt belebenden Evangelium Christi, gleichzeitig in ihm [=Armenien] eintraf [und] durch die Beiden [= Sahak und Maštoc‘] vermittelt wurden, stellte man fest, daß [nun die Bücher des Alten und Neuen Testaments] Armenisch klangen und Armenisch sprachen. Daraufhin war da herzinnigliche Freude (...). Denn unser Land, dem einstmals der Ruhm jener Gegenden, wo all die von Gott gewirkten Wundertaten – աստուածագործ սքանչելագործութիւնք – vollbracht worden waren, fremd gewesen ist, wußte nun auf einmal über die Dinge (...) Bescheid (...) und über alle von Gott gegebenen Überlieferungen – աստուածատուր աւանդութիւնք.[194]

Wenn durch die Heilige Schrift Gott selbst gewissermaßen armenisch spricht und sich so mitteilt, dann ist nach christlichem Verständnis das Heil für die Armenier angebrochen.[195] Damit ist das eigentliche Ziel des Maštoc‘ erreicht: Denn nach Auskunft des Koriwn war der Wunsch nach Erlösung ‚für alle Seelen’ durch Christus ja der Impetus, der Maštoc‘ zur Missionierung und zur Suche nach einem armenischen Alphabet veranlaßt hatte.[196] In wie weit die Motivation des Maštoc‘ selbst sich mit dieser Darstellung Koriwns deckt, muß letztlich zwar offen bleiben, doch gibt es Indizien, die darauf hindeuten, daß der Hagiograph dem Selbstverständnis des historischen Maštoc‘ in diesem Punkt wahrscheinlich keine Gewalt antut.[197]

---

194 KORIWN I (wie Anm. 4), 13,65f..

195 So GUGEROTTI, L'invenzione (wie Anm. 190), S. 113: „Un Dio che parla armeno significa qui la pienezza della salvezza".

196 KORIWN I (wie Anm. 4), 5,26–6,30: „Nachdem nun der Selige (…) die Kunst der Evangelisierung eingeführt hatte, (…) brachte {er} alle, die von den einheimischen Überlieferungen und der diabolischen Idolatrie gefangen genommen waren, dem Gehorsam an Christus näher (…) Gleichermaßen war er darüber hinaus bedacht, das ganze Land zu beschwichtigen (…) Und des Apostel eingedenk, sprach er in Kummer: ‚Trauer ist mir, und beständiges Weh meinem Herzen wegen meiner Brüder und meiner Verwandten’ [cf. Am 9,2–3]. (…) Und in aller Frühe erhoben sie {Maštoc‘ und Sahak} sich, indem sie sich in gemeinsamer Gesinnung zum mächtigen, an Gott [gerichteten] Gebet versammelten, um für alle Seelen die von Christus gebrachte Erlösung herbeizuführen." – Die Übersetzung des Verbs սփոփել mit „beschwichtigen" ist hier m.E. mißverständlich; es läßt den Eindruck entstehen, daß Maštoc‘ selbst gemäß der Darstellung des Koriwn auch ein politisches Interesse gehabt habe, das ihn zur Erfindung des Alphabetes veranlaßte. Darauf findet sich aber in der gesamten Vita kein weiterer Hinweis. Diejenigen Forscher, die sich wie WINKLER, Koriwns Biographie (wie Anm. 2), S. 218, bei ihrer Interpretation in solche Richtung auf diese Textstelle berufen, verkennen m.E., daß das Verb սփոփել zuerst etwa ‚trösten, heilen, durch Trost ermuntern’ bedeutet (vgl. MISKGIAN, Manuale [wie Anm. 115], S. 387) und damit im Kontext des Zitates deutlich in den Bereich religiöser Sprache weist; verstärkt wird dieser Zusammenhang ausdrücklich durch das rückverweisende Նոյնպես („gleichermaßen"). Vgl. auch oben Anm. 15.

197 Bezeichnend ist v.a. der Hinweis Koriwns auf den ersten ins Armenische übersetzten biblischen Satz, der gleichsam programmatischen Charakter trägt: „Und [so] begannen sie mit dem Übersetzen der Schrift, zuerst die Proverbien Salomons, die zu Beginn empfehlen, die Weisheit kennenzulernen, wobei es heißt: ‚(…) zu erkennen die Weisheit und den Ratschluß, zu verstehen die Worte der Einsicht’ [cf. Prov. 1,2]"

4. Zur Intention des Koriwn

Daß Koriwn in seiner Vita zwei sich scheinbar widersprechende Charakteristika der Erfindung des Alphabetes, die politisch kluge und professionell organisierte forschende Tätigkeit des Maštocʿ auf der einen Seite und auf der anderen das Gnadengeschenk Gottes in Form unspezifischen göttlichen Beistands in der älteren Fassung der Vita oder direkten göttlichen Eingreifens in der jüngeren Rezension betont herausstellt, dürfte seinen ersten Grund vermutlich in der tatsächlichen Wahrnehmung der Person des Maštocʿ durch die Zeitgenossen gehabt haben; es konnte gezeigt werden, daß noch bevor Maštocʿ religiös tätig wird, bereits die Charakterzüge des politisch klugen und fleißigen Kanzleibeamten und zugleich des charismatisch begeisternden Militärs aufscheinen, die sich bei der späteren missionarischen Tätigkeit beide als überaus nützlich erweisen.[198] Daß jedoch die Bedeutung der Professionalität, obwohl für sich genommen als nicht ausreichend erachtet, dennoch nicht zu Gunsten der theologisch-charismatisierenden Deutung abgewertet wird, sondern daß das spannungsvolle Nebeneinander von Professionalität und Charisma die gesamte Vita durchzieht und das dargestellte Geschehen maßgeblich mitbestimmt bzw. dessen Gelingen erst ermöglicht, dafür dürfte es einen weiteren Grund geben, der mit dem Motiv für den Auftrag zur Abfassung dieser Vita verknüpft sein muß.

Der Auftrag wurde Koriwn, so schreibt er zu Beginn der Vita selbst,[199] von einem Schüler des Maštocʿ namens Yovsēpʿ erteilt. Ebendieser Yovsēpʿ taucht auch am Schluß der Vita wieder auf, kurz bevor Koriwn noch einmal Rechenschaft ablegt über seine Arbeit; dort wird von Yovsēpʿ gesagt, daß er der erste der von den verstorbenen Vätern (Maštocʿ und Sahak) ernannten „Anführer der Versammlung" (der armenischen Kirche) gewesen sei,[200] gemeint sein kann damit nur der erste noch von den Vätern selbst legitimierte Nachfolger im Amt des Katholikos.[201] Hier scheint offenbar

---

(Koriwn I [wie Anm. 4], 10,52). Wenn Koriwn hieran anschließend und im Folgenden mehrfach hervorhebt, daß mit der der Übersetzung folgenden Unterrichtung auch die Vermittlung von Zivilisiertheit und weltlicher Bildung verknüpft ist (s. Koriwn I (wie Anm. 4), 12,60; 16,80 [wie Anm. 4]), so bleibt das zentrale Anliegen dennoch immer die Vermittlung des Zugangs zu Gott (s. Koriwn I [wie Anm. 4], 14,67f.; 17,90; 26,117). Denn daß Maštocʿ mit der Übersetzung der atl. Weisheitsliteratur beginnt, dürfte seinen Grund v.a. darin haben, daß die Weisheitsliteratur, wie aus ORIGENES, Homilien zum Hexateuch in Rufins Übersetzung, hrsg. von BAEHRENS, W.A., Bd. 2: Die Homilien zu Numeri, Josua und Judices (Werke 7; GCS 30), Leipzig 1921, 27,1, S. 256,10f., bekannt ist, am Beginn der Schriftlektüre im christlichen Katechumenat stand. Der Unterricht durch Maštocʿ selbst oder durch von ihm eingesetzte Schüler dürfte somit der Taufvorbereitung entsprochen haben, was in Koriwn I (wie Anm. 4), 15,76, anklingt: „indem er {Maštocʿ} (...) den Unterricht abhielt, erfüllte er den Gau mit dem Heil des Evangeliums Christi".

198 S. o., Anm. 138.

199 KORIWN I (wie Anm. 4), 1,2.

200 KORIWN I (wie Anm. 4), 43,183.

201 S. o., Anm. 113.

ganz vorsichtig die schon vor der Einsetzung des Sahak beginnende und während seines Katholikats fortdauernde Auseinandersetzung hellenophiler und syrischer bzw. iranophiler Prätendenten um das Amt des Katholikos auf, die Sahak selbst zu Lebzeiten noch traf und offenbar auch die Gruppe der Schüler des Maštocʿ zumindest zeitweise spaltete, von Koriwn in der Vita jedoch nirgends ausdrücklich angesprochen wird.[202] Wenn eben einer dieser Prätendenten den Auftrag zur Abfassung der Vita gegeben hat, dann dürfte mit diesem Auftrag klar die Aufgabe verbunden gewesen sein, seine Position zu stärken, auch wenn Koriwn über den konkreten Auftrag kein Wort verliert.

Denn daß Maštocʿ nach der Darstellung des Koriwn ausschließlich (weltlich und geistlich) autorisiert vorgeht und zugleich ein von Gott Auserwählter ist, der nach der koriwn'schen Darstellung schließlich für kurze Zeit auch noch die Rolle des Katholikos übernimmt,[203] legitimiert nicht nur ihn selbst, sondern selbstredend auch seine Schüler. Nicht umsonst verliert Koriwn reichlich Worte über sie, allein 14 werden in der Vita namentlich genannt,[204] sie sind an der Arbeit des Maštocʿ maßgeblich beteiligt und ersetzen schon zu seinen Lebzeiten seine persönliche Präsenz. Koriwn bezeichnet sie vermutlich ganz bewußt überwiegend mit dem Terminus, der biblisch für die Jünger Jesu Verwendung findet: աշակերտք (Schüler, Jünger).[205] Damit fordert er indirekt eine Art ‚apostolische Sukzession' der Schüler des Maštocʿ im allgemeinen und der Person des Yovsēpʿ im Speziellen ein. Dieses apologetische Interesse Koriwns dürfte schließlich auch der Grund für das Wiederaufgreifen und v.a. die Modifizierung der Rechtfertigung der Präambel am Schluß der Vita sein:

[dies wurde] von uns [festgehalten], da wir tatsächlich Augenzeugen ihres {= der Väter} Erscheinens geworden und bei [ihren] geistigen Taten dabei gewesen sind, und [ihre] begnadete Lehre – շնորհապատում վարդապետութիւն[206] *– vernommen haben, und Knechte derselben entsprechend der Anweisung des Evangeliums geworden sind. (...) Wir sagten [dies] nicht etwa zur Ehre der Heiligen Gottes (...),*

202 S. WINKLER, Koriwns Biographie (wie Anm. 2), S. 80f. u. S. 358–361. Von Koriwn werden bezeichnenderweise u.a. Sahaks Amtsenthebung, seine Verbannung und seine Situation nach der Rückkehr aus dem Exil komplett unterschlagen; vgl. WINKLER, Koriwns Biographie (wie Anm. 2), S. 44–46, die in den Auseinandersetzungen auch den Grund für die Überarbeitung der Vita sieht.

203 Zur historischen Unwahrscheinlichkeit s. o. Anm. 34.

204 Einzeln aufgeführt bei COX, C., The Purpose of Koriun's Life of Mashtots, in: Christian Teaching, FS L. G. Lewis, hrsg. von FERGUSON, E., Abilene 1981, S. 308.

205 Eine Statistik zu diesem Terminus im Vergleich mit anderen Titulierungen ebd., S. 308f.; Maštocʿ seinerseits wird danach von Koriwn als աշակերտասէր (die Jünger Liebender) bezeichnet.

206 Wörtlich: ‚gnadenverkündete Lehre'.

sondern als inspirierendes Beispiel für ihre geistigen Sprößlinge und diejenigen, die gerade durch sie von Generation zu Generation belehrt werden.[207]

Hier klingt es deutlich an: Es geht um die legitimierte Nachfolge, und zwar für alle Zukunft.

So erweist sich, daß Professionalität und Charisma des Maštocʿ nur scheinbar spannungsvoll und unvermittelt nebeneinander stehen; erst als ,Gespann' legitimieren sie ,Amt' und ,Herrschaft' seiner Nachfolger.

207 KORIWN I (wie Anm. 4), 44, 186.188. – Zur ausdrücklichen Berufung auf die „Anweisung des Evangeliums" vgl. auch GUGEROTTI, L'invenzione (wie Anm. 190), S. 110f., der die „precetti dati da Dio" ins Zentrum der Lehre des Maštocʿ stellt.

1.2 Soziologische und sozialhistorische Perspektiven

Christoph Schneider

Charisma

Sinnproduktion durch Reflexionsanästhesie

I. Charisma und Kontingenz

Wenn es überhaupt möglich sein sollte, Max Webers aufgrund dessen „Benennungsaskese"[1] zumindest auf den ersten Blick abstrakt wirkendes Konzept charismatischer Herrschaft zu verfilmen, dann ist es mit Monty Pythons *Life of Brian* in der Tat gelungen. Wer den Film kennt, weiß, was gemeint ist. Charisma bzw. die Figur des Charismatikers wird hier in bester Weberianischer Lesart ausschließlich als vom Glauben der Anhänger abhängig präsentiert, ohne darüber hinaus geringste Qualitäten substantieller Natur in Form eines *tatsächlichen* Verfügens über „außeralltägliche Eigenschaften" an sich besitzen zu müssen.

In Monty Pythons Persiflage des Christus-Mythos stolpert der in einem essentialistischen Sinne komplett uncharismatische und seinerseits auch völlig charismaunwillige, jedoch im Verlauf des Films zum Christus-Double auserkorene Brian in einer wilden Verfolgungsjagd zufällig auf eine Art Bühne, die für „Propheten" vorbehalten ist und muß auf Drängen des anwesenden Publikums die ihm allein durch das performative Setting aufoktroyierte Rolle eine zeitlang übernehmen, das heißt: Er beginnt, eine prophetenhafte Rede schauspielernd zu imitieren. Als seine Verfolger ihn dann aus den Augen verloren haben, beendet er seine wirre Stehgreifrede und möchte eigentlich wieder am liebsten in seinem unspektakulären Alltag verschwinden. Dies gelingt jedoch nicht mehr und zwar aus folgenden Gründen. Zuerst wird Brian wie angemerkt allein dadurch zum charismadisponierten „Propheten", indem er – wenn auch durch Zufall – sich plötzlich an demjenigen Ort befindet, der für Propheten vorgesehen ist und sich dementsprechend zu verhalten beginnt. Das heißt: Allein der im Sinne Erving Goffmans vorgegebene Inszenierungsrahmen

---

1 REHBERG, K.-S., Rationalisierungsschicksal und Charisma-Sehnsucht. Anmerkungen zur ‚Außeralltäglichkeit' im Rahmen der institutionellen Analyse, in: Charisma und religiöse Gemeinschaften im Mittelalter. Akten des 3. Internationalen Kongresses des Italienisch-deutschen Zentrums für vergleichende Ordensgeschichte, hrsg. von ANDENNA, G. u. a., Münster 2005, S. 3–23, hier: S. 4.

kanalisiert die Perzeption der Anwesenden in eine sinnhaft prägfigurierte Richtung.[2] Es gilt nicht: „wer prophetische Begabung hat, darf auf die Bühne", sondern: „wer auf der Bühne steht, ist ein Prophet". Der an sich völlig durchschnittliche und nicht im Geringsten mit „außeralltäglichen" Befähigungen ausgestattete Brian wird so gesehen im Duchampschen Sinne zum *ready-made-Messias*. Brians folgenschwerer Fehler ist, daß er seine ohnehin verworrene Rede abrupt abbricht und die Frage aus dem Publikum „Was meinst Du damit?" mit einem verlegenen „Ach, nichts" beilegen möchte. Allein schon performativ durch Ort und Situation zum Propheten prädisponiert, konstituiert er damit noch zusätzlich ein Geheimnis, das sich, obgleich im Grunde inexistent und völlig inhaltsleer, allein aus der Sicht des Publikums ergibt. Über dieses *Geheimnis* transformiert das *Publikum* zur *Anhängerschaft*, die dann ihren Propheten bedrängt, noch mehr zu sagen. Ähnlich wie aus Publikumssicht gilt: „wer auf der Bühne steht, muß ein Prophet sein", so gilt im Anschluß: „wer auf der Bühne steht, muß ein Prophet sein, und wenn der Prophet uns etwas vorenthält, hat er ein Geheimnis, und wer ein Geheimnis hat, muß auch dessen Lösung kennen". Was sich damit entwickelt, läßt sich als performativ initiierter und im weiteren Verlauf entsprechend sinnselektiver Selbstläufer beschreiben. Naiv betrachtet sollte man annehmen, daß sich ein Geheimnis daraus ergibt, daß ein bestimmter, tatsächlich vorhandener Inhalt vom Geheimnisträger verschleiert wird und dieser den anderen nur soviel mitteilt, daß da tatsächlich etwas hinter dem Schleier sei. Aus der Perspektive der anderen kann dagegen bei faktischem Fehlen eines essenziellen Geheimniskerns allein der Schleier für sich genommen als *intransparentes Verweisungssymbol auf etwas* ausreichen, um die Illusion zu befördern, daß hinter dem Schleier wohl etwas Begehrenswertes zu erwarten sei. Denn wozu sollte der Schleier sonst auch dienen?

Wie aber kommt der Schleier selbst zustande? Wenn beispielsweise ein Pirat, um ein etwas triviales Beispiel anzuführen, irgendwo einen Schatz vergräbt und allen anderen nur soviel mitteilt, daß da irgendwo ein Schatz versteckt ist, ohne allerdings den genauen Ort preiszugeben, hat er ein Geheimnis im klassischen Sinne konstituiert, das sich aus drei Bestandteilen zusammen setzt: Erstens gehört zum Geheimnis, das ein bestimmtes Objekt als tatsächlich vorhanden ausgewiesen wird (es *gibt* irgendwo einen Schatz), zweitens muß dieses Wissen, um zum Geheimnis zu werden, als ein Wissen-Können überhaupt mitgeteilt werden und zwar so, daß sich daraus ein Nicht-Wissen für die anderen einstellt (es gibt den Schatz, wo aber wird nicht verraten). Das Geheimnis ergibt sich erst aus dem *Wissen* von einem *Nicht-Wissen*. Geheimnisse sind so gesehen nur intersubjektiv konstituierbar (die psychoanalytische Frage, wie wir uns selbst gegenüber ein Geheimnis sind, sei einmal beiseite gelassen). Ein Geheimnis, das so geheim ist, das niemand es als Ge-

2 GOFFMAN, E., Wir alle spielen Theater. Die Selbstdarstellung im Alltag, München 1983.

heimnis kennt, ist kein Geheimnis.[3] Zum Geheimnis gehört ein Akt ansatzweiser Entschleierung desselben, in dem darauf hingewiesen wird, das da überhaupt etwas ist, wo genau wird dann jedoch nicht verraten. Nicht die *Intransparenz als solche*, sondern ihr *Bekanntsein als Intransparenz* und die Möglichkeit ihrer Verwandlung in Transparenz macht das Geheimnis aus. Drittens schließlich muß es sich um den geheimniskrämernden Vorenthalt eines spezifischen *Wissens um* ... handeln, das von den anderen (von den Geheimnisadressaten) als für sie relevant betrachtet wird.[4] Wenn der Pirat uns mitteilt, er habe irgendwo auf einer Südseeinsel eine Kiste Haushaltsmüll vergraben, konstituiert er zwar gemäß der ersten beiden Kriterien ein Geheimnis, aufgrund der Minderwertigkeit des geheimnisumflorten Objekts wird sich jedoch niemand auf die Suche begeben.

Man kann sich an dieser Stelle möglicherweise fragen, was diese Präliminarien mit „Charisma" zu tun haben. Charisma – so die vorläufige Antwort –, wie es im weiteren Verlauf analysiert werden soll, bedarf ebenfalls eines geheimnisvollen Kerns, der gewissermaßen als charismatischer Profanisierungs- und Kopierschutz dient, demnach die Demokratisierung charismatischer Befähigung für jedermann verhindert und gleichzeitig ein Begehren produziert, das sich auf das Geheimnis richtet, ohne dieses jemals ganz lüften zu können.

Daß ich als Prototyp des Geheimnisses das Motiv des „vergrabenen Schatzes" gewählt habe, ist dabei insofern zu verstehen, da der Schatz in seinem Symbolgehalt als Chiffre für das Wertvolle an sich steht. Das Wertvolle – demnach das, was man begehrt – möchte ich im Folgenden über den Begriff „Identität" zu fassen versuchen, verstanden als idealisierte Imagination eines Zustandes jenseits von Sinnalternativen und Kontingenz, das heißt als einen Zustand, der das Spiel des Fragens und Wählens hinsichtlich dessen, was als wertvoll zu erachten sei, ein für allemal beendet. Die These lautet, daß das göttliche „ego sum qui sum" die kulturelle Matrize dieses Identitätsphantasmas liefert. Alois Hahn beginnt seinen Aufsatz *Biographie und Lebenslauf* mit folgendem Bibelzitat: „Als Moses den Herrn nach seinem Namen fragte, erhielt er bekanntlich die Antwort: ‚Ego sum qui sum' (Ex 3,14). Das ist eine bemerkenswerte Auskunft".[5] Weiterhin weist Hahn auf die lutherische Übersetzung im Futur hin: „Ich werde sein, der ich sein werde." In der Einheitsüber-

---

3 Bezüglich Geheimnissen, von denen man nicht weiß, daß es ein Geheimnis überhaupt gibt vgl. HAHN, A., Rede- und Schweigeverbote, in: Kölner Zeitschrift für Soziologie und Sozialpsychologie, hrsg. von NEIDHARDT, F. u.a., Heft 1 (1991), S. 86–105.

4 Es geht demnach um „Wichtigkeitswissen", wie es Alois Hahn in Abgrenzung zum „Richtigkeitswissen" als Wissensform der „Weisheit" ausweist. Zwischen dem Wichtigkeitswissen der Weisheit und dem Geheimnis des Schatzes in unserem Beispiel besteht dabei insofern eine Parallele, als beides auf letztbegründende Formen des für uns Wertvollen verweisen; vgl. HAHN, A., Zur Soziologie der Weisheit, in: Konstruktionen des Selbst, der Welt und der Geschichte, hrsg. von HAHN, A., Frankfurt am Main 2000, S. 335–349, hier:S. 337–340.

5 HAHN, A., Biographie und Lebenslauf, in: DERS., Konstruktionen (wie Anm. 4), S. 97–115, hier: S. 97.

setzung der Heiligen Schrift[6] ist die Stelle wiederum folgendermaßen wiedergegeben: „Da antwortet Gott dem Mose: Ich bin der ‚Ich-bin-da'. (...) So sollst du zu den Israeliten sagen: Der ‚Ich-bin-da' hat mich zu euch gesandt." (Ex 3, 14). Welche Version man auch vorzieht – eine gewisse Laxheit der soziologischen Exegese sei verziehen –, so besteht die Quintessenz doch darin, daß sich Gott auf das Spiel der Sprache, demnach auf den Zugriff der Signifikanten nicht einläßt, er bleibt insignifikant. Gott, so könnte man es ausdrücken, ist absolute *Identität*, er ist ein einziges *idem*, ohne es dabei nötig zu haben, seine Identität über *Differenz* abzusichern. So vermerkt Georg Simmel: „Das göttliche ‚Nichts' des Mystikers bedeutet, da Gott nichts Einzelnes, aber eben darum das Ganze ist."[7] Gott ist demnach einerseits eine Chiffre für absolute Identität, und gleichzeitig steht er für das ganz Andere, er ist, gerade weil er für Totalidentität steht, auch das Höchstmaß an vorstellbarer Differenz.

Die höchstvorstellbare Form von Identität generiert gleichzeitig ein Höchstmaß an Differenz. Wenn wir die biblische Erzählung in diesem Sinne als kulturelle Blaupause für menschliche Identitätsmodellierung begreifen, dann ergibt sich daraus für Menschen allerdings insofern ein Problem, da wir gemäß dem Mythos folgendermaßen beschaffen sind: „Ihr werdet sein wie Gott" (Gen, 3.5). Dieses *wie* bedeutet für uns, die ewige *Nachbildung von...* zu sein. Das *wie* entläßt uns in eine „Welt des Ersatzes"[8], in der wir – weil zudem mit Selbstreflexivität ausgestattet – nicht nur *Modell von* etwas sind, sondern uns dieses Status' *als* Modell auch noch bewußt zu werden in der Lage sind.[9] Wir sind ein Modell, daß sich darüber im Klaren ist, ein Modell zu sein. Diese Differenzerfahrung wird zum Teil unserer Identität, die sich damit nicht mehr als Identität im eigentlichen Sinne begreifen läßt, da wir das Charakteristikum des Modellhaften reflexiv auf uns selbst applizieren. Dieses *wie* wird damit (unter anderem) zur Geburtsstunde von Kultur, wie es im Folgenden mit Bezug auf Weber und Luhmann[10] näher ausgeführt werden soll.

Im Sinne Luhmanns heißt *Kultur*, jede getroffene sinnkonstituierende Entscheidung, das heißt jede Form festgelegten Sinns insofern als kontingent zu erleben, da die Möglichkeit einer weiteren Reflexionsschlaufe fortwährend besteht. Ein Phänomen wie „Identität" beispielsweise wird damit stetig zur Entscheidung unter mögli-

---

6 Die Bibel. Einheitsübersetzung der Heiligen Schrift, Stuttgart 1980.

7 SIMMEL, G., Die Persönlichkeit Gottes. Ein philosophischer Versuch, in: DERS., Aufsätze und Abhandlungen 1909–1918, Bd. 1, hrsg. von KRAMME, R./RAMMSTEDT, A. (Georg Simmel Gesamtausgabe Bd. 12, hrsg. von RAMMSTEDT, O), Frankfurt am Main 2001, S. 290–307, hier: S. 290.

8 KAMP, P., Gut oder böse - der aristotelische Trick, in: Die Sache mit dem Apfel. Eine moderne Wissenschaft vom Sündenfall, hrsg. von ILLIES, J., Freiburg 1972, S. 103–115, hier S. 110.

9 Zur anthropologischen Bedeutung des „Modells" *von* und *für* vgl. GEERTZ, C., Dichte Beschreibung. Beiträge zum Verstehen kultureller Systeme, Frankfurt am Main 1987, S. 52–55.

10 Vgl. LUHMANN, N., Gesellschaftsstruktur und Semantik (Studien zur Wissenssoziologie der modernen Gesellschaft Bd. 4), Frankfurt am Main 1999.

chen Alternativen, wobei in Anlehnung an Weber wiederum die „Werte" für die Entscheidung wiederum Werte unter anderen Wertalternativen sind. Das angesprochene *wie* ist so gesehen die mythische Geburtsstunde der Kontingenz. Gleichwohl läßt sich immer wieder das Verlangen beobachten, dieses *wie Gott* zu überschreiten. Hier setzt Charisma ein.

Das Wertvolle, demnach dasjenige, dem wir einen Wert, wenn nicht den Wert schlechthin zumessen, beruht nach Max Weber auf einer Entscheidung, die, weil sie einen Wert generiert, der selbst nicht mehr hintergehbar und rational auflösbar ist, auch als Entscheidung nicht rational reduktionistisch begründbar ist. Auch bei Weber haben wir vom Baum der Erkenntnis genascht und uns dadurch erhebliche Probleme eingehandelt, allen voran das Problem des Verlusts einer natürlich-selbstverständlichen Identität mit all den Folgeproblemen, die sich daraus ergeben.[11]

Ein Argument wird daher lauten, daß Charisma eine Form ist, sich des Entscheidungsdrucks zwischen Sinnalternativen zu entledigen, die sich aus der mißglückten Startposition der conditio humana ergeben. Was diese Ausgangsposition betrifft, so sei an dieser Stelle Weber zitiert: „Das Schicksal einer Kulturepoche, die vom Baum der Erkenntnis gegessen hat, ist es, wissen zu müssen, daß wir den Sinn des Weltgeschehens nicht aus dem noch so sehr vervollkommneten Ergebnis seiner Durchforschung ablesen können, sondern ihn selbst zu schaffen imstande sein müssen, daß ‚Weltanschauungen' niemals Produkt fortschreitenden Erfahrungswissens sein können, und daß also die höchsten Ideale, die uns am mächtigsten bewegen, für alle Zeit nur im Kampf mit anderen Idealen sich auswirken, die anderen ebenso heilig sind, wie uns die unseren."[12] Das durch den biblischen Mythos vorgegebene Problem des Verlustes naturaler Harmonie durch Erkenntnisvermögen und dem daraus folgenden Entscheidungsdruck zwischen Alternativen (Gen 3,22: „Dann sprach Gott, der Herr: ‚Seht, der Mensch ist geworden wie wir; er erkennt Gut und Böse'",), demnach das aufkommende Bewußtsein der *Differenz*, wie sie ebenfalls im Bewußtsein der Nacktheit artikuliert wird und – mit der Erfindung des Schurzes aus Feigenblättern – als Geburtsstunde des Differenzbewußtsein von *Natur-Kultur* gedeutet werden kann, diese biblische, aus Differenzerfahrung qua Erkentnisgewinn entstehende Unsicherheit menschlicher Existenz wird bei Weber insofern noch verschärft, da er zusätzlich darauf hinweist, daß wir unseren nachparadiesischen Makel gerade nicht durch die aus ihm hervorgehende Befähigung zur Rationalität zu heilen imstande sind, sondern immer damit konfrontiert bleiben, daß unsere letzten geheiligten Werte, so ließe sich Weber paraphrasieren, vermittels empirischem und ratio-

11 Eindrücklich ist dieses grundsätzliche anthropologische Problem von PLESSNER, H. behandelt worden, wie er es dann insbesondere mit den Begriffen „natürliche Künstlichkeit" und „exzentrische Positionalität" beschreibt; vgl. DERS., Die Stufen des Organischen und der Mensch, Berlin/New York 1975.

12 WEBER, M., Die „Objektivität" sozialwissenschaftlicher und sozialpolitischer Erkenntnis, in: Max Weber: Gesammelte Aufsätze zur Wissenschaftslehre, hrsg. von WINCKELMANN, J., Tübingen 1985, S. 146–214, hier: S. 154.

nal organisiertem Wissens nicht abgesichert werden können. Die letzten Werte bleiben immer Entscheidungen, die auch anders hätten ausfallen können, und unsere Erfahrung zeigt uns täglich, daß andere Menschen in der Tat andere, gleichwohl genauso „heilige" Werte besitzen.

Ähnlich lautend stellen Peter L. Berger und Thomas Luckmann unmißverständlich fest: „Das Auftauchen einer alternativen symbolischen Sinnwelt ist eine Gefahr, weil ihr bloßes Vorhandensein empirisch demonstriert, daß die eigene Sinnwelt nicht wirklich zwingend ist."[13] In diesem Sinne ist meines Erachtens Charisma eine Technik und Strategie, (wohlgemerkt eine Technik und Strategie, die sich im Gegensatz zur geläufigen aktivisch-reflexiven Verwendung von Begriffen dieser Art als *unintentional* verhüllen muß), mit der die eigene Sinnwelt als *zwingend* vermittelt wird. Das heißt, vermittels charismatischer Aura erhalten die letzten Werte eines Sinnsystems eine gleichsam renaturalisierende Absicherung. Ich möchte dem noch hinzufügen, daß die Entscheidung *für* das, was *nach* der Entscheidung als alternativlos angesehen wird, sich selbst nicht *als* Entscheidung selbst thematisieren darf, sonst wäre das Resultat der Entscheidung – das Wertvolle – nur eine Wahl unter Vielem. Das Wertvolle darf jedoch nicht eine Wahl sein, sondern beruht wie im Falle vieler Charismata auf der nachträglich generierten Unterstellung einer im Grunde von vornherein passiv empfangenen und damit alternativlosen Offenbarung oder Gabe – zumindest muß es so dargestellt und im besten Fall auch geglaubt werden. Gleich wie die Entschuldigung von Schuld befreit, so befreit die Entscheidung vom Zwang des Scheiden-Müssens. Die Entscheidung beseitigt Differenzerfahrung, und das heißt: Sie generiert Identität und spätestens dann wird verdrängt, daß es sich überhaupt um eine Entscheidung handelte. Was dies anbelangt, so ist Charismagläubigkeit ein probates Mittel der Entscheidungsausblendung.

Charisma, so lautet entsprechend ein erster Befund, beseitigt Kontingenz. Definieren wir Kontingenz nach Luhmann als dasjenige, das von der Realität aus betrachtet „weder notwendig ist noch unmöglich ist"[14], das demnach den Raum des möglichen Anderssein absteckt, so wirkt Charisma genau dem entgegen. Charisma macht die Welt eindeutig und als solche notwendig, vermodernisiert heißt dies: Es vermittelt letztgültige und fraglose Identität – die Rückfahrkarte ins Paradies. Gleichzeitig eröffnet das Geheimnisvolle am Charisma nach dieser Kontingenzreduktion einen eigenen Kontingenzrahmen in Richtung Transzendenz. Das charismatisch vermittelte Außeralltägliche (die heiligen Werte, gleich welcher Art sie auch sein mögen) bleibt selbst wiederum in seiner geheimnisbewehrten Inkommensurabilität als Kontingenzproblem bestehen. Diese Kontingenz wiederum muß deshalb bestehen bleiben, weil ihre Vernichtung bedeuten würde, aus dem ambivalent Un-

13 BERGER, P. L./LUCKMANN, T., Die gesellschaftliche Konstruktion der Wirklichkeit, Frankfurt am Main 1999, S. 116.

14 LUHMANN, N., Soziale Systeme. Grundriß einer allgemeinen Theorie, Frankfurt am Main 1994, S. 152.

deutbaren ein eindeutig Deutbares zu machen. *Als prinzipiell eindeutig Deutbares* wäre es wiederum ganz im Sinne Webers dem rationalreduktionistischen Zugriff ausgesetzt und würde damit genau seinen Status verlieren, eine Form von Metasinn zu liefern, der zwar das folgende Sinnsystem konstituiert, selbst aber nicht weiter überschreitbar, deutbar, erklärbar etc. ist. Daraus ergibt sich ein Zirkel: Charisma befreit als Kontingenzunterbrecher von anderen vorstellbaren Formen letztgültigen Metasinns, und dieser monopolisierte Metasinn wiederum stiftet eine andere, transzendente Kontingenz, die ihn als Inkommensurabilitätsschranke zumindest eine zeitlang davor bewahrt, in den Bereich kontingenter Sinnalternativen rückgespeist zu werden.

Charisma bewegt sich damit zwischen den Polen *Identität* und *Differenz*.[15] Einmal die Differenz zwischen Charismatiker und Anhängerschaft, die durch das Geheimnis aufrechterhalten wird. Semantisch betrachtet muß das Geheimnis als Geheimnis einerseits ausgesprochen werden, um danach andererseits das Schweigen überhaupt erst zu ermöglichen. Charisma steht für etwas, das in seiner Außeralltäglichkeit als identitätsspendend gewertet wird. Der Begriff „Identität" taucht bei Weber zwar nicht auf, allerdings gibt er uns Hinweise, die in diese Richtung gedeutet werden können. So begründet nach Weber Charisma eine „emotionale Vergemeinschaftung"[16], die „gläubige, ganz persönliche Hingabe"[17] erfordert. Charismatiker beziehungsweise charismatische Bewegungen fordern in ihrem Totalanspruch nicht nur die ganze Identität ihrer Gefolgschaft jenseits rational organisierter Rollendifferenzierung und jenseits rechtsbewehrter Festlegung von jeweiligen Pflichten und Ansprüchen, sie verheißen ebenso vom Makel des Selbstzweifels befreite Identität für diejenigen, die ihnen folgen. So betrachtet beinhaltet Charisma in besonders akzentuierter Weise die anthropologische Konstante einer verbindlich-fraglosen Letztantwort menschlicher Sinnsuche.[18] Charisma nimmt in diesem Sinne die Stelle eines entlastenden Reflexions- und Kontingenzunterbrechers ein.

Niklas Luhmann hat bekanntlich in „Gesellschaftsstruktur und Semantik" die Differenz Natur – Kultur in den Operationsbereich von Beobachtungen zweiter Ordnung verlagert.[19] Luhmanns auf Semantik umgestellter Kulturbegriff läßt sich als permanente Selbstbeobachtung eigener und fremder Sinnproduktion verstehen, beispielsweise auch die Beobachtung dessen, was wir als „Natur" betrachten. Diese

15 Zu einer Kultur der Einheit und der Differenz vgl. WEISS, J., Universalismus der Gleichheit, Universalismus der Differenz, in: Kulturen vergleichen. Sozial- und kulturwissenschaftliche Grundlagen und Kontroversen, hrsg. von SRUBAR, I., u.a., Wiesbaden 2005, S. 79–89.

16 WEBER, M., Wirtschaft und Gesellschaft, Tübingen 1980, S. 141.

17 Ebd., S. 140.

18 Vgl. GEBHARDT, W., Grundlinien der Entwicklung des Charismakonzepts in den Sozialwissenschaften, in: Charisma. Theorie– Religion – Politik, hrsg. von ZINGERLE, A./GEBHARDT, W./EBERTZ, M. N., Berlin/New York 1993, S. 1–12, hier: S. 4.

19 Vgl. LUHMANN, Gesellschaftsstruktur und Semantik (wie Anm. 10), S. 32.

andauernde Autothematisierung von Kultur durch Kultur führt dazu, das alles, was beobachtet und sinnselektiv verarbeitet wird, auch als prinzipiell kontingent erlebt wird. Die auf *Sinn* abgestellten Beobachtungen sind ihrerseits nur dann sinnvoll, wenn sie – wie bereits argumentiert wurde – die Möglichkeit der Alternative, des prinzipiellen „anders-sein-könnens" erlauben, das heißt, wenn sie die *Wahl für...* offen halten. Kultur ist damit – so Luhmanns berühmtes Diktum – mit dem „Geburtsfehler der Kontingenz"[20] ausgestattet. Kultur verunmöglicht nach Luhmann jede Art sich notwendig ergebenden Sinns, das heißt, sie setzt dort ein, wo alle Ansprüche auf *Echtheit*, *Einzigartigkeit* oder *Authentizität* streng genommen in den Bereich des Inkommunikablen verschoben werden, da sich aufgrund der permanenten, selbstreflexiv vorangetriebenen Kontingenzerfahrung eine monistische, gewissermaßen alternativlos-renaturierte Harmonie nicht mehr denken läßt. In ähnlicher Weise, wenn auch mit anderen Vorannahmen und in der Konsequenz mit anderen Schlußfolgerungen, definiert Weber „Kultur" als grundsätzlich anthropologisches Dilemma wie folgt: „‚Kultur' ist ein vom Standpunkt des Menschen aus mit Sinn und Bedeutung bedachter endlicher Ausschnitt aus der sinnlosen Unendlichkeit des Weltgeschehens."[21]

Auch bei Weber besteht das Problem, wie wir bereits gesehen haben, darin, daß Bedeutungsfestlegungen ab einem bestimmten Punkt durch Selbstgewißheit reflexiv produzierter Ungewißheit immer nur den Status einer Möglichkeit unter anderen besitzen. Für den distanzierten Deutungsexperten und Berufsdenker, der dann handelt, wenn er denkt, ist diese Situation insofern unproblematisch, da er sie in der paradoxen Gewißheit des Ungewissen auflösen kann, wie sie dann überhaupt zur eigentlichen Existenzlegitimation seiner sozialen Position wird. Für die meisten anderen ist die geschilderte Situation weniger komfortabel. Der nach Weber *endliche Ausschnitt* unter Vielem, zudem nicht durch „Natur" im noch natürlichen Sinne, nicht von „Gott", sondern von uns selbst festgelegte Sinnhorizont muß als nicht notwendige Entscheidung seinerseits gegen die ausgeschiedenen, aber prinzipiell vorhandenen Alternativen verteidigt werden. So verstanden ist Charisma ein suggestives Angebot, aus dem Spiel der Sinnalternativen auszusteigen, indem es Identitätsentwürfe vermittels Verweisen auf letztgültige symbolische Sinnwelten gegen Kontingenzen abschirmt.[22] Charisma stiftet so gesehen Eindeutigkeit. *Ein-deutigkeit* ist im Grunde eine „contradictio in adjecto". Wo es nur *eine* Deutung gibt, muß gar nicht mehr gedeutet werden, genauso wie eine *notwendige Entscheidung* streng ge-

20 Ebd., S. 48.

21 WEBER, Die „Objektivität" (wie Anm. 12), S. 180.

22 Vgl. zur „symbolischen Sinnwelt" BERGER/LUCKMANN, Die gesellschaftliche Konstruktion (wie Anm. 13), S. 98ff.

nommen keine *Entscheidung*, sondern eine *Einsicht* in das ist, was ohnehin gilt – so gesehen *Einsicht in die Notwendigkeit*[23].

Charisma ist diesbezüglich eine durchsetzungsfähige, weil emotional ergreifende Form, die „Qual der Wahl" prinzipiell möglicher Deutungsalternativen zu beenden, wie sie sich besonders dringlich und zuweilen quälend dort einstellt, wenn es um die Wahl der Identität geht.

Daß sich dieses Problem im Zuge der Entwicklung moderner Gesellschaften und des damit einhergehenden Verlustes verbindlicher, insbesondere religiöser Weltdeutungen verschärft, liegt auf der Hand.[24] Charisma ist damit einerseits als *weltimmanenter Kontingenzunterbrecher* zu sehen, gleichzeitig aber und im Zusammenhang damit ebenso als *transzendenter Kontingenzgenerator*. Als weltimmanenter Kontingenzunterbrecher vermittelt Charisma die Illusion des Fraglosen, indem andere zur Disposition stehende Transzendenzalternativen als, im Sinne Webers, vom *Standpunkt des Menschen* gefällte letztlegitimierende Sinnangebote aus dem Raum des Denkbaren exkommuniziert werden, um damit den Eindruck zu erreichen, die letztgefällte Entscheidung für ein charismatisch transportiertes Transzendenzangebot sei gar keine menschliche *Entscheidung für...*, sondern gehe aus der Transzendenz selbstevident hervor als Einsicht in die Notwendigkeit. Aus Sinnangeboten wird ein Sinngebot.

Nach der Beseitigung denkbarer Alternativen bleibt jedoch Charisma beziehungsweise charismatisch vermittelte Transzendenz selbst wiederum kontingent. Gleich wie nach Luhmann die „Kontingenzformel Gott"[25] Analyseversuche abweist und sich gegen Kommunikation sperrt, so muß auch Charisma kommunikativen Entschleierungsversuchen entgegenwirken. Die Frage ist nur: wozu überhaupt? In Anlehnung an Luhmann könnte die Antwort darauf aufbauen, daß nicht die Transzendenz für sich genommen, sondern „*die Unterscheidung von Immanenz und Transzendenz*"[26], also deren Differenzverhältnis der eigentliche religiöse Code ist, den wir dann auch im Falle religiösen oder quasi-religiösen Charismas identifizieren können. Ohne ein bestimmtes Maß an Intransparenz, das heißt ohne eine wie auch immer geartete Lücke der Inkommensurabilität zwischen Immanenz und Transzendenz

---

23 Vgl. POTHAST, U., Die Unzulänglichkeit der Freiheitsbeweise. Zu einigen Lehrstücken aus der neueren Geschichte von Philosophie und Recht, Frankfurt am Main 1980, S. 275–299, des weiteren SEEBASS, G., Der Wert der Freiheit, in: Handlung und Freiheit, hrsg. von SEEBASS, G., Tübingen 2006, S. 247–264, hier. S. 264.

24 Vgl. LUHMANN, N., Läßt unsere Gesellschaft Kommunikation mit Gott zu?, in: Soziologische Aufklärung 4. Beiträge zur funktionalen Differenzierung der Gesellschaft, hrsg. von LUHMANN, N., Opladen 1994, S. 227–235.

25 LUHMANN, N., Die Religion der Gesellschaft, Frankfurt am Main 2002, S. 168.

26 LUHMANN, N., Die Unterscheidung Gottes, in: Soziologische Aufklärung 4. Beiträge zur funktionalen Differenzierung der Gesellschaft, hrsg. von LUHMANN, N., Opladen ,^{2}1994, S. 236–253, hier: S., 238 (kursiv im Original).

erodiert Letztere, weil die konstitutive Differenz dann nicht mehr aufrechtzuerhalten ist. Nach Weber ist genuines Charisma dann gefährdet, wenn die Bewährung des charismatisch Begnadeten ausbleibt, wenn demnach seine Führung nicht mehr zum Wohlergehen der Gemeinde beiträgt. Ich möchte dem anschließen, daß Charisma ebenso dann ins Schlingern gerät, wenn es sich in seiner Sendung voll erfüllt. Charisma muß stetig einen Begehrensüberschuß regenerieren, der insofern mit der genannten Lücke der Inkommensurabilität in Verbindung steht, da stets damit etwas übrig bleibt, daß verführerisch, weil identitäts- und sinnversprechend ist, sich gleichzeitig aber der Erfüllung entzieht.

Das Paradox besteht darin, daß die Erfüllung, da sie sich nur in der Welt vollziehen kann, gleichzeitig eine Profanisierung beziehungsweise Enttranszendentalisierung, demnach die Beendigung des Charismas selbst darstellen würde.[27] Charisma ist so gesehen ein weltimmanenter Kontingenzunterbrecher, der vermittels der Beseitigung von Alternativen die Kontingenz des Verhältnisses Immanenz –Transzendenz zusätzlich verschärft. Begreifen wir die Vorstellung von Charisma in ihrer ursprünglich theologischen Bedeutung als „Gottesgabe", und begreifen wir wiederum im Rahmen unserer Kultur das göttliche „ego sum qui sum" als tautologische, weiter nicht überbietbare Formel für Identität schlechthin – als das *idem* –, dann wird es möglich, das Phänomen Charisma identitätstheoretisch umzubauen. So wirft Luhmann die Frage auf, „welche Unterscheidung Er ist"[28], um damit darauf hinzuweisen, daß Gott eine Einheit ist, die das Prinzip des Unterscheidens zum Kollabieren bringt. Sicherlich ist nicht jegliche Form von Charisma als von Gott höchstpersönlich verabreichte Gabe des Außeralltäglichen anzusehen, wie es beispielsweise in seiner verdiesseitigen Form popkulturellen Starfetischismus' zu beobachten ist. Doch selbst hier stoßen wir auf die entsprechend abgewandelte Differenz zwischen Immanenz und Transzendenz. Jenseits wohlberechtigter inter- und intrakultureller Vergleiche scheint es mir so gesehen augenfällig, daß wir immer dann, wenn es um den Code Transzendenz –Immanenz geht, auf Vorstellungen einer Art von Superidentität stoßen, die sich aus der Akteurslogik heraus der differenziellen Weiterbear-

27 Es kann an dieser Stelle nur angedeutet werden, daß dieses Modell stark demjenigen des „Begehrens" ähnelt wie es von Jacques Lacan entwickelt wurde. Das Begehren, das als Begehrensobjekt das Begehrt-Werden vom Anderen besitzt, darf sich insofern nicht erfüllen, weil ein Begehren, das ein Begehren begiert, dann zerstört ist, wenn es sich erfüllt. Es fällt nicht schwer, diesen Gedanken auf Charisma zu übertragen: Charismatiker und Anhängerschaft begehren sich gegenseitig, ersterer bedarf der Anhängerschaft, um, wenn wir die theorietypische Terminologie kurzfristig übernehmen wollen, sein narzißtisches Größenselbst in ihnen zu spiegeln, die Anhängerschaft wiederum möchte am Glanz des Charismatikers teilhaben; letzthin darf sich diese Struktur des gegenseitig verschränkten Begehrens nie ganz erfüllen, um sich nicht als Begehren auszulöschen. Vgl. hierzu , ŽIŽEK, S., Der erhabenste aller Hysteriker. Lacans Rückkehr zu Hegel, Wien/Berlin 1991; vgl. BORCH-JACOBSEN, M., Lacan. Der absolute Herr und Meister, München 1999.

28 Vgl. LUHMANN, Die Unterscheidung Gottes (wie Anm. 26), S. 253, vgl. DERS., Die Religion der Gesellschaft (wie Anm. 25), S. 159.

beitung entzieht. Charisma, so wie ich es im weiteren Verlauf darstellen möchte, läßt sich in dieser Hinsicht als schnellwirksames Therapeutikum für Identitätserkrankungen beziehungsweise als Antidot gegen Differenzbelastung begreifen.

Anhand eines Phänomens wie „Charisma“ läßt sich dabei in aller Deutlichkeit der Unterschied zwischen der Essentialität lebensweltlicher und der tendenziell deontologisierten Relationalität sozialwissenschaftlicher Wirklichkeitsbetrachtung zeigen.[29] Gleich den von Max Weber als *dogmatische* Wissenschaften ausgewiesenen Disziplinen wie Jurisprudenz oder Ethik ist auch der Alltagsakteur auf Gedeih und Verderb auf Annahmen von Tatsächlichkeit angewiesen, deren normative Gültigkeit und ontologischer Status nicht weiter auflösbar sein darf, um als Legitimationsbasis des Handlungsvollzugs stabil zu bleiben.[30] Damit soll mitnichten behauptet werden, alltagsweltlichen Konstruktionen von Wirklichkeit sei das Prinzip der Relationalität gänzlich fremd. Ohne relationales Denken in Alltag gäbe es keine Möglichkeit, soziale Beziehungen als hierarchisches, als egalitäres oder als ein wie auch immer geartetes strukturelles und demnach relational organisiertes Geflecht zu reflektieren. So stellt beispielsweise Pierre Bourdieus auf Begriffen wie *Feld*, *Kapital*, *Habitus* und *Illusio* aufbauender Theoriekomplex den Versuch dar, eine Sozialmatrix zu beschreiben, deren Distinktionslogik auf Akteursebene in hohem Maße auf relationalem Denken als konstitutivem Bestandteil sozialer Interaktions- und Deutungspraxis beruht, wobei allerdings die im Habitus vollzogene Inkorporierung der gegebenen Sozialstruktur wiederum als eine Form von Resubstantialisierung der Logik des Relationalen gelesen werden kann.[31]

Es erscheint daher sinnvoll, den durch seinen handlungsorientierten Vollzugszwang gegebenen dogmatisch-essentiellen Wirklichkeitsanspruch von Alltagskonstruktionen deutlich zu betonen, denen im Gegensatz zur distanziert analytischen Beobachterperspektive des Sozialwissenschaftlers nicht der Luxus eines interessierten szientistischen Agnostizismus gegeben ist. Was an Webers Konzept charismatischer Herrschaft als die vom soziologischen Standpunkt entscheidende Wendung gesehen werden muß, ist die konsequent vollzogene Akzentuierung der Abhängigkeit des Charismas von der Anerkennung durch die Beherrschten, wie ich es mit dem fiktionalen Beispiel Monty Pythons eingangs zu illustrieren versuchte.[32] Charisma wird damit zuerst zu einer Relationalitätsfigur. Die Frage nach der „objektiven Gültigkeit“ derjenigen außeralltäglichen Qualitäten, die eine bestimmte Person

29 Diese Tendenz ist bei Weber bereits angelegt, tritt jedoch insbesondere bei Theoretikern wie Luhmann dann voll zu Tage, vgl. hierzu CLAM, J., Was heißt, sich an Differenz statt an Identität zu orientieren? Zur De-ontologisierung, in: Philosophie und Sozialwissenschaft, Konstanz 2002.

30 Bezüglich der Unterscheidung zwischen empirischen und dogmatischen Wissenschaften vgl. WEBER, Wirtschaft und Gesellschaft (wie Anm. 16), S. 2.

31 Vgl. BOURDIEU, P./WACQUANT, L. J. D., Reflexive Anthropologie, Frankfurt am Main 1996.

32 Vgl. dazu GOTTER, U., Die Nemesis des Allgemein-Gültigen. Max Webers Charisma-Konzept und die antiken Monarchien, in diesem Band.

zum Charismatiker befugen, obgleich diese Frage für die Alltagsakteure selbst von existentieller Bedeutung ist, läßt sich vom Standpunkt des soziologischen Beobachters ebenso wenig beantworten wie die Frage, ob es die Götter, den einzelnen Gott oder welche transzendenten Instanzen auch immer in einem tatsächlichen Sinne wirklich gibt, von denen der Charismatiker die Gabe erhalten hat, über Fähigkeiten zu verfügen, die für Normalsterbliche unzugänglich sind, die sich trotz größter Bemühungen letztlich der Erlernbarkeit entziehen, die sich demnach nicht erarbeiten und erschwitzten lassen.

II. Charisma zwischen Schleier und Offenbarung

Charisma basiert so gesehen in seinem Kern auf einem Riß, das heißt auf einem Aussetzen lückenloser Nachvollziehbarkeit gesetzmäßig kontrollierter Prozesse, es konstituiert *Ordnung* vermittels einer paradoxen Referenz an das *Außer*ordentliche, sprich: Es beruht auf einem Geheimnis, wobei es zunächst keine Rolle spielt, ob dieses Geheimnis auf der Inkommensurabilität eines Gottes oder auf der Unzugänglichkeit der subjektiven Innenwelt eines als charismatisch ausgewiesenen Individuums beruht. Gemäß Georg Simmel, der das Geheimnis als „eine der größten geistigen Errungenschaften der Menschheit“[33] bezeichnet, ermöglicht das Geheimnis „die Möglichkeit einer zweiten Welt neben der offenbaren“[34]. Ohne das Geheimnis beziehungsweise nach dessen Aufdeckung wird das vormals Geheimnisvolle in die empirische Welt des Wissen-Könnens eingespeist, es wird transparent, rational dechiffrierbar, damit zumindest dem Prinzip nach für jedermann zugänglich. Es muß sich damit der Möglichkeit der begründeten Kritik stellen und verliert so gesehen seine Aura vormals glaubensgestützter Exklusivität.

Nach Niklas Luhmann und Peter Fuchs dient die Semantik des Geheimen in diesem Sinne dazu, „den Kommunikationsprozeß gegen Selbstreflexion abzuschirmen.“[35] Selbstreflexion bedeutet quasi automatisch, andere Deutungsalternativen zu denken als diejenige, für die man sich im Endeffekt entscheidet. Ein Phänomen wie Charisma jedoch funktioniert nur, solange der Eindruck der Alternativlosigkeit aufrecht erhalten werden kann. Der Glaube der Anhänger darf nicht *Entscheidung für...* sein, sondern muß sich als Notwendigkeit darstellen, wobei der Verwirklichungsmodus auf emotionale Ergriffenheit abgestellt ist, welche das Differenzprinzip einer echten Wahl nicht zuläßt. Ebenso wird bei Karl Jaspers Transzendenz dann zerstört,

---

33 SIMMEL, G., Das Geheimnis. Eine sozialpsychologische Skizze, in: DERS., Aufsätze und Abhandlungen 1901–1908, Bd. 2, hrsg. von CAVALLI, A./KRECH, V. (Georg Simmel Gesamtausgabe Bd. 8, hrsg. von RAMMSTEDT, O.), Frankfurt am Main 1993, S. 317–323, hier: S. 317.

34 Ebd., S. 317.

35 LUHMANN, N./FUCHS, P., Reden und Schweigen, Frankfurt am Main 1997, S. 101.

wenn sie „in gedeuteter Chiffre als gekanntes Sein Objekt wird“[36]. Ein Gleiches gilt meines Erachtens für Charisma. Sobald als charismatisch verbuchte Eigenschaften restlos ausgedeutet werden, wenn sie, um Jaspers Terminologie hinzuzuziehen, *kennbar* werden, ist es um die vormalige Außeralltäglichkeit geschehen. Das Außeralltägliche und Außerordentliche entzieht sich per definitionem gerade der De-finition, also der eindeutigen Festlegung durch den präzisierenden Begriff. Wenn Weber darauf insistiert, genuin charismatische Herrschaft sei im Unterschied zur rationalen bürokratischen Herrschaft nicht an „diskursiv analysierbare Regeln“[37] gebunden, im Unterschied zur traditionalen Herrschaft unabhängig von bindenden Regulativen, die sich aus „Präzendenzien der Vergangenheit“[38] ergeben, so läßt sich dies insofern erweitern, wenn man die von Weber hier angesprochene Regelfremdheit charismatischer Herrschaft auf ein allgemein semantisches Niveau ausweitet. Wenn, um das Zitat Jaspers zu wiederholen, Transzendenz erodiert, sobald sie „in gedeuteter Chiffre als gekanntes Sein Objekt wird“, so bedeutet dies für Charisma, das es sich ganz allgemein sprachlich determinierter Signifikanz entziehen muß, daß es die Kontrolle der Begriffe weitgehend unterlaufen muß, um der Gefahr zu entgehen, im präzisierenden Zugriff der Sprache seines konstitutiven Rests an Inkommensurabilität verlustig zu werden. Die signifikanten Zeichen müssen dem Charisma in gewisser Weise unablässig hinterherlaufen, ohne es jemals gänzlich einholen zu dürfen, ohne seinen Schleier zu lüften.

Webers berühmter Hinweis, für genuin charismatische Herrschaft gelte der Satz: „es steht geschrieben – ich aber sage euch“[39] kann in dieser Hinsicht interpretiert werden. Der genuin charismatische Herrscher schafft und fordert nach Weber *neue* Gebote, beläßt sie aber, so möchte ich hinzufügen, obgleich artikuliert, doch in der Fluidität der Mündlichkeit und scheut die Fixierung durch Schrift.[40] Die Rechtsfeindlichkeit Adolf Hitlers und des nationalsozialistischen Regimes – „der Wille des Führers ist Gesetz“[41] – läßt sich lückenlos dieser Tendenz zuordnen. Was mit dem „ich aber sage euch“ zunächst einmal umgangen wird, ist die archivfeste, weil verschriftlichte Irreversibilität des einstmals Gesagten und möglicherweise daraus folgende Verpflichtungen. Außerdem erfordert das „ich aber sage euch“ der mündlichen Rede trivialerweise die Anwesenheit der Gemeinde. Anwesenheit und körperliche Präsenz zu einer bestimmten Zeit an einem bestimmten Ort korrespondieren mit Charisma als „emotionaler Vergemeinschaftung“[42], da hiermit der Raum

---

36 JASPERS, K., Philosophie, Bd. 3: Metaphysik, Berlin/Göttingen/Heidelberg ^{3}1956, S. 137.

37 WEBER, Wirtschaft und Gesellschaft (wie Anm. 16), S. 141.

38 Ebd., S. 141.

39 Ebd., S. 141.

40 Zum Übergang von der Mündlichkeits- zur Schriftkultur vgl. GOODY, J./WATT, I., Entstehung und Folgen der Schriftkultur, Frankfurt am Main 1986.

41 Vgl. EISENHARDT, U., Deutsche Rechtsgeschichte, München 1995, S. 423.

42 WEBER, Wirtschaft und Gesellschaft (wie Anm. 16), S. 141.

performativ-symbolischer Kommunikation über das nackte, textvermittelnde Sprechen immens erweitert wird. Die gehörte Rede mit ihrem performativ begleitenden Suggestionspotential richtet sich an das Ohr, ist unmittelbar erlebbar, kann von Gesten und zeremoniellen Rahmungen begleitet werden und erlaubt nicht den distanzierten Standpunkt des vereinzelten Lesers. Das schriftliche Zeichen, so Jacques Derrida, besitzt „die Kraft eines Bruches mit seinem Kontext, das heißt mit der Gesamtheit von Anwesenheiten, die das Moment seiner Einschreibung organisieren."[43] Die schriftliche Fixierung entkoppelt vom hier-und-jetzt des Momentes der Bedeutungsproduktion, der Text wird damit beliebig reproduzierbar und überlokal transportabel. Ich möchte auf den von Derrida angesprochenen *Moment der Einschreibung* und die *Gesamtheit von Anwesenheiten* näher eingehen, welche seiner Meinung nach durch die Schrift außer Kraft gesetzt werden (inwieweit die Schrift, der Derrida hier wie an anderen Stellen den Vorzug einräumt, im Rahmen seiner um die *différance* kreisenden Hermeneutik seinerseits neue, abstraktere Formen des Charismas hervorbringt, wird noch zu erörtern sein).

Mit den von Derrida entlehnten Topoi *Moment der Einschreibung* und *Gesamtheit von Anwesenheiten* läßt sich recht präzise beschreiben, was nach Walter Benjamin die Aura des echten, seiner Meinung nach jedoch gefährdeten Kunstwerks ausmacht. Ich werde im Folgenden versuchen, Benjamins diesbezügliche Ausführungen von *Aura* auf *Charisma* zu übertragen. Den für Benjamin im seinem berühmten Aufsatz „Das Kunstwerk im Zeitalter seiner technischen Reproduzierbarkeit"[44] zentralen Begriff der „Aura" mit „Charisma" gleichzusetzen, ist sicherlich nicht ganz möglich. Einerseits sind beide Vorstellungen zwar durch die Unmittelbarkeit emotional dichten Erlebens gegenzeichnet, ebenso markieren beide einen sich in der Welt ereignenden Schnittpunkt zwischen diesseitigen und transzendenten Qualitäten, allerdings beschreibt das Charisma-Konzept darüber hinaus eine durch das Charisma gestiftete soziale Beziehung, das heißt es impliziert ein relationales Verhältnis zwischen Charismasender, Charismatiker und dessen Gefolgschaft. Gleichwohl läßt sich Charisma ohne auratische Qualitäten nicht denken. Um auf Benjamins These einzugehen, so resultiert der Verlust auratischer Qualitäten des Kunstwerks nicht einmal primär aus der rein technischen Potentialität, eine perfekte Kopie zu erstellen, die sich nicht mehr vom Original unterscheiden läßt. Was vielmehr verloren geht und was nach Benjamin die eigentliche Aura des Kunstwerks ausmacht, ist dessen ursprüngliche Entstehung an einem bestimmten Ort, zu einer bestimmten Zeit, hervorgebracht von einer bestimmten Person. Die perfekte Kopie – obgleich ein eineiiger Zwilling des Originals – ist dagegen als Reproduktion „virtuell, ortlos, ungeschichtlich"[45]. Um

43 DERRIDA, J., Signatur – Ereignis – Kontext, in: Jacques Derrida. Randgänge der Philosophie, hrsg. von ENGELMANN, P., Wien 1988, S. 291-314, hier: S. 300.

44 BENJAMIN, W., Das Kunstwerk im Zeitalter seiner technischen Reproduzierbarkeit. Drei Studien zur Kunstsoziologie, Frankfurt am Main 1977.

45 GROYS, B., Topologie der Kunst, München 2003, S. 36.

dazu Benjamin zu zitieren: „Das Chorwerk, das in einem Saal oder unter freiem Himmel exekutiert wurde, läßt sich in einem Zimmer vernehmen. Die Umstände, in die das Produkt der technischen Reproduktion des Kunstwerks gebracht werden kann, mögen im Übrigen den Bestand des Kunstwerks unangetastet lassen – sie entwerten auf alle Fälle sein Hier und Jetzt."[46] Der topologische Kontext, das heißt die personen-, zeit- und ortgebundene Konkretheit, entscheidet über die auratische Qualität des Kunstwerks, oder, wie Boris Groys es auf den Punkt bringt: „Wenn man sich zu einem Kunstwerk begibt, ist es ein Original. Wenn man das Kunstwerk zwingt, zu einem zu kommen – ist es eine Kopie."[47] In diesem Zusammenhang ist festzuhalten, daß auch Charismatiker – Jesus Christus einmal ausgenommen – in der Regel keine Hausbesuche machen[48] (wobei das Charisma Jesu Christi gerade in dessen selbststigmatisierender Inversion zu suchen ist[49]).

Genuines Charisma ist gleich der Aura im Sinne Benjamins auf die Magie der Präsenz angewiesen, wie sie sich über den Begriff *Identität* erklären läßt. Der Konnex Person-Ort-Zeit garantiert identitätssichernde Unaustauschbarkeit jenseits virtueller Deterriorialisierung und anderer Formen der Dekomposition des Erlebbaren und vor allem jenseits des Prinzips der *Differenz zu* ..., das heißt er beansprucht egologische Selbstevidenz, wobei sich diese „Unaustauschbarkeit" im Phänomen des Auratischen als Fixierung auf dessen Singularität beschreiben läßt, die den Anspruch besitzt, nicht ein *Fall von* ... zu sein, sondern, gleich dem „ego sum qui sum" sich der Typologisierung in toto zu entziehen.[50]

Paradoxerweise generiert gerade diese hochgradige Identitäsfixierung automatisch die mitlaufende Differenzerfahrung als ihren Gegenpol: Einmal, *ontologisch*, die Differenz zwischen dem Raum des Diesseitigen, in dem der Charismatiker wirkt und dem Raum des Transempirischen, aus dem heraus er seine außeralltäglichen Eigenschaften bezieht, dann, *semiotisch*, die Differenz des Charismas als metaphysisches Signifikat einerseits und seine ihm hinterherhinkenden Signifikanten andererseits, weiter, *intrasozial*, die Differenz zwischen dem Charismatiker selbst und seiner charismagläubigen Anhängerschaft, schließlich, *intersozial*, die Differenz zwischen der charismatischen Vergemeinschaftung insgesamt und ihrer charismaabstinenten sozialen Umwelt. Umso mehr Identität man erreicht, umso drückender wird die Differenzerfahrung.

---

46 BENJAMIN, Das Kunstwerk (wie Anm. 45), S. 13.

47 GROYS, Topologie der Kunst (wie Anm. 46), S. 37.

48 Hinsichtlich des Gedächtnisses der Orte kommt ASSMANN, A., Erinnerungsräume. Formen und Wandlungen des kulturellen Gedächtnisses, München 1999, S. 302, ähnlich lautend zu dem Schluß: „Ahnengeister sind nicht mobil."

49 Vgl. EBERTZ, M. N., Das Charisma des Gekreuzigten. Zur Soziologie des Jesusbewegung, Tübingen 1987; vgl. LIPP, W., Stigma und Charisma. Über soziales Grenzverhalten, Berlin 1985.

50 Vgl. MERSCH, D., Ereignis und Aura. Untersuchungen zu einer Ästhetik des Performativen, Frankfurt am Main 2002, S. 142.

Hinsichtlich ihrer Anwendbarkeit auf „Charisma" steht Benjamins Theorie der Aura für Singularität und Unaustauschbarkeit, die dafür Sorge tragen, Ort, Zeit und konkrete Person des Produzenten kulturell verfassten Sinns mit den daraus hervorgehenden Objekten der Sinnproduktion in einer untrennbaren Einheit zusammenzuziehen. Charisma verdichtet sich aus dieser Perspektive im Begriff der „Präsenz", die dem Zugriff zeichenhaft fixierter Explikation entzogen bleibt, eben weil die Signifikanten das eigentliche Signifikat – zumal das transzendente Signifikat – niemals ersetzen können. Um Derrida zu zitieren: „Das formale Wesen des Signifikats ist die *Präsenz*, und das Privileg seiner Nähe zum Logos als *phone* ist das Privileg der Präsenz."[51] Auf Charisma angewandt, erreicht jenes seine Präsenz durch das gesprochene Wort, das nicht von seiner es umkleidenden Performanz der Rede abgetrennt werden kann. Die Repräsentationscontainer des Wirklichen, beispielsweise die reinen sprachlichen Zeichen, sind selbst nicht die Wirklichkeit. Auf Charisma bezogen heißt dies: Charismatische Phänomene bleiben aus diesem Blickwinkel betrachtet außerhalb ihrer Selbstevidenz inkommunikabel, man muß eben „selbst dabei sein", um zu wissen, oder, genauer gesagt, um affektiv vereinnehmend zu *erleben*, um was es geht. Paradoxerweise steigert sich der angesprochene Hiatus, wenn die durch Zeichen zu beschreibende „Wirklichkeit" wie im Falle von Charisma im Raum des „Nicht-Wirklichen", demnach des Metaphysischen und Transzendenten angesiedelt ist.

Zwar besteht generell ein Bruch zwischen dem Bezeichnenden und dem Bezeichneten, zwischen Signifikant und Signifikat, was in der Linguistik nach Ferdinand de Sassure letztlich dazu führte, eine Zeichentheorie zu entwickeln, in der sich die einzelnen Zeichen relational untereinander allein durch ihre Differenz definieren, wobei die Zeichen an sich jedoch darin arbiträr bleiben. Das Korrespondenzverhältnis zwischen Bezeichnendem und Bezeichneten wird restlos durch differenziell organisierte Relationalität ersetzt. Das eigentliche Signifikat wird damit aus dem sich selbst konstituierenden Spiel des Zeichensystems hinauskatapultiert. Trotz dieser linguistischen Deontologisierung muß eingeräumt werden, zumal wenn man diesen Ansatz mit einiger Skepsis betrachtet[52], daß es jenseits der sprachlichen Zeichen vielleicht doch so etwas wie eine „Wirklichkeit" gibt. Zugestanden werden muß allerdings, daß sprachliche Zeichen jenseits ihrer Abbildungsleistung selbst zur Realität werden, das heißt sie sind, wenn sie auch niemals deckungsgleich zur durch sie bezeichneten Wirklichkeit sind, *als Zeichen sui generis* Bestandteil dessen, was *ist*. Weltimmanent ist der Hiatus zwischen Signifikant und Signifikat insofern noch erträglich, da beide – die Realität der Dinge der Welt einerseits und die Realität der Zeichen andererseits – im selben innerweltlichen Referenzraum angesiedelt sind,

---

51 DERRIDA, J., Grammatologie, Frankfurt am Main 1974, S. 35.

52 Zur Kritik an prominenter Stelle vgl. RICŒUR, P., Die lebendige Metapher, München 1986, S. 56 ff.

das heißt sie besitzen beide in ihrem Status als intramundane Phänomene einen gemeinsamen Metacode.

Handelt es sich jedoch wie bei Charisma um ein transzendentes Signifikat, dann nimmt die Spannung zwischen Signifikat und Signifikant dramatisch zu. Die Signifikanten bleiben als *kennbare* Zeichen – als „*signifikante Signifikanten*" – immer Teil der Immanenz, und sie streben danach, Bedeutung zu fixieren und zu Eindeutigkeit zu gelangen. Das transzendente Signifikat muß, um in der Transzendenz zu bleiben, dagegen Widerstand leisten, um nicht von der zeichenhaft vorangetriebenen Immanentisierung verdaut zu werden. In diesem Sinne heißt Charisma so viel wie die Aufrechterhaltung des *Außer*ordentlichen hinsichtlich seiner Resistenz gegen die auf Geschlossenheit abzielende Ordnung der Zeichensysteme. Charisma muß in seinem Kern *insignifikant* bleiben.

An Benjamins Konzept des Auratischen läßt sich so gesehen eine Form charismatischer Wirkung festmachen, die der Präsenz bedarf, wobei diese an Ort, Zeit und Person haftende Präsenz als die symbolische Vermittlung des Indirekten, weil Transzendenten verstanden werden kann.[53] In dieser Spielart des Charisma beendet Charisma vermittels seiner auratischen Qualitäten und seiner erlebbaren Präsenz die Suche nach einer letztgültig konstitutiven Sinnantwort, das heißt es verringert Kontingenz, und gleichzeitig beinhaltet es in seiner symbolischen Vermittlung doch auch einen Rest an nicht ausdeutbarer Verschleierung, sprich: es rekonstituiert nie ganz auflösbare Kontingenz in Hinsicht auf Transzendenz. Der Modus solcher Charismata sind Augenblick und Präsenz. Erlebte Präsenz, die wie jede Form des „Heiligen" eine „Kategorie des Empfindungsvermögens"[54] ist, wird hier zum selbstevidenten Sinndeutungsunterbrecher, der weitere hermeneutische Aktivitäten überflüssig macht.[55] Wir können diese Version in ihrer Verwiesenheit an die sprachlich un-

---

53 Zur Präsenz des „Heiligen" in „epiphanischen Momenten" vgl. GIESEN, B., Performing the Sacred: A Durkheimian Perspective on the Performative Turn in the Social Sciences, in: Social Performance. Symbolic Action, Cultural Pragmatics, and Ritual, hrsg von ALEXANDER, J. C., u.a., Cambridge 2006, S. 325–376. Zur phänomenologisch orientierten Symboltheorie, wie sie hier anklingt, vgl. SOEFFNER, H.-G., Gesellschaft ohne Baldachin. Über die Labilität von Ordnungskonstruktionen, Weilerswist 2000, S. 189 ff.

54 CAILLOIS, R., Der Mensch und das Heilige, München/Wien 1988, S. 19.

55 Das funktioniert nur über selbstverabreichte Reflexionsanästhetika, und wenn zum Beispiel GUMBRECHT, H. U., Diesseits der Hermeneutik. Die Produktion von Präsenz, Frankfurt am Main 2004, in gegenkonstruktivistischer Stoßrichtung in diesem Sinne auf Präsenz setzt, um damit die kulturelle Dominanz des „Sinns" und des interpretierenden Subjekts zu durchbrechen versucht, dabei allerdings, um in diesen letzthin sprachlosen Zustand *Diesseits der Hermeneutik* zu gelangen, selber doch ziemlich angestrengt interpretieren und eine Menge Sinn von hier nach dort umwälzen muß, dann fühlt man sich an Rudolf Otto erinnert, wenn dieser festhält: „Aber gerade die Mystik ist meistens sehr beredt gewesen." (OTTO, R., Das Heilige. Über das Irrationale in der Idee des Göttlichen und sein Verhältnis zum Rationalen, München 1963, S. 2). In ähnlicher Weise fühlt man sich an den Witz von dem Mann erinnert, der von einer guten Fee den Hinweis erhält, er müsse zu einer bestimmten Zeit und an einem bestimmten Ort graben, dann werde er einen Schatz finden und die dann noch den Hinweis anschließt, das ganze

einholbare Konkretion von Ort, Zeit und Person auch als *präsentistisches Charisma* bezeichnen.

Charisma, das auf Präsenz und den Augenblick, auf das hier-und-jetzt setzt, ist die eine Spielart. Wenn wir nach dem Gegenpol dieses Konzepts suchen, so finden wir ihn bei Derrida. Wenn Derrida die Abwertung der Schrift gegenüber der gesprochenen Rede beklagt, dann wendet sich diese zumindest von Derrida als solche postulierte Diskriminierung der performanz- und personenentkoppelten Schrift in der Tat gegen das zentrale Argument Benjamins. Es ist nicht möglich, an dieser Stelle in angemessener Differenziertheit auf die Theorie Derridas einzugehen.[56] Wichtig ist für uns Folgendes: Zygmunt Bauman notiert, Derrida sei „besessen von der Idee des ‚Wegseins'"[57]. Damit haben wir einen, wenn nicht sogar *den* zentralen Punkt in Derridas Denken eingefangen. Das Präsent-Werden von letztgültigem Sinn, das heißt eine Form tatsächlicher Präsenz eines transzendenten Signifikats jenseits des Spiels der Signifikanten ist für Derrida unmöglich geworden. Wir können letzten Endes nicht aus dem Text und damit aus dem Spiel der Bedeutungszuweisungen heraustreten.[58] Charismatisch vermittelte Präsenz jenseits dieses Spiels des Textes ist von diesem Standpunkt eine Chimäre, man könnte auch sagen, daß uns Derrida die präsentistische Abkürzung auf dem Weg zurück zur paradiesischen Harmonie fraglos-monistischen Sinns verwehrt. Allerdings stoßen wir bei Derrida auf eine andere, wenn auch subtil versteckte Form von Charisma, nämlich auf das Charisma des Textes und das Charisma seines Interpreten selbst. Ich möchte diese Spielart als *absentistisches Charisma* bezeichnen.

Um diese Form von Charisma zu verstehen, ist es sinnvoll, im Sinne von Aleida und Jan Assmann zwischen der „Schleieroffenbarung" einer „Geheimnisreligion" und dem explizit geoffenbarten Text eine „Öffentlichkeitsreligion" zu unterscheiden.[59] Im Falle der Geheimnisreligion ist das Heilige als Manifestation in der Immanenz untrennbar mit der Welt selbst verflochten, und es bedarf unter anderem antirationaler Techniken wie Kontemplation und Einkehr, um sich dem niemals

---

klappe allerdings nur, wenn er dabei nicht an Vicco Torriani denke. Damit ist die Sache vereitelt. Bestimmte Schätze findet man nur im paradoxen Betriebsmodus des Nicht-Denkens, so ließe sich der Plot dieses auf den zweiten Blick recht buddhistisch anmutenden Witzes erklären (zur Überwindung des Konnex Denken-Begriffe-Differenz im Buddhismus vgl. HOFSTADTER, D. R., Gödel, Escher, Bach. Ein endlos geflochtenes Band, München 2004, S. 271 ff.). Charisma, zur Wiederholung, wirkt in diesem Sinne als Reflexionsunterbrecher, um an bestimmte „Schätze" zu kommen.

56 Eine griffige Einführung hinsichtlich der hier verwendeten Theoriebausteine bietet MÜNKER, S./ROESLER, A., Poststrukturalismus, Stuttgart/Weimar 2000,S. 36–59.

57 BAUMAN, Z., Flüchtige Moderne, Frankfurt am Main 2003, S. 241.

58 Siehe DERRIDA, J., Die Struktur, das Zeichen und das Spiel im Diskurs der Wissenschaften vom Menschen, in: Die Schrift und die Differenz, hrsg. von DERRIDA, J., Frankfurt am Main 1972, S. 422–442.

59 Siehe ASSMANN, A./ASSMANN, J., Geheimnis und Offenbarung, in: Schleier und Schwelle. Archäologie der literarischen Kommunikation, Bd. 2: Geheimnis und Offenbarung, hrsg. von ASSMANN, A./ASSMANN, J., München 1998, S. 7–14.

ganz dekodierbaren esoterischen Gehalt zu nähern[60]. Eine Geheimnisreligion läßt sich damit niemals ganz in die Explizitheit des Textes überführen. Das präsentistische Charisma im erstgenannten Sinne gleicht insofern diesem Typus, als in beiden Fällen das „Heilige" in der Welt präsent wird, gleichwohl als Präsenz sich der abschließenden sprachlichen Reduktion, das heißt der Benennung und begrifflichen Präzisierung entzieht. In beiden Fällen bleibt ein konstitutiver Restbestand an geheimnisvoller Inkommensurabilität zurück: „Jede Geheimnisreligion konzipiert also einen ‚Begegnungsraum' zwischen Gott und Mensch, in dem sich das Göttliche zugleich zeigt und entzieht."[61] Anders dagegen bei der „Öffentlichkeitsreligion", deren Prototyp der jüdische Monotheismus darstellt. Gott und Welt sind hier auseinandergefallen, allerdings wird der explizite Text zum Offenbarungsmedium Gottes: „Der geoffenbarte Text ist als eine Selbstveröffentlichung Gottes zu verstehen, die nicht auf Spekulation und Vieldeutigkeit angelegt ist, sondern auf Klarheit, Explizitheit und Handlungsorientierung. Die vielen Gebote, Gesetze und Appelle erfordern als primären Rezeptionsakt nicht die kontemplative Methode, sondern die Beherzigung und Befolgung."[62] In der Folge überträgt sich allerdings der inkommensurabilitätsbewehrte Modus des Schleiers auf die Textinterpretation selbst, das heißt, der Text wird seinerseits zum Geheimnis. Damit erhält der geoffenbarte Text eine manifeste und eine verborgene Sinnebene, wobei es Letztere zu entziffern gilt.[63] Ich möchte Derridas Spiel der Signifikanten und die in der berühmten *différance* fortwährende Aufschiebung eines letzten, unhintergehbaren und metaphysischen Signifikats als eine hoch elaborierte, postreligiöse Form der Auslegung heiliger Texte in diesem Sinne bezeichnen. Nach Derrida ergibt sich der Sinn der Signifikanten ganz wie bei de Sassure aus deren Differenz, demnach aus ihrer Relationalität untereinander, losgelöst von irgendwelchen außersprachlichen „Tatsächlichkeiten". Warum aber braucht Derrida dann die Bewegung der *différance*, demnach das stetige Aufschieben letztgülitg-sinnhafter *Fest*legung? Warum muß (gemäß der Beobachtung Baumans) bei Derrida immer etwas „wegsein"? Die Antwort, die ich zumindest wagen möchte, ist die, daß mit einer endgültigen Festlegung der sprachlichen Differenz der Zeichen der Sinn des ganzen Textsystems endgültig fixiert wäre. Dies käme einer Entzauberung des Textes gleich. Der Text – beziehungsweise sein Interpret – muß daher das Geheimnis insofern stetig rekonstituieren, indem der sinnhafte Abschluß prozessual immer wieder aufgeschoben wird.

---

60 Zum Konzept der „diskursiv nicht einholbaren Erkenntnis" in der mittelaterlichen Theologie und Philosophie, womit der identische Problembereich in der fachspezifischen Beegrifflichkeit angesprochen wird, siehe SEIT, S., „At vero perpauci sunt …", in diesem Band.

61 ASSMANN, A./ASSMANN J., Geheimnis und Offenbarung (wie Anm. 59), S. 11.

62 Ebd., S. 9.

63 Was z.B. im europäischen Mittelalter wiederholt passiert. Am konkreten Fall der mittelalterlichen Denker, Joachim von Fiore und Arnald von Villlanova behandelt dies POTESTÁ, G. L., Prophetie als Wissenschaft. Das Charisma der Seher der Endzeiten, in diesem Band.

Für Derrida ist der Text heilig. Der Zugang zum letzten Sinn des Textes wird verwehrt. Durch die sich selbst perpetuierende Vertagung eines sinnhaften Schlusses wird der Text in seiner Sakralität vor Profanisierung bewahrt, er beinhaltet fortwährend ein Geheimnis. Es ist in diesem Zusammenhang vielleicht nicht unwesentlich, darauf hinzuweisen, daß Derrida bekanntermaßen trotz bestimmter Kritikpunkte auf dem Boden von de Sassures linguistischer Theorie bleibt. Der Rezeption jenseits der Linguistik entgeht dabei in der Regel, daß de Sassures Theoriebildung eng mit einem empirischen Gegenstand verflochten ist, nämlich mit de Sassures intensiver Beschäftigung mit Anagrammen[64]. Es entbehrt nicht eines gewissen Reizes, Derridas von de Sassure übernommenes Programm auf diesem Hintergrund so zu deuten, daß auch Derrida ein mehr oder minder implizit anagrammatisches Textverhältnis hat. Wenn der Text ein Anagramm ist, und wenn die ganze Welt nur noch als Text zu sehen ist, dann wird die Welt zum Anagramm. Der symbolische Sinn des Anagramms ist, daß in ihm eine letztgültige Bedeutung verborgen ist – gewissermaßen ein Punkt seiner sinnhaften Identität –, der dann erschlossen ist, wenn das Spiel des Signifikanten zu einem Abschluß gelangt, indem jedes Zeichen seinen ihm von vornherein (von *wem* auch immer) zugedachten Platz eingenommen hat. Das textuelle Spiel der Differenzen zielt auf die Gewinnung von Identität, auf der Suche nach dem verlorenen Sinn.

So betrachtet lassen sich zwei charismatische Modi identifizieren. Erstens das *präsentistische Identitätscharisma*, dessen auf die Konkretheit von Zeit, Ort und Person bezogene Präsenz zum Erlebnis des Singulären und nicht Klassifizierbaren führt. Dieses in seiner zeitgenössischen Ausprägung *eventartige* Charisma[65] gründet in der Selbstevidenz seines Sich-Ereignens – des weltimmanenten Sich-Zeigens des „Heiligen" – und sichert sich ab über die Differenz zum Alltäglichen einerseits und über die uneinholbare Differenz zwischen dem charismatischen Erlebnis in seiner Ereignishaftigkeit selbst und der Unmöglichkeit dessen sprachlicher und in der Konsequenz rationalreduktionistischer Explikation andererseits. Vermittels von Charisma wird Identität hier erlebbar, es muß sich jedoch gegen weiterführende Deutungsbestrebungen zur Wehr setzen, um in seinem Kern einen geheimnisvollen Kordon um seine transzendente Referenz zu ziehen.

Das *absentistische Charisma* hingegen beginnt nicht mit erlebter Identität und Präsenz, sondern mit der Erfahrung, daß ein unmittelbares Erleben eines solchen idealisierten Zustands sinnhafter Geschlossenheit in der Welt nicht möglich ist. Gleichwohl perpetuiert sich ein solches Identitätsideal in der Hoffnung, durch Textauslegung, sprich: durch Deutung und Interpretation diesen Zustand irgendwann einmal möglicherweise zu erreichen. Es handelt sich damit um das Charisma teleologischer Konzepte vertagter Welterlösung.

---

64 Vgl. WUNDERLI, P., Ferdinand de Sassure und die Anagramme. Linguistik und Literatur, Tübingen 1972.

65 Zum „Event" vgl. GEBHARDT, W., Events. Soziologie des Außergewöhnlichen, Opladen 2000.

III. Charismatische Kommunikationskanäle

Da Charismata wie alle sozialen Phänomene kommunikationsabhängig sind, kann in zeichentheoretischer Hinsicht folgender Unterschied eingezogen werden. Jean Baptiste Fages legt den Unterschied zwischen den „Zeichen" im Sinne de Sassures und „Symbolen" wie folgt fest: „Während sich im Falle des ‚Zeichens' Signifikant und Signifikat vollständig decken – aufgrund der durch Konvention zustandegekommenen Beziehung zwischen ihnen –, geht beim ‚Symbol' der Signifikat wegen dessen vielfacher Fülle über die Grenzen des Signifikanten hinaus [...]"[66]. Das Symbol – in deutlicher Abgrenzung zum strukturalen „Zeichen" – ist zwar eine Form von „Zeichen", allerdings ein solches, das als Zeichen gleichzeitig ein Teil dessen ist, was es bezeichnet, das heißt, das Symbol ist von Annahmen einer außersprachlichen Wirklichkeit und zwar insbesondere einer transzendenten Wirklichkeit abhängig, die im Symbol zur Anschauung gelangt. Zeichen des Heiligen sind selbst Teil des Heiligen, das Verhältnis zwischen „symbolischen Signifikat" und „symbolischen Signifikanten" ist hier nicht arbiträr, sondern beruht oftmals auf morphologisch unaustauschbarer Analogie. Gleichzeitig übersteigt das vom Symbol Bezeichnete das symbolische Zeichen, demnach den symbolischen Signifikanten, der eben niemals ganz *signifikant* wird. Damit wird zweierlei erreicht und in sich simultan harmonisiert: Einerseits ermöglicht symbolische Kommunikation die fühlbare „Anwesenheit" eines transzendenten „Außen" und gleichzeitig geht das so Bezeichnete nie ganz im Zeichen selbst auf, womit seine restlose Ausdeutung und daraus resultierende Profanisierung unterbrochen wird. Das Symbol beschwört das Transzendente und versieht es gleichzeitig mit einem Schutzwall der Unantastbarkeit. Auf präsentistisches Charisma übertragen folgt daraus: Die symbolische Vermittlung stiftet hier einerseits Präsenz, Unmittelbarkeit und Erlebbarkeit, andererseits bleibt ein Rest an kommunikativer Unverfügbarkeit bestehen, der die Aura des Charismas behütet.[67]

Die paradoxe Vorstellung zeichenhaft nicht restlos einholbarer Sinnbezirke von Transzendenz ist auf dem Boden einer Theorie, wie sie von de Sassure und dann von Derrida (und in vielerlei Hinsicht auch von Luhmann) vertreten wird, nicht mehr statthaft. Allerdings – so möchte ich behaupten – stoßen wir hier unter der Hand auf eine temporalisiert aufgeschobene Form von Metasinn. Zwar ist eine Form letztgültigen Sinns nicht mehr wie im Falle symbolischer Kommunikation in

66 FAGES, J. B., Den Strukturalismus verstehen. Einführung in das strukturale Denken, Gießen 1974, S. 24.

67 Vgl. GIESEN, B., Latenz und Ordnung. Eine konstruktivistische Skizze, in: Die Wirklichkeit der Symbole. Grundlagen der Kommunikation in historischen und gegenwärtigen Gesellschaften, hrsg. von SCHLÖGL, R./GIESEN, B./OSTERHAMMEL, J., Konstanz 2004, S. 73–100, sowie GIESEN, B., Tales of Transcendence. Imagining the Sacred in Politics, in: Religion and Politics. Cultural Perspectives, hrsg. von GIESEN, B./ŠUBER, D., Leiden/Boston 2005, S. 93–137, hier S. 99–101.

der Welt in ausgewiesenen Momenten unmittelbar erlebbar, sie wird allerdings durch stetige Sinnvertagung in Hoffnung auf eine sukzessive Autoperfektionierung des in sich geschlossenen Zeichensystems kompensiert. Das präsentistische Charisma eines symbolisch vermittelten Sich-Zeigens des Außeralltäglichen im hier-und-jetzt ist aufgrund der hermetischen Geschlossenheit der auf nichts als auf sich selbst verweisenden Zeichen zwar nicht mehr möglich. Was jedoch in der radikalen Immanentisierung bleibt, ist der Ausweg über den verzeitlichten Aufschub einer letztgültigen Antwort auf die Sinnfrage. Formen absentistischer, man könnte auch sagen: weltimmanent vertagter Charismata – man denke insbesondere an das Charisma und die Erlösungsverheißungen der Wissenschaft – bedienen sich so gesehen der Formel eines „Morgen werden wir es wissen", ohne diesen imaginierten Zustand jemals zu erreichen.

IV. Augenblick und Ewigkeit

Um die Ausgangsfrage wieder aufzunehmen, so muß dem Problem nachgegangen werden, weshalb es überhaupt für menschliche Wesen eine permanente Irritation darstellt, einen letztgültigen Sinn erkennen zu wollen. Eine Antwort lautet: weil wir einerseits sterblich sind und gleichzeitig aufgrund unseres Reflexionsvermögens die Vorstellung eines differenzlosen Totalsinns vorwegnehmen können, gleichwohl uns eine „existenziale Ganzheit"[68] in diesem Sinne faktisch nie erreichbar ist. Charisma, so die These, ist eine kulturelle Erscheinung, die in der Lage ist, diese schmerzhafte Ungewißheit zu betäuben. Mit Bezug auf Leo Tolstoj wirft Weber das Problem nach dem Sinn des Todes folgendermaßen auf: „Das ganze Problem seines [Tolstojs, C. S.] Grübelns drehte sich zunehmend um die Frage, ob der Tod eine sinnvolle Erscheinung sei oder nicht. Und die Antwort lautet bei ihm: für den Kulturmenschen – nein. Und zwar deshalb nicht, weil ja das zivilisierte, in den ‚Fortschritt', in das Unendliche hineingestellte einzelne Leben seinem eigenen immanenten Sinn nach kein Ende haben dürfte. Denn es liegt ja immer noch ein weiterer Fortschritt vor dem, der darin steht; niemand, der stirbt, steht auf der Höhe, welche in der Unendlichkeit liegt."[69] Die Malaise insbesondere des modernen Subjekts liegt demnach darin, daß religiöse Heilserwartungen zunehmend brüchig werden, gleichzeitig aber das Projekt der Kultur, gewertet als Ewigkeitssurrogat, in seinem offenen Zeithorizont die Lebensspanne des Einzelnen radikal überschreitet. Das Subjekt kann

68 HAHN, A., Heideggers Philosophie des Todes im Diskursfeld seiner Zeit (Weber, Simmel und Scheler), in: Die Jemeinigkeit des Mitseins. Die Daseinsanalytik Martin Heideggers und die Kritik der soziologischen Vernunft, hrsg. von WEISS, J., Konstanz 2001, S. 105–128, hier. S. 107.

69 WEBER, M., Wissenschaft als Beruf, in: Gesammelte Aufsätze zur Wissenschaftslehre, hrsg. von WEBER, M., Tübingen 1985, S. 582–613, hier: S. 594.

zwar an Kultur und Fortschritt mitwirken, der endgültige Sinn des Ganzen bleibt für es jedoch nur denkbar, selbst aber nicht erlebbar.

Folgen wir Bauman, so lassen sich zwei Wege identifizieren, vermittels derer Tod und drohende Sinnlosigkeit bearbeitet werden.[70] Der eine Weg setzt auf eskapistische Ablenkung von der anstehenden Sinnfrage und – so ließe sich hinzufügen – setzt auf das einmalige Erlebnis im hier-und-jetzt. Der Modus seiner Verwirklichung ist demnach das Performative und sinnlich Erlebbare, sein Zeitmodus derjenige der präsenzverheißenden Augenblicklichkeit, sein Kommunikationsmodus derjenige des Symbolischen. Dieser Weg ist damit an dasjenige Charisma anschlußfähig, das ich als *präsentistisches Charisma* bezeichnet habe.

Der andere, nach Bauman der „heroische" Weg entgegen Tod und Sinnlosigkeit wiederum setzt auf Szenarien der Ewigkeit, deren teleologischer Charakter den Zustand sinnhafter Geschlossenheit in eine imaginäre Zukunft verlegt, gleich ob die Erlösung dann in weltimmanenten Diesseitsparadiesen oder in irgend einem „Himmel" erfolgen wird. Dieser Weg wiederum weist Ähnlichkeiten zu demjenigen Charisma auf, das ich als *absentistisches Charisma* bezeichnet habe. Weil die Zukunft nicht erlebbar ist, sondern nur intellektuell vorweg genommen werden kann, verwirklicht sich dieses Charisma in der Sprache und gerade nicht wie ersteres in der Unmittelbarkeit symbolisch vermittelter Präsenz des Transzendenten. Charisma in dieser Spielart ist so gesehen verzeitlicht und bedarf damit in viel stärkerem Maße narrativer Vermittlung im Gegensatz zur Präsenz des augenblicklichen Erlebens sich in der Welt tatsächlich vollziehender Erfahrungen von Transzendenz. Die Ewigkeit verdankt sich nach Bauman der „magic of language"[71], der letztlich auch Derrida hinterher jagt. Das Künftige und insbesondere dasjenige Künftige, in dem die Suche nach Sinn sich endgültig erfüllt, ist in seiner Fiktionalität nur sprachlich faßbar. Bauman zitiert in diesem Zusammenhang George Steiner, der seinerseits darauf verweist, daß das Zukünftige allein sprachlich generiert wird und der diesen Gedanken mit den Worten schließt: „Hope is grammar."[72]

Es liegt auf der Hand, daß die vorgenommene Trennung der beiden diagnostizierten Formen von Charisma analytischer Natur ist und daß Charismata nicht in dieser Idealtypik, sondern nur in Mischungsverhältnissen variationsreicher Gradualität vorzufinden sind. Die Vertagung eines abschließenden Sinns im Falle des absentistischen Charismas bedarf der phasenweisen Bestätigung durch präsenzgenerierende Zustände des Ereignishaften, und ebenso läuft ein reines präsentistisches Charisma ohne teleologische Flankierung und die entsprechenden narrativen Elemente Gefahr, zum vereinzelten „Event" zu verkümmern.[73] „Verkümmern" ist dabei – wenn man

---

70 Vgl. BAUMAN, Z., Wasted Lives. Modernity and its Outcasts, Oxford 2004, S. 97–104.

71 Ebd., S. 101.

72 Zit. nach BAUMAN, Wasted Lives, ebd., S. 101.

73 Hinsichtlich des modernen Umbaus von „Visionen" vgl. SCHNETTLER, B., Zukunftsvisionen. Transzendenzerfahrung und Alltagswelt, Konstanz 2004.

eine normative Position einnehmen will – insofern der falsche, weil abwertende Begriff, da das teleologisch entkleidete *Event* zumindest die mannigfaltigen Gefahren geschichtsphilosophischer Hybris hinter sich läßt und schlicht darauf setzt, den Alltag als solchen im Modus seiner Übersteigung zu feiern.[74] Auf die Wirkung von Charisma übertragen geht daraus hervor, daß Charisma so gesehen auf zwei Ressourcen beruht. Einerseits auf der Mobilisierung des Ereignishaften, demnach auf der Präsenz jeweiliger Transzendenzkonzepte und der daraus folgenden und für das Individuum tatsächlich erfahrbaren *Zeitlosigkeit des Augenblicks*, andererseits ebenso auf charismatischen Erzählungen, deren Funktion wiederum darin besteht, die übersubjektive *Zeitlosigkeit der Ewigkeit* in den Griff zu bekommen.

Identität und *Differenz* wie ich versucht habe, sie als reziprok strukturierte Begriffe für das Phänomen des Charismas nutzbar zu machen, besitzen die Tendenz, gerade weil sie nur in Kombination zu denken sind, sich gegenseitig zu dynamisieren. Eine Zunahme der Intensität von Identität führt zu einer Zuname an Differenzerfahrung und zwar, so die Vermutung, in zwei Richtungen. Insbesondere im Falle präsentistischen Charismas führt die Zunahme an emotional dichter Nähe zum Charismatiker und der daraus folgende Identitätsgewinn der Anhänger *gleichzeitig* dazu, daß der Charismatiker als noch mehr entrückt wahrgenommen wird. Die Identitätsgewinnung im „charismatischen Ereignis" produziert – gerade weil sie ein Höchstmaß an erlebter Identität darstellt – gleichzeitig ein Höchstmaß an Differenz zwischen Charismatiker und Anhängerschaft. Je näher im Falle des Starkults das Publikum an die Bühne rückt, diese jedoch aufgrund des schmalen Bühnengrabens nie ganz erreichen kann, umso näher *und* ferner wird der „Star" auf der Bühne. Eine Möglichkeit, diese *intrasoziale* Differenz zu lösen, besteht darin, den unüberwindbaren Bruch sozialhygienisch in den Außenraum zu verlagern und sich als charismatische Gruppe *intersozial* in Differenz zu Außenstehenden zu definieren. Wie man es jedoch auch immer wendet, jede Form der sozialen Inaktierung von Charisma leidet daran, in ihrem identitätsverheißenden Totalanspruch letztlich den anthropologischen Hiatus nicht ganz zu überwinden, um zu einer Form selbstevidenter und fraglos geschlossener Identität zu gelangen.[75] Einer der erfolgsversprechendsten, wenn auch mehr als fragwürdigen Wege aus diesem Dilemma ist der phantasierte oder tatsächlich vollzogene Tod, am besten in Gemeinschaft anderer. Narziß wird dann mit seinem Spiegelbild identisch (mit dem biblischen *wie*, das heißt mit seiner Selbstkonzeptualisierung, die ihm in Differenz zu sich selbst gegenübersteht), wenn er in die Quelle stürzt, das heißt im Augenblick seines Todes.

74 In anderem Zusammenhang habe ich versucht, das hier angedeutete wechselseitige Verhältnis von Ereignis und Erzählung (anders gewendet: von Präsenz und Telos) theoretisch in den Griff zu bekommen. Siehe SCHNEIDER, C., Der Warschauer Kniefall. Ritual, Ereignis und Erzählung, Konstanz 2006.

75 Wobei man im Falle popkultureller Veranstaltungen einrechnen muß, daß der charismatische „Totalanspruch" auf das *event* als solches beschränkt bleibt und daß dem Publikum durchaus das Vermögen zuerkannt werden muß, sich reflexiv davon auch zu distanzieren.

Das zwischen Charisma und Todeskult eine enge Verbindung besteht, kann hier abschließend nur vage angerissen werden. Ich möchte jedoch mit zwei Verweisen schließen, aus denen sich ableiten läßt, was aus charismatischer Perspektive ganz unzulässig ist. „Die Amerikaner lieben Coca-Cola. Wir lieben den Tod.“[76] Der Taliban, von dem diese Worte stammen, wiederholt hier das berühmte „Viva la Muerte“ des Falangisten Jose Millan Astray, das dieser im Jahre 1937 in der Universität von Salamanca in den Raum schmetterte und das von einem seiner Anhänger mit dem Zusatz „Abajo la inteligencia“ – „Nieder mit der Intelligenz“ – versehen wurde. Wer den Tod liebt, hat offensichtlich etwas gegen Alltagskultur und Intelligenz, so ließen sich diese Aussagen zusammenfassen (Coca-Cola, das hat der zitierte Taliban gut erkannt, steht paradigmatisch für „Alltagskultur“), und in der Tat sind damit diejenigen Dinge benannt, die aus Sicht charismatischer Bewegungen die größten Gefahren darstellen: das Alltägliche und das Denken. Beides steht für etwas, das sich mit Charisma nicht im Geringsten verträgt: für Bescheidenheit.

76 Zit. nach: Die Zeit, Nr. 27 (29.06.2006), S. 8.

Valentin Rauer

Magie der Performanz

Theoretische Anschlüsse an das Charisma-Konzept

„Der Begriff Charisma wirkt ebenso faszinierend wie rätselhaft." Mit diesem Satz beginnt Malte Lenze seine kürzlich publizierte Monographie zum Charisma-Konzept.[1] Das Charisma-Konzept, so wäre diese Formulierung zu deuten, entfaltet selbst charismatische Effekte. Dies ist jedoch nur auf den ersten Blick tautologisch. Vielmehr verweist der Satz auf die zentrale Problematik des Konzepts seit seiner prominenten Einführung durch Max Weber. Die Problematik artikuliert sich nicht nur in der seit langem diskutierten Frage, inwiefern Weber selbst dem Glauben an charismatische Führerfiguren erlegen war,[2] sondern vor allem in der generellen Schwierigkeit, wie Sozial- und Kulturwissenschaften, die sich mit der Konstitution einer Struktur der sozialen Ordnung befassen, mit den Zuschreibungen des Außer-Ordentlichen, der Anti-Struktur oder des Ephemeren umgehen sollen. Charisma ist nach Weber ein Konzept, mit dem das „Andere der Ordnung" in den Mittelpunkt der Ordnung rückt. Das anhaltende Interesse am Charisma-Konzept mag auch dieser epistemologischen und analytischen Herausforderung geschuldet sein. Wie die verwandten Konzepte der „Antistruktur"[3], des „Unfassbaren"[4] oder des „Unverfügbaren"[5] ist Charisma ein Schlüssel, um prozeßhafte, ephemere und außerordentliche Bedeutungsstrukturen analytisch zu erschließen.

---

1 LENZE, M., Postmodernes Charisma. Marken und Stars statt Religion und Vernunft, Wiesbaden 2002, S. 1.

2 Vgl. zu dieser auf Wolfgang J. Mommsens Weber-Kritik zurückgehenden Diskussion u. a. BREUER, S., Bürokratie und Charisma. Zur politischen Soziologie Max Webers, Darmstadt 1994, S. 163f.; MÖLLER, F., Einführung: Zur Theorie des charismatischen Führers im modernen Nationalstaat, in: Charismatische Führer der deutschen Nation, hrsg. von MÖLLER, F., München 2004, S. 1–18, hier S. 7f.

3 TURNER, V., Das Ritual: Struktur und Anti-Struktur, Frankfurt am Main 1989. Zum Zusammenhang von Liminalität, Communitas als Anti-Struktur und Charisma insbes. S. 134.

4 GIESEN, B., Performing Transcendence in Politics. Sovereignty, Deviance and the Void of Meaning, in: Sociological Theory 23,3 (2005), S. 275–285.

5 TANNER, K., Die Macht des Unverfügbaren. Charisma als Gnadengabe in der Thematisierung von Institutionalisierungsprozessen im Christentum, in: Charisma und religiöse Gemeinschaften im Mittelalter, hrsg. von ANDENNA, G./BREITENSTEIN, M./MELVILLE, G., Münster 2005, S. 25–44.

Solche Formen der prozeßhaften, ephemeren Bedeutungskonstitution unterliegen besonderen sozialräumlichen Bedingungen. Sie sind auf Anwesenheit und Präsenz angewiesen und artikulieren sich in Handlungen, Gesten, Sprechakten und Ritualen. Die Zuschreibungen von Außerordentlichkeit sind damit an Situationsdefinitionen gebunden. Diese Zuschreibungen lassen sich auf Dauer stellen, sie werden medial vermittelt und vertextet, der Akt der Bedeutungskonstitution selbst jedoch bleibt immer situativ vermittelt.

Ein solches prozeßhaftes Grundverständnis von sozialer Bedeutungskonstitution liegt auch den aktuellen performanztheoretischen Ansätzen zugrunde.[6] So verwundert es nicht, daß in neueren Studien zu Charisma auf diese Ansätze verwiesen wird. Beispielsweise nutzt der Theologe Klaus Tanner die performanztheoretischen Termini John Austins – die „illokutionäre Kraft einer Äußerung“[7] – um Bedeutungs- und Machteffekte zu erklären, die, ähnlich wie das Charisma, nicht auf Zwang, sondern auf kommunikativ artikuliertem Glauben und Zuschreibungen beruhen. Die bei Weber stets mitlaufende Frage nach den Legitimitätsgründen sozialer Ordnung und Macht wird mit solchen Ansätzen nicht mehr als sozialpsychologisches Bewußtsein oder als Ideologie vorausgesetzt, sondern auf ihre kommunikativen Grundlagen und situationalen Geltungseffekte hin analysiert.

Gleichwohl bleibt diese Akzentverschiebung zumeist implizit. Im folgenden Beitrag soll es darum gehen, das Verhältnis von Charisma und Performanz analytisch und konzeptionell herauszuarbeiten, um nach neuen theoretischen Anknüpfungspunkten zu suchen. Zunächst werden die Bestimmungen des Weberschen Charisma-Konzepts mit Blick auf die Zuschreibungsmuster von Außerordentlichkeit herausgearbeitet, anschließend werden die performanztheoretischen Voraussetzungen von charismatisierten außerordentlichen Geltungsansprüchen erörtert.

I. Die Zuschreibung außerordentlicher Akteure, Ereignisse und Handlungen

In Webers Charisma-Konzept sind drei zentrale Aspekte enthalten, die auf analytisch unterschiedlichen Perspektiven beruhen. Erstens: ein *Akteursaspekt* – die Zuschreibung einer außerordentlichen Persönlichkeit; zweitens: ein *Zeitaspekt* – die

6 Für einen Überblick vgl. die Beiträge in: Kulturen des Performativen (Paragrana. Internationale Zeitschrift für Historische Anthropologie. Bd. 7/1), hrsg. von FISCHER-LICHTE, E./KOLESCH, D., Berlin 1998; Grundlagen des Performativen. Eine Einführung in die Zusammenhänge von Sprache, Macht und Handeln, hrsg. von WULF, C./GÖHLICH, M./ZIRFAS, J., Weinheim 2001; Social Performance: Symbolic Action, Cultural Pragmatics, and Ritual, hrsg. von ALEXANDER, J. C./GIESEN, B./MAST, J., Cambridge 2006.

7 TANNER, Die Macht des Unverfügbaren (wie Anm. 5), S. 26.

Zuschreibung eines außerordentlichen Ereignisses; drittens: ein *Handlungsaspekt* – die Zuschreibung außerordentlicher Taten.

1. Zu dem Akteursaspekt heißt es in einer der meistzitierten Bestimmungen von Weber:

'Charisma' soll eine als außeralltäglich (...) geltende Qualität einer Persönlichkeit heißen (...), um derentwillen sie als mit übernatürlichen (...) Eigenschaften begabt oder als gottgesandt (...) gewertet *wird. Wie die betreffende Qualität von irgendeinem ethischen, ästhetischen oder sonstigen Standpunkt aus ‚objektiv' richtig zu bewerten sein würde, ist natürlich dabei begrifflich völlig gleichgültig: darauf allein, wie sie tatsächlich von den charismatisch Beherrschten, den ‚Anhängern',* bewertet *wird, kommt es an.*[8]

Die an diese Bestimmung anknüpfende Rezeptionsgeschichte ist reichhaltig. Der Ansatz diente, um nur einen Beispiel zu nennen, als Ausgangspunkt für Shmuel Eisenstadts Theorie über die konstitutive Rolle der charismatischen Propheten in der Achsenzeit.[9] Am häufigsten sind jedoch die Studien, die personengebundenes Charisma als transepochales, ahistorisches Vergleichskriterium zur Analyse von Herrscherpersönlichkeiten verwenden. Beschrieben werden hier personengebundene charismatische Charakteristika bei Machthabern und Politikern wie Perikles, Cäsar, Napoleon, Hitler oder Adenauer.[10]

Das Konzept wird in diesen Studien in der Regel auf zweierlei Weise interpretiert. Die Einen sehen in der Bestimmung eine Dualität von qualitativen charismatischen Persönlichkeitsmerkmalen eines Akteurs und den Glauben an diese Qualitäten durch dessen Anhänger. Charismatische Legitimität beruht nach dieser Lesart sowohl auf dem „Eigencharisma" einer Führerfigur als auch auf dem „Fremdcharisma", d.h. der Bereitschaft der Gemeinschaft, an diese außeralltäglichen Eigenschaften zu glauben.[11] In einer der aktuellsten Versionen dieser Lesart verwendet Hans-Ulrich Wehler, um diese Beziehung zu qualifizieren, die Metapher der „Ellipse mit zwei Brennpunkten":

Der Charismatiker und seine Gesellschaft, die nach ihm verlangt (...), stehen in einer so unauflöslichen Wechselwirkung, dass der Charismatiker ohne die Berücksichtigung dieses gesellschaftlichen Kontextes ebenso wenig realistisch beurteilt,

8 WEBER, M., Wirtschaft und Gesellschaft, Tübingen 1980, S. 140 (Hervorhebung: V.R.).

9 EISENSTADT, S. N., Max Weber on Charisma and Institution Building. Selected Papers, Chicago 1992.

10 Zuletzt zu diesen Ansätzen vgl. die Beiträge in: Virtuosen der Macht, hrsg. von NIPPEL, W., München 2000; MÖLLER, Charismatische Führer (wie Anm. 2).

11 So zuletzt bei WEHLER, H.-U., Von der „Deutschen Doppelrevolution" bis zum Beginn des Ersten Weltkriegs 1849–1914 (Deutsche Gesellschaftsgeschichte. Bd. 3), München 1995, S. 368–376, hier S. 370.

wie das der Verhalten der Gesellschaft ohne die Einwirkung des Charismatikers angemessen verstanden werden kann.[12]

Die zweite, weit häufigere Lesart interpretiert die Webersche Bestimmung als eine reine Zuschreibungskategorie von Seiten der Anhänger und bezieht sich auf dessen zweiten Satz: „darauf allein, wie [die Eigenschaft] von den charismatisch Beherrschten, den ‚Anhängern', bewertet wird, kommt es an".[13] Diese Ansätze betonen, daß Charisma nicht auf einer objektivierbaren Eigenschaft des Charismatikers, sondern ausschließlich auf dem Glauben der Beobachter an seine außeralltäglichen Eigenschaften gründet. Es handelt sich nicht um das Resultat von zwei komplementären Ursachen, wie Wehlers Metapher der „Brennpunkte einer Ellipse" nahe legt. Die persönlichen Eigenschaften der Person, an die sich die Zuschreibungen der Beobachter knüpfen, sind nicht inhaltlich und objektiv bestimmbar. Ob eine außeralltägliche Eigenschaft als Charisma oder Stigma von den Beobachtern bewertet wird, ergibt sich nicht aus der Qualität an sich, sondern aus den jeweiligen kulturellen Bedeutungskontexten[14], auf die sich die Beobachter beziehen.[15] Es handelt sich um eine kommunikativ konstituierte Unterscheidung und damit um eine „Beziehungskategorie" zwischen charismatischen Herrschern und Beherrschten.[16] Akteursgebundenes Charisma ist in dieser Sichtweise also kein essentielles und ahistorisches, sondern ein empirisch jeweils zu bestimmendes, „relationales Konzept".

12 WEHLER, H.-U., Vom Beginn des Ersten Weltkriegs bis zur Gründung der beiden deutschen Staaten 1914–1949 (Deutsche Gesellschaftsgeschichte. Bd. 4), München 2003, S. 552. Vgl. kritisch HERBST, L., Rezension zu Wehler, H.-U., Deutsche Gesellschaftsgeschichte 1914–1949, München 2003, in: H-Soz-u-Kult, 23.10.2003, <http://hsozkult.geschichte.hu-berlin.de/rezensionen/2003-4-046>; MÖLLER, F., Einführung zur Theorie des charismatischen Führers im modernen Nationalstaat, in MÖLLER, Charismatische Führer (wie Anm. 2), S. 1–18.

13 Gleichwohl ist dieser Widerspruch zwischen „Charisma als Zuschreibung" und „Eigencharisma" auch in Webers Werk selbst eingewoben. In seinen späteren Schriften finden sich Formulierungen, die den Charismatiker auch als „Träger eines Eigencharismas" erscheinen lassen, womit er, so Breuer mit Verweis auf Wolfgang J. Mommsens Weber-Kritik, „wichtige Voraussetzungen für jene Argumentationsstrategie der Rechten" in Weimar geliefert hat. Vgl. BREUER, Bürokratie und Charisma (wie Anm. 2), S. 163 sowie MÖLLER, Einführung (wie Anm. 2), S. 7.

14 Vgl. zu diesem Kulturbegriff GEERTZ, C., Dichte Beschreibung. Beiträge zum Verstehen kultureller Systeme, Frankfurt am Main 1983.

15 LIPP, W., Stigma und Charisma. Über soziales Grenzverhalten, Berlin 1985; GOFFMAN, E., Stigma. Über Techniken der Bewältigung beschädigter Identität, Frankfurt am Main 1975. Goffmans zentrale Definition von Stigma kann in reziproker Weise für Charisma gelten: „Der Terminus Stigma wird also in Bezug auf eine Eigenschaft gebraucht werden, die zutiefst diskreditierend ist, aber es sollte gesehen werden, daß es einer Begriffsprache von *Relationen*, nicht von *Eigenschaften* bedarf. Eine und dieselbe Eigenschaft vermag den einen Typus zu stigmatisieren, während sie die Normalität eines anderen bestätigt, und ist daher als Ding an sich weder kreditierend noch diskreditierend." (GOFFMAN, Stigma [wie in dieser Anm.], S. 11; Hervorhebung V. R.)

16 MÖLLER, Einführung (wie Anm. 2), S. 4.

Hierzu heißt es unmissverständlich bei Douglas Madsen und Peter G. Snow: „Any definition of charisma which neglects the relational aspect of the phenomenon (...) misdirects empirical research"[17].

Aus der prinzipiellen Relationalität zwischen dem Akteur und den an seine Außerordentlichkeit glaubenden Anhänger ergibt sich auch die von Weber beschriebene grundsätzliche Labilität der auf Charisma fußenden Legitimität. Die Akteure sind stets der Bewährung und im Falle ihres Mißerfolges oder ihrer Profanisierung der Gefahr ihrer De-Charismatisierung ausgesetzt. Die Annahmen eines sich über psychologisch messbare, außerordentliche Eigenschaften konstituierenden und stabilisierenden „Eigencharisma" im Sinne eines „Genies" gilt als „veraltet".[18]

Mit einem solchen Ansatz sind psychologische Annahmen obsolet, womit sich auch der Streit um „Eigencharisma" und „Fremdcharisma" erübrigt. Statt dessen richtet sich der Blick auf die wechselseitige kommunikative Herstellung von charismatisierten Interaktionsbeziehungen zwischen Herrschern und Beherrschten. Nicht die vermeintliche charismatische „Qualität" der Führungsperson bildet den analytischen Zugang und das Explanans, sondern die Repräsentationsweisen der charismatisierten Selbst- und Fremdzuschreibungen.

2. Im Gegensatz zum charismatisierten Akteur wurde in der Rezeption der zweite bei Weber angelegte Aspekt, die spezifische *Zeitlichkeit* von Charisma, kaum diskutiert. Zwei der in diesem Zusammenhang viel zitierten Weberschen Bestimmungen enthalten diesen Aspekt, ohne daß jedoch der Zeitlichkeits- und Ereignischarakter eigens benannt wird. Die Zitate lauten: „Charisma [bedeutet] eine aus *Not* oder *Begeisterung* geborene *Wandlung* der zentralen Gesinnungs- und Tatenrichtung unter völliger Neuorientierung aller Einstellungen zu allen einzelnen Lebensformen und zur ‚Welt' überhaupt (...)."[19] An anderer Stelle heißt es: „Die Schöpfung einer charismatischen Herrschaft [ist] stets das Kind ungewöhnlicher äußerer (...) oder innerer (...) Situationen."[20]

Charisma wird hier in eine zeitliche Transformation, d.h. als Wandlung oder als außerordentliches Ereignis, als Wunder oder als Umwertung aller Werte gefaßt. „Not und Begeisterung" bezeichnet Weber als charismatisierende Situation.[21] In der

17 MADSEN D./SNOW, P. G., The Charismatic Bond. Political Behavior in Time of Crises, Cambridge 1991, S. 5.

18 BREUER, Bürokratie und Charisma (wie Anm. 2), S. 175.

19 WEBER, Wirtschaft und Gesellschaft (wie Anm. 8), S. 141.

20 WEBER, Wirtschaft und Gesellschaft (wie Anm. 8), S. 661.

21 Die bereits angesprochenen Rezeptionsprobleme (vgl. Anm. 13) zeigen sich bisweilen auch hier. So ist nach Pierre Bourdieu Webers „charismatischer Prophet" „weniger der ‚außeralltägliche' Mensch, von dem Weber spricht, als vielmehr der Mensch außeralltäglicher Situationen." (BOURDIEU, P., Das religiöse Feld, Konstanz 2000, S. 106) Interessanterweise fehlt in Bourdieus Charisma-Definition (ebd. S. 29) der zweite Satz des Weberschen Zitats. Damit ergänzt er Webers Konzept um die Situationsperspektive, die in dessen ursprünglichen Konzeption bereits – wenn auch mißverständlich – enthalten war.

Rezeption wird diese Zeitlichkeitsdimension oftmals fälschlicherweise unter der Figur des Charismatikers selbst subsumiert. Der Charismatiker vollbringe kraft seines „Eigencharismas" die Geschichte selbst hervor. So interpretiert Hans-Ulrich Wehler Weber folgendermaßen (ohne Zitationsangabe): „Weber ist sogar soweit gegangen, *im Charismatiker* die einzige andere ‚große revolutionäre Macht' (...) zu sehen, welche die Übermacht traditionalistischer Erstarrung oder bürokratischer Verkrustung gleichermaßen aufbrechen (...) könne".[22] Diese Präferenz des Charismatikers als Held der Geschichte ist zwar, wie bereits erwähnt, bei Weber bisweilen widersprüchlich angelegt, nichtsdestotrotz resultiert eine solche Leseweise auch aus der Mißachtung der außerordentlichen Zeitlichkeitsstruktur von Charisma und der fehlenden kommunikationstheoretischen Aspekt der Zuschreibung.[23] Andere Autoren sahen zwar die Zeitdimension des Konzeptes, indem sie beispielsweise in „magisches Charisma", „religiöses Charisma" und das moderne „Charisma der Vernunft" unterschieden.[24] Allerdings fehlt in einer solchen chronologischen *longue durée* der zentrale Aspekt der Situativität und Plötzlichkeit des charismatischen Ereignisses.

Die umfassenden zeitlichen Dimensionen hebt indes der Ethnologe Johannes Fabian hervor. Für Fabian impliziert Webers Charisma-Konzept eine „intersubjektive Zeit", die der „physikalischen Zeit" gegenübergestellt ist. Das Charisma-Konzept reißt dabei ein „logisches Leck", das sich, so Fabian, mit den bisherigen soziologische Modellen nicht „schließen" läßt:

At any rate, not even the tightest formalizations of the ‚social system' were able to stop the logical leak kept open by the concept of charisma. In Weber's own writings about it temporal references abound: The notion of Alltag is used to define, by contrast, the nature of charismatic authority. As a process, charisma undergeoes 'routinization'. Duration, emergence, flow, succession, are all temporal directional qualifications which signal fundamental links between typologizing and temporalizing.[25]

Der Zeitlichkeitsaspekt des Charisma-Konzepts wird ferner in der Rezeption von M. Rainer Lepsius und Edvard Shils angedeutet. Lepsius und Shils knüpfen an Webers Konzept der charismatischen Situation an. Lepsius unterscheidet beispielsweise in „latent charismatische Situationen" und „manifest charismatische Situatio-

22 WEHLER, Deutsche Gesellschaftsgeschichte Bd. 4 (wie Anm. 12), S. 552; Hervorhebung V. R.

23 Vgl. allgemein zur Kommunikationstheorie SCHLÖGL, R., Symbole in der Kommunikation, in: Die Wirklichkeit der Symbole, hrsg. von SCHLÖGEL, R./GIESEN, E./OSTERHAMMEL, J., Konstanz 2004, S. 9–38.

24 So zuletzt ausführlich bei BREUER, Bürokratie und Charisma (wie Anm. 2), S. 59f. Gemäß dieser These löse sich Charisma zunehmend von Personen und „heftet sich an Ideen und Institutionen" (ebd.). Vgl. auch die Diskussion von Breuers Ansatz in: LENZE, Postmodernes Charisma (wie Anm. 1), S. 65–118. Lenze identifiziert einen aktuellen vierten Typus, den er als „postmodernes Charisma" bezeichnet.

25 FABIAN, J., Time and the Other. How Anthropology Makes Its Object, New York 1983, S. 23–24.

nen".[26] Erst in den manifest charismatischen Situationen ist eine soziale Konstellation vorhanden, die charismatische Geltungsansprüche wahrscheinlicher werden läßt. Bei Shils werden analog die „alltäglichen Ereignissen" als *occurences* bezeichnet, während die außeralltäglichen, charismatischen Ereignisse, die die soziale Ordnung durchbrechen als *events* erscheinen.[27] Obwohl es Shils nicht so explizit formuliert, so beschreiben *occurcences* den alltäglichen profanen Zeitverlauf, während *events* eine zeitlich sakralisierte außerordentliche Zäsur repräsentieren. Shils Ansatz bildete für Clifford Geertz den Ausgangspunkt seiner Theorie der „ethnischen Vergemeinschaftung". Ethnisierungsprozesse sind nach Geertz als eine Gegenbewegung auf staatliche Ordnungsstrukturen zu verstehen. Solchermaßen stellt Geertz die Ethnisierung als einen außerordentlichen charismatischen Prozeß der staatlich rational gesatzten Ordnung gegenüber.[28]

Wenn Charisma als relationales Konzept begriffen wird, dann kann es sich auch bei diesem Zeitlichkeitsaspekt nicht um objektiv meßbare Notsituation oder Krisen handeln, aus der heraus der vermeintliche „Eigencharismatiker" quasi zwangsläufig und „objektiv" hervorgeht. Vielmehr müssen auch diese krisenhaften Ereignisse von den Beobachtern als eine außerordentliche Situation oder zeitlicher Umbruch bewertet und gedeutet werden. Erst die jeweils reaktive und situative Konstruktion von Außerordentlichkeit durch die Beobachter transformiert profane *occurences* in sakrale *events*.[29] Kommunikationstheoretisch formuliert, dient der Charismaträger als kollektiv anschlussfähiger Repräsentant dieses Wandels. In ihm verdichten sich symbolisch die Brüche mit der vormals als selbstverständlich geltenden sozialen Ordnung. Der Charismatiker repräsentiert für die Beobachter die Außerordentlichkeit der jeweiligen Situation, er führt die Situation nicht selbst herbei. Er sollte weder mit dem charismatisierten Situationen gleichgesetzt noch mit dessen Verursachungen verwechselt werden.

3. Schließlich findet sich ein *Handlungsaspekt* von Charisma. Charismatisierte Handlungen enthalten bei Weber wiederum zwei verschiedene Bedeutungen: einen willkürlich dezisionistischer und einen magisch rituellen Aspekt. Der dezisionistische Aspekt besagt, daß der charismatische Handlungsmodus von den Beobachtern als willkürlich, d.h. als außerhalb der üblichen Erwartbarkeitsstrukturen wahrgenommen wird. Hierzu heißt es bei Weber: „Charismatische Handlungen sind cha-

---

26 LEPSIUS, M. R., Demokratie in Deutschland. Soziologisch-historische Konstellationsanalysen, Göttingen 1993.

27 SHILS, E., Charisma, Order, and Status, in: American Sociological Review, 30/2 (1965), S. 199–213.

28 GEERTZ, C., The Integrative Revolution: Primordial Sentiments and Politics in the New States, in: DERS. (Hrsg.), Old Societies and New States: the Quest for Modernity in Asia and Africa, New York 1963, S. 105–157.

29 Vgl. zu einer performanztheoretischen Weiterführung dieser Unterscheidung RAUER, V., Symbols in Action: Willy Brandt's Kneefall at the Warsaw Memorial, in: Social Performance, hrsg. von ALEXANDER/GIESEN/MAST (wie Anm. 6), S. 538–574.

rakterisiert durch „(...) aktuelle Offenbarung oder aktuelle Schöpfung, Tat und Beispiel, Entscheidung von Fall zu Fall (...).“[30] Charismatisches Handeln ist den gewohnten oder normativ gesatzten Handlungsregeln entgegengestellt. Die Beobachter interpetieren die charismatische Handlung, als wäre sie vollständig autonom und von alltäglichen Traditionen oder normativen Ordnungszwängen entbunden. Die Handlung erfolgt allein vor dem Hintergrund der jeweiligen Situation.[31]

Zum anderen beschreibt Weber eine magisch-rituelle Dimension des charismatischen Handelns. Anders als das dezisionistische Handeln ist magisches Handeln nicht an Ausnahmezustände und Situationslogiken gebunden. Nicht dem situativen Kontext, sondern der Handlung selbst werden außerordentliche Kräfte und Ursache-Wirkungszusammenhänge zugerechnet: „Wie das Quirlen den Funken aus dem Holz, so lockt die ‚magische' Mimik des Kundigen den Regen aus dem Himmel [D]iese *außeralltäglichen* Kräfte sind es, welchen gesonderte Namen: ‚mana', ‚orenda', bei den Iraniern: ‚maga' (davon: magisch) beigelegt werden, und für die wir hier ein- für allemal den Namen ‚Charisma' gebrauchen wollen“.[32] Selbstverständlich gilt auch für die magischen Handlungen die Rezeptionsperspektive von Seiten der Beobachter.[33]

Erstaunlicherweise hat Weber, entgegen seiner Gewohnheit, jedoch den Magie-Begriff nicht näher bestimmt.[34] Der Begriff changiert unentschieden zwischen einem irrationalen und rationalen Verständnis.[35] Der Versuch, charismatisches magi-

---

30 WEBER, Wirtschaft und Gesellschaft (wie Anm. 8), S. 227.

31 Der Dezisionismus ist auch prominent in der politischen Theologie von Carl Schmitt entfaltet und wurde dort mit der bekannten Formel „Souverän ist, wer im Ausnahmezustand entscheidet“ auf den Punkt gebracht.

32 WEBER, Wirtschaft und Gesellschaft (wie Anm. 8), S. 245. Magisches charismatisches Handeln ist nach Weber sowohl irrational, als auch rational, da es wie letzteres ein Handeln nach „Erfahrungsregel“ sei (ebd.).

33 In einem Abschnitt über charismatische „magische *Handlungen*“ heißt es beispielsweise: „ Jedes aus dem Geleise des Alltag herausfallende *Ereignis* läßt charismatische Gewalten, jede außergewöhnliche *Fähigkeit* charismatischen Glauben aufflammen (...)“ (WEBER, Wirtschaft und Gesellschaft [wie Anm. 8], S. 670; Hervorhebung V. R.). Neben der klassischen Definition von den charismatisierten Fähigkeiten eines Akteurs finden sich also wiederholt Hinweise auf charismatisierte Ereignisse und Handlungen, die allerdings analytisch nicht differenziert werden.

34 BREUER, S., Max Webers Herrschaftssoziologie, Frankfurt am Main 1991, S. 39–44.

35 Charismatische Irrationalität wird definiert als: „(...) attributed to actors who behave in a fashion out of keeping with self-interests“ (MADSEN/SNOW, The Charismatic Bond [wie Anm. 17], S. 8). „Irrationalität“ ist also eine reine Zuschreibungskategorie gegenüber den vermeintlichen Selbst-Interessen des Handelnden. Da magisches charismatisches Handeln sowohl Eigen- als auch Fremdinteressen bedienen kann, eignet sich das Unterscheidungskriterium „Irrationalität / Rationalität“ nicht zu einer trennscharfen Definition. Schon bei Weber ist Charisma der Rationalität grundsätzlich gegenübergestellt. Dem charismatischen Handeln liegt kein mehr oder weniger rationales bzw. irrationales Handeln zugrunde, sondern ein völlig anderer, dem rationalen Handeln entgegenlaufender subjektiv gemeinter Sinn. Nicht rational versus irrational unterscheidet charismatisches Handeln von alltäglichem Handeln, sondern profanes versus sakrales Handeln. Letzteres ist keine hierarchische Unterscheidung wie im Falle von Rationalität, sondern es beschreibt eine Andersartigkeit die, so Emile Durkheim, „absolut“ ist (DURKHEIM, E., Die

sches Handeln über die Unterscheidung Irrationalität versus Rationalität zu bestimmen, führte somit nicht weiter. Inzwischen hat sich ein Magie-Begriff etabliert, der von magischem Handeln als bedeutungsorientiertes Handeln ausgeht. Magisches Handeln ist wie das alltägliche Handeln an profanen Ursache-Wirkungs-Zusammenhängen orientiert. Die profanen Ursache-Wirkungs-Vorstellungen werden im magischen Handeln lediglich sakralisiert. Der materiell mechanisch gedachte Wirkungszusammenhang transformiert sich im Zuge der magischen Handlung auf die symbolische Ebene.[36] Im Vollzug repräsentieren magische Handlungen also außerweltliche Ursachen und Kräfte, ohne dabei das rationale Prinzip von Ursache und Wirkung außer Kraft zu setzen.[37] Die magischen Handlungen stehen neben alltäglichen Routinen und transformieren ein „ordentliches" Ursache-Wirkungsprinzip in eine symbolisch „außer"-ordentliche und damit charismatische Repräsentation. Anders als bei physikalischen Gesetzmäßigkeiten ist ihre Wirkung nicht universal gültig, sondern an die jeweilige Situation gebunden.[38]

Um soziale Effekte bei den Beobachtern zu erzielen, bedürfen die Zuschreibungen der Außerordentlichkeit besonderer Mittel der „Ver-Gegenwärtigung". In ihrer Re-Präsentation muss das Präsentische verstetigt werden, ohne dabei seinen Charakter als Präsentisches zu verlieren. Diese Spannung zwischen situativer Präsenz und Verstetigung sollte dabei jedoch nicht vorschnell durch den von Weber ausführlich behandelten Prozess der „Veralltäglichung" aufgelöst werden.[39] Vielmehr erscheint es ertragreicher, diese Spannung mit Blick auf ihre Vollzugsmodi, d.h. auf ihre Performativität selbst zu hinterfragen. Die Zuschreibung von Außerordentlichkeit beruht auf der Beobachtung von charismatisierten Akten und Ereignissen. Für Weber kam es vor allem auf die Intensität und Flüchtigkeit des Glaubens an diese Außerordentlichkeit an. Ob diese Akte einer besonderen Kommunikations- oder Repräsentationsform sowie einer besonderen Anwesenheitsstruktur bedürfen, hat er nicht geklärt. Es bleibt also eine zentrale Frage offen. Der folgende Abschnitt widmet sich dieser Frage und diskutiert die kommunikativen Bedingungen von charismatisierten Geltungsansprüchen im Rahmen eines performanztheoretischen Ansatzes.

---

elementaren Formen des religiösen Lebens, Frankfurt am Main 1991, S. 63). Nach Durkheim gibt es ein mehr oder weniger rationales, aber kein mehr oder weniger sakrales Handeln.

36 TAMBIAH, S. J., Form and Meanings of Magical Acts, in: A Reader in the Anthropology of Religion, hrsg. von LAMBEK, M., Malden 2002, S. 340–357.

37 Vgl. BREUER, Max Webers Herrschaftssoziologie (wie Anm. 34), S. 39–44; GLADIGOW, B., Symbole und Symbolkontrolle als Ergebnis einer Professionalisierung von Religion, in: Die Wirklichkeit der Symbole, hrsg. von SCHLÖGL/GIESEN/OSTERHAMMEL (wie Anm. 23), S. 159–172.

38 TAMBIAH, S. J., Eine performative Theorie des Rituals, in: Performanz. Zwischen Sprachphilosophie und Kulturwissenschaften, hrsg. von WIRTH, U., Frankfurt am Main 2002, S. 210–242.

39 Weber selbst hat sich ausführlich der Verstetigung des Charismas zugewandt. Die Stichworte Amts- und Erbcharisma sind in diesem Rahmen zu verordnen. Mit den Weberschen Stichworten zu diesem Problem, Amts- und Erbcharisma, verschwimmt meines Erachtens jedoch die analytische Trennschärfe zwischen dem traditionalen und dem charismatischen Idealtypus.

II. Charismatische Geltung durch performative Präsenz

Lexikalisch bedeutet Performanz: „die konkrete Realisierung von Ausdrücken in einer bestimmten Situation".[40] Unter dem Stichwort versammelt sich momentan eine interdisziplinäre Forschungsrichtung. Performanztheorien fokussieren das Prozessuale und Realitätssetzende in sozialen Situationen. Gemeinsam sind allen Ansätzen die Betonung von 1. körperlicher Anwesenheit, 2. Re-Präsentation von Handlungen (Re-Enactment) und 3. das konstitutive Verhältnis zwischen Akteuren und Publikum.

Macht- und Herrschaftsanalysen wenden sich beispielsweise den Aspekten von *Theatralität* und *Inszenierung* zu.[41] Prozessstrukturen werden unter dem Stichwort *social drama* analysiert.[42] Das Konzept der *Liminaliät* nimmt soziale Dynamiken, Wandel und Stabilität als soziale Schwellensituationen in den Blick.[43] Die Probleme von Verstetigung und Re-Präsentation werden mit den Begriffen *Iteration* und *Mimesis* gefasst.[44]

In einigen historischen und soziologischen Studien zu Charisma finden sich vereinzelt Bezüge zu diesen Konzepten. So wird die Bedeutung der mittelalterlichen *vita religiosa*, der spätmittelalterlichen Charismatikerinnen oder der mönchischen Vergemeinschaftungen inzwischen auch im Rahmen der Konzepte von Victor Turner[45] wie „Liminalität" und „Communitas"[46] oder allgemein als „Theatralität"[47] in-

---

40 Duden Fremdwörterbuch, Mannheim ^{5}1990.

41 TURNER, V., Vom Ritual zum Theater. Der Ernst des menschlichen Spiels, Frankfurt am Main 1995; ECO, U., Semiotics of Theatrical Performance, in: The Dramatic Review 21 (1977), S. 107–117; GUMBRECHT, H.-U., Inszenierte Zusammenbrüche oder: Tragödie und Paradox, in: Paradoxien, Dissonanzen, Zusammenbrüche. Situationen offener Epistemologie, hrsg. von GUMBRECHT, H.-U./PFEIFFER, K. L., Frankfurt am Main 1991, S. 471–494 sowie die Beiträge in: Die Inszenierungsgesellschaft, hrsg. von WILLEMS, H./JURGA, M., Opladen 1998. Für eine Kritik an der These von der zunehmenden Inszenierung vgl. SENNETT, R., Verfall und Ende des öffentlichen Lebens. Die Tyrannei der Intimität, Frankfurt am Main 1984, hier Kapitel 12 „Das unzivilisierte Charisma", S. 341–363.

42 Vgl. die Beiträge in SCHECHNER, R./APPEL,W. (Hrsg.), By Means of Performance. Intercultural Studies of Theatre and Ritual, Cambridge 1990.

43 Vgl. Fußnote 9. So heißt es beispielsweise bei Turner: „Self is presented through the performance of roles, through performance that break roles, and through declaring to a given public that one has undergone a transformation of state and status, been saved or damned, elevated or released." (TURNER, The Anthropology of Performance, New York 1986, S. 81).

44 DERRIDA, J., Signatur Ereignis Kontext, in: DERRIDA, J., Randgänge der Philosophie, Wien 1988, S. 291–314; GIESEN, B., Performing the Sacred, in: Social Performance, hrsg. von ALEXANDER/GIESEN/MAST (wie Anm. 6), S. 119–169.

45 TURNER, The Anthropology of Performance (wie Anm. 43); TURNER, Das Ritual (wie Anm. 3), insbes. S.134; BREUER, Max Webers Herrschaftssoziologie (wie Anm. 34), insbesondere S. 34–37.

46 RYCHTEROVÁ, P., Charisma als Passion im Leben und Werk spätmittelalterlicher Visionärinnen, in: ANDENNA/BREITENSTEIN/MELVILLE, Charisma (wie Anm. 5), S. 463–476; WESJOHANN, A., Flüchtig-

terpretiert. Auch in der Soziologie zu Medien und Öffentlichkeit nimmt die Aufmerksamkeit für die kommunikativen Bedingungen und repräsentationstheoretischen Aspekte von Charisma zu.[48]

Anstatt diese Termini und Bezüge hier im Einzelnen zu erläutern, soll sich die folgende Erörterung auf eine Fragestellung beschränken, die in den Studien in der Regel implizit bleibt: die Frage nach der performativen Dimension von charismatischer Legitimität. Was unterscheiden rational-begriffliche Geltungsansprüche von performativen Geltungsansprüchen? Um diese Frage möglichst trennscharf zu beantworten, bietet es sich an, auf den klassischen Text des „Erfinders" der Performanztheorie John Austins zurückzugreifen: „How to do things with words"[49].

Die damals bahnbrechende Grundidee Austins besteht darin, daß sich alle Sprechakte hinsichtlich ihres Geltungsanspruches in konstative und performative Formen unterscheiden.[50] Konstative Sprechakte haben einen Wahrheitsanspruch: „das ist ein Tisch". Performative Sprechakte haben keinen Wahrheitsanspruch, sondern realisieren eine soziale Situation. Wenn jemand sagt: „Hiermit erkläre ich diese Prüfung für beendet", so hat er keinen Wahrheitsanspruch, sondern versucht eine Situation zu realisieren. Die einzige Frage ist, ob diese Sprechhandlung situationsadäquat ist oder nicht. Wenn niemand aufsteht, ist sie beispielsweise inadäquat, aber nicht unwahr. Weder hat der Sprecher das zum richtigen Zeitpunkt gesagt, noch war er wohl in der sozial legitimierten Position, eine soziale Situation als beendet zu definieren.[51] Dieses banale Beispiel wäre selbstverständlich auch auf Kriegserklärun-

---

keit und Bewahrung des Charisma oder: War der heilige Dominikus etwa auch ein Charismatiker?, in: ANDENNA/BREITENSTEIN/MELVILLE, Charisma (wie Anm. 5), S. 227–260, hier S. 239–240.

47 MELVILLE, G., Stephan von Obazine: Begründung und Überwindung charismatischer Führung, in: ANDENNA/BREITENSTEIN/MELVILLE, Charisma (wie Anm. 5), S. 85–101, hier S. 87; BREITENSTEIN, M., Im Blick der Anderen, oder: Ist Charisma erlernbar? Aspekte zum Franziskanertum der zweiten Generation, in: ANDENNA/BREITENSTEIN/MELVILLE, Charisma (wie Anm. 5), S. 383–413.

48 SOEFFNER, H.-G., Geborgtes Charisma, populistische Inszenierungen, in: Charisma: Theorie – Religion – Politik, hrsg. von GEBHARDT, W./ZINGERLE, A./EBERTZ, M. N., Berlin 1993, S. 201–219. Vgl. auch die Beiträge in: Diesseitsreligion: zur Deutung der Bedeutung moderner Kultur, hrsg. von HONER, A./KUR, R./REICHERTZ, J., Konstanz 1999; HÄUSERMANN, J., Inszeniertes Charisma. Medien und Persönlichkeit, Tübingen 2001.

49 AUSTIN, J. L., Zur Theorie der Sprechakte (How to Do Things with Words), Stuttgart 1998 [1957].

50 Hier und im Folgenden AUSTIN, Zur Theorie der Sprechakte (wie Anm. 49), S. 9f.

51 Pierre Bourdieu setzt in seiner Kritik an Austins Performanz-Begriff an dieser Stelle an. Im Sinne einer Soziolinguistik verweist er auf die grundsätzliche Kontextgebundenheit des Sprechaktes. Der Erfolg eines Sprechaktes hängt, so Bourdieu, ausschließlich von der sozialen Position und Legitimität des Sprechenden ab. Zwar kann jeder eine Flasche gegen ein Schiff werfen, um es zu taufen, nur muß das Schiff fortan nicht notwendig diesen Namen tragen (BOURDIEU, P., Was heißt Sprechen? Die Ökonomie des sprachlichen Tausches, Wien 1990, S. 52f); vgl. dazu auch AUDEHM, K., Die Macht der Sprache. Performative Magie bei Pierre Bourdieu, in: Grundlagen des Performativen, hrsg. von WULF/GÖHLICH/ZIRFAS (wie Anm. 6), S. 101–128. In einer ähnlichen Kritik an Austin argumentiert Jacques Derrida, daß performative Akte niemals, wie bei Austin, pur seien, sondern immer auf textuellen Vorlagen

gen, Republikausrufungen oder aber Rituale wie „Hiermit erkläre ich euch zu Frau und Mann" anzuwenden.

All diese performative Handlungen oder Sprechakte werden niemals mit einem ontologischen Geltungsanspruch von „Wahrheit" verbunden. Niemand kann sagen, „dieses Heiratsritual ist unwahr", denn es hat ja stattgefunden. Der Zweifel kann sich lediglich auf die sozialen Kontexte beziehen, wie beispielsweise: „Die Zeremonie war inadäquat", „von der falschen Person realisiert" etc. Performative Akte sind damit von rationalen Wahrheitsansprüchen grundsätzlich ausgenommen. Dies erklärt ihre außerordentliche realitätssetzende und gesellschaftlich stabilisierende Bedeutung.

Nun findet sich bei Austin noch ein zweites zentrales Argument, daß aus dem Vorhergesagten hervorgeht. Performative Akte schaffen eine *neue* soziale Realität. Nach dem Akt: „Nun erkläre ich euch zu Mann und Frau" ist die soziale Beziehung fortan eine andere. Wenn in einem Konflikt jemand sagt: „Ich entschuldige mich", so wandelt sich die vormalige Freund/Feind-Beziehung. Versöhnung oder Eheschließung sind nicht wahr oder falsch, sondern geglückte oder missglückte Definitionen einer sozialen Situation. Diese performativ hergestellten Effekte des „Neuen" bilden den zweiten zentralen Punkt bei Austin.

Selbstverständlich sind nicht alle performativen Akte notwendigerweise charismatisch. Allerdings konstituiert sich Charisma grundsätzlich performativ. Wenn eine charismatisierte Handlung die Potenz hat, die rationale oder traditionale Ordnung zu transformieren, dann deshalb, weil sie sich als performative Handlung realisiert. Sie hat eine soziale Realität vollzogen, eine Situation durch eine Handlung neu geschaffen und nicht als wahr beschrieben. Wenn die Rezipienten dies als „geglückt" bewerten, dann tritt das von Max Weber postulierte Neue – die „Metanoia"[52] – bei einer charismatisierten Situation ein.

Nun liegt der Einwand auf der Hand, daß all die Beispiele, von der Beendigung einer Sitzung, über die Hochzeit bis zur Republikausrufung rituelle und damit immer auch tradierte Handlungen sind. Denn Tradition ist das, was nach Weber mit Charisma durchbrochen wird. Hier liegt jedoch der Erklärungsansatz. Die Chance, um etwas Neuem legitime Geltung zu verschaffen, steigt in dem Maße an, wie die Handlungen sich für die Beobachter auf tradierte Erzählungen vergangener performativer Akte beziehen. Die Beobachter gleichen ihr performatives Wissen mit der

---

und diskursiven Kontexten beruhen. Nicht der Akt stiftet die Bedeutung, sondern der diskursiv aktualisierte Text (DERRIDA, Signatur – Ereignis – Kontext [wie Anm. 44]).

52 „Eine plötzlich eintretende Umwandlung der Gesinnung" von „innen" bezeichnet Weber als „Metanoia" (WEBER, Wirtschaft und Gesellschaft [wie Anm. 8], S. 321). Dieses charismatische Ereignis steht der „Rationalisierung" gegenüber, die den Wandel „von außen" vollzieht (ebd. S. 658). Kommunikationstheoretisch wäre eine solche „Innen/Außen-Unterscheidung" nicht nachvollziehbar. In beiden Fällen handelt es sich um beobachtbare kommunikative Formen (vgl. TUGENDHAT, E., Selbstbewußtsein und Selbstbestimmung. Sprachanalytische Interpretationen, Frankfurt am Main 1993, insbesondere S. 27–49).

aktuell beobachteten Performanz ab.[53] Die aktuelle „neue" Bedeutung entsteht in diesem Abgleichungsprozess. So heißt es bei Karl-Siegbert Rehberg:

Wenn [performative Handlungen] Geltung in Genese auflösen und sich nur im Prozess des Werdens verankern wollen, wenn sie die Authentizität im Ritual und im Augenblick suchen, so sind sie (...) doch an spezifische Memorialleistungen, an eine selbstbezügliche ‚Beobachtung der Beobachtung' gebunden.[54]

Diese „selbstbezügliche Beobachtung der Beobachtung" gilt dabei keineswegs nur für die Moderne.[55] Beispielweise wird die Reflektion des „Blicks der Anderen" eindrucksvoll in einem von dem mittelalterlichen Charismatiker Bernhard von Bessa stammenden Zitat deutlich, der auf seine theatrale Funktion für die Welt als Beobachter hinweist: „Wir sind zum Schauspiel geworden für die Welt, für die Engel und für die Menschen."

Die Zurechnung eines (selbst-)beobachteten performativen Akts als „vorbildlich" oder „geglückt" ist an die jeweilige Situationsadäquanz geknüpft, die sich ausschließlich über die Anwesenheit und die Zuschreibung des Beobachters begründen läßt. Die charismatisch bewerteten Handlungen werden durch ein Gerechtwerden der außerordentlichen Situation ausgezeichnet und durch ein Mehr an Präsenz legitimiert.

Diese notwendige Bedingung der Präsenz charismatischen Handelns gilt selbstverständlich nicht nur für magische Rituale im engeren Sinne, sondern auch für das charismatische Handeln in sozialen Gruppen. In der Neuzeit, so Rudolf Schlögl, gründet beispielsweise die „protestantische Erweckungsbewegung" auf dem „charismatisch unterlegten, interaktiven religiösen Gemeinschaftshandeln", wobei sich die gemeinschaftsstiftenden Effekte im wesentlichen über die „mediale *Präsenz* des Geschehens" konstituieren.[56]

Dagegen erschüttern charismatische Ereignisse die Kriterien zur Beurteilung von Situationen. Sie werden als kontingente Situationen wahrgenommen. Kontingenz

---

53 So beispielsweise im Bezug auf die Chroniken mittelalterlicher Rituale: ALTHOFF, G., Inszenierung verpflichtet. Zum Verständnis ritueller Akte bei Papst-Kaiser-Begegnungen im 12. Jahrhundert, in: Frühmittelalterliche Studien 35 (2001), S. 61–84.

54 REHBERG, K.-S., Verkörperungs-Konkurrenzen. Aktionskunst in der DDR zwischen Revolte und 'Kristallisation', in: Performance und Bild Performance als Bild, hrsg. von JANECKE, C., Berlin 2004, S. 115–161, hier S. 156.

55 Zit. n. BREITENSTEIN, Im Blick der Anderen (wie Anm. 47), S. 413.

56 SCHLÖGL, R., Rationalisierung als Entsinnlichung religiöser Praxis? Zur sozialen und medialen Form von Religion in der Neuzeit, in: Die Säkularisation im Prozeß der Säkularisierung Europas, hrsg. von BLICKLE, P./SCHLÖGL, R., Epfendorf 2005, S. 37–64, hier S. 62; Hervorhebung im Original.

bedeutet, eine Situation weder als determiniert noch als beliebig zu bewerten.[57] Charismatische Situationen sind keine alltäglichen Geschehnisse („occurences"), sondern unerwartete kontingente Ereignisse („events"). Aufgrund ihrer kontingenten Bedeutungssetzung stellen sie potentiell die bis dato gültigen Leitideen in Frage. Im Falle einer als kontingent erfahrenen Situation werden die ordentlichen Kategorien des Misslingens und Gelingens inadäquat.[58] Die gewohnten Kriterien der „Be-Deutung" einer Situation scheitern, weil Ursache und Wirkung, Intention und Reaktion für die Beobachter ununterscheidbar wird.

Doch wie lässt sich diese Transformation von „occurences" in außerordentliche „events" qualifizieren oder gar operationalisieren? Perfomanztheoretisch werden Ereignisse als die radikalste Form von Gegenwärtigkeit begriffen. Jede vorgängige Ursache oder intentionale Herbeiführung des Geschehens rückt dadurch aus dem Bewusstsein der Rezipienten. Ereignisse gelten als Nicht-Intentional. Für die Rezipienten stellen sie sich dar, so Dieter Mersch, als „manifestieren sie sich selbst"[59]. Die tatsächlichen Intentionen oder Verursacher des Ereignisses haben eine völlig sekundäre Bedeutung. In diesem Zusammenhang ist eine Abraham Lincoln zugeschriebene Aussage bezeichnend. Befragt nach seinen Entscheidungskriterien in den diversen Situationen während des Bürgerkriegs soll er gesagt haben: „I claim to have controlled events, but confess plainly that events have controlled me."[60] Bedeutung hat das charismatische Ereignis einzig auf einer das handelnde Individuum transzendierenden Werteebene.[61] Aufgrund seiner kontingenten Bedeutung delegitimiert es die alten Werte und verlangt nach Neuem. Bei charismatischen Ereignissen kann es

---

57 Vgl. zu dieser auf Luhmann zurückgehenden Bestimmung: WAGNER-PACIFICI, R., Theorizing the Standoff. Contingency in Action, Cambridge 2000. Dieses Verständnis von Kontingenz ist keineswegs, wie vielfach behauptet, modernen Ursprungs, sondern bildete bereits einen philosophisch-theologischen Ausgangspunkt der christlichen Rechts- und Staatsphilosophie im Mittelalter. So beschäftigte sich, laut Ernst-Wolfgang Böckenförde, der Theologe Duns Scotus explizit mit der Frage nach Kontingenz: „Wie kann das Bestehen von Nicht-Notwendigkeit, das eine unbestreitbare Erfahrungstatsache ist, daß nämlich etwas nicht notwendig so sein muß, wie es ist, sondern auch anders sein kann oder hätte sein können, als möglich erklärt werden?". Scotus Antwort darauf bildet, so Böckenförde weiter, einen „Ursprung der Kontingenzlehre" und lautet sinngemäß: „Die Welt hätte, als sie geschaffen wurde, auch anders werden können, als sie ist, und es war Gottes Wille, daß sie so und nicht anders wurde" (BÖCKENFÖRDE, E.-W., Geschichte der Rechts- und Staatsphilosophie. Antike und Mittelalter, Tübingen 2002, S. 270).

58 Dies kann sich auch auf die Performanz selbst beziehen. Vgl. KÖPPING, K.-P., Erwartungen an das Unerwartete-Gescheiterte. Performanzen als Ereignisse, in: Performativität und Ereignis, hrsg. von FISCHER-LICHTE, E./HORN, C./UMATHUM, S.,/WARSTAT, M., Tübingen 2003, S. 119–134.

59 MERSCH, D., Ereignis und Aura. Untersuchungen zu einer Ästhetik des Performativen, Frankfurt am Main 2002, S. 9; Vgl. ferner: BAUMANN, R., Story, Performance, and Event: Contextual Studies in Oral Narrative, New York 1986.

60 Zit. n. NAGLER, J., Abraham Lincoln und die ‚Nation unter Gott', in: Virtuosen der Macht, hrsg. von NIPPEL (wie Anm. 10), S. 137–154, hier S. 151.

61 GIESEN, Performing the Sacred (wie Anm. 44), S. 119–169, insbesondere Fußnote 5.

sich nach Weber entweder um positiv bewertete Situationen der Befreiung, des Triumphes etc. oder um negative Situationen wie Niederlagen oder Katastrophen handeln. Bei ersterem erfolgt eine Deutung im Rahmen positiver Transzendenz, bei letzterem eine Deutung, die Bernhard Giesen „negative Transzendenz" nennt.[62]

Kontingente Situationen transformieren, so Robin Wanger-Pacifici, abstrakte Ursache-Wirkungsvorstellungen und soziale Wertordnungen in narrative Repräsentation.[63] Die Effekte einer solchen negativ transzendenten Erzählung lassen sich am Beispiel des 11. Septembers deutlich sehen. Eine rationalisierende, intentionale Deutung würden lauten: „Junge Männer aus dem Mittelstand verübten einen Anschlag. Entweder um als Märtyrer irdischen Ruhm und himmlische Heiligung zu erreichen, oder weil sie in einer globalen Moderne traditionalen Werten hinterherhinken." Eine charismatisierte Deutung würde lauten: „Das Ereignis des 11. Septembers steht für das Ende der postmodernen Beliebigkeit. Es markiert den Beginn des 21. Jahrhunderts. Fortan kommt der Unterscheidung von Gut und Böse eine völlig neue Relevanz zu. Politik und Kriegsführung sind hinsichtlich ihrer Legitimation auf eine neue Grundlage gestellt".[64]

Abschließend lassen sich folgende Charakteristika festhalten. Charismatisierte Akteure, Ereignisse und Handlungen sind durch eine besondere Zuschreibung von Gegenwartsgebundenheit gekennzeichnet: Dem charismatischen Herrscher werden zugleich außerordentliche und kontingente Qualitäten zugerechnet. Das charismatische Ereignis durchbricht den stabilen Erwartungshorizont. Die charismatische Handlung setzt eigene Interaktionsroutinen und repräsentiert über aktuelle Vollzüge außerordentliche Ursache-Wirkungsrelationen. Im Charisma radikalisiert sich die Gegenwart. Um Weber zu paraphrasieren: Charisma ist weniger sinnadäquat, sondern situationsadäquat. Charisma ist die „große revolutionäre Macht"[65], weil es das Präsentische für die Beobachter „re-präsentiert". Charisma entzieht sich der Vergangenheit und der rationalen Kausalitätserwartung durch eine eigensinnige aktualistische Vollzugslogik.[66]

---

62 GIESEN, Performing Transcendency (wie Anm. 4).

63 WAGNER-PACIFICI, Theorizing the Standoff (wie Anm. 57).

64 Im Bezug auf den 11. September 2001 beispielsweise: NEIMAN, S., Das Böse Denken. Eine andere Geschichte der Philosophie, Frankfurt am Main 2006, S. 412–421.

65 WEBER, Wirtschaft und Gesellschaft (wie Anm. 8), S. 141.

66 Allerdings wäre es verfehlt, Max Webers Charisma-Konzept als Argument im Streit zwischen Ereignis- und Strukturtheorie einzusetzen. Webers Theoriegebäude ist streng relational. Es läßt sich nicht auf essentielle Strukturen oder Ereignisse reduzieren, wie in der Weber-Forschung immer wieder betont wird, vgl. WEIß, J., Max Webers Grundlegung der Soziologie, München 1992; LEPSIUS, Demokratie in Deutschland (wie Anm. 26).

III. Fazit

Die Soziologie hat das Charisma-Konzept im Anschluss an Max Weber vor allem auf die Frage von Herrschaft angewendet und weitergeführt. Max Weber selbst hat jedoch Charisma durchaus umfassender konzeptualisiert. Charisma bezeichnet bei ihm nicht nur die Form der Herrschaftslegitimation „durch eine als außeralltäglich geltende Qualität einer Persönlichkeit". Vielmehr beschreibt er Charisma auch als die „revolutionäre Wandlung" aller sozialen und kulturellen Selbstvergewisserungen sowie als die „Kraft", die religiösen oder magischen Handlungen zugeschrieben wird. Im Anschluß an Weber lassen sich also drei verschiedene Zuschreibungsweisen von Charisma unterscheiden: Als außerordentliche Eigenschaft von Akteuren, als außerordentliche Bedeutung von Ereignissen und als außerordentliche Wirkmächtigkeit von Handlungen.

Außerordentlichkeit ist eine Zuschreibung von Seiten der Beobachter. Diese Zuschreibung bezieht sich immer auch auf spezifische performative Akte. Performative Akte erzeugen Bedeutung, indem sie etwas „tun", nicht indem sie etwas „bezeichnen". Sie entfalten ihre soziale Wirkmächtigkeit gerade deshalb, weil sie sich nicht auf rational-begriffliche Geltungsansprüche beziehen. Performative Akte sind keine Realitätsabbildung oder Wahrheitsbegründung, sondern ein sozialer Vollzug und damit eine Realitätssetzung. Sie sind nicht „wahr oder falsch", sondern sie „gelingen oder mißlingen". Daher bedarf ein performativer Akt keiner rationalen Begründung. Nicht jeder performativer Akt ist charismatisch. Charisma ist indes immer performativ vermittelt. Es ist an performative Akte gebunden, weil hier soziale Wirksamkeit jenseits von rationalen Begründungen entfaltet werden kann.

Ein so verstandener kommunikationstheoretischer Charisma-Begriff wäre im Anschluß an diese Überlegungen zu historisieren.[67] Die charismatische Persönlichkeit oder der charismatische Glaube der Beobachter kann nicht als ein „transepochales Vergleichskriterium" ahistorisch vorausgesetzt werden. Vielmehr sind die Gelingensbedingungen der Performanz empirisch herauszuarbeiten, um charismatische Bedeutungen und Effekte angemessen erfassen zu können.

---

67 In der westlichen Moderne sind die Kriterien des Mißlingens und Gelingens beispielsweise an „Authentizität" und „Spontaneität" geknüpft, während vorher die rituell adäquate Einbettung im Vordergrund stand (vgl. ALTHOFF, Inszenierung verpflichtet [wie Anm. 53]; STOLLBERG-RILINGER, B.„ Knien vor Gott – Knien vor dem Kaiser. Zum Ritualwandel im Konfessionskonflikt, in: Zeichen – Rituale – Werte, hrsg. von ALTHOFF, G., Münster 2004, S. 501–533). Ein Wandlungsprozeß läßt sich auch bei der Rolle des Publikums feststellen. Das Publikum hat sich auf vielfache Weise potenziert: Über Buchdruck, elektronische Medien bis hin zu Internetforen. Bisweilen wird in diesem Zusammenhang die These vertreten, daß Charisma überhaupt erst in Abgrenzung zur „phonetischen Schriftlichkeit" als eine eigene, körperlich gebundene Form der Bedeutungsvermittlung entstehen konnte (vgl. GOODY J./WATT, I., Entstehung und Folgen der Schriftkultur, Frankfurt am Main 1986).

Charisma ist dabei auf jeweils unterschiedliche Konstellationen der drei Zuschreibungen von Außerordentlichkeit angewiesen. Charismatisierungen werden wahrscheinlich, wenn außerordentliche Akteure, Handlungen und Ereignisse zusammentreffen. Alle drei Zuschreibungen unterliegen einem radikalen Präsentismus. Akteure sind „geistes-gegenwärtig" (was hier nicht weiter vertieft wurde), Handlungen sind nicht sinn-, sondern situationsadäquat. „Ereignisse" sind nicht verursacht, sondern kontingent und nicht-intendiert. Charisma realisiert sich ausschließlich als performativer Vollzug. Die Magie des Performativen besteht darin, daß es das Charisma konstituiert und gleichzeitig gegen rationale Geltungsansprüche und intentionalistische Deutungen immunisiert.

Ulrich Gotter

Die Nemesis des Allgemein-Gültigen

Max Webers Charisma-Konzept und die antiken Monarchien[1]

I.

Seit geraumer Zeit hat Max Weber in der Geschichtswissenschaft unbestreitbar Konjunktur.[2] Daß dies nicht immer so war, mag auf den ersten Blick verwundern: Denn die Attraktivität Max Webers für die historische Wissenschaft scheint eigentlich auf der Hand zu liegen. Es gibt wohl keinen anderen Soziologen, für dessen Nutzung die Historiker vermeintlich so wenig Transferleistungen aufbringen müssen. Nicht nur, daß Max Weber die zentralen Themen der Historiographie von Wirtschaft über Religion zu politischer Herrschaft in einer vertrauten und anschlußfähigen Terminologie thematisiert und auch Erklärungen für diachronen Wandel entworfen hat: Seine Soziologie ist darüber hinaus genuin historisch. Weber ordnet Geschichte, argumentiert mit Geschichte und illustriert seine soziologischen Kategorien und Typen durch Geschichte. Aus dieser Perspektive folgerichtig ist Max Weber von Angehörigen der historischen Zunft vor nicht allzu langer Zeit programmatisch naturalisiert worden.[3]

Auf den zweiten Blick allerdings war das Verhältnis zwischen dem (Über)vater der Soziologie und der Geschichtswissenschaft weniger irenisch, und auch dies hat seine innere Logik. Ein prinzipielles Spannungsverhältnis ergab sich bereits hinsichtlich der angestrebten Dimension der Deutungen. Schließlich hatte sich Geschichte als Wissenschaft im 19. Jahrhundert unter dem Banner einer Professionalisierung konstituiert, die sich in fachdisziplinärer Spezialisierung ausdrückte. Der Kern einer professionalisierten Historiographie war die Ausrichtung an epochenzentrierter De-

---

1 Für Lektüre und Diskussion danke ich Nino Luraghi (Cambridge/Mass.) und Kai Trampedach (Konstanz).

2 S. etwa MOMMSEN, W. J., Max Weber und die moderne Geschichtswissenschaft, Saarbrücken 1989; KOCKA, J., Vorwort, in: Max Weber, der Historiker, hrsg. von KOCKA, J., Göttingen 1986, S. 7; für die Alte Geschichte siehe MEIER, C., Max Weber und die Antike, in: Max Weber. Ein Symposion, hrsg. von GNEUSS, C./KOCKA, J., München 1988, S. 11–24; NIPPEL, W., Vom Nutzen und Nachteil Max Webers für die Althistorie, in: Antike und Abendland 40 (1994), S. 169–180.

3 Vgl. KOCKA (Hrsg.), Max Weber, der Historiker (wie Anm. 2).

tailforschung, die – nicht zuletzt gegen die Herausforderungen der Geschichtsphilosophie[4] – die Eigenständigkeit und Unverwechselbarkeit der einzelnen Segmente des historischen Kontinuums postulierte. Das Epiphänomen dieses Prozesses war notwendigerweise eine radikale Reichweitenreduktion historischer Aussagen.

Webers Umgang mit Geschichte war in Zielsetzung und Methodik das genaue Gegenteil dieses Entwurfes. Wo es ihm um linearen Wandel ging (Stichwort europäischer Rationalisierungsprozeß), umspannte er enorme Zeiträume. Und neben solchen Makrobewegungen löste sich Geschichte in einen Pool von Strukturen auf, die sich durch den Modus des Vergleichs in allgemeingültige und überzeitliche Muster organisieren ließen. Mit dem Typenbegriff für soziale Konfigurationen, Beziehungen und Handlungen legte Weber eine Axiomatik über den Vergangenheitsraum, die ihn gewissermaßen zum Baukasten einer historischen Universalsoziologie machte.[5]

Für die disziplinäre Geschichtswissenschaft konnte Weber daher nur abseits des Historismus attraktiv sein, ja eine Weber-Rezeption auf breiter Basis war ohne den Niedergang des historistischen Paradigmas geradezu undenkbar.[6] Das erklärt sicherlich ganz wesentlich den über Jahrzehnte hinweg zögerlichen Zugriff der Historiker. Für eine an Strukturen orientierte Geschichtswissenschaft allerdings konnte Weber dann Eckstein und wirkungsmächtige Berufungsinstanz sein. So ist seine Bedeutung für die der Sozialgeschichte und die historische Sozialwissenschaft seit den 1960er Jahren kaum zu überschätzen.[7]

Indem Weber seither immer begeisterter rezipiert und schließlich als gültige Referenz etabliert wurde, bot sich der Geschichtswissenschaft ein enormes Reservoir neuer Instrumente und Perspektiven. Damit wurde auch seine Herrschaftssoziologie hoffähig, deren Zentralbegriff der Legitimität sich als außerordentlich produktiv erwiesen hat. Daß Max Weber Herrschaft nicht von den Herrschenden, sondern von den Beherrschten aus konstruierte (Legitimität wurde dabei als Minimum an Gehorchenwol-

4 S. dazu WHITE, H., Die Bedeutung der Form, Frankfurt/M. 1990, S. 78–107.

5 Zum Anspruch auf Universalität von Webers Kategorien und insbesondere seiner Herrschaftstypen vgl. MOMMSEN, W. J., The Age of Bureaucracy, Oxford 1974, bes. S. 1–21 u. S. 72–77; KROLL, T., Max Webers Idealtypus der Charismatischen Herrschaft und die zeitgenössische Charisma-Debatte, in: Max Webers Herrschaftssoziologie, hrsg. von HANKE, E./MOMMSEN, W. J., Tübingen 2001, S. 70–72; gegen die Anwendbarkeit weberscher Herrschaftstypen auf die Antike FINLEY, M. I., Max Weber and the Greek City-State, in: Ancient History. Evidence and Models, hrsg. von FINLEY, M. I., New York 1986, bes. S. 99.

6 Vgl. MOMMSEN, W. J., Soziologische Geschichte und historische Soziologie, in: Max Weber: Gesellschaft, Politik und Geschichte, hrsg. von MOMMSEN, W. J., Frankfurt am Main 1974, S. 182–192; MOMMSEN, Max Weber und die moderne Geschichtswissenschaft (wie Anm. 2), S. 14f; KOCKA, J., Max Webers Bedeutung für die Geschichtswissenschaft, in: Max Weber, der Historiker (wie Anm. 2), S. 21–22.

7 Vgl. KOCKA, Max Webers Bedeutung für die Geschichtswissenschaft (wie Anm. 6), S. 13–14; WEHLER, H. U., Max Webers Klassentheorie und die neuere Sozialgeschichte, in: Max Weber, der Historiker (wie Anm. 2), S. 193–203; zu den verschiedenen Rezeptionstempi Webers in der deutschen Geschichtswissenschaft s. MOMMSEN, Max Weber und die moderne Geschichtswissenschaft (wie Anm. 2), S. 23–28.

len definiert)[8], bedeutet in der Tat einen Paradigmenwechsel, der der Beschreibung von politischen Ordnungen eine neue Grammatik unterlegt. Auf dieser Grundlage systematisierte Weber potentielle Legitimitätsgründe und stellte ein Raster von Herrschaftstypen bereit, in das sich historische Befunde auf breiter Front einordnen ließen.[9] Damit war prinzipiell auch die akademische Karriere für diejenige Konfiguration bereitet, die Weber als „charismatische Herrschaft" bezeichnet hat.[10] Doch verbanden sich damit ganz eigene Rezeptionsprobleme: Ließ sich etwa das Konzept der bürokratischen oder rationalen Herrschaft stets leicht als produktive Klassifikation des modernen Staates verstehen, stand die Kombination der Begriffe „Charisma" und „Führertum" aus nahe liegenden Gründen zunächst noch unter ideologischem Generalverdacht. Erst mit der Zeit wurde offenbar der Weg frei, um auch das Konzept charismatischer Herrschaft als analytisches Instrument zu begreifen.[11] Mittlerweile ist seine Konjunktur für Vormoderne und Moderne gleichermaßen kaum mehr zu übersehen, so daß charismatisches Führertum nun auch in den politischen Ordnungen der Antike an mancherlei Stellen aufgesucht und aufgefunden wird.[12]

Unter diesen Umständen erscheint es sinnvoll, die Anwendbarkeit Weberscher Kategorien zwischen universellem Muster und empirischer Forschung konzeptionell zu evaluieren. Im folgenden wird daher nach den Möglichkeiten, Grenzen und Perspektiven von Webers Charismakonzept für die vergleichende Analyse antiker Alleinherrschaften gefragt.

---

8 Vgl. WEBER, M., Wirtschaft und Gesellschaft, Tübingen [5]1980, S. 122.

9 Zu den verschiedenen Formulierungen der Herrschaftssoziologie Max Webers seit 1911 siehe MOMMSEN, Soziologische Geschichte und historische Soziologie (wie Anm. 6), S. 202–206. Im folgenden trage ich der einzelnen, durchaus nicht unwesentlichen Akzentverschiebungen keine Rechnung, sondern beziehe mich auf die jüngste Ausformung von Webers Konzept in Wirtschaft und Gesellschaft.

10 Zur Entstehung des Konzepts, seinen Quellen und seinen einzelnen Aspekten vgl. BECKER, K. E., „Der römische Caesar mit Christi Seele". Max Webers Charisma-Konzept. Eine systematisch–kritische Analyse unter Einbeziehung biographischer Fakten, Frankfurt am Main/Bern/New York/Paris 1988,S. 43–102; KROLL, Max Webers Idealtypus (wie Anm. 5), S. 47–70; RADKAU, J., Max Weber. Die Leidenschaft des Denkens, München/Wien 2005, bes. S. 539–613.

11 Zur Rezeptionsdynamik von Webers Charisma–Konzept in der Geschichtswissenschaft und den Sozialwissenschaften allgemein s. ZINGERLE, A., Max Webers historische Soziologie, Darmstadt 1981, S. 130–145; DERS., Theoretische Probleme und Perspektiven der Charisma–Forschung, in: Charisma. Theorie – Religion – Politik, hrsg. von ZINGERLE, A./GEBHARDT, W./EBERTZ, M. N., Berlin/New York 1993, S. 249–266.

12 Siehe neuerdings etwa HATSCHER, C. R., Charisma und Res Publica. Max Webers Herrschaftssoziologie und die Römische Republik, Stuttgart 2000 mit einem kursorischen und nicht vollständigen Überblick über den Einsatz des Charismabegriffs in der althistorischen Forschung, S. 24–37. Bezeichnenderweise kommt die voluminöseste monographische Untersuchung zum Charisma in der Antike (TÄGER, F., Charisma. Studien zur Geschichte des antiken Herrscherkultes, 2 Bde., Stuttgart 1957/1960) noch vollständig ohne Auseinandersetzung mit Max Weber aus.

II.

In einem programmatischen Aufsatz von 1982 hat Hans-Joachim Gehrke allen Versuchen, das hellenistische Königtum mit den Kategorien des Staatsrechts und der normativ gesättigten Philosophie zu beschreiben, eine überzeugende Absage erteilt.[13] Zur neuen axiomatischen Referenz erklärte er die Herrschaftssoziologie Max Webers und fragte statt nach der „Legalität" der Herrschaft nach deren „Legitimität".[14] Indem er konsequent die Phänomene der monarchischen Ordnung in diesem Rahmen interpretierte, wurden Alexander der Große und seine Nachfolger geradezu zu Inkarnationen charismatischer Herrschaft.[15]

In der Tat sind die Entsprechungen zwischen Konzept und Lebenswelt erheblich. Das beginnt bereits mit der antiken Selbstbeschreibung: Die Suda, ein byzantinisches Lexikon, referiert unter dem Lemma „Königtum" folgendes: „Weder Abstammung (*physis*) noch Recht (*to dikaion*) bringen den Menschen die Königsherrschaft (*basileia*), sondern die Fähigkeit, ein Heer zu kommandieren und die Staatsgeschäfte vernünftig zu lenken. Das zeigte sich an Philipp und den Nachfolgern Alexanders. Denn dem natürlichen Sohn (Philipp Arrhidaios) nutzte seine Verwandtschaft nichts wegen seiner Geistesschwäche. Diejenigen aber, die in keiner (verwandtschaftlichen) Beziehung zu ihm (Alexander) standen, wurden Könige fast der gesamten bewohnten Welt."[16]

Diese Definition macht deutlich, daß der hellenistische König sich einem rigiden Anforderungsprofil gegenüber sieht. Der König ist nicht König, weil er König *ist*, sondern weil er sich immer wieder gegenüber seinen Untertanen bzw. der Öffentlichkeit eines potentiellen Untertanenverbandes als König *zeigt*. Bewährung in diesem Sinne verweist immer wieder auf die primäre *raison d'être* des Herrschers zurück, die Aneignung des Machtbereiches durch den militärischen Sieg.[17] Dieser Sieg allerdings ist – und das macht ihn für die Kategorie der charismatischen Herrschaft spezifisch –, nicht nur von ganz rationalem Nutzen, wie dies militärische Er-

---

13 Vgl. GEHRKE, H.-J., Der siegreiche König. Überlegungen zur Hellenistischen Monarchie, in: Archiv für Kulturgeschichte 64 (1982), S. 247–277.

14 Vgl. GEHRKE, Der siegreiche König (wie Anm. 13), S. 249–252.

15 Vgl. GEHRKE, Der siegreiche König (wie Anm. 13), S. 252–254 u. S.271–277.

16 Suda (Sudae Lexicon), hrsg. von ADLER, A., Bd. 1, Nachdruck der ersten Auflage von 1928, Stuttgart 1971, s.v. basileia, S. 457. Der materielle Gehalt der Definition, wenn nicht der genaue Wortlaut, stammt sicherlich aus dem Hellenismus – nicht zuletzt wegen der Beispiele, die der Autor für sein Axiom anführt und die als Konstrukte der römischen Kaiserzeit keinen Sinn hätten; siehe a. GEHRKE, Der siegreiche König (wie Anm. 13), S 253.

17 Vgl. SCHMITTHENNER, W., Über eine Formveränderung der Monarchie seit Alexander d. Gr., in: Saeculum 19 (1968), S. 31–46; GEHRKE, Der siegreiche König (wie Anm. 13), S. 254–258; weitere Literatur bei GEHRKE, H.-J., Geschichte des Hellenismus, München 2003, S. 170–171.

folge nun einmal sind, sondern entfaltet zugleich eine erhebliche Zeichenhaftigkeit. Denn in der allgemeinen Wahrnehmung berührt der Sieg die sakrale Sphäre: Wer militärisch siegt, demonstriert dadurch zugleich, daß er der Herrschaft wert ist.[18] Unter diesen Umständen ist das direkte physische Eingreifen des Herrschers besonders zeichenhaft. Als Vorkämpfer läßt sich der König als Sieger besonders eindrucksvoll inszenieren.[19]

Die außeralltägliche Qualität des Herrschers, die im Sieg besonders deutlich hervortritt, ist allerdings auch jenseits des militärischen Komplexes für den hellenistischen König integral. Sein inkommensurables Mehr-Können kann der König ebenfalls durch eine ganze Reihe ziviler Leistungen für seine Untertanen demonstrieren.[20] Insbesondere Wohltaten von existenzieller Natur (Stadtgründung, Unterstützung bei Naturkatastrophen), ebnen den Weg zur sakralen Überhöhung des Königs: Durch Akte, die nicht auf derselben Ebene vergeltbar sind, wird der König gewissermaßen dem Kosmos menschlicher Gleichheit entrückt.[21]

Die Formulierung des Königs als Retter und Wohltäter[22] konstituiert allerdings zugleich eine nur bedingt kontrollierbare Erwartungshaltung. Wenn Königtum sich in übermenschlicher Bewährung äußert, wird persönliches oder strukturelles Versagen rasch existenziell, weniger für das Königtum als solches (die *basileia*) als für den einzelnen König (den *basileus*). Das Problem zeigt sich wiederum am schärfsten im militärischen Bereich. Die Siegerideologie produziert dort gleich zwei herrschaftsbedrohende Faktoren: Zum einen lassen Niederlagen den Glauben an die Sieghaftigkeit des Herrschers und damit an seine königliche Qualität schwinden,

---

18 Polyb. 11,34,15 (über Antiochos III. nach seiner Wiederholung des Alexanderzuges): „Damit fand der Feldzug des Antiochos in die oberen Satrapien seinen Abschluß, durch den er nicht nur die Statthalter jener Provinzen seiner Macht unterwarf, sondern auch die Städte an der Küste und die Fürsten diesseits des Tauros, kurz, die Herrschaft über sein ganzes Reich wiederherstellte und sicherte, indem er sich bei allen seinen Untertanen durch seinen Wagemut und seine Ausdauer in den Strapazen dieses Krieges Respekt verschaffte. Denn dieser Feldzug ließ ihn den Bewohnern nicht nur von Asien, sondern auch von Europa des Thrones, den er innehatte, würdig erscheinen“ (übers. von Hans Drexler).

19 Grundsätzlich dazu AUSTIN, M. M., Hellenistic Kings, War and the Economy, The Classical quarterly 36 (1986), S. 450–466, bes. S. 457–459. GEHRKE, Der siegreiche König (wie Anm. 13), S. 256, spricht in diesem Zusammenhang von der Idee einer Schlacht als ‚Zweikampf' oder ‚Duell'. Die Maßstäbe für dieses Verhalten hatte bereits Alexander in unüberbietbarer, doch nicht ignorierbarer Manier gesetzt.

20 Vgl. etwa WEBER, G., Dichtung und höfische Gesellschaft. Die Rezeption von Zeitgeschichte am Hof der ersten drei Ptolemäer, Stuttgart 1993, bes. S. 5–7 u. S. 400–415; MA, J., Kings, in: A Companion to the Hellenistic World, hrsg. von ERSKINE, A., Oxford 2003, S. 179–183, der die Macht des Königs primär für die Kommunikation mit den griechischen Städten, aber auch darüber hinaus – als ‚field of negotiation' (S. 183) faßt.

21 S. dazu immer noch HABICHT, C., Gottmenschentum und griechische Städte, München 1970.

22 Vgl. HABICHT, Gottmenschentum (wie Anm. 21); GEHRKE, Geschichte des Hellenismus (wie Anm. 17), S. 50–51 u. S. 84; MA, J., Antiochos III and the Cities of Western Asia Minor, Oxford 1999, S. 183–201 u. S. 235–242.

zum anderen sind Siege, die durch andere als den König errungen werden, ein potentielles Problem für ihn. Legitimität ist im Kern nichts anderes als die Überhöhung der faktischen Machtverhältnisse. Kindkönige sind daher prinzipiell ein kaum zu bewältigendes Risiko.[23] Unter diesen Umständen gelingt es allenfalls, der Familie, i. e. der Blutsverwandtschaft, einen legitimatorischen Vorsprung zu sichern, nicht jedoch den automatischen Erbanspruch. Auch die Vererbung von Herrschaft bleibt letztendlich an den Beweis persönlichen Charismas gebunden.[24]

Die Zusammenführung von analytischem Muster und empirischem Befund, die auf diese Weise für die hellenistische Monarchie gelungen ist, läßt sich auch für den römischen Prinzipat durchexerzieren. Für das Regime des Augustus und seiner Nachfolger ist eine soziologische Klassifikation à la Weber allerdings aus etwas anderen Gründen sinnvoll. Denn hier gilt es eine Alleinherrschaft zu begreifen, die immer wieder erklärt hat, gar keine zu sein und penetrant darauf beharrte, die Republik fortzuführen bzw. sogar wiederhergestellt zu haben:[25] Eine neue Monarchie aber, die behauptet, sich im Rahmen der althergebrachten Ordnung zu bewegen, ist zwangsläufig eine merkwürdige Konstellation von strukturell unklarer Legitimation. In der Tat: Im sogenannten Prinzipat[26] konkretisierte sich die Macht des ersten Mannes in einer idiosynkratischen Kombination von Einzelkompetenzen,[27] die gewissermaßen auf indirektem Weg dafür sorgten, daß es innerhalb des Systems keine Konkurrenz zum Monarchen gab. So kumulierte der Herrscher umfassende Weisungskompetenzen, Obstruktionsmöglichkeiten und den faktischen Oberbefehl über das Heer[28]: Dadurch wiederum monopolisierte er den Triumph als die höchste Aus-

23 Dies zeigte sich eindrucksvoll, als in Ägypten, nach immerhin schon etwa 100 Jahren Bestand der Dynastie, Ptolemaios V. Epiphanes als Fünfjähriger auf den Thron gehoben wurde. Diese Konstellation löste offenbar bei den anderen Großmächten sofort den Reflex aus, die ptolemäischen Besitzungen teilweise oder vollständig untereinander aufzuteilen; s. dazu SCHMITT, H. H., Untersuchungen zur Geschichte Antiochos' des Großen und seiner Zeit, Wiesbaden 1964, S. 237–261; GRUEN, E. S., The Hellenistic World and the Coming of Rome, Berkeley/Los Angeles 1984, S. 387–388; weitere Literatur bei GEHRKE, Geschichte des Hellenismus (wie Anm. 17), S. 226.

24 Vgl. GEHRKE, Der siegreiche König (wie Anm. 13), S. 268–271, spricht in diesem Zusammenhang vom ‚Erbcharisma' einer Dynastie, die den Familienangehörigen als Gruppe zwar einen Vorsprung vor anderen Bewerbern verliehen hätte, aber nicht für eine klare Erbfolge innerhalb des Clans hätte sorgen können. Entsprechend häufig kam es zu Konflikten über die Nachfolge und zu Putschversuchen.

25 Die augusteische Formel für seinen Umsturz lautete: „res publica restituta", die staatsrechtliche Bezeichnung Roms unter der neuen Monarchie war wie zu Zeiten der Republik: „senatus populusque Romanus"; siehe KIENAST, D., Augustus. Prinzeps und Monarch, Darmstadt ³1999, S. 81, S. 86, Anm. 27 u. S. 88–92.

26 Zum Begriff KIENAST, Augustus (wie Anm. 25), S. 204–212.

27 Zum Konglomerat der von tatsächlichen Ämtern abgelösten augusteischen Amtsgewalten siehe BLEICKEN, J., Prinzipat und Republik. Zum Charakter des römischen Kaisertums, Stuttgart 1991.

28 Augustus erhielt 27 v. Chr. das „imperium proconsulare" über die meisten Provinzen mit Militär (KIENAST, Augustus [wie Anm. 25], S. 86–87) und 23 v. Chr. das „imperium proconsulare maius", das es ihm erlaubte, auch in den nicht ihm persönlich zugeordneten Provinzen den Oberbefehl auszuüben (KIE-

zeichnung im Lichte der traditionellen Ordnung und machte seine Autorität strukturell unübertreffbar. Dieses Übermaß an faktischer Macht erfuhr schließlich eine religiöse Überhöhung, die je nach Region und Kontext von völliger Vergöttlichung zu Lebzeiten[29] bis zur kultischen Verehrung einzelner Aspekte des Herrschers (*fortuna Augusti, genius Augusti*)[30] reichte. Trotz dieser schleichenden Institutionalisierung des neuen Machtzentrums hat sich allerdings die Position des ersten Mannes noch im 2. Jahrhundert n. Chr. nicht als explizite und sich automatisch fortschreibende Monarchie etabliert. Die Vererbung einer Stellung blieb an die Fiktion überragender Fähigkeit gebunden: Kindkaiser waren unter diesen Auspizien ein Ding der Unmöglichkeit.

Unter diesen unklaren Umständen ist die quasi-soziologische Klassifikatorik bereits seit langem ein Element der Wissenschaftsgeschichte des Prinzipats. Bereits Mommsen versuchte die Alleinherrschaft in Rom vergleichend zu verorten, indem er auf die möglichen Varianten von Monarchie allgemein Bezug nahm. Monarchie, so sagte er, beruhe entweder auf der Volkssouveränität, auf Gottkönigtum, oder der Herrscher übe seine Gewalt als Hausherr aus. Da Mommsen sowohl das Gottkönigtum als auch die Hausherrengewalt, patrimoniale Herrschaft also, für Rom ausschließt, bleibt nur die Option der Volkssouveränität als Basis der römischen Alleinherrschaft. Sein entscheidendes Indiz für diese Lösung ist die Einbettung der römischen Monarchie in das bestehende Rechtssystem. Indem auch der Prinzeps prinzipiell dem Gesetz, als dem Ausfluß der Volkssouveränität, unterworfen sei, zeige sich das Prinzipat, wenn auch nicht als reguläres Amt, so doch immerhin als Quasi-Amt.[31] Mommsens sehr einflußreiche Position in dieser Sache heißt aber, wie längst erkannt wurde, die Selbstdarstellung der römischen Monarchie überzubewerten und – mit der Volkssouveränität und dem Verfassungsrecht – einem modernen Staatskonzept zu huldigen.[32] Schaut man auf die Herrschaftspragmatik, ergibt sich in Rom

---

NAST, Augustus (wie Anm. 25), S. 87–88 u. Anm. 32 u. S. 105–108). Ebenfalls 23 v. Chr. wurde ihm die „tribunicia potestas“, die Amtsgewalt eines römischen Volkstribunen, übertragen (KIENAST, Augustus (wie Anm. 25), S. 104–105) und 18 v. Chr. sogar das „imperium consulare“ (KIENAST, Augustus (wie Anm. 25), S. 112).

29 Im Osten des Imperiums; vgl. dazu PRICE, S., Rituals and Power: The Roman Imperial Cult in Asia Minor, Oxford 1984.

30 Im Westen des Imperiums; vgl. dazu FISHWICK, D., The Imperial Cult in the Latin West, 3 Bde., Leiden 1987–2004. Methodisch unsauber ist die markant andere Akzente setzende Abhandlung von CLAUSS, M., Kaiser und Gott. Herrscherkult im römischen Reich, Stuttgart/Leipzig 1999 (s. dazu die Rezension von FREARS, J. R., in: Classical Review 52 (2002), S. 319–321).

31 Vgl. MOMMSEN, T., Abriß des römischen Staatsrechts. Neue ungekürzte Ausgabe mit einem neuen Namen- und Sachregister nach der 2. Auflage von 1907, Darmstadt 1974, S. 270–271.

32 Vgl. BLEICKEN, J., Lex Publica. Gesetz und Recht in der Römischen Republik, Berlin/New York 1975, S. 19–51; BLEICKEN, Prinzipat und Republik (wie Anm. 27), S. 88–93. Grundsätzlicher formuliert das Problem FLAIG, E., Den Kaiser herausfordern. Die Usurpation im römischen Reich, Frankfurt am Main/New York 1992, S. 174–193.

ein anderes Bild. Statt eines Rechtssystems, dessen Teil der Prinzeps ist, läßt sich Monarchie in Rom kohärenter als kommunikatives Geflecht begreifen, in welchem der Herrscher gegenüber den verschiedenen Subjekten jeweils verschiedene Rollen einnimmt und den Status seiner Herrschaft auf diesem Wege aushandelt. Diese Konstellation hat Egon Flaig als Akzeptanzsystem etikettiert.[33] Von Max Webers ‚Legitimität' ist Flaigs Akzeptanz des Kaisers im Grunde nur terminologisch verschieden, nicht in der Sache.[34] Beschreibt man die römische Monarchie auf diese Weise, und versucht man, sie mit den weberschen Herrschaftstypen zu erfassen, zeigt sich rasch, daß die Basis des römischen Prinzipats weder eine bürokratisch-rationale noch eine traditionale Herrschaft sein kann. Vielmehr entscheidet über den Erfolg des Regimes der Gebrauch, den der einzelne Herrscher von seiner faktischen Übermacht macht. Gelingt es ihm, die Anforderungen zu erfüllen und seine außeralltägliche Qualität unter Beweis zu stellen, ist Akzeptanz da; wenn nicht, schwindet die Legitimität, und es kommt im Extremfall zum Mordversuch oder Putsch.[35]

III.

Bereits an diesen beiden Beispielskizzen antiker Alleinherrschaft, denen man leicht andere hinzufügen könnte, läßt sich ziemlich deutlich sehen, was man mit Max Webers Charismakonzept machen kann – und was nicht. Der primäre Nutzen scheint mir in einem Beschreibungsmodus zu liegen, der es erlaubt, im Rekurs auf die Webersche Typologie die Charakteristika der untersuchten Regime schärfer zu profilieren. Das gilt besonders für die strukturelle Labilität der antiken Alleinherrscher, deren übergroßer individueller Handlungsspielraum mit dem Gefühl von Gefährdung und Angst sowohl auf der Seite des Monarchen als auch der Beherrschten – vornehmlich der Elite – einhergingen. Mit der Weberschen Axiomatik lassen sich dafür neue Evidenzen und Zusammenhänge gewinnen. So können etwa auch biographische Aussagen über Verhalten und Sprechakte des Herrschers, die sich nicht explizit auf die politische Ordnung beziehen, als Elemente des Monarchiediskurses identifiziert werden. Die Projektion auf Webers charismatische Legitimität verwandelt Beobachtungen zum vielbeschworenen ‚Privatleben' des Machthabers, zu seiner Sexualität und zu seinen vermeintlichen ästhetischen Vorlieben in soziale Konfigurationen und macht sie damit systemisch erklärbar. Auf diese Weise läßt sich scheinbar Disparates sinnstiftend zusammenführen.

Die beiden Beispielskizzen zeigen allerdings auch, wofür Webers Konzept der charismatischen Herrschaft – zumindest so, wie es sich derzeit darbietet – ein unzu-

33 Vgl. FLAIG, Den Kaiser herausfordern (wie Anm. 32), S. 174–207.

34 Vgl. FLAIG, Den Kaiser herausfordern (wie Anm. 32), S. 175, Anm. 2, S. 185, Anm. 28 u. S. 186–187.

35 Vgl. FLAIG, Den Kaiser herausfordern (wie Anm. 32), bes. S. 232–235 und passim.

reichendes Instrument ist: für einen einigermaßen leistungsfähigen Monarchievergleich. Nun kann man gerechterweise niemandem daraus einen Vorwurf machen, daß etwas nicht geht, was von ihm nicht beabsichtigt war. Und so soll das ganze auch weniger als eine wissenschaftsgeschichtliche Schuldfrage, denn als ein Operationalisierungsproblem diskutiert werden. Doch scheinen die spezifischen Anwendungsprobleme der charismatischen Herrschaft für eine vergleichende Herrschaftsforschung auch Probleme und Inkonsistenzen des Konzepts selbst[36] zu spiegeln, die tentativ in drei Punkten zu bündeln sind.

1. Webers Versuch, Herrschaft allgemeingültig zu erfassen, hat zu einer sehr ungleichgewichtigen Spezifität der Typen geführt. Vor allem die bürokratische bzw. rationale,[37] aber im Grunde auch die traditionale Herrschaft sind sowohl konzeptionell kompakte als auch von unmittelbarer Erfahrung und besonderem Interesse gesättigte und daher recht scharf umrissenen Gebilde. Es handelt sich hierbei um im Kern spezifisch europäische Entwicklungen präziser Zeitstufe. Die charismatische Herrschaft dagegen erscheint als weitaus unpräziseres Sammelbecken, eine typologische Abstellkammer gleichsam, in der sich all jenes unterbringen läßt, das sich der Einordnung in die kompakteren Typen verweigert. Die charismatische Herrschaft ist als Konzept eher amorph und binnentypologisch unterdeterminiert.[38] Daß es innerhalb des charismatischen Herrschaftstyps kaum möglich scheint, die phänomenologisch stark differierenden Konfigurationen der hellenistischen Monarchie und des römischen Prinzipats strukturell zu unterscheiden, unterstreicht den Punkt und markiert das ganz spezifische Problem von Webers Konzept für den antiken – und wohl nicht nur antiken – Monarchievergleich.

2. Die drei Herrschaftstypen stehen systematisch nicht auf derselben Stufe, denn sie verkörpern eine deutlich verschiedene Dynamik. Es ist zwar nicht so, daß Max Weber die traditionale und rationale Herrschaft grundsätzlich als statisch konzipiert: Auch sie können radikaler Veränderung unterworfen sein.[39] Allerdings stellt erst das Charismakonzept das Erklärungsmodell für einschneidenden Wandel bereit: Etablierte traditionale bzw. bürokratische Herrschaft werden durch den Einbruch charismatischer Situationen oder die Performanz von Charismatikern in Bewegung

36 Vgl. RIESEBRODT, M., Charisma, in: Max Webers ‚Religionssystematik', hrsg. von KIPPENBERG, H. G./ RIESEBRODT, M., Tübingen 2001, S. 51–165, führt die Inkonsistenz des Weberschen Charismakonzepts auf dessen doppelte, aber nicht miteinander kompatible Funktionalisierung im Rahmen von einerseits der Religionssoziologie und andererseits der Herrschaftssoziologie zurück. Mir geht es im folgenden allerdings allein um Inkonsistenzen innerhalb der Herrschaftssoziologie, wie sie sich in der Fassung von „Wirtschaft und Gesellschaft" darstellt.

37 Vgl. MOMMSEN, Age of Bureaucracy (wie Anm. 5), S. 82 u. S. 93f.

38 S. auch TURNER, S., Charisma Reconsidered, in: Journal of Classical Sociology 3 (2003), S. 9–10.

39 Vgl. WEBER, Wirtschaft und Gesellschaft (wie Anm. 8), S. 657–658.

und Transformation versetzt.[40] Indem Weber also das Charisma gewissermaßen als Joker für die Erklärung von Wandel benutzt, unterstreicht er gleichzeitig den Unterschied zwischen charismatischer Herrschaft und den anderen beiden Typen. Charismatische Herrschaft ist nicht nur potentieller Wandlung unterworfen, sondern von Natur zur Verwandlung bestimmt und gewissermaßen ein Durchgangsstadium bzw. – als Anfangsstadium – die Urform von Herrschaft.[41] Wenn man es zugespitzt formuliert, könnte man also die charismatische Herrschaft als ephemere Botanisiertrommel von Machtverhältnissen bezeichnen. Charismatische Herrschaft erreicht damit zumindest konzeptionell keine den anderen Typen äquivalente Dauer. Diese Differenz in der Dynamik bildet sich nicht zuletzt darin ab, daß Weber lediglich der charismatischen Herrschaft eine explizite zeitliche Dimension verleiht, indem er die Veralltäglichung des Charismas, also seine Transformation, in die Beschreibung des Typs inkorporiert.[42] Da charismatische Herrschaft ein Durchgangsstadium ist, habe sie immer die Tendenz, folgert er, sich den anderen Typen anzuverwandeln – bis hin zum vollständigen Wechsel des Aggregatszustands.[43] Damit allerdings steht charismatische Herrschaft als Konfiguration der longue durée analytisch eigentlich nicht mehr zur Verfügung.

3. Diese Zuspitzung wirft dringende Fragen nach dem Verhältnis der Herrschaftstypen zu den spezifischen historischen Konfigurationen auf. In dieser Sache ist Max Weber selbst sehr zurückhaltend, ja vorsichtig gewesen. Bekanntlich bezeichnete er seine Herrschaftsformen als „Idealtypen", welche „wirklich rein" historisch nicht vorzukommen pflegten. Eine scharfe kategoriale Linie zwischen historischem Phänomen und heuristischem Instrument zieht Weber damit allerdings nicht. Es ist ausschließlich die empirisch nur selten zu beobachtende ‚Reinheit' eines

40 Vgl. WEBER, Wirtschaft und Gesellschaft (wie Anm. 8), S. 142: „Das Charisma ist d i e große Macht in traditional gebundenen Epochen"; siehe a. S. 153–158 u. S. 658–659.

41 Vgl. WEBER, Wirtschaft und Gesellschaft (wie Anm. 8), S. 142–143, S. 654, S. 661 u. S. 681. Zur Differenz zwischen charismatischer Herrschaft auf der einen und rationaler sowie traditionaler Herrschaft auf der anderen Seite siehe a. ADAIR–TOTEFF, C., Max Weber's Charisma, in: Journal of Classical Sociology 5 (2005), S. 194 u. S. 196.

42 Vgl. WEBER, Wirtschaft und Gesellschaft (wie Anm. 8), S. 142–148; siehe a. S. 124.

43 Vgl. WEBER, Wirtschaft und Gesellschaft (wie Anm. 8), S. 145–146. Zur wachsenden Bedeutung dieser Veralltäglichungsprozesse in Webers Werk s. SCHLUCHTER, W., Religion und Lebensführung. Bd. 2: Studien zu Max Webers Religions- und Herrschaftssoziologie, Frankfurt am Main 1988, S. 535–537. Im Anschluß an Weber versucht SCHLUCHTER, Religion, S. 549–554, durch die Akzentuierung überpersönlicher „institutionencharismatischer" Gebilde (Erbcharisma, Amtscharisma) charismatische Herrschaftsformationen als dauerhafte Option plausibel zu machen und die charismatische Herrschaft dadurch auszudifferenzieren. SHILS, E., The Constitution of Society. Chicago 1972, bes. S. 118 u. S. 132, hat konsequent das institutionelle, veralltäglichte Charisma als normal, das reine, personalisierte dagegen als das Außerordentliche, Untypische bezeichnet; zu den immanenten Problemen dieser Deutung s. RIESEBRODT, Charisma (wie Anm. 36), S. 153–154; TURNER, Charisma Reconsidered (wie Anm. 38), S. 12–13.

Herrschaftstyps, auf der er beharrt.[44] „Zu glauben: die historische Gesamtrealität lasse sich in das (...) entwickelte Begriffsschema „einfangen", liegt (...) so fern wie möglich", konstatiert er,[45] gibt andererseits aber zu bedenken, es sei immerhin kein zu unterschätzender Vorteil, angeben zu können, was an einer historisch-empirischen Herrschaftsform „‚charismatisch', ‚erbcharismatisch', ‚amtscharismatisch', ‚patriarchal', ‚bureaukratisch', ‚ständisch' usw. ist".[46] Diese Beschreibung des eigenen Konzepts wirft zwei für meine Frage relevante Probleme auf. Zum einen wird wiederum die charismatische Herrschaft in besonderem Maße und von den anderen Herrschaftsformen abweichend privilegiert. Denn in ihrem Fall wird mit dem Kapitel über die Veralltäglichung des Charismas der Idealtyp prinzipiell transzendiert. Indem die charismatische Herrschaft selbst als Mischform vorgestellt wird, ist, wie Weber selbst anmerkt, der Anschluß an empirische Herrschaftsformen wesentlich gesteigert".[47] Der Idealtyp wird hier fast zur historischen Konfiguration.

Schwerer noch als diese kategoriale Inkonsequenz wiegt meines Erachtens indessen etwas anderes: Mit der Feststellung, historische Herrschaftsformen seien allesamt Mischungen der verschiedenen Typen, verändert Webers Herrschaftstypologie auch ihre Stoßrichtung. Typologisch kategorisierbar werden dann letztlich nicht die historischen Herrschaftsformen als ganze, sondern einzelne immer wiederkehrende Muster *in ihnen* (etwa Feudalordnung, Kollegialität), die in jeweils ganz verschiedenen spezifischen Ordnungen auftreten.[48] Doch damit wird im Grunde die Frage verunklart, mit der Webers Herrschaftssoziologie eigentlich so kreativ und revolutionär angetreten ist, die Frage nämlich nach den jeweiligen Gehorsamsgründen der Subjekte und damit nach dem Prinzip der von ihnen ausgehenden Legitimitätsgeltung. Wenn es sich in der Empirie notwendig um unübersichtliche Konglomerate handelt, läßt sich diese Frage strukturell nicht beantworten und damit eigentlich auch nicht mehr sinnvoll stellen.

44 Vgl. WEBER, Wirtschaft und Gesellschaft (wie Anm. 8), S. 124 u. S. 550, wo er von den „reinen" Grundtypen spricht, „aus deren Kombination, Mischung, Angleichung und Umbildung sich die in der historischen Wirklichkeit zu findenden Formen ergeben". Zur idealtypischen Methode s. WEBER, Wirtschaft und Gesellschaft (wie Anm. 8), S. 9–11; MOMMSEN, W. J., „Verstehen" und „Idealtypus". Zur Methodologie einer historischen Sozialwissenschaft, in: Max Weber: Gesellschaft (wie Anm. 6), S. 223–232; MOMMSEN, Max Weber und die moderne Geschichtswissenschaft (wie Anm. 2), S. 16–21.

45 WEBER, Wirtschaft und Gesellschaft (wie Anm. 8), S. 124.

46 Vgl. WEBER, Wirtschaft und Gesellschaft (wie Anm. 8), S. 124 u. S. 154.

47 WEBER, Wirtschaft und Gesellschaft (wie Anm. 8), S. 124.

48 S. etwa WEBER, Wirtschaft und Gesellschaft (wie Anm. 8), S. 126, S. 153–158, S. 659 u. S. 668–670. MOMMSEN, Age of Bureaucracy (wie Anm. 5), bes. S. 78–83, hat zurecht festgestellt und problematisiert, daß Weber gerade charismatisches Führertum als reales oder potentielles Element in jeder Herrschaftsform ansah.

IV.

Diese Aporie hat Konsequenzen: Will man die Weberschen Kategorien für vergleichende Monarchiestudien in der Vormoderne gegen die angeführten Einwände zurückzugewinnen, muß man zumindest folgende Modifikationen der weberschen Beschreibungsmodi vornehmen:

1. Erwägenswert ist meiner Ansicht nach zunächst, ob die von Weber konstatierte Tatsache der Typenmischung in historischen Herrschaftsformen für seine produktive Leitfrage nach den Gehorsamsgründen wirklich relevant ist. Es scheinen hier zwei unterschiedliche Perspektiven ineinander geblendet zu sein: zum einen die objektivistische Analyse von Herrschaftsgenese und -struktur, zum anderen die Frage nach der Wahrnehmung von Herrschaft durch die historischen Subjekte. Aus der ersten Perspektive wird eine historische Konfiguration anhand der einzelnen Elemente klassifiziert, aus denen sie als Produkt einer Entwicklung in der Zeit notwendig bestehen muß, und unausweichlich konstatiert, daß die betrachtete Ordnung mit Inkohärenzen durchsetzt ist. Das Problem daran ist nicht der analytische Standpunkt selbst, wohl aber die Schlußfolgerung, daß mit der konstatierten Mischung der Strukturelemente der Ordnung auch die Legitimitätsgründe (d.h. die Wahrnehmung der politischen Akteure) notwendigerweise durchmischt (und also uneindeutig) seien. Dagegen könnte man – analog etwa zur modernen Ritualforschung – argumentieren, daß der einheitliche Sinn präsentischer Handlungen und Wahrnehmungen nicht durch die genetische oder strukturelle Inkonsistenz der einzelnen rituellen Elemente bedroht ist. Mit anderen Worten: Selbst wenn sich zeigen läßt, daß die verschiedenen Bestandteile eines Rituals aus durchaus verschiedenen Kontexten stammen und dort durchaus konträren Sinn entfalteten, bedeutet das nicht, daß damit der Sinn und die Wirkung der aktuellen rituellen Performanz verunklart wurde.[49] Parallel könnte man für die Herrschaftstypologie formulieren, daß die tatsächliche Vermischung von Typen im Rahmen einer empirischen Herrschaft nichts oder nur wenig mit der Wahrnehmung und Formulierung von Legitimität zu tun hat. Eine Herrschaft ließe sich demnach von den Subjekten als charismatisch begreifen, auch wenn sie aus analytischer Perspektive durchaus uneindeutig gemischt ist. Mit

---

49 Vgl. TAMBIAH, S. J., Eine performative Theorie des Rituals, in: Performanz. Zwischen Sprachphilosophie und Kulturwissenschaften, hrsg. von WIRTH, U., Frankfurt am Main 2002, S. 214–217 u. S. 236–238; FISCHER–LICHTE, E., Performance, Inszenierung, Ritual. Zur Klärung kulturwissenschaftlicher Schlüsselbegriffe, in: Geschichtswissenschaft und „performative turn". Ritual, Inszenierung und Performanz vom Mittelalter bis zur Neuzeit, hrsg. von MARTSCHUKAT, J./PATZOLD, S., Köln/Weimar/Wien 2003, bes. S. 7–54; MICHAELS, A., Zur Dynamik von Ritualkomplexen, in: Forum Ritualdynamik. Diskussionsbeiträge des SFB 619 der Rupprecht–Karls Universität, Heft 13 (2003), online–Publikation: http://ub.uni–heidelberg.de/archiv/4583; zur präsentischen Sinnproduktion im Ritual vgl. RÜPKE, J., Die Religion der Römer. Eine Einführung, München 2001, S. 107–114.

diesem Vorschlag soll allerdings nicht die eine Betrachtungsweise einer Ordnung gegenüber der anderen privilegiert werden. Notwendig ist nur eine sorgsame Trennung der beiden Beschreibungsmodi. Auf diesem Wege ließe sich meines Erachtens die Webersche Kernfrage nach der Wahrnehmung der Untertanen zurückgewinnen, die gerade für die Klassifizierung von Monarchien von erheblichem Wert zu sein scheint. Im Grunde ist dies auch nichts anderes als die konsequente Einschärfung des weberschen Prinzips, daß die Natur der Herrschaft von den Beherrschten aus zu bestimmen ist.

2. Meine zweite Anmerkung setzt an einem ähnlichen Punkt an, zielt allerdings primär auf die Entwicklung einer sinnvollen Binnentypologie innerhalb des Konzepts von charismatischer Herrschaft. Max Weber hat die Eindeutigkeit der historischen Herrschaftskonfigurationen mit Hinweis auf die Typenmischung bestritten. Für die klassische Antike läßt sich das Problem der Eindeutigkeit dagegen folgendermaßen präzisieren und konkretisieren: Analytischer Ausgangspunkt muß die Beobachtung sein, daß die antiken Alleinherrschaften die historischen Ordnungen nicht – wie Weber es vorauszusetzen scheint – *primär* geprägt haben, sondern sich gewissermaßen *sekundär* in prinzipiell anders orientierte normative Systeme hineingesetzt oder – um ein anderes Bild zu benutzen – diese Ordnungen sekundär überwölbt haben. Eine vollständige normative Reorganisation bzw. eine kompakte und widerspruchsfreie Ausrichtung an der neuen Autoritätsstruktur aber fand dadurch nicht statt. Unter diesen Umständen entstand interne Inkohärenz, primär auf zwei Ebenen: Zum einen unterschieden sich die Perspektive auf den Herrscher und die jeweilige Legitimitätskonstruktion wohl erheblich hinsichtlich gesellschaftlicher Räume und sozialer Gruppen. Die römische Senatsaristokratie mit ihrer in extremer Weise an der republikanischen Ordnung ausgerichteten Normenwelt muß dem Alleinherrscher strukturell auf andere Weise gegenübergestanden haben als die hauptstädtische Bevölkerung oder die ritterliche Funktionselite, die sich über den Dienst am Kaiser definierte. Zum anderen haben die antiken Alleinherrschaften in der Regel nicht nur ein normatives System sekundär überwölbt, sondern gleich mehrere, die untereinander häufig weitgehend inkompatibel waren. Subjekte der Reiche waren griechische Poleis, römische Munizipien, Militärkolonien, Stämme, Tempel usw., die in ganz verschiedenen kulturellen Kontexten standen. Unter diesen Umständen mußte der Zusammenhalt der Ordnung im wesentlichen über die Figuration des Herrschers hergestellt werden: Seine zentrale Bewährung lag dauerhaft darin, verschiedene normative Subsysteme erfolgreich zu integrieren.[50] Die spezifischen Anforderungen der Untertanen an ihren Herrscher wurden dabei von diesen in ihren jeweiligen Traditionen verhafteten Subsystemen generiert.[51]

---

50 Vgl. etwa MA, Antiochos III (wie Anm. 22), S. 239–241 und MA, Kings (wie Anm. 20), S. 179–186 zu den verschiedenen Rollenanforderungen an den hellenistischen König.

51 Den Charakter des akteursgebundenen Charisma als eines empirisch jeweils zu bestimmenden, „relationalen Konzeptes“ im Unterschied zu der Auffassung vom Charisma als essentiell und ahistorisch betont

Aus dieser Konstellation ergibt sich folgende methodische Option für den weber-inspirierten Monarchievergleich: Charismatische Alleinherrschaften lassen sich demnach gemäß der Spannbreite und der normativen Prägung ihrer Subsysteme klassifizieren. Auf die oben genannten konkreten historischen Fallbeispiele angewandt, hieße das, die Differenzen zwischen hellenistischer Monarchie und römischem Prinzipat am ehesten über die verschiedene normative Ausrichtung der jeweils disparaten Untertanenverbände zu beschreiben, nicht über das Formenspektrum der Herrscher und ihren unterschiedlichen Reinheitsgrad in puncto Charisma. Wissenschaftspragmatisch würde dies bedeuten, daß man die Grundlagen von Autorität in den einzelnen Untertanenverbänden grundsätzlich separat von der Verbindung Herrscher-Untertanen betrachten müßte und erst in einem zweiten Schritt die Kommunikation zwischen Herrscher und Untertanen auf das beschriebene patchwork subsidiärer Legitimitätsgeltungen bezöge.

Ob dies ein sinnvoller Versuchsaufbau für den Monarchievergleich in der Antike unter Weberscher Flagge ist, läßt sich freilich nur durch die historische Empirie belegen – oder auch nicht.

---

auch Valentin Rauer in seinem Beitrag „Magie der Peformanz. Theoretische Anschlüsse an das Charisma–Konzept“ in diesem Band. Dort auch weitere Literatur.

Agathe Bienfait

Heilige in der katholischen Kirche

Eine an Max Weber orientierte Studie über das Zusammenspiel zwischen Personalcharisma und Amtscharisma

1 Amtscharisma, Legitimation und Gnadengewißheit

Kanonisationen zählen zu den bedeutenden Maßnahmen der Amtskirche, die mit gewaltigem symbolischem Aufwand die psychische Bindung der Adressaten verstärken und die Stabilisierung traditionaler Kirchlichkeit ermöglichen[1]. Im Folgenden wird gezeigt, daß dieser zu beobachtende Legitimationszugewinn durch eine „Repersonalisierung" des Amtscharisma erklärt werden kann. Anders gesagt: Die Funktion der Seligen und Heiligen in der katholischen Kirche ist es, das durch Versachlichung bedrohte Amtscharisma mit dem personalen Charisma der Heiligen zu verbinden.

Wenn hier im Folgenden von „Funktion" gesprochen wird, dann muß doch zugleich jede funktionalistische Verkürzung vermieden werden. Heilige werden nicht von Päpsten oder der Kirche „gemacht". Selbst Woodward (1991), der sein Buch mit der recht reißerischen Ankündigung „Wie die katholische Kirche ihre Heiligen macht" untertitelt hat, widerspricht in seinen Ausführungen einer derartigen Vereinfachung. Die Akteure im Kanonisationsverfahren sind angewiesen auf Kandidaten, die von den Gläubigen verehrt und angerufen werden und deren Kanonisation von den Ortsbischöfen vorgeschlagen wird. Dieses Reservoir an „Volksheiligen" ist eine unverzichtbare Voraussetzung, die durch das Verfahren nur nachträglich bestätigt wird.

Und dennoch: Im Übergang vom „Volksheiligen" zum „Kirchenheiligen" zeigt sich auch die Handschrift der einzelnen Päpste. Der Kirchenhistoriker Stefan Samerski hat in seiner Habilitationsschrift[2] gezeigt, daß die *Causae*, wie es im Fachjargon heißt, zur Folie für verschiedenste, mitunter sogar wechselnde politische und religiöse Zwecke instrumentalisiert wurde. Zwei Päpste werden bei Samerski als besonders einflußreich hervorgehoben: zunächst Pius VI. (1775–1799), der vor dem

1 Vgl. EBERTZ, M. N., Herrschaft in der Kirche. Hierarchie, Tradition und Charisma im 19. Jahrhundert, in: Zur Soziologie des Katholizismus, hrsg. von GABRIEL, K./KAUFMANN, F.-X., Mainz 1980, S. 104f.

2 Vgl. SAMERSKI, S., „Wie im Himmel, so auf Erden"? Selig- und Heiligsprechungen in der Katholischen Kirche 1740 bis 1870, Stuttgart 2002.

Hintergrund der Französischen Revolution eine große Anzahl von Verfahren einleitete, deren Kandidaten sich wegen ihres Seeleneifers, ihrer Demut und ihrer Keuschheit als Bollwerk gegen die voranschreitende Säkularisierung eigneten.[3] Eine Steigerung dieser politischen Funktionalisierung zeigte sich unter Pius IX. (1846–1878), dem letzten Herrscher des Kirchenstaats, der als Reaktion auf den Verlust weltlicher Macht die Märtyrer und Glaubenskämpfer in den Vordergrund stellte. Pius IX. hebelte das Prozeßverfahren geradezu aus, um der Martyriumsidee ihren Siegeszug zu ermöglichen. Unter seinem Pontifikat wurde der Begriff des Märtyrers fast synonym mit der Grundbefindlichkeit des „wahren Katholiken."[4]

Eine bislang beispiellose Blütezeit hat das Heiligsprechungsverfahren während des Pontifikats des jüngst verstorbenen Johannes Paul II. erfahren.[5] Dieser „Papst der Rekorde"[6] hat zwischen 1978 und 2004 insgesamt 482 Heiligsprechungen vorgenommen, also 180 mehr als alle seine Vorgänger seit 1592.[7]

Es handelt sich hier offensichtlich um eine geordnete und reglementierte Konstruktion von Heiligkeit, um eine Heiligkeit im Namen und im Dienste der katholischen Amtskirche. Vor diesem Hintergrund muß die Frage gestellt werden, welchen Dienst das Verfahren und die resultierenden Heiligsprechungen für die Amtskirche erfüllen?

Rein thematisch betreten wir mit dieser Fragestellung religionssoziologisches Neuland. Selbst unter Soziologen, die mit Webers Charismabegriff und seiner Verwendung vertraut sind, bleibt der Fokus auf dem personalen Charisma einzelner Päpste.[8] Religionssoziologische Betrachtungen des Kanonisationsverfahrens sind die Ausnahme[9]. Die Auseinandersetzung darüber bestreiten noch immer vorwiegend die

---

3 Vgl. SAMERSKI, „Wie im Himmel" (wie Anm. 2), S. 382.

4 Vgl. SAMERSKI, „Wie im Himmel" (wie Anm. 2), S. 382.

5 Vgl. BIENFAIT, A., Zeichen und Wunder. Über die Funktion der Selig- und Heiligsprechungen in der katholischen Kirche, in: Kölner Zeitschrift für Soziologie und Sozialpsychologie 58 (2006), S. 1–22.

6 Vgl. KOHL, C., Karol der Große – ein Papst der Rekorde, in: Süddeutsche Zeitung, 1. April 2005.

7 Vgl. dazu die Internetseite des Vatikans unter www.vatican.va/news_services/press/documentazione/documents/pontificato_gpii/pontificato_dati-statistici_en.html. Die offizielle Zählung der Kanonisationen beginnt erst 1592, vier Jahre nachdem Papst Sixtus V. im Jahre 1588 die „Heilige Ritenkongregation", die Vorläuferin der heutigen „Kongregation für Selig- und Heiligsprechungen", gegründet hat. Dieses Datum gilt offiziell als Abschluß der Institutionalisierung des päpstlichen Kanonisationsverfahrens. Näheres findet sich in BIENFAIT, Zeichen und Wunder (wie Anm. 5).

8 Vgl. BERGMANN, J./LUCKMANN, T./SOEFFNER, H.-G., Erscheinungsformen von Charisma – Zwei Päpste, in: Charisma. Theorie, Religion, Politik, hrsg. von GEBHARDT, W./EBERTZ, M. N./ZINGERLE, A., Berlin 1993, S. 121–155; LEMIEUX, R., Charisme, mass-media et religion populaire. Le voyage du Pape au Canada, in: Social Compass 34 (1987), S. 11–31, MÖRTH, I., Massenmedien und Charisma. Notizen zum „Medienereignis Papstbesuch" in Österreich, in: Österreichische Zeitschrift für Soziologie 11 (1986), S. 137–144.

9 Vgl. BIENFAIT, Zeichen und Wunder (wie Anm. 5).

Kanonisten und Theologen, die sich primär auf die kirchenrechtlichen Auswirkungen der jüngsten Verfahrensreform von 1983 konzentrieren.[10]

Eine der wenigen soziologisch inspirierten Untersuchung in diesem Bereich ist die bereits erwähnte Studie von Stefan Samerski. Er zeigt, daß die Zuschreibung frommer Verehrung, tugendhaften Lebens und selbst das Auftreten von Wundern durch (kirchen-)politische Zeitinteressen imprägniert waren. Als Ergebnis legt er eine „Typologie" von Heiligen vor: „Familienheilige", „Jesuitenheilige", „Ordensheilige", aber auch „Revolutionsheilige". Deutlich wird hier der Zusammenhang zwischen der Zuschreibung von Heiligkeit, der der Notsituation und der daran angelagerten kirchenpolitischen Interessen. Leider fehlt der Studie eine theoretische Konzeption, mit der dieser religionssoziologische Zusammenhang ausgearbeitet werden könnte. Die Chance, mit Webers Charismabegriff diesen kirchenrechtlichen Prozeß zu untersuchen, wird nicht genutzt.

Um dies zu leisten, müssen wir uns zunächst einmal die besondere Struktur der katholischen Amtskirche anschauen, die Max Weber als „amtscharismatische Gnadenanstalt" bezeichnete. Der Begriff „Gnadenanstalt"[11] verweist unmittelbar auf den Doppelcharakter der katholischen Kirche: Sie ist einerseits als Anstalt ein geordneter Herrschaftsverband, der wie jede andere Anstalt legitimationsbedürftig ist. Sie ist zugleich ein religiöser Verband, dessen Aufgabe darin besteht, außeralltägliche religiöse Gnadengüter zu spenden, und zwar dauerhaft und weitgehend gesichert. Weber spricht in diesem Zusammenhang von „Gnadengewißheit"[12].

Legitimation und Gnadengewißheit sind die großen Anforderungen, denen die katholische Amtskirche gerecht werden muß. Die Lösung beider Probleme hat Weber mit dem Begriff des „Amtscharismas" bezeichnet[13]. Beim Amtscharisma han-

---

10 Hierzu seien exemplarisch genannt: MARCKHOFF, U., Die Selig- und Heiligsprechungsverfahren nach katholischem Kirchenrecht, Münster 2002, MOLINERA, P./GUMPEL, P., Criteri per la canonizzazione, in: Santità Cristiana, Rom 1980, S. 349–386; RESCH, A., Wunder der Seligen 1983–1990, Innsbruck 1999; RESCH, A., Die Seligen Johannes Pauls II. 1979–1985, Innsbruck 2000; RESCH, A. (Hrsg.), Selige und Heilige Johannes Pauls II., Innsbruck 2000; SARNO, R. J., Diocesan Inquiries required by the Legislator in the new Legislation for the Causes of the Saints, Rom 1988; SCHULZ, W., Das neue Selig- und Heiligsprechungsverfahren, Paderborn 1988; SIEGER, M., Die Heiligsprechung: Geschichte und heutige Rechtslage, Würzburg 1995; VERAJA, F., Heiligsprechung. Kommentar zur Gesetzgebung und Anleitung für die Praxis, Innsbruck 1988.

11 Vgl. WEBER, M., Wirtschaft und Gesellschaft. Grundriß der verstehenden Soziologie, Tübingen 1922, S. 320, WEBER, M., Wirtschaft und Gesellschaft. Grundriß der verstehenden Soziologie (Studienausgabe), Tübingen 1980, S. 339, WEBER, M., Gesammelte Aufsätze zur Religionssoziologie 1, Tübingen 1988, S. 211.

12 WEBER, Wirtschaft und Gesellschaft (wie Anm. 11), S. 308f.; Wirtschaft und Gesellschaft. Studienausgabe (wie Anm. 11), S. 326.

13 WEBER, Wirtschaft und Gesellschaft (wie Anm. 11), S. 774ff.; Wirtschaft und Gesellschaft. Studienausgabe (wie Anm. 11), S. 674ff.

delt es sich um eine der Umbildungsformen des personalen Charismas[14], die entstehen, weil das ursprüngliche personale Charisma wesentlich labil und in seinem Bestand gefährdet ist[15]. Es setzt den Charismaträger bereits zu Lebzeiten unter permanenten Bewährungszwang, kollidiert grundsätzlich mit den Interessen der Anhänger – z. B. nach dauerhafter Gnadengewißheit –, und es wird spätestens dann als Problem virulent, wenn der Charismatiker stirbt und die Nachfolge nicht geregelt ist. Insofern sind Umbildungsprozesse des personalen Charismas unvermeidlich. Max Weber nennt zwei unterschiedliche Formen der Umbildung:

Veralltäglichung		Versachlichung	
Traditionalisierung	Legalisierung	Gentil- und Erbcharisma Charismatisierung von Abstammungslinien	Amtscharisma Charismatisierung von Ämtern

Abbildung 1:Das Amtscharisma als Umbildung des genuinen Charismas

Die Erste nennt Weber „Veralltäglichung"[16]. Hier wird das personale Charisma traditionalisiert oder legalisiert und geht vollends in der Alltäglichkeit unter. Der Nimbus des Außeralltäglichen und Außergewöhnlichen, das Charisma, ist damit zerstört. Interessanter ist demgegenüber die Alternative zur zerstörenden Veralltäglichung, die Weber als „Versachlichung" bezeichnet[17]: Das ursprünglich personale Charisma wird zum Bestandteil eines „charismatischen Gebildes" oder einer charismatisch aufgeladenen Institution.

Das gleiche Prinzip liegt dem „Amtscharisma" der katholischen Kirche zugrunde[18]. Das ursprünglich personale Charisma von Christus wird transformiert in das Charisma der Nachfolge Christi. Das apostolische Amt und die darauf beruhende Kirche werden auf diese Weise charismatisiert und der Nimbus des Besonderen und Außergewöhnlichen wirkt auf jeden Amtsträger zurück, weitgehend unabhängig von seiner persönlichen charismatischen Qualifikation.

---

14 Vgl. WEBER, Wirtschaft und Gesellschaft (wie Anm. 11), S. 758ff.; Wirtschaft und Gesellschaft. Studienausgabe (wie Anm. 11), S. 661.

15 Vgl. WEBER, Wirtschaft und Gesellschaft. Studienausgabe (wie Anm. 11), S. 56ff.; SCHLUCHTER, W., Religion und Lebensführung 2: Studien zu Max Webers Religions- und Herrschaftssoziologie, Frankfurt a. M. 1988, S. 55ff.

16 WEBER, Wirtschaft und Gesellschaft. Studienausgabe (wie Anm. 11), S. 661ff.

17 WEBER, Wirtschaft und Gesellschaft. Studienausgabe (wie Anm. 11), S. 674ff.

18 WEBER, Wirtschaft und Gesellschaft. Studienausgabe (wie Anm. 11), S. 671 ff.

Weber selbst bezeichnet das Amtscharisma als die „radikalste Form der Versachlichung“, die gerade in der römisch-katholischen Kirche in idealtypischer Weise verwirklicht wurde. Hier wurde, so die Webersche These, die ursprünglich rein persönliche Berufung überführt „in eine jedem, der in die Amtshierarchie durch eine magische Handlung als Glied aufgenommen ist, unverlierbar anhängende, den Amtsmechanismus ohne Ansehen des Werts der Person seiner Träger heiligende, charismatische Befähigung“.[19]

Der historische Hintergrund ist der Donatistenstreit im vierten nachchristlichen Jahrhundert. Er führte zu einer strikten Trennung der Person vom charismatischen Amt. Dies sicherte der kirchlichen Anstalt die Unabhängigkeit von „allen persönlichen Zufälligkeiten“, so daß selbst die persönliche Verwerflichkeit eines Priesters nicht die charismatische Qualifikation der Kirche in Frage stellen konnte – und genauso wenig die gnadenspendende Wirkung der in ihrem Namen erteilten Weihen und Sakramente [20]. In diesem Fall spricht Weber von einer gelungenen „Loslösung des Charisma von der Person und seiner Verknüpfung mit der Institution und speziell: dem Amt“[21], die dann mit einer Rückübertragung der charismatischen Qualität des Amts auf den Amtsinhaber verbunden werden kann.

Der Vorteil des Amtscharismas ist offensichtlich: Anders als im Falle der Veralltäglichung wird bei der Versachlichung das Charisma nicht zerstört, sondern konserviert, stabilisiert und für den Alltag auf Dauer gestellt. Und im Unterschied zum genuinen Personalcharisma, das bestehende Ordnungen durch „Gesinnungsrevolutionen“ in ihrem Bestand bedroht[22], wirkt das Institutionencharisma geradezu legitimierend und stabilisierend sowohl auf die geschaffenen Ordnungen als auch auf die Strukturen des Alltags. Statt die Ordnung zu zerstören, „wird es nun seinerseits gerade umgekehrt zum Rechtsgrund ‚erworbener Rechte'“, so Weber in seinen Ausführungen über die „Entstehung und Umbildung der charismatischen Autorität“[23].

Doch nicht nur für die hierokratischen Eliten ist das Amtscharisma von Vorteil. Es kommt auch den Laien und ihrem Bedürfnis nach Gnadengewißheit maximal entgegen, zumal diese von den virtuosen Anforderungen des religiösen Lebens entbunden werden können. Das Amtscharisma gewährleistet jedem getauften Christen, unabhängig von seiner religiösen Qualifikation und Begabung, den Zugang zu Heilsgütern und Erlösung. Max Weber hat in seiner Religionssoziologie mehrfach auf diesen enormen psychologischen Vorteil der katholischen „Anstaltsgnade“ hingewiesen: Durch die amtcharismatische Verfügung kann die Erlösung kontinuier-

19 Vgl. WEBER, Wirtschaft und Gesellschaft. Studienausgabe (wie Anm. 11), S. 675.

20 Vgl. WEBER, Wirtschaft und Gesellschaft. Studienausgabe (wie Anm. 11), S. 692.

21 Vgl. WEBER, WEBER, Wirtschaft und Gesellschaft (wie Anm. 11), S. 776.

22 SCHLUCHTER, Religion und Lebensführung 2 (wie Anm. 15), S. 359.

23 WEBER Wirtschaft und Gesellschaft. Studienausgabe (wie Anm. 11), S. 661ff.

lich und universell gespendet werden, was mit einer unerhörten „inneren Entlastung des Erlösungsbedürftigen“ verbunden ist[24].

Zugleich wird die hierarchische Struktur des hierokratischen Herrschaftsverbands gesichert, dessen Ordnungen durch das Monopol zur Spendung und Versagung von Heilsgütern legitimiert sind. Auf diesem „hierokratischen Zwang“[25] ruht die Amtskirche als ein System abgestufter Weihen und charismatischer Ämter, an dessen Spitze derjenige steht, von dessen Amt aus das Charisma der Nachfolge Christi gleichsam auf alle untergeordneten Ämter und Positionen ausstrahlt: der Papst.

So elegant und beeindruckend diese Konstruktion auch ist, die Nachteile liegen auf der Hand: Jede Versachlichung führt zur Entpersonalisierung, und deshalb ist das Amtscharisma immer von Bürokratisierung bedroht. Dies wird für die Kirche zum Problem im prägnanten Sinne. Die Kirche ist nicht irgendeine Anstalt, sondern eine Gnadenanstalt. Daraus resultiert ein Spezifikum der „politischen Form“ des Katholizismus, das Carl Schmitt (1923) sehr treffend erkannt hat: Die Fähigkeit zur Gnadenspendung hängt auch davon ab, daß die Kirche mit dem alles durchwirkenden Mysterium der Repräsentation Christi verbunden bleibt. Das kirchliche Lehramt geht immer auf den persönlichen Auftrag und die Person Christi zurück.[26] Diese personale Repräsentation kann, ja sie darf nie vollends in bürokratischen Verfahren formalisiert werden. Die „Heilige Kirche“ ist heilig, weil und solange sie die „Heiligkeit“ bestimmter Personen repräsentiert und zugleich eine „Kirche der Heiligen“ darstellt. Sie bleibt damit zutiefst gebunden an den Gedanken der persönlichen Würde und Autorität, sowohl in Bezug auf den Repräsentanten, den Amtsträger, als auch in Bezug auf die Repräsentierten.

In diesem Sinne ist die Kirche, aller Rationalisierung und Formalisierung zum Trotz, gerade keine Präfiguration jenes bürokratischen „Kosmos sachlich rationalen Gesellschaftshandelns“[27], sondern eine Institution eigener Art, in der das in höchster Konsequenz entwickelte Amtscharisma und das genuin personale Charisma in eine unvermeidliche Spannung zueinander geraten müssen.[28] Eine zu starke Versachlichung und Entpersonalisierung des Amtcharismas kollidiert unvermeidlich mit dem genuin religiösen Bedürfnis nach persönlicher Glaubenserfahrung in Form außeralltäglicher Erlebnisse. Jeder Verlust an Repräsentationsfähigkeit reduziert zugleich die charismatische Legitimation der päpstlichen Autorität, womit der autoritäre Füh-

---

24 WEBER, Wirtschaft und Gesellschaft. Studienausgabe (wie Anm. 11), S. 338ff.

25 WEBER, Wirtschaft und Gesellschaft. Studienausgabe (wie Anm. 11), S. 29.

26 Vgl. BREUER, S., Bürokratie und Charisma. Zur politischen Soziologie Max Webers, Darmstadt 1994, S. 220ff.; METTE, N., Religionssoziologie – katholisch. Erinnerungen an religions-soziologische Traditionen innerhalb des Katholizismus, in: Zur Soziologie des Katholizismus, hrsg. von GABRIEL, K./KAUFMANN, F.-X., Mainz 1980, S. 52ff.; SCHMITT, C., Römischer Katholizismus und politische Form, Hellerau 1923, S. 30.

27 WEBER, Wirtschaft und Gesellschaft. Studienausgabe (wie Anm. 11), S. 353.

28 WEBER, Wirtschaft und Gesellschaft. Studienausgabe (wie Anm. 11), S. 693.

rungsanspruch des Papstes gegenüber den Laien wie auch gegenüber allen untergeordneten Amtsträgern in Frage gestellt wird. Deshalb war die Geschichte der katholischen Kirche auch immer eine Geschichte der personalcharismatischen Gegenbewegungen, die den Inhalt wieder über die Form, das religiöse Gefühl wieder über die rationale Ordnung, die persönliche Qualifikation der Person über das bloße Amt stellen wollten.

Im Laufe des 19. Jahrhunderts spitzte sich dieser endemisch vorprogrammierte innerkirchliche Konflikt zwischen formaler Bürokratisierung und personaler Repräsentation in entscheidendem Maße zu. Die unaufhaltsame Säkularisierung und die Etablierung von souveränen Nationalstaaten mit eigener Legitimationsgrundlage bedrohten die politische Form des Katholizismus. Nach der endgültigen Auflösung des Kirchenstaats im Jahre 1870 reagierte die katholische Kirche auf diesen weltlichen Machtverlust mit einer fortschreitenden Disziplinierung der geistlichen Führungsstruktur nach Art bürokratischer Reglementierung.[29]

Über die Entmachtung aller episkopalen Zwischeninstanzen wurde die Monopolisierung der Koordinations- und Verwaltungsfunktionen durch die Römische Kurie ermöglicht. Daran anschließend erfolgte der sukzessive Aufbau der Diözesanverwaltung, die Überwachung der Bistümer, die Kontrolle der Dekanate und die Disziplinierung des Klerus und des Priesternachwuchses durch ein kirchliches Prüfungssystem. Den Abschluß der bürokratischen Disziplinierung setzte 1870 das Erste Vatikanische Konzil mit der Festlegung des Universalepiskopats: Mit der Sicherstellung der formalen universalen Kompetenz des Papstes erfolgte zugleich die Festlegung der universalen Nichtkompetenz der Episkopen.[30]

Diese „Flucht in die Bürokratie“[31] wurde mit einer zusätzlichen Steigerung des päpstlichen Macht- und Führungsanspruchs kombiniert, die 1870 mit dem Dogma der Unfehlbarkeit ihren Höhepunkt erfuhr.[32] Durch diese Zusammenballung des priesterlichen Amtscharismas im Apostolischen Amt wurde der Papst zum Herrscher ohne Land, doch mit einem Untertanenvolk wie kein anderer, nur verwiesen auf die „Grenzen seiner selbst“[33]. Der Papst wurde zum Souverän ohnegleichen: „Der Papst war nicht mehr ein Souverän unter anderen Souveränen, er war etwas vollkommen Einzigartiges, aus der Politik und ihren Denk- und Handlungskategori-

---

29 Vgl. EBERTZ, Herrschaft in der Kirche (wie Anm. 1), S. 96 ff.; KATZ, H., Katholizismus zwischen Kirchenstruktur und gesellschaftlichem Wandel, in: Zur Soziologie des Katholizismus, hrsg. von GABRIEL, K./KAUFMANN, F.-X., Mainz 1980, S.80, S. 120; WEBER 1980, wie in Anm. 11, S. 127, S. 601.

30 Vgl. EBERTZ, Herrschaft in der Kirche (wie Anm. 1), S. 100; KATZ, Katholizismus zwischen Kirchenstruktur und gesellschaftlichem Wandel (wie Anm. 29), S. 120; WEBER Wirtschaft und Gesellschaft. Studienausgabe (wie Anm. 11), S. 127; S. 601.

31 EBERTZ, Herrschaft in der Kirche (wie Anm. 1), S. 101.

32 Vgl. EBERTZ, Herrschaft in der Kirche (wie Anm. 1), S. 108ff; WEBER, Wirtschaft und Gesellschaft. Studienausgabe (wie Anm. 11), S. 124; S. 654 ff.

33 WEBER, Wirtschaft und Gesellschaft. Studienausgabe (wie Anm. 11), S. 655.

en herausgehoben".[34] Damit wurden der Legitimationsbedarf und das Legitima-tionsproblem der Amtskirche in einem unerahnten Ausmaß verschärft.

Betrachtet man nun die Heiligsprechungen vor dem Hintergrund dieser Problemsituation, dann läßt sich zeigen, daß das Kanonisationsverfahren als kirchenpolitische Antwort auf die Legitimationsbedürfnisse und Repräsentationsforderungen eingesetzt wurde. Diese These möchte ich im Folgenden an zwei Aspekten des Kanonisationsverfahren veranschaulichen: Erstens anhand der plebiszitären Erweiterung des Amtscharismas durch die aufgewertete Stellung des Laienurteils, und zweitens anhand der Kontextualisierung oder Inkulturation des Begriffs „Heiligkeit" durch die Integration partikularer kultureller Traditionen und Lebensformen.

2 Das Heiligsprechungsverfahren als Antwort auf das Legitimationsproblem der Amtskirche

2.1 Die plebiszitäre Erweiterung des Amtscharismas durch die aufgewertete Stellung des Laienurteils

Ausgangspunkt jedes Kanonisationsverfahrens ist der so genannte „Ruf der Heiligkeit" (*fama sanctitatis*), d. h.: eine bereits bestehende Verehrung des Verstorbenen durch eine hinreichend große Anzahl von Gläubigen.[35] Nur wenn diese Verehrung besteht, kann ein Heiligsprechungsprozeß in Gang gesetzt werden. Man kann in diesem Sinne behaupten: „Das gläubige Volk schafft sich ‚seine' Heiligen selbst".[36]

Die *Fama* ist nicht nur die „allgemeine Meinung" der Gläubigen über die charismatischen Qualifikationen eines verstorbenen Kandidaten.[37] Sie ist zugleich Ausdruck des *sensus fidei* der christlichen Gemeinschaft sowie der Fähigkeit jedes einzelnen Christen, das „Göttliche" zu erkennen, das im Leben des Heiligen repräsentiert ist.[38] In diesem Sinne gilt die *Fama* als das „Charisma" der Laien, das gleichberechtigt neben dem Amtscharisma der Kirche die Repräsentation Christi vervollständigt.[39]

Weil das Verfahren nicht nur das Charisma der Repräsentanten, sondern gerade auch das der Repräsentierten integriert, wollen manche Theologen darin eine demo-

34 LORTZ, J., Geschichte der Kirche in ideengeschichtlicher Betrachtung. Eine geschichtliche Sinndeutung der christlichen Vergangenheit, Münster 1940, S. 41f.

35 Vgl. SIEGER, Die Heiligsprechung (wie Anm. 10), S. 207ff.

36 SCHULZ, Selig- und Heiligsprechungsverfahren (wie Anm. 10), S. 28.

37 Vgl. SIEGER, Die Heiligsprechung (wie Anm. 10), S. 207.

38 Vgl. SIEGER, Die Heiligsprechung (wie Anm. 10), S. 225ff.; auch MOLINERA/GUMPEL, Criteri per la canonizzazione (wie Anm. 10).

39 Vgl. SIEGER, Die Heiligsprechung (wie Anm. 10), S. 227; S. 229.

kratische Legitimation erkennen und die *Fama* mit der *vox populi* in der weltlichen Rechtsprechung gleichsetzen.[40] Von Demokratisierung könnte jedoch nur dann gesprochen werden, wenn die Beherrschten auch während des Verfahrens über Mitbestimmungsrechte verfügen würden. Dies ist jedoch nicht der Fall. Trotz aller Parallelen gibt es einen entscheidenden Unterschied zwischen dem Kanonisationsverfahren und „weltlichen" Prozessen: Das Heiligsprechungsverfahren ist weder eine bloße Anwendung einer objektiven Rechtsnorm auf einen konkreten Fall, noch zielt es auf ein Urteil im Sinne eines Rechtssprechungsaktes. Am Ende des Verfahrens steht lediglich ein von Klerikern und Experten begründeter Urteilsvorschlag, der dem Papst als Grundlage seiner Entscheidung dient. Dieser entscheidet letztlich allein in seiner Eigenschaft als Kirchenoberhaupt, ob es sich um einen Fall von Heiligkeit handelt. „Mit anderen Worten: Es liegt ausschließlich in der unanfechtbaren persönlichen Entscheidung des Papstes, dem aus einem Selig- und Heiligsprechungsprozeß resultierenden Urteilsvorschlag zu folgen oder nicht".[41]

Vor diesem Hintergrund kann das Verfahren nicht als demokratisch bezeichnet werden. Allerdings kann man die Aufwertung der Gläubigen als eine plebiszitäre Erweiterung des päpstlichen Amtscharismas interpretieren, wodurch die Kirche den Repräsentationszweck des Amtscharismas erfüllt, die Bedürfnisse der Gläubigen aufnimmt und per Akklamation eine Mitbestimmung suggerieren kann, die das Ansehen und das Charisma des Papstes stärkt und zugleich dem Ruf nach demokratischen Reformen den Boden entzieht.

2.2 Die Kontextualisierung oder Inkulturation des Begriffs „Heiligkeit" durch die Integration partikularer kultureller Traditionen und Lebensformen

Die *Fama* als Ausdruck der gelebten Volksfrömmigkeit enthält zugleich die Konkretisierungsleistungen der Gläubigen, mit deren Hilfe allgemeine, abstrakte Vorstellungen von Wunder und Heiligkeit in eine konkrete historische und kulturelle Situation gestellt werden. Die Heiligen sind, so der Theologe Karl Rahner, immer der schöpferische Ausdruck einer von der jeweiligen Zeit und Kultur „gerade fälligen Heiligkeit".[42] Heiligkeit ist gerade nicht „die restlose Erfüllung eines immer

---

40 Vgl. ZERA, R, La fama di Santità. Fondamento morale e rilevanza giuridica, Rom 1980, S. 50.

41 SCHULZ, Selig- und Heiligsprechungsverfahren (wie Anm. 10), S. 24f. Zu weiteren Besonderheiten im Hinblick auf die Rechtsnatur des Kanonisationsverfahrens siehe MARCKHOFF, Selig- und Heiligsprechungsverfahren (wie Anm. 10), S. 61ff., S. 105ff., und SIEGER, Die Heiligsprechung (wie Anm. 10), S. 196 ff.

42 Vgl. RAHNER, K., Die Kirche der Heiligen. Schriften zur Theologie. Bd. III: Zur Theologie des Geistlichen Lebens, Zürich/Einsiedeln/Köln 1967, S. 120f.

gleichbleibenden statischen übernatürlich-sittlichen Solls“[43], sondern notwendig bezogen auf konkrete Umstände und konkrete Menschen. Damit hat die *Fama* eine doppelte Funktion: Sie ermöglicht einerseits Ansatzpunkte für die Entstehung neuer Heiliger und neuer Heiligkeitstypen, und gewährleistet andererseits, daß die traditionellen Heiligkeitsvorstellungen der Kirche aktualisiert und zugleich bekräftigt werden. „Die Entstehung der *fama sanctitatis* in einem bestimmten kirchlichen Umfeld, in einer bestimmten kirchlichen Gemeinschaft, hängt von den traditionellen Vorstellungen, die diese Gemeinschaft mit Heiligkeit verbindet und von ihren Zukunftsperspektiven ab“.[44] Die *Fama* verbindet die universalkirchliche Vorstellung von Heiligkeit mit der kulturellen Phantasie der jeweiligen Gemeinschaften.

„Inkulturation“ nennt die katholische Kirche diesen Anliegen, lokale Sitten und Gebräuche in die stark europäisch geprägte Weltkirche zu integrieren. Bereits das Zweite Vaticanum hat eindrücklich darauf hingewiesen, daß die Weltkirche nur dann als Universalkirche gelten könne, wenn sie sich gegenüber der kulturellen Verschiedenheit der Gläubigen und ihrer Kontexte öffnete.[45] Seither stehen die Kanonisationen unter der Vorgabe, Universalität aus einer Vielzahl von ethnisch und kulturell unterschiedlichen Heiligen herzustellen und damit eine Heiligkeit zu entwickeln, die die Bedürfnisse und Vielfalt des Kirchenvolkes wiederspiegele.[46]

Die Inkulturation ermöglicht einen weiteren Beitrag zur Repräsentation, wobei auch hier keine voreiligen basisdemokratischen Schlüsse gezogen werden dürfen. Es bleibt eine kirchlich kontrollierte Inkulturation, die streng auf die Interessen der Amtskirche verpflichtet und ausgerichtet bleibt. Die Offenheit gegenüber den kulturellen Besonderheiten lokaler Gemeinschaften bleibt eine Vielfalt im Interesse der universalkirchlichen Einheit. Die Repräsentation wird zwar erweitert, aber immer in den Grenzen des bestehenden kirchlichen Status quo. Kontextualisierung und Vereinheitlichung gehen im Kanonisationsverfahren letztlich Hand in Hand.

---

43 RAHNER, Die Kirche der Heiligen (wie Anm. 42), S. 119.

44 SIEGER, Die Heiligsprechung (wie Anm. 10), S. 224.

45 Vgl. PAUL VI., Dogmatische Konstitution über die Kirche „Lumen gentium“, in: http://www.stjosef.at/konzil/LG.htm.

46 Vgl. JOHANNES PAUL II., Apostolic Letter „Novo Millennion Ineunte” at the close of the Great Jubilee of the Year 2000, in: www.vatican.va/holy_father/john_paul_ii/apost_letters/documents/hf_jp-ii_apl_20010106_novo-millennio-ineunte_en.html; Johannes Paul II., Message for the XXXIX World Day of Prayer for Vocation on „The vocation of holiness”. In: http://www.vatican.va/ holy_father/ john_paul_ii/ messages/vocations/documents/hf_jp-ii_mes_20011123_xxxix-voc-2002_en.html.

3 Legitimation durch Repersonalisierung. Die Erweiterung der Weberschen Charisma-Theorie

Das Kanonisationsverfahren fungiert als kirchenpolitisches Legitimationsinstrument, das einerseits die Anforderung nach Erweiterung und Erneuerung der personalen Repräsentation berücksichtigt, andererseits die zentralistische Struktur der Amtskirche und den autoritären Führungsanspruch zusätzlich bestätigt.

Durch die Integration der Volksfrömmigkeit signalisiert der Heilige Stuhl ein Entgegenkommen gegenüber den Repräsentierten, das zu einer plebiszitären Bestätigung des Amtscharismas führt, durch die nicht nur die emotionale Verbundenheit der Laien mit ihrem Primas verstärkt, sondern auch das Ansehen und Charisma des Papstes als dem Vollstrecker ihres „Rufs der Heiligkeit" vitalisiert wird. Die Effekte der Inkulturation verschiedener Traditionen und Interpretationen sind ähnlich: Jede amtskirchliche Integration einer kontextualisierenden Modifikation von „Heiligkeit" bestätigt zugleich die Aktualität und Geltung ihrer eigenen universalkirchlichen Kompetenz.

Zum Abschluß möchte ich noch einmal zu Max Webers Charisma-Theorie zurückkehren, um den Legitimationszugewinn, der mit den Heiligsprechungen verbunden ist, durch eine erweiterte Theorie des Charismas zu erklären.

<table>
<tr><td colspan="5">Umbildung des genuinen Charismas</td></tr>
<tr><td colspan="2">Veralltäglichung</td><td colspan="3">Versachlichung</td></tr>
<tr><td colspan="2"></td><td colspan="2">in Verbindung mit Entpersonalisierung</td><td>in Verbindung mit Repersonalisierung</td></tr>
<tr><td>Traditionalisierung</td><td>Legalisierung</td><td>Gentils- und Erbcharismatisierung</td><td>Amtscharismatisierung</td><td>Charismatisierung von verstorbenen Personen</td></tr>
</table>

Abbildung 2:Einordnung der Heiligsprechungen in die Typologie der Umbildungen des genuinen Charismas.

Ausgangspunkt der Untersuchung war das Amtscharisma der katholischen Kirche, das im Wesentlichen auf einer Versachlichung des genuinen Charismas, genauer auf einer Entpersonalisierung, basiert. Versachlichung durch Entpersonalisierung muß als eine ambivalente Konstruktion beschrieben werden: Der Zugewinn an Stabilität wird erkauft durch den Verlust an charismatischer Repräsentation, die immer auf Personen zurück verweisen muß.

Die Funktion der Heiligen in der katholischen Kirche besteht darin, dieses durch Versachlichung bedrohte Charisma der Repräsentation Christi wieder erlebbar und erfahrbar zu machen. In diesem Sinne wird das Heer der Heiligen von Johannes Paul II. in seiner Apostolischen Konstitution „Divinus perfectionis Magister" als „eine Wolke von Zeugen" betrachtet, „durch die Gott uns gegenwärtig wird und zu uns spricht."[47] Heilige sind im katholischen Verständnis nicht nur Repräsentanten einer exemplarischen Lebensform, sondern essentielle Zeichen für Gottes „unwiderrufliche Zusage seines Heils" gegenüber seiner Kirche, wobei diese Zusage „nicht nur eine theoretische Verheißung (ist), sondern sie ist als eschatologische Heiligkeit schon jetzt in der Kirche wirkmächtig".[48] In den Heiligen verkörpert sich konkret die „Einheit von pilgernder und himmlischer Kirche", wie Paul VI. dies in der Dogmatischen Kirchenkonstitution „Lumen gentium" formulierte.[49] Sie sind damit die unverzichtbaren Pfeiler des katholischen Communio-Gedankens.[50]

Diese spürbare Erfahrbarkeit des Heilsversprechens wird durch eine „Repersonalisierung" des Amtscharismas geleistet. Das personale Charisma der verstorbenen Heiligen wird durch den Kanonisationsprozeß in das päpstliche Amtscharisma integriert und in ihm repräsentiert. Entscheidend für die Legitimation der Amtskirche ist es, daß die verstorbenen Heiligen als dauerhafte Träger eines Personalcharismas fungieren, das seinerseits auf das Amtscharisma zurückwirkt und es stärkt. Weil nur die Kirche, letztlich nur der Papst, die Kompetenz hat, den Heiligen zu erkennen, wird mit jedem Vollzug der Heiligsprechung zugleich die Heiligkeit der Kirche und die Unfehlbarkeit ihres Primas erneut bestätigt. „Will man also die Frage beantworten, weshalb die Kirche fähig ist, einen Menschen zu kanonisieren, d.h. in das Verzeichnis der Heiligen, Kanon genannt, aufzunehmen und damit bereits jetzt autoritativ zu erklären, er gehöre zu der Schar der Seligen und Heiligen, deren endgültige Erlösung feststeht, dann ist das als Ausfluß ihrer Selbstaussage zu verstehen, derzufolge sie ‚unzerstörbar heilig' ist".[51] In diesem Sinne ist jede kanonisierte Heiligkeit „wesentlich auch immer kirchliche Heiligkeit".[52] Die Kirche als „Kirche der Heili-

47 JOHANNES PAUL II., Apostolische Konstitution „Divinus perfectionis Magister" zur Durchführung von Kanonisationsverfahren, in: Das neue Selig- und Heiligsprechungsverfahren, hrsg. von Winfried Schulz, Paderborn 1983, S. 161.

48 Vgl. SCHULZ, Selig- und Heiligsprechungsverfahren (wie Anm. 10), S. 16; auch MOLINARI, P., Die Heiligen und ihre Verehrung, Feiburg 1964, S. 90f.

49 PAUL VI., Lumen gentium (wie Anm. 45).

50 Vgl. SIEGER, Die Heiligsprechung (wie Anm. 10), S. 1ff.

51 SCHULZ, Selig- und Heiligsprechungsverfahren (wie Anm. 10), S. 16.

52 SIEGER, Die Heiligsprechung (wie Anm. 10), S. 5.

gen“[53] und „Gemeinschaft von Erlösten“[54] bekräftigt damit, daß sie nicht nur in ihren „objektiven Institutionen“ heilig ist, sondern auch in ihren Gliedern.

Es handelt sich hier nicht um eine Form der Legitimation durch Verfahren, jedenfalls nicht im Hinblick auf Papst und Amtskirche. Die Nähe zur Verfahrenslegitimation[55] besteht ausschließlich für die Position des Heiligen, der am Ende des Verfahrens durch den charismatisch qualifizierten Verwaltungsstab bestätigt wird; eine Art posthume Approbation der Auslese durch die Gläubigen. Was allerdings die Legitimation von Amtskirche und päpstlicher Autorität angeht, so besteht deren Pointe darin, daß durch die Kanonisation Personalcharisma und Amtscharisma im Rahmen ihrer Versachlichung miteinander verbunden werden. Es handelt sich um eine Art charismatisches Steigerungsverhältnis, das eine gewisse Ähnlichkeit hat mit dem Zusammenspiel zwischen personalcharismatischem Mönchtum und amtscharismatischem Priestertum, das Max Weber beschrieben hat[56]: die Einordnung des Mönchtums in die bürokratische Organisation als eine durch spezifischen „Gehorsam“ disziplinierte Truppe des Kirchenoberhaupts. Hier wie dort handelt es sich um die Vereinnahmung charismatischer Virtuosen, um die heilige Aura des Kirchenamts aufzuladen, mit einem wesentlichen Unterschied: Die Heiligsprechung als Charismatisierung von Verstorbenen ist die eindeutig risikofreiere Form der Vereinnahmung. Die Gefahr einer personalcharismatischen Gegenbewegung, die oft durch lebende charismatische Personen ausgelöst wurden, ist bei der Heiligsprechung von Verstorbenen gebannt.

So wird die ganz alltägliche Bürokratisierung des religiösen Lebens in so genannten „Gnadenanstalten“ durch den Nimbus des Heiligen wiederverzaubert. Die Kirche als versachlichte Institution kann sich als eine vitale und lebendige „Gemeinschaft der Heiligen“ präsentieren, in der theologisch formuliert, „die in jedem Christen verwirklichte Heiligkeit“ mit der „verobjektivierten Heiligkeit“ vermittelt ist.[57]

Ähnliche Repersonalisierungsprozesse finden sich im Übrigen auch außerhalb des religiösen Feldes. Man denke besonders an die nationale Verehrung verstorbener politischer Persönlichkeiten, also eine Verehrung, die nicht nur vom Volk, sondern auch von den politischen Eliten getragen und unterstützt wird. Egal ob Abraham Lincoln, Mahatma Gandhi oder Mustafa Kemal Atatürk, sie alle dienen dem Zweck, höchst unpersönlichen politischen Institutionen und Ämtern ein konkretes Gesicht, einen konkreten Inhalt und eine persönliche Geschichte zu geben. Die damit geleistete Repersonalisierung ist zugleich ein politisch wirksames Mittel der

53 RAHNER, Die Kirche der Heiligen (wie Anm. 42).

54 SIEGER, Die Heiligsprechung (wie Anm. 10), S. 10.

55 Vgl. WEBER, Wirtschaft und Gesellschaft. Studienausgabe (wie Anm. 11), S. 143f.

56 Vgl. WEBER, Wirtschaft und Gesellschaft. Studienausgabe (wie Anm. 11), S. 695ff.

57 FRANK, K.-S., Grundzüge der Geschichte des christlichen Mönchtums, Darmstadt 1988, S. 12.

Krisenbewältigung. Thomas Hase[58] hat jüngst auf diese Parallelen zwischen politischen Helden und katholischen Heiligen hingewiesen. In beiden Fällen handelt es sich um die Herstellung eines Kanons exemplarischer Persönlichkeit, um das Charisma der dahinter liegenden politischen oder religiösen Institutionen permanent zu revitalisieren. Gerade die moderne Nation und der moderne Anstaltsstaat liefern aufgrund ihrer starken Parallelen zur religiösen Gnadenanstalt ein breites Spektrum von Themen, in denen die Verbindung von Versachlichung und Repersonalisierung sichtbar gemacht werden könnte.

58 HASE, T., Nationale Symbole und Krisenbewältigung. Religionswissenschaftliche Überlegungen zur amerikanischen Zivilreligion, in: Religion, Staat, Gesellschaft 5 (2004), S. 68.

2 Wissen als Charisma

2.1 Geschenk oder eigene Leistung? – Wissen im europäischen Mittelalter

Ingo Klitzsch

Petrus Abaelardus: Ein verkannter Charismatiker?

Zur Bedeutung des Heiligen Geistes und seiner Charismen im Leben und theologischen Denken des Mönches und Magisters[1]

1 Abaelard aus theologischer Perspektive – eine Umakzentuierung

Petrus Abaelardus (ca. 1079–1142) gehört zweifelsohne zu den schillerndsten Persönlichkeiten der Geistesgeschichte des 12. Jahrhunderts und dies nicht nur aufgrund seiner tragischen Liebesgeschichte mit Heloïse. So verwundert es wenig, wenn ihm über die Jahrhunderte hinweg verschiedenste Epitheta zugeschrieben wurden, wobei die Stilisierung Abaelards als „Rationalist" bzw. „Aufklärer im 12. Jahrhundert" am wirkmächtigsten zu sein scheint.[2] Einher geht damit zumeist eine zu geringe Beachtung der theologischen Lehre Abaelards – auch seitens derer, die sich gegen diese Stilisierung mit guten Gründen wandten. Trotz seiner unbestreitbaren Vorliebe für

---

1 An dieser Stelle sei Peter Gemeinhardt für die Lektüre einer Erstfassung des Vortrages herzlich gedankt sowie Mirko Breitenstein für die Hilfe bei der Beschaffung einzelner Artikel aus dem von ihm mit herausgegebenen Tagungsband: Charisma und religiöse Gemeinschaften im Mittelalter, hrsg. von ANDENNA, G./BREITENSTEIN, M./MELVILLE, G., Münster 2005.
Im Folgenden verwende ich die im Deutschen gebräuchliche Namensfassung Abaelard – zur eigentlich richtigen fünfsilbigen Schreibweise des Namens vgl. MEWS, C., In search of a Name and its Significance: A Twelfth-Century Anecdote about Thierry and Peter Abaelard, in: Traditio 44 (1988), S. 171–200. – Hinweise zur Zitation: Bei Zitaten aus den sog. Theologien Abaelards wird jeweils nur die erste Fundstelle mit äußerer und innerer Zitation angegeben, auf die Parallelstellen wird in eckiger Klammer ohne äußere Zitation verwiesen.

2 Vgl. z. B. NIGGLI, U., Abaelards Ideen über die jüdische Religion und seine Hermeneutik im Dialogus, in: Peter Abaelard. Leben – Werk – Wirkung, hrsg. von NIGGLI, U., Freiburg/Basel/Wien 2003, S. 169–191, KRAUTZ, H.-W., Zwischen Boethius, Lullus, Cusanus und Lessing – Streiflichter auf Abaelards Collationes, in: Peter Abaelard. Leben – Werk – Wirkung (wie in dieser Anmerkung), S. 151–168, und zumindest der Tendenz nach PERKAMS, M., Autonomie und Gottesglaube. Gemeinsamkeiten der Ethik Abaelards mit der Immanuel Kants, in: Peter Abaelard. Leben – Werk – Wirkung (wie in dieser Anmerkung), S. 129–149, – alle im selben Tagungsband enthalten. Zur Kritik an einer solchen Sichtweise Abaelards vgl. bereits JOLIVET, J., Arts du langage et théologie chez Abélard, Paris 1969, S. 340–348.

die Dialektik, deren Anwendung innerhalb der Theologie ihm den Ruf des Rationalisten eingebracht hat, kann seine theologische Lehre jedoch nicht nur auf die Dialektik reduziert oder zurückgeführt werden. Insofern Abaelard Magister und Mönch bzw. Abt war, muß darüber hinaus als Sitz im Leben seiner Theologie neben dem Lehrsaal das Kloster berücksichtigt werden.[3] Dadurch geraten auch bisher in der Forschung weniger beachtete Quellen in den Blick.

Der Ertrag einer solchen Umakzentuierung soll hier exemplarisch an der Frage, inwiefern Abaelard, der Mönch und Magister, eher als „Charismatiker" denn als „Rationalist" bezeichnet werden könnte, vor Augen geführt werden. Ausgangspunkt hierfür ist ein theologischer Charisma-Begriff, so daß die Frage nicht im Anschluß an Max Weber auf ihre ‚soziologische' bzw. diesen verkürzend ‚herrschaftssoziologische' Dimension enggeführt werden soll.[4] Aus theologischer und kirchenhistorischer Perspektive kann von Charisma nicht nur als einer als „außeralltäglich geltenden" intersubjektiv zugeschriebenen „Qualität" gesprochen werden, die eine Person für seine Umwelt zum charismatischen Führer werden läßt,[5] sondern es bedarf auch des Rekurses auf die transzendente Wirklichkeit des Gebers der Gabe bzw. der Gaben, die traditionell in besonderer Weise mit der Person des Heiligen Geistes verbunden wird. Somit wird in theologischer Perspektive die zweigliedrige Relation zwischen dem außeralltäglich Begabten und seiner Umwelt zur „Triade Geber – Begabter – Umwelt" erweitert.[6]

---

3 Somit stellt dieser Beitrag auch eine implizite Infragestellung der gerne an Abaelard und Bernhard von Clairvaux exemplarisch dargestellten Unterscheidung einer monastischen von einer scholastischen Theologie dar, wobei darauf hingewiesen werden muß, daß Leclercq, von dem diese binäre Unterscheidung ursprünglich stammt, später drei Typen unterscheidet und Abaelard dem dritten Typus „speculative theology" zuordnet und zudem von keiner klaren Abgrenzbarkeit der Typen ausgeht (vgl. LECLERCQ, J., Naming the Theologies of the early twelfth century, in: Mediaeval Studies 53 [1991], S. 327–336, hier bes. S. 328f., S. 335).

4 Zur verkürzten Rezeption des Weberschen Charisma-Konzeptes, d. h. u. a. Konzentration auf Herrschaftsphänomene vgl. z. B. GEBHARDT, W., Einleitung – Grundlinien der Entwicklung des Charisma-Konzeptes in den Sozialwissenschaften, in: Charisma. Theorie, Religion, Politik (Materiale Soziologie TB 3), hrsg. von GEBHARDT, W./ZUINGERLE, A./EBERTZ, M. N., Berlin/New York 1993, S. 1–12, bes. S. 1.

5 Vgl. die klassische Definition Webers: „‚*Charisma*' soll eine als außeralltäglich (ursprünglich, sowohl bei Propheten wie bei therapeutischen wie bei Rechts-Weisen wie bei Jagdführern wie bei Kriegshelden: als magisch bedingt) geltende Qualität einer Persönlichkeit heißen, um derentwillen sie als mit übernatürlichen oder übermenschlichen oder mindestens spezifisch außeralltäglichen, nicht jedem andern zugänglichen Kräften oder Eigenschaften [begabt] oder als gottgesandt oder als vorbildlich und deshalb als ‚*Führer*' gewertet wird. Wie die betreffende Qualität von irgendeinem ethischen, ästhetischen oder sonstigen Standpunkt aus ‚objektiv' richtig zu bewerten sein *würde*, ist natürlich dabei begrifflich völlig gleichgültig: darauf allein, wie sie tatsächlich von den charismatisch Beherrschten, den ‚*Anhängern*', bewertet *wird*, kommt es an" (WEBER, M., Wirtschaft und Gesellschaft: Grundriß der verstehenden Soziologie, hrsg. von WINCKELMANN, J., Tübingen [5]1980, S. 140).

6 Vgl. zu diesen Überlegungen EICHELBERGER, H.-W., Alltagscharismen. Über das ‚Charisma' der charismatischen Erneuerungsbewegung, in: Charisma. Theorie, Religion, Politik (wie Anm. 4), S. 91–108,

Entsprechend sollen in die Erörterung der Frage, inwiefern Abaelard als Charismatiker zu bezeichnen ist, wesentliche Aspekte der Pneumatologie Abaelards in ihrer Bedeutung für sein Leben und theologisches Denken mit einbezogen werden, und der Begriff Charisma wird primär von den Charismen, d.h. den verschiedenen Geistes- bzw. Gnadengaben her gedeutet.[7]

Den Ausgang der Überlegungen bildet dabei die Frage nach biographischen Hinweisen auf eine besondere Bedeutung des Heiligen Geistes für Abaelard. Von dort aus sollen dann seine eng zusammenhängenden Aussagen bezüglich der ‚trinitarischen Person des Heiligen Geistes' und der ‚Gaben des Geistes' in den Blick genommen sowie grundlegende Aspekte des Verhältnisses von Charisma und Institutionalität bzw. *vita religiosa* bei Abaelard nachgezeichnet werden.

2 Der Heilige Geist und seine Charismen im Leben und theologischen Denken Abaelards

2.1 Biographische Hinweise auf eine besondere Bedeutung des Heiligen Geistes für Abaelard

Auch wenn heute, nach einem langen Forschungsstreit über die Authentizität der „Historia Calamitatum" (HC) die Annahme der Echtheit Konsens zu sein scheint, gilt es selbstverständlich den Charakter der Schrift als (fiktiven) Trostbrief bzw. als Art Autobiographie zu berücksichtigen, um einen methodisch verantworteten Mittelweg zwischen den Extremen einer radikalen Kritik und hermeneutischer Naivität zu beschreiten.[8]

---

hier: S. 92. – Eichelberger formuliert seine Überlegungen zwar in Bezug auf charismatische Erneuerungsbewegungen, doch ist die in ihnen formulierte Devianz zwischen einem theologischen und soziologischen Verständnis des Charisma-Begriffs auch auf andere Phänomene übertragbar.

7 Zur Frage der Vereinbarkeit dieses theologischen von Paulus her kommenden Charisma-Begriffs mit dem Weberschen vgl. EICHELBERGER, Alltagscharismen (wie Anm. 6), S. 98f.; TANNER, K., Die Macht des Unverfügbaren. Charisma als Gnadengabe in der Thematisierung von Institutionalisierungsprozessen im Christentum, in: ANDENNA (Hrsg.), Charisma und religiöse Gemeinschaften (wie Anm. 1), S. 25–44, hier: S. 40–44. Zum Charismabegriff bei Paulus vgl. auch die Ausführungen von HILDEGARD SCHERER in diesem Band.

8 Einen summarischen Überblick über den Forschungsstreit bieten z. B.: MARENBON, J., The philosophy of Peter Abaelard, Cambridge 1997, S. 82–93; MEWS, C., Peter Abaelard (Authors of the Middle Ages. Historical and Religious Writers of the Latin West II/5), Aldershot 1995, S. 1–88, hier: S. 20–26. Grundlegend für die Aufarbeitung der älteren Forschung: MOOS, P. V., Mittelalterforschung und Ideologiekritik. Der Gelehrtenstreit um Héloise, München 1974. Zur Warnung vor hermeneutischer Naivität vgl. MOOS, P. V., Abaelard, Heloise und ihr Paraklet: Ein Kloster nach Maß. Zugleich eine Streitschrift wider die ewige Wiederkehr hermeneutischer Naivität, in: Das eigene und das Ganze. Zum Individuellen

So kann man der HC entnehmen, daß Abaelard seine erste „theologische" Vorlesung über das Buch Ezechiel hält[9] und damit über das Prophetenbuch, das in besonderer Weise geprägt ist von Visionsberichten, d.h. Schilderungen von ekstatischen Erfahrungen Ezechiels, in denen dieser *in spiritu Domini* entrückt wird[10] bzw. besondere Botschaften oder Beauftragungen empfängt. Dieser Text galt den mittelalterlichen Theologen als einer der schwierigsten – und hier liegt wohl der Hauptgrund, warum Abaelard von seinen „Kommilitonen" mit der Auslegung von Ezechiel betraut wurde. Da uns der in den Folgejahren weiter ausgearbeitete Kommentar nicht überliefert ist, ist es selbstverständlich nicht möglich von hier aus weitreichende Folgerungen bezüglich Abaelards Theologie zu ziehen, aber es kann zumindest festgehalten werden, daß Abaelard sich bereits zu Beginn seiner theologischen Lehrtätigkeit mit Texten beschäftigte, die das Wirken des Geistes betonen.

Als weiteres Indiz sei die Gründung des der Trinität geweihten Bethauses im Gebiet von Troyes genannt.[11] Diesem Bethaus gibt Abaelard den Namen „Paraklet" und greift damit auf das Johannes-Evangelium zurück, wo der Heilige Geist mit dem griechischen Begriff παρακλήτος – wörtlich „der Herbeigerufene" – bezeichnet wird. Dieser ist der „Tröster", „Anwalt", „Fürsprecher", der göttliche Beistand, den Jesus seinen Jüngern senden wollte, nachdem er zum Vater gegangen ist.[12] Den naheliegenden Schluß, daß er deshalb dieses Bethaus auch in besonderer Weise dem Heiligen Geist widmen wollte, weist Abaelard nun aber als Verleumdung seiner Kritiker zurück und nutzt die Möglichkeit, seine der Häresie verdächtigten trinitätstheologischen Distinktionen zu verteidigen. Abaelard begründet in der HC zwar die Namensgebung mit der Erfahrung der tröstenden göttlichen Gnade, die ihm – nach seiner Entmannung und der Anklage als Häretiker sowie den Konflikten mit seinen Mitbrüdern von St. Denis – während der Zeit im Parakleten zuteil wird, möchte aber – jedenfalls in der rückblickenden Schilderung – die Namensgebung nicht so verstanden wissen, daß sie sich allein auf den Heiligen Geist bezöge, wie ihm böse Zungen unterstellt hätten, die nicht zwischen *Paraclitus* und *Spiritus Paraclitus* zu unterscheiden wüßten. Vielmehr könne jede trinitarische Person als Paraklet bezeichnet werden. Trotzdem zeigt er durch weitere theologische Argumente u.a. auf, daß eine Widmung einer Gebetsstätte an den Heiligen Geist zwar nicht der Gewohnheit entspreche, jedoch genauso wenig der Vernunft widerspreche, sie läge so-

im mittelalterlichen Religiosentum, hrsg. von MELVILLE, G./SCHÜRER, M., Münster 2002, S. 563–620, hier: S. 565–577.

9 Vgl. PETER ABAELARD, Historia Calamitatum. Texte critique avec une introduction publié par J. Monfrin (Bibliothèque des textes philosophiques), Paris 1959, S. 68,180–70,240.

10 Vgl. z. B. Ez 37,1.

11 Belege für weitere dem Heiligen Geist gewidmete Gründungen bzw. Bruderschaften bietet CONGAR, Y., Der Heilige Geist, Freiburg/Basel/Wien 1982, S. 108f. u. Anm. 4; s.a. VONES-LIEBENSTEIN, U., Bernhard von Tiron, in: Lexikon des Mittelalters, Bd. I (1980), Sp. 2002.

12 Vgl. Joh 14,16f.26; 15,26; 16,7–11.13–15.

gar unter Berücksichtigung der apostolischen Autorität und des Wirkens des Heiligen Geistes näher als die Widmung an eine andere Person.

Was Abaelard an dieser Stelle aufgrund der *intentio operis* bzw. der Argumentationssituation nicht sagt, ist, daß auch für ihn selbstverständlich der Begriff Paraklet vom Johannes-Evangelium her kommend primär auf den Heiligen Geist bezogen ist, ihm gewissermaßen *specialiter* zugeschrieben werden kann[13] wie analog der Begriff *spiritus* einerseits *nomen commune* ist, andererseits auf den Heiligen Geist *quasi proprium transferatur.*[14]

Darüber hinaus haben wir aus der Feder Abaelards direkte Zeugnisse dafür, daß die trinitarische Person des Heiligen Geistes eine besondere Rolle im Parakleten spielt. Als nämlich das zwischenzeitlich verlassene Bethaus – laut Abaelard aufgrund

---

13 Vgl. ABAELARD, Historia Calamitatum (wie Anm. 9), S. 92,1038–97,1195 (Zitat: S. 94,1120–95,1135 [Hervorhebung I. K.]): „Quod cum in honore sancte Trinitatis est *fundatum* ac postea *dedicatum*, quia tamen ibi profugus ac jam desperatur divine gratia consolationis aliquantullum respirassem, in memoria hujus beneficii ipsum Paraclitum *nominavi*. Quod multi audientes non sine magna admiratione suceperunt, et nonnulli hoc vehementer calumpniati sunt, dicentes non licere Spiritui sancto specialiter magis quam Deo patri ecclesiam aliquam assignari; sed vel soli Filio, vel toti simul Trinitati, secundem consuetudinem antiquam. Ad quam nimirum calumpniam hic eos error plurimum induxit, quod inter *Paraclitum* et *Spiritum Paraclitum* nichil referre crederent, cum ipsa quoque Trinitas et quelibet in Trinitate persona, sicut Deus vel adjutor dicitur, ita et Paraclitus, id est consolator, recte noncupetur (...)." Insofern Abaelard hier nur von *nominavi* spricht, scheint es unangemessen, von einer Widmung des Bethauses an den Heiligen Geist zu sprechen. Entsprechend ist auch das Privileg von 1131, als das Bethaus dem Nonnenkonvent unter Leitung Heloïses übergeben wird, immer noch auf die Trinität bezogen, nicht auf den Parakleten (vgl. hierzu: MEWS, Peter Abaelard [wie Anm. 8], S. 16). Andererseits spricht Abaelard in einem Brief an Heloïse, in dem er ihr mitteilt, daß er im Parakleten seine letzte Ruhestätte finden möchte, von *consecratio* in Bezug auf den Parakleten (Hervorhebung I. K.): „Nullum quippe locum animae dolenti de peccatorum suorum errore desolatae tutiorem ac salubriorem arbitror quam eum qui *vero Paraclito*, id est consolatori, *proprie consecratus* est, et de eius nomine *specialiter insignitus*" (PETER ABAELARD, Epistula III, ediert von MUCKLE, J. T., The personal letters between Abaelard and Heloise, in: Mediaeval Studies 15 [1953], S. 47–94, hier: S. 77). Insofern hätte die Rede von (Um-)Widmung an den Parakleten (vgl. MEWS, C, Abelard and Heloise, Oxford 2005, S. 126; MOOS, Abaelard, Heloise und ihr Paraklet [wie Anm.8], S. 583; MARENBON, The philosophy of Peter Abaelard [wie Anm.8], S. 20 – um exemplarisch neuere Studien zu nennen) einen Anhalt. Ähnlich uneindeutig bleibt, ob Abaelard sich mit *verus Paraclitus* nur auf eine allen Personen zuzuschreibende Eigenschaft, wie er in der „Historia Calamitatum" entfaltet hat, bezieht oder, wie der Kontext nahezulegen scheint, auf die Person des Heiligen Geistes.
Zur traditionellen Identifikation des Heiligen Geistes mit dem Parakleten bei Abaelard vgl. PETER ABAELARD, Sermo XVII, in: COUSIN, V. (Hrsg.), Petri Abaelardi Opera, Bd. I: Magistri Petri Abaelardi Sermones per annum legendi, Paris 1849 (ND Hildesheim/New York 1970), S. 349–595, hier: S. 480–483; PETER ABAELARD, Sermo XVIII, in: COUSIN, Sermones (wie in dieser Anm.), S.486/487; PETER ABAELARD, Sermo XXII, in: COUSIN, V., Sermones (wie in dieser Anm.), S. 502.

14 Vgl. PETER ABAELARD, Theologia Summi Boni, in: BUYTAERT, E. M./MEWS, C. J. (Hrsg.), Petri Abaelardi Opera Theologica, Bd. III (CCCM 13), Turnhout 1987, S. 39–201, hier: S. 92,166–93,177 (vgl. PETER ABAELARD, Theologia Christiana, in: Petri Abaelardi Opera Theologica, hrsg. v. BUYTAERT, E. M., Bd. II [CCCM 12], Turnhout 1969, S. 5–372, hier: I,35.37).

des Wirkens des *verus Paraclitus*[15] – zur Zufluchtsstätte eines Nonnenkonventes unter Leitung Heloïses wird, verfaßt Abaelard für den Konvent u.a. ein Hymnarium und eine Predigtsammlung. In diesen Werken wird dem Pfingstfest, d.h. dem Fest, das der Herabsendung des Geistes auf die Apostel gedenkt, eine besondere Beachtung entgegen gebracht,[16] beim Predigtzyklus – zumindest in der ursprünglichen Fassung – sogar am Anordnungsprinzip ablesbar, insofern hier die Heilsgeschichte von Mariä Verkündigung bis Pfingsten entfaltet worden ist,[17] in diesem ihren Ziel- und (vorläufigen) Endpunkt erreicht. Neben diesen beiden liturgischen Werken ist die Betonung des Heiligen Geistes auch in Abaelards im Parakleten verfaßten „Theologia christiana" (TChr) greifbar, in der er die den Geist betreffenden Passagen gegenüber dem Vorgängerwerk, der sog. „Theologia Summi Boni" (TSum), deutlichst erweitert bzw. umgeschrieben hat.[18]

2.2 Die trinitarische Person des Heiligen Geistes

Mit den folgenden Ausführungen zur Lehre Abaelards von der trinitarischen Person des Heiligen Geistes geraten Themenkomplexe in den Blick, die zu Abaelards theologischen Schwerpunkten gehören. Er hat sich über einen Zeitraum von über 20 Jahren mit der Trinitätslehre beschäftigt und ist v. a. wegen seiner trinitätstheologi-

---

15 Vgl. ABAELARD, Historia Calamitatum (wie Anm. 9), S. 100,1297–1303. Ebenso wie in der Epistula III (wie Anm. 13), S. 77 scheint der Begriff *verus Paraclitus* auf den Heiligen Geist zu beziehen zu sein.

16 Ich verweise v.a. auf die Hymnen LIII–LVI (PETER ABAELARD, Hymnarius Paraclitensis, hrsg. v. WADDELL, C., Hymn collections from the Paraclete, Bd. 2: Edition of texts [Cistercian liturgy series 9], Kentucky 1987, S. 75–79) und die Sermones XVII–XXI (in: COUSIN, Sermones [wie Anm. 13], S. 478–504), wobei dem Pfingstfest wohl ursprünglich ein 8-teiliger Predigtzyklus gewidmet war (vgl. ABAELARD, Sermo XIX, in: COUSIN, Sermones [wie Anm. 13], S. 491).

17 Vgl. WADDELL, C., Peter Abaelard as creator of liturgical texts, in: THOMAS, R. (Hrsg.), Peter Abaelard. Person, Werk und Wirkung (Trierer Theologische Studien 38), Trier 1980, S. 278.
Dabei gilt, daß die Betonung des Heiligen Geistes in der Liturgie im Kontext der liturgischen Entwicklung im 12. Jh. gesehen werden kann (vgl. JUSSILA, P. H., Peter Abaelard on imagery: theory and practice with special reference to his hymns [suomalaisen Tiedeakatemia toimituksia , Sarja B, 280], Helsinki 1995, S. 35 und Anm. 9).

18 Vgl. z. B. den Abschnitt über den Hervorgang des Heiligen Geistes (*De processione spiritus)*, in: ABAELARD, Theologia summi Boni (wie Anm. 14), III,88–93, S. 195,1191–1198.1263, und die Parallelstelle ABAELARD, Theologia christiana (wie Anm. 14), IV,117–144 (vgl. PETER ABAELARD, Theologia Scholarium, in: BUYTAERT/MEWS, Petri Abaelardi Opera Theologica, Bd. III [wie Anm. 14], S. 203–549, II,123–173).
Abaelards christliche Interpretation der platonischen Lehre von der *anima mundi*: ABAELARD, Theologia Summi Boni (wie Anm. 14), I,36–59, S. 99,355–108,633 und die Parallelstelle ABAELARD, Theologia Christiana (wie Anm. 14), I,68–125 [vgl. ABAELARD, Theologia Scholarium (wie in dieser Anm.) I,123–188], sowie Abaelards Entwurf einer Art „pneumatologischen Erkenntnisprogramms" (s. hierzu Anm. 60): ABAELARD, Theologia Summi Boni (wie Anm. 14), II,4–27, S. 114,24–123,246 [vgl. ABAELARD, Theologia Christiana (wie Anm. 14), IV, 4–58].

schen Lehre zweimal, 1121 auf der Synode von Soissons und 1141 in Sens, der Häresie angeklagt worden.[19] Zentral ist für ihn über die Jahre hinweg das Ternar *potentia*, *sapientia* und *benignitas* bzw. *caritas*, mittels dessen er die trinitarischen Verhältnisbestimmungen, d. h. die Einheit der Substanz und die Dreiheit der Personen zu explizieren versucht hat. Dabei gilt, daß Abaelard die *potentia* in besonderer Weise dem Vater zuschreibt, die *sapientia* dem Sohn und die *benignitas* bzw. *caritas* dem Heiligen Geist.[20] Abaelard versteht sich hier als Verteidiger der von den kirchlichen Dogmen vorgegebenen Lehre gegen sog. Hyperdialektiker. Er will die kirchliche Lehre nur in ihrer Sinnhaftigkeit explizieren, aber nicht begründen.[21]

Auffallend ist, daß Abaelard mittels des Ternars die den Menschen zugängliche ökonomische Trinität, d.h. die immanenten, innerweltlichen Wirkungen der Trinität, zum Ausgangspunkt seines Denkens macht. Und in Übereinstimmung mit diesem

---

19 Zur Datierung der Synode von Sens auf 1141 s. MEWS, C., The council of Sens (1141). Abelard, Bernard, and the Fear of Social Upheaval, in: Speculum 77 (2002), S. 342–382.

20 Vgl. exemplarisch in den sog. Theologien: ABAELARD, Theologia Summi Boni (wie Anm. 14), I,1–3, S. 86,4–87,37 (Zitat: S. 86,4–87,20) [vgl. ABAELARD, Theologia Christiana (wie Anm. 14), I,1.4f.]: „Summi boni perfectionem quod deus est, ipsa dei sapientia incarnata Christus dominus describendo tribus nominibus diligenter distinxit, cum unicam et singularem, indiuiduam penitus ac simplicem substantiam diuinam patrem et filium et spiritum sanctum tribus de causis appellauerit. (...) Patrem quidem secundum illam unicam maiestatis sue potentiam que est omnipotentia, qua scilicet efficere potest quicquid uult, cum nichil ei resistere queat; filium autem eandem diuinam substantiam dixit secundum proprie sapientie discretionem, qua uidelicet cuncta ueraciter diiudicare ac discernere potest, ut nichil eam latere possit quo decipiatur; spiritum sanctum etiam uocauit ipsam secundum benignitatis sue gratiam, qua scilicet nulli malum machinatur deus sed paratus est cunctos saluare, nec ad merita prauitatis nostre respiciens, dona sue gratie nobis distribuit, et quos non potest iusticia, saluat misericordia." – besonders häufig begegnet diese Identifikation des Heiligen Geistes auch im Römerbriefkommentar: vgl. wiederum exemplarisch PETER ABAELARD, Commentaria in Epistolam Pauli ad Romanos, hrsg. v. BUYTAERT, E. M. (CCCM 11), Turnhout 1969, II 4,23f., S. 152,983–153,989; II 5,5, S. 155,48–50. – Auch wenn Abaelard an der zitierten Stelle das Ternar als Unterscheidung Christi einführt, handelt es sich hierbei nicht um die Offenbarung eines bisher unbekannten Wissens: „Sed prius hanc diuine trinitatis distinctionem non a Christo inceptam, sed ab ipso apertius ac diligentius traditam esse ostendamus. Quam quidem diuina inspiratio et per prophetas iudeis et per philosophos gentibus dignata est reuelare (...)" [ABAELARD, Theologia Summi Boni (wie Anm. 14), I,5, S. 88,54–58]. – Zur traditionsgeschichtlichen Frage der Herkunft des Ternars vgl. POIREL, D., Livre de la nature et débat trinitaire au XIIe siècle. Le De tribus diebus de Hugues de Saint-Victor (Bibliotheca Victorina 14), Turnhout 2002, S. 267–423; kritisch in Bezug auf dessen These der Priorität des Ternars bei Hugo von St. Viktor PERKAMS, M., The origins of the Trinitarian attributes *potentia, sapientia, benignitas*, in: Archa Verbi 1 (2004), S. 25–41; anders: MEWS, C., Abelard and Heloise, Oxford 2005, S. 103f., der Poirels These für wahrscheinlich hält, aber auf Ansätze des Ternars bei Wilhelm von Champeaux, dem gemeinsamen Lehrer von Abaelard und Hugo, verweist.

21 Vgl z. B. ABAELARD, Theologia Summi Boni (wie Anm. 14), II,25, S. 122,217–123,231 [vgl. ABAELARD, Theologia Christiana (wie Anm. 14), III,53; ABAELARD, Theologia Scholarium (wie Anm. 18), II,17]; II,79, S. 141,713–721 [vgl. ABAELARD, Theologia Christiana (wie Anm. 14), III,135; ABAELARD, Theologia Scholarium (wie Anm. 18), II,93); II,116, S. 155,1101–156,1120 [vgl. ABAELARD, Theologia Christiana (wie Anm. 14), III,185].

Ansatz bei der Ökonomie weisen einige von Abaelards Aussagen über die einzelnen trinitarischen Personen dem Heiligen Geist im „Hier und Jetzt“, d.h. für das Leben der Gläubigen in der Welt, eine besondere heilsgeschichtliche bzw. soteriologische Funktion zu.

Nimmt man diese Aussagen ernst, so scheint Pfingsten und damit die Herabsendung des Geistes auf die Apostel für Abaelard das gegenwärtig entscheidende heilsgeschichtliche Ereignis zu bilden. Abaelard kann sogar soweit gehen, daß er selbst die Passion Christi dieser *infusio* zuordnet, d.h. der Geist vollendet (*complere*) nach Abaelard das in Christus begonnene Heilswerk („omnia quae per Filium ad salutatem nostram fuerunt inchoata“).[22]

In eine ähnliche Richtung weist, daß Abaelard bei der besonderen Zuordnung von einzelnen Werken an die trinitarischen Personen gleichsam als Propria dem Vater in besonderer Weise v. a. die Schöpfung und Lenkung derselben sowie die Verehrung zuspricht, dem Sohn das *iudicare* und die *discretio*, und dem Heiligen Geist die *operatio diuine gratie* – an dieser Stelle expliziert als Sündenvergebung und Verteilung der Gnadengaben (*dona*), insbesondere der Sakramente.[23]

---

22 Vgl. ABAELARD, Sermo XVIII (wie Anm. 13), S. 486: „Ex quibus [d. h. 1Kor 12,8–11; I. K.] quidem patenter insinuat eumdem distributorem ac dispensatorem divinorum donorum, tam Dominum esse quam Deum, et pro arbitrio suo ipsum tamquam Dominum, non sub Domino dispensatorem constitutum, ea quibus voluerit libere impertire. Cujus hodie largitas uberior ampliore gratia praesentem diem tamquam propriam solemnitatem ditavit, in qua divinorum beneficiorum promissiones complevit. Post adventum quippe filii in mundum, post eius ad Patrem in ascensione reditum, Spiritus sancti hodiernus restabat adventus, per quem complerentur omnia quae per Filium ad salutem nostram fuerunt inchoata.“ – Vgl. a. ABAELARD, Theologia Christiana (wie Anm. 14), IV,63, S. 292,912–293,925 (Zitat: S. 292,921–203,925): „Haec autem quae in carne gessit Dominus ad doctrinam attinent, ut diximus. Ad amoris uero feruorem qui omnia tolleret aduersa, ut libera uoce ubique terrarum uerbum Dei praedicaretur, infusio illa Spiritus pertinet quae super discipulos die Pentecostes in igne est reuelata.“ Dem korrespondiert, daß – wie bereits erwähnt – die ursprüngliche Predigtsammlung Abaelards die Heilsgeschichte von der Ankündigung bis Pfingsten entfaltet hat. Die Auferstehung Christi spielt in diesem Kontext praktisch keine Rolle, wohl deshalb weil Abaelard sie mit der *potentia* des Vaters zusammen denkt und nicht mit dem Geist: vgl. ABAELARD, Commentaris in Epistolam Pauli ad Romanos (wie Anm. 20), II 4,23f., S. 152,983–988: „Nota autem quod dum ait Apostolus Deum Patrem suscitasse Christum, et quod potentiae est Deo Patri specialiter assignat, diuinam potentiam ad personam Patris maxime pertinere insinuat, sicut diuinam sapientiam ad Filium et diuinae gratiae bonitatem ad Spiritum Sanctum“; Ebd., II 6,4, S. 177,32–34.

23 ABAELARD, Theologia Summi Boni (wie Anm. 14), III,48–50, S. 177,574–179,612 (Zitat: S. 177,577–179,610) [vgl. ABAELARD, Theologia Christiana (wie Anm. 14), IV,65–67; ABAELARD, Theologia Scholarium (wie Anm. 18), I,53-55f.]: „Patri quidem proprie tribuuntur ea que ad potentiam pertinent, sicut est creasse cuncta ex nichilo, uel disponere omnia pro arbitrio suo, uel imperare, uel dare potestates, uel mittere filium in mundum, uel obedientiam impendi, unde scriptum est: obediens patri. Et postremo omnia que ad potentiam ac reuerentiam maiestatis pertinent, patri tribuuntur. (...) Filio autem ea maxime ascribuntur que ad sapientiam attinent, sicut est iudicare, quod discretionis est. (...) Spiritus autem ea proprie sunt que ad operationem diuine gratie attinent, sicut est remissio peccatorum et quorumcumque donorum distributio ex sola bonitate eius non ex meritis nostris proueniens; qualis est regenera-

Als theologische Spitzenaussage kann Abaelard formulieren, daß der Heilige Geist die Gnade der Barmherzigkeit Gottes bezeichnet, durch die Gott immer bereit ist, alle Menschen zu retten (*cunctos saluare*) und seine Gnadengaben ohne Berücksichtigung der Verdienste unserer Schlechtigkeit (*merita pravitatis nostre*) verteilt.[24]

Diese Betonung der dem Heiligen Geist zugeschriebenen Eigenschaft führt darüber hinaus auch zu der frömmigkeitsgeschichtlich äußerst interessanten Zuordnung von *timor* und *amor*, die die Menschen am meisten Gott gegenüber unterwürfig machten, zu den trinitarischen Personen. Abaelard bringt nämlich den *timor* besonders mit der Person des Vaters und des Sohnes in Verbindung bzw. mit der *potentia* und der *sapientia*, den *amor* hingegen besonders mit der Person des Heiligen Geistes bzw. der *benignitas*.[25]

Einen weiteren Aspekt dieser heilsgeschichtlich-soteriologischen Perspektive kann man Abaelards Abhandlung über die *processio spiritus* entnehmen.[26] An Peter Abaelards Überlegungen bezüglich des „Hervorgangs des Geistes aus dem Vater und dem Sohn", ist in dieser Hinsicht weniger sein – in den verschiedenen Fassungen der sog. Theologien jeweils elaborierterer – Beitrag zur damals zentralen Filioque-Kontroverse von Bedeutung,[27] als vielmehr die Tatsache, daß er über den Begriff des Hervorgehens (*procedere*) die innertrinitarische Liebesbeziehung auf die

---

tio in baptismo ad dimittenda peccata, confirmatio per impositionem manus episcopi ad dandam armaturam uirtutum, quibus scilicet uirtutibus post remissionem peccatorum perceptam resistere ualeamus inimico tunc uehemetius insurgenti. Sic et cetera sacramenta, que in ecclesia conficiuntur ex bonitate dei, spiritui tribuenda sunt."

24 Vgl. ABAELARD, Theologia Summi Boni (wie Anm. 14), I,1, S. 87,16–20: „(...) spiritum sanctum etiam uocauit ipsam secundum benignitatis sue gratiam, qua scilicet nulli malum machinatur deus sed paratus est cunctos saluare, nec ad merita prauitatis nostre respiciens, dona sue gratie nobis distribuit, et quos non potest iustitia, saluat misericordia." In der Theologia Christiana wird diese Spitzenaussage einer *Apokatastasis panton* abgemildert zur Aussage, daß Gott alles zum Guten ordnet und lenkt [vgl. ABAELARD, Theologia Christiana (wie Anm. 14), I,1, S. 72,13–18].

25 Vgl. ABAELARD, Theologia Summi Boni (wie Anm. 14), I,4, S. 87,37–88,49 (Zitat: S. 88,41–46) [vgl. ABAELARD, Theologia Christiana (wie Anm. 14), I,6; ABAELARD, Theologia Scholarium (wie Anm. 18), I,34]: „*Duo* quippe sunt que nos omnino deo subiectos efficiunt, timor uidelicet atque amor. Potentia quidem et sapientia maxime timorem incutiunt, cum eum et posse punire errata et nichil latere cognoscimus. Benignitas autem eius ad amorem pertinet, ut quem benignissimum habemus, potissimum diligamus." Abaelards Lehrer Wilhelm von Champeaux bringt innerhalb seiner Unterscheidung „*De triplice timore*" den *timor respectum habens in Deum* ebenfalls mit der *potentia* in Verbindung, bezieht diesen aber nicht auf die Personen Vater und Sohn (vgl. WILHELM VON CHAMPEAUX, Sententiae, editiert von LOTTIN, D. O., in: Psychologie et morale aux XIIe et XIIIe siècles, Bd. V, Gembloux 1959, S. 189–227, hier: 276, S. 220,1–221,50).

26 Vgl. ABAELARD, Theologia Summi Boni (wie Anm. 14), III,88–93, S. 195,1191–198,1263 [vgl. ABAELARD, Theologia Christiana (wie Anm. 14), IV,117–144; ABAELARD, Theologia Scholarium (wie Anm. 18), 123–173].

27 Zur Kontroverse vgl. GEMEINHARDT, P., Die Filioque-Kontroverse zwischen Ost- und Westkirche im Frühmittelalter, Arbeiten zur Kirchengeschichte 82, Berlin/New York 2002.

Kreaturen ausdehnt: Das Hervorgehen Gottes bedeutet ein sich auf die Kreaturen hin Ausdehnen mittels des Affektes der Liebe, um die Kreaturen reichlich mit seinen Gnadengaben auszustatten.[28]

Weitere Spezifizierungen kann man darüber hinaus Abaelards christlicher Deutung paganer Lehren entnehmen. Zentral ist hierbei Platons Lehre von der *anima mundi*, die Abaelard – unter Rückgriff auf einen zu seiner Zeit unter den „Platonisten" gebräuchlichen Begriff – als *involucrum*[29], d.h. gleichnishafte Rede, für den Heiligen Geist versteht. Anhand dessen verdeutlicht er u. a. die Universalität der göttlichen Gnade, die sich nach Pfingsten von Jerusalem aus über den ganzen Erdkreis ausgebreitet hat bzw. diesen auf geistliche Weise belebte (*spiritualiter uegetaretur*).[30]

Im Hintergrund steht Abaelards Überzeugung, daß die *fides trinitatis* bereits durch inspirierte jüdische Propheten und heidnische Philosophen offenbart worden war, so daß sie nun im *tempus gratie* leichter von Juden und Heiden angenommen

---

28 Vgl. ABAELARD, Theologia Summi Boni (wie Anm. 14), III,88, S. 195,1201f. [vgl. ABAELARD, Theologia Christiana (wie Anm. 14), IV,117; ABAELARD, Theologia Scholarium (wie Anm. 18), II,123]: „Procedere itaque dei est se ad creaturas per affectum caritatis quodammodo extendere, ut eis gratie sue dona largiatur." Vgl. ABAELARD, Theologia Christiana (wie Anm. 14), IV,135a T, S. 334 (Apparat); ABAELARD, Theologia Christiana (wie Anm. 14), IV,152, S. 341,2398–2426 [ABAELARD, Theologia Scholarium (wie Anm. 18), II,181]; ABAELARD, Theologia Christiana (wie Anm. 14), I,78, S. 104,1033–39 (Zitat: S. 104,1037f.) [ABAELARD, Theologia Scholarium (wie Anm. 18), I,134]: „(…) ad res quaslibet creandas uel regendas atque disponendas se applicat (…)."

29 Zur Verwendung des Begriffs vgl. JEAUNEAU, E., L'usage de la notion d'integumentum à travers les glosses de Guillaume de Conches, in: Archives d'histoire doctrinale et littéraire du Moyen âge 24 (1957), S. 35–100; DRONKE, P., Fabula. Explorations into the uses of myth in medieval Platonism (Mittellateinische Studien und Texte 9), Leiden/Köln 1974.

30 Vgl. z. B. ABAELARD, Theologia Summi Boni (wie Anm. 14), I,49, S. 104,506–515 [vgl. ABAELARD, Theologia Christiana (wie Anm. 14), I,89; ABAELARD, Theologia Scholarium (wie Anm. 18), I,147]: „Huic et inuolucro de positione scilicet anime in medio mundi locate, hoc est de diuina gratia omnibus communiter oblata, ipsa etiam diuina facta manifeste concordant, cum uidelicet doctrinam suam et uere religionis cultum propagaturus dominus in mundo, Jerusalem, que in medio terre est, elegit; quam <quasi> caput regni sui constituit, in qua primum ad magnificandum cultum suum edificari sibi templum quasi regale palatium uoluit, ubi etiam uberrimam spiritus sancti gratiam apostolis infudit, qua per eos totus spiritualiter uegetaretur mundus." Zur Ausdeutung der platonischen Lehre von der *anima mundi* insgesamt vgl. ABAELARD, Theologia Summi Boni (wie Anm. 14), I,36–59, S. 99,355–108,633; ABAELARD, Theologia Christiana (wie Anm. 14), I,68–125; ABAELARD, Theologia Scholarium (wie Anm. 18), I,123–188]. Platons *Timaeus* dürfte Abaelard – trotz indirekter Zitate aus Werken Augustins, Boethius', Porphyrius', Macrobius' – in der Übersetzung Chalcidius bekannt gewesen sein (vgl. MOONAN, L., Abelard's use of the Timaeus, in: Archives d'histoire doctrinale et littéraire du Moyen âge 56 [1989], S. 7–90, bes. S. 9–13).
Zur Frage, inwiefern die *anima mundi* als geschaffen bezeichnet werden kann vgl. ABAELARD, Theologia Summi Boni (wie Anm. 14), III,94–99, S. 198,1264–200,1334 [vgl. ABAELARD, Theologia Christiana (wie Anm. 14), IV,145–151; ABAELARD, Theologia Scholarium (wie Anm. 18), II,174–180].

werden könne.[31] Doch auch im Zeitalter der Gnade ist nach dem Urteil Abaelards – unter Rückgriff auf paulinische Begrifflichkeit – nur eine Minderheit der Menschen der Gruppe der *homines spirituales* und die Mehrheit der Gruppe der *homines carnales* bzw. *animales* zuzurechnen.[32]

2.3 Die Gaben des Heiligen Geistes

Nachdem die vorangegangenen Ausführungen aufgezeigt haben, welche zentrale Rolle Abaelard dem Heiligen Geist im Leben der Gläubigen *specialiter* zuschreiben kann und wie eng damit die Thematik der Gnadengaben verbunden ist, soll nun das Themenfeld der „Gaben des Heiligen Geistes" selbst ins Zentrum der Überlegungen gerückt werden.

Grundsätzlich ist zunächst festzuhalten: Abaelard deutet seine Wirklichkeit in fundamentaler Weise von der Bezogenheit des Menschen auf Gott. Menschliche Begabungen werden – von Paulus her kommend – als Gnaden- bzw. Geistgaben (*gratia* bzw. *donum*) konzeptualisiert, wobei die Verleihung der Gaben nicht als auf Christen beschränkt aufgefaßt wird. So erwähnt Abaelard z.B. die prophetische Gabe der Sibylle[33] und die Gabe der Wundertätigkeit Vespasians.[34] Wie Ausfüh-

31 Vgl. ABAELARD, Theologia Summi Boni (wie Anm. 14), I,5, S. 88,50–62 [vgl. ABAELARD, Theologia Christiana (wie Anm. 14), I,7; ABAELARD, Theologia Scholarium (wie Anm. 18), I,68]. Mit dem Begriff *tempus gratie* bzw. dieser Zuordnung deutet Abaelard das heilsgeschichtliche, aus drei Epochen bestehende Schema mit der Abfolge „Zeitalter des natürlichen Gesetzes", „Zeitalter des geschriebenen Gesetzes" und „Zeitalter der Ökonomie der Gnade" an, wie es unter anderem auch in der „Anselm-Schule" verwendet worden ist. Zu diesem Schema vgl. CLOES, H., La systématisation théologigue pendant la première motié du XIIe siècle, in: Ephemerides Theologicae Lovanenses 34 (1958), S. 277–329, hier: S. 288.

32 Vgl. ABAELARD, Theologia Summi Boni (wie Anm. 14), II,26, S. 123,238 [vgl. ABAELARD, Theologia Christiana (wie Anm. 14), III,54; ABAELARD, Theologia Scholarium (wie Anm. 18), II,18]: „(...) *cum fere omnes animales sint homines ac paucissimi spirituales.*" In der Expositio in Hexameron 341, S. 78,2052–2061 spricht Abaelard von der Transformation des *homo animalis* zum *homo spiritualis* durch die Gnade. (PETER ABAELARD, Expositio in Hexamerone, in: Petri Abaelardi Opera Theologica Bd. V, hrsg. v. ROMIG, M./LUSCOMBE, D. [CCCM 15], Turnhout 2004)
Wobei, wie Abaelard bei einer Auslegung von Vergil und Macrobius ausführt, die Gnade im fleischlichen Menschen weniger wirksam ist (vgl. ABAELARD, Theologia Christiana [wie Anm. 14], I,112, S. 118,1461–119,1469 [vgl. ABAELARD, Theologia Scholarium (wie Anm. 18), I,173]).
Evtl. bildet das *corpus Paulinum* (inklusive Pseudopaulinen) auch den Hintergrund für die Wahl der Siegel-Analogie in der Theologia Scholarium (vgl. ABAELARD, Theologia Scholarium [wie Anm. 18], II,112–115, S. 462,1644–465,1726; vgl. das Bild des Versiegeltwerdens mit dem Heiligen Geist [2. Kor 1,21f.; Eph 1,13. 4,30]). Diese erst in dieser Fassung der sog. Theologien eingeführte Analogie erlaubt es Abaelard, die Wirkung des Heiligen Geistes auf den Menschen deutlich zu machen.

33 Vgl. PETER ABELARD, Epistula VII [Ad Heloissam de dignitate ordinis sanctimonialium], editiert von MUCKLE, J. T., The letter of Heloise on religious life and Abelard´s first reply, in: Mediaeval Studies 17 (1955), S. 240–281, (S. 253–281), hier: S. 271.

rungen in den *Sententie magistri Petri Abelardi*, einer Art Vorlesungsmitschrift, zeigen, handelt es sich hierbei nicht um Ausnahmen.[35] Allen Menschen wurden und werden gewisse Gaben verliehen: *cottidie diversis diversa dona conferuntur.*[36] Manchmal verleihe Gott sogar den Verworfenen die größten *dona.*[37] Dabei gilt, daß dieser Rekurs auf das paulinische Konzept der Charismen es Abaelard in „dogmatischer" Perspektive erlaubt, die Verschiedenheit der Wirkungen des einen Geistes mit einer Fokussierung auf das Individuum zu verbinden, insofern jeder einzelnen Person ihre eigenen Gaben zugeteilt werden.

Doch bedarf es einer weiteren Konkretion der Überlegungen. Den Ausgangspunkt sollen Äußerungen Abaelards bezüglich der Geistverleihung an die Jünger darstellen. Hier unterscheidet Abaelard zwischen einer „eingeschränkten" Geistgabe an die Jünger durch den Auferstandenen vor seiner Himmelfahrt und der Verleihung der Fülle der Gaben zu Pfingsten.[38] Die durch die Flammenzungen angezeigte *summa perfectio hominis* besteht nach *Sermo* XXII in der *illuminatio mentis*, der *infusio caritatis* und der Befähigung zur universalen Verkündigung (*praedicatio*).[39]

Somit verbindet Abaelard mit der Geistgabe eine erkenntnistheoretische, eine praktische, d.h. auf die Lebensführung bezogene und eine eher lehrhaft-oikodomische Dimension.[40] Diese Unterscheidung verschiedener Dimensionen soll nun im Folgenden als heuristisches Raster aufgenommen werden, ohne damit eine Trennung implizieren zu wollen, vielmehr muß mit fließenden Übergängen gerechnet werden.

In erkenntnistheoretischer Perspektive geht es v.a. um die Ermöglichung wahrer Erkenntnis durch den Geist. Zentrale Begriffe sind hier *inspiratio*, *revelatio* und

---

34 Vgl. ABAELARD, Theologia Christiana (wie Anm. 14), II,111, S. 181,1672–1681.

35 Zu den Sententie vgl. MEWS, C., The Sententie of Peter Abelard, in: Recherches de Théologie Ancienne et Médiévale 53 (1986), S. 130–184.

36 Vgl. PETER ABAELARD, Sententie magistri Petri Abaelardi (Sententie Hermanni), hrsg. v. BUZETTI, S., Florenz 1983, XVIII, S. 82,1–84,62 (Zitat: S. 84,56).

37 Vgl. ABAELARD, Theologia Summi Boni (wie Anm. 14), I,33f., S. 97,311–98,333. Abaelard verbindet diese Aussage mit einer Kritik an kirchlichen Würdenträgern (vgl. ebd., S. 98,327–330: „Qui et per indignos ministros, gratie sue dona non deserens, cotidie sacramenta ecclesie ad inuocationem sui nominis spiritualiter conficit in salutem credentium").

38 Vgl. ABAELARD, Sermo XVII (wie Anm. 13), S. 480: „Legimus et Dominum die resurrectionis Spiritum apostolis insufflando dedisse atque dixisse: ‚Accipite Spiritum sanctum; quorum remiseritis peccata, etc.' Et tunc quidem Spiritus apostolis est infusus, non eis diffusus: hoc est, ad unum potestatis donum eis collatus, non ad omnia charismata dilatatus. Quod utique donum in subjectos potius redundaret, quam in ipsis fructificaret. Hac uero die, qua intelligentia sunt illuminati, et igne caritatis accensi, in omni bonorum *perfectione sunt consummati*"; s. a. ABAELARD, Sermo XVIII (wie Anm. 13), S. 490; ABAELARD, Sermo XXII (wie Anm. 13), S. 501–504 (Predigt über Joh 20,19–23).

39 PETER ABAELARD, Sermo XXII (wie Anm. 13), S. 503f.

40 Zu diesen Dimensionen vgl. TANNER, Die Macht des Unverfügbaren (wie Anm. 7), S. 42f., der jedoch in Bezug auf die paulinische Bindung des Geistwirkens an den Aufbau der Gemeinde nicht explizit von einer Dimension spricht und diese auch anders akzentuiert.

illuminatio. Wendet man sich von hier aus der Frage nach den Charismen zu, so fällt auf, daß Abaelard seine theologische und dialektische Begabung als Gnadengabe ansieht.[41] Er weiß sich damit in einer im wahrsten Sinne des Wortes begnadeten Stellung, die nur einigen wenigen zuteil wird: „At vero perpauci sunt quibus huius scientie secretum, immo sapientie thesaurum, divina revelare gratia dignetur."[42]

Dem korrespondiert, daß Abaelard seine Werke als inspiriert ansieht: In einem Brief, in dem er seine Anhänger um Unterstützung in der Auseinandersetzung mit Bernhard bittet, schreibt Abaelard, daß Gott selbst für das aufgrund von Gottes Inspiration verfaßte Werk, d.h. die sog. Theologia Scholarium, Sorge tragen wird.[43] Ebenso führt er in allen Fassungen seiner sog. Theologien seine Abhandlungen über den Hervorgang des Geistes sowie in Ep. VIII seine Beschreibung der Klosterämter auf dessen Inspiration zurück.[44]

Doch darf man hierin nicht einfach einen Ausdruck des Abaelard zweifelsohne eigenen Superioritätsgefühls sehen, wenn er ein eigentlich auf die Heilige Schrift bezogenes Konzept auf sich bezieht bzw. sich auf eine Stufe mit den Autoren der Heiligen Schrift stellt. Abaelard versteht Inspiration von ihrer Vermitteltheit durch

---

41 ABAELARD, Historia Calamitatum (wie Anm. 9), S. 70,246–248: „(...) ut me non minorem gratiam in sacra lectione adeptum jam crederent quam in philosophica viderant." Sein Lehrer Anselm von Laon hingegen wird mit dem von Christus verfluchten Feigenbaum identifiziert (vgl. ABAELARD, Historia Calamitatum [wie Anm. 9], S. 68,172–179). Das Gegensatzpaar, das Abaelard zur Verdeutlichung heranzieht ist *usus/ingenium* (vgl. ABAELARD, Historia Calamitatum [wie Anm. 9], S. 69,207–209).

42 PETER ABAELARD, Dialectica IV,1 (Prologus), in: DE RIJK, L., Petrus Abaelardus. Dialectica, Assen ²1970, S. 469,27f. Dem korrespondiert, daß Abaelard in den Super Topica Glossae, S. 306,35–307,10 die endoxon-Bestimmung des Boethius durch den „einzelnen Weisen" ergänzt (PETER ABAELARD, Super Topica Glossae, in: DAL PRA, M., Pietro Abelardo. Scritti di Logica, Florenz ²1969, S. 205–330; vgl. hierzu MOOS, P. V., Die angesehene Meinung. Studien zum *endoxon* im Mittelalter [Teil 2], in: Freiburger Zeitschrift für Philosophie und Theologie 45 (1998), S. 343–380, hier: S. 347) – jedoch ohne Bezug auf eine besondere Begnadung, sondern unter Bezug auf dessen *facultas* bzw. *scientia*.

43 PETER ABAELARD, Epistula contra Bernardum, editiert von KLIBANSKY, R., Peter Abailard and Bernard of Clairveaux. A letter by Abailard, in: Mediaeval and Renaissance Studies 5 (1961), S. 1–27, hier: S. 7,16–18: „Providebit Dominus operi suo, ut quod ipso inspirante conscripsimus malitia pravorum deleri <non> patiatur."

44 Vgl. ABAELARD, Theologia Summi Boni (wie Anm. 14), III,87, S. 195,1189f [ABAELARD, Theologia Christiana (wie Anm. 14), IV,116; ABAELARD, Theologia Scholarium (wie Anm. 18), II,122]: „Hec de generatione verbi dicta terminemus. Nunc de processione spiritus sancti ipso inspirante dicamus" bzw. PETER ABAELARD, Epistula VIII [Institutio seu Regula sanctimonalium], ediert von MCLAUGHLIN, T. P., Abelard's rule for religious women, in: Mediaeval Studies 18 (1956), S. 241–292, hier: S. 252: „Nunc vero superest Dominio inspirante hujus militiae gradus singulos ordinare ut adversus impugnationes daemonum vere sit quod dicitur: castrorum acies ordinata". Aufgrund der Identifikation seiner theologischen und dialektischen Begabung als Geistgabe erscheint es wenig sinnvoll, das *ipso inspirante* als bloße (topische) Bitte um den Beistand des Heiligen Geistes zu verstehen.

den Geist und vertritt insgesamt ein sehr weites Konzept von Inspiration, in dem Inspiriertheit selbst zur Gabe werden kann.[45]

So beschreibt Abaelard mit diesem Konzept eben einerseits Phänomene der Erkenntnis und Wissensweitergabe: vorchristliche heidnische Philosophen, Seher(innen), Könige und Völker[46], Autoren des Alten und Neuen Testaments[47], Kirchenvä-

45 Dabei wohnt der Inanspruchnahme göttlicher Inspiration seitens Abaelard für sich bzw. seine Schriften auch ein hohes Legitimationspotential inne. So entkräftet Abaelard dem im Vorfeld des Konzils von Soissons u. a. geäußerten Vorwurf, er wäre so anmaßend, *sine magistro* theologisch zu lehren (vgl. ABAELARD, Historia Calamitatum [wie Anm. 9], S. 82,679–686: „Unde maxime magistrorum invidiam atque odium adversum me concitavi, qui in omnibus que poterant mihi derogantes, duo precipue absenti mihi semper obiciebant: [...] et quod sine magistro ad magisterium divine lectionis accedere presumpsissem [...].") quasi mit dem unmittelbar vorher gegebenen Hinweis auf seine doppelte göttliche Begabung (vgl. ABAELARD, Historia Calamitatum [wie Anm. 9], S. 82,676f.: „Cum autem in divina scriptura non minorem mihi gratiam quam in seculari Dominus contulisse videretur [...]"). Analog rekurriert Abaelard in der Dialectica auf seine göttliche Begnadung innerhalb eines apologetischen Abschnittes, in dem er die Anwendung der Dialektik innerhalb der „Theologie" verteidigt (vgl. ABAELARD, Dialectica IV,1 [Prologus] [wie Anm. 42], S. 469,5–471,10; bzgl. des Rekurses auf die göttliche Gnade s. ebd., S. 470,27f bzw. 471,7–9).

46 Vgl. z. B. ABAELARD, Theologia Summi Boni (wie Anm. 14), I,5, S. 88,50–62 [ABAELARD, Theologia Christiana (wie Anm. 14), I,7; ABAELARD, Theologia Scholarium (wie Anm. 18), I,68]; I,62, S. 110,668–670 [vgl. ABAELARD, Theologia Christiana (wie Anm. 14), I,130–133; ABAELARD, Theologia Scholarium (wie Anm. 18), I,194–197]; I,69f., S. 112,729–755 [vgl. ABAELARD, Theologia Christiana (wie Anm. 14), II,68.73.79]; PETER ABAELARD, Collationes, hrsg. v. MARENBON, J./ORLANDI, G., Oxford 2001, I,11, S. 14. Im Unterschied zur sog. Schule von Laon findet sich bei Abaelard keine Abwertung der paganen prophetischen Aussagen, insofern Bileam und die Sibylle nicht als *mali* angesehen werden, die nur aufgrund der *permissio* oder *coactio Spiritus Sancti* prophezeien würden (vgl. ANSELM VON LAON, Sententiae et commentarii, ediert von LOTTIN, D. O., in: Psychologie et morale aux XIIe et XIIIe siècles, Bd. V, Gembloux 1959, S. 9–188., hier: Nr. 83, S. 72, Z. 1–12). Von besonderer Bedeutung ist hier auch Abaelards Rekurs auf Röm 1,19f. – wobei er diese Stelle z.T. trinitarisch ausdeutet: vgl. ABAELARD, Theologia Summi Boni (wie Anm. 14), I, 32, S. 97,304–310 [vgl. ABAELARD, Theologia Christiana (wie Anm. 14), I,58; ABAELARD, Theologia Scholarium (wie Anm. 18), I,98]; III,100, S. 201,1344f. [vgl. ABAELARD, Theologia Christiana (wie Anm. 14), IV,159; ABAELARD, Theologia Scholarium (wie Anm. 18), II,183]; ABAELARD, Theologia Christiana (wie Anm. 14), II,12f., S. 138,206–139,225 [vgl. ABAELARD, Theologia Scholarium (wie Anm. 18), II, 12f.]; ABAELARD, Theologia Christiana (wie Anm. 14), IV,85 CT, S. 305,1255–1283; ABAELARD, Theologia Christiana (wie Anm. 14), V,4, S. 348,51–58 [vgl. ABAELARD, Theologia Scholarium (wie Anm. 18), III,4]; ABAELARD, Theologia Scholarium (wie Anm. 18), I,100, S. 358,1110f.; ebd., II,60, S. 438,954–960; PETER ABAELARD, Sic et Non, in: BOYER, B. B./MCKEON, R, Peter Abailard, Sic et Non. A Critical Edition, Chicago 1977, q. 25, S.167–169; ABAELARD, Commentaris in Epistolam Pauli ad Romanos (wie Anm. 20), I 1,19f., S. 67,689–71,825. Abaelard ist hier jedoch kein Solitär; bereits Augustinus bezieht in *De trinitate* Röm 1,19f. auf die paganen Philosophen, wie Abaelard selbst mit Zitaten belegt.

47 Die biblische Grundlage bildet 2. Tim 3,16; 2 Petr 1,19–21. Zu Abaelards Schriftverständnis vgl. Epistula VIII (wie Anm. 44), S. 285f.; ABAELARD, Commentaris in Epistolam Pauli ad Romanos (wie Anm. 20), I 1,2, S. 55,281–293; III 7,14, S. 205,595–609; IV 16,14, S. 332,160–182; IV 16,22, S. 336,258–268; 16,25, S. 337,302–339,359; PETER ABAELARD, Problemata Heloissae cum Petri Abaelardi Solutio-

ter[48] und Personen der Gegenwart werden durch Inspiration zu Zeugen der göttlichen Wahrheit. Deshalb mahnt Abaelard im Prolog von „Sic et non" den Leser u.a., die Väter nicht zu richten oder der Lüge zu bezichtigen, da dem Leser mit größerer Wahrscheinlichkeit beim Erkennen die Gnade fehle (*gratiam in intelligendo deesse*), die jenen beim Schreiben gegeben war.[49]

Andererseits spielt Inspiration auch innerhalb der Soteriologie eine zentrale Rolle: z.B. für die Verhältnisbestimmung von menschlichem und göttlichem Handeln,[50]

---

nibus [Heloissae Paraclitensis problemata cum mag. P. Abaelardi solutionibus], in: COUSIN (Hrsg.), Petri Abaelardi Opera, Bd. 1 (wie Anm. 13), S. 237–294, hier: S. 283; ABAELARD, Theologia Christiana (wie Anm. 14), IV,125, S. 327,1976–1991 [vgl. ABAELARD, Theologia Scholarium (wie Anm. 18) II,153]; ABAELARD, Sermo XVII, (wie Anm. 13), S. 478; ABAELARD, Sermo XVIII (wie Anm. 13), S. 484; ABAELARD, Sermo XIX (wie Anm. 16), S. 491.

48 Vgl. ABAELARD, Theologia Summi Boni (wie Anm. 14), III,33, S. 171,420–423 [vgl. ABAELARD, Theologia Christiana (wie Anm. 14), IV,41]: „Ad quod respondeo quod placet michi sana intelligentia, sed requiro etiam uerba catholica, quia non sine causa apostolus nouitates uerborum nos uitare admonet, tum ideo ne contemptores sanctorum uideamur et spiritus sancti qui loquitur in eis (...)." – Insgesamt belegt die Stelle Abaelards Hochschätzung der Kirchenväter, insofern er neben der „*sana intelligentia*" die „*verba catholica*" der inspirierten Kirchenväter fordert. Trotzdem können Kirchenväter falsche Aussagen gemacht haben, diese beruhten dann aber wie z. B. im Fall Bedas auf dem *suus spiritus non divinus*; die Inspiration kann also unterbrochen sein (vgl. PETER ABAELARD, Epistula XI [Ad Adam abbatem de Dionysio Areopagita], ediert von SMITS, E. R., Peter Abelard. Letters IX–XIV, Groningen 1983, S. 252,85–253,99; auf die Nähe zum Prolog zu Sic et Non verweist bereits der Editor SMITS, S. 149). Desweiteren kennt Abaelard durchaus die Möglichkeit neuer Ausdrucksweise – wie seine differenzierte Stellungnahme zur Filioque-Kontroverse zeigt –, insofern es um den Sinn der Worte und nicht den Wortlaut gehe; Kriterium ist jedoch wiederum die Geistgewirktheit (vgl. ABAELARD, Theologia Christiana [wie Anm. 14], IV, 120–137, S. 325,1905–335,2192 [vgl. ABAELARD, Theologia Scholarium (wie Anm. 18), III,148–166]). Zur Verhältnisbestimmung von *ratio* und *auctoritas* in Abhängigkeit vom Heiligen Geist s. a. VON MOOS, Die angesehene Meinung (wie Anm. 42), bes. S. 362–372. – Zur Hochschätzung der Kirchenväter s.a. ABAELARD, Theologia Summi Boni (wie Anm. 14), II, 76, S. 140,685–689 [vgl. ABAELARD, Theologia Christiana (wie Anm. 14), III,132]: Kirchenväter als Werkzeuge des Heiligen Geistes; ABAELARD, Theologia Summi Boni (wie Anm. 14), II,34, S. 126,325: Augustinus als *spiritualis doctor*.

49 Vgl. ABAELARD, Sic et Non (Prologus) (wie Anm. 46), Z. 1–11; ähnlich: Z. 51–53.

50 Abaelard verneint letztlich jeglichen menschlichen Beitrag in Bezug auf das Heil. Nicht nur die Werke, sondern auch der Wille zu den guten Werken und der Glaube werden auf göttliche Inspiration zurückgeführt: „Ipse quippe est, qui operatur in nobis et velle et perficere pro bona voluntate (vgl. Phil 2,13; I. K.). Ipse nos praevenit ut velimus, ipse nos subsequitur ut possimus; et ipsam voluntatem quam inspirat, adjuvat ne deficiat, voluntatem qua mereamur gratis tribuit, et ipsa merita quae in nobis efficit, remunerat retributione mercedis" (PETER ABAELARD, Sermo V, in: COUSIN, Sermones [wie Anm. 13], S. 398) – vgl. auch: Apologiae parte deperdita, Fragmenta a Thoma Mavriniacensi adservata, Fragm. 1, in: BUYTAERT, E. M. (Hrsg.), Petri Abaelardi Opera Theologica, Bd. I (CCCM 11), Turnhout 1969, S.366, Sp. 5–17; ABAELARD, Collationes (wie Anm. 46) II,75, S. 94; ABAELARD, Commentaris in Epistolam Pauli ad Romanos (wie Anm. 20), IV 11,6, S. 257,34–54; ABAELARD, Expositio in Hexameron (wie

für die Buße,[51] sowie die Berufung bzw. Erwählung und Heiligung,[52] womit bereits die praktische Dimension der Gnadengaben in den Blick geraten ist.

In dieser Perspektive kann Abaelard die Gaben des Geistes des weiteren mit einer Vervollkommnung der Tugenden im Gläubigen verbinden,[53] oder er kann (mit Paulus) von einer Einwohnung des Heiligen Geistes durch seine Gnadengaben in den menschlichen Seelen, die er durch die Tugenden belebe, sprechen[54] bzw. die Existenz des Menschen als ein Leben im Geist darstellen.[55]

Anm. 32), S.341–344, S. 78,2052–79,2078; PETER ABAELARD, Sermo XX, in: COUSIN, Sermones (wie Anm. 13), S. 497.

51 Abaelard führt v.a. das Seufzen über die Sünde, den *gemitus*, auf Inspiration zurück. Im Hintergrund dürfte hier Röm 8,26 stehen. Vgl. PETER ABAELARD, Ethica seu Scito te ipsum, in: Petri Abaelardi Opera Theologica, Bd. IV, hrsg. v. ILGNER, R. (CCCM 190), Turnhout 2001, I 59,1f., S. 58,1517–1520; I 61,3f., S. 60,1571–1577; I 61,7f., S. 61,1592–1599; ABAELARD, Problemata Heloissae (wie Anm. 47), S. 251; ABAELARD, Sermo VIII, in: COUSIN, Sermones (wie Anm. 13), S. 412–414, 418f.; ABAELARD, Sermo XI, in: COUSIN, Sermones (wie Anm. 13), S. 451. Ebenso vertritt Abaelard die Auffassung, daß den Menschen, die durch unverschuldete Unwissenheit nichts von Christus wußten, trotzdem aber ein gottgefälliges Leben geführt haben, das zur Vollkommenheit fehlende Wissen in der Todesstunde mittels Inspiration mitgeteilt wird (vgl. ABAELARD, Commentaris in Epistolam Pauli ad Romanos [wie Anm. 20], III 7,13, S. 200,446–454; ABAELARD, Problemata Heloissae [wie Anm. 47], S. 256–258).

52 Abaelard spricht hier von *inspiratio interna*: vgl. ABAELARD, Commentaris in Epistolam Pauli ad Romanos (wie Anm. 20), I 1,7, S. 59,430–432; III 8,28, S. 223,443–445; IV 9,12, S. 234,86–88; IV 9,15, S. 236,155; IV 9,24, S. 244,411f.; s.a. Coll I,25 (ed. MARENBON/ORLANDI), S. 34 (in Bezug auf die *sanctificatio*).

53 Vgl. z. B. ABAELARD, Sermo XVII, in: COUSIN, Sermones (wie Anm. 13), S. 481f. [Zitat: S. 481]: „Iste est Spiritus, ex quo in baptismo regenerati, et ab episcopo confirmati, nitimur in Christo christiani effecti. Ipse est Spiritus, cujus donis in omni perfectione virtutum consummantur electi. Ejus praesens solemnitas caeterarum omnium consummatio est, et divinarum perfectio promissionum. Unde et Veritas [d. h. Christus; I. K.] apostolis ait: ‚Mitto promissum patris mei in vos. Vos autem sedete in civitate, donec induamini virtute ex alto.‘ [Luk 24,49; I. K.] De hoc spiritali virtutis dono Psalmista praecinit: ‚Et spiritu oris ejus omnis virtus eorum.‘ [Ps 67,12; I. K.]".

54 ABAELARD, Theologia Summi Boni (wie Anm. 14), I,45, S. 103,477–479 [ABAELARD, Theologia Christiana (wie Anm. 14), I,108; ABAELARD, Theologia Scholarium (wie Anm. 18), I,168]: „Quodam itaque modo anime nostre corpora quedam spiritus sancti dicende sunt, quas ipse per aliquod gratie sue donum inhabitat et uirtutibus uiuificat." Zur paulinischen Vorstellung vom „Wohnen" des göttlichen Geistes im Menschen vgl. z. B. Röm 8,9.11; 1 Kor 3,16.

55 Vgl. z. B. den in Anlehnung an 1 Kor 8,6 formulierten Hymnenabschluß zahlreicher Hymnen: „Perhenni domino perpes sit gloria, ex quo sunt, per quem sunt, in quo sunt omnia: ex quo sunt, pater est; per quem sunt, filius; in quo sunt, patris et filii spiritus. Amen" (z. B. PETER ABAELARD, Hymnus X,6, in: WADDELL [wie Anm. 16], S. 21). S.a. ABAELARD, Theologia Summi Boni (wie Anm. 14), I,5, S. 88,59f.; zur Vorstellung vgl. v.a. Röm 8.

Insgesamt gilt, daß die pneumatologische Fundiertheit der Ethik bisher in der Forschung praktisch keine Beachtung gefunden hat. Vgl. z. B. PERKAMS, M., Liebe als Zentralbegriff der Ethik nach Peter Abaelard (Beiträge zur Geschichte der Philosophie und Theologie des Mittelalters, N.F., 58), Münster 2001, der die Liebe ins Zentrum seiner Untersuchung stellt, die Frage nach der Pneumatologie jedoch nicht berücksichtigt. Ähnlich GEORGES, T., Quam nos divitatem nominare consuevimus. Die theologische Ethik

Ähnlich fließend ist der Übergang zur lehrhaft-oikodomischen Dimension, unterscheidet Abaelard doch bezüglich der inspirierten Erkenntnis verschiedene Momente, nämlich das innere geistige Ergriffenwerden (*inspiratio interna*), sowie die Versprachlichung bzw. Verschriftlichung der empfangenen Botschaft (*prolatio* bzw. *locutio exterioris*), die die Weitergabe an andere ermöglicht.[56] Entsprechend zitiert Abaelard ab der Tchr Röm 1,19f. mit einem zusätzlichen „in", d.h. er liest *manifestum est* in *illis* und erklärt dieses *in* damit, daß das, was von Gott bekannt ist, den Philosophen nicht nur offenbar ist, sondern durch sie und ihre Schriften anderen.[57] Allgemein gilt zum einen, daß ohne innere Instruktion, ohne inneren Lehrer nur Luft gelehrt wird[58] und zum anderen, daß den inspirierten Aussagen jeweils

---

des Peter Abaelard (Arbeiten zur Kirchen- und Theologiegeschichte 16), Leipzig 2005, dem das Verdienst zukommt, Abaelards Ethik aus theologischer Perspektive auf einer über *Scito te ipsum* und die *Collationes* hinausgehenden Quellenbasis untersucht zu haben.

56 Vgl. ABAELARD, Sermo XVIII, in: COUSIN, Sermones (wie Anm. 13), S. 488f, S. 490; ABAELARD, Sermo XIX , in: COUSIN, Sermones (wie Anm. 13), S. 492.493; ABAELARD, Expositio in Hexameron (wie Anm. 32), 448, S. 100,2682–2689. Z.T. verwendet Abaelard in diesem Zusammenhang auch „interius illuminante"; ABAELARD, Theologia Christiana (wie Anm. 14), IV 85 CT, S.305,1260–1262: „Deus enim illis revelavit, eorum scilicet illuminando rationem (...)"; dieser scheint aber bei Abaelard enger mit Christus, d. h. der Inkarnation verbunden zu sein, durch die die Weisheit in die Welt kam und sie erleuchtete – freilich ohne darauf reduziert werden zu können (vgl. z. B. ABAELARD, Theologia Summi Boni [wie Anm. 14], I,13, S. 90,124–126 [vgl. ABAELARD, Theologia Christiana (wie Anm. 14), I,15; ABAELARD, Theologia Scholarium (wie Anm. 18), I,76]; ABAELARD, Theologia Summi Boni [wie Anm. 14], I,59, S. 107,599–108,611 [vgl. ABAELARD, Theologia Christiana (wie Anm. 14), I,125; ABAELARD, Theologia Scholarium (wie Anm. 18), I,188]; ABAELARD, Theologia Summi Boni III,44, S. 176,545–177,554 [ABAELARD, Theologia Christiana (wie Anm. 14), IV,60]; ABAELARD, Commentaris in Epistolam Pauli ad Romanos [wie Anm. 20], I 1,14, S. 64,583–86). Deutlich ist jedoch – im Unterschied zur *inspiratio* – die Konzentration auf Erkenntnis, im Römerbriefkommentar auch oft verbunden mit der *fides* (vgl. z. B. ABAELARD, Commentaris in Epistolam Pauli ad Romanos [wie Anm. 20], III 8,30, S. 224,477f.; III 8,36, S. 227,574; IV 13,12, S. 294,272). In einem engen Zusammenhang mit der *illuminatio* steht die *revelatio*, wie das obige Zitat zeigt.
Zu kurz greift Blackwells Versuch *inspiratio, revelatio* und *illuminatio* voneinander abzugrenzen, schon allein insofern, als er nur einige mit diesen Begriffen verbundene Phänomene bzw. Aussagen berücksichtigt. Von einer bloß defizitären inspirierten Erkenntnis bei den Heiden im Unterschied zu einer offenbarten Erkenntnis bei den Christen kann z. B. aufgrund von Abaelards Auslegung von Röm 1,19f. nicht die Rede sein (vgl. eben z. B. ABAELARD, Theologia Christiana [wie Anm. 14], IV 85 CT; gegen BLACKWELL, D. F., Non-Ontological Constructs: The Effects of Abaelard's Logical and Ethical Theories on His Theology. A Study in Meaning and Verification [Basler und Berner Studien zur historischen und systematischen Theologie 56], Bern 1988, S. 189–195).

57 Vgl. ABAELARD, Theologia Christiana (wie Anm. 14), IV, 85 CT, S. 305, 1256–1260; vgl. ABAELARD, Commentaris in Epistolam Pauli ad Romanos (wie Anm. 20), I 1,19, S. 67,708–68,713. S.a. FIDORA, A., Die Verse des Römerbriefes 1,19ff. im Verständnis Abaelards, in: Patristica et Mediaevalia 21 (2000), S. 76–88, hier: S. 80–82.

58 Vgl. ABAELARD, Theologia Summi Boni (wie Anm. 14), II,18, S. 119,147–120,154 [vgl. ABAELARD, Theologia Christiana (wie Anm. 14), III,30f.]: „Qui nisi mentem instruat interius, frustra qui docet ae-

eine Art Bedeutungsüberschuß eigen ist[59], d.h. die inspirierte Person selbst kennt nie alle Bedeutungen, die der Heilige Geist hineingelegt hat.[60] Dies macht Abaelard u.a. am Beispiel des jüdischen Hohenpriester Kaiphas deutlich, dessen Aussage, es sei besser, ein Mensch sterbe für das Volk als daß das ganze Volk verderbe, als Weissagung des Heilstodes Jesu gedeutet wird.[61] Zum dritten sind nicht alle Menschen gleich befähigt, die empfangene Inspiration zu versprachlichen.[62] Ebensowenig sind alle Aussagen einer als inspiriert angesehenen Person inspiriert, wie Abaelard unter

rem uerberat exterius. Quid est enim quod, cum alicuius doctoris uerba equaliter ad aures diuersorum perferuntur, nec tamen equaliter ab eis intelliguntur, nisi quod quibusdam presto est interior magister, quibusdam minime, qui quos uult etiam sine uerbo docet? De huius quidem magistri sapientia scriptum est: (...)." In ABAELARD, Theologia Summi Boni (wie Anm. 14), I,21 interpretiert Abaelard Jes 53,8 als Beleg dafür, daß die *generatio* nicht mittels menschlichen Ingenium, sondern nur durch den im Menschen sprechenden Geist gelehrt werden kann (vgl. ABAELARD, Theologia Summi Boni [wie Anm. 14], I,21, S. 93,198–94,204 [vgl. ABAELARD, Theologia Christiana (wie Anm. 14), I,39; ABAELARD, Theologia Scholarium (wie Anm. 18), I,79]).

Vgl. auch ABAELARD, Dialectica IV,1 (Prologus) (wie Anm. 42), S. 471,7–9: „(...) hec autem divine gratie tantum ascribenda, est, que nisi mentem prestruat interius, frustra qui docet aerem verberat exterius."

59 Vgl. ABAELARD, Sermo XIX , in: COUSIN, Sermones (wie Anm. 13), S. 493: „Nec tamen ideo credendum est, ut quotiens per prophetas Spiritus sanctus locutus est, quidquid in verbis illis intellexerit, hoc totum eis per quos loquebatur inspiraverit: sed modo unum tantummodo fortassis plures quos ibi providebat sensus haberi, eis revelabat. Unde cum aliquam prophetiam varie a doctoribus exponi videmus, nequaquam necesse est ut omnes illos sensus ibi prophetam habuisse credamus: sed quidquid ibi convenienter intelligi potuit, Spiritus praescivit" – s.a. ABAELARD, Theologia Christiana (wie Anm. 14), I-II,48, S. 214,601–609.

60 Betrachtet man Abaelards Aussagen in ABAELARD, Theologia Summi Boni (wie Anm. 14), II,4–27, S. 114,24–123,246 [vgl. ABAELARD, Theologia Christiana (wie Anm. 14), IV,4–58] im Zusammenhang, so zeigt sich, daß Abaelard in Auseinandersetzung mit sog. Pseudodialektikern praktisch ein „pneumatologisches Erkenntnisprogramm" entwirft, das er in der Theologia Christiana sogar noch deutlich ausbaut: Kein Wissen sei an sich schlecht, so auch nicht die Dialektik, die zum Guten und zum Bösen verwendet werden könne. Dabei müsse jedoch die Gabe als solche anerkannt werden, d. h. Gott und nicht sich selbst die Ehre gegeben werden und nur geist- bzw. gottgewirkte Aussagen könnten Wahrheit beanspruchen, von Gott könne nur gewußt werden, was er von sich offenbare – um hier nur die Grundlinien zu skizzieren.

61 Vgl. Joh 11,49–52; bei ABAELARD, Theologia Christiana (wie Anm. 14), I,117, S. 121,1546–122,1569 [vgl. ABAELARD, Theologia Scholarium (wie Anm. 18), I,180]. Ähnlich argumentiert Abaelard bezüglich Adams Wissen in der Expositio in Hexameron (wie Anm. 32), 500, S. 111,2960–2970. Nach der sog. Schule von Laon prophezeien *mali* wie der jüdische Hohepriester Kaiphas allein aufgrund des Amtes (*officium*) aus dem Heiligen Geist (vgl. ANSELM VON LAON, Sententiae [wie Anm. 46], 83, S. 72, Z. 7–9).

62 Vgl. die erweiterte Parallelstelle ABAELARD, Theologia Christiana (wie Anm. 14), III,30–32, S. 206,349–207,385 zu ABAELARD, Theologia Summi Boni (wie Anm. 14), II,18, hier III,31 (ebd., S. 207,361–379): Sie verweist auch auf den Zusammenhang zwischen dem Fühlen Gottes und der menschlichen Liebe zu Gott.

Verweis auf den Propheten Nathan, Apostelfürsten Petrus oder verschiedene Kirchenväter erläutert.[63]

Abaelards Rekurs auf die traditionelle Bezeichnung des Heiligen Geistes als *septiformis spiritus* oder *septiformis gratia* läßt sich hingegen nicht eindeutig einer Dimension der Gaben zurechnen. Dies verwundert nicht besonders, insofern die in Jes 11,2f. genannten Gaben Weisheit (*sapientia*), Erkenntnis (*intellectus*), Rat (*consilium*), Stärke (*fortitudo*), Wissen (*scientia*), Frömmigkeit (*pietas*) und Gottesfurcht (*timor Domini*) praktisch alle Dimensionen implizieren.[64]

Es fällt jedoch auf, daß Abaelard selten mit einer einzelnen dieser Gaben argumentiert, wie z.B. mit der Gabe der *scientia*, um die Gutheit jeder Wissenschaft zu begründen,[65] oder in dem von ihm verfaßten *Pfingsthymnus* LIII, in dem strophenweise diese 7 Gaben – in umgekehrter Reihenfolge – erbeten werden.[66] Zentraler ist für ihn die mit dem Begriff *septiformis spiritus* bzw. *gratia* bezeichnete Verschiedenheit der Wirkungen des einen Geistes,[67] z.T. verbindet Abaelard damit auch eine Veränderlichkeit Gottes den Wirkungen nach.[68]

Ebenso verzichtet Abaelard auf elaborierte Parallelisierungen mit weiteren Septenaren wie sie sich z.B. in Hugos von St. Viktor Schrift „De quinque septenis" finden, trotzdem kennt er sie freilich. In der Ep. X argumentiert er für die Priorität der matthäischen Vater-Unser-Fassung gegenüber der lukanischen u.a. mit dem Argument, daß die Siebenzahl der Bitten die „*septiformis gratiae plenitudo*" be-

---

63 Vgl. ABAELARD, Sic et Non (Prologus)(wie Anm. 46), Z. 195–329, bes. 195–211; ABAELARD, Epistula XI (wie Anm. 48), S. 252,84–253,106. S. hierzu auch Anm. 48.

64 Belege finden sich besonders zahlreich in den sog. Theologien: z. B. ABAELARD, Theologia Summi Boni (wie Anm. 14), II,101, S. 149,941–947 [vgl. ABAELARD, Theologia Christiana (wie Anm. 14), I-II,161]: „Tale est etiam quod spiritus sanctus septem spiritibus comparatur et septem spiritus esse dicitur, secundum distributionem scilicet septiformis gratie sue, quibus eum multiplicem dici supra meminimus. Iuxta quod et illud accipitur quod ueritas ait: *Alium paraclytum dabo uobis*, hoc est eundem quem iam accepistis ad alia dona uobis conferenda"; vgl. auch exemplarisch ABAELARD, Commentaris in Epistolam Pauli ad Romanos (wie Anm. 20), I 1,7, S. 60,460–465; PETER ABAELARD, Sermo XXI, in: COUSIN, Sermones (wie Anm. 13), S. 499f. deutet er den Nil mit seinen 7 Mündungen allegorisch auf die *septiformis gratia*, die im Meer der Nationen mündet.

65 Vgl. ABAELARD, Theologia Summi Boni (wie Anm. 14), II,7, S. 117,78–82 [vgl. ABAELARD, Theologia Christiana (wie Anm. 14), III,6; ABAELARD, Theologia Scholarium (wie Anm. 18), II,29]: „Scientia quippe est comprehensio ueritatis rerum quae sunt, atque is cuncta ueraciter discernit cui ea quoque que non sunt quasi presentia assistunt. Unde et enumeratis donis spiritus eius, ipse spiritus scientie esse dicitur."

66 Vgl. ABAELARD Hymnus LIII, in: WADDELL, Hymnarius Paraclitensis (wie Anm. 16), S. 75f.

67 Vgl. z. B. ABAELARD, Theologia Summi Boni (wie Anm. 14), II,101, S. 149,936–947 [vgl. ABAELARD, Theologia Scholarium (wie Anm. 18), III,161]; III,14, S. 164,223–229; III,53, S. 180,638–652; III,94, S. 198,1267–1281 [vgl. ABAELARD, Theologia Christiana (wie Anm. 14), IV,145; ABAELARD, Theologia Scholarium (wie Anm. 18), III,174].

68 Vgl. besonders die Auseinandersetzung mit Platons Lehre von einer Geschaffenheit der *anima mundi*: ABAELARD, Theologia Summi Boni (wie Anm. 14), III,94–99, S. 198,1264–200,1334 [vgl. ABAELARD, Theologia Christiana (wie Anm. 14), III,145–158; ABAELARD, Theologia Scholarium (wie Anm. 18), III,174–182].

zeichne.[69] Des weiteren setzt er sich in den Problemata Heloisae XIV ausführlich mit den Seligpreisungen (Mt 5,3-12) auseinander – wobei er diese insgesamt pneumatologisch ausgelegt wissen will, insofern das *spiritu* der ersten Seligpreisung (*beati pauperes spiritu*) bei allen Seligpreisungen mitgedacht werden müßte.[70]

2.4 Das Verhältnis von Charisma und Institutionalität bzw. *vita religiosa* bei Abaelard[71]

Die bisherigen Überlegungen haben gezeigt, daß Abaelard seine Biographie bzw. sein Selbstverständnis und seine Theologie in zentraler Weise mittels Rekurs auf die transzendente Wirklichkeit des Heiligen Geistes konzeptualisieren kann.

Wenn Abaelard nun auf diese Weise dem Heiligen Geist u.a. in seinem Leben, aber auch allgemein im Leben der Gläubigen eine besondere Rolle zuzusprechen scheint und für sich darüber hinaus anscheinend eine besondere Inspiration bzw. Begabung durch den Geist in Anspruch nimmt, stellt sich die Frage, inwiefern von hier aus Folgerungen für das Verhältnis von Charisma und Institutionalität bzw. *vita religiosa* bei Abaelard zu ziehen sind. Dabei findet gewissermaßen ein Perspektivwechsel statt von der Binnenperspektive des Betroffen bzw. dessen in den Texten greifbaren Konzeptualisierungen hin zur Beobachterperspektive.[72]

Ins Zentrum der Überlegungen gerät deshalb die Frage nach der Wirkung Abaelards auf seine (monastische) Umwelt, d.h. inwiefern kann von ihm als charismatische Führungsgestalt einer religiösen Gemeinschaft gesprochen werden. Hier gerät nun zum einen die bereits erwähnte Gründung des Parakleten erneut in den Blick, zum anderen die dieser vorangehende Zeit in St. Denis sowie Abaelards Abbatiat in St. Gildas de Rhuys und seine Rolle als Betreuer des Frauenkonventes im Parakle-

69 Vgl. PETER ABAELARD, Epistula X [Ad Bernardum Claraevallensem], ediert von SMITS, Peter Abelard. Letters IX-XIV (wie Anm. 48), S. 241,53–75. Die Fünfzahl bezieht Abaelard hingegen auf die fünf menschlichen Sinne und argumentiert mit der Inferiorität des Fleischlichen gegenüber dem Geistlichen.

70 Vgl. ABAELARD, Problemata Heloissae (wie Anm. 47), S. 237–294 (Zitat: S. 264): „Sed, quantum mihi videtur, qui primum dixit: ‚Beati pauperes' et adiecit ‚spiritu' eamdem adiectionem in caeteris subintellexit, tamquam mites spiritu, vel lugentes spiritu diceretur: ut haec quoque vel caetera, qua sequuntur, per spiritum Dei, quae caritas ejus intelligitur, in istis, quae hic memorantur, fideles non solum esse, sed etiam alios aliorum operatione faciat praeminere atque abundare."

71 Grundlegende Reflexionen zum Verhältnis von Charisma und *vita religiosa* bietet ANDENNA (Hrsg.), Charisma und religiöse Gemeinschaften (wie Anm. 1).

72 Zu diesem Perspektivwechsel vgl. TANNER, Die Macht des Unverfügbaren (wie Anm. 7), S. 40 – von ihm jedoch in Bezug auf Paulus und Weber formuliert.

ten. All diesen ist gemeinsam, daß sie – wenn auch auf unterschiedliche Weise – Ausdruck von Abaelards Kritik am zeitgenössischen Mönchtum sind.[73]

Insofern sich Abaelard sowohl in St. Denis als auch im Parakleten in die Einöde zurückgezogen hat, zeigt sich Abaelard hierin als Teil der monastischen Reformbewegung des 11./12. Jahrhunderts.[74] Den Rückzug aus St. Denis in eine zum Kloster gehörige Einsiedelei begründet Abaelard zum einen mit Bitten von Schülern, wieder das Lehren zu beginnen, zum anderen aber mit Drängen seiner Mitmönche, die angeblich seine Kritik an ihrer Lebensweise nicht mehr hören wollten.[75] Die Gründung des Paraklet wiederum stilisiert Abaelard als eine am Idealbild der antiken Philosophen und der Prophetensöhne orientierte asketische Lebens- und Lehrgemeinschaft.[76] In beiden Fällen verweist Abaelard explizit auf die Ströme von Schülern, die ihm folgten[77] und kann damit auch die Aussage seiner doppelten Begnadung zur Lehre verbinden.[78] Hinzu kommt, daß Abaelard berichtet, er wäre von seinen Mitbrüdern gedrängt worden, sein von Gott verliehenes Talent unentgeltlich zur

73 S. hierzu MIETHKE, J., Abaelards Stellung zur Kirchenreform. Eine biographische Studie, in: Francia 1 (1973), S. 158–192; LUSCOMBE, D. E., Pierre Abélard et le monachisme, in: LOUIS, R./JOLIVET, J./CHATILLON, J. (Hrsg.), Pierre Abélard, Pierre le Vénérable. Les courants philosophiques, littéraires et artistiques en occident au milieu du XIIe siècle, Paris 1975, S. 271–278.

74 Vgl. CONSTABLE, G., The reformation of the twelfth century renaissance, Cambridge 1996; VERGER, J., La renaissance du XIIe siècle, Paris 1999, bes. S. 58–87; LITTLE, L. K., Intellectual training and attitudes toward reform (1075–1150), in: LOUIS/JOLIVET/CHATILLON (wie Anm. 73), S. 235–254. In diesem Kontext muß wohl auch die Hochschätzung Roberts von Arbrissel durch Abaelard gesehen werden (vgl. z. B. PETER ABAELARD, Epistula XIV [Ad Gilbertum Parisiensem episcopum], ediert von SMITS, Peter Abaelard. Letters IX–XIV [wie Anm. 48], S. 280,27f.). Zu den diesen Gemeinschaften z.T. innewohnenden institutionskritischen Potential sei auf den Vorwurf Ivos von Chartres, Epistola 192, verwiesen (IVO VON CHARTRES, Epistola 192, in: Ivo Carnotensis. Opera omnia, Bd. 2 (PL 162), Sp. 198-202, hier: Sp. 200), Ziel solcher den Sarabaiten gleichzusetzenden Gruppierungen sei es, *in privatis locis proprie iuris* zu leben (vgl. hierzu MELVILLE, G., In privatis locis proprie jure vivere. Zu Diskursen des frühen 12. Jahrhunderts um religiöse Eigenbestimmung oder institutionelle Einbindung, in: CHROBAK, W./HAUSBERGER, K. [Hrsg.], Kulturarbeit und Kirche. Festschrift Msgr. Dr. Paul Mai [Beiträge zur Geschichte des Bistums Regensburg 39], Regensburg 2005, S. 25–38. – Ihm sei an dieser Stelle für diesen Hinweis herzlich gedankt).

75 Vgl. ABAELARD, Historia Calamitatum (wie Anm. 9), S. 81,643–82,689.

76 Vgl. ABAELARD, Historia Calamitatum (wie Anm. 9), S. 92,1038–94,1119. Zum Motiv der Weltabgewandheit in Verbindung mit Charisma vgl. WEBER, Wirtschaft und Gesellschaft (wie Anm. 5), S. 656. Siehe in diesem Zusammenhang auch seine Äußerungen bezüglich des Mönchtums: ebd., S. 694–699.

77 Vgl. ABAELARD, Historia Calamitatum (wie Anm. 9), S. 82,666f; S. 92,1044–1046. Bestätigt wird dies auch durch das *Chronicon Mauriniacense* (ed. MIROT), S. 54f.: „(…) Petrus Abailardus, monachus et abbas, et ipse vir religiosus excellentissimarum rector scolarum, ad quas pene de tota latinitate viri literati confluebant (…).“

78 Vgl. z. B. ABAELARD, Historia Calamitatum (wie Anm. 9), S. 82,676–679: „Cum autem in divina scriptura non minorem mihi gratiam quam in seculari Dominus contulisse videretur, ceperunt admodum ex utraque lectione scole nostre multiplicari et cetere omnes vehementer attenuari.“

Verfügung zu stellen und in seiner Entmannung das Wirken Gottes zu sehen, das ihn frei mache für das Studium, ihn vom Weltphilosophen (*philosophus mundi*) zum Philosophen Gottes (*philosophus Dei*) mache.[79] Analog schildert Abaelard, im Parakleten hätten seine Schüler für das zum Leben Notwendige gesorgt, um ihn für die Lehre frei zu halten.[80] Somit wird hier von Abaelard jeweils eine Gemeinschaft geschildert, die sich um ihren charismatischen Lehrer schart.[81]

Leider haben wir, abgesehen von den vagen Andeutungen in einem Gedicht eines Schülers, der von Abaelard wegen eines Vergehens des Parakleten verwiesen worden ist, keine weiteren Hinweise auf die tatsächliche Situation in der Einsiedelei bzw. im Parakleten. Am interessantesten erscheint mir Strophe 8 dieses Gedichtes, in der ebenfalls vom Zustrom der Schüler die Rede ist, gleichzeitig aber auch die Möglichkeit angedeutet wird, daß die Schüler Abaelard wieder verlassen könnten, da ihnen das Gesuchte verwehrt würde.[82] Evtl. kann dies als Andeutung des Scheiterns des Versuches Abaelards gedeutet werden, sein Charisma zu perpetuieren, d.h. es zu veralltäglichen bzw. zu versachlichen. Unabhängig davon ist jedoch sicher, daß

---

79 Vgl. ABAELARD, Historia Calamitatum (wie Anm. 9), S. 81,642–654: „Vix autem de vulnere adhuc convalueram, cum ad me confluentes clerici tam ab abbate nostro quam a me ipso continuis supplicationibus efflagitabant, quatinus quod hucusque pecunie vel laudis cupiditate egeram. nunc amore Dei operam studio darem, attendens quod mihi fuerat a Domino talentum commissum,. ab ipso esse cum usuris exigendum, et qui divitibus maxime hucusque intenderam, pauperibus erudiendis amodo studerem; et ob hoc maxime domninica manu me nunc tactum esse cognoscerem, quo liberius a carnalibus illecebris et tumultuosa vita seculi abstractus studio litterarum vaccarem, nec tam mundi quam Dei vere philosophus fierem." – Entsprechend argumentiert Abaelard in der Praefatio der Theologia Scholarium mit den ihm von Gott verliehenen Talenten und dem Verzicht auf finanzielle Entlohnung [vgl. ABAELARD, Theologia Scholarium (wie Anm. 18), Praefatio 3f., S. 313,24–314,37].
Zum Verzicht auf Geldgewinn vgl. WEBER, Wirtschaft und Gesellschaft (wie Anm. 5), S. 654–656 (Zitat: S. 655): „Immer aber – das ist das Entscheidende – lehnt das Charisma den planvollen rationalen Geldgewinn, überhaupt alles rationale Wirtschaften als würdelos ab."

80 Vgl. ABAELARD, Historia Calamitatum (wie Anm. 9), S. 94,1109–1119 (Zitat: S. 94,1113–1116): „Scolares autem ultro mihi quelibet necessaria preparabant, tam in victu scilicet quam in vestitu vel cultura agrorum seu in expensis edificiourm, ut nulla me scilicet a studio cura domestica retardaret."

81 Vgl. in dieser Perspektive auch die Anekdote, nach der Abaelard vom französischen König nicht am Lehren gehindert werden konnte (vgl. JACOB VON VITRI, Exempla LI, ediert von FRENKEN, G., Die Exempla des Jacob von Vitry. Ein Beitrag zur Geschichte der Erzählungsliteratur des Mittelalters [Quellen und Untersuchungen zur lateinischen Philologie des Mittelalters 5.1], München 1914, S. 123 bzw. ANONYMUS, Metamorphosis Goliae, ediert von HUYGENS, R. B. C., in: Studi medievali III 3 [1962], S. 764–772, hier: Kap. 54, S. 77, 1213–1216: „Nupta quaerit ubi sit suus Palatinus, cuius totus extitit spiritus divinus; quaerit cur se substrahat quasi peregrinus, quem ad sua ubera foveat et sinus.").

82 Vgl. HILARIUS AURELIANENSIS, Versus et Ludi Kap. VI – ad Petrum Abaelardum, in: Versus et Ludi, Epistolae, Ludus Danielis Belouacensis, hrsg. v. BULST, W./BULST-THIELE, M. L. (Mittellateinische Studien und Texte 16), Leiden u. a. 1989, Str. 1–10, S. 30f. (Zitat: VI, Str. 8, S. 31): „Ex diuerso multi conuenimus/ Quo logices fons erat plurimus/ Sed discedat summus et minimus/ Nam negatur, quod hic quesiuimus./ Tort a *vers nos li mestre*." (Hervorhebung I. K.).

es Abaelard nicht gelang, die Gemeinschaft in der Einsiedelei bzw. im Parakleten zur dauerhaften Institution zu verfestigen.

Das Scheitern der Gemeinschaft in der Einsiedelei dürfte wohl mit Abaelards Verurteilung auf der Synode von Soissons zusammenhängen, ohne daß dies explizit von Abaelard erwähnt würde. In Bezug auf den Parakleten begründet Abaelard seinen Weggang mit der Verfolgung durch die *novi apostoli*, womit wohl Bernhard von Clairvaux und Norbert von Xanten gemeint sein dürften, die in ihm sogar den Plan hervorgerufen hätten, sich zu den Heiden zu flüchten, doch habe ihn die Wahl zum Abt von St. Gildas de Ruys davon abgehalten.[83]

Seinen Aufenthalt dort schildert Abaelard in den düstersten Farben: der Konvent sei vollkommen regel- und zuchtlos und versuche ihn aufgrund seines Reformeifers zu töten. Den einzigen Lichtblick stellt die Übergabe des Parakleten an die vom Abt von St. Denis aus Argenteuil vertriebenen Nonnen unter Leitung Heloïses dar – wobei auch dies wiederum zu böswilligen Verleumdungen geführt habe.[84] Selbst wenn Abaelards Schilderung des Konventes von St. Gildas äußerst kritisch betrachtet werden muß, dürfte relativ sicher sein, daß Abaelard sich als Abt in dieser Gemeinschaft nicht durchsetzen konnte, er keine charismatische Wirkung auf den Konvent hatte entfalten können, höchstens auf die kleine Gruppe, mit der er sich aus dem Kloster in kleine Zellen zurückgezogen haben will.[85]

Anders scheint es sich in Bezug auf den Nonnenkonvent zu verhalten.[86] Die ihm zugewiesene Rolle ist zuallererst die des *fundator*, *constructor* und *edificator* neben Gott – das Kloster ist seine *creatio* – und in zweiter Linie die des Regelgebers bzw. geistlichen Betreuers und Lehrers (*religionis institutor*; *praeceptor*),[87] für den die Nonnen Fürbitte halten und der sich den Parakleten als letzte Ruhestätte auserwählt hat.[88] Wiederum zeichnen sich hier die Konturen einer von einem charismatischen

83 Vgl. ABAELARD, Historia Calamitatum (wie Anm. 9), S. 97,1196–98,1239.

84 Vgl. ABAELARD, Historia Calamitatum (wie Anm. 9), S. 98,1243–107,1559.

85 Vgl. ABAELARD, Historia Calamitatum (wie Anm. 9), S. 106,1523–1526.

86 Vgl. hierzu MOOS, Abaelard, Heloise und ihr Paraklet (wie Anm. 8), S. 578–587.

87 Vgl. PETER ABAELARD, Epistula VI [Heloissa ad Abaelardum de vita religiosa], ediert von MUCKLE, The letter of Heloise (wie Anm. 33), 241–253, hier: S. 253:„Tibi nunc, domine, dum vivis incumbit instituere de nobis quid in perpetuum tenendum sit nobis. Tu quippe post Deum huius loci fundator tu per Deum nostrae congregationis es plantator, tu cum Deo nostrae sis religionis institutor. Praeceptorem alium post te fortassis habiturae sumus et qui super alienum aliquid aedificet fundamentum, ideoque, ueremur, de nobis minus futurus sollicitus, uel a nobis minus audiendus, et qui denique, si aeque uelit, non aeque possit. Loquere tu nobis et audiemus. Vale.“ – Vgl. auch ABAELARD, Historia Calamitatum (wie Anm. 9), S. 105,1477–1481: „Hoc ego sepe apud me petractando, quantum mihi liceret sororibus illis providere et earum curam agere disposueram, et quo me amplius revererentur, corporali quoque presentia eis invigilare et sic etiam earum magis necessitudinibus subvenire.“

88 Die entsprechenden Gebete und Gebetszeiten werden von Abaelard selbst berichtet bzw. damit auch festgelegt: Vgl. Ep. III (wie Anm. 13), S.76f.: „Nosti, dilectissima, quantum caritatis affectum praesentiae meae conventus olim uester in oratione solitus sit exhibere. Ad expletionem namque quotidie singula-

Führer geleiteten Gemeinschaft ab. Daß Abaelard den Nonnen unter der Leitung Heloïses das Kloster ohne Einschränkungen übereignet hat,[89] mag an sich hieran nichts ändern, schwerwiegender ist aber die Tatsache, daß weder die von Abaelard verfaßte Klosterregel (Ep. VIII) noch die Hymnen im Paraklet Geltung erlangt haben.[90] Deshalb muß wiederum die Konsequenz gezogen werden, daß es – selbst wenn man die Schilderung des Verhältnisses Abaelards zum Frauenkonvent als vertrauenswürdig einstuft – Abaelard auch in diesem Fall nicht gelungen ist, seine charismatische Wirkung zu veralltäglichen bzw. zu versachlichen.

Bleibt die Frage, inwiefern Abaelards Betonung der Rolle des Heiligen Geistes in den von ihm gegründeten bzw. betreuten Gemeinschaften zu einer Infragestellung der amtshierarchischen Gliederung der Kirche geführt hätte:[91] Auch wenn wir von Abaelards Aufenthalt im Parakleten zu wenig wissen, erfolgte zumindest die Gründung unter Beachtung der kirchlichen Hierarchie, insofern er sich dazu – mit Unterstützung des Bischofs von Meaux – die Genehmigung seines Abtes einholte.[92] Auch die bereitwillige Annahme der Berufung zum Abt in St. Gildas de Rhuys deutet in eine andere Richtung. Die Übergabe des Parakleten an den Nonnenkonvent läßt Abaelard vom Papst bestätigen,[93] und auf dem Konzil von Sens appelliert er an den Papst, um einen fairen Prozeß zu erhalten. Seinen Lebensabend verbringt er – nach der Schilderung von Petrus Venerabilis – als einfacher, vom Vorwurf der Hä-

rum horarum specialem pro me Domino supplicationem hanc offerre consuevit ut, responso proprio cum versu eius praemissis et decantatis, preces his et collectam in hunc modum subiungeret. Responsum: (…). Nunc autem absenti mihi, tanto amplius orationum vestrarum opus est suffragio, quanto maioris anxietate periculi constringor. Supplicando itaque postulo, postulando supplico quatinus praecipue nunc absens experiar quam vera caritas vestra erga absentem exstiterit, singulis uidelicet horis expletis, hunc orationis propriae modum adnectens. Responsum: (…). Quod si me Dominus in manus inimicorum tradiderit, scilicet, ut ipsi praevalentes me interficiant, aut quocumque casu viam universae carnis absens vobis ingrediar, cadaver, obsecro, nostrum ubicumque vel sepultum vel expositum iacuerit, ad coemeterium vestrum deferri faciatis ubi filiae uestrae, immo in Christo sorores, sepulcrum nostrum saepius videntes, ad preces pro me Domino fundendas amplius invitentur. Nullum quippe locum animae dolenti de peccatorum suorum errore desolatae tutiorem ac salubriorem arbitror quam eum qui vero Paraclito, id est consolatori, proprie consecratus est, et de eius nomine specialiter insignitus. Nec Christianae sepulturae locum rectius apud aliquos fideles quam apud feminas Christo devotas consistere censeo."

89 Vgl. ABAELARD, Historia Calamitatum (wie Anm. 9), S. 100,1313–1320: „Illuc itaque reversus, eam cum quibusdam aliis de eadem congregatione ipsi adherentibus ad predictum oratorium invitavi; eoque illis adductis, ipsum oratorium cum omnibus ei pertinentibus concessi et donavi; ipsamque postmodum donationem nostram, assensu atque interventu episcopi terre, papa Innocentius secundus ipsis et earum sequacibus per privilegium in perpetuum coroboravit."

90 Vgl. hierzu LUSCOMBE, D., Pierre Abélard et l'abbaye du Paraclet, in: Pierre Abélard. Colloque international de Nantes, hrsg. von JOLIVET, J./HABRIAS, H., Rennes 2003, S. 215–229, der in diesem Artikel Thesen des Editors der liturgischen Schriften des Parakleten, Chrysogonus Waddell, bestärkt.

91 Zum institutionskritischen Potential vgl. Anm. 74.

92 Vgl. ABAELARD, Historia Calamitatum (wie Anm. 9), S. 92,1018–1020.

93 Vgl. ABAELARD, Historia Calamitatum (wie Anm. 9), S. 100,1313–1320.

resie befreiter, Mönch in Cluny bzw. dessen Priorat St. Marcel bei Chalon-sur-Saône,[94] so daß insgesamt wohl nicht von einer Infragestellung der Kirche als Institution seitens Abaelards ausgegangen werden kann. Dem korrespondiert, daß bei Abaelard keine libertinistische Argumentation mit den Charismen erfolgt. Die Zeit der Wunder hat nach Abaelard mit den Kirchenvätern ihren Abschluß gefunden[95], die Gabe der Prophetie spielt als aktuelle Gabe bei ihm keine Rolle, noch berichtet er von Visionen oder der Notwendigkeit einer besonderen Geisttaufe. Stattdessen findet sich bei ihm ein sehr weites Konzept von Charismen und damit gewissermaßen auch ein domestiziertes: praktisch jede Mitteilung des Heiligen Geistes wird als Mitteilung seiner Gnaden gedeutet.[96] Hinzu kommt, daß Abaelards Betonung der Pneumatologie eingebunden ist in sein trinitätstheologisches Denken.

3. Abaelard: Ein Charismatiker?

Wenn man sich nun auf Basis dieser Überlegungen der Frage zuwendet, inwiefern Abaelard ein Charismatiker gewesen ist, so muß hier differenziert werden. Denn einerseits gilt, daß Abaelard eine deutlich konturierte Pneumatologie bzw. Charismenlehre vertritt, diese jedoch nicht den vorgegebenen institutionellen Rahmen sprengt, und andererseits, daß er eine charismatische Führungspersönlichkeit darstellte bzw. darstellen wollte, er hier aber an der Anerkenntnis bzw. Veralltäglichung oder Versachlichung seines Charismas gescheitert ist.[97]

Insofern wäre es aus primär soziologischer Perspektive durchaus möglich, Abaelard zumindest ansatzweise als Charismatiker zu bezeichnen, in theologischer Perspektive ist auf Basis des Dargestellten davon jedoch ebenso besser Abstand zu nehmen wie von der Etikettierung als Rationalist. Vielmehr erweist sich Abaelard hier als von seinem monastischen und scholastischen Umfeld geprägt und kann in Anknüpfung an die Tradition und aktuelle Strömungen, z.T. auch in Überbietung derselben, dem Heiligen Geist und dessen Charismen eine besondere Rolle in seinem Leben und Denken zuschreiben.

---

94 Vgl. PETRUS VENERABILIS, Epistula 98, in: CONSTABLE, G. (Hrsg.), The letters of Peter the Venerable, Bd. I (Harvard Historical Studies Bd. 78), Cambridge/Massachusetts 1967, S. 258/259, sowie Epistula 115, ebd. S. 303–308.

95 Vgl. ABAELARD, Theologia Summi Boni (wie Anm. 14), II,3, S. 114,16f. [vgl. ABAELARD, Theologia Christiana (wie Anm. 14), III,3].

96 Vgl. LANDGRAF, A. M., Dogmengeschichte der Frühscholastik, I.1, Regensburg 1952, S. 225f.

97 Vgl. in dieser Hinsicht MELVILLE, G., Stephan von Obazine: Begründung und Überwindung charismatischer Führung, in: Charisma und religiöse Gemeinschaften im Mittelalter (wie Anm. 7), der in Bezug auf Stephan von Obazine aufzeigt, daß dieser sein an sich anti-institutionelles Charisma später einsetzt zur institutionellen Unterwerfung der sich um ihn scharenden Gemeinschaft, um deren Fortbestand zu gewährleisten. Demnach wäre Abaelard an der Überwindung der charismatischen Führung gescheitert.

Stefan Seit

At vero perpauci sunt quibus huius scientiae secretum ... divina revelare gratia dignetur[1]

Wissen als Gnadengabe oder Naturanlage bei Peter Abaelard und Gilbert Porreta im Lichte der Kritik Bernhards von Clairvaux

I. ,Wissen' bei Bernhard von Clairvaux und das Paulinische Konzept der Charismen

Es gibt nämlich Leute, die allein zu dem Zweck wissen wollen, daß sie wissen; und das ist schändliche Neugierde. Es gibt Leute, die wissen wollen, um berühmt zu werden; und das ist schändliche Eitelkeit. (...) Und es gibt sogar Leute, die wissen wollen, um ihr Wissen dann zu verkaufen – zum Beispiel für Geld oder Ehrenstellen; und das ist eine schändliche Erwerbsart. Es gibt aber auch solche Leute, die wissen wollen, um aufzuerbauen; und das ist Liebe; und die wissen wollen, um sich selbst aufzuerbauen; und das ist Klugheit.[2]

1 PETRUS ABAELARDUS, Dialectica. First Complete Edition of the Parisian Manuscript with an Introduction by L. M. de Rijk (Wijsgerike Teksten en Studies 1), Assen ²1970, tractatus IV: De hypotheticis, liber I: De divisione hypotheticarum earumque proprietatibus, Prologus, S. 470[34]: „At vero perpauci sunt quibus huius scientie secretum, immo sapientie thesaurum, divina revelare gratia dignetur." („Es sind aber nur sehr wenige Menschen, denen die göttliche Gnade das Geheimnis dieser Wissenschaft – vielmehr den Schatz der Weisheit – zu offenbaren geruht.") – Zur Formulierung ‚thesaurus sapientiae' vgl. Kol 2,2f. (in der Vulgata-Fassung), wo es über das „göttliche Geheimnis (...), das Christus ist", heißt: „in quo sunt omnes thesauri sapientiae et scientiae absconditi" („In ihm sind alle Schätze der Weisheit und Erkenntnis verborgen" [deutsche Übersetzung von Bibelzitaten hier und im Weiteren nach der „Einheitsübersetzung"]); dazu u. a. AUGUSTINUS, Confessiones, X/43(70). Abaelard gibt der Dialektik somit eine christologische Fundierung. Zum Abaelard-Zitat, das weiter unten eingeordnet und interpretiert wird, vgl. auch KLITZSCH, Petrus Abaelardus: Ein verkannter Charismatiker?, in diesem Band, S. 215.

2 BERNHARD VON CLAIRVAUX, Sermo XXXVI [in Cantica Canticorum], in: BERNARD DE CLAIRVAUX, Sermons sur le cantique. Tome 3 (Sermons 33–50). Texte latin des *S. Bernardi opera* par J. Leclercq, H. Rochais et Ch. H. Talbot. Introduction, traduction et notes par Paul Verdeyen et Raffaele Fasetta (Œuvres complètes XII; SC 452), Paris 2000, S. 104/105–122/123, hier III/3, S. 112/113: „Sunt namque qui scire volunt eo fine tantum, ut sciant: et turpis curiositas est. Et sunt qui scire volunt, ut sciantur ipsi: et turpis vanitas est. (...) Et sunt item qui scire volunt ut scientiam suam vendant, verbi causa, pro pecunia, pro ho-

In der 36. seiner 86 Predigten über das Hohelied, die er zu einem nicht näher zu bestimmenden Zeitpunkt zwischen 1139 und 1143 verfaßt hat,[3] bezieht Bernhard von Clairvaux (1090–1153) unmißverständlich zu den Absichten und Beweggründen Stellung, aus denen Menschen danach streben, Wissen zu erlangen. Er spricht sich zunächst kategorisch gegen Wissen aus, das um seiner selbst willen erworben wird: Wissen, recht verstanden, ist niemals Selbstzweck, sondern stets Mittel zu einem von ihm verschiedenen Zweck; freilich macht Bernhard auch deutlich, für welche Zwecke das Wissen seiner Auffassung nach wiederum *nicht* eingesetzt werden soll; Wissen darf nämlich nicht den – eigennützigen – Zielen dienen, ‚Berühmtheit' oder Ehren(-Ämter) zu erlangen (mit denen dann wiederum Macht und Einfluß einhergehen mag); insbesondere aber darf, wer weiß, für die Anwendung oder Weitergabe seines Wissens – etwa auch als berufsmäßiger Lehrer – kein Geld fordern und annehmen. Nimmt man diese drei Kritikpunkte zusammen, sind Theorie und Praxis eines sich um die Mitte des 12. Jahrhunderts professionalisierenden Wissenschaftsbetriebs fundamental in Frage gestellt. Wenn Bernhard statt dessen fordert, Wissen habe stets der *aedificatio*, der ‚Auferbauung', nämlich der eigenen Person, der Mitmenschen und namentlich der Kirche, zu dienen, hält er den sich abzeichnenden wissenschaftsgeschichtlichen Umbrüchen das Ideal einer Wissenschaft entgegen, die ihren Platz nicht neben der Kirche hat, sondern – in der integralen Verbindung mit dem Glauben – in ihrem Inneren.

Der Schlüsselbegriff der *‚aedificatio'* verweist dabei klar auf das ideologische Instrumentarium, mit dessen Hilfe Bernhard Status und Funktion der *scientia* erörtert: Um den Maßstab zu bestimmen, an dem sich menschliches Wissen und das Streben nach ihm messen lassen müssen, rekurriert der streitbare Zisterzienser auf den Ersten Korintherbrief, und zwar insbesondere auf die programmatischen Überlegungen, die Paulus dort über die Charismen anstellt – in der Absicht, das elitär-exklusivistische Selbstverständnis und den Anspruch einzelner (vorgeblich) besonders begabter Gemeindemitglieder zurückzuweisen, aufgrund ihrer besonderen geistig-geistlichen Begabungen seien sie die ‚besseren' Christen. Allein indem er das Wissen auf die *aedificatio ecclesiae* verpflichtet, bestimmt Bernhard, ohne den Begriff selbst programmatisch einzuführen, im Ausgang von Paulus – von seiner Paulus-Interpretation

---

noribus: et turpis quaestus est. Sed sunt quoque qui scire volunt, ut aedificent: et caritas est. Et sunt item qui scire volunt, ut aedificentur: et prudentia est." – In der „Patrologia latina" (PL 183, Sp. 967) trägt die Predigt die Überschrift „Quod scientia litterarum sit bona ad instructionem, sed scientia propriae infirmitatis sit utilior ad salutem" („Daß wissenschaftliches Wissen gut ist zur Unterweisung, das Wissen um die eigene Schwachheit aber nützlicher für das Heil"). Zur Gegenüberstellung von ‚auferbauen' und ‚sich (selbst) auferbauen' vgl. etwa 1Kor 14,4 (dort bezogen auf die Zungenrede und die prophetische Rede).

3 Vgl. zur Datierung die Herausgebereinleitung in: BERNARD DE CLAIRVAUX, Sermons sur le cantique (wie Anm. 2), S. 21–32, hier S. 23.

– Wissen als Charisma, weist ihm *deshalb* eine dienende Funktion zu und greift so das zeitgenössisch um sich greifende Verständnis von ‚Wissenschaft als Beruf' an.

Paulus nämlich erhebt die Forderung, sämtliche Begabungen müßten – als Gnadengaben – in den Dienst der Gemeinde gestellt werden.[4] Daß der Apostel im Sinn dieses Anspruchs nicht nur die herausragenden, ‚außeralltäglichen' Begabungen, sondern gerade auch die ‚gewöhnlichen', unspektakulären Fähigkeiten und Fertigkeiten als Charismen verstanden wissen will, weist das elitäre Selbstbewußtsein der Träger extraordinärer Begabungen besonders nachdrücklich in seine Schranken: Von der Intention ihres göttlichen Spenders her handelt es sich bei *allen* Begabungen, gewöhnlichen *und* seltenen, selbst bei den exquisiten *Geistes*gaben, den ‚pneumatischen' Charismen im engen Sinn, von Anfang an nicht um individuelle Auszeichnungen; vielmehr sind sie alle auf die Gemeinde, die wechselseitige Ergänzung der Gläubigen im organischen Zusammenhang der Gemeinde und die kooperative gemeindliche Praxis bezogen. Nur wenn sie in der und für die Gemeinde uneigennützig eingesetzt werden, gelten sie Paulus deshalb überhaupt als sinnvoll.[5]

Folgerichtig schließt sich an diese grundlegenden normativen Ausführungen über die Verhältnisse in der christlichen Gemeinde unmittelbar Paulus' großer Hymnus auf die *ἀγάπη*, die *caritas*, als das Einheits- und Lebensprinzip der Gemeinde und als christliche Kerntugend an; sie, die Liebe, ist die wichtigste der drei „höheren Gnadengaben"[6], die den einzelnen dazu befähigt, sich dem organischen Ganzen der Gemeinde einzugliedern, und die alle anderen Begabungen zugleich nivelliert und

4 Vgl. hierzu, zusammenfassend, 1Kor 14,12: „(...) [Ἐ]πεὶ ζηλωταί ἐστε πνευμάτων, πρὸς τὴν οἰκοδομὴν τῆς ἐκκλησίας ζητεῖτε ἵνα περισσεύητε" („vos quoniam aemulatores estis spirituum ad aedificationem ecclesiae quaerite ut abundetis"/„Da ihr nach Geistesgaben strebt, gebt euch Mühe, daß ihr damit vor allem zum Aufbau der Gemeinde beitragt").

5 Vgl. 1Kor 12,4–30.

6 1Kor 12,31a: „τὰ χαρίσματα τὰ μείζονα" („charismata maiora") – Diese drei ‚größeren' Charismen sind Glaube, Hoffnung und Liebe, von denen allein die letztere das (jenseitige) Erreichen des in Glaube und Hoffnung erstrebten Zieles nicht nur überdauert, sondern in der Erfüllung (und Aufhebung) von Glaube und Hoffnung sogar immer noch weiter zunimmt; vgl. zu diesem Aspekt insbesondere AURELIUS AUGUSTINUS: [Soliloquia.] Selbstgespräche. Von der Unsterblichkeit der Seele. Lateinisch und deutsch. Gestaltung des lateinischen Textes von Harald Fuchs. Einführung, Übertragung, Erläuterungen und Anmerkungen von Hanspeter Müller (Sammlung Tusculum), Düsseldorf/Zürich ^{3}2002, S. 34^{25}/35: „[C]aritati vero non solum nihil detrahetur, sed addetur etiam plurimum (...)." – „Der Liebe allein geht nicht nur nichts verloren, sondern es wird ihr noch gar viel gegeben (...)," und zwar wenn die Seele mit der Vernunft (*ratio*) als ihrem „Sehvermögen" („aspectus animae" [S. 34^{4}/35]) in der beseligenden *visio Dei* an das definitive Ziel ihrer Bestrebungen gelangt ist; somit verbindet sich die Liebe mit vollkommener Erkenntnis. Diese Überlegungen, die Augustinus auf der Basis von Paulus' Aussagen über die drei „charismata maiora" anstellt, bilden die Grundlage einer Hierarchisierung von ‚gewöhnlichem', sachbezogenem Wissen, *fides, caritas* (und *spes*) sowie schließlich der (keinesfalls irrationalen!) *visio Dei* als absolutem Wissen im Zusammenhang mit der ebenfalls ins Absolute gesteigerten *caritas* – und damit auch für Bernhards Interpretation des Paulus-Textes sowie seiner Relativierung der (sachbezogenen) *scientia*.

integriert. In diesem Kontext fehlt freilich bei Paulus jeder Hinweis auf das Wissen als eine Gnadengabe; was die besonderen, i. e. S. ‚pneumatischen' Gnadengaben angeht, die gemeinsam mit einfachen und einfachsten Aufgaben namentlich der Liebe ein- und untergeordnet werden, ist vielmehr die Rede von den Charismen des Apostolats – Paulus' eigenem Charisma –, der Prophetie, der Lehre und Wundertätigkeit, der Kraft, Kranke zu heilen, und der Glossolalie sowie der Gemeindeleitung. Der Apostel hat in seinem Brief aber schon zuvor das Wissen (bzw. die Erkenntnis: *γνῶσις*) und die Liebe unter dem Aspekt der *aedificatio* in eine scharfe Opposition gebracht, allerdings in einem ganz anderen Zusammenhang, nämlich mit Blick auf die Frage nach der Erlaubtheit des Genusses von Götzenopferfleisch: Die Gemeinde von Korinth hat sich mit dem aus der sozialen Alltagspraxis entstandenen Problem an den Apostel gewandt, ob Christen das Fleisch von Tieren verzehren dürften, die in den Kulten der heidnischen Götter als Opfertiere geschlachtet worden sind (oder ob sie sich damit indirekt an der Götterverehrung beteiligten). Da die Christen „(...) *wissen* (...), daß es keine Götzen gibt in der Welt und keinen Gott außer dem einen"[7], unterscheidet sich – für sie – die kultische nicht von einer gewöhnlichen Schlachtung und Fleisch der Opfertiere nicht von dem anderer Tiere. Aufgrund ihrer Erkenntnis, ihres Wissens um die Nichtexistenz der heidnischen Götter, dürfte folglich dem Genuß von Götzenopferfleisch nichts entgegenstehen. Paulus bestätigt nun zwar grundsätzlich die Bedeutung der „Erkenntnis" (*γνῶσις*) für die Beurteilung des Verhaltens des einzelnen – „wenn wir nicht [vom Opferfleisch] essen, verlieren wir nichts, und wenn wir essen, gewinnen wir nichts"[8] –, macht aber zugleich darauf aufmerksam, daß das individuelle Verhalten insofern keine reine Privatsache ist, als es von anderen Gemeindemitgliedern beobachtet und nachgeahmt wird. Verfügen sie nicht im selben Umfang über „Erkenntnis", sind sie in ihrem Wissen (noch) nicht in derselben Weise gefestigt, wird ihr ‚schwaches' Gewissen durch die eigentlich unproblematische Handlung ohne Not verletzt. Paulus ermahnt deshalb die Korinthischen Christen, die sich auf ihre *γνῶσις* berufen: „Der Schwache geht an deiner ‚Erkenntnis' zugrunde"[9]; er warnt folglich vor der Selbstüberschätzung der Erkenntnis und fordert liebevolle Rücksicht auf die ‚Schwachen' in der Gemeinde ein: „Das Wissen" – die Vulgata übersetzt *‚γνῶσις'* mit *‚scientia'*, und in dieser Form hat das Diktum Wirkungsgeschichte – „bläht auf, die Liebe aber baut auf"[10]. Im ursprünglichen Kontext meint *‚γνῶσις'* selbstverständlich nicht ‚wissenschaftliches', theoretisches Wissen von komplexen Inhalten, sondern eher eine praktische Einsicht, auf der die Festigkeit des Gewissens (*συνείδησις/conscientia*) gründet; deshalb ist auch nicht von der Nutzbarmachung der Erkenntnis (bzw. des Wissens) im Dienste der

7 1Kor 8,4.

8 1Kor 8,8.

9 1Kor 8,11.

10 Vgl. 1Kor 8,1: „[Ἡ] γνῶσις φυσιοῖ, ἡ δὲ ἀγάπη οἰκοδομεῖ" („[S]cientia inflat', caritas vero aedificat"/„[...] [D]ie Erkenntnis macht aufgeblasen, die Liebe dagegen baut auf").

Gemeinde die Rede; Paulus besteht vielmehr lediglich auf einer Selbstbeschränkung der moralischen Selbstgewißheit, die sich der *γνῶσις* verdankt.

Für Bernhard (und viele andere mittelalterliche Interpretatoren) stellt der programmatische Verweis auf die Liebe (*ἀγάπη/caritas*) und ihre ‚auferbauende' Kraft, den Paulus in seinem Hymnus auf die Liebe wiederaufgreift,[11] freilich nicht nur den Zusammenhang zum „Hohenlied" her, sondern auch eine Verbindung zwischen den beiden Briefstellen und ihren jeweiligen Themen – der *γνῶσις* und den Charismen –, die zunächst einmal nur das gemeinsam haben, daß Paulus, wenn vielleicht auch vor dem Hintergrund eines übergreifenden theologischen Konzeptes und Gemeindeverständnisses, jeweils auf offene Fragen eingeht, die in Korinth zum Problem geworden sind. Für den mittelalterlichen Interpretator wird nun aber unter dem Leitgedanken der Liebe, auf die sowohl das Wissen als auch die Charismen verpflichtet werden, das Wissen selbst als Charisma deutbar, also als eine individuelle Eigenschaft oder Fähigkeit, die auf ihre Funktion im organischen Ganzen der Gemeinde befragt wird: Erkenntnis und Wissen stehen der Liebe antithetisch gegenüber, wenn sie sich selbst genug sind. Wie die Charismen – oder vielmehr: als Charismen verstanden – haben sie sich unter dem Vorzeichen der Liebe in den Dienst der Gemeinde und ihrer Mitglieder zu stellen.[12] Diese Mahnung des Apostels

11 Vgl. 1Kor 13,4: „Ἡ ἀγάπη (...) οὐ φυσιοῦται" („[C]aritas [...] non inflatur"/„Die Liebe [...] bläht sich nicht auf").

12 Gleichzeitig klingt Augustins Unterscheidung von *utenda* und *fruenda* (bzw. *fruendum*) an; vgl. z. B. AUGUSTINUS, De doctrina Christiana, lib. I, III/3(7)–IV/4(8); deutsche Übersetzung aus: AURELIUS AUGUSTINUS, Die christliche Bildung (De doctrina christiana). Übersetzung, Anmerkungen und Nachwort von Karla Pollmann, Stuttgart 2002 (RUB 18165), S. 16f.. Augustinus unterscheidet die „Dinge, die man genießen muß", von denen, „die man gebrauchen muß", und erklärt dann weiter: „Jene [Dinge], die man genießen muß, machen uns glücklich; durch diejenigen, die man gebrauchen muß, wird uns in unserem Streben nach Glück geholfen (...), damit wir zu jenen Dingen gelangen, die uns glücklich machen, und diesen anhängen können. Wenn wir aber (...) diejenigen Dinge, die gebraucht werden müssen, genießen wollten, dann wird unser Lauf gehindert und irgendwann sogar abgelenkt, so daß wir vom Erlangen dieser Dinge, die zu genießen sind, entweder abgehalten oder sogar zurückgerufen werden, da wir durch die Liebe zu Niedrigerem behindert sind." – Augustinus rekurriert damit auf das Konzept einer hierarchischen Ordnung der Dinge, die, ontologisch fundiert, auch eine Ordnung der Güter und der Ziele ist: Um seiner selbst willen, als Selbstzweck, darf nur Höchstrangiges, letztlich Gott, erstrebt werden, jedenfalls nichts, was im Seinsrang niedriger steht als der Mensch selbst. Solche Dinge niedrigeren Ranges dürfen nur – direkt oder indirekt – als Mittel zur Erlangung des *fruendum* eingesetzt, also gebraucht, nicht aber selbst bereits als Selbstzweck betrachtet werden. Dann nämlich verstellen sie – wenn nämlich der Mensch, einmal in ihren Besitz gelangt, sich mit ihnen begnügt – den Blick auf höher- und höchstrangige Ziele. „Genießen bedeutet nämlich, aus Liebe irgendeiner Sache um ihrer selbst willen anzuhängen; gebrauchen aber bedeutet, alles, was sich für den Gebrauch anbietet, auf das Erlangen dessen zu beziehen, was du liebst – wenn es sich dabei überhaupt um eine Sache handelt, die geliebt werden soll. Denn unerlaubter Nutzen muß Mißbrauch (...) oder Mißbräuchlichkeit genannt werden." Ist etwas (nur) ein *utendum*, also nicht Zweck an sich selbst, stellt sich folglich – darüber hinaus, daß dieses Ding eben nicht als Selbstzweck mißverstanden werden darf – immer auch die Frage, ob es zu einem richtigen

liest ein breiter Traditionsstrom folgerichtig als grundlegende Aussage über den Status des Wissens. Die *scientia* wird damit zwar durchaus nicht schlechthin negativ bewertet, aber doch in ihrer Bedeutung stark relativiert. Vor allem aber scheint Paulus auf die Bedrohung durch die *superbia* aufmerksam zu machen, der Wissen und Wissenschaft sich ausgesetzt sehen, wenn sie sich nicht richtig als Gaben des Geistes im Dienst der Kirche verstehen, sich also der Bindung an und durch die Liebe entziehen. Verderblichem Hochmut droht nämlich derjenige zu verfallen, der nicht nur einfach weiß und sein Wissen nutzt, sondern auch weiß, daß er weiß, der, weil er dabei die Begrenztheit seines Wissens verkennt,[13] auf dessen hohem Wert besteht – und daraus die Berechtigung auf ein (allzu) großes soziales Selbstbewußtsein ableitet, der also die Anerkennung seiner extraordinären Begabung und ihres Wertes auch seitens der anderen Menschen meint beanspruchen zu dürfen. Dagegen fordert Bernhard im programmatischen Rückgriff auf Paulus, das sachbezogene Wissen müsse stets mit dem Wissen um den *modus sciendi* einhergehen und sich übergreifenden Zusammenhängen ein- und höherrangigen Zwecken unterordnen: In diesem Sinn ist Wissen keinesfalls Selbstzweck;[14] wird es als solches mißverstan-

---

Zweck und insofern recht gebraucht wird. *Utenda* können in diesem Sinn stets nicht nur richtig, sondern auch falsch gebraucht werden, wenn sie zur Erlangung eines (vorläufigen) Ziels eingesetzt werden, für das wiederum zu fragen ist, welchem Zweck dieses Ziel seinerseits als Mittel dient (oder dienen soll) usf. – Vor diesem Hintergrund besteht auch Bernhard auf der *utilitas* des Wissens. Wissen ist also definitiv kein Selbstzweck; in ihm besteht nicht die *salus* des Menschen, und es ist diesem Heil anscheinend auch nicht als unmittelbares Mittel zum Zweck zugeordnet. – Zur *abusio* des Wissens vgl. BERNHARD VON CLAIRVAUX, Sermo XXXVI (wie Anm. 2), III/4, S. 112/113.

13 Vgl. hierzu auch BERNHARD VON CLAIRVAUX, Sermo XXXVII [in Cantica Canticorum], in: BERNARD DE CLAIRVAUX, Sermons sur le cantique (wie Anm. 2), S. 124/125–138/139, wo diese spezielle Form der *ignorantia*, nämlich die *ignorantia sui* als Ursache des Hochmuts namhaft gemacht wird: „Et quemadmodum ex notitia tui venit in te timor Dei, atque ex Dei notitia Dei itidem amor, sic e contrario de ignorantia tui superbia, ac de Dei ignorantia venit desperatio." („Wie sich aufgrund der Kenntnis deiner selbst die Gottesfurcht bei dir einstellt und aufgrund der Gotteserkenntnis auf gleiche Weise die Liebe zu Gott, so entsteht im Gegensatz aus der Unkenntnis deiner selbst der Hochmut und aus der Unkenntnis Gottes die Verzweiflung"; III/6, S. 134/135.) Folglich bilden, wie Bernhard bereits eingangs seiner Predigt deutlich macht, die Selbsterkenntnis, die angemessene Einschätzung der eigenen Möglichkeiten und Grenzen, v. a. der fundamentalen Beschädigung der menschlichen Natur, und die in der Selbsterkenntnis wurzelnde Demut und Gottesfurcht die unverzichtbare Bedingung des Heils. Bernhard hält deshalb einleitend, in I/1, S. 124/125, fest, „(...) neminem absque sui cognitione salvari, de qua nimirum mater salutis humilitas oritur, et ‚timor Domini', qui et ipse sicut ‚initium sapientiae' [vgl. Ps 110,10Vg.; Sir 1,16], ita est et salutis" („[...] daß niemand ohne die Kenntnis seiner selbst gerettet wird, aus der unfehlbar die Demut, die Mutter des Heils, erwächst sowie die Gottesfurcht, die ihrerseits, ebenso wie sie der Anfang der Weisheit ist, auch der des Heiles ist").

14 Vgl. BERNHARD VON CLAIRVAUX, Sermo XXXVI (wie Anm. 2), II/3, S. 110/111–112/113: „Vides quoniam [Paulus in (1Kor 8,2)] non probat multa scientem, si sciendi modum nescierit. Vides, inquam, quomodo fructum et utilitatem scientiae in modo sciendi constituit?" („Du siehst, daß [Paulus] dem, der vieles weiß, nur Beifall spendet, wenn er auch Maß und Ziel des Wissens kennt. Du siehst, sage ich, wie

den, verbergen sich hinter diesem Anspruch deshalb meist eigennützige Interessen, nämlich Ehr- und Gewinnstreben,[15] oder – sinnlose – Neugierde.

Bernhard stellt diese seine Überlegungen zum Wissen als Charisma und als Mittel zu (höheren) Zwecken allerdings im Ausgang von einem Problem an, von dem sein Rekurs auf den „Korintherbrief" und die daran anknüpfenden Ausführungen nicht nur abzuschweifen scheinen, sondern das, gemessen am paränetischen Impetus seiner Predigt, außerdem theoretisch und geradezu akademisch-trocken anmutet. Seine übergreifende Frage lautet nämlich näherhin, „sitne ignorantia omnis damnabilis"[16], ob Unwissenheit, der Mangel an *scientia*, grundsätzlich ‚verdammungswürdig' sei, ob sie also dem Menschen die Verdammnis, den Verlust des Heiles einbringe. Positiv gewendet, fragt Bernhard folglich nach der Notwendigkeit des Wissens zur Erlangung des Heils. So verstanden, wird auch der Zusammenhang mit der Bestimmung des Wissens als Charisma, als Gnadengabe des Heiligen Geistes, erkennbar: Handelt es sich beim Wissen in dem Sinn um ein individuell auszeichnendes Geschenk Gottes, daß durch das Wissen und zusammen mit, weil es nämlich notwendige Bedingung des Heils ist, dem einzelnen zugleich auch dieses Heil geschenkt wird? Ist Wissen, insbesondere *wissenschaftliches*, theoretisches Wissen, mithin Mittel und Zeichen individueller Begnadigung? Bedingt der Besitz von Wissen folglich einen ausgezeichneten, exklusiven Gnadenstand? – Gegen diese Auffas-

---

er den Ertrag und den Nutzen des Wissens auf Maß und Ziel des Wissens gründet.). – Vgl. hierzu 1Kor 8,2: „Wenn einer meint, er sei zur Erkenntnis gelangt, hat er noch nicht so erkannt, wie man erkennen muß." In der Vulgata lautet die Stelle: „[S]i quis existimat scire aliquid[,] nondum cognovit *quemadmodum oporteat eum scire*" (Hervorhebung St. S.). Bernhard fährt im Sinn des Augustinischen Ordnungsgedankens, der Idee einer hierarchischen Ordnung der Ziele bzw. Zwecke und der ihnen koordinierten Mittel (vgl. oben, Anm. 12) fort: „Quid ergo dicit modum sciendi? Quid, nisi ut scias quo ordine, quo studio, quo fine quaeque nosse oporteat? Quo ordine: ut id prius, quod maturius ad salutem; quo studio: ut id ardentius, quod vehementius ad amorem; quo fine: ut non ad inanem gloriam, aut curiositatem, aut aliquid simile, sed tantum ad aedificationem tuam vel proximi." („Was aber bedeutet das: ‚Maß des Wissens'? Was anders, als daß man weiß, in welcher Ordnung, mit welchem Bestreben und zu welchem Zweck man alle Dinge kennen soll? In welcher Ordnung, nämlich vorzüglicher das, was tauglicher ist zum Heil; mit welchem Bestreben, nämlich eifriger das, was wirksamer ist für die Liebe; zu welchem Zweck, nämlich nicht zu wertlosem Ruhm oder [zur Befriedigung] der Neugierde oder dergleichem, sondern ausschließlich zu deiner Auferbauung und der deines Nächsten."

15 Versteht man Wissen in der skizzierten Weise als Charisma, nimmt folgerichtig die berufsmäßig betriebene, gegen die Zahlung von Geld weitergegebene Wissenschaft geradezu den Charakter einer simonistischen Praxis an. Bernhard weist das sich etablierende Konzept professionalisierter *scientia* aber *nicht* mit dem üblichen, auf Mt 10,8 rekurrierenden Argument ab, die *dona* der Gnade könnten und dürften als solche nicht gegen Geld verkauft werden, sondern durch die Verpflichtung auf die *caritas*; zur Gesamtproblematik vgl. ausführlich POST, G./GIOCARINIS, K./KAY, R., The Medieval Heritage of a Humanistic Ideal. ‚Scientia donum Dei est, unde vendi non potest', in: Traditio 11 (1955), S. 195–234, insbes. S. 197–201 (zur juristischen Diskussion bis zum Ende des 12. Jahrhunderts) sowie S. 224–231.

16 BERNHARD VON CLAIRVAUX, Sermo XXXVI (wie Anm. 2), I/1, S. 106/107.

sung, Heil sei einerseits abhängig von der individuellen Ausgestaltung einer natürlichen Fähigkeit des Menschen, die andererseits als Gabe ausgewiesen wird, also nicht durch persönliche Anstrengung erlangt werden können soll, und diese Eigenschaft bestehe eben im Wissen, bringt Bernhard sein von Paulus her gewonnenes Konzept der *scientia* als Charisma in Stellung: *Wenn* Wissen ein Gnadengeschenk Gottes ist, dann kann es sich nicht zugleich als individuelle Auszeichnung verstehen; es ist mithin kein Merkmal der bereits vollzogenen individuellen Begnadigung des Wissenden, sondern funktional auf die *aedificatio ecclesiae* bezogen.

Die so abgewiesene Behauptung, Wissen und Wissenschaft seien als solche und direkt heilserhebliche Gnadengaben, ist aber wiederum auch nicht völlig aus der Luft gegriffen; sie kann sich, wie es zunächst scheint, ihrerseits etwa auf Augustinus und damit auf *die* ‚theologische' Autorität neben der Heiligen Schrift stützen. Der Kirchenvater sieht – beispielsweise in „De libero arbitrio" – die Situation des Menschen nach dem Sündenfall bestimmt durch die beiden schlechterdings fundamentalen Folgen – ihrerseits sündhaften Sündenstrafen (*poenalia*) – der Ur- und Erbsünde, nämlich durch die Unwissenheit (*ignorantia*) und die (Willens-)Schwäche (*infirmitas*):[17] Der einzelne Mensch findet sich einerseits in der angemessenen Erkenntnis dessen, was er richtigerweise tun soll, immer schon stark eingeschränkt oder sogar vollständig behindert; andererseits scheitert er selbst dann, wenn er weiß, was er zu tun hat, und eigentlich auch dieser Einsicht gemäß handeln will, an der Umsetzung des als richtig Erkannten, weil sein durch die Erbsünde geschwächter Wille in einen Widerstreit mit sich selbst gerät. Aufgrund der Erbsünde unterliegt der Mensch – jedes menschliche Individuum – den beiden Sündenstrafen, die ihrerseits nur dazu führen können, daß er immer wieder falsch handelt; somit führen Unwissenheit und Willensschwäche zur ständigen Aktualisierung der Sünde und

17 Vgl. AUGUSTINUS, De libero arbitrio – Der freie Wille. Zweisprachige Ausgabe, eingeleitet, übersetzt und herausgegeben von Johannes Brachtendorf (Opera/Werke B: Frühe philosophische Schriften, Bd. 9), Paderborn u. a. 2006, III/18(52/177f.), S. 274/275 (Hervorhebungen St. S.), der zur Begründung der Gerechtigkeit der *damnatio*, die den Menschen auch für aus Unwissenheit oder Notwendigkeit (d. h. Willensschwäche) begangene Taten trifft, ausführt: „Nec mirandum est quod vel *ignorando* non habet [homo] arbitrium liberum voluntatis ad eligendum quod recte facit, vel *resistente carnali consuetudine*, quae violentia mortalis successionis quodam modo naturaliter inolevit, videat quid recte faciendum sit et velit *nec possit implere*. (…) Nam sunt re vera omni peccanti animae *duo ista poenalia, ignorantia et difficultas*. Ex ignorantia dehonestat error, ex difficultate cruciatus adfligit." („So ist es nicht verwunderlich, daß er [sc. der Mensch] entweder aufgrund von *Unwissenheit* keine freie Willensentscheidung hat, um das zu wählen, was er rechtschaffenerweise tun soll, oder daß er durch den *Widerstand der fleischlichen Gewohntheit*, die ihm die tödliche Gewalt der Abstammung gewissermaßen natürlicherweise einwachsen ließ, zwar sieht, was richtigerweise zu tun wäre, und es auch will, es aber nicht vollbringen kann. (…) Denn dies sind tatsächlich *die beiden Strafen für jede sündigende Seele: Unwissenheit und Unvermögen*. Durch die Unwissenheit entehrt uns der Irrtum, durch das Unvermögen peinigt uns die Qual.")

zur Bestätigung der den Menschen ohnehin treffenden *damnatio*.[18] Die Unwissenheit (*ignorantia*) stellt in diesem Sinn zugleich die Ursache wie die Folge der Sündenverfallenheit des Menschen dar, der so gleichsam in der Sünde gefangen ist, wenngleich – beim frühen Augustinus – nicht ohne jede Aussicht, sich (auch) durch eigene Anstrengung zu befreien; gemeinsam mit der *difficultas* (oder *imbecillitas*) begründet die *ignorantia* die Heillosigkeit des Menschen und die Verdammnis, der er unterliegt. So legt sich in der Tat die Frage nahe, ob und in welcher Weise die *scientia* als Gegensatz der Unwissenheit Voraussetzung des Heils oder selbst bereits heilvoll ist, – zumal wenn man das Heil und Glück des Menschen geradezu selbstverständlich als *scientia*, nämlich näherhin als *visio* oder *scientia Dei* bestimmt.[19] Damit ist freilich noch nicht gesagt, wie sich dieses im eigentlichsten Sinn ‚theologische' Wissen, auf dessen Erlangung die menschliche Existenz im Ganzen angelegt ist, zu demjenigen konkreten Sachwissen verhält, das sich der Mensch im Laufe seines Lebens anzueignen vermag oder eben – als Charisma – geschenkt erhält. Als Geschenk der möglicherweise zum Heil prädestinierenden göttlichen Gnade wäre das menschliche Wissen nämlich wohl zu bestimmen, wenn ihm als solchem unmittelbare Heilserheblichkeit zukäme, wenn also eine Unterscheidung des theologischen vom Sachwissen nicht gemacht oder durchgehalten würde. Diese Frage

---

18 *Ignorantia* und *difficultas* sind Strafen, denen zunächst Adam und Eva, dann aber alle Menschen aufgrund der Ursünde Adams und Evas unterliegen. Verfehlungen, die aus Unwissenheit oder Unvermögen begangen werden, werden gleichwohl dem einzelnen Menschen als dessen „eigene Sünde" zugerechnet; vgl. AUGUSTINUS, De libero arbitrio (wie Anm. 17), III/19(53/181), S. 274/275: „(...) [N]on tibi deputatur ad culpam quod invitus ignoras, sed quod neglegis quaerere quod ignoras, neque illud quod vulnerata membra non colligis, sed quod volentem sanare contemnis, isti tua propria peccata sunt." („[...] [D]ir [wird] nicht als Schuld angerechnet, was du wider Willen nicht weißt, sondern was du, da du es nicht weißt, versäumst zu fragen, und nicht, daß du dich mit deinen verwundeten Gliedern nicht aufraffst, sondern daß du den verachtest, der sie heilen will. Dies sind deine eigenen Sünden.") Zur Vermeidung dieser *peccata* verlangt Augustinus folgerichtig das demütige Eingeständnis der eigenen Gebrechlichkeit („humiliter confitendam esse inbecillitatem"; §182, S. 276). Ohne diese Demut (als der von Bernhard thematisierten *superbia* diametral entgegengesetzten Haltung) liege jedem Handeln aus Unwissenheit oder Schwäche gleichwohl eine freie Willensentscheidung, nämlich für die Beibehaltung von *ignorantia* und *difficultas*, zugrunde, die damit ihrerseits schuldhaft und sündhaft sind – und neue Sünde hervorbringen; vgl. §54/183, S. 276/277: „Nam illud quod ignorans quisque non recte facit, et quod recte volens facere non potest, ideo dicuntur peccata quia de peccato illo liberae voluntatis originem ducunt (...)." („Denn was jemand aus Unwissenheit nicht recht tut, und was er zwar recht tun will, aber nicht kann, wird deshalb Sünde genannt, weil es seinen Ursprung in jener Sünde des freien Willens hat, denn diese ging voraus und verschuldete jene Folge.") Da die Sündenstrafen der *ignorantia* und der *difficultas* eng mit den aus ihnen resultierenden Sünden verbunden seien, seien sie schließlich selbst als sündhaft zu bezeichnen.

19 Vgl. zu diesem Gemeinplatz oben Anm. 6; in negativer Wendung bestimmt BERNHARD VON CLAIRVAUX, z. B. Sermo XXXVII (wie Anm. 13), I/1, S. 124/125, die *scientia Dei* als unverzichtbare Vorbedingung des Heils: „Quid, si ignoras Deum? poteritne spes esse salutis cum Dei ignorantia? Ne hoc quidem." („Was, wenn man Gott nicht kennt? Kann die Hoffnung auf Heil denn gemeinsam mit der Unkenntnis Gottes bestehen? Gewiß nicht.")

stellt sich um so drängender in einer historischen Situation, die durch eine unübersehbare Tendenz zur Professionalisierung des Wissens und der Wissenschaften gekennzeichnet wird. Die äußerste Konsequenz lautete nämlich, daß die *salus* exklusiv den *scientes* oder *docti* vorbehalten bliebe – hieße das nicht: den Angehörigen einer bestimmten Berufsgruppe? –, alle anderen Menschen aber, alle Ungebildeten, wären *wegen dieses Mangels an Bildung und Gelehrsamkeit* vom Heil ausgeschlossen und verdammt.

Bernhard von Clairvaux diskutiert nun genau diese Konsequenz; er weist sie kategorisch zurück, indem er heilsrelevantes Wissen – Gottes- und Selbsterkenntnis als Quelle der Demut und Liebe – von in diesem Sinn unerheblichem Sachwissen unterscheidet; er bewertet das letztere ausschließlich unter dem Nützlichkeitsaspekt[20] und legt den Akzent im übrigen nicht auf das theoretische Wissen, sondern auf Selbsterkenntnis, Demut und die aus ihnen folgenden „conscientia pura et fide[s] non ficta“[21], näherhin auf die gottgefällige und daher verdienstliche Lebensführung sowie

20 Vgl. BERNHARD VON CLAIRVAUX, Sermo XXXVI (wie Anm. 2), II/2, S. 108/109: „Videar forsitan nimius in suggillatione scientiae, et quasi reprehendere doctos, ac prohibere studia litterarum. Absit. Non ignoro quantum Ecclesiae profuerint litterati sui et prosint, sive ad refellendos *eos qui ex adverso sunt* [vgl. Tit 2,8], sive ad simplices instruendos.“ („Es mag vielleicht scheinen, als ginge ich bei der Beschipmfung der Wissenschaft zu weit, als würde ich geradezu die Gelehrten angreifen und die wissenschaftlichen Studien untersagen. Das sei fern! Ich weiß recht gut, wie dienlich und nützlich die Gelehrten der Kirche sind, wenn es gilt, die zu widerlegen, die ihr feindlich gesinnt sind, oder die schlichten Gemüter zu unterweisen.“) Ähnlich, eher noch positiver, äußert sich BERNHARD VON CLAIRVAUX, Sermo XXXVII (wie Anm. 13), I/2, S. 126/127 (Wissen als ‚Schmuck der Seele'). – Zum Gedanken des Nutzens und der Nützlichkeit vgl. oben, Anm. 12 (zu Augustins „De doctrina Christiana“). – Abaelard (der dabei aber wohl, anders als Bernhard, keine ausgesprochen technische Verwendung des Wissens im Blick hat) macht sich das Konzept des *recte* bzw. *male uti* mit Bezug auf Wissen und Wissenschaft seinerseits ganz selbstverständlich zu eigen, wenn er bereits in seiner „Theologia Summi Boni“ (ca. 1120) – durchaus auch zum Zweck der Selbstverteidigung – den rechten Gebrauch der Philosophie (bzw. der *dialectica*) als einer an sich guten Gottesgabe von ihrem Mißbrauch unterscheidet und sie gegen die *superbia* der *pseudodialectici* in Schutz nimmt; dabei nimmt Abaelard freilich Vorwürfe auf, die gegen ihn selbst erhoben worden sind; vgl. PETRUS ABAELARDUS, Theologia Summi Boni. Tractatus de unitate et trinitate divina/Abhandlung über die göttliche Einheit und Dreieinigkeit. Lateinisch/deutsch. Übersetzt, mit Einleitung und Anmerkungen herausgegeben von Ursula Niggli (PhB 395), Hamburg 1997, S. 66/67–72/73. – Bernhard wiederum, der zwar ebenfalls anerkennt, jedes Wissen sei aufgrund seiner Ausrichtung auf die *veritas* „in se“ gut (BERNHARD VON CLAIRVAUX, Sermo XXXVI [wie Anm. 2], II/2, S. 110/111), unterscheidet unter dem Aspekt des Nutzens und des Heilsbezugs aber doch geradezu zwei Typen von Wissen, von denen einer wegen der ihm – infolge der Erbsünde? – eingeschriebenen, geradezu unausweichlichen Tendenz zur Selbstüberschätzung ‚aufblase', der andere, nämlich die Selbst- und Gotteserkenntnis, aber betrübt und demütig mache und deshalb „nützlicher und notwendiger für die Erlangung des Heils sei“ (S. 108/109). Sein Akzent liegt also ganz auf den Folgewirkungen der Sünde für die Wissenschaft.

21 BERNHARD VON CLAIRVAUX, Sermo XXXVI (wie Anm. 2), I/1, S. 106/107. – Bernhard zitiert 1Tim 1,5 („finis autem praecepti est caritas de corde puro et conscientia bona et fide non ficta“) zusammen mit 3,9 („mysterium fidei in conscientia pura“).

auf die sittliche Haltung in der mit dem Wissen umgegangen wird. Folglich ist nicht jedes Unwissen verdammenswert und nicht jedes Wissen für die Erlangung des Heiles notwendig oder auch nur förderlich. Dies gilt auch und gerade auch für das ‚Wissen', das den *artes liberales* als Inbegriff ranghoher Kenntnisse zugehört.[22] Die eigentliche Vorbedingung des Heils besteht vielmehr in der sittlichen Praxis, wobei diese geradezu ohne theoretisches Wissen oder ‚mechanische' Kenntnisse auskommt oder doch jedenfalls auskommen kann.[23] In diesem Sinn stellt Bernhard dann im Anschluß an Paulus der *scientia* die *caritas* gegenüber und entgegen. Seine Perspektive insbesondere auf das theoretische, ‚wissenschaftliche' Wissen impliziert angesichts der steigenden Wertschätzung, die die Wissenschaft um die Mitte des 12. Jahrhunderts einfordert und erfährt, eine Absage an jeden Heilsexklusivismus, der die Erlangung der *salus* von den intellektuellen Fähigkeiten des einzelnen abhängig macht. Demnach findet sich erst in der *caritas* die konstitutionelle ‚Schwäche' des gefallenen Menschen überwunden, während zuvor auch noch die *scientia*, d. h. die *scheinbare* Beseitigung der Unwissenheit, insofern an der *infirmitas* scheitern muß, als auch und gerade die Wissenschaft Gefahr läuft, sich mit der falschen, hybriden Selbstsicherheit und Heilsgewißheit des postlapsarischen Menschen zu verbinden. Eben dieses Phänomen zeigte sich dann bei jenen *docti*, die, stolz auf ihre Gelehrsamkeit, aus dieser den Anspruch auf einen Sonderstatus ableiten und sich ihr Wissen, das sie einerseits für heilsrelevant halten, andererseits selbst zurechnen. Dagegen hilft freilich das allein heilserhebliche Wissen, nämlich die Selbsterkenntnis der *scientia propriae infirmitatis*, der demütigenden Einsicht nicht nur in die eigenen Grenzen, sondern vor allem in die fundamentale Gebrochenheit der menschlichen

---

22 Vgl. BERNHARD VON CLAIRVAUX, Sermo XXXVI (wie Anm. 2), I/1, S. 104/105–106/107: „(...) [P]rius quaerendum existimo, sitne ignorantia omnis damnabilis. Et mihi quidem videtur non esse – neque enim omnis ignorantia damnat –, sed multa et innumera esse, quae nescire liceat absque diminutione salutis. (...) Etiam absque omnibus illis artibus, quae liberales dicuntur – quamvis honestioribus utilioribusque discantur studiis et exerceantur –, quam plurimi hominum salvi facti sunt, placentes moribus atque operibus." („Wie ich meine, muß man zunächst fragen, ob jedes Nichtwissen verdammenswert ist. Mir scheint es sich aber nicht so zu verhalten – und also nicht jedes Nichtwissen zur Verdammnis zu führen –, sondern es scheint mir viele, unzählige Dinge zu geben, die nicht zu wissen, ohne Einbußen am Heil erlaubt ist. [...] Sogar ohne alle jene Kunstfertigkeiten, die die ‚freien' heißen – obgleich sie durch ehrwürdigere und nützlichere Anstrengungen erlernt und ausgeübt werden [sc. als die ‚mechanischen Künste'] – sind sehr viele Menschen gerettet worden, weil ihre Sitten und Taten Gefallen gefunden haben.") – Vgl. hierzu auch BERNHARD VON CLAIRVAUX, Sermo XXXVII (wie Anm. 13), I/1, S. 126/127, wo Bernhard zunächst die *cognitio sui* als Voraussetzung von Demut und Gottesfurcht sowie die *cognitio Dei* fordert, um dann fortzufahren: „Cetera *indifferentia* sunt, nec salutem, si sciantur, nec damnationem, si nesciantur, habentia" (Hervorhebung St. S.).

23 Vgl. BERNHARD VON CLAIRVAUX, Sermo XXXVI (wie Anm. 2), I/1, S. 106/107: „Omnes placuerunt Deo in vita sua, vitae meritis, non scientiae." („Sie alle haben bei Gott Gefallen gefunden aufgrund ihrer Lebensführung, der Verdienste ihrer Lebenspraxis, nicht der des Wissens.")

Natur,[24] der auch und gerade das Wissen und das Wissensstreben des postlapsarischen Menschen unterliegen. Wissen besteht für Bernhard demnach – hier und jetzt – nicht in einer intellektuellen Einsicht, die in der theoretischen Unmittelbarkeit zu ihrem Inhalt bereits definitiv an ihr Ziel gelangt ist, sondern es versteht sich als Praxis (im weiteren Sinn), als Handeln, das auf ein von ihm verschiedenes Ergebnis ausgerichtet ist und mit diesem womöglich dem Erreichen eines noch übergeordneten Zieles dient, – eben deshalb aber auch von der Beschädigung des menschlichen Willens durch die Sünde betroffen ist. Infolge dessen begreift Bernhard jedes Sachwissen, selbst das besonders gelehrte, als Mittel zu einem höheren Zweck, nämlich dem der *aedificatio (ecclesiae)*, etwa der Verteidigung der Kirche gegen ihre Gegner.[25] Diesem Zweck soll sich das Wissen im Geist der *caritas* zu- und unterordnen; umgekehrt entscheidet der Zweck, dem das Wissen dient, und noch zuvor, ob es sich überhaupt richtig als ein *utendum*, also als Mittel zu einem vorgeordneten Zweck versteht, über den – moralischen – Wert des Wissens.

Bernhard plausibilisiert seine Fundamentalthese, Wissen – auch das herausragende theoretisches Wissen – sei keinesfalls an sich heilserheblich, das Heil also nicht den *scientes* vorbehalten, indem er zunächst einige ‚mechanische' Kunstfertigkeiten anführt, beispielsweise das Handwerk des Schmiedes oder Maurers, und dabei, allgemeiner Zustimmung gewiß, erklärt, diese Formen ‚praktischen' Wissens, wiewohl sie zweifellos sehr nützlich für das irdische Leben der Menschen seien, halte trotzdem niemand ernsthaft für nützlich oder sogar notwendig zur Erlangung des (ewigen) Heils.[26] Weshalb sollte es sich dann im Fall der *artes liberales* grundsätzlich anders verhalten? – Die als geradezu selbstverständlich vorausgesetzten Implikationen dieses vermeintlich schlichten Argumentes besitzen – vor dem Hintergrund der zeitgenössischen Diskussionen um Status und Funktion wissenschaftlichen Wissens – allerdings erhebliches theoretisches Gewicht: Wenngleich Bernhard nämlich den ‚freien Künsten' und der „scientia litterarum" durchaus einen gegenüber den ‚me-

24 Vgl. hierzu zusammenfassend BERNHARD VON CLAIRVAUX, Sermo XXXVI (wie Anm. 2), IV/5, S. 116/117: „Volo proinde animam primo omnium scire seipsam (…). (…) [T]alis scientia non inflat, sed humilat, et est quaedam praeparatio ad aedificandum." („Daher wünsche ich, daß die Seele als erstes von allen Dingen um sich selbst weiß (…). (…) Ein solches Wissen bläht nicht auf, sondern macht demütig und ist gewissermaßen die Vorbereitung zur Auferbauung.")

25 Vgl. oben, Anm. 20.

26 Vgl. BERNHARD VON CLAIRVAUX, Sermo XXXVI (wie Anm. 2), I/1, S. 106/107: „Verbi gratia, si ignoras fabrilem artem, seu carpentariam, aut caementariam, et quaecunque istiusmodi sunt artes, quae ad usus vitae hujus praesentis ab hominibus exercentur, nunquid impedit ad salutem?" („Wenn man – beispielsweise – nicht über die Handwerkskunst des Schmiedes, des Zimmermannes oder des Maurers verfügt, oder was dergleichen Kunstfertigkeiten sind, die von den Menschen zum Nutzen dieses gegenwärtigen Lebens ausgeübt werden, verstellt das einem doch wohl nicht den Weg zum Heil?")

chanischen' höheren und vornehmeren Rang zubilligt,[27] weist er dennoch – freilich wiederum unter dem Aspekt der Heilserheblichkeit – das Ansinnen einer grundsätzlichen Differenz zurück. Bernhard kann sich mit dieser Auffassung auf die christliche *communis opinio* von der Universalität des göttlichen Heilsangebots an *alle* Menschen berufen, das anzunehmen oder abzulehnen, in der Freiheit eines jeden einzelnen liegt und vom jeweiligen sittlichen Status oder – allenfalls – von einer uneinholbaren Prädestination abhängt, nicht aber von anscheinend recht zufällig zugeteilten äußeren Eigenschaften und Fähigkeiten, von Begabungen des natürlichen Menschen als solchen. Indem nun nicht diese selbst, sondern ihre ‚richtige' Anwendung, etwa im Dienst des Nächsten und der christlichen Gemeinde akzentuiert werden, bindet Bernhard im Anschluß an Paulus, vor allem aber an Augustinus, die *scientia* an ihren Nutzen zurück und ordnet sie der sittlich-moralischen Haltung des ‚Wissenden' ein und unter: Diese, nicht die an sich indifferente Eigenschaft, zu wissen oder nicht zu wissen, besitzt Bedeutung für die Frage nach dem Heil und seiner Erlangung. Allenfalls im Horizont dieser Relativierung bleibt ihm aber das Wissen überhaupt als ‚Charisma' deutbar.

---

27 Vgl. BERNHARD VON CLAIRVAUX, Sermo XXXVI (wie Anm. 2), I/1, S. 106/107 („quamvis honestioribus et utilioribus discantur studiis et exerceantur") – Der Vorrang der *artes liberales* begründet sich also, abgesehen von ihrer Nützlichkeit für die Verteidigung der Kirche und des Glaubens, wenigstens nicht mehr explizit aufgrund ihrer Bedeutung für das Schriftverständnis (wie bei Augustinus) oder gar als Vorstufe auf dem Weg zur (durchaus heilvoll gedachten) *sapientia*; vgl. zu diesem wirkungsgeschichtlich überaus wichtigen Gedanken exemplarisch ALKUIN, Grammatica, in: PL 101, Sp. 849A-902B, hier insbes. Sp. 853CD, wo Alkuin (ca. 730–804) den beiden Teilnehmern des Lehrgesprächs *de grammatica* ein sachlich noch der Einleitung der Gesamtheit der „Didascalica" zuzurechnendes geradezu hymnisches Lob auf die *septem artes liberales* in den Mund legt. So werden diese – in Anspielung auf Spr 9,1: „sapientia aedificavit sibi domum[,] excidit columnas septem" – ausdrücklich mit den sieben Säulen des ‚Hauses der Weisheit' identifiziert: Zwar sei die Rede von der ‚Weisheit' zunächst auf Jesus Christus als die *Sapientia Dei* auszulegen (vgl. hierzu wiederum Abaelards Rede vom *thesaurus sapientiae*; dazu oben, Anm. 1); insofern aber auch von der Kirche als dem ‚Haus Gottes' und also der Weisheit zu sprechen sei, werde auch sie von den *septem dona sancti Spiritus* ‚erleuchtet'; zudem verstehen sich auch die *artes liberales* als ‚Säulen der Weisheit' und damit auch als Gaben des Heiligen Geistes: „(...) [S]apientia liberalium litterarum septem columnis confirmatur; nec aliter ad perfectam quemlibet deducit scientiam, nisi his septem columnis vel etiam gradibus exaltetur" (Sp. 853C). Die sieben *artes liberales*, die Alkuin im Anschluß als „theorasticae disciplinae" (Sp. 853D) aufzählt, stellen demnach die Stufen auf dem (einzigen) Weg zur Erlangung der Wissenschaft, näherhin „ad sublimiora speculativae scientiae", dar, *und zugleich* einen der mit dem Alter zunehmenden Reife angepaßten Bildungsgang, der schließlich das Studium der Heiligen Schrift und die wirkungsvolle Verteidigung des Glaubens und der Wahrheit vorbereiten soll: „Per has vero (...) semitas vestra quotidie currat adolescentia, donec perfectior aetas et animus sensu robustior ad culmina sanctarum Scripturarum perveniat. Quatenus hinc inde armati verae fidei defensores et veritatis assertores omnimodis invincibiles efficiamini" (Sp. 854A). – Bereits bei Alkuin finden sich damit alle relevanten Motive, derer sich auch Bernhard in seiner Predigt bedient, um so mehr fällt auf, daß dieser die Bewertung der *artes* und der *scientia* geradewegs in ihr Gegenteil verkehrt, und zwar offenkundig vor dem Hintergrund der wissenschaftsgeschichtlichen Situation.

Ist das von Bernhard mit diesem Argument angegriffene Verständnis des Wissens als eines sozialen Distinktionsmerkmals, dem einerseits religiöse Dignität und unmittelbare Heilsrelevanz zukommt, und das andererseits als persönliches Besitztum angesehen wird, über das der einzelne nach seinem Gutdünken verfügen kann, aber tatsächlich vertreten worden? Hat Bernhard konkrete Gegner im Blick? Nimmt er in diesem Fall deren wirkliches Selbstverständnis auf oder begnügt er sich vielmehr mit schlichter Polemik? – Obgleich nicht exakt datierbar, lassen sich die 36. und die mit ihr thematisch eng verbundene folgende 37. Hohelied-Predigt doch der Zeit der Kontroverse Bernhards und seines Umkreises mit Peter Abaelard (1079–1142) zuweisen, die mit der Synode von Sens im Juni 1140 und der anschließenden Verurteilung Abaelards durch Papst Innozenz II. ihren abschließenden Höhepunkt erreichte.[28] In der Auseinandersetzung mit Abaelard ist es um mehr und Grundsätzlicheres gegangen als um möglicherweise problematische Einzelaussagen, nämlich letztlich auch um die Grundsatzfrage, was Wissen überhaupt ist, kann und (wollen) soll.[29] Es liegt deshalb nahe und hat gewiß einige Plausibilität für sich, (auch) in Abaelards Wissenschaftsverständnis diejenige Gegenposition zu vermuten, die der Zisterzienser in seiner Predigt angreift. Ausgehend von dieser Hypothese soll im Folgenden Bernhards Konzept von Wissen und Wissenschaft zunächst mit dem Abealards verglichen und zugleich gefragt werden, ob und in welchem Sinn dieser tatsächlich die *scientia* als heilsnotwendige oder doch heilserhebliche Gnaden*gabe* Gottes, v. a. aber als individuell auszeichnende *Begabung* verstanden hat (II.). In ähnlicher Weise wie gegen Abaelard ist Bernhard einige Jahre später, wenngleich

28 Zur Auseinandersetzung zwischen Bernhard von Clairvaux einerseits und Peter Abaelard sowie Gilbert Porreta andererseits vgl. die noch immer grundlegende Untersuchung von MIETHKE, J., Theologenprozesse in der ersten Phase ihrer institutionellen Ausbildung. Die Verfahren gegen Peter Abaelard und Gilbert von Poitiers, in: Viator 6 (1975), S. 88–116, hier S. 96–102 (zu Abaelard), der sich – mit Blick auf die schrittweise Formierung des Verfahrens – auf die Nachzeichnung der Ereignisfolge beschränkt, sowie BORST, A., Abaelard und Bernhard, in: HZ 186 (1958), S. 497–526; zum Konflikt zwischen Bernhard und Gilbert Porreta wieder MIETHKE, Theologenprozesse (wie oben), S. 102–110; die inhaltlichen Fragen bleiben auch in diesem Fall weitestgehend unberücksichtigt.

29 Vgl. hierzu etwa die Kritik, die WILHELM VON ST. THIERRY, Disputatio adversum Petrum Abaelardum, in: PL 180, Sp. 249–282, hier cap. I, Sp. 249B, an den Konsequenzen übt, die sich aus Abaelards Verständnis wissenschaftlicher Rationalität für den Glauben ergeben (der nämlich im Verhältnis zum Wissen zur bloßen *opinio* abgewertet werde); dazu genauer SEIT, S., *Dilectio consummatio legis*. Abaelards *Gespräch eines Philosophen, eines Juden und eines Christen* und die Grenzen einer rationalen Gotteslehre, in: Juden, Christen und Muslime. Religionsdialoge im Mittelalter, hrsg. von LUTZ-BACHMANN, M./FIDORA, A., Darmstadt 2004, S. 40–95, hier S. 94f., Anm. 122; zu Abaelards Gegnern, ihren Vorwürfen, der komplexen Überlieferungslage sowie zur Stellung Wilhelms insbes. BUYTAERT, E. M., The Anonymous Capitula Haeresum Petri Abaelardi and the Synod of Sens, 1140, in: Antonianum 43 (1968), S. 419–460, sowie LECLERCQ, L., Les formes successives de la lettre-traité de Saint Bernard contre Abélard, in: Revue Bénédictine 78 (1968), S. 87–105.

mit sehr viel geringerem Erfolg,[30] auch gegen einen weiteren Exponenten der wissenschaftsgeschichtlichen Umbrüche seiner Zeit vorgegangen, nämlich gegen Gilbert Porreta (um 1080–1154) und gegen die wissenschaftlichen Lehren, wie dieser sie namentlich in seinem Kommentar zu Boethius' „De trinitate" vertreten hat; wiederum aber steht dabei auch Gilberts Wissenschaftsauffassung in ihrer Gesamtheit unter Anklage. Gerade in seinen Kommentaren zu den „Theologischen Traktaten" des Boethius, insbesondere aber zur Trinitätsschrift, entfaltet Gilbert nämlich seine Theorie wissenschaftlichen Wissens.[31] Dieses Wissens- bzw. Wissenschaftsverständnis, das in der Grundtendenz mit dem Abaelards übereinstimmt, in den Details aber doch ganz andere Charakteristika aufweist (Wissen nämlich gerade *nicht* als Gnadengeschenk versteht), wird deshalb im Folgenden (III.) ebenfalls kurz umrissen und einerseits mit den Überlegungen verglichen, die Bernhard in seiner Predigt zum „Hohenlied" anstellt, andererseits mit der Position Abaelards. Ausgehend von

30 Eine überaus instruktive zeitgenössische Darstellung der Kontroverse zwischen Bernhard und Gilbert, namentlich einen Augenzeugenbericht der Zuspitzung des Konflikts auf der Synode von Reims im Jahr 1148, bietet insbesondere Johannes von Salisbury in seiner „Historia Pontificalis", der ausdrücklich einen Zusammenhang mit der bereits einige Jahre zurückliegenden Auseinandersetzung zwischen Bernhard (und seinem Kreis) einerseits und Peter Abaelard andererseits herstellt; vgl. JOHN OF SALISBURY, Memoirs of the Papal Court. Translated from the Latin with Introduction and Notes by Marjorie Chibnall, London u. a. 1956, cap. 8–14, S. 15–41. Johannes widmet sich in diesem ausführlichen Exkurs – zu Beginn von cap. 15, S. 41, kündigt er dann die Rückkehr zum eigentlichen Gegenstand seines Buches an – der Kontroverse zwischen Bernhard und Gilbert; dabei gibt er eine umfangreiche Darstellung der Lehren des letzteren, wohl auch um dessen – ihm mindestens von Johannes in den Mund gelegte – Behauptung zu stützen, die Kritik Bernhards und seiner Anhänger treffe nicht ihn, Gilbert, selbst, sondern vielmehr inkompetente und unzutreffende Interpretationen seiner Lehren; vgl. cap. 10, S. 21.22. Vor diesem Hintergrund läßt Johannes Gilbert denn auch ein intellektuelles Selbstbewußtsein artikulieren, das viel Ähnlichkeit mit der von Bernhard (indirekt) kritisierten Haltung der *docti* aufweist. Auf dieser Linie liegt es auch, wenn Johannes weiter berichtet, Gilbert habe Bernhards Einladung zu weiteren Diskussionen kurzerhand mit der Aufforderung beantwortet, der Abt möge, um Hilarius von Poitiers angemessen verstehen zu können, auf den sich Gilbert als Autorität beruft, zunächst seine Bildung in den *artes liberales* vervollkommnen: „Ille [episcopus] uero respondit iam satis esse quod hucusque contenderant, et abbatem, si plenam intelligenciam Hylarii affectaret, prius in disciplinis liberalibus et aliis prediscendis plenius intstrui oportere" (cap. 12, S. 26). Johannes nimmt dies jedoch zum Anlaß, zwei grundverschiedene, aber gleichberechtigte und vielleicht sogar komplementäre Typen der Bildung (*literalitas*) einander gegenüberzustellen und mit den beiden Kontrahenten zu identifizieren, nämlich religiös-theologische, spirituelle (Bernhard) und wissenschaftliche Bildung (Gilbert): „Erant tamen ambo optime litterati et admodum eloquentes sed dissimilibus studiis. Abbas enim, quod ex operibus patet, predicator erat egregius (...). (...) Seculares uero litteras minus nouerat, in quibus, ut creditur, episcopum nemo nostri temporis precedebat. (...) Doctrina eius nouis obscurior sed prouectis compendiosior et solidior uidebatur. Vtebatur, prout res exigebat, omnium adminiculo disciplinarum, in singulis quippe sciens auxiliis mutuis uniuersa constare. Habebat enim connexas disciplinas easque theologie seruire faciebat, et cohibebat omnium regulas infra proprii generis limitem" (cap. 12, S. 26f.).

31 Zu Details von Gilberts Wissensverständnis und zu den Quellenbelegen vgl. die Ausführungen unten.

Bernhards Predigt – und also von der Frage, ob und in welchem Sinn die *scientia* als Charisma, als Gnadengabe des Heiligen Geistes, bestimmt werden kann, und welche Konsequenzen sich daraus ergeben – eröffnen sich somit punktuelle Einblicke in die epochalen wissenschaftsgeschichtlichen Veränderungen, die sich zur Zeit Bernhards, Abaelards und Gilberts zugetragen haben. Diese Entwicklungstendenzen, die in mancherlei Hinsicht das hochscholastische Modell professionalisierter Wissenschaft vorbereiten und maßgeblich von Gilbert und Abaelard mitgetragen und -bestimmt wurden, hat Bernhard kritisch, teilweise auch aggressiv verfolgt und begleitet. Zu diesem Zweck bedient er sich namentlich der kritischen Re-Interpretation der Lehre vom Wissen als Charisma, das als Geschenk des Heiligen Geistes im Dienst der Kirche zu gebrauchen ist (und in diesem Zusammenhang seinen Wert hat), keinesfalls aber als individuell auszeichnender Besitz mißverstanden werden darf, dem womöglich sogar Heilsqualität zukommt. Alle Kunstfertigkeiten und Formen des menschlichen Wissens finden sich der *caritas* nach und untergeordnet und unterscheiden sich in dieser Hinsicht letztlich nicht. Indem Bernhard somit die Funktionalität *sämtlicher* menschlicher Kompetenzen betont und unter diesem Aspekt auch dem theoretischen Wissen seinen Sonderstatus und überhaupt den i. e. S. theoretischen Charakter bestreitet, wendet er sich zugleich gegen die zeitgenössische Professionalisierung des (wissenschaftlichen) Wissens, die zunächst mit Hilfe traditioneller Argumentationsfiguren auf dem Weg einer einer auch theologischen Auszeichnung der sich spezialisierenden *scientia* stattfindet.

II. Peter Abaelard: Die *scientia logica* als Geschenk der göttlichen Gnade

Die programmatische Nivellierung der Differenzen zwischen Theorie und Praxis, ‚freien' und ‚mechanischen Künsten', die Bernhard in diesem Zusammenhang vornimmt, verdient insofern Beachtung, als die innovativsten Wissenschaftskonzeptionen seiner Zeit, namentlich die des Peter Abaelard und des Gilbert Porreta, gerade auf elaborierten hierarchischen Ordnungen des Wissens und der Wissenschaft(en) beruhen, für die die scharfe Unterscheidung des theoretischen vom praktischen Wissen und die mehrstufige Ausdifferenzierung des theoretischen Wissens kennzeichnend sind – jeweils mit dem Ziel der Freisetzung eines Wissens ersten Ranges.

Mit Hilfe einer derartigen Einteilung des wissenschaftlichen Wissens weist etwa Abaelard das Wissen höchster Stufe, nämlich die Logik, als Charisma aus, – als Charisma in seinem Verständnis und zugleich als *sein* spezifisches Charisma. Seine Wissenschaftslehre, die auf der klaren Unterscheidung von *scientia practica* bzw. *agendi* und *scientia theorica* bzw. *discernendi* aufbaut, entwickelt Abaelard etwa in der Einleitung zu seiner „Logica ‚Nostrorum petitioni sociorum'" (verfaßt zwischen 1117 und 1121).[32] Das ,theoretische Wissen' steht erwartungsgemäß nicht etwa gleichrangig neben dem ,praktischen', vielmehr kommt ihm zweifellos ein höherer Rang zu; gelegentlich verfügen nämlich selbst „unvernünftige Tiere"[33] in dem Sinn über ,praktisches Wissen', daß sie durch komplexe Folgen von Aktivitäten ihre Bedürfnisse befriedigen können. Die *scientia practica* gründet folglich in naturalen Fähigkeiten, die instinktiv angewandt und allenfalls durch praktische Erfahrung und Übung, durch wiederholte erfolgreiche Anwendung, bestätigt und verstärkt werden; sie schließt das Wissen um die dem praktischen ,Erfolg' zugrundeliegenden Kausalzusammenhänge jedoch nicht ein (und wird insofern nur ,mechanisch' angewandt). Gerade das ,Wissen der Gründe' bildet demgegenüber das unterscheidende Merkmal des ,theoretischen Wissens', das zur Kenntnis der „causa[e]", gegebenenfalls sogar der „causa[e] occulta[e]"[34], der „ratio" und der „natura[e]" oder „naturae causa[e]" der Dinge vordringt. Im Gegensatz zu einem bloßen ,Anwendungswissen', wie es

---

32 Vgl. PETRUS ABAELARDUS, Logica ,Nostrorum petitione sociorum', in: Peter Abaelards philosophische Schriften, hrsg. v. GEYER, B., Münster 1919–1933 (BGPhThM 21, Heft 1–4), S. 505[13] (Hervorhebungen St. S): „Scientia alia enim *agendi*, alia *discernendi*, hoc est alia in rerum compositione, alia in rerum compositarum discretione consistens. Multi enim sunt docti in agendo, non perspicaces in discernendo, quia multi vim medicaminum *experti* solo *usu* bene mederi sciunt, nec tamen physicam in *causis* naturaliter bene cognoscunt." Zur Abgrenzung und unterschiedlichen Bewertung der beiden „Wissensweisen" vgl. JACOBI, K., Peter Abaelard. Unterscheidungswissen., in: Philosophen des Mittelalters. Eine Einführung, hrsg. v. KOBUSCH, Th., Darmstadt 2000, S. 54–66, hier S. 58.
Die Vertreter der *scientia theorica*, die sich als *scientia discernendi* mit der „rerum compositarum discretio(ne)" befaßt, sind nach Abaelard ihrerseits „discreti". Die *discretio*, die an den Gegenständen der Wissenschaft ausgeübt wird, ist (oder wird) demnach zu einer kennzeichnenden Eigenschaft des Wissenschaftlers: Wer die Gründe kennt und erkennen kann, ist selbst *discretus*; vgl. ABAELARD, Logica ,Nostrorum petitioni' (wie oben), S. 506[1]. – JACOBI, Peter Abaelard (wie oben), S. 58, erwägt ebenfalls zwei Bedeutungen von ,*discretus*', nämlich einerseits ebenfalls ,unterscheidungsfähig', andererseits, und diese Bedeutung präferiert er ausdrücklich, die wörtliche, passivische Lesart ,unterschieden', nämlich von den anderen Menschen: „Man kann nicht ausschließen, dass das Wort *discretus* in diesem Text aktivisch mit ,unterscheidungsfähig' zu übersetzen ist. Ich halte es aber für sicher, dass Abaelard genau weiß, daß jeder Leser die näher liegende passivische Bedeutung ,unterschieden' zumindest mithört. Die, die unterscheidend wissen, sind die unterschiedenen Menschen. So zu wissen, dazu braucht man Geist. So wissen nur ganz besondere Menschen." – Die Fügung ,*animus discretus*', derer sich Abaelard in seinem „Tractatus de intellectibus" gelegentlich bedient, scheint demgegenüber doch eher für die *discretio* als eine Art Eigenschaft der Seele zu sprechen als für das von Jacobi vorgeschlagene Verständnis im Sinn einer ,sozialen' *discretio*; vgl PIERRE ABÉLARD: Des intellections. Texte établi, traduit, introduit et commenté par Patrick Morin, Paris 1994, § 7, S. 28. – Zu den christologischen Bezügen der Rede von *iudicium* und *discretio* vgl. die Andeutungen bei KLITZSCH, Petrus Abaelardus: Ein verkannter Charismatiker?, in diesem Band, S. 210f.

33 ABAELARD, Logica ,Nostrorum petitioni' (wie Anm. 32), S. 505[22] „Sed et bestiae et cetera irrationabilia animalia multa bene agunt, sed naturas causasque ignorant." Als Beispiel dienen Abaelard u. a. die Honig sammelnden Bienen; vgl. Z. 24f.: „Apes quoque mira subtilitate operibus mella componere natura instruxit, quod ingenium non potest humanum."

34 ABAELARD, Logica ,Nostrorum petitioni' (wie Anm. 32), S. 506, Z. 9f.

teilweise auch in den ‚mechanischen Kunstfertigkeiten' gegeben ist, versteht Abaelard das theoretische als ‚Unterscheidungswissen', das freilich seinerseits nicht notwendig mit der Fähigkeit zu einem der Theorie entsprechenden Tun einhergeht.[35]

Ohne jeden Zweifel gehört die *philosophia* dem Bereich des theoretischen Wissens an,[36] sie fällt aber nicht mit dem ‚Unterscheidungswissen' zusammen. Nicht alle *scientes* will Abaelard nämlich auch *‚philosophi'* genannt wissen, sondern lediglich diejenigen unter den Trägern theoretischen Wissens, „(...) die aufgrund der Feinheit ihrer Verstandeseinsicht hervorragen und hinsichtlich dessen, was sie wissen, über das Vermögen zur präzisen Unterscheidung verfügen".[37] Sie begnügen sich deshalb nicht mit einer oberflächlichen Kenntnis vordergründiger *causae*, sondern dringen bis zu den „verborgenen Gründen" vor:[38] Die *scientia theorica* fragt nach den Gründen im allgemeinen; der *philosophus* erforscht kraft seiner individuellen „subtilita[s] intelligentiae" noch die entfernteren, ‚grundlegenderen', und als solche verborgenen Gründe der Dinge. Dies geschieht wiederum in drei, ihrem Gegenstandsbereich nach verschiedenen philosophischen Teildisziplinen, den *scientiae physica, ethica* und *logica* bzw. *dialectica*.[39] Daß von ihnen Abaelard ausschließlich die Dialektik näher untersucht, liegt in der Einleitung einer logischen Schrift gewiß nahe. Überdies scheint er die Logik aber auch in besonderer Weise und in besonderem Maße als theoretische Wissenschaft und somit als Philosophie zu begreifen. Tatsächlich verfügt sie – nach Augustinus – über die Kompetenz, „allem seinen Wahrheitsgehalt [zu geben]"[40], Wahr und Falsch zu unterscheiden, und ist deshalb im eigentlichen Sinn ‚Unterscheidungswissen'.

35 Vgl. ABAELARD, Logica ‚Nostrorum petitioni' (wie Anm. 32), S. 506[1]: „Multi autem econverso discreti sunt, qui operandi gratiam non habent, et qui alios docent discrete, exercere ipsi non valent."

36 Das Verständnis des nachfolgend zu interpretierenden Textabschnittes – ABAELARD, Logica ‚Nostrorum petitioni' (wie Anm. 32), S. 506, Z. 4–13 bzw. 17 – wirft bei genauerer Betrachtung größere Schwierigkeiten auf, als es zunächst scheint: Ebenso wie in einer späteren Passage, S. 507, Z. 14–26, unterläßt Abaelard einige notwendige Präzisierungen. So wäre auch denkbar, daß er die *scientia discernendi* einerseits und die *philosophia* andererseits lediglich identifiziert und dann gemeinsam erneut von der Praxis unterscheidet. Dagegen spricht freilich, daß sein Text dann ungewöhnlich redundant wäre (würde die Differenz von Theorie und Praxis doch immer nur wiederholt); zudem wäre das Gewicht nicht zu erklären, das er schließlich dem ‚Verborgenen' gibt, und das in irgendeiner Form unterscheidende Funktion haben muß.

37 Vgl. ABAELARD, Logica ‚Nostrorum petitioni' (wie Anm. 32), S. 506[4]: „Est enim scientia alia agendi, alia discernendi. Sola autem discernendi *philosophia* dicitur. Philosophiam autem non quamlibet scientiam dicimus nec quoslibet philosophos scientes vocamus, sed eos [scientes] tantum, qui subtilitate intelligentiae praeeminentes in his quae sciunt, diligentem habent discretionem."

38 Vgl. ABAELARD, Logica ‚Nostrorum petitioni' (wie Anm. 32), S. 506[9]: „Discretus vero est ille qui causas occultas rerum comprehendere ac deliberare valet."

39 Vgl. ABAELARD, Logica ‚Nostrorum petitioni' (wie Anm. 32), S. 506[18].

40 AUGUSTINUS, Soliloquia (wie Anm. 6), II/21, S. 118/119 (Übers. Müller); der gesamte Paragraph arbeitet das besondere Verhältnis der Dialektik zu *der* Wahrheit und den darin gründenden Sonderstatus paradigmatisch heraus. Er bildet erkennbar den Hintergrund für Abaelards Verständnis der Dialektik.

Im Unterschied zu Boethius, auf den er sich stützen kann, was den Vorrang der Logik vor Ethik und Naturphilosophie angeht,[41] der aber – innerhalb der Logik i. w. S. – von der Logik (i. e. S.) als urteilender Wissenschaft die mit der Auffindung von Argumenten befaßte Dialektik unterscheidet und dieser einen deutlichen Anwendungsbezug zuschreibt, führt Abaelard *,logica'* und *,dialectica'* ausdrücklich als synonyme Termini ein; zudem relativiert er die *pars inveniendi* klar zugunsten der *pars iudicandi* – und damit auch den Anwendungsbezug der Dialektik zugunsten ihres theoretischen Charakters. Daß es sich bei der Dialektik *nicht* um ein praktisches oder Handlungswissen mit direktem Anwendungsbezug handelt, hebt Abaelard unmißverständlich hervor: Zwar übernimmt er später doch die Boëthianische Unterscheidung zweier „Arten" von Wissenschaften innerhalb der Logik, nämlich der „scientia inveniendi argumenta" und der „scientia diiudicandi eadem inventa", und weist nur der letzteren die Aufgabe der „argumentorum discretio(ne)"[42] zu. Zugleich macht er aber klar, von einer *scientia inveniendi* werde im Zusammenhang mit der Logik gerade nicht insofern gesprochen, als sie im strengen Sinn Beweisgründe auffinde, „sondern weil die Gründe für die Gültigkeit dieser [Argumente] oder für die Schwäche der anderen einer urteilenden Prüfung unterzogen werden".[43] Im philosophischen Kontext bedeutet *,inventio'* also den Rekurs auf die Gründe, von denen her Argumente und Beweise (als wahr oder falsch) beurteilt werden können; Gegenstand der *inventio* sind also die Gründe, während die eigentliche *inventio argumentorum* für die konkrete Sachdiskussion als praktische Aufgabe an eine von der „[scientia] *discernendi* composita [argumenta]" klar zu unterscheidende „[scientia] componendi" abgegeben wird, „die wir die Wissenschaft des Überlegens nennen"[44], und die wohl mit der *,dialectica'* im Sinn des Boethius[45] identifi-

---

41 Die Logik stellt nämlich den richtigen, irrtumsfreien Vernunftgebrauch auch in den beiden anderen Disziplinen sicher; vgl. BOETHIUS, Commentaria in Topica Ciceronis, in: Pl 64, Sp. 1139D–1174A, hier lib. I, Sp. 1044C-1045A: „Erit igitur necessarium, vel in naturali speculatione, vel in moralium actionum cogitatione, ut certa ratio, vel quod in rebus speculandum est, inveniat, vel quod in actum vivendi duci oporteat, ante perpendat. Haec autem ratio nisi via quadam processerit, saepe in multos necesse est labatur errores." – Boethius kommentiert hier MARCUS TULLIUS CICERO, Topica, II/6f.

42 Vgl. ABAELARD, Logica ,Nostrorum petitioni' (wie Anm. 32), S. 507[14]: „Huius [logicae] autem sunt *duae species*, una scientia *inveniendi* argumenta, altera *diiudicandi* eadem inventa; haec in primorum argumentorum discretione, illa in secundorum discussione consistit."

43 Vgl. ABAELARD, Logica ,Nostrorum petitioni' (wie Anm. 32), S. 507[17]; „Scientiam namque inveniendi dicimus, non quod per eam argumenta inveniantur, sed quia causae valetudinis eorum vel invaletudinis aliorum diiudicantur."

44 Vgl. ABAELARD, Logica ,Nostrorum petitioni' (wie Anm. 32), S. 507[4]: „Duae itaque sunt argumentorum scientiae, una *componendi*, quem dicimus *ratiocinativam*, alia *discernendi* composita, quam *logicam* appellamus." – Die *scientia ratiocinativa* ist dabei mit der zuvor genannten „scientia utendi argumentis" zu identifizieren. – Zur Verschiedenheit dieser beiden ,Argumentationswissenschaften' vgl. auch JACOBI, Peter Abaelard (wie Anm. 32), S. 58f.

ziert werden kann. Logik bzw. Dialektik in Abaelards Verständnis (das ein Amalgam aus Augustinischen und Boëthianischen Elementen darstellt) sucht keine Argumente auf, sondern sie kennt die „verborgenen Gründe", an denen sich die Wahrheit konkreter Sachargumente messen lassen muß und entscheidet; sie *ist* schlechterdings *Wissen des Wahren* von geradezu apriorischem Charakter. Daraus erklärt sich auch, weshalb die so verstandene Logik nicht eigentlich erworben oder erlernt werden kann und sie sich deshalb 'mehr einer Anlage als der Übung'[46] verdankt.

Wozu dient dann aber eine Schrift wie die „Logica 'Nostrorum petitioni sociorum'", deren Abfassung – in prologtopischer Programmatik – den Bitten von Abaelards Gefährten Folge leisten will? Was erwarten sich diese – fiktiven? – *socii* von Abaelard, und was kann dieser ihnen anbieten, wenn er die Logik, die es zu traktieren gilt, doch andererseits in die Unverfügbarkeit des *ingenium* verlegt? – Abaelard deutet eine Antwort an, wenn er feststellt, die *philosophi* hätten versucht, auf der Grundlage ihrer eigenen *discretio* die Beweisführungen (*argumentationes*) auf ‚sichere Regeln' zurückzuführen, mit deren Hilfe die *indiscreti*, also diejenigen, die nicht von sich aus über das *ingenium* des philosophischen Unterscheidungswissens verfügen, falsche von wahren Beweisführungen unterscheiden können.[47] Die logischen Regeln und Gesetzmäßigkeiten setzen also ein logisch-philosophisches Unterscheidungswissen voraus, gehen in diesem aber nicht auf: Gelehrt wird folglich nicht die philosophische Logik selbst, sondern lediglich ein anwendungsbezogenes und in diesem Sinn ‚praktisches' Instrumentarium, das die Philosophen den Nicht-Philosophen an die Hand geben, um mit Hilfe handhabbarer Kriterien zwischen Wahr und Falsch unterscheiden zu können, obgleich sie selbst keinen Zugang zu

---

45 Vgl. zur Unterscheidung von *demonstratio, dialectica* und *sophistica (logica)* BOETHIUS, In Topica Ciceronis (wie Anm. 41), lib. I, Sp. 1045BC: „Aristoteles vero logicam vocat, quam (ut dictum est) Cicero definivit diligentem disserendi rationem. Et hujus uno quidem modo trina partitio est: omnis namque vis logicae disciplinae aut definit aliquid, aut partitur, aut colligit. Colligendi autem facultas triplici diversitate tractatur: aut enim veris ac necessariis argumentationibus disputatio decurrit, et disciplina vel demonstratio nuncupatur; aut tantum probabilibus, et dialectica dicitur; aut apertissime falsis, et sophistica, id est, cavillatoria perhibetur."

46 Vgl. ABAELARD, Logica ‚Nostrorum petitioni' (wie Anm. 32), S. 507[12] („magis ingenium quam exercitium").

47 Vgl. ABAELARD, Logica ‚Nostrorum petitioni' (wie Anm. 32), S. 507[27]: „Ad huiusmodi discretiones philosophi laborantes conati sunt ad certas regulas argumentationes reducere, ne quis indiscretus in argumentationibus falsas pro veris recipiat. Sicut enim ex similitudine rerum decipimur, ita et in complexionibus contingit." – Die – von Geyer nicht nachgewiesene – Referenzstelle ist BOETHIUS, In Topica Ciceronis (wie Anm. 41), lib. I, Sp. 1044C-1045A, wo Boethius ausführt, die fraglichen *regulae certae* dienten der Ordnung der „ratiocination[es]". Das aber bedeutete, wenn Abaelard in seiner Rezeption der Boëthianischen Terminologie konsequent ist, die durch die *discreti* formulierten *regulae* konstituierten die „[scientia] *componendi* [argumenta], quam dicimus *ratiocinativa*" (ABAELARD, Logica ‚Nostrorum petitioni' [wie Anm. 32], S. 507[4]), die Abaelard zuvor als die ‚praktische', jedenfalls aber anwendungsbezogene „argumentorum scientia(e)" der eigentlichen philosophischen Logik gegenübergestellt hat, welche letztere wiederum die Angelegenheit der Urheber der *regulae* ist.

der Wahrheit schlechthin als dem eigentlichen Kriterium des im abgeleiteten Sinn Wahren haben. Regelkenntnis und -kompetenz wäre dann *kein* theoretisches Unterscheidungswissen im eigentlichen Sinn, sondern – praktische – „scientia utendi argumentis" bzw. „[scientia] *componendi*, quam dicimus *ratiocinativam*".

An anderer Stelle, in einem Zwischenprolog seiner (annähernd gleichzeitigen) „Dialectica", der die Untersuchung der ‚hypothetischen Syllogismen' einleitet, bestätigt Abaelard diese Interpretation, indem er erneut und in einem mindestens vergleichbaren Sinn von der der Dialektik (oder Logik) als einer Wissenschaft spricht,

in deren Kompetenz in einer solchen Weise alle Unterscheidung zwischen Wahrheit und Falschheit fällt, daß sie als Führerin der gesamten Wissenschaft den ersten Rang in der Philosophie als ganzer und die Leitung über sie innehat.[48]

Von dieser Wissenschaft sagt Abaelard sehr klar und unmißverständlich, sie werde nicht in einem auf ‚Übung' beruhenden Aneignungsprozeß erworben, sondern verdanke sich einem besonderen *ingenium*, einer Begabung, die nur einigen wenigen Individuen exklusiv zukomme und die schließlich ausdrücklich als gnadenhaft geschenkte Offenbarung bestimmt wird.[49] Sie ist – mit anderen Worten – Charisma, allerdings in einem ganz anderen Sinn, als etwa Bernhard von Clairvaux von den Gnadengaben des Heiligen Geistes spricht. Gemeint ist vielmehr, dieses höchstrangige Wissen, das geradezu im Zugang zum *thesaurus sapientiae* besteht, sei den menschlichen Bemühungen um aktiven Wissenserwerb kategorisch entzogen, eben

48 ABAELARD, Dialectica (wie Anm. 1), IV/1, Prologus, S. 470[4]: „Hec autem est dialectica, cui quidem veritatis seu falsitatis discretio ita subjecta est, ut omnis philosophie principatum dux universe doctrine atque regimen possideat."

49 Vgl. ABAELARD, Dialectica (wie Anm. 1), IV/1, Prologus, S. 471[2]: „Que quidem sola id in excellentia sua privilegium tenet, ut non eam exercitium, sed potius conferat ingenium." („In ihrer Erhabenheit besitzt freilich diese [Kunstfertigkeit] allein dies als ihr Vorrecht, daß nicht Übung, sondern eher Begabung sie einem einbringt.") – Zum Verhältnis von *ingenium* und *natura* vgl. beispielsweise die RHETORICA AD HERENNIUM. Lateinisch-deutsch. Herausgegeben und übersetzt von Theodor Nüßlein (Sammlung Tusculum), München/Zürich 1994, III/22 (36), S. 176 (Hervorhebung St. S.): „Imitetur ars igitur naturam, et, quod ea desiderat, inveniat, quod ostendit, sequatur. Nihil est enim, quo dat natura extremum aut doctrina primum: sed *rerum principia ab ingenio* profeta sunt, exitus disciplina conparatur." Bei Abaelard verdankt sich – anders als bei Boethius – das *ingenium* freilich nicht der Naturordnung; vielmehr ist die Begabung des Wissens ein individuelles Geschenk der göttlichen Gnade; in diesem Sinn kann ABAELARD, Dialectica (wie Anm. 1), IV/1, Prologus, S. 470[34], seinen Gegnern, als deren Motiv er primär Neid vermutet, mit gehörigem Selbstbewußtsein entgegenhalten: „At vero perpauci sunt quibus huius scientie secretum, immo sapientie thesaurum, divina revelare gratia dignetur (...)" (Übersetzung oben, Anm. 1). Daran schließt sich ein geradezu hymnisches Lob auf die Seltenheit und Kostbarkeit dieses Geschenkes an.

unverfügbares Geschenk.[50] Dabei ist freilich noch von der ‚harmonischen' Übereinstimmung des Wissens mit dem Glauben die Rede,[51] eine ausschließlich dienende Funktion des Wissens dem Glauben und der Kirche gegenüber verträgt sich aber schlecht mit dem radikal gesteigerten Anspruch auf Zugang zur Wahrheit selbst, den Abaelard für seine *scientia* – für sein Charisma – erhebt, und dies gerade im Zusammenhang mit der Professionalisierung wissenschaftlichen Wissens.

III. Gilbert Porreta: Wissen als natürliche Begabung

Das spezifische Profil von Abaelards ‚charismatischem' Wissenschaftsverständnis zeichnet sich noch schärfer ab, wenn man es mit der Wissenschaftslehre des Gilbert Porreta vergleicht, des anderen prominenten Gegners Bernhards.

Auch Gilbert entwirft im Ausgang von und in enger Anlehnung an Boethius, insbesondere an dessen „Theologische Traktate" „De trinitate" und „De hebdomadibus" in seinen Kommentaren über diese Schriften eine Hierarchie des Wissens und der Wissenschaften, deren Fundament ebenfalls die scharfe Unterscheidung von Theorie und Praxis bildet. Im (ersten) Kommentar zur Trinitätsschrift unterteilt Gilbert die *multa genera scientiae* nämlich zunächst in die *scientiae theoricae* (oder *speculativae*) einerseits und die ‚praktischen' bzw. ‚aktiven' (*scientiae practicae/ activae*) andererseits.[52] Während ihn die anwendungsbezogenen *scientiae* nicht wieter zu interes-

50 Vgl. ABAELARD, Dialectica (wie Anm. 1), IV/1, Prologus, S. 471[6]: „Quantocumque enim tempore in eius doctrina desudaveris. laborem inaniter consumis, nisi mente tua arcani tanti capacitatem celestis gratie munus effecerit. Ceteras vero scientias quibuslibet ingeniis potest exercitii diuturnitas ministrare; hec autem divine gratie tantum ascribenda, est, que nisi mentem prestruat interius, frustra qui docet aerem verberat exterius. Quanto autem huius artis ministrator clarior est, tanto que ministratur pretiosior." („Wie lange Zeit du dich also auch immer beim Unterricht in dieser Wissenschaft abmühst, – wenn nicht ein Geschenk der himmlischen Gnade in deinem Geist das Fassungsvermögen für ein so großes Geheimnis bewirkt, wendest du deine Mühe vergeblich auf. Die übrigen Wissenschaften kann – aufgrund irgendwelcher Begabungen – eine lange Dauer der Übung verschaffen; diese aber ist allein der göttlichen Gnade zuzuschreiben; wenn nicht diese im Inneren den Geist aufbaut, drischt, wer sie lehrt, draußen vergeblich hohle Phrasen.")

51 Vgl. ABAELARD, Dialectica (wie Anm. 1), IV/1, Prologus, S. 469[15].

52 Vgl. GILBERT PORRETA, De trinitate liber primus [In ‚De trinitate' I], in: The Commentaries on Boethius by Gilbert of Poitiers (Studies and Texts 13), hrsg. v. HÄRING, N. M., Toronto 1966, S. 53–182, hier II/7, S. 79[42]f.: „Scientie multorum sunt generum. Alie namque sunt theorice i. e. speculatiue: ut ille quibus intuemur an sint et quid sint et qualia sint et cur sint creata. Alie uero sunt practice i. e. actiue: ut ille quibus post inspectionem scimus operari ut medici, magi et huiusmodi alii." („Die Wissenschaften gehören zahlreichen Klassen an. Die einen sind nämlich theoretisch, d. h. ‚betrachtend', nämlich diejenigen, durch die wir darauf sehen, ob, was, von welcher Art und warum die geschaffenen Dinge sind; andere aber sind praktisch, d. h. ‚tätig', nämlich diejenigen, durch die wir – nach einer Überlegung – zu handeln wissen, wie die des Arztes, des Magiers und anderer von dieser Art.") Anders als bei Abaelard erscheinen also nicht die *artes mechanicae* als ‚praktisches Wissen' in der Systematik.

sieren scheinen, werden die ‚theoretischen' bzw. ‚spekulativen' Wissenschaften, die sich den Fragen widmen, „ob, was, von welcher Beschaffenheit und warum die *einzelnen* geschaffenen Dinge sind“, sogleich weiter ausdifferenziert: Gilbert unterscheidet mit Boethius[53] näherhin die *scientiae naturales* i. w. S. (weil die ‚Naturwissenschaften' auf der nächsten Ebene noch einmal erscheinen), die zugleich *scientiae speculativae* im engen und eigentlichen Sinn sind, von den *scientiae morales* und *rationales*, also von Ethik und Logik, wobei ihn diese beiden Disziplinen wiederum ausdrücklich nicht näher beschäftigen. Im Kommentar zu „De hebdomadibus“, der den Fokus auf die hierarchische Ordnung der Wissenschaften lenkt, werden dann die *scientiae naturales*, nämlich die *scientiae naturalis* (i. e. S.), *mathematica* und *theologica*, als die – untereinander noch einmal abgestuften – obersten Wissenschaften ausgewiesen. Dabei steht die ‚Theologie', die für Gilbert die eigentliche *philosophia* ist, klar an der Spitze der Wissenschaftssystematik, während die Logik, anders als etwa bei Abaelard, auf eine niedere Stufe des theoretischen Wissens verwiesen wird.

Sehr viel expliziter als bei Abaelard findet die hierarchische Architektonik der Wissenschaften für Gilbert ihre Entsprechung in einer auf *natürlichen* Begabungsunterschieden beruhenden sozialen Ordnung, die der Idee der *ecclesia*, wie sie Bernhard artikuliert, diametral entgegensteht, sich dabei aber nicht auf individuelle Gnadengeschenke berufen muß: Die Träger philosophischen Wissens stehen bei Gilbert nämlich nicht nur an der Spitze der *sozialen* Hierarchie des Wissens, sondern sie sind es auch, die kraft ihres Wissens die natürliche Ordnung sozial konkret werden lassen, indem sie, selbst im höchsten Maße begabt und deshalb im Vollbesitz des Wissens, den einzelnen Menschen gemäß ihren jeweiligen Begabungen Wissen zuerkennen: Mit ihrem theologischen Wissen haben allein die *philosophi* bzw. *amatores sapientiae* Zugang zur „tota species [sapientiae]“[54]: Sie ‚schauen' demnach

53 Vgl. hierzu und zum Folgenden BOETHIUS, De trinitate, in: DERS., Die Theologischen Traktate. Übersetzt, eingeleitet und mit Anmerkungen versehen von Michael Elsässer. Lateinisch – deutsch (PhB 397), Hamburg 1988, S. 2/3–32/33, hier cap. 2, S. 6/7–8/9: „(...) [T]res s[u]nt speculativae partes, naturalis (...), mathematica (...), theologica (...).“

54 Vgl. GILBERT PORRETA, De bonorum Ebdomade [In ‚De hebdomadibus'], in: The Commentaries on Boethius by Gilbert of Poitiers (wie Anm. 52), S. 183–230, hier Prolog/1, S. 183[1]: „Quod Grece philosophia, Latine amor sapientie dicitur. Cuius quidem tota species philosophis i. e. amatoribus sapientie placet: sed non cuilibet totam ostendunt. Attendunt enim in ipso, quo sunt, i. e. hominum genere plurimos qui tanquam bruta animalia sese totos sensibus aut imaginationibus dederunt: multos uero qui primo quasi rationis motu ad ea, que preter sensus et imaginationes concipi debent, contendunt.“ („Was auf Griechisch ‚Philosophie' heißt, wird auf Latein ‚Liebe zur Weisheit' genannt. Zwar ist deren vollständiger Anblick den Philosophen – d. h. den Liebhabern der Weisheit – gefällig; sie zeigen ihn aber nicht einem jeden ganz. Sie bemerken nämlich in eben der Gattung, der sie angehören, nämlich der der Menschen, sehr viele, die sich wie wilde Tiere ganz den Sinnen und den Vorstellungen hingeben; viele aber, die sich gleichsam aufgrund einer anfänglichen Bewegung der Vernunft nach dem hinstrecken, was über Sinneswahrnehmungen und Vorstellungen hinaus aufgefaßt werden muß.“) – Bestimmt man die *philosophia* aber in dieser Weise gera-

die Weisheit vollständig, geben diese Einsicht aber nur abgestuft an die anderen Menschen weiter, teilen sie näherhin den anderen Menschen graduell differenziert zu. Auf der Grundlage der Boëthianischen Lehre von der Hierarchie der Seelenvermögen[55] unterscheiden die ‚Philosophen' dabei zunächst zwei Gruppen von Menschen, von denen sich die meisten auf die Sinnlichkeit und die Verarbeitung der Sinneswahrnehmungen durch die Vorstellungskraft (*imaginatio*) beschränken, ‚als seien sie wilde Tiere', und deshalb für die Philosophen gänzlich vernachlässigenswert sind,[56] während andere, veranlaßt durch einen ‚anfänglichen Bewegungsimpuls' ihrer Vernunft (*primus rationis motus*), über *sensus* und *imaginatio* hinaus nach dem streben, was sich nur erfassen läßt, indem man „über Sinneswahrnehmungen und Vorstellungen hinaus" ausgreift. Allein diese Menschen sind folglich für die weitere Einführung in die Philosophie geeignet. Der philosophische Bildungs- bzw. Erkenntnisweg führt, wenn er erfolgreich verläuft, von außen nach innen, vom Zeichen zum Bezeichneten, von den konkreten Dingen zu der hinter ihnen stehenden geistigen Wirklichkeit, auf die sie zeichenhaft verweisen wie die geschriebene und gesprochene Sprache, der Buchstabe, auf den ‚geistigen Sinn', den er transportiert.[57] Dieser Übergang gelingt freilich wiederum nicht allen, die grundsätzlich die erforderlichen Voraussetzungen mitbringen, weil einige dann doch in der Gewohnheit[58] befangen und deshalb auf der Ebene des Oberflächlich-Zeichen-

---

dezu als Vollbesitz der Weisheit, kann sie allenfalls im weiteren Sinn im theoretischen Wissen überhaupt oder selbst in der *physica* (i. w. S.) bestehen, recht eigentlich aber muß sie mit der *theologia* als der höchsten der Wissenschaften zusammenfallen. ‚Theologie' ist bei Gilbert also *keine* Glaubenswissenschaft im späteren Sinn; sie beschäftigt sich auch nicht mit der *sacra pagina*, sondern besteht in der Gotteserkenntnis, zu der der Mensch kraft seiner *intelligentia* grundsätzlich fähig ist, und die – näherungsweise – an die einfache, nicht-disakursive Selbsterkenntnis Gottes rührt. Wenn Gilbert den *philosophi* den Vollbesitz der Weisheit zuerkennt, deutet er damit die bildhafte Vorstellung der Boëthianischen „Consolatio", die Philosophie reiche mit ihrem Kopf bis an den Himmel, d. h. an die Sphäre des Unveränderlichen, Göttlichen; vgl. BOETHIUS, Trost der Philosophie. Consolatio philosophiae. Lateinisch und deutsch. Herausgegeben und übersetzt von Ernst Gegenschatz und Olof Gigon (Sammlung Tusculum), Düsseldorf/Zürich [5]1998, I, pr. 1, S. 4/5. Dieses anspruchsvolle Verständnis der Philosophie ist freilich auch unter den Boethius-Interpretatoren des 12. Jh.s durchaus kein Gemeingut; instruktiv ist etwa der Vergleich mit den sachlich parallelen Ausführungen bei THIERRY VON CHARTRES, Commentum super Boethii librum De Trinitate, in: Commentaries on Boethius by Thierry of Chartres and his School (Studies and Texts 20), hrsg. v. HÄRING, N. M., Toronto 1971, S. 55–116, hier II/2, S. 68[17], sowie § 7, S. 70[77], der die Philosophie ausdrücklich nicht als Besitz der Weisheit, sondern als das Streben nach ihr („studium sapientiae") begreift.

55 Zur Abstufung *sensus – imaginatio – ratio – intelligentia* vgl. prominent BOETHIUS, Consolatio (wie Anm. 54), V, pr. 4, S. 250/251–252/253.

56 Vgl. GILBERT PORRETA, In ‚De hebdomadibus' (wie Anm. 54), Prolog/2, S. 183[8]: „Illos (...) philosophi omnino contempnunt." („Über jene [...] sehen die Philosophen völlig gleichgültig hinweg.")

57 Vgl. GILBERT PORRETA, In ‚De hebdomadibus' (wie Anm. 54), Prolog/2, S. 183[8].

58 Vgl. GILBERT PORRETA, In ‚De hebdomadibus' (wie Anm. 54), Prolog/2, S. 183[13], und § 4, S. 183[19]f.: „(...) [A]liquos, vel negligentiae torpor, vel ingenii hebetudo, in his quibus consueverunt exteriorum significationum detinent elementis. (...)]H]ebetes illos inculto et, ut ita dicatur, rusticano sermone, quo sensus

haften stehenbleiben, während andere auf der *via rationis* zur *veritas rerum* aufsteigen und deshalb Zugang zu den *scientiae naturales* (i. w. S.) erhalten.

Innerhalb dieser Gruppe nehmen die *philosophi*, die den Zugang zu den höchsten Graden der Erkenntnis gewähren oder verweigern, entsprechend der dreifachen Differenzierung der obersten Wissenschaften in Naturphilosophie, Mathematik und Theologie, eine weitere Selektion vor. Auf diese Weise gelangt ‚ein Großteil' derer, die sich um die Vernunfterkenntnis bemühen, lediglich „zum Abbild dessen, was sich in den materiellen Konkretionen der natürlichen Dinge auf gewisse Weise andeutet"[59]: Die ‚physikalische' Erkenntnis zielt auf die Formprinzipien, insofern sie in den – bewegten Dingen – in Verbindung mit der Materie vorliegen. Erst auf der nächsten Stufe der *mathesis* bzw. *mathematica*, zu der immerhin noch „viele" Menschen aufsteigen dürfen, werden die in den individuellen, beweglichen Dingen und somit ausschließlich in Verbindung mit der Materie vorfindlichen Formen so betrachtet, wie diese *inabstracta et inseparabilia* an sich gerade nicht sind: unter Absehung von ihrer Bindung an die Materie und von der Bewegung der Dinge und allein unter dem Aspekt der zahlenmäßigen Ordnung. Nur wenige Menschen übersteigen auch noch diese Ebene und werden bis zur Theologie vorgelassen, die es schließlich mit der göttlichen Substanz zu tun hat, die reine Form ohne Materie *ist*.[60] Wer bis hierher aufsteigen kann und darf, verläßt die „publica(m) rationalium via(m)", die von „theoremata siue a(n)xiomata"[61] ausgeht, also Erkenntnisse aus

magis quam euoluatur inuoluitur, semper laborare [philosophi] permittunt. Spectabilem uero sapientie formam illis nequaquam expositione prostituunt." („Manche hält entweder die Schlaffheit der Nachlässigkeit oder die geistige Stumpfheit bei den Anfangsgründen der äußeren Bezeichnungsverhältnisse fest, an die sie gewöhnt sind. (...) Jene tumben Menschen lassen die Philosophen sich an der ungeschlachten und sozusagen bäuerischen Rede abmühen, die den Verstand eher einwickelt als ihn zu entwickeln. Keineswegs aber geben sie ihnen die sichtbare Gestalt der Weisheit durch ihre Auslegung preis.")

59 GILBERT PORRETA, In ‚De hebdomadibus' (wie Anm. 54), Prolog/5, S. 184^{26} („ad imaginem eius, que in naturalium concretionibus quodam modo adumbratur"). Zu Gegenstandsbereich und Erkenntnisweise der *physica* vgl. z. B. GILBERT PORRETA, In ‚De trinitate' I (wie Anm. 52), II/9f., S. 80^{55}, zu BOETHIUS, De trinitate (wie Anm. 54), cap. 2, S. 6/7 („considerat enim corporum formas cum materia").

60 Damit wird der Übergang von den „creata, que uere existencium sunt imaginationes" (GILBERT PORRETA, In ‚De trinitate' I [wie Anm. 52], II/41, S. 87^{43}) zu den *vere existentia* vollzogen und schließlich zum *esse* Gottes, das mit dessen *essentia* zusammenfällt; vgl. dazu BOETHIUS, De trinitate (wie Anm. 53), cap. 2, S.

61 Vgl. GILBERT PORRETA, In ‚De hebdomadibus' (wie Anm. 54), Prolog/7f., S. 184^{32}: „Paucos uero quos intensiore studio uident attentos et mentis acie perspicaciores nec tam laudis proprie leuitate subuehi quam ueritatis ipsius specie trahi (...) in quoddam quasi diuersorium extra publicam rationalium uiam et theoremata siue anxiomata (...) disciplinalium ducunt ubi quodam quasi sinu secreti sapientie ipsius quandam pre ceteris dignitatem illis ostendunt." („Wenige aber, die sich, wie sie [sc. die Philosophen] sehen, in eifrigerem Bemühen anspannen, die aufgrund der Schärfe ihres Geistes genauere Einsicht haben und sich nicht so sehr durch die Leichtfertigkeit des ihnen zukommenden Lobes hinabreißen als durch den Anblick der Wahrheit selbst anziehen lassen (...), führen sie gleichsam an eine Art verborgenen Zufluchtsort abseits des allgemeinen Weges der Vernunftgründe und abseits der Theoreme und Axiome der wissenschaftlichen Unterweisungen, [dorthin,] wo sie sie gewissermaßen im tiefsten Inneren

obersten, als notwendig vorausgesetzten Sätzen ableitet, und nähert sich dem innersten *secretum sapientiae* an, das sich ausschließlich der intellektuellen Einsicht erschließt. Aufgrund dieser gänzlich anderen Erkenntnisform, die Zugang zum schlechthin Einen und Einfachen hat, unterscheiden sich die *rationes* der Theologie grundsätzlich von denen der anderen Wissenschaften.

Wie Abaelard nimmt also auch Gilbert eine strenge Hierarchisierung des Wissens und der Wissenschaften vor, die primär dazu dient, die höheren und namentlich die höchste Stufe des Wissens als exklusiven Wahrheitsbesitz auszuweisen, der einigen wenigen Menschen vorbehalten, der großen Masse aber versagt ist, – ohne daß daran durch regelgerechten Wissenserwerb, durch Studium und sonstige Bildungsbemühungen, die auf niedrigerem Niveau durchaus ihren Sinn behalten, Grundsätzliches zu ändern wäre: Gilberts Philosophen bieten deshalb auch nicht als Lehrer im eigentlichen Sinn Wissen zu Vermittlung an alle an, sondern regulieren den Zugang zur *scientia* gemäß den Voraussetzungen, die der einzelne bereits mitbringt. Der Grund der ‚Berufung zu Höherem' liegt dabei ausschließlich in der natürlichen Hierarchie der Erkenntnisvermögen, die – ebenfalls aus Gründen der naturalen Ordnung – nicht allen menschlichen Individuen gleichermaßen zur Verfügung stehen. Diese naturalen, in der natürlichen Ordnung der Dinge wurzelnden Gegebenheiten erweisen sich aber nicht nur als unveränderlich stabil gegenüber menschlichen Eigenaktivitäten, deren bereits überaus differenzierte Voraussetzung sie bilden und durch die sie im Kern nicht mehr modifiziert werden können. Gilbert hält vielmehr – im engen Anschluß an Boethius – auch alles fern, was nach einer Gnadenwahl im religiösen Sinn aussieht. Nicht nur der Mensch, sondern auch Gott greift demnach, mindestens was die Zuteilung von Erkenntnis und Wissen angeht, nicht mehr ‚nachträglich' in die naturale Ordnung ein (deren theonomen Charakter Gilbert damit selbstverständlich wiederum nicht in Frage stellt). In diesem Sinn ist Wissen bei Gilbert – anders als bei Abaelard – auch auf seiner höchsten Stufe kein Charisma, sein Heilsbezug, sofern man ihn im strengen Sinn religiös denkt, wird damit nicht zum Thema; Bernhards Kritik tangiert Gilbert folglich mindestens nicht direkt. Boethius und insbesondere seine Interpretatoren im 12. Jahrhundert trifft aber durchaus die Frage, wie sie sich das Verhältnis von Natur, Sünde und Erlösung denken. Ungelöst bleibt damit auch das Problem, das jeder neuplatonischen Hierarchisierung der Welt als heimliches oder offenes Irritans innewohnt, und angesichts dessen Abaelard mit Augustinus eben auf die absolut freie Wirksamkeit der göttlichen Gnade gegenüber der menschlichen *ignorantia* rekurriert: die Frage nämlich nach dem letzten Grund hinter den individuellen Differenzen auch und gerade des Wissens und der Fähigkeit zum Wissenserwerb.

---

des Geheimnisses der Weisheit selbst eine gewisse Erhabenheit sehen lassen, die der Theologie vor allen anderen Wissenschaften zukommt.")

Mechthild Dreyer

Dona et virtutes im Früh- und Hochmittelalter

Erkenntnis als Gnadengabe oder dianoetische Tugend

1. Die Fragestellung und ihre mittelalterlichen Voraussetzungen

Von Descartes wissen wir es, von Cusanus und auch von Anselm von Canterbury: Außergewöhnliche geistige Einsichten sind nicht das Ergebnis natürlicher Begabung, womöglich gepaart mit harter Schreibtischarbeit, sondern Schickung oder Eingebung. Diese kommt im Traum, auf einer Schiffsreise oder gerade dann, wenn das Denken ob seiner eigenen Grenzen verzweifelt.[1] Anders als es Max Weber in seinem Charisma-Verständnis annimmt, erfolgt im Fall der drei genannten Denker die Auszeichnung, begnadet zu sein, nicht durch Fremd-, sondern durch Eigenzuschreibung. Descartes selbst stellt seine Hinwendung zum Rationalismus in eine ursächliche Verbindung mit drei Träumen in einer Novembernacht des Jahres 1619. Nicolaus Cusanus teilt Kardinal Cesarini in einem Brief mit, daß er den Gedanken der *docta ignorantia* dem Vater der Lichter verdanke. Anselm von Canterbury schließlich schreibt im Prooemium seines „Proslogion", daß der Gedanke des *unum argumentum* sich ihm geradezu aufnötigte, nachdem er ihn zuvor erfolglos gesucht hatte.

Den spezifisch charismatischen Charakter seiner Grundeinsicht bringt am deutlichsten Nicolaus Cusanus zum Ausdruck, wobei er sich der für die Theologie und Philosophie des Mittelalters spezifischen Terminologie bedient: „(...) credo superno dono a patre luminum a quo omne datum optimum, ad hoc ductus sum, ut (...)."[2] Die Erkenntnis der *docta ignorantia* und die Einsicht in ihre fundamentale Bedeutung ist ein *donum*, sie ist übernatürliche Gabe. Daß eine Erkenntnis ihren letzten Ur-

---

1 Vgl. hierzu und zum folgenden: BAILLET, A., La vie de M. Des-Cartes, Paris 1691, Nachdr. Hildesheim 1972, S. 85; NICOLAUS CUSANUS, Epistola auctoris ad dominum Iulianum cardinalem, in: Opera Omnia, hrsg. von HOFFMANN, E./KLIBANSKY, R., Leipzig 1932, h I, S. 163. Und selbst der Platonische Timaios ruft zunächst den Beistand der Götter an, bevor er sich anschickt, das dunkle Thema der Entstehung der Welt zu entwickeln (vgl. PLATON, Timaios, 27c–d).

2 NICOLAUS CUSANUS, Epistola auctoris ad dominum Iulianum cardinalem, h I, S. 163.

sprung in einer freien Tat Gottes haben kann, ist dem lateinischen Mittelalter durch die von ihm als Autorität empfundene biblische Tradition vertraut. Die in einem Gnadenakt Gottes verliehene Erkenntnis oder Einsicht gehört zu der Gruppe von insgesamt sieben *dona*, die dem Wirken des Heiligen Geistes zugeschrieben werden. Diese sind: Weisheit (*sapientia*), Einsicht (*intellectus*), Rat (*consilium*), Tapferkeit (*fortitudo*), Wissenschaft (*scientia*), Frömmigkeit (*pietas*) und Gottesfurcht (*timor Dei*).[3] Daß dem Menschen neben dieser ausgezeichneten Form schon von Natur aus, d.h. als Geschöpf ein Erkenntniserwerb möglich ist, ist für das lateinische Mittelalter unstrittig.

Im Zuge der Aristoteles-Rezeption lernen die Denker des lateinischen Mittelalters im 13. Jahrhundert nicht nur die erste ausgereifte Theorie der menschlichen Vermögen und Handlungsvollzüge kennen, der zufolge die menschliche Vollendung in Form tugendhaften Handelns erlangt wird. Zugleich ist hier auch eine Alternative zu den eigenen Überzeugungen gegeben. Aristoteles betont bekanntlich in der „Nikomachischen Ethik", daß die aus den Vermögen hervorgehenden Handlungen in ihrer Vollendungsgestalt als ethische oder dianoetische Tugend (*virtus*) ihren Ursprung ausschließlich in einem Miteinander von naturalen Anlagen und beständiger Übung haben.[4] Zudem zeigt sich als weitere Schwierigkeit, daß im Fall von Weisheit, Wissenschaft, Einsicht und Tapferkeit diese von Aristoteles als dianoetische bzw. ethische Tugenden klassifiziert werden, während man sie in der theologischen Tradition als Gnadengaben bezeichnet. Da das Aristotelische Denken sehr bald zur maßgebenden Philosophie wird, ergibt sich die Notwendigkeit, diese Spannungen zwischen antiker Vorstellung und biblischem Verständnis aufzuheben und beide Positionen, die Aristotelische *virtus*-Lehre wie den christlich-biblischen *donum*-Gedanken in ein konsistentes Theorieganzes zu bringen.

Dennoch ist es kein Verdienst der Denker des 13. Jahrhunderts, die Sachzusammenhänge von *donum* und *virtus* in einen gedanklichen Zusammenhang gebracht und systematisch geordnet zu haben. Bereits im 12. Jahrhundert, also noch vor der vollständigen Rezeption der „Nikomachischen Ethik", erfolgt dies in den „Sentenzen"

---

3 Vgl. Glossa margin. III, 23 (GREGOR DER GROSSE, Moral. I c. 27, PL 75, 544 C), zitiert nach: PHILIPP DER KANZLER, Summa de bono, hrsg. von WICKI, N. Pars posterior, Bern 1985, II. D: De septem donis Spiritus Sancti, q. 1, S. 1107, Z. 14. Zur donum-Lehre der mittelalterlichen Theologie vgl. LOTTIN, O., Les dons du Saint Esprit chez les théologiens depuis Pierre Lombard jusqu'à S. Thomas d'Aquin, in: Recherches de Théologie ancienne et médiévale 1 (1929, Nachdr. 1963), S. 41–61. Zu weiteren Veröffentlichungen aus dieser Zeit vgl. THOMAS VON AQUIN, Summa theologiae, hrsg. von Caramello, P., Turin 1952, I–II, q. 68, art. 2, S. 300, Anm. 18. Vgl. ferner LOTTIN, O., Psychologie et morale aux XIIe et XIIIe siècles, Bd. III,1: Problèmes de morale II/1, Gembloux 1949, XI–XIII, S. 97–252; XVI, S. 327–456, sowie Bd. IV,2: Problèmes de morale III/2, Gembloux 1954, XXVI, cap. I, S. 667–670, und §4, S. 693–704. Vgl. außerdem zum Ganzen neuestens: HORST, U., Die Gaben des Heiligen Geistes nach Thomas von Aquin, Berlin 2001.

4 ARISTOTELES, Nikomachische Ethik II/1, 1103a–b.

des Petrus Lombardus. Er erörtert im dritten Buch seiner Schrift dist. 34 u. a. die Frage, ob die *dona Spiritus Sancti* auch *virtutes*, also Tugenden sind. Allerdings hat der *virtus*-Begriff des Lombarden einen anderen Gehalt als der Aristotelische. Da die „Sentenzen“ im Verlauf des 13. Jahrhunderts zum verbindlichen Lehrbuch für den akademischen Unterricht in der systematischen Theologie werden, wird die Kommentierung dieser Passagen des Sentenzenwerkes zum ausgezeichneten Ort einer systematischen Bestimmung der Sachverhalte von *donum* und *virtus*. Diese Texte sind auch für die Leitfrage des Vortrags einschlägig, ob Erkenntnis im Hochmittelalter dianoetische Tugend und bzw. oder *donum* ist. Da jedoch nur in wenigen Fällen das *donum-virtus*-Thema auf den Bereich der Erkenntnisformen fokussiert wird, muß die Antwort auf die Leitfrage zumeist in Form der Ableitung aus den generellen Aussagen über den Zusammenhang von *donum* und *virtus* erfolgen.

Angesichts solcher Voraussetzungen legt sich folgende Gliederung des Beitrages nahe: Zunächst sollen die Lombardischen Thesen als einer der wichtigsten Ausgangspunkte der mittelalterlichen Theoriebildung zum Verhältnis von *donum* und *virtus* vorgestellt werden (2.1). Es folgen dann Präsentationen der Positionen, welche die nachfolgende Diskussion in dieser Frage maßgeblich bestimmt haben. Dies sind zum einen die Ausführungen Philipps des Kanzlers in seiner „Summa de bono“. Philipp entwickelt in Kenntnis der Aristotelischen Texte erste, für die nachfolgende Diskussion im 13. Jahrhundert wichtige Systematisierungen in der Bestimmung des Verhältnisses von *donum* und *virtus* (2.2). Zum anderen soll die Position des Thomas von Aquin skizziert werden, da er für die Klärung der Sachverhalte das begriffliche Instrumentarium der Aristotelischen Ethik nutzt und die Aristotelische Lehre von den dianoetischen Tugenden mit der biblisch-christlichen Lehre von den *septem dona* in einen systematischen Zusammenhang bringt (2.3). Ein Blick auf die Thesen des Duns Scotus schließlich soll zeigen, wie die systematisch ausgefeilte Lehre des Thomas in der nachfolgenden Diskussion quasi unter das Ockhamsche Rasiermesser gerät und wesentlich verschlankt wird (2.4). Der Beitrag schließt mit einer Auswertung der vorgestellten Positionen und der Bestimmung ihres systematischen Ertrages für die Leitfrage, ob Erkenntnis dianoetische Tugend oder göttliche Gnadengabe ist (3).

2. Das Verhältnis von *virtus* und *donum*: Bestimmungen des 12./13. Jahrhunderts

2.1 Die „Sentenzen“ des Petrus Lombardus: Ein wichtiger Ausgangspunkt der mittelalterlichen Theoriebildung

Petrus Lombardus (um 1095-1160) klärt den Sachzusammenhang von *donum* und *virtus* auf der Grundlage der ihm vorgegebenen Traditionen. Aus der christlichen Glaubenslehre ist ihm zum einen die Trias der theologischen Tugenden von Glaube, Hoffnung und Liebe vertraut sowie die bereits erwähnte Gruppe der sieben Gnadengaben des Heiligen Geistes. Zum anderen kennt er aus der theologisch-philosophischen Tradition die vier Kardinaltugenden; geläufig ist ihm aber auch die Augustinische *virtus*-Definition, die er im zweiten Buch seiner „Sentenzen“ in dist. 27 positiv aufgreift: Eine Tugend ist eine gute Eigenschaft des Geistes, die Gott allein im Menschen wirkt, mit deren Hilfe man auf rechte Weise lebt und nichts Böses tut.[5]

Vor dem Hintergrund dieser Traditionsbestände stellt sich für Petrus Lombardus bei der Behandlung der *septem dona Spiritus Sancti* zunächst die generelle Frage, ob diese auch *virtutes* sind.[6] Eine positive Antwort ist schon deshalb naheliegend, weil sie als Gaben des Heiligen Geistes per definitionem von Gott allein gewirkt sind, womit sie einen Teil der Augustinischen *virtus*-Bestimmung von vornherein erfüllen. Sie sind aber auch insofern *virtutes*, als sie den Geist der Gläubigen heiligen, wie Petrus ausführt, womit ein weiterer Teil der Augustinischen Definition erfüllt ist. Ausdrücklich weist Petrus in einem späteren Zusammenhang allerdings darauf hin, daß die beiden *dona*, Wissenschaft und Einsicht,[7] nicht mit den gleichnamigen Erkenntnisformen gleichgesetzt werden dürfen, die der Mensch naturhaft

---

5 „Virtus est, ut ait Augustinus, bona qualitas mentis, qua recte vivitur et qua nullus male utitur, quam Deus solus in homine operatur“ (PETRUS LOMBARDUS, Sententiae in IV libris distinctae [Ed. Quaracchi], Tom. I, pars II: Liber I et II, Grottaferrata 1971, lib. II, dist. 27, cap. 1, S. 480, Z. 8–10).

6 Vgl. hierzu und zum folgenden: „Haec dona virtutes esse (...) Ambrosius ostendit, ea septem fore virtutes dicens (...). Hic expresse traditum est septem dona et virtutes esse sanctificationesque fidelium mentium (...)“ (PETRUS LOMBARDUS, Sententiae in IV libris distinctae [Ed. Quaracchi], Tom. II: Liber III et IV, Grottaferrata 1981, lib. III, dist. 34, cap. 2, S. 190, Z. 9f.; S. 191, Z. 5f.).

7 Petrus Lombardus grenzt die drei Erkenntnisgaben so voneinander ab: Die Wissenschaft dient dem rechten Umgang mit den zeitlichen Dingen und dem guten Umgang inmitten der Bösen; die Einsicht ist auf die Erkenntnis des Schöpfers und der unsichtbaren Geschöpfe ausgerichtet; die Weisheit schließlich hat allein die Betrachtung der ewigen Wahrheit und der Freude an ihr zum Gegenstand: „Sic ergo distingui potest inter illa tria, scilicet scientiam, intellectum et sapientiam: scientia valet ad rectam administrationem rerum temporalium et ad bonam inter malos conversationem; intelligentia ad Creatoris et creaturarum invisibilium speculationem; sapientia vero ad solius aeternae veritatis contemplationem et delectationem.“ (PETRUS LOMBARDUS, Sententiae III (wie Anm. 6), dist. 35, cap. 2, S. 200, Z. 23–28).

besitzt.[8] Wissenschaft und Einsicht als naturhafte Gegebenheiten haben zwar letztlich ihren Ursprung auch in Gott, insofern sie als naturale Sachverhalte Schöpfungsgaben sind. Wissenschaft und Einsicht als *dona* und *virtutes* sind den Seelen der Gläubigen demgegenüber in einem eigenen göttlichen Gnadenakt eingegossen, um ihnen zu ermöglichen, auf rechte Weise zu leben. Das Verhältnis von naturhafter Erkenntnis einerseits und gnadenhaft geschenkter Erkenntnis (*donum et virtus*) andererseits ist nach Petrus Lombardus so zu bestimmen, daß durch die Tugenden, die göttliche Gaben genannt werden, die naturhaft gegebenen Erkenntnisformen unterstützt und verbessert werden. So wird beispielsweise durch die Gnadengabe der Weisheit die *ratio mentis* in Hinblick auf die Betrachtung der ewigen Wahrheit unterstützt und ermutigt.

2.2 Philipp der Kanzler: Erste Systematisierungsversuche vor dem Hintergrund der Aristoteles-Rezeption

Etwa 80 Jahre nach Entstehen der Lombardischen „Sentenzen" behandelt Philipp der Kanzler in seiner „Summa de bono" in Kenntnis dieses Werkes ebenfalls die Frage, ob die *septem dona virtutes* sind. Anders als Petrus Lombardus ist ihm neben dem Augustinischen *virtus*-Verständnis eine Vielzahl anderer Definitionen geläufig, darunter auch solche von Cicero und Aristoteles.[9] Er schließt keine der Definitionen als unzulänglich aus, sondern versteht die Vielzahl als Folge unterschiedlicher Zugänge zum Phänomen. Diese Zugänge versucht er systematisch zu erfassen und auf ihrer Grundlage die vielen Definitionen in Gruppen zusammenzufassen. Infolgedessen ist der Beantwortung der Frage, ob *dona* auch *virtutes* sind, zwar keine bestimmte *virtus*-Definition vorgegeben, wohl aber ein differenziertes Begriffsinstrumentarium, mit dessen Hilfe die inhaltlichen Gesichtspunkte des infrage stehenden Sachverhaltes klar erfaßt werden können.

8 „Et notandum quod intellectus et scientia quae dicuntur dona Spiritus Sancti, alia sunt ab intellectu et scientia quae naturaliter sunt in anima hominis. Hae enim virtutes sunt, quae per gratiam infunduntur animis fidelium ut per eas recte vivant; illa vero naturaliter habet homo ex beneficio creationis, a Deo tamen. Per has autem virtutes quae dicuntur Spiritus Sancti dona, illa naturalia reformantur atque adiuvantur (...); ita et per illam virtutem quae dicitur spiritus sapientiae, iuvatur atque erigitur mentis ratio ad contemplationem et delectationem aeternae veritatis" (PETRUS LOMBARDUS, Sent. III [wie Anm. 6], dist. 35, cap. 3, S. 201, Z. 3-13). Aufgrund des Beispiels am Ende dieser Überlegungen wird man annehmen können, daß die Lombardische Unterscheidung zwischen naturaler Erkenntnisform und *donum* auch für die Weisheit gilt.

9 Vgl. hierzu und zum folgenden: PHILIPP DER KANZLER, Summa de bono (wie Anm. 3), q. 1, S. 525–542: „Possunt igitur diverse virtutis diffinitiones sic distingui. Quandoque datur diffinitio secundum principium extra efficiens, in quantum virtus ad ipsum refertur (...). Quandoque datur respectu principii inclinativi intra (...). Quandoque datur respectu principii in quo est virtus." (ebd., S. 540, Z. 409–415).

Philipps Antwort auf die Frage ist differenziert. Im Fall eines allgemeinen Verständnisses von ‚*donum*', ist jedes *donum* auch eine *virtus*. Spezifiziert man hingegen den *donum*-Begriff, dann bezeichnen die Begriffe ‚*donum*' und ‚*virtus*' unterschiedliche Sachverhalte. Die Argumentation für diese These beginnt mit der Unterscheidung von allgemeinem und speziellem *donum*-Begriff.[10] Im allgemeinen Sinn des Wortes ist eine Gabe der Substanz nach nicht von einer Tugend unterschieden, wohl aber im Blick auf die Beziehung, die mit den Begriffen implizit akzentuiert ist. Von ‚Gabe' spricht man, wenn man auf die Wirkursächlichkeit abheben will; denn die Gabe wird ohne Hoffnung auf Rückerstattung gegeben. Von ‚Tugend' spricht man, wenn die Rechtheit eines Vermögens in Hinblick auf sein Ziel hervorgehoben werden soll. *Donum* und *virtus* sind zu unterscheiden, wenn dieses allgemeine Verständnis spezifiziert wird. Dies ist dann der Fall, wenn ‚Tugend' das bezeichnet, was in einem ersten Schritt einem Vermögen die richtige Richtung verleiht, und wenn ‚Gabe' das freiwillig gegebene Geschenk meint, das zusätzlich zur Gnade der Tugend für nachfolgende Handlungen selbst gnadenhaft gegeben wird.[11]

Dieser spezifische Sinn der Begriffe ‚Gabe' und ‚Tugend' ist an eine Differenzierung von Handlungen nach ihrer Position in der Handlungsfolge gebunden. Philipp unterscheidet erste, mittlere und letzte Handlungen. Die ersten Handlungen sind Tugendhandlungen, weil Tugend die Haltung (*habitus*) ist, durch die zuerst das Vermögen, die Kraft zu einer Tätigkeit erwacht.[12] Die nachfolgenden und mittleren Handlungen sind Handlungen aus Gaben, weil die Gabe etwas ist, das zur Unterstützung der Tugend verliehen wird. Die letzten und vollkommensten Handlungen sind Handlungen der Glückseligkeit. Die Gabe im strengen Sinn des Wortes ist also keine Tugend. Die Gnadengaben sind zudem mehr dem (passiven) Aufnehmen, beziehungsweise dem Erleiden als der aktiven Tätigkeit zugeordnet.[13]

Was die Art der Unterstützung der Tugenden durch die Gnadengaben betrifft, so gilt nach Philipp folgendes:[14] Die Gnadengaben haben eine doppelte Wirkung. Die

---

10 „Respondendum est quod duplex est ratio doni: ratio doni communis et ratio doni appropriati. Ratio autem doni communiter et virtutis non differunt in substantia, sed ab alio dicatur donum et ab alio virtus." (PHILIPP DER KANZLER, Summa de bono [wie Anm. 3], q. 1, S. 1108, Z. 65–67).

11 „Haec autem ratio communis appropriatur ut dicatur virtus illud quod primo rectificat potentiam vel prima rectitudo potentiae in suum optimum; donum autem datio liberalis ex prima superadditione gratiae super gratiam virtutis ad actus consequentes." (PHILIPP DER KANZLER, Summa de bono [wie Anm. 3], q. 1, S. 1109, Z. 76–79).

12 „Sunt enim tres status actuum: quidam actus sunt primi, quidam medii, quidam ultimi et perfectissimi. Primi sunt actus virtutum, quia virtus est habitus qu primo erigitur potentia. Actus consequentes et medii sunt actus donorum, quia donum est datum in adiutorium virtutis. Actus autem consequentes et ultimi et perfectissimi sunt actus beatitudinum." (PHILIPP DER KANZLER, Summa de bono [wie Anm. 3], q. 1, S. 1109, Z. 80–84).

13 Vgl. PHILIPP DER KANZLER, Summa de bono (wie Anm. 3), q. 1, S. 1110, Z. 113f.

14 Zum Folgenden: „(…) respondendum est quod donorum duplex est effectus, quia (…) quaedam impedimenta ex corruptione naturae procedunt et haec impediunt exitum virtutis in operationem; dona re-

Verderbnis der Natur hat Hemmnisse zur Folge, die das Hervortreten der Tugend in der Handlung unterdrücken. Die Gnadengaben drängen diese Verderbnisse zurück, so daß die Tätigkeit der Tugend im Ausgang vom Vermögen freier und ungehinderter erfolgen kann. Die zweite Wirkung der Gnadengaben ist grundsätzlicher. Sie zeigt sich im Vergleich zu den eigentlichen Handlungen, insofern sie auf Gemütsbewegungen (*passiones*) gerichtet sind, während die Tugenden die Grundlagen korrekter Handlungen sind. Wie anhand der von Philipp skizzierten Handlungsabfolge deutlich wird, gehen die Tugenden den Gnadengaben schlechthin voraus, allerdings scheint unter gewissen Gesichtspunkten die Reihenfolge auch anders sein zu können.[15] Die Erlangung der Gnadengabe setzt den Besitz der Tugend voraus. Diese zu erlangen ist daher für den Empfänger der erste Schritt auf dem Weg zum Ziel der Glückseligkeit. Von diesem Ziel her gesehen sind jedoch die Gnadengaben das nächste und erste, und je näher sie dem Ziel sind, umso vollkommener sind sie.

2.3 Thomas von Aquin: Synthetisierung Aristotelischer Ethik und christlicher Glaubenslehre

Erste Überlegungen zum *donum-virtus*-Thema finden sich bei Thomas von Aquin in seiner Kommentierung des Lombardischen Sentenzenwerkes, das er wie jeder andere Theologe des Mittelalters zu Beginn seiner akademischen Karriere verpflichtend zu kommentieren hat.[16] Die Auseinandersetzung mit dem Thema orientiert sich an den Lombardischen Vorgaben. Thomas bestimmt das Verhältnis von *dona* und *virtutes* in folgender Weise:[17] Insofern die Gnadengabe wie die Tugend den Menschen im Blick auf seine ihm eigentümlichen Tätigkeiten vollendet, kann die Gnadengabe als Tugend verstanden werden. Insofern sie aber den Menschen

primunt huiusmodi penas sive corruptiones, ut liberius et expeditius procedat virtutis operatio a potentia. (...) Alius autem effectus donorum est et hic magis principalis, qui habetur in comparatione ad proprios actus, scilicet secundum quod dona directa sunt in passiones, quemadmodum virtutes principia sunt ad rectas operationes." (PHILIPP DER KANZLER, Summa de bono [wie Anm. 3], q. 1, S. 1113, Z. 203–206, 211–213).

15 Vgl. PHILIPP DER KANZLER, Summa de bono (wie Anm. 3), q. 2, S. 1114f.

16 Vgl. hierzu und zum folgenden: THOMAS VON AQUIN, Commentum in quatuor libros sententiarum. Bd. II. Parma 1858, lib. III, dist. 34, S. 377–399.

17 Zum Folgenden: „Et ideo alii dicunt quod dona dantur ad altiores actus quam sint actus virtutum; et haec opinio inter omnes vera videtur. (...) Et secundum hoc dico quod dona a virtutibus distinguuntur in hoc quod virtutes perficiunt ad actus modo humano, sed dona ultra humanum modum quod patet in fide et intellectu. (...) Ad primum ergo dicendum quod dona possunt dici virtutes, inquantum perficiunt ad bene operandum, et humanae, secundum quod operationes quae ex donis eliciuntur, non sunt communes hominibus et brutis; sed sunt supra virtutes, inquantum ultra humanum modum perficiunt." (THOMAS VON AQUIN [wie Anm. 16], lib. III, dist. 34, q. 1, art. 1, S. 381).

über das rein menschliche Maß hinaus vervollkommnet, unterscheidet sie sich von der Tugend. Thomas gibt damit der Traditionsrichtung recht, die besagt, daß die *dona* zu Tätigkeiten verliehen sind, die höher einzustufen sind als die, welche aus den *virtutes* hervorgehen. Einen Beleg für diesen Gedanken sieht er in der „Nikomachischen Ethik" VII, 1 gegeben, wo Aristoteles zwischen Tugend, Enthaltsamkeit und übermenschlicher, gewissermaßen heroischer und göttlicher Tugend unterscheidet. Die Differenz von *donum* und *virtus* macht Thomas am Beispiel von Glaube (*fides*) und Einsicht (*intellectus*) deutlich. Der menschlichen Natur sei es wesensgemäß, daß das Göttliche nur im Spiegelbild der geschaffenen Dinge und im Rätsel der Ähnlichkeiten erfaßt werde. Um das Göttliche so begreifen zu können, werde der Mensch durch die Tugend des Glaubens vollendet. Die Gnadengabe der Einsicht hingegen erleuchte den menschlichen Geist so, daß der Mensch schon in diesem Leben einen Vorgeschmack zukünftiger Offenbarung erlangen könne. Eine solche Einsicht ist nach Thomas auch im Wortsinn ‚Gnadengabe', weil sie allein aus der Freiheit des Gebenden dem zukommt, in dem sie ist, nicht aber entsprechend einer Verpflichtung, die aus der Beschaffenheit des Beschenkten erwächst. Diese Position zum Verhältnis von *donum* und *virtus* behält Thomas auch in der über ein Jahrzehnt später verfaßten „Summa theologiae" bei. Hier jedoch behandelt Thomas das *donum-virtus*-Thema systematisch. Er verortet es im Kontext seiner *habitus*-Lehre. Mit Aristoteles versteht er unter einem *habitus* eine zur Haltung verfestigte Seelendisposition, die zugleich Prinzip der menschlichen Handlung ist.[18] *Virtutes* wie *dona* gehören nach Thomas zu den guten Haltungen (*habitus boni*) und stehen in einem engen Zusammenhang miteinander.[19] Bereits diese systematische Einordnung zeigt, daß Thomas das Verhältnis von *donum* und *virtus* mit dem Instrumentarium Aristotelischer Ethik zu klären beabsichtigt.

Virtus und *donum* haben beide einen naturhaften Ursprung. Der Mensch hat sie entweder aufgrund seiner Artnatur oder aufgrund seiner individuellen Natur. Das bedeutet nach Thomas jedoch nicht, daß beide vollständig naturhaft sind. Vielmehr gründen sie zugleich in einem äußeren Prinzip. So ist beispielsweise die Einsicht in evidente Prinzipien (*sapientia principiorum*) ein naturhaft gegebener Habitus, die Erkenntnis der inhaltlichen Teile dieser Grundsätze aber erfolgt über die Sinneswahrnehmung.[20] Für einen guten Habitus gilt, daß Gott diesen im Menschen verursachen,

18 Vgl. THOMAS VON AQUIN, Summa theologiae I–II, q. 55–68. Vgl. ferner DERS., De virtutibus in communi, in: Quaestiones disputatae. Bd. II, hrsg. von Bazzi, P. u. a., Turin 1965, art. 10, S. 733–738.

19 Vgl. zum folgenden u.a. PHILIPON, M.-M., Les dons du Saint-Esprit chez Thomas d'Aquin, in: Revue Thomiste 59 (1959), S. 451–483; KELLY, A., The Gifts of the Spirit. Aquinas and the Modern Context, in: The Thomist 38 (1974), S. 193–231; STILL, C. N., ‚Gifted Knowledge'. An Exception to Thomistic Epistemology, in: The Thomist 63 (1999), S. 173–190.

20 „(...) [H]abitus (...) potest quidem esse naturalis et secundum naturam speciei et secundam [!] naturam individui. (...) Sed tamen neutro modo contingit in hominibus esse habitus naturales ita quod sint totaliter a natura. (...) Sunt ergo in hominibus aliqui habitus naturales, tanquam partim a natura existentes

d.h. ihm eingießen (*infusio divina*) kann.[21] Notwendig gilt dies im Fall solcher Habitus, die den Menschen dazu bestimmen, sein übernatürliches Ziel, d.h. seine Letztbestimmung zu erreichen. Da die Habitus den jeweiligen Handlungszielen angemessen sein müssen, muß für ein übernatürliches Ziel der entsprechende Habitus übernatürlich, d.h. durch einen eigenen Gnadenakt Gottes gewirkt sein. Gott könne – so Thomas – aber auch einen natürlichen Habitus direkt bewirken, wie er immer Wirkungen von Zweitursachen unter Ausschaltung von diesen bewirken könne.

Im Blick auf den Begriff der Tugend (*virtus*) kommen zu dieser generischen Bestimmung als guter Habitus noch spezifische Bestimmungselemente hinzu. Thomas übernimmt hier die auf Augustinus zurückgehende Definition aus den „Sentenzen" des Petrus Lombardus: „Eine Tugend ist eine gute Eigenschaft des Geistes, die Gott allein im Menschen wirkt, mit deren Hilfe man auf rechte Weise lebt und nichts Böses tut."[22] Wie Aristoteles unterscheidet er bei den Tugenden zwischen intellektuellen und ethischen Tugenden (*virtutes intellectuales*, *virtutes morales*). Zudem kennt er aus der christlichen Glaubenslehre die eingangs bereits erwähnten theologischen, d.h. eingegossenen Tugenden (*virtutes theologicae*) von Glaube, Hoffnung und Liebe. Zu den intellektuellen Tugenden gehören entsprechend den Aristotelischen Vorgaben für Thomas: Wissenschaft (*scientia*), Weisheit (*sapientia*), Einsicht (*intellectus*), Kunstfertigkeit (*ars*), Klugheit (*prudentia*) sowie weitere der Klugheit zugeordnete Tugenden. Die Tugenden sind gestuft. Die ethischen Tugenden sind mehr Tugend als die intellektuellen; diese aber sind vornehmer als jene, da ihr Objekt, das Allgemeine, vorzüglicher ist als das Partikulare. Innerhalb der intellektuellen Tugenden sind diejenigen würdevoller, deren Ziel nutzenfrei ist.[23]

Bei der Abgrenzung von Tugend (*virtus*) und Gnadengabe (*donum*) nimmt Thomas zunächst einmal keine andere Position ein als die, die schon Petrus Lombardus und Philipp der Kanzler entwickelt hatten: Die Wesensbestimmungen von *donum* und *virtus* stehen in keinem Widerspruch zueinander, sondern setzen nur unterschiedliche Akzente.[24] Der *virtus*-Begriff betont den Umstand, daß der Mensch in Hinblick

---

et partim ab exteriori principio; aliter quidem in apprehensivis potentiis, et aliter in appetitivis." (THOMAS VON AQUIN, S. th. I–II [wie Anm. 18], q. 51 art. 1).

21 Vgl. THOMAS VON AQUIN, S. th. I–II (wie Anm. 18), q. 51, art. 4.

22 „Virtus est bona qualitas mentis, qua recte vivitur, qua nullus male utitur, quam Deus in nobis sine nobis operatur." (THOMAS VON AQUIN, S. th. I–II [wie Anm. 18], q. 55, art. 4); vgl. Anm. 5.

23 „(...) [R]atio virtutis magis competat virtutibus moralibus quam virtutibus intellectualibus: quamvis virtutes intellectuales sint nobiliores habitus simpliciter." (THOMAS VON AQUIN, S. th. I–II [wie Anm. 18], q. 66, art. 3). Thomas begründet den Sachverhalt wie folgt: „(...) illa virtus nobilior est, quae habet nobilius obiectum (...) obiectum rationis est nobilius quam obiectum appetitus" (ebd.). „Quinimmo virtutes intellectuales speculativae, ex hoc ipso quod non ordinantur ad aliud sicut utile ordinatur ad finem, sunt digniores. (...) quia secundum eas quodammodo inchoatur in nobis beatitudo, quae consistit in cognitione veritatis (...)." (THOMAS VON AQUIN, S. th. I–II [wie Anm. 18], q. 66, art. 3, ad 1).

24 „[D]icendum quod, si loquamur de dono et virtute secundum nominis rationem, sic nullam oppositionem habent ad invicem" (THOMAS VON AQUIN, S. th. I–II [wie Anm. 18], q. 68, art. 1). „(...) [D]icendum

auf das gute Handeln vervollkommnet wird, während der *donum*-Begriff auf die Ursache abhebt, welche die Vervollkommnung bewirkt. Unter dem Gesichtspunkt der Vervollkommnung kann man Gnadengabe und Tugend gleichsetzen. Diese Gleichsetzung bietet für Thomas jedoch keine letztlich befriedigende Lösung. Denn weder werden alle Tugenden Gnadengaben genannt noch sind alle Gnadengaben auch Tugenden, wie das Beispiel der Gottes (-furcht) deutlich macht. Thomas diskutiert nun die Tragfähigkeit einer Reihe ihm geläufiger Versuche, *donum* und *virtus* angemessen zu unterscheiden, weist aber alle als unbefriedigend zurück.

Seine eigene Lösung entwickelt er im Ausgang der biblischen Bestimmung des *donum*, Wirkung göttlicher Eingebung zu sein. Die göttliche Eingebung ist eine Bewegung, die von außen verursacht ist. An dieser Stelle der Argumentation führt Thomas die Unterscheidung zweier im Menschen wirkender Bewegungsprinzipien ein. Es gibt das innere Bewegungsprinzip der Vernunft und das äußere Bewegungsprinzip Gott. Für den Sachverhalt der Bewegung gilt nach Thomas zudem: Das, was bewegt wird, muß seinem Bewegungsprinzip angemessen sein. Dies ist die Vollkommenheit des Bewegbaren, insofern es bewegbar ist; dies ist die Bestimmung, durch die es dazu bestimmt ist, gut von seinem Bewegungsprinzip bewegt werden zu können. Je höherrangig das Bewegungsprinzip ist, desto notwendiger ist es, daß das Bewegbare durch eine möglichst vollkommene Bestimmtheit dem Bewegungsprinzip entspricht.

Auf der Grundlage dieser Vorüberlegungen grenzt Thomas Tugend und Gnadengabe voneinander ab:[25] Die menschlichen Tugenden vervollkommnen den Menschen nach Maßgabe seiner natürlichen Bestimmung, sich in all seinen Handlungen von einem Vernunftantrieb leiten zu lassen. Nach Thomas muß es im Menschen aber noch höhere Vollkommenheiten geben als die Tugenden. Aufgrund dieser höheren Vollkommenheiten ist er zu dem bestimmt, was auf göttlichere Weise bewegt wird. Diese höheren Vollkommenheiten sind die Gnadengaben. Sie sind nicht nur Gnadengaben, weil sie von Gott eingegeben sind, sondern weil der Mensch in dem Maße, in dem er sie besitzt, dazu bestimmt ist, sich bereitwillig von der göttlichen Inspiration leiten zu lassen. Diesen Sachverhalt sieht Thomas auch in einem Wort des Aristoteles zum Ausdruck gebracht: Für diejenigen, die von einem göttlichen Antrieb bewegt werden, ist es nicht zuträglicher, sich von der menschlichen

---

quod huiusmodi dona nominantur quandoque virtutes, secundum communem rationem virtutis. Habent tamen aliquid supereminens rationi communi virtutis, inquantum sunt quaedam divinae virtutes, perficientes hominem inquantum est a Deo motus." (ebd. ad 1).

25 Vgl. zum Folgenden: „[V]irtutes humanae perficiunt hominem secundum quod homo natus est moveri per rationem in his quae interius vel exterius agit. Oportet igitur inesse homini altiores perfectiones, secundum quas sit dispositus ad hoc quod divinitus moveatur. Et istae perfectiones vocantur dona: non solum quia infunduntur a Deo; sed quia secundum ea homo disponitur ut efficiatur prompte mobilis ab inspiratione divina (...) dona perficiunt hominem ad altiores actus quam sint actus virtutum." (THOMAS VON AQUIN, S. th. I–II [wie Anm. 18], q. 68, art. 1).

Vernunft raten zu lassen, sondern einer inneren Eingebung zu folgen, gerade weil sie von einem höheren Prinzip als der menschlichen Vernunft geleitet werden.

Dem spezifischen Wortsinn nach ist eine Tugend also der Habitus, mit dessen Hilfe man auf rechte Weise lebt, wobei das, was Rechtheit ist, der Regel der Vernunft entspricht. Demgegenüber ist eine Gnadengabe im spezifischen Sinn des Wortes insofern mehr als eine Tugend, als sie göttliche Tugend ist, die den Menschen darin vervollkommnet, sich von Gott leiten zu lassen.[26] Thomas erläutert die Differenz von *donum* und *virtus* am Beispiel der Weisheit. Sie ist intellektuelle Tugend, insofern sie aus dem Urteil der Vernunft hervorgeht. Die Weisheit ist Gnadengabe, insofern sie durch einen göttlichen Antrieb gewirkt ist. Zur Verdeutlichung der Thomanischen Lösung sei noch ein zweites auch von ihm angeführtes Beispiel erwähnt:[27] Die eingegossene Tugend (*virtus infusa*) ist dem allgemeinen Sprachgebrauch nach zugleich Gnadengabe. Eine Gnadengabe im spezifischen Sinn des Wortes ist von einer eingegossenen Tugend dadurch unterschieden, daß sie von Gott gegeben wird, damit der Mensch sich auf ihn hin bewege. Sie verhilft also dem Menschen, seinen (göttlichen) Antrieben zu folgen.

Vor dem Hintergrund dieser Abgrenzung von *donum* und *virtus* ist es nur allzu leicht verständlich, daß es nach Thomas Lebenssituationen gibt, in denen Gnadengaben notwendig sind, weil der Gebrauch von Tugenden und damit auch der eingegossenen Tugenden nicht ausreicht, um sie erfolgreich zu bestehen.[28] Entsprechend dem spezifischen Unterschied von *donum* und *virtus* ist dies dann der Fall, wenn die Vernunftleitung nicht ausreicht und es eines göttlichen Antriebs bedarf. Thomas stellt der Begründung seiner Position wie immer einige allgemeine Bemerkungen voran, auf deren Grundlage er seine These entfaltet: Das menschliche Wesen hat durch Gott einerseits seine natürliche Vollkommenheit dank des Lichtes der natürlichen Vernunft und andererseits seine übernatürliche Vollkommenheit dank der theologischen, d.h. der eingegossenen Tugenden von Glaube, Hoffnung und Liebe. Auch wenn die zweite Form der Vollkommenheit einen höheren Rang besitzt als die erste, so verfügt der Mensch jedoch über die erste vollständig, während er mit Hilfe der theologischen Tugenden Gott (in diesem Leben) nur unvollständig erkennen und lieben kann. Was aber seinem Wesen nach unvollständig ist, das bedarf, wenn man mit seiner Hilfe tätig sein will, zusätzlicher Ergänzung oder Unterstützung.

Für den Bereich menschlicher Handlung ergeben sich für Thomas daraus folgende Konsequenzen: Bei allem, was der menschlichen Vernunft in der dem Menschen wesensgleichen Ziel- bzw. Zweckordnung unterworfen ist, vermag der Mensch mit Hilfe eines Vernunfturteils erfolgreich tätig zu sein. Wenn Gott ihn hier durch

26 Vgl. THOMAS VON AQUIN, S. th. I–II (wie Anm. 18), q. 68, art. 1, ad 1. – „[D]ona sunt quaedam hominis perfectiones, quibus homo disponitur ad hoc quod bene sequatur instinctum divinum." (THOMAS VON AQUIN, S. th. I–II [wie Anm. 18], q. 68, art 2).

27 Vgl. zum Folgenden THOMAS VON AQUIN, S. th. I–II (wie Anm. 18), q. 68, art. 1, ad 1, ad 3.

28 Vgl. THOMAS VON AQUIN, S. th. I–II (wie Anm. 18), q. 68, art. 2.

einen speziellen Antrieb unterstützt, dann geschieht dies aus überfließender Güte. Im Rahmen der Ordnung des übernatürlichen Letztzieles, auf das hin sich die Vernunft bewegt, wobei sie auf unvollkommene Weise durch die theologischen Tugenden geprägt ist, reicht die Bewegung der Vernunft allein nicht aus. Um das übernatürliche Letztziel zu erreichen, bedarf sie zugleich des Antriebs und der Bewegung durch den Gottesgeist. Denn das Letztziel kann nur erlangen, wer vom Heiligen Geist geleitet wird.

Vor dem Hintergrund der Abgrenzung von *virtus* und *donum* läßt sich abschließend das Spezifische der verschiedenen *virtus*-Formen und der *dona* sowie ihre hierarchische Ordnung nach Thomas folgendermaßen bestimmen:[29] Durch theologische Tugenden ist der menschliche Geist mit Gott verbunden. Mit Hilfe der dianoetischen Tugenden vollendet die Vernunft sich selbst. Durch die ethischen Tugenden werden die Strebekräfte (*vires appetitivae*) darin vervollkommnet, der Vernunft zu gehorchen. Mit Hilfe der Gnadengaben schließlich werden alle Seelenkräfte dazu bestimmt, sich der göttlichen Leitung zu unterwerfen. Die dianoetischen Tugenden sind den ethischen vorzuziehen, die diese zugleich regulieren. Ebenso ist den theologischen Tugenden vor den Gnadengaben der Vorzug zu geben, die diese ebenfalls regulieren. Zudem besitzen die beiden von Aristoteles entwickelten Tugendengruppen – wie erwähnt – für Thomas eine gestufte Wertigkeit. Die ethischen Tugenden sind im eigentlichen Sinn Tugenden. Die dianoetischen Tugenden sind aufgrund ihres Objektes jedoch vornehmer als diese. Die höchste Würde kommt den dianoetischen Tugenden zu, deren Ziel nutzenfrei ist.[30] Vergleicht man jedoch die Gnadengaben mit allen drei Tugend-Gruppen, dann sind die ersten den letzten eindeutig vorzuziehen.[31] Die Gnadengaben vervollkommnen alle Seelenkräfte des Menschen, und sie vervollkommnen im Blick auf die Leitung des Menschen nicht durch die eigene Vernunft, sondern durch den göttlichen Geist.

---

29 Vgl. zum Folgenden THOMAS VON AQUIN, S. th. I–II (wie Anm. 18), q. 68, art. 8.

30 Vgl. Anm. 23.

31 THOMAS VON AQUIN, S. th. I–II (wie Anm. 18), q. 68, art. 8.

2.4 Johannes Duns Scotus: Reduktion vorhandener Deutungen auf ihren philosophisch ausweisbaren Gehalt

Johannes Duns Scotus erörtert das Thema *donum-virtus* entsprechend den Lombardischen Vorgaben im dritten Teil der *Ordinatio*-Version seiner Sentenzenkommentierung in dist. 34.[32] Anders als die zuvor behandelten Denker fragt er nicht nach den Unterschieden zwischen Tugenden und Gnadengaben, sondern nach deren Einheit. Bilden die Tugenden und die verschiedenen Gaben des Heiligen Geistes, zu denen neben den *dona* die *beatitudines* und *fructus* gehören, denselben Habitus?[33] Die Vorgaben der Tradition scheinen dem zu widersprechen, denn die Haltung der Tapferkeit beispielsweise wird einerseits als Kardinaltugend und andererseits als Geistesgabe eingestuft. Thomas von Aquin und die übrigen hier vorgestellten Denker hatten einerseits eine Einheit zu finden versucht, hatten aber andererseits mit Hilfe ihrer Differenzierungen letztlich die Verschiedenheit herausgehoben. Für Scotus hingegen ist die mangelnde Stimmigkeit der Tradition hinsichtlich der generischen Bestimmung einzelner Haltungen insofern unbefriedigend, als ein und derselbe Habitus nicht unterschiedlich klassifiziert werden sollte. Zudem seien die Handlungen, die sich aus der Tapferkeit als Tugend ergäben, keine anderen als die, die aus der Tapferkeit als Gnadengabe folgten.[34] Diese und andere Einwände bringt Scotus gegen die Beibehaltung einer Differenzierung der Haltungen in *virtutes*, *dona*, *beatitudines* und *fructus* vor. Traditionskritisch spricht er sich stattdessen für eine unter systematischen Gesichtspunkten stringentere Position aus: Tugenden und alle Arten von Gnadengaben gehören zur selben Art von Haltungen. Er begründet seine Position in mehreren Schritten:

---

32 JOHANNES DUNS SCOTUS, Ordinatio III suppl. dist. 34, in: Duns Scotus on the Will and Morality. Selected and translated with an introduction by A. B. Wolter, Washington 1986, S. 346–376. Der Text stellt eine korrigierte Version des Textes der unkritischen Edition von Wadding dar. Korrigiert wurde mit Hilfe der entsprechenden Textteile aus den Codices A und S. Vgl. ebd. S. 84. Vgl. dazu WOLTER, A. B., Introduction, in: DERS., Duns Scotus on the Will and Morality (wie in dieser Anm.), S. 78–84.

33 *Beatitudines* bezeichnen die Haltungen, die Gegenstand der Seligpreisungen in der Jesuanischen Bergpredigt (Mt 5, 3–12) sind: Armut im Geist, Trauer, Sanftmut, Hunger nach Gerechtigkeit, Barmherzigkeit, Reinheit des Herzens, Friedfertigkeit, Verfolgtsein um der Gerechtigkeit. Der Begriff '*fructus*' bezieht sich auf die Haltungen, die Paulus im *Galaterbrief* Früchte des Heiligen Geistes (Gal 5, 22–23) nennt: Liebe, Freude, Friede, Langmut, Milde, Güte Treue, Sanftmut und Enthaltsamkeit. Vgl. dazu WOLTER, wie Anm.32, S. 79.

34 „Circa distinctionem trigesimam quartam quaero an virtutes, dona, beatitudines, et fructus sunt idem habitus inter se. (...) si isti essent alii ab aliis, nullus ex una parte esset idem (...) fortitudo est virtus. Et si dicatur quod fortitudo haec et illa sunt alterius rationis; contra hunc actum eiusdem rationis." (JOHANNES DUNS SCOTUS, Ordinatio III [wie Anm. 32], S. 346).

Der erste Begründungsschritt hebt darauf ab, daß für den Menschen in diesem Leben die für seine Vollendung einzig notwendigen Tugenden die ethischen, die intellektuellen und die theologischen sind. – Scotus versteht in diesem Zusammenhang unter intellektuellen Tugenden nur solche, die mit der Klugheit in einem Zusammenhang stehen, da die von ihm behandelte Gesamtfrage sich nur auf den Bereich des sittlichen Lebens des Menschen und des dafür Notwendigen bezieht.[35] – Die Begründung für die erste These erfolgt ausschließlich mit philosophischen Mitteln, und sie wird von Scotus unabhängig von der Erfahrung, gleichsam apriorisch gegeben. Bezugspunkt sind die Strukturen, die den Handlungen des Menschen zugrunde liegen: Im Blick auf das Vernunftvermögen müsse es eine zur Haltung (*habitus*) verfestigte Disposition der Seele geben, welche die Vollendung der Vernunfttätigkeit im Blick auf die theoretischen Gegenstände gewährleiste sowie eine zur Haltung verfestigte Disposition, die Gleiches im Blick auf die praktischen Gegenstände ermögliche. Vergleichbares gelte für das Strebevermögen sowohl im Blick auf das, was in Bezug auf die eigene Person, als auch im Blick auf das, was in Bezug auf den Nächsten erstrebt werde. Nun könne man im Rahmen einer solchen apriorischen Reflexion auch noch zu dem Schluß kommen, daß diese Haltungen zur Vollendung des Menschen nicht ausreichen und daher über die natural angelegten und durch Übung erworbenen Haltungen hinaus noch weitere notwendig seien. Welche Habitus dies sein müßten, das vermag nach Scotus die Reflexion einer auf sich allein gestellten natürlichen Vernunft nicht zu erkunden. Es lasse sich jedoch argumentativ überzeugend darlegen, daß es sich um die Habitus handele, welche die Kirche als die drei theologischen Tugenden von Glaube, Hoffnung und Liebe bezeichne.

Nachdem Scotus mit diesen apriorischen Überlegungen die Notwendigkeit von ethischen, intellektuellen und theologischen Tugenden für die Vollendung menschlichen Lebens unter den irdischen Bedingungen nachgewiesen hat, entwickelt er sodann seine zweite These: Der Mensch bedarf zu seiner Vollendung unter den Bedingungen des irdischen Lebens insgesamt sieben Tugenden. Dies sind Klugheit als intellektuelle und natürlich erworbene Tugend, Tapferkeit, Gerechtigkeit und Maß als ethische und ebenfalls natürlich erworbene Tugenden sowie Glaube, Hoffnung und Liebe als theologische und von Gott gnadenhaft eingegossene Tugen-

35 „Ex istis arguo sic: soli illi habitus ponendi sunt in viatore, quibus perficitur circa omne obiectum quantum potest perfici in via; huiusmodi sunt septem virtutes in genere (non curando de scientiis speculativis aquisitis)" (JOHANNES DUNS SCOTUS, Ordinatio III [wie Anm. 32], S. 354). Vgl. Wolter, Introduction, S. 83. Vgl. ferner JOHANNES DUNS SCOTUS, Ordinatio III (wie Anm. 32), S. 356–358: „De tota ista divisione habitus intellectivi non accipitur in numero virtutum nisi una virtus infusa, quae est fides; et quoddam genus intermedium ad multas practicas acquisitas, quod genus intermedium dicitur prudentia, quod si etiam connumerando species etiam satis communes, possent haberi tres, puta fides et scientia speculativa et prudentia. Tamen quia scientia speculativa non perficit hominem ad bene operari moraliter, ideo non connumeratur inter virtutes morales; minus est enim necessaria homini ad recte vivendum humanae quam prudentia, et etiam fides ad recte vivendum in politia Ecclesiae."

den.[36] Seine Begründung erfolgt wiederum unter Bezug auf die allgemeinen Strukturen der menschlichen Handlung: Scotus geht von der Voraussetzung aus, daß der Mensch in diesem Leben in seinen Vermögen bzw. Handlungen im Blick auf zwei Objekte vollendet werden kann, nämlich im Blick auf die Objekte Gott und Geschöpf. Im Blick auf Gott wird er nach Scotus ausreichend durch die drei theologischen Tugenden vervollkommnet. Auf die Geschöpfe ist der Mensch bezogen durch (praktische) Vernunft und Strebevermögen. Hier erhält die menschliche Vernunft ihre Vollendung durch die intellektuelle Tugend der Klugheit, welcher der Mensch das beste praktische Wissen verdankt. Das menschliche Strebevermögen wird vervollkommnet durch die drei ethischen Tugenden. Mehr als diese sieben Tugenden sind angesichts der Strukturen, welche den menschlichen Handlungen zugrunde liegen, für die menschliche Vollendung in diesem Leben also nicht erforderlich.

Ausdrücklich weist Scotus darauf hin, daß er in dieser Argumentation den Begriff der Tugend generisch benutzt.[37] Wie der Habitus eine mittlere Gattung innerhalb der Kategorie der Qualität bilde, so lägen zwischen der Gattung ‚Habitus' und der untersten Art innerhalb der Kategorie der Qualität, der Art also, unterhalb derer nur noch Individuen unterschieden werden, weitere mittlere Gattungen. Diese unterhalb der Gattung Habitus anzusetzenden Gattungen können nach Scotus unterschiedlich gegliedert werden. Der Sache angemessen würde man zuerst zwischen intellektuellem und appetitiven Habitus unterscheiden, die Gattung ‚intellektueller Habitus' wiederum in die nächsten Gattungen ‚(natürlich) erworben' und ‚gnadenhaft) eingegossen' unterteilen usw. Man könne mit dieser Unterscheidung aber auch beginnen und die Gattung und die Gattung ‚Habitus' in nächste Untergattungen gliedern. Mit zusätzlichen Differenzierungen lassen sich weitere Gattungen bilden. Im Zuge nachfolgender Unterscheidungen kommt man dann auch zu den genannten sieben Tugendarten. Der Mensch bedarf also unter den Bedingungen des irdischen Lebens zu seiner Vollendung als Pilger dieser sieben Tugendgattungen.[38] In dem Maß, wie er sie besitzt, ist er vollkommen.

---

36 Vgl. hierzu und zum folgenden: JOHANNES DUNS SCOTUS, Ordinatio III (wie Anm. 32), S. 354ff.

37 Vgl. hierzu und zum folgenden: JOHANNES DUNS SCOTUS, Ordinatio III (wie Anm. 32), S. 356ff.

38 „Iste numerus septenarius virtutum simpliciter perficit viatorem, ita quod secundum gradus istarum in specie sua est ipse perfectus; secundum enim quod istae sunt intensiores vel remissiores, non in seipsis, sed in capacitate est ipse minus perfectus vel magis perfectus, et si sint intensissimae quantum possunt esse in via, est homo simpliciter perfectus quantum potest esse in via. Non curando ad praesens de illa perfectione quae habetur per virtutes speculativas acquisitas, quae prius exclusae sunt. Per istas quippe septem virtutes, intelligendo de eis et de speciebus earum necessariis de quibus postea dicetur, si sint in se perfectissime, simpliciter perfectissimus est homo circa Deum in se et circa omnia alia a Deo; et ut intelligibilia ratione practica et ut appetibilia vel sibi vel alteri, in quod possunt virtutes appetitivae ex se vel in ordine ad finem ultimum, in quod possunt virtutes acquisitae cum caritate." (JOHANNES DUNS SCOTUS, Ordinatio III [wie Anm. 32], S. 364).

In weiteren Argumentationsschritten weist Scotus zunächst nach, daß unter diese Tugendgattungen die *beatitudines* subsumiert werden können, da sie gleichsam spezifische Arten bezeichnen. Ähnlich verfährt er mit den *dona*.[39] In ihnen sieht er Spezifizierungen der vier Kardinaltugenden: In der Gabe des Rates sieht er die Klugheit gegeben, Tapferkeit wird innerhalb der *dona* unter dem eigenen Namen wiedergegeben. Gottesfurcht sei eine bestimmte Art der Tugend des Maßes. Die Gabe der Weisheit ordnet er unter die theologische Tugend der Liebe, wobei er den Begriff der *sapientia* auf das Verb ‚*sapere*' zurückführt. Das Schmecken bezieht sich nach Scotus immer auf etwas, was um seiner selbst willen geschmeckt wird, also um seiner selbst willen geliebt werde. In den Gaben von Wissen und Einsicht schließlich komme die theologische Tugend des Glaubens in der Weise zum Ausdruck, daß Wissen eine Umschreibung für den vollkommenen Besitz, Einsicht eine Umschreibung für den unvollkommenen Besitz dieser theologischen Tugend bedeute. Ähnliche Zuordnungen nimmt Scotus schließlich für die *fructus* vor. Mit Hilfe der Ableitung der Siebenzahl der für die menschliche Vollendung notwendigen Tugenden aus den Grundstrukturen menschlicher Handlung, der generischen Betrachtung der Tugenden sowie der Subsumtion der *dona*, *beatitudines* und *fructus* unter diese hat Scotus gezeigt, daß Tugenden, *dona*, *beatitudines* und *fructus* denselben Habitus bilden.

3. Auswertung und systematischer Ertrag

(1) Das Phänomen der göttlichen Gnadengabe (*donum*), das die christliche Glaubenslehre der biblischen Tradition verdankt, wird in der theologisch-philosophischen Theoriebildung des 12. und 13. Jahrhunderts theoretisch reflektiert und rekonstruiert. Die Tugend-Lehre bietet den Kontext, der es erlaubt, das Phänomen rational einzuholen. Die Entwicklung der theologisch-philosophischen *donum*-Lehre zeigt, daß das Bestreben einer rationalen Deutung dieses an sich nicht-rationalen Phänomens letztlich zu seiner Auflösung im Bereich der Theorie führt.

(2) Vor der Aristoteles-Rezeption wird *virtus* im Sinne der augustinischen Tradition als gute geistige, von Gott gegebene Eigenschaft verstanden. In Aufnahme der Aristotelischen Bestimmung wird *virtus* als eine zur Haltung verfestigte Disposition der Seele bestimmt.

(3) Da das Aristotelische *virtus*-Verständnis die Tugend als Mittel begreift, mit welcher der Mensch seine spezifische, d.h. individuelle Vollendung erlangt, wird im Zuge der Aristoteles-Rezeption auch der *donum*-Gedanke mit dieser Vervollkommnung des Menschen verknüpft. Infolgedessen fehlen im *donum*-Verständnis

39 Vgl. JOHANNES DUNS SCOTUS, Ordinatio III (wie Anm. 32), S. 370ff.

der mittelalterlichen Philosophie die sozialen Dimensionen, wie sie etwa dem Paulinischen Charisma-Begriff eigen sind.

(4) Das Verhältnis von *virtus* und *donum* ist im Sinne der hier behandelten mittelalterlichen Denker in einem allgemeinen Sinn so zu bestimmen, daß *donum* und *virtus* gleichgesetzt werden können. Faßt man *donum* und *virtus* hingegen in ihrem je spezifischen Sinn, dann sind sie voneinander zu unterscheiden. Der Begriff des *donum* hebt deutlich darauf ab, daß die bezeichnete Eigenschaft eine Gabe Gottes ist und daß sie eine spezifische Bedeutung für die menschliche Vollendung hat.

(5) Für Petrus Lombardus und Philipp den Kanzler bedeutet dies: Es gibt eine durch Schöpfung gegebene Ausstattung des Menschen, die ihm rechte Handlungen ermöglicht, und es gibt aufgrund eigener Gnadenhandlungen Gottes zusätzliche Unterstützungen dieser Ausstattung, da diese für die Erlangung der menschlichen Vollendung allein nicht ausreicht. Die Gnadengaben kompensieren damit die Mängel einer (durch die Erbsünde) beschädigten Natur, die sich nicht voll entfalten kann.

(6) Für Thomas hingegen ist die Natur des Menschen von den Folgen der Erbsünde unbelastet. Der Mensch kann aus eigenen Kräften, d.h. mit Hilfe der natürlichen Vernunft und der erworbenen Tugenden sein naturales Ziel erreichen. Von diesem naturalen Ziel ist das übernatürliche Letztziel des Menschen zu unterscheiden, das in der Erkenntnis Gottes und der Liebe zu ihm besteht. Da dieses Ziel übernatürlich ist, kann es vom Menschen auch nur durch übernatürliche Hilfe, d.h. durch spezifische Gnadenakte Gottes erreicht werden. Hierzu gehören die theologischen Tugenden. Ihre Unterstützung der menschlichen Vernunft reicht indes allein nicht aus, damit diese Gott erkennen kann. Deshalb bedarf es zusätzlicher Gnadengaben, die eine Leitung durch den Gottesgeist und damit den sicheren Weg zur Gotteserkenntnis vermitteln.

(7) Johannes Duns Scotus geht wie Philipp der Kanzler von einer durch die Erbsünde betroffenen Natur aus. Er fragt daher nach den Mitteln, die unter den Bedingungen dieser irdischen Existenz für die moralische Vollendung des Menschen notwendig sind. Scotus will die Antwort ausschließlich in Form einer Reflexion der natürlichen Vernunft geben und setzt daher bei den philosophisch erfassbaren, für den Bereich der Moralität einschlägigen Handlungsstrukturen des Menschen an. Aus ihnen leitet er ab, daß Tugenden die gesuchten Mittel sind und daß es bestimmte Tugenden sind, die den Menschen vervollkommnen. Zur Ableitung dieser spezifischen Tugenden bezieht Scotus sich zudem auch auf ein Votum der christlichen Glaubenslehre. Das so gewonnene Ensemble von insgesamt sieben Tugenden interpretiert er generisch, um dann alle (weiteren) göttlichen Gnadenmittel, welche die

christliche Tradition neben den theologischen Tugenden noch kennt, unter die sieben Tugenden als ihre Gattungen zu subsumieren.

(8) Wenn Scotus zu einem von den Thomanischen Thesen so deutlich verschiedenen Ergebnis kommt, so ist dieser Unterschied nicht auf die inhaltliche Differenz ihrer theologischen Annahme zur Verfaßtheit der Natur nach dem Sündenfall zurückzuführen, sondern auf ihre je verschiedene Argumentationsweise: Thomas argumentiert theologisch, indem er für den Menschen eine natürliche und eine übernatürliche Handlungsteleologie ansetzt. Die erste wird von ihm philosophisch, die zweite theologisch entfaltet. Dementsprechend kann Thomas das Insgesamt von theologisch oder philosophisch begründeten Habitus säuberlich den jeweiligen Ebenen zuordnen, wodurch eine „Zweistockwerktheorie" entsteht, welche die theologischen und die philosophischen Habitus-Bestände in eine Synthese bringt. Scotus hingegen argumentiert im Anschluß an die theologische Prämisse ausdrücklich philosophisch unter Bezugnahme auf eine ethische Theorie menschlicher Handlungsstrukturen. Diese Vorgehensweise nötigt ihn, das gesamte Arsenal von philosophisch oder theologisch begründeten sittlichen Haltungen (*habitus*) daraufhin zu prüfen, ob und wie sie diesen Handlungsstrukturen zu entsprechen vermögen. Diese Sicht führt zu einer bestimmten generischen Betrachtung von Haltungen, was wiederum die Reduktion der Vielfalt von *virtutes*, *beatitudines*, *dona* und *fructus* auf wenige Typen zur Folge hat. Mit dieser philosophischen Vorgehensweise ist zugleich die unschöne sachliche Inkonsistenz bereinigt, daß sich die Traditionen – wie oben erwähnt – in der Auszeichnung der Habitus zum Teil widersprechen, wenn ein und derselbe Habitus in der einen Tradition als Tugend, in der anderen aber als Gnadengabe bezeichnet wird. Daß in diesem Verfahren der größte Teil der theologischen Traditionsbestände aussortiert wird, ist insofern nicht verwunderlich, weil diese ihre Ausbildung und ihre nachfolgende Anerkenntnis kontingenten Umständen verdanken.

(9) Im Blick auf die Leitfrage des Beitrages, ob Erkenntnis im Hochmittelalter Gnadengabe oder dianoetische Tugend ist, wird man die lakonische Antwort formulieren können: Es kommt darauf an. Entweder kann man – wie Thomas es tut – in den Kategorien von Natur und Übernatur denken und damit letztlich die Frage von einem theologischen Standpunkt aus klären. In dieser Sicht kann man Erkenntnis entweder als natürlichen oder als übernatürlichen Habitus ausweisen. In der Ordnung der Natur ist sie dianoetische Tugend, in der Ordnung der Übernatur ist sie göttliche Gnadengabe. Oder man entscheidet sich für die an den menschlichen Handlungsstrukturen orientierte Scotische Theorie, womit man einen eher philosophischen Standpunkt bezieht. Dann ist Erkenntnis entweder dianoetische oder aber theologische Tugend, wobei die theologische Tugend philosophisch ausgewiesen ist. Allein als theologische Tugend wäre Erkenntnis relevant für die moralische Vollen-

dung des Menschen. Als theologische Tugend hätte Erkenntnis einen gewissen Gnadenakzent, da die theologische Tugend eingegossene Tugend ist. Nach Scotus aber ist die Rede von der Erkenntnis als Gnadengabe im Sinne des *donum* philosophisch letztlich nicht sinnvoll, weil sie nicht mit den philosophisch rekonstruierten Strukturen menschlicher Handlung kompatibel ist. Eine Einsicht als ‚*donum*' zu bezeichnen, wie dies Nicolaus Cusanus für seine Erkenntnis der *docta ignorantia* tut, heißt daher einerseits, im Selbst- bzw. Fremdverständnis biblisch orientiert und theologisch bestimmt zu sein, andererseits aber den Prozeß der Rationalisierung des Phänomens nicht bis in die äußerste Konsequenz vorangetrieben zu haben.

Gian Luca Potestà

Prophetie als Wissenschaft

Das Charisma der Seher der Endzeiten[1]

Tendenda vela navigandumque; accelerat namque ratio perita ponti, nullas ueretur minas, nullos anfractus Syrtesue cautesue formidat, cui delectabilius est in abditis diuini oceani fretibus virtutem suam exercere, quam in plenis apertisque otiosa quiescere, ubi uim suam non ualet aperire.[2]

I.

Wo nämlich der Geist der Prophetie spricht, wird der Erforscher der [Heiligen] Schriften niedergedrückt und er fürchtet, sich etwas anzumaßen, als falle der Schatten einer Macht auf ihn. (...) Wir dringen nämlich irgendwann in die Mysterien ein, um uns betrachtend in ihre Geheimnisse zu versenken, wie wenn wir uns gleichsam auf Schwingen in höhere Bereiche des Himmels erheben; aber bald, wenn eine Stimme über dem Firmament ertönt, senken wir die Flügel, weil der Mensch, mag er auch voll der Gnade sein, verstummen muß und seine Rede bei sich behält, wenn der Geist spricht. (...) In der Epoche des Neuen Testaments geschieht dies wahrhaft selten und

---

1 Aus dem Italienischen übertragen von Florian Specker und Stefan Seit.

2 JOHANNES SCOTTUS ERIUGENA, Periphyseon. Liber quartus (CCCM 164), hrsg. von JEAUNEAU, E. A., Turnhout 2000, S. 5 [PL 122, Sp. 744A]: „Man muß Segel setzen und in See stechen; denn vertraut mit diesem Meer, eilt die Vernunft davon; sie fürchtet weder drohende Gefahren, noch Strudel oder Syrten und Klippen; es bereitet ihr größeres Vergnügen, angesichts der unzugänglichen Brandung des göttlichen Ozeans ihren Mut zu üben, als bei unbewegter, freier See müßig zu ruhen, wo sie ihre Kraft nicht zeigen kann“ (Übersetzung in Anlehnung an: JOHANNES SCOTUS ERIUGENA, Über die Einteilung der Natur. Übersetzt von Ludwig Noack. Nachdruck der Ausgabe von 1870–1874 (PhB 86/87), Hamburg 1984, Teilband II, Buch IV, Kap. 2, S. 5f.).

noch seltener wird es zugelassen, damit wir frei in der Betrachtung voranschreiten und den Zaubersprüchen der falschen Propheten aus dem Weg gehen können.[3]

Joachim von Fiore unterscheidet klar den Theologen als den *speculator Scripturarum* vom Propheten, wobei er die Freiheit des ersteren preist und das störende Beharren des letzteren auf seiner Kompetenz fürchtet. Die Zeit der Propheten ist allerdings vorbei: Der letzte und größte war Johannes, der Verfasser der „Apokalypse", einer ‚allumfassenden Prophetie', die auf den gesamten Lauf der Geschichte ausgreift. Joachim bemüht sich, sie zu entschlüsseln, um Vergangenheit, Gegenwart und Zukunft zu verstehen.

Schon Hippolyt (ca. 170–235) hatte in seinem Traktat über den Antichrist erklärt, die Epoche der Propheten sei mit Johannes, dem Verfasser der „Apokalypse", beendet; danach sei die Epoche der Schriftauslegung angebrochen, insofern diese ‚rational' vorgeht.[4] Augustinus hatte bekräftigt, die Zeit der Prophetie sei mit Jesus an ihr Ende gekommen.[5] Joachim entkoppelt den Übergang von der Prophetie zur exegetischen Wissenschaft und das Ereignis der Inkarnation des Wortes und begreift diesen Übergang neu vor dem Hintergrund einer breiteren Perspektive auf die Geschichte als einen fortschreitenden Aufstieg in der Erkenntnis, die allmählich voranschreitet, während die Zeit ihrer Vollendung entgegengeht. In diesem Punkt beruft er sich auf Gregor den Großen, der einerseits – der Tendenz nach – die Gabe der Prophetie mit der der Schriftauslegung identifizierte und andererseits biblische und geschichtliche Hermeneutik unter dem Aspekt des Erkenntnisfortschritts miteinander verband.[6] Der Zisterzienserabt nimmt Gregors Überzeugung wieder auf, nach der das ‚himmlische Wissen' immer mehr zunimmt und nun, da das Ende der Welt unmittelbar bevorsteht, fortschreitet und im Lauf der Zeit immer weiter ausgreift. Joachim jedoch radikalisiert diese Auffassung, wenn er behauptet, der Fortschritt der Geschichte auf die endzeitliche Klarheit zu entziehe Wundern jede Daseinsbe-

3 Zitiert nach SELGE, K.-V., Eine Einführung Joachims von Fiore in die Johannesapokalypse, in: Deutsches Archiv für Erforschung des Mittelalters 46 (1990), S. 85–131, hier S. 105.

4 Vgl. dazu NORELLI, E., Profezia e politica nella ricezione antica dell'Apocalisse. Ippolito e Vittorino di Petovio, in: Annali dell'Istituto storico italo-germanico in Trento/Jahrbuch des italienisch-deutschen historischen Instituts in Trient 25 (1999), S. 315–346, bes. S. 315–332.

5 Vgl. AURELIUS AUGUSTINUS, De diversis quaestionibus LXXXIII (CCSL 44), hrsg. von MUTZENBECHER, A., Turnhout 1975, q. LVIII: De Johanne baptista, S. 104–105.

6 Vgl. dazu bes. GREGOR D. GR, Moralia in Iob. Libri I–X (CCSL 143), hrsg. von ADRIAEN, M., Turnhout 1979, IX/11, S. 467: „Apparente doctorum scientia, dum mens nostra imbre praedicationis infunditur, fidei calor augetur. Et perfusa terra ad fructum proficit cum lumen aetheria ignescit, quia uberius frugem boni operis reddimus, dum per sacrae eruditionis flammam in corde clarius ardemus. Dumque per eos diebus singulis magis magisque scientia caelestis ostenditur, quasi interni nobis luminis uernum tempus aperitur, ut nouus sol nostris mentibus rutilet et eorum uerbis nobis cognitus se ipso cotidie clarior micet. Urgente etenim mundi fine, superna scientia proficit et largius cum tempore excrescit. Hinc namque per Danielem dicitur: Pertransibunt plurimi et multiplex erit scientia [Dtn 12,4]."

rechtigung: Je mehr die Erkenntnis im Licht des Geistes wächst, desto seltener ereignen sich Wunder. Folglich gibt es umso weniger Wunder, je weiter sich das Ende der Welt nähert.

In diesem Sinn erweisen sich zwei Stellen der „Concordia Novi ac Veteris Testamenti" als wichtig. (Der Begriff *‚concordia'* meint dabei sowohl den Titel des Werkes als auch das hermeneutische Prinzip, von dem dieser Titel hergeleitet ist.) Das Werk vergleicht die Heilsereignisse des Alten Testaments mit denen der Zeit der Kirche. Dazu stellt es die zwischen den Ereignissen liegenden Generationen einander in abbildlicher Korrespondenz gegenüber. Die *concordia* erlaubt es, das Gewebe (*textura*) des göttlichen Heilsplans ganz genau zu durchschauen, insofern sie eine strikt arithmetische Ordnung der Heilsgeschichte rekonstruiert. In diesem Zusammenhang hat die Diagrammenwelt Joachims von Fiore ihren Platz, seine diagrammatische Theologie.[7] Indem sie Generationen und Ereignisse, was ihre Stufenfolge angeht, auf der Sachebene einander in wechselseitiger Korrespondenz gegenüberstellt, macht sie die ganze Weltgeschichte lesbar und erlaubt so eine wissenschaftliche Vorhersage der Zukunft.

Im zweiundzwanzigsten Kapitel des vierten Buchs wird die Generation Gregors des Großen (die einundzwanzigste der Kirche) der entsprechenden Generation des Propheten Elischa (der einundzwanzigsten Israels seit Jakob) parallel gesetzt. Gregor, der die bis zu seiner Zeit geschehenen Wunder erzählt, entspricht Elischa, der zusammen mit Elia große Wunder vollbringt. Nach diesen beiden letzteren und bis zu Jesus gab es keine weiteren Propheten, die Vergleichbares taten, obgleich durchaus Propheten auftraten, denen als Lehrern gleicher Rang zukommt.

Joachim erläutert dies im Rückgriff auf die Charismenlehre des Paulus (vgl. 1Kor 14,22). Die Wunderzeichen wurden nicht den Gläubigen gegeben, sondern den Ungläubigen oder Zweifelnden. Wenn sich die Gläubigen *per spiritalem intellectum* aufschwingen, bedarf es nämlich keiner Wunder mehr. Die konsequente Anwendung des *concordia*-Prinzips führt dazu, daß sich eine ähnliche Entwicklung in der Geschichte der Kirche wiederholt: „Wie im Alten Testament zuerst die Zeit der Wunder kam und dann (...) die Zeit der Wissenschaft folgte, so findet dies auch im Neuen Testament ab der einundzwanzigsten Generation statt."[8] Gewiß mangelte es auch in der Zeit der Wunder nicht vollständig am Wissen; ebenso wenig bleibt die Zeit der Wissenschaft gänzlich ohne Wunder. Als ihn aber der Diakon Petrus fragte, weshalb sich keine Wunder mehr ereigneten, gab Gregor der Große klar zu

---

7 Zu diesem grundlegenden Aspekt vgl. PATSCHOVSKY, A., Die Bildwelt der Diagramme Joachims von Fiore. Zur Medialität religiös-politischer Programme im Mittelalter, Ostfildern 2003, und RAININI, M., Disegni dei tempi. Il Liber Figurarum e la teologia figurativa di Gioacchino da Fiore, Rom 2006.

8 JOACHIM VON FIORE, Concordia Novi ac Veteris Testamenti, hrsg. von DANIEL, E. R., in: Transactions of the American Philosophical Society 73/8 (1983), IV/I,22, S. 358. (Die „Concordia Novi ac Veteris Testamenti" ist in fünf Bücher unterteilt; Daniel hat lediglich die vier ersten publiziert; das fünfte ist noch immer nur in einem venetianischen Druck des 16. Jahrhunderts zugänglich.)

verstehen, gerade im Moment vollziehe sich der Übergang von der Epoche der Wunder zu der der Wissenschaft.[9]

Unterhalb der grundlegenden Unterscheidung des Zeitalters der Prophetie und des Zeitalters der Erfüllung führte Joachim also eine weitere Differenzierung ein, die es ihm erlaubte, den Fortschritt der *intelligentia spiritalis* mit dem zeitlichen Fortschritt eng zu verzahnen. Der Lauf der Geschichte kann deshalb in vier Abschnitte unterteilt werden: In der alttestamentlichen Epoche folgt auf die Epoche der Prophetie, die noch durch Wunder bestätigt wird, die Epoche der Prophetie als Wissen. Im darauffolgenden neutestamentlichen Zeitalter ereignet sich ein Fortschritt von der Wissenschaft, die durch Wunder bestätigt wird, zur Epoche derjenigen Wissenschaft, die der Bestätigung durch Wunder nicht mehr bedarf. So wird eine Korrespondenz zwischen den Generationen Elischas und Gregors des Großen hergestellt, die die Funktion beider als der geschichtlichen Scharniere und insbesondere die Bedeutung der „Dialogi" herausstellt, und darin besonders den Bericht über Leben und Wunder des Heiligen Benedikt: Nach Benedikt und Gregor ist ein Abklingen des Wunderbaren in der Geschichte festzustellen.

Immer wieder wurden Zweifel im abendländischen Mittelalter hinsichtlich der Wunder angemeldet, und zwar insbesondere im hagiografischen Kontext: „Rigoristische" Kreise hatten vorgebracht, die Wunder würden weniger, und hatten somit deren Wert für den Nachweis von Heiligkeit in Frage gestellt.[10] Joachim geht nun aber in einer anderen Richtung noch weiter, indem er stattdessen den Funktionsverlust der Wunder innerhalb des göttlichen Heilsplans herausstellt. In ihrem progressiven Erstarken führt die *intelligentia spiritalis* zur völligen Überwindung der Bedingungen, unter denen das Vertrauen auf das Göttliche von materiellen Zeichen seiner Gegenwart abhängig war.[11]

Das 79. Kapitel des fünften Buches der „Concordia" handelt von den Versuchungen, denen Jesus am Ende der 40 Tage, die er in der Wüste zugebracht hat, vom Teufel ausgesetzt wird. Joachim deutet diese Geschichte als Präfiguration dessen, was mit der Kirche geschehen wird, wenn am Ende eines 40 Generationen umfassenden Zeitraums die Anhänger des Teufels die Anhänger Christi auffordern werden, erneut Wunder zu wirken. Jene Zeichen, die Jesus den Ungläubigen gab,

9 JOACHIM VON FIORE, Concordia (wie Anm. 8), S. 358.

10 Dazu VAUCHEZ, A., La sainteté en Occident aux derniers siècles du Moyen Age d'après les procès de canonisation et les documents hagiographiques, Rom ²1988, S. 43 (im Bezug auf Oddo von Cluny); RADDING, C. M., Il riconoscimento del miracolo nella società medievale. Cultura ecclesiastica e cultura folklorica, in: Miracoli. Dai segni alla storia (Sacro/santo NS 1), hrsg. v. BOESCH GAIANO, S./MODICA, M., Rom 2000, S. 91–107.

11 Daraus läßt sich ersehen, wie weit Joachim von den zisterziensischen Kreisen seiner Zeit entfernt ist, die im hagiographischen Bereich sehr engagiert waren; dies belegt etwa das fast gleichzeitige Werk Cesarius' von Heisterbach.

können dann jedoch nicht mehr gefordert werden: „Der allmächtige Gott wollte die erste Phase des Zeitalters der Kirche durch Wunder erleuchten, die zweite aber weniger durch Wunder als durch das Verständnis der Schrift."[12] Dann noch Wunder zu verlangen, wäre teuflisch, und tatsächlich ist der Antichrist ein Meister, wenn es darum geht, Wunder und Vorzeichen zu wirken.

Trotz der Kontakte, die Joachim in seinen letzten Lebensjahren zu Innozenz III. hatte, liegen derartige Formulierungen weitab von dem, was der Papst einige Jahre später bestimmte: Innozenz erklärte das Wunder zu einem unverzichtbaren Merkmal der Heiligkeit, dessen Vorliegen im Heiligsprechungsverfahren durch die Römische Autorität festgestellt werden mußte.[13]

Joachims Aufmerksamkeit konzentriert sich auf den schmalen Übergangsbereich zwischen Gegenwart und unmittelbarer Zukunft. Im Vorwort zur „Concordia" (etwa 1195) erklärt er, berufen zu sein, das zu verkünden, „was die göttliche Fügung mir Unwürdigem über die Endzeiten anvertraut hat";[14] er beansprucht für sich die Aufgabe eines Wächters, dem es zukommt, „den Wachturm auf dem Berg zu besteigen und das Signal zu geben, wenn er die Feinde (d.h.: den Antichrist) bemerkt hat"[15]. Sein Vorhaben zielt im Kern tatsächlich darauf, die apokalyptischen Texte des Alten und Neuen Testaments, die vom Antichrist und den endzeitlichen Ereignissen der irdischen Geschichte handeln, unter den Bedingungen seiner Gegenwart und auf diese hin auszulegen. Joachim unternimmt mehrere Anläufe, die endzeitlichen Geschehnisse unter verschiedenen Prämissen vorauszuberechnen. Nachdem er die Endzeit zunächst um 1260 datiert hatte, überprüfte er seine Berechnungen, und verlegte die Ankunft des Antichrist auf die allernächste Zeit, kurz nach 1200, vor. Dabei gibt er freilich kein genaues Datum an, sondern bietet mehrere Hypothesen an, die aber sämtlich auf die allernächste Zeit hinweisen.[16]

Letztlich setzt Joachims eschatologischer Entwurf keine andere Autorität als die Bibel voraus. Sein Wissen gründet sich ausschließlich auf die *concordia* und auf ein neuartiges Verfahren zur Entschlüsselung der Apokalypse, die als vollständige Beschreibung der gesamten Heilsgeschichte gelesen wird. Chronisten und Theologen

---

12 JOACHIM VON FIORE, Concordia Novi et Veteris Testamenti, Venedig 1519 (Neudruck Frankfurt a. M. 1964), V/79, S. 107^r ab.

13 Vgl. VAUCHEZ, La sainteté en Occident (wie Anm. 10), S. 42–43. Zur Entwicklung des Heiligsprechungsverfahrens aus rechtshistorischer Sicht siehe zuletzt WETZSTEIN, T., Heilige vor Gericht. Das Kanonisationsverfahren im europäischen Spätmittelalter (Forschungen zur kirchlichen Rechtsgeschichte und zum Kirchenrecht 28), Köln/Weimar/Wien 2004; KRAFT, O., Papsturkunde und Heiligsprechung. Die päpstlichen Kanonisationen vom Mittelalter bis zur Reformation. Ein Handbuch (Archiv für Diplomatik, Schriftgeschichte, Siegel- und Wappenkunde, Beiheft 9), Köln/Wien/Weimar 2005.

14 JOACHIM VON FIORE, Concordia (wie Anm. 8), Praefatio, S. 7.

15 JOACHIM VON FIORE, Concordia (wie Anm. 8), Praefatio, S. 10.

16 Zu Änderungen, die Joachim an seinen Berechnungen vornimmt, sowie zur Annäherung an das erwartete Ende vgl. POTESTÀ, G. L., Il tempo dell'Apocalisse. Vita di Gioacchino da Fiore, Rom/Bari 2004.

seiner Zeit sind sich der Originalität dieses Zugangs sehr bewußt. Gottfried von Auxerre, ein anderer Zisterzienserabt, warf ihm vor, „eine neue Art der Prophetie [zu beanspruchen], die sich nicht auf eine Offenbarung stützt, die sicher oder der der anderen Propheten ähnlich wäre, sondern die sich auf umfassendes Wissen, d.h. auf das Verständnis der Schrift, gründet".[17] Eine dem Petrus Cantor zugeschriebene Glosse zeigt, daß das System des Joachim selbst in der Pariser Scholastik früh bekannt war, aber auch schnell als unbegründete Pseudowissenschaft abgetan wurde. Zwar besteht noch keine Sicherheit über den Zeitpunkt und die Vermittlungswege, über die Petrus Cantor vom Gedankengebäude Joachims Kenntnis erlangte,[18] aber wir wissen sicher, daß Joachim jene scholastischen Kreise heftig angriff, als er in seinen letzten Lebensjahren ausdrücklich gegen die Scholastik polemisierte; er warf ihr vor, zu sehr dem Buchstaben verhaftet und daher unfähig zu sein, sich zur geistigen Einsicht (*intelligentia spiritalis)* zu erheben.[19]

Joachim überstand zwar alle Angriffe unbeschadet, hatte dabei aber immer größere Schwierigkeiten. Mindestens in den achtziger Jahren nützte ihm wohl auch das Vertrauen, das er bei der Kurie genoß. Erst im Jahr 1188 forderte ihn Clemens III. nachdrücklich auf, seine beiden Werke, nämlich die „Concordia" und die „Expositio in Apocalypsim" schnellstmöglich abzuschließen und ihm zu übergeben, – jene beiden Werke, die er auf Befehl und mit Erlaubnis von Clemens' Vorgängern, Lucius' III. und Urbans III., begonnen hatte; er solle nicht länger das ihm anvertraute „Talent des Wissens" vergraben.[20] Joachim machte jedoch weiter Ausflüchte und übergab die „Concordia" erst einige Jahre später; an der „Expositio" feilte er sogar bis kurz vor seinem Tod. Inzwischen hatte er vorausschauenderweise einen Brief verfaßt, in dem er das Urteil über sein Werk testamentarisch der römischen Kirche anheimstellte, der er sich vorbehaltlos unterwarf.[21]

---

17 Die kleine Schrift von Gottfried wurde publiziert von GRUNDMANN, H., Zur Biographie Joachims von Fiore und Rainers von Ponza, in: Deutsches Archiv für Erforschung des Mittelalters 16 (1960), S. 437–546, hier insbes. S. 545f., nachgedruckt in: DERS., Ausgewählte Aufsätze II, Stuttgart 1977, S. 255–360, hier insbes. S. 358–360.

18 Vgl. dazu LERNER, R. E., Joachim and the Scholastics, in: Gioacchino da Fiore tra Bernardo di Clairvaux e Innocenzo III. Atti del 5° Congresso internazionale di studi gioachimiti. San Giovanni in Fiore, 16–21 settembre 1999, hrsg. von RUSCONI, R., Rom 2001, S. 251–264. (Lerner vertritt die Auffassung, die von Philippe Buc entdeckte Glosse des Petrus Cantor belege dessen Kenntnis des Denksystems Joachims schon für die achziger Jahre.) – Vgl. auch POTESTÀ, Il tempo dell'Apocalisse (wie Anm. 16), bes. S. 278–280. (Die Auseinandersetzung zwischen Petrus und Joachim wird hier um die Mitte der 90er Jahre datiert.)

19 Vgl. JOACHIM VON FIORE, Tractatus super quatuor Evangelia, hrsg. von SANTI, F., Rom 2002, bes. III/16, S. 304.

20 Vgl den Text des Briefes in JOACHIM VON FIORE, Concordia (wie Anm. 8), S. 3.

21 Text in JOACHIM VON FIORE, Concordia (wie Anm. 8), S. 4–6.

II.

In zwei Berichten beschreibt Joachim zwei ekstatische Erfahrungen als Augenblicke des plötzlich freigesetzten Verstehens, nämlich einerseits der „Apokalypse" und der geschichtlichen Übereinstimmungen (*concordia*), andererseits der trinitarischen Geheimnisse. Lange wurden diese Berichte als getreue Beschreibungen der übernatürlichen Erfahrungen angesehen, aus denen sich Joachims gesamtes Denken entfaltete. Auch wenn wir von der Frage nach der Realität der ekstatischen Erfahrungen absehen, weil sie sich letztlich nicht beantworten läßt, belegen doch verschiedene Elemente, daß die Erzählungen auf die letzten Lebensjahre des Abtes zurückgehen. Dann aber wird deutlich, daß sich Joachim mit ihrer Hilfe selbst zu legitimieren versuchte.

Um 1195 forderte der Zisterzienserabt Adam von Perseigne Joachim auf, zu begründen, worauf sich sein Charisma stütze, und fragte ihn, ob seine Voraussagungen „auf Prophetie, auf Vermutung oder auf Offenbarung" beruhten. Joachim antwortete: „Gott, der einst den Propheten den Geist der Prophetie schenkte, schenkte mir den Geist der Einsicht, so daß ich in klarster Weise im Geist Gottes alle Geheimnisse der Heiligen Schrift erkenne, wie sie die Propheten verstanden, die sie einst im Geist des Herrn bezeugten."[22] Joachim präsentiert sich stolz im Besitz eines neuen Wissens, das die alte Prophetie ersetze, und gibt so zu erkennen, daß er sich weder auf bloße Vermutungen noch auf irgendeine Offenbarung stütze. Das hatte ja schon Gottfried von Auxerre polemisch gegen ihn hervorgehoben. Erst nach diesem Zusammentreffen des Jahres 1195 mußte Joachim also einsehen, daß er, um sein Charisma der intellektuellen Einsicht vor weiteren Polemiken und kritischen Anfragen zu schützen,[23] dessen himmlische Grundlage aufweisen müsse; zu diesem Zweck bediente er sich seiner beiden berühmt gewordenen ekstatischen Erfahrungen.

Das gesamte 13. Jahrhundert hindurch erinnert man sich an Joachim als einen Mann, der den Antichrist vorhergesehen hatte. Freilich wird ihm diese Kompetenz nicht so sehr aufgrund seiner echten Werke zuerkannt, als vielmehr aufgrund der ihm zugeschriebenen pseudepigraphischen Schriften, der Prophetenkommentare, die in den dreißiger Jahren und danach zu kirchlichen und politischen Propagandazwecken entstanden („Super Hieremiam", „Super Esaiam", Kommentare zu den Sibyllen und zu Merlin). Nur im universitären Kontext wurde sein Profil stets eindeutig durch den

---

22 Der Dialog wird wiedergegeben von RADULPH VON COGGESHALL, Chronicon anglicanum (Rerum Britannicarum Medii Aevi Scriptores 66), hrsg. von STEVENSON, J., London 1875, Neudruck 1965, besonders S. 67–68.

23 Rupert von Deutz und Gerhoh von Reichersberg gelten als die bekanntesten Gegner des ersten Typs, Petrus Johannes Olivi und Arnald von Villanova als Vertreter des zweiten. Zur selbstlegitimierenden Dimension der Erzählungen ihrer Visionen vgl. LERNER, R. E., Ecstatic Dissent, in: Speculum 67 (1992), S. 33–57.

Ruhm des Exegeten bestimmt. Jedoch blieb hier seine Konzeption, nach der sich eine arithmetisch-apokalyptische Geschichtstheologie im Ausgang von der Schrift entwickeln läßt, am Rande des neuen scholastischen Wissens. In Paris verursachte die Begegnung mit dem aristotelischen Wissenschaftskonzept ein grundlegendes Umdenken; sie führte dazu, daß die Begriffe der Theologie und der Prophetie auf völlig veränderte Grundlagen gestellt wurden. Nach dem Aufgeben der „series narrationis" schreibt Thomas von Aquin der Theologie den Charakter einer nachrangigen Wissenschaft zu, die einem höherrangigen Wissen zugeordnet ist, das ihrem wissenschaftlichen Wissen seine Grundsätze und seine Grenzen zuweist: Ebenso, wie Geometrie die der Optik übergeordnete Wissenschaft ist, weil sie dieser ihre Grundsätze vorgibt, sind es im Fall der Theologie die Glaubensartikel der Kirche, die als das übergeordnete Wissen fungieren.[24]

Die Rezeption des aristotelischen Wissenschaftsbegriffes zeitigt ebenso weitreichende Konsequenzen für den Begriff der Prophetie: In der scholastischen Diskussion des 13. Jahrhunderts besteht der Gegenstand der Prophetie im Wissen um künftige, kontingente Ereignisse. Von einigen Ausnahmen abgesehen, läßt diese Diskussion die Heilsgeschichte und die Offenbarungsgeschichte außerhalb des Zuständigkeitsbereiches der Prophetie. Thomas selbst stellt insofern eine Ausnahme dar, als er sich ausdrücklich die Frage nach der Zunahme der prophetischen Erkenntnis im Laufe der Geschichte vorlegt.[25] In diesem Punkt geht er auf Distanz sowohl zu Joachim (insofern er ausschließt, nach dem Zeitalter der Gnade Jesu Christi könne die Zeit einer noch größeren Gnade kommen, nämlich die des Heiligen Geistes), als auch zu Gregor dem Großen. Gegen deren Idee, derzufolge die Erkenntnis im Lauf der Geschichte fortschreitend anwächst, unterstreicht Thomas, in jedem der drei großen Abschnitte der Geschichte (*ante legem, sub lege, sub gratia*) werde der Höhepunkt der Erkenntnis jeweils in der Anfangsphase erreicht: Moses war nicht nur der erste, sondern auch der größte der Propheten, und die Apostel hatten gewiß eine höhere Erkenntnis des göttlichen Geheimnisses als die Gläubigen, die nach ihnen kamen.

III.

Joachims Konzeption, nach der sich eine apokalyptische Geschichtstheologie im Ausgang von der Schrift entwickeln läßt (und nicht im Ausgang von den kirchlich definierten Glaubensartikeln, wie es dagegen Thomas versucht), bestand in außerscholastischen Zirkeln fort. Das bestätigen etwa die Ereignisse um den Laien Arnald von Villanova, einen bekannten Mediziner und Lehrer aus Montpellier von großer theologischer, prophetischer und spiritueller Belesenheit. Im Jahr 1300 über-

24 THOMAS VON AQUIN, Summa theologiae [S. th.] I, q. 1, a. 1.

25 THOMAS VON AQUIN, S. th. II-II, q. 174 und DERS., De veritate, a. 14.

gab Arnald dem Magisterium der Pariser Universität eine Schrift, in der er das Jahr der Ankunft des Antichrist exakt zu bestimmen behauptete.[26] Im Prolog stellte sich der Autor als ein „speculator“ vor, der dazu berufen ist, aus der Entfernung die bevorstehenden Widrigkeiten vorherzusehen und sie dem Volk mitzuteilen, damit es fliehe oder sich auf die Herausforderung vorbereite. Er seinerseits habe von ferne die nahenden Gefahren gesehen und sei nun dazu berufen, ein Trompetensignal zu geben, um die Langschläfer und Gleichgültigen aufzuschrecken. Über die allgemeinen biblischen Bezüge hinaus erinnert der Wortschatz nahezu buchstäblich an die Ausdruckskraft der „Concordia“, von der Arnald ein Exemplar in seiner reichen Privatbibliothek besaß.[27]

Arnald bekräftigte unter anderem, daß ebenso, wie die Bischöfe die Stelle der Apostel einnehmen, die Seher (*speculatores*), die deshalb zum Predigen berufen sind, in der Kirche die Stelle der Propheten vertreten („vices gerunt in ecclesia prophetarum“).[28] In der Nachfolge Joachims werden die *speculatores* also als die Interpreten der apokalyptischen Texte verstanden, die sie auf die unmittelbar bevorstehende Endzeit hin auszulegen vermögen. Die Seher sind keine Propheten, aber als *speculatores/predicatores* nehmen sie den Platz von Propheten ein. Die *specula*, in der die Zukunft vorhergesehen wird, ist die Hl. Schrift, die erforscht werden muß, wenn man versuchen will, den göttlichen Plan zu verstehen.

Die Reaktion der Pariser Magister war harsch: Das Werk wurde sofort verurteilt und Arnald wurde für kurze Zeit in Haft genommen. Als er kurz darauf diese Ereignisse berichtete, teilte er mit, um ihn zu beleidigen und lächerlich zu machen, seien einige Magister soweit gegangen, zu erklären: „Ihr sitzt auf einem Beobachtungsposten (*super speculam*), Ihr seid ein Prophet!“[29] Danach kam Arnald nach Rom, wo er aufgrund seiner medizinischen Fähigkeiten durch Bonifaz VIII. in Schutz genommen wurde.

Im Vertrauen auf den Papst wagte er es im folgenden Jahr, einen neuen Text zu verfassen, „De mysterio cymbalorum“, in dem er die Berechnung des Ankunftsjahres des Antichrist und auch das Berechnungsverfahren unverändert ließ. Sein Ver-

---

26 Arnalds Reise fand im Jahr 1300 statt; die oft wiederholte Nennung des Jahres 1299 ist unzutreffend. Vgl. jetzt dazu POTESTÀ, G. L., L'anno dell'Anticristo. Il calcolo di Arnaldo di Villanova nella letteratura teologica e profetica del XIV secolo, in: Rivista di storia del cristianesimo 4 (2007), S. 431-464.

27 Vgl. CHABÀS, R., Inventario de los libros, ropas y demás efectos de Arnaldo de Villanueva, in: Revista de Archivos, Bibliotecas y Museos 9 (1903), S. 189–203, bes. S. 195.

28 PERARNAU I ESPELT, J., El text primitiu del „De Mysterio cymbalorum Ecclesiae“ d'Arnau de Vilanova. En apèndix, el seu „Tractatus de tempore adventus Antichristi“, in: Arxiu de Textos catalans Antics 7/8 (1988–1989), S. 7–169, insbesondere die entsprechende Stelle des „Tractatus de tempore adventus Antichristi“, S. 135.

29 Instrumentum alterum appellationis magistri Arnaldi de Villanova a processu Parisiensium ad apostolicam sedem, in: PERARNAU I ESPELT, J., Sobre la primera crisi entorn el „De adventu Antichristi“ d'Arnau de Vilanova: Paris 1299–1300, in: Arxiu de textos catalans antics 20 (2001), S. 349–402, bes. S. 377–382 (Zitat S. 379).

ständnis des eigenen Charisma hatte sich inzwischen aber deutlich verändert. Als hätte er die verletzende Verspottung durch die Pariser Magister als Herausforderung angenommen, zeigt Arnald nun keinerlei Zurückhaltung mehr. Er bezeichnet sich an erster Stelle als Prophet, der „Rufer“ überwiegt jetzt den „speculator“. Der Anfang des Traktats bietet einen breiten Überblick über die Bedeutung der Prophetie im Verlauf der Heilsgeschichte und über die den Propheten von Gott anvertraute Mission, beginnend bei den alttestamentlichen Gestalten bis zu Henoch und Elija, den in Offb 11 auftretenden Propheten der Endzeit. Arnald stellt sich in diese Reihe und rühmt seine Mission als die eines Rufers, der dazu berufen ist, Offenbarungen in seinen Schriften zu verkünden, damit die Menschen bereuen und umkehren.[30]

Dabei beginnt er hier, „besondere Offenbarungen“ zur Untermauerung seiner eschatologischen Überzeugungen heranzuziehen. In „De mysterio cymbalorum“ wird unter anderem eine „Offenbarung“ ausführlich berichtet, die mit den Worten „Vae mundo in centum annis“ beginnt.[31] Auf diesen Traktat folgten in den nächsten Jahren weitere Schriften, in denen die prophetische Tendenz noch verstärkt wurde, und zwar in direktem Zusammenhang mit dem sich steigernden Druck der Inquisition. Arnald vervielfachte die Bezüge auf sibyllinische Orakel, pseudojoachitische Vorhersagen über das Papsttum, Beschreibungen himmlischer Visionen; er ging sogar so weit, die Überlegenheit des „Oraculum Cyrilli“ über die Schrift zu postulieren.[32] Auf den ersten Blick ist das eine erschütternde Aussage, die sich aber auf die konsequente Anwendung des gregorianischen und joachitischen Prinzips der progressiven Erkenntnis in der Geschichte stützt. Deshalb können „besondere Offenbarungen“ in der Endzeit das Geheimnis in höherer (besser: treffenderer) Form enthalten als die kanonischen Texte der Vergangenheit. Nicht ohne Grund zieht Arnald in seinen Schriften immer wieder Daniel 12,4 bei („Pertransibunt plurimi, et multiplex erit scientia“), einen Schriftbeleg, der schon für Joachim und Gregor wichtig war; diese hatten ihm in analoger Weise Bedeutung gegeben.[33]

Spätestens 1302 geriet Arnald ins Visier einiger Dominikaner der Provinz Aragon, die ihm mit zahlreichen Anzeigen verfolgten. Ihre Vorwürfe lassen sich teilweise aus seiner Verteidigung rekonstruieren. Die Aktivitäten seiner Gegner wurden für ihn zwischen 1303 und 1304 besonders bedrohlich, das heißt in den beiden

30 ARNALD VON VILLANOVA, De mysterio cymbalorum ecclesie, in: PERARNAU I ESPELT, El text primitiu (wie Anm.28), bes. S. 56–63.

31 ARNALD VON VILLANOVA, De mysterio cymbalorum ecclesie, in: PERARNAU I ESPELT, El text primitiu (wie Anm.28), bes. S. 102–103. Über Entstehung und Bedeutung des Textes siehe KAUP M./LERNER, R. E., Gentile of Foligno interprets the Prophecy “Woe to the World,” with an Edition and English Translation, in: Traditio 56 (2001), S. 149–211.

32 ARNALD VON VILLANOVA, Eulogium de notitia verorum et pseudo apostolorum, in: CARRERAS ARTAU, J., La polémica gerundense sobre el anticristo entre Arnau de Vilanova y los dominicos, in: Anals del Istituto de Estudios Gerundenses 5 (1950), S. 33–44, bes. S. 38.

33 Vgl oben, Anm. 6.

Jahren nach dem Tod Bonifaz' VIII., als Benedikt XI., ein Dominikaner, Papst war, der seine kirchliche Karriere im Dienst der Inquisition gemacht hatte. Arnald übernahm einen von einem Freund geprägten Begriff und nannte seine Feinde bezeichnenderweise „Thomatistae".[34]

Seine unbeugsamen Antworten auf die Anklagen der Widersacher gestatten den Rückschluss auf deren lehrmäßige Reichweite zu. Für uns ist interessant, daß Arnald in der „Apologia de versutiis et perversitatibus pseudotheologorum et religiosorum" ausführlich die These zurückweist, nach der jemand, der behauptet, von Gott inspiriert zu sein oder eine Offenbarung empfangen zu haben, sein Charisma durch Wunder zu beweisen habe; andernfalls dürfe man ihm nicht glauben.[35] Diese Kritik läßt vermuten, daß die Dominikaner, die gegen Arnald arbeiteten, die Behauptung des Thomas vorgetragen hatten, eines der fundamentalen und unverzichtbaren Merkmale des echten Propheten sei seine Fähigkeit, Wunder zu wirken.[36] Arnald verteidigt sich, indem er daran erinnert, in der Bibel stünden neben den wundertätigen Propheten andere, wie Jesaja, Jeremia und Amos, die zwar von Gott gesandt waren, von ihm aber nicht die Gabe erhielten, ihre Offenbarungen und Prophezeiungen durch Wunder zu beglaubigen. Er zieht daraus den Schluß, diejenigen seien keine echten Theologen, die die Einwände seiner Gegner vorbrächten: Paulus habe nämlich im 1. Korintherbrief (Kap. 12 und 14) definitiv erklärt, die Gabe der Prophetie unterscheide sich von der Gabe der Wundertätigkeit; die eine sei nicht in der anderen eingeschlossen.[37]

Im Zuge seiner Selbstverteidigung kam der Mediziner und Erforscher der Heiligen Schrift auf diese Weise dazu, sich als Bewahrer eines Charisma zu sehen, das nur teilweise mit dem übereinkommt, das Joachim für sich beansprucht hatte. Beide sind überzeugt, mit einem besonderen Wissen um den Sinn der apokalyptischen Schriften begabt zu sein und die kommenden endzeitlichen Ereignisse exakt vorhersehen zu können. Beide sehen sich als mahnende Wächter angesichts des Antichrist; in einer Situation, in der sie stärkstem Druck ausgesetzt sind, begründen sie ihre Überzeugungen, indem sie von außerordentlichen Erfahrungen berichten. Der kalabresische Abt betrachtet sich aber bis ans Ende als reinen *Speculator Scripturarum*, dessen Rolle als apokalyptische Wache ihm durch seine theologische Wissenschaft garantiert wird, und zwar in einer Zeit, in der Prophetie und Wunder immer

---

34 Vgl. EHRLE, F., Arnaldo de Villanova ed i 'Thomatiste'. Contributo alla storia della scuola tomistica, in: Gregorianum 1 (1920), S. 475–501.

35 PERARNAU I ESPELT, J., L'„Apologia de versutiis atque peruersitatibus pseudotheologorum et religiosorum ad magistrum Jacobum Albi, canonicum Dignensem" d'Arnaud de Vilanova. Edició i estudi; i transcripció del „Tractatus quidam in quo respondetur obiectionibus quae fiebant contra tractatum Arnaldi De adventu Antichristi", in: Arxiu de textos catalans antics 20 (2001), S. 7–348, bes. S. 103–105.

36 THOMAS VON AQUIN, S. th., II-II, q. 171, a. 1: "[A] ad prophetiam pertinet operatio miraculorum, quasi confirmatio quaedam propheticae annuntiationis." – Vgl. auch q. 174, a. 3f.

37 PERARNAU I ESPELT, L' „Apologia" (wie Anm. 35), S. 103.

weiter zurücktreten, da die *intelligentia spiritalis* wächst. Nach den Pariser Ereignissen hält noch Arnald seine apokalyptischen Berechnungen aufrecht, öffnet aber der Prophetie das Tor, indem er sich in die Reihe der Propheten stellt, und immer deutlicher seine Rolle betont als die eines Offenbarers von arkanem Wissens, dessen Erbe im Lauf der Zeit gewachsen ist, und noch zu wachsen hat.

Die apokalyptisch-prophetische Wissenschaft Arnalds war noch weiter von der Hauptlinie der kirchlichen Lehre seiner Zeit entfernt als es die theologisch-apokalyptische Wissenschaft Joachims gewesen war. Nach dem neuen Modell des Thomas von Aquin hängen Echtheit und Wert der Prophetie letztendlich von der Beglaubigung durch Wunder ab, die selbstverständlich von der kirchlichen Hierarchie kanonisch anerkannt werden sollen. Dagegen beruft sich Arnald, wie schon Joachim, auf die paulinische Lehre von den Charismen. In deren von Paulus verkündeten Vielfalt findet Arnald einen Ansatzpunkt für die Verteidigung seiner Ideen über den Fortschritt des Wissens und über die Berechnung der Heilsgeschichte und der Endzeiten.

2.2 Neuzeitliche Perspektiven: Wissenschaft zwischen Professionalität und Genialität

Daniel Gotzen

Wissenschaft als Beruf und Berufung

Begabung und Charisma als symbolisches Kapital in der Frühen Neuzeit

Schon der Humanismusforscher Paul Oskar Kristeller hat in einem 1960 erstmals publizierten Essay „Der Gelehrte und sein Publikum im späten Mittelalter und in der Renaissance“ auf den grundlegenden Wandel verwiesen, den die Person des Gelehrten seit dem 12. Jahrhundert durchlief.[1] Seit jener Zeit, verstärkt aber seit der Renaissance, habe die Herausbildung von spezialisierten Wissenschaftlern mit der Diversifikation des Wissens und der Wissenschaften schrittzuhalten gesucht. Zwar habe der Typus des Universalgelehrten gerade in der Renaissance noch einmal eine Blütezeit erlebt, doch habe dieses Ideal kaum noch Entsprechung in der Realität gefunden. Das Wissen der großen Gelehrten jener Epoche habe sich vielmehr auf eine umfassende Bildung in ihrer Spezialdisziplin – Medizin, Jurisprudenz oder Sprachen beispielsweise – beschränkt.

Über die Subsumierung dieser Entwicklungen unter dem Epochenbegriff „Humanismus“ ist seither viel gestritten worden. Die Diskussion kreiste dabei vor allem um die geistesgeschichtliche Dimension dieser Entwicklung. Ich möchte anregen, die Entwicklungen auch einmal aus gesellschaftsgeschichtlicher Perspektive zu betrachten und die Frage zu stellen, ob dem Wandel der Wissenschaften und den Veränderungen an den Universitäten nicht vielleicht eher ein gesellschaftlicher denn ein geistiger Umbruch zugrunde liegt.

Man kann diesen Prozeß der Ausdifferenzierung und Spezialisierung im Sinne Max Webers als „Entzauberung der Welt“[2] lesen. Um den Preis einer immer besseren Kenntnis eines Fachgebietes ging reziprok auch das Wissen um die großen Zusammenhänge nach und nach verloren. Die Wissenschaft der Renaissance bemühte sich, gerade wegen ihres grundsätzlichen Festhaltens am Einheitsgedanken, um Ver-

---

1 In: Medium Aevum Vivum. Festschrift für Walther Bulst, hrsg. von JAUSS, H.-R./SCHALLER, D., Heidelberg 1960, S. 212–230. Englisch unter dem Titel: The Scholar and his Public in the Late Middle Ages and the Renaissance, in: Medieval Aspects of Renaissance Learning. Three Essays by Paul Oskar Kristeller, hrsg. von MAHONEY, E. P., Durham N.C. 1974, S. 1–25.

2 WEBER, M., Wissenschaft als Beruf 1917/1919, hrsg. v. MOMMSEN, W. J./SCHLUCHTER, W., Tübingen 1992 (MWGA Bd. 17), S. 71–111, hier S. 87.

besserungen in jenen Bereichen, die „vom Menschen als ethischem Subjekt“ handelten und „mit seiner Seele, nicht nur mit seinem Körper zu tun“ hatten.[3] Besonders deutlich wird dies am Beispiel der philosophischen Fakultät mit ihrem traditionell breiten Fächerspektrum. In ihr konzentrierten sich die Bemühungen um Verbesserung und Vervollkommnung zunächst meist auf den Bereich des *Triviums*, und innerhalb dieses Bereiches von Grammatik, Rhetorik und Dialektik vorwiegend auf die Kenntnis und Beherrschung von Sprachen und sprachlichen Ausdrucksmöglichkeiten, die als Grundlage für jede weitere Beschäftigung mit den *studia humaniora* angesehen wurden. Die Verselbständigung von Philologie und Rhetorik mag mit dazu beigetragen haben, daß ihren Protagonisten dabei mehr und mehr das Festhalten an hergebrachten, scholastisch geprägten Ausdrucksformen weniger wichtig erschien. Es galt, für den jeweiligen Anlaß eine jeweils eigenständige, adressatenbezogene und angemessene Ausdrucksform zu finden, was sich auch in der Vervielfältigung der literarischen Gattungen jener Zeit niederschlug. Diese charakteristische Änderung im Umgang mit schriftlichen Werken ist vielleicht das wesentlichste Merkmal der Epoche. Jahrhundertelang entstanden universitäre Lehrbücher auf dieselbe Weise, wie sie schon Kristeller beschrieb:

Ein Autor sorgte (...) für die Verbreitung seiner Bücher, indem er sie seinen eigenen Kursen zugrunde legte, und zuweilen kommt es vor, daß ein Lehrbuch (meist nach dem Tode des Verfassers) in den Universitätsstatuten offiziell als Grundlage für bestimmte Kurse vorgeschrieben wurde. Wenn ein Lehrbuch in vielen Schulen und für lange Zeit seinen Platz behauptete (...), dann erlangte es die gleiche Geltung wie die (...) „Autoritäten“ und wurde selbst zur Grundlage einer umfangreichen Kommentarliteratur.[4]

Dieser Umgang mit neueren Autoren änderte sich an der Wende zum 16. Jahrhundert. Erstmals wurden auch Schriften zeitgenössischer Autoren diskutiert und nach Prüfung in den Lehrplan aufgenommen. Beispiele hierfür sind allen voran Erasmus von Rotterdam und Philipp Melanchthon. In diesen Fällen kann man noch am ehesten davon ausgehen, daß hier ein Zusammenhang zwischen ihrem Ruhm und der Benutzung ihrer Lehrbücher bestand. Doch auch weniger bedeutende Gelehrte erlangten mit einzelnen Titeln überregionale Bedeutung. Sie profitierten nicht vom universellen Ruhm eines Erasmus oder Melanchthon, aber von ihrem Ruf als fähige Lehrer und gute Autoren. Hierhinter verbirgt sich ein Hinweis auf eine Abkehr vom unbedingten Autoritätsglauben hin zu einer pragmatischen Auffassung von Textgebrauch im Unterricht. Dies beinhaltete beispielsweise auch eine Abwägung von

---

3 Diese Formulierung Petrarcas bei HAMMERSTEIN, N., Vom Rang der Wissenschaften. Zum Aufstieg der philosophischen Fakultäten, in: Zwischen Wissenschaft und Politik. Studien zur deutschen Universitätsgeschichte, hrsg. v. KOHNLE, A./ENGEHAUSEN, F., Stuttgart 2001, S. 86–96, S. 87.

4 KRISTELLER, Der Gelehrte und sein Publikum (wie Anm. 1), S. 214 f.

antiken Rhetoriken gegen das Angebot zeitgenössischer Handbücher, die nicht unbedingt zu Gunsten der alten Autoritäten entschieden werden mußte.[5]

Max Webers Charakterisierung des Berufswissenschaftlers von 1919 beschreibt historische und zeitgenössische Merkmale eines Menschentypus. In einigen, vielleicht gar den wesentlichen Merkmalen seiner Beschreibung vermögen sich zweifelsohne auch heutige Wissenschaftler noch mühelos wiederzuerkennen. Die Spur läßt sich aber noch viel weiter zurückverfolgen: Die historischen Wurzeln des Berufszweiges Wissenschaftler reichen mehrheitlich zurück bis an die Wende vom 15. zum 16. Jahrhundert.

Dies betrifft vor allem den Typus des Lehrers, noch nicht so sehr den des Wissenschaftlers oder Forschers. Die Entwicklung zum Universitätsgelehrten, wie ihn Weber beschreibt[6], erfolgte in zwei Schritten. Zunächst bildeten sich aufgrund der steigenden Nachfrage nach trivialer und spezialisierter Bildung die Fachlehrer, die *professores* aus, die wir seit den ersten Jahrzehnten des 16. Jahrhunderts auch in der Artistenfakultät als solche mit ihrer jeweiligen Fachbezeichnung benannt finden.[7] Über die Entstehung des „deutschen Professors" als Typus, wie er sich in den drei höheren Fakultäten herausbildete, hat Peter Moraw Grundlegendes gesagt.[8] Moraw beschreibt den zunächst nur vage konturierten Berufsstand des Professors und seine Entstehung im Mittelalter.[9] Im Verlauf der folgenden zweihundert Jahre, also zwischen dem Ende des 14. und dem Ende des 16. Jahrhunderts, bildete sich, auch infolge der großen Attraktivität des Professorentitels und dem damit verbundenen Sozialprestige, der Professor als eigener, herausgehobener und von den übrigen Gelehrten getrennter gesellschaftlicher Stand mit entsprechendem Habitus heraus. Die letzte Phase dieser langen Entwicklung ist gekennzeichnet durch die Übernah-

---

5 Vgl. hierzu SCHMIDT, P. G., Grammatik und Rhetorik an den Universitäten des Spätmittelalters, in: Artisten und Philosophen. Wissenschafts- und Wirkungsgeschichte einer Fakultät vom 13. bis zum 19. Jahrhundert (Veröffentlichungen der Gesellschaft für Universitäts- und Wissenschaftsgeschichte Bd. 1), hrsg. von SCHWINGES, R. C., Basel 1999, S. 53–61, hier insbesondere S. 60f. – Zu ähnlichen Entwicklungen auf dem Gebiet der Grammatik vgl. die umfangreiche Studie von PUFF, H., Von dem Schlüssel aller Künsten/nemblich der Grammatica (Basler Studien zur deutschen Sprache und Literatur Bd. 70), Tübingen/Basel 1995.

6 Vgl. WEBER, Wissenschaft als Beruf (wie Anm. 2), S. 78f.

7 Zur Bedeutung der Spezialisierung für das wissenschaftliche Arbeiten vgl. ebd., S. 80 f.

8 Vgl. MORAW, P., Improvisation und Ausgleich. Der deutsche Professor tritt ans Licht, in: Gelehrte im Reich. Zur Sozial- und Wirkungsgeschichte akademischer Eliten des 14. bis 16. Jahrhunderts (ZHF Beiheft 18), hrsg. von SCHWINGES, R. C., Berlin 1996, S. 309–326.

9 In den Worten Moraws: „Es mag sich herausgestellt haben, daß in der ersten Generation des deutschen Professors in Deutschland Improvisiertes, Unverhofftes, Vielgestaltiges das Bild prägten, gewiß nichts Eindeutiges und Fertiges. (...) Offenbar haben die Sozialverhältnisse (im weitesten Sinn gemeint) der deutschen Universitätslehrer der ersten Generation mit dem politischen Willen der Gründer nicht oder nicht im mindesten Schritt gehalten. Etwas zugespitzt: Zuerst war die deutsche Universität da, dann erst der deutsche Professor." Ebd., S. 325.

me des Titels und die damit verbundene feste Fächerzuschreibung und Besoldung auch in der Artistenfakultät. Die Gründe hierfür waren vielfältig; unbestreitbar ist aber, daß der starke Rückgang der Studentenzahlen und die damit verbundenen verstärkten Bemühungen um eine Senkung der Hörergelder bei gleichzeitiger Verbreiterung des Lehrangebotes diese Entwicklung maßgeblich begünstigt und beschleunigt haben.[10] Infolge dieser Entwicklung setzte sich zwischen 1520 und 1540 an allen Universitäten im deutschsprachigen Raum die einheitliche Bezeichnung *professor* für alle fest besoldeten oder bepfründeten Lehrer der Artisten, Theologen, Juristen und Mediziner gleichermaßen durch.[11] Erst in einem zweiten, hier nicht näher zu untersuchenden Schritt bildete sich der Typus des Forschers aus. Dieser fand ab dem 18. Jahrhundert seinen Platz zunächst in den Akademien außerhalb der Hochschulen, bis er sich, nicht zuletzt infolge der schon immer bestehenden personellen Überschneidungen, als Universitätsgelehrter in Forschung und Lehre an der modernen Hochschule Humboldtscher Prägung etablierte, wo er bis heute, allen Änderungsversuchen zum Trotz, in etwa die Position behauptet, die ihm Weber schon 1919 zuschrieb.

Innerhalb der Professorenschaft und insbesondere in der ausdifferenzierten Artistenfakultät wurden Rangunterschiede ab dem Ende des 15. Jahrhunderts vorwiegend durch ökonomische Abstufungen verdeutlicht, und zwar durch die Scheidung in bepfründete und besoldete Lehrer, von denen letztere auch Bezieher eines personengebundenen Soldes sein konnten. Dieser wurde in aller Regel vom Träger der Hochschule, also vom Landesfürsten oder Stadtrat, ausbezahlt.[12] Allerdings änderte sich auch auf dem Gebiet der Pfründen die Vergabepraxis: In den Universitätsstädten suchte man die Kanonikate der Stiftskirchen für Professoren freizuhalten oder zu -geben, in den Stiftskirchen im Lande wurde häufiger als noch im Mittelalter ein Theologiestudium zur Bedingung für die Erlangung eines Kanonikates.[13]

Während also zumindest in den drei höheren Disziplinen Theologie, Jurisprudenz und Medizin die Bedeutung akademischer Grade für das berufliche Fortkom-

---

10 Vgl. hierzu SEIFERT, A., Das höhere Schulwesen. Universitäten und Gymnasien, in: Handbuch der deutschen Bildungsgeschichte Bd. I (15. bis 17. Jahrhundert), hrsg. von HAMMERSTEIN, N., München 1996, S. 197–374, hier S. 260. Zu den Gründen für die Frequenzeinbrüche und den verschiedenen Strategien ihrer Bewältigung vgl. ASCHE, M., Frequenzeinbrüche und Reformen – Die deutschen Universitäten in den 1520er bis 1560er Jahren zwischen Reformation und humanistischem Neuanfang, in: Die Musen im Reformationszeitalter, hrsg. von LUDWIG, W., Leipzig 2001, S. 53–96.

11 Vgl. MORAW, Improvisation und Ausgleich (wie Anm. 8), S. 312. Zur wachsenden Bedeutung des Professorentitels im 15. und 16. Jahrhundert, jüngst auch FÜSSEL, M., Gelehrtenkultur als symbolische Praxis. Rang, Ritual und Konflikt an der Universität der Frühen Neuzeit, Darmstadt 2006, S. 48.

12 Zu dieser Entwicklung zusammenfassend WEBER, W. E. J., Geschichte der europäischen Universität, Stuttgart 2002, S. 97ff.

13 Vgl. SCHWINGES, R. C., Karrieremuster. Zur sozialen Rolle der Gelehrten im Reich des 14. bis 16. Jahrhunderts, in: Gelehrte im Reich. Zur Sozial- und Wirkungsgeschichte akademischer Eliten des 14. bis 16. Jahrhunderts (ZHF Beiheft 18), hrsg. von SCHWINGES, R. C., Berlin 1996, S. 11–22, hier S. 21.

men wuchs, so konnten umgekehrt auch außeruniversitäre Ränge und Titel für das Fortkommen innerhalb des akademischen Betriebes von Nutzen sein. Neben mit beamtenähnlichen Funktionen verbundenen Titeln wie Notar, Ratsschreiber und Kanzleisekretär für Juristen und Artisten oder Stadt- oder Leibarzt für die Mediziner traten Ehrentitel, insbesondere der vom Kaiser oder König zu verleihende *poeta laureatus*, der im Zuge der zunehmenden Rhetorisierung der Artistenausbildung eine prestigeträchtige Zusatzqualifikation darstellte.[14] Die Auszeichnung war geeignet, die Karrieren von Artisten und Juristen zu befördern, insbesondere wenn diese ein öffentliches Amt anstrebten.[15] Zunächst konnte die Dichterkrönung durch den Kaiser nur in besonderen Ausnahmefällen einen akademischen Grad ersetzen, seit Beginn des 16. Jahrhunderts aber wurde der Titel des *poeta laureatus* in den Statuten einiger Universitäten grundsätzlich mit dem Grad eines *magister artium* gleichgesetzt.[16] Im Falle des Sprach- und Rhetoriklehrers Heinrich Bebel verbesserte dessen Dichterkrönung in Innsbruck an Pfingsten 1501 seine Position an der Universität Tübingen erheblich. Bebel las dort seit 1496 Beredsamkeit und Dichtkunst. Seit der Krönung nannte er sich *poeta laureatus et humanarum literarum doctor*.[17] Als solcher versah er die Rhetoriklektur bis zu seinem Tode 1518. Mit seinem Doktortitel stellte sich Bebel in universitäre Traditionen, gleichzeitig brach er mit ihnen: Ein *vir doctus* war er sicherlich, auch in den Augen seiner Universitätskollegen, zum *doctor* aber hätte ihn niemand aus seinem Fach promovieren können. Es ist also anzunehmen, daß Bebel die Dichterkrönung durch den Kaiser als gleichwertig und

14 Vgl. MERTENS, D., Zur Sozialgeschichte und Funktion des *poeta laureatus* im Zeitalter Maximilians I., in: Gelehrte im Reich. Zur Sozial- und Wirkungsgeschichte akademischer Eliten des 14. bis 16. Jahrhunderts (ZHF Beiheft 18), hrsg. von SCHWINGES, R. C., Berlin 1996, S. 326–348. Mertens nennt als prominentes Beispiel Jacobus Canter aus Köln, Jurist und Dichter, Sproß einer Groninger Juristenfamilie, vgl. MEUTHEN, E., Kölner Universitätsgeschichte. Bd. I: Die alte Universität, Köln 1988, S. 213. Jacobus' Bruder, Andreas Canter, betätigte sich ebenfalls literarisch und konnte zeitweilig den Beruf eines besoldeten Stadtpoeten der Stadt Köln mit einer Lehrtätigkeit in der Artistenfakultät vereinigen, vgl. MEHL, J. V., Humanism in the Home Town of the „Obscure Men", in: Humanismus in Köln/Humanism in Cologne (Studien zur Geschichte der Universität zu Köln 10), hrsg. von MEHL, J. V., S. 10.

15 Zu dieser Entwicklung vgl. die jüngste Darstellung am Beispiel Wiens: MÜHLBERGER, K., Poetenkolleg und Dichterkrönung in Wien, in: Bilder – Daten – Promotionen. Studien zum Promotionswesen an deutschen Universitäten der frühen Neuzeit (Pallas Athene 24), hrsg. v. MÜLLER, R. A., Stuttgart 2007, S. 85 – 119. Der überwiegende Teil der Humanisten begnügte sich mit einem zumeist kursorischen Studium der artistischen Disziplinen. In Fällen aber, in denen Ehrgeiz oder Erwerbszwang einen höheren Studienabschluß wünschenswert oder erforderlich machten, wählte man, anstelle der bisher führenden Theologie, in aller Regel die Jurisprudenz, vgl. STIEVERMANN, D., Zum Sozialprofil der Erfurter Humanisten, in: Humanismus in Erfurt, hrsg. von HUBER-REBENICH, G./LUDWIG, W., Rudolstadt 2002, insbes. S. 41.

16 Vgl. BOEHM, L., Akademische Grade, in: SCHWINGES, R. C., Examen, Titel, Promotionen. Akademisches und staatliches Qualifikationswesen vom 13. bis zum 21. Jahrhundert (Veröffentlichungen der Gesellschaft für Universitäts- und Wissenschaftsgeschichte 7), Basel 2007, S. 11-54, hier S. 24.

17 Vgl. GRAF, K., Heinrich Bebel, in: Humanismus im deutschen Südwesten. Biographische Profile, hrsg. von SCHMIDT, P. G., Stuttgart 2000, S. 179–194, hier S. 182.

gleichartig ansah und damit auch unter seinen Zeitgenossen nicht auf Widerspruch stieß. Der artistische Doktortitel kam mit der Zeit insbesondere unter den Sprachlehrern sehr in Mode und ersetzte schleichend den bisher geführten Magistertitel in der unteren Fakultät.[18] Im Verlaufe des 16. Jahrhunderts läßt sich so beobachten, wie die bisher relativ genau festgelegten und an gewisse Voraussetzungen gebundenen akademischen Grade und Titel zunächst verschwimmen und in verschiedenen Bedeutungen nebeneinander existierten.[19] Erst im Verlaufe dieses Jahrhunderts bürgerte sich der Professorentitel als fakultätsübergreifende Bezeichnung für einen besoldeten oder bepfründeten, mit einem festen und klar umrissenen Lehrauftrag versehenen Universitätslehrer ein, wenngleich es sich auch hierbei noch immer nicht um eine so genau umrissene Berufsbezeichnung handelte wie bei den heutigen Trägern dieses Titels.

Die verstärkte Spezialisierung ließ die Träger der Universitäten nun auch gezielter nach geeigneten Kandidaten für bestimmte Lehraufträge suchen. Von diesem Verfahren profitierten Gelehrte, die ein gesuchtes Fach vertreten konnten oder deren Anwesenheit an der Hochschule aus anderen Gründen wünschenswert erschien. Die frühesten Fälle regelrechter Berufungsverhandlungen finden sich folglich in den juristischen und medizinischen, seltener auch an den artistischen Fakultäten. Während Theologen traditionell über kirchliche Pfründe versorgt wurden, so war es in den anderen höheren Fakultäten schon länger üblich, einzelne Gelehrte zu besolden. Es war folgerichtig nur eine Frage der Zeit, bis diese anfingen, bei Unzufriedenheit mit ihrem Sold einen Orts- oder Hochschulwechsel in Betracht zu ziehen. Vorreiter waren Juristen wie der aus Hamburg stammende Johannes Oldendorp (1487–1567), der als ehemaliger Stadtsyndikus von Rostock und Lübeck 1538 von der Universität Frankfurt/Oder nach Köln wechselte. Nachdem er sich dort mit einer juristischen Vorlesung eingeführt hatte, kündigte er sie alsbald wieder auf und bewegte so den Rat dazu, mit ihm in Bleibeverhandlungen einzutreten. Neben einer vergleichsweise großzügigen Besoldung für seine Vorlesung erhandelte sich Oldendorp auch noch ein Honorar für gelegentliche juristische Beratung des Rates.[20] Die Beratungsleistung stand dem Rat als Träger der Hochschule eigentlich unentgeltlich zu, aber einen Wegzug des mit hansestädtischen Rechtsproblemen vertrauten Fachmannes wollte man unter keinen Umständen riskieren. Lieber schuf man einen Präzedenzfall, an dem sich dann auch spätere Professoren der Juristenfakultät

18 Vgl. auch SEIFERT, Das höhere Schulwesen (wie Anm. 10), S. 261.

19 Zur Vielfalt der möglichen Selbstbezeichnungen früher humanistischer Lektoren an den Artsitenfakultäten vgl. CLARK, W., Academic Charisma and the Origins of Research University, Chicago 2006, S. 186.

20 Vgl. GROTEN, M., Beschlüsse des Rates der Stadt Köln. Bd. 4, 1531–1540, Düsseldorf 1989, S. 575, Nr. 487, und: GROTEN, M., Beschlüsse des Rates der Stadt Köln. Bd. 5, 1541–1550, Düsseldorf 1990, S. 3, Nr. 20.

orientierten.[21] Besonders vorteilhaft waren solche individuellen Verhandlungen für Personen, die außerhalb der Hochschulen eine sichere Anstellung gefunden hatten. Der wohl früheste Fall regelrechter Berufungsverhandlungen um einen auswärtigen Gelehrten stellen die Bemühungen der Universität Köln dar, den am Bonner Hofe des Erzbischofs beschäftigten Jakob Ochs für eine juristische Vorlesung zu gewinnen. Als Ochs im Januar 1550 als Professor für kanonisches Recht nach Köln wechselte, hatte er neben den beiden Gehältern für Vorlesungen und Beratertätigkeit samt den üblichen Zulagen auch noch das Recht erstritten, weiterhin auch bei Hofe tätig zu sein.[22] Anders verfuhr der Mediziner Thomas Liebler (1524–1583), genannt Erast, bei seiner Berufung nach Heidelberg 1558. Neben einem vergleichsweise üppigen Gehalt verlangte er zusätzlich eine angemessene Entschädigung für die zu erwartende Einschränkung seiner Nebentätigkeit als Arzt.[23] Während die zuvor genannten Juristen allesamt aus der Verwaltung an eine Universität zurückkehrten, war Liebler nach bisherigem Kenntnisstand wohl der erste Professor, der sich die neuen Möglichkeiten zur individuellen Vertragsgestaltung zunutze machte, indem er bei der Frage der Besoldung seine Heimathochschule Basel gegen die ihn berufende Universität Heidelberg ausspielte. Liebler gibt insofern ein gutes Beispiel für die formale und materiale Rationalisierung des Universitätslebens.[24] Läßt man persönliche Kontakte nach Heidelberg, die auch eine Rolle gespielt haben, außer Acht, so gründete seine Berufung vor allem auf seinem beruflichen Erfolg als Arzt. Die Anwendung meritokratischer Kriterien schließt aber die Einbeziehung von Charismatikern weitestgehend aus, da diese sich *per definitionem* konventionellen Maßstäben entziehen. Liebler mag hier insofern noch eine Ausnahme bilden, als ihm auch der Ruf eines Wissenschaftsorganisators vorauseilte.[25]

Ein weiteres, auch schon von Weber festgestelltes Merkmal der „Entzauberung“ durch Professionalisierung ist die Abkehr von den persönlichen, familiären Beziehungen, die das Zusammenleben in den Bursen der mittelalterlichen Universität ausmachten, hin zu professionellen, versachlichten und temporären Beziehungen, wie sie das Verhältnis von Studenten zu ihren Lehrern von der Frühen Neuzeit an

---

21 So beispielsweise der seit 1545 in Köln lehrende Konrad Betzdorp († nach 1574), der sich im November 1547 „zu der Stadt (Köln) Diener und Rat“ wählen und entsprechend besolden ließ, vgl. GROTEN, Beschlüsse des Rates der Stadt Köln (wie Anm. 20), Bd. 5, S. 548, Nr. 611.

22 Vgl. GROTEN, Beschlüsse des Rates der Stadt Köln (wie Anm. 20), Bd. 5, S. 760f., Nr. 43 und S. 762, Nr. 54. Zur Rolle der „gelehrten Räte“ bei Hofe und dem beträchtlichen Sozialprestige dieses Amtes vgl. STICHWEH, R., Der Frühmoderne Staat und die europäische Universität. Zur Interaktion von Politik und Erziehungssystem im Prozeß ihrer Ausdifferenzierung (16.–18. Jahrhundert), Frankfurt a. M. 1991, S. 154–170.

23 HAUTZ, J. F., Geschichte der Universität Heidelberg, Bd. 2, Mannheim 1864, S. 15.

24 Breuer, S., Die Rationalisierung des Staates, in: DERS., Bürokratie und Charisma. Zur politischen Soziologie Max Webers, Darmstadt 1994, S. 33 – 58, hier insbes. S. 44.

25 Den daran geknüpften Erwartungen wurde Liebler noch im selben Jahr gerecht, als er eine zentrale Rolle bei den Reformen in Kirche und Universität der Kurpfalz unter Kurfürst Ottheinrich übernahm, vgl. DRÜLL, D., Heidelberger Gelehrtenlexikon 1386–1651, Berlin/Heidelberg 2002, S. 141f.

bis heute immer stärker prägten und prägen.[26] Dieser Wandel fand seinen ersten Niederschlag in den Universitätsstatuten des frühen 16. Jahrhunderts. Bis in die ersten Jahrzehnte des 16. Jahrhunderts genügte es bei einem Wechsel an eine andere Hochschule, glaubhaft zu versichern, man habe bei diesem oder jenem Magister seine Magisterpromotion abgelegt, um selbst als Magister zu gelten. In Zweifelsfällen wurden die Aussagen zweier Kommilitonen als Beweis anerkannt. Seit den Statutenänderungen der 1520er und 1540er Jahre aber wurde nun zumeist ein schriftlicher Nachweis der Heimathochschule verlangt, eine frühe Form des Abschluß- oder Arbeitszeugnisses.

Diese schon mehrfach erwähnte Formalisierung und Verrechtlichung von Arbeitsverhältnissen an der Hochschule ist ein weiteres Indiz für die zunehmende Professionalisierung im akademischen Bereich. Diese war zweifelsohne für das Aufkommen des modernen Gelehrtentypus einerseits förderlich, behinderte aber andererseits das berufliche Fortkommen charismatischer Professorenpersönlichkeiten in dem Maße, wie sie sich der um sich greifenden Normierung und Regulierung des Lehrbetriebes entzogen. Der Universalgelehrte mittelalterlichen Typs fand seine letzte Zuflucht nur noch in den Bursen der Universitäten, wo er als deren Rektor Magister, nicht Professor tituliert wurde, und außerdem in den Lateinschulen, wo er durch Befähigung und Ehrgeiz immerhin einen bescheidenen Ruhm erwerben konnte, der über den engeren Einzugsbereich der Stadt oder des Landstriches hinausreichte.

Der Erfurter Historiker Dieter Stievermann hat diese unterschiedlichen Entwicklungen im Zuge der Professionalisierung der Wissenschaft am Beispiel des sogenannten zweiten Erfurter Humanistenzirkels untersucht. Er konnte nachweisen, daß sich in der Gruppe der sich um Conradus Mutianus Rufus[27] in Erfurt scharenden Humanisten alle zuvor genannten Karrierestrategien wiederfinden lassen.[28] Für eine Karriere förderlich waren insbesondere ein Studium in den höheren Fakultäten, ein Doktortitel, ein Aufenthalt in Italien und ein dort erworbener Grad.[29] Alle Mitglieder des sogenannten Erfurter Humanistenzirkels bemühten sich im Rahmen ihrer finanziellen Möglichkeiten darum, wenigstens Teile dieses akademischen Bildungsprogrammes zu absolvieren, wenngleich sie in ihren Selbstdarstellungen mit ihrer außer- oder antiakademischen Herkunft und Haltung kokettierten.

Charisma und symbolisches Kapital bilden, in stets veränderlichen Gewichtsanteilen, weiterhin die Grundlage für eine Universitätslaufbahn. Für die Frage nach der Rolle des Charisma bedarf es allerdings einer feinen Unterscheidung der verschiedenen Ebenen des Charisma-Begriffes. Die Frage beispielsweise, ob die *professores*, die neuen Fachgelehrten, „charismatische Persönlichkeiten" sind, ließe

---

26 Vgl. WEBER, Wissenschaft als Beruf (wie Anm. 2), S. 109f.

27 Eigentlich Konrad Muth aus Homberg (1470–1526), promovierte 1498 in Ferrara zum Dr. iur., ab 1502 Tätigkeit in der Kanzlei des Landgrafen von Hessen, ab 1504 Kanoniker in Gotha.

28 Vgl. STIEVERMANN, Zum Sozialprofil der Erfurter Humanisten (wie Anm. 15), S. 33–53.

29 Vgl. STIEVERMANN, Zum Sozialprofil der Erfurter Humanisten (wie Anm. 15), S. 39–41.

sich ganz unterschiedlich beantworten, je nachdem, ob man den theologischen oder den Weberschen Charisma-Begriff zugrunde legte. Von einem „ekklesialen Charakter“[30] des Gelehrtencharismas kann mit fortschreitender Professionalisierung und Entpersönlichung der Lehrer-Schüler-Beziehungen wohl immer weniger gesprochen werden. Wenn man nicht so weit geht, den Autoren der Theologischen Realenzyklopädie zuzustimmen, die den Charismabegriff bei Weber zum „inhaltsleeren Allerweltswort“[31] verkommen sehen, dann kann man herausragende Gelehrte einzelner Fächer trotzdem als charismatische Persönlichkeiten im Weberschen Sinne sehen. In dem Maße, wie sie wissenschaftlichen und persönlichen Ruhm auf sich vereinen können, steigt ihr Ansehen als herausragende Persönlichkeit. Es verwundert zunächst, daß Weber und alle Epigonen ihren entkirchlichten Charismabegriff an den unterschiedlichsten sozialen Gruppen erprobten, seine Anwendung auf den Bereich der Universität jedoch auf sich warten ließ. Vielleicht hat die lange Vorherrschaft des biblischen Charismabegriffes dazu beigetragen, daß man lange Zeit im Bereich der Universitäten, in dem die auch im alten Sinne als „charismatisch“ zu geltenden Autoritäten gepflegt wurden, in den neuen Wissenschaftlern keine Charismatiker erkennen zu können glaubte.

Eine Betrachtung der beiden Galionsfiguren der konfessionell geschiedenen Bildungsreformen der Frühen Neuzeit illustriert die Schwierigkeit der Scheidung der Charismabegriffe: Erasmus von Rotterdam wird man gemeinhin Charisma nachsagen. Als nahezu legendäre Gestalt schon unter Zeitgenossen und als lebendes Pilgerziel für humanistisch gesonnene Gelehrte aus dem ganzen Reich wird man hinter dieser Zuschreibung das alte, ekklesiale Charisma aufscheinen sehen. Bei der Frage hingegen, ob auch der nicht minder berühmte Philipp Melanchthon eine charismatische Gestalt abgibt, mögen sich die Geister scheiden. Melanchthon war kaum je Ziel vergleichbarer Huldigungsfahrten, wie sie Erasmus empfing. Seinen Rat erbat und empfing man brieflich. Seine Autorität als Bildungsreformer stützte sich zudem auf Belesenheit, Fleiß und einen allerdings ebenfalls nahezu legendären Schaffensdrang. Zu deutlich trat dabei aber in all seinem Wirken die Mühe hervor, die er auf dieses Arbeiten verwandte. Zum Charismatiker fehlten ihm das *ingenium* und die zielgerichtete Spontaneität, die den natürlichen Führungsanspruch von Charismatikern begründen. Allerdings läßt sich bei dieser Gegenüberstellung kaum ausschließen, daß das konfessionelle Umfeld der beiden Antipoden Erasmus und Melanchthon ihre Arbeit selbst und deren jeweilige öffentliche Wahrnehmung so weit beeinflußt haben, daß wir heute zu solchen Feststellungen gelangen. Die Untersuchung dieses Komplexes würde auf ein weiteres Feld Weberschen Forschens führen und damit den hier gesteckten Rahmen überschreiten.

30 KNOCH, O., Art. Gnade, in: Reallexikon für Antike und Christentum, Bd. II, Stuttgart 1959, Sp. 355.

31 RATSCHOW, C. H., Art. Charisma I, in: Theologische Realenzyklopädie, Bd. 7, Berlin 1981, Sp. 682.

Grundsätzlich lassen sich im eigentlichen universitären Kontext ohnehin stets nur für die jeweils ersten Vertreter eines neuen Faches oder Lehrstuhles charismatische Aspekte geltend machen. Die Neubegründung eines Lehrstuhles für Dichtkunst war oft Folge des Auftretens eines *poeta laureatus* oder einer ähnlich befähigten Persönlichkeit. Bestimmte man aber nun diesem einen Nachfolger, so erfüllte jener in der Regel schon alle Voraussetzungen eines planmäßigen Professors, also eines Beamten. Aus dem personalen Lehrstuhl des charismatischen Vorgängers wurde ein nach den Kriterien der traditionalen oder rationalen Amtsfolge mit einem Schüler oder einem gesondert Ausgewählten besetzter fester Posten.[32]

Man kann also folgern, daß die Universität die charismatischen Gelehrten, sofern sie in ihr Lehrkonzept paßten, absorbierte und neutralisierte. Die wissenschaftliche Beschäftigung mit alten Sprachen, Rhetorik und Geschichte entstand außerhalb der Hochschulen, aber in akademischen Kreisen. Sie diffundierte in diese hinein und wurde zunächst gelegentlich bekämpft, zumeist aber integriert, zunächst in Form der *lectiones extraordinaries*, dann, in einem nächsten Schritt, als Teil des erneuerten Lehrplanes. Dazu paßt auch die „Wirtschaftsfremdheit“[33] der ersten Generation jener außeruniversitären Lehrer, eine „Wirtschaftsfremdheit“ ganz im Weberschen Sinne. Sehr wohl waren nämlich die wandernden Literaten und *magistri* auf Einkommen aus. Sie suchten aber nicht nach dem schnellsten Weg der Aufnahme ins System, sondern sie versuchten, mit dem „Alleinstellungsmerkmal“ ihrer besonderen Kompetenz einen Weg zu beschreiten, an dessen Ende im Idealfall die Anerkennung durch die Träger der bestehenden Ordnung winken konnte.

Die Universität integrierte so weite Teile einer außeruniversitär an Höfen und in Humanistenzirkeln wirkenden Bildungsbewegung und neutralisierte diese durch die Aufnahme ihrer Bildungskonzepte in die regulären Lehrpläne. Die Einführung des Professorentitels auch in der unteren, der Artistenfakultät markierte dabei deutlich die Wende vom mittelalterlichen Magister hin zum Fachgelehrten. Sie war auch ein Zugeständnis an die von außen hineingenommenen Literaten, die auf dem Gebiet der Dichtkunst oder der alten Sprachen bewandert waren, andere, vor allem quadruviale, Fächer des artistischen Lehrplanes aber nicht lehren konnten. Mit der Einstel-

32 „Nur der erprobte Novize wird zu den Herrengewalten zugelassen. Der *genuine* charismatische Führer kann sich diesen Ansprüchen erfolgreich widersetzen, – der Nachfolger nicht, am wenigsten der vom Verwaltungsstab gekorene.“, WEBER, M., Wirtschaft und Gesellschaft I, Tübingen 1972, S. 145. Zur Bedeutung der „Fähigkeit, Schüler zu haben“ und deren Karriere zu befördern im akademischen Kontext vgl. auch BOURDIEU, P., Homo Academicus, Paris 1984, S. 118. Bourdieu weist in diesem Zusammenhang insbesondere auf den charakteristischen deutschen Begriff „Doktorvater“ für den Betreuer einer Promotion hin und auf die dadurch ausgedrückte Eigentümlichkeit, daß sich an den Universitäten erwachsene „Schüler“ ihren „Vätern“ unterzuordnen haben, was die freie Entfaltung eines eigenen wissenschaftlichen Profils im Extremfall hemmen oder verhindern kann und den potentiellen Nachfolger zum bloßen Epigonen stempelt.

33 Vgl. WEBER, Wirtschaft und Gesellschaft I (wie Anm. 32), S. 142.

lung von Professoren für Rede- und Dichtkunst und der Zuweisung fester Lekturen endete die Zeit des „meisterlichen“ Lehrers, aber auch die Zeit der charismatischen Dichterfürsten und freien Gelehrten, deren ungebundener und oft bewußt antiakademischer Lebensstil sich nicht mit den Anforderungen eines formalisierten und rationalisierten Gebildes wie der frühmodernen Hochschule vereinbaren ließ. An ihre Stelle traten Professoren, deren Rang und Ansehen sich aus einer Fülle von inner- und außeruniversitären, oft schwer zu gewichtenden Faktoren konstituierte und deren Ansehen mehr und mehr von der Ansammlung solchen symbolischen Kapitals als von ihrem personalen Charisma abzuhängen begann.[34]

Bis heute ist der Universitätsprofessor im Kern ein Produkt geistesgeschichtlicher *und* gesellschaftlicher Entwicklungen des 16. Jahrhunderts, vor allem des Wandels von der kirchlich-personalen Universität des Mittelalters hin zur bürokratisch-rationalen Hochschule der Neuzeit. In einer solchen Struktur scheint es angemessener, bei der Beschreibung der sozialen Ordnung und ihrer Konstruktion auf den Begriff des symbolischen Kapitals zurückzugreifen, als auf den des Charisma, wenngleich dieser, nicht zuletzt aufgrund der kirchlichen Wurzel des gesamten Bildungswesens, als abgeschwächte Spielart des Amtscharismas noch immer auch den Funktionären des modernen Bildungswesens anhaftet.

34 L'étendue du pouvoir semi-institutionnalisé que chaque agent peut exercer dans chacune des positions de pouvoir qu'il occupe, son *poids*, comme on dit, dépend de tous les attributs de pouvoir qu'il possède par ailleurs et de toutes les possibilités d'échange qu'il peut tirer de ses differentes positions.“ BOURDIEU, Homo Academicus (wie Anm. 32), S. 114.

Eberhard Tiefensee

Im Spannungsfeld von Genialität und Selbstbewegung der Wissenschaft

Überlegungen anhand des Wissenschaftsprogramms Franz Brentanos

Wissenschaft als Ergebnis eines Dialogs von Wissenschaftssubjekt und -objekt

Nach Max Webers in seinem berühmten Vortrag „Wissenschaft als Beruf" geäußerter Maxime hat der Wissenschaftler allein der Sache der Wissenschaft zu dienen, die, in eigendynamischem ewigem Fortschritt begriffen, seine Person und deren Gedanken hinter sich lassen wird.[1] Mit dieser fast demütigen und in ihrer Sinnerfüllung für das endliche Wesen und seine ganze Kultur deshalb auch problematischen Positionierung des Forschers greift Weber einen Topos auf, der sich schon bei Aristoteles findet (wenn er nicht sogar älter ist): Den vorsokratischen Philosophen, so stellt dieser in einem seiner metaphysischen Bücher fest, „zeigte die Sache selbst den Weg".[2] Mit anderen Worten: Diejenigen, denen sie sich zeigt, dürften letztlich relativ uninteressant sein. Ähnlich erklärt sich die „Verlegenheit" eines Jürgen Habermas, der bei der Verleihung des Kyoto-Preises gebeten worden war, „in allgemein verständlichen Worten etwas Lehrreiches über meinen Lebensweg und meine Lebenserfahrung mitzuteilen". Auch er verlangt dagegen, sich „auf eine gemeinsame Sache zu konzentrieren". Diese Sachlichkeit

mag erklären, warum wir als Philosophieprofessoren uns in unseren Vorlesungen über Aristoteles oder Thomas oder Kant auf die Angabe dürrer Lebensdaten be-

---

1 Vgl. WEBER, M., Wissenschaft als Beruf, in: DERS., Wissenschaft als Beruf 1917/1919. Politik als Beruf 1919 (Studienausgabe der Max-Weber-Gesamtausgabe I, 17), hrsg. von MOMMSEN, W. J./SCHLUCHTER, W., Tübingen 1994, bes. S. 8. Alle Zitate im Text wurden den heutigen Rechtschreibregeln vorsichtig angepaßt.

2 Zit. n. Metaph. A III, 984a 18f., ARISTOTELES' Metaphysik. Griechisch-deutsch. Neubearbeitung der Übersetzung von Herrmann Bonitz. Mit Einleitung und Kommentar herausgegeben von Horst Seidl, Bd. 1: Bücher A–E (Philosophische Bibliothek 308), Hamburg 1991, S. 21; vgl. auch 984b 9f.: „von der Wahrheit selbst genötigt" (zit. n. ebd., S. 23).

schränken, darauf, wann sie geboren wurden, lebten und starben. Selbst stürmische Episoden im Leben dieser Philosophen treten hinter dem Werk zurück. Das Leben von Philosophen eignet sich nicht zu Heiligenlegenden. Was von ihnen bleibt, ist bestenfalls ein neuer, eigenwillig formulierter und oft rätselhafter Gedanke, an dem sich spätere Generationen abarbeiten.[3]

Daß ich mich nicht auf einführende Überlegungen beschränkt habe, sondern die Namen Max Weber und Aristoteles nannte, ist demnach ein performativer Widerspruch. Dem erliegt allerdings auch Habermas, der nämlich der Bitte dann doch nachgab und eine neuere Sammlung seiner Aufsätze mit autobiographischen Ausführungen begann.

Ist ein solcher Widerspruch vermeidbar? Der Satz des Pythagoras könnte auch von Müller sein, und den Streit zwischen Newton und Leibniz um die Autorschaft für die Erfindung der Infinitesimalrechnung zu entscheiden, ist für Mathematiker wahrscheinlich nur mäßig interessant. Also wird man die Korrelation zwischen den großen Namen und den von ihnen geäußerten „oft rätselhaften Gedanken" als nur sehr schwach annehmen müssen; der Widerspruch wäre als eine wohl nur läßliche Sünde vielleicht zu verzeihen.

Doch ist der Zusammenhang zwischen leuchtendem Namen und geäußertem Gedanken wirklich nur ein schwacher? Es dürfte ein interessantes Gedankenexperiment sein, ob eine Prüfungsleistung, in der die Transzendentalphilosophie einleuchtend und präzise dargestellt wird, der Prüfling aber aufgrund eines Übermittlungsirrtums statt auf „Kant" durchgängig auf „Kaut" verweist, mit „sehr gut" bewertet werden sollte oder als „nicht ausreichend". Was als ein Problem für Stammtischdiskussionen von Philosophiedozenten erscheint, zeigt bei näherer Betrachtung seine Untiefen: Ein Ausdruck wie „die Philosophie Kants" stellt offensichtlich eine eigenartige Kippfigur von Person und Sache, Genesis und Geltung dar, bei der es fraglich ist, ob eine Seite der Formel ohne die andere sinnvoll weiterbestehen kann.

Wissenschaft beruht bekanntlich auf Wissen, das nach der schon damals strittigen und bis heute als unzureichend erkannten Formel des platonischen Theaitetos „gerechtfertigte wahre Meinung"[4] ist. Das setzt neben der Wahrheit ein meinendes und zur Rechtfertigung bereites Subjekt voraus. Wissen wird Wissenschaft, wenn es sich in intersubjektiv nachvollziehbaren Sätzen und in einem wie auch immer definierten systematischen Zusammenhang darstellt. Zur Nachvollziehbarkeit gehören allerdings wiederum nachvollziehende Subjekte, zudem setzt Nachvollziehbarkeit einen Vollzug voraus, der zum Nachvollzug animieren muß. In dem Maße, wie sich die Wissenschaft per Nachvollzug vom konkreten Wissensakt trennt und so inter-

3 HABERMAS, J., Zwischen Naturalismus und Religion. Philosophische Aufsätze, Frankfurt a. M. 2005, S. 15f.

4 Vgl. PLATON, Theaitetos, in: DERS., Sämtliche Dialoge, hrsg. von APELT, O., Hamburg 1993, Bd. IV, S. 128 u. ö. (201c–d u. ö.). Besonders seitdem Edmund Gettier 1963 nachgewiesen hatte, daß diese drei Elemente Wahrheit, Meinung und Rechtfertigung nicht ausreichen, kommt die Diskussion nicht mehr zur Ruhe.

subjektiv wird, verabschiedet sich allerdings die genetische Komponente und tritt ihr vom Subjekt abgehobenes Geltungsmoment hervor. Das gelingt bekanntlich der einen Wissenschaft, z.B. der Mathematik, besser als der anderen, z.B. den hermeneutischen Wissenschaften.

Das Geltungsmoment ist aber – wie wir heute mit wissenschaftssoziologisch geschärftem Blick besser sehen – in hohem Maße geschichtlich bedingt, d. h. in einer Wissenschaftskultur verortet, die sich durch die Leistung (und unter der Leitung) mehr oder weniger charismatischer Wissenschaftssubjekte sowie deren ebenso mehr oder weniger genialen Gedanken konstituiert und tief in unsere Alltagswelt eingeschrieben hat. Wahrheit ist so eine Sache der Kohärenz und des Expertenkonsenses, also Resultante wissenschaftlicher Praxis, die schon als solche von den beteiligten Personen mit all ihren Stärken und Schwächen nicht abgelöst werden kann.[5] Doch ist sie unleugbar nicht nur das: Sie hat als Kriterium und Idealpunkt die schon erwähnte Sachgerechtigkeit, durch die allein sie letztlich überzeugend wirkt, und enthält damit eine ontische Komponente, die ihre Grundlage im Offenbarwerden der Sache selbst bzw. in der *veritas semper maior* findet und die Wissenschaft so vor relativistischen Anmutungen schützt. Erfahrung ist also immer Dialog zwischen Wissenschaftssubjekt und -objekt,[6] die unverzichtbar aufeinander angewiesen sind, das gilt auch für die sich so weitgehend wie möglich vom Beobachter-Selbst distanzierenden Naturwissenschaften – und das schon vor der Entdeckung der Quantenphysik mit ihrer Unschärferelation.

Anders gesagt müssen demnach zusammenkommen: Die mühsame Wahrheitssuche, d.h. die Leistung des Wissenschaftssubjekts, und der geniale Einfall der Sache selbst (denn etwas anderes ist es nicht, was da „einfällt“), zudem die Fähigkeit des ersteren, die eingefallene Sache so zu präsentieren, daß sie zum Nachvollzug einlädt. Denn der geniale Einfall kann sowohl dem Forscher und Gelehrten als auch dem Dilettanten gegeben sein, wie Max Weber in seinem Vortrag verdeutlicht. Vom Dilettanten unterscheiden sich erstere aber dadurch, daß sie von der angestrengten Bemühung wissen, die einen solchen Einfall vorbereitet, und die Fähigkeit haben, ihn in seiner ganzen Konsequenz zu erfassen und angemessen nachvollziehbar zu entfalten.[7] Daß der Einfall Lohn einer wissenschaftlichen Bemühung ist, ohne den sie aber ins Stocken kommt, läßt sich durch Platons hochmetaphorische Andeutung in seinem siebten Brief illustrieren:

(...) es läßt sich nicht in Worte fassen, sondern aus lange Zeit fortgesetztem, dem Gegenstande gewidmeten wissenschaftlichen Verkehr und aus entsprechender Le-

5 Vgl. KUHN, T. S., Die Struktur wissenschaftlicher Revolutionen (Theorie 2), Frankfurt a. M. 1967.

6 Vgl. SCHAEFFLER, R., Erfahrung als Dialog mit der Wirklichkeit. Eine Untersuchung zur Logik der Erfahrung, Freiburg i. Br./München 1995.

7 WEBER, M., Wissenschaft als Beruf (wie Anm. 1), S. 1–23.

bensgemeinschaft tritt es plötzlich in der Seele hervor wie ein durch einen abspringenden Funken entzündetes Licht und nährt sich dann durch sich selbst.[8]

In seiner unerschöpflichen Fülle bildet der Einfall somit nicht nur das Ende, sondern auch den Anfang erstmaliger oder weiterer wissenschaftlicher Bemühung, wird er doch – um noch einmal an Habermas zu erinnern – zum Gedanken, „an dem sich spätere Generationen abarbeiten", und bekommt dadurch eine Orientierungsfunktion für das weitere Vorgehen: Als Einfall der Sache wird er in oft unzureichend fixierter Form zur Sache selbst. Ohne die wissenschaftliche Demut dieser Sache und ihrer Wahrheit gegenüber geht es also nicht, aber offenbar ebenso wenig ohne deren freundliches Entgegenkommen, das kaum prognostizierbar ist, wie das deutsche Wort „Einfall" mit seiner Konnotation von „Zufall" treffend zum Ausdruck bringt.

Brentanos Philosophiekonzept als säkularisierte Variante des theologischen Spannungsfeldes von Offenbarung und Vernunft

Daß es also letztlich doch nicht nur um die sogenannte reine Sachlichkeit und objektive Selbstbewegung der Wissenschaft als eines systematischen Gefüges von objektiven Sätzen gehen kann, sondern Wahrheit immer zugleich auch personal bleibt, läßt sich nun gut an Franz Brentano (1838–1917)[9] demonstrieren. Denn die-

---

8 PLATON, 7. Brief, 341b, in: [DERS.,] Platons Briefe. Übersetzt und erläutert von Otto Apelt, Leipzig ^{2}1921; zitiert nach PLATON, Sämtliche Dialoge (wie Anm. 4), Bd. VI, S. 72.

9 Die wichtigsten Lebensdaten und Werke: *Leben:* geb. 1838 in Marienberg bei Boppard am Rhein (Onkel: Clemens Brentano; Tante: Bettina von Arnim); ab 1856 Studium der Philosophie und Theologie in München (u.a. bei I. v. Döllinger), Würzburg, Berlin (u.a. bei A. Trendelenburg) und Münster (u.a. bei F. J. Clemens); 1862 Promotion in Tübingen in absentia; 1864 Priesterweihe; 1866 Habilitation und a.o. Professor für Philosophie in Würzburg; 1873 Aufgabe des Priesteramtes (Anlaß: Infallibilitätsdogma des Vaticanum I); 1874 Berufung auf den Lehrstuhl für Philosophie in Wien (durch Vermittlung von H. Lotze); Schüler/Hörer: u. a. Edmund Husserl, Thomas Masaryk, Rudolf Steiner, Sigmund Freud; 1879 Austritt aus der katholischen Kirche; 1880 Heirat – infolgedessen Verlust des Wiener Lehrstuhls: Privatdozent; 1888 Taufe seines Sohnes Johannes; 1895 Tod seiner Frau; Weggang von Wien – Aufenthalte in Italien und ab 1914 in Zürich; 1897 erneute Heirat; zunehmende Erblindung; gest. 1917 in Zürich. – *Werke:* 1862 Von der mannigfachen Bedeutung des Seienden bei Aristoteles (Dissertation) – M. Heideggers „Stab und Stecken"; 1866 Die Psychologie des Aristoteles, insbesondere seine Lehre vom νοῦς ποιετικός (Habilitation); 1874 Psychologie vom empirischen Standpunkt (Teil 1 – 1911 neu bearbeitet – blieb unvollendet); 1874 Über die Gründe der Entmutigung auf philosophischem Gebiete (Wiener Antrittsvorlesung); 1889 Vom Ursprung sittlicher Erkenntnis; 1892 Das Genie (Vortrag); 1893 Über die Zukunft der Philosophie (Vortrag); 1895 Die vier Phasen der Philosophie und ihr augenblicklicher Stand (Vortrag); 1907 Untersuchungen zur Sinnespsychologie; 1911 Von der Klassifikation der psychischen

ser steht nicht nur philosophiegeschichtlich auf einem Kreuzungspunkt, von dem aus Straßen in die Phänomenologie Husserls, die Existenzphilosophie Heideggers, den Neopositivismus des Wiener Kreises und die sprachanalytische Philosophie des angelsächsischen Raumes führen – was darauf hinweist, daß sich hier wirklich „ein neuer, eigenwillig formulierter und oft rätselhafter Gedanke, an dem sich spätere Generationen abarbeiten", Eintritt in den philosophischen Diskurs verschafft hat. Brentano zeigt sich außerdem als eine vielschichtig-schillernde Wissenschaftler-Persönlichkeit: Als ein dezidierter Empiriker und starker Impulsgeber im Bereich der Sinnespsychologie, der – als er später erblindete – trotz allem seine Analysen der aristotelischen Philosophie aus dem Gedächtnis erstellen konnte und seinen Besuchern im Züricher Exil auf Spaziergängen das Panorama begeistert erläuterte, das er selbst gar nicht mehr zu sehen vermochte; oder als ein ehemaliger Priester, der, obwohl aus der Kirche ausgetreten und auch seine Schüler entsprechend motivierend, seinen Sohn taufen ließ.

Als er in Wien 1874 seine neue Professur begann, begab er sich – wahrscheinlich mit einer gewissen Ahnungslosigkeit – in ein Wespennest, hatte doch die skeptische Zuhörerschaft seiner Antrittsvorlesung geplant, dem bekennenden Metaphysiker und theistischen Philosophen, der als ehemaliger Priester aus einer von Schellingianern dominierten Universität im erzkatholischen, „schwarzen" Würzburg herüberwechselte, einen heißen Empfang zu bereiten. Es brauchte nur diesen einen Vortrag zum Thema „Über die Gründe der Entmutigung auf philosophischem Gebiete", um sie eines anderen zu überzeugen.[10] Dabei ist unklar, ob es mehr Brentanos programmatische Forderung war, die Philosophie werde nur dann Wissenschaft, wenn sie die Methode der Naturwissenschaften adaptiert und sich entschieden gegen jegliche apriorische „Konstruktionsphilosophie"[11] (gemeint sind insbesondere Kant und die Deutschen Idealisten) wendet, welche die zum Radau entschlossenen Wiener Zuhörer gewann, oder die Art seines Auftretens.

In jedem Zug, in jeder Bewegung, in dem aufwärts- und innengewandten Blick der seelenvollen Augen, in der ganzen Art sich zu geben, drückte sich das Bewußtsein einer großen Mission aus. (...) Wenn er so sprach, in dem eigentümlich weichen, halblauten, verschleierten Ton, die Rede mit priesterlichen Gesten begleitend, stand

---

Phänomene; 1911 Aristoteles und seine Weltanschauung; 1911 Aristoteles' Lehre vom Ursprung des menschlichen Geistes.

10 Abgedruckt in: BRENTANO, F., Über die Zukunft der Philosophie. Nebst den Vorträgen: Über die Gründe der Entmutigung auf philosophischem Gebiet, Über Schellings System sowie den 25 Habilitationsthesen, neu eingeleitet von Paul Weingartner (Philosophische Bibliothek 209), hrsg. von KRAUS, O., Hamburg ²1968. Zu den näheren Umständen der Antrittsvorlesung vgl. TIEFENSEE, E., Philosophie und Religion bei Franz Brentano (1838–1917) (Tübinger Studien zur Theologie und Philosophie 14), Tübingen/Basel 1998, S. 83f.

11 BRENTANO, F., Über die Zukunft der Philosophie (wie Anm. 10), S. 165, Anm. 1a.

er wie ein Seher ewiger Wahrheiten und wie ein Künder einer überhimmlischen Welt vor dem jugendlichen Studenten.[12]

So später Edmund Husserl, als ehemaliger Mathematiker sicher ein eher nüchterner Beobachter. Er gestand, er hätte ohne Brentano nicht eine Zeile Philosophie geschrieben.[13] Daß ein Vortragender nicht nur durch sein Programm, sondern auch durch die Art seiner Darbietung überzeugend wirkt, ist keine Seltenheit und wäre keiner weiteren Erwähnung wert. Wie aber im folgenden gezeigt werden soll, ist Brentanos messianisches Auftreten in Wien seiner Wissenschaftsvorstellung nicht äußerlich. Das lassen seine Würzburger Habilitationsthesen erkennen, mit denen er 1866 seine Lehrtätigkeit begann, allerdings erst, wenn sie aus der Perspektive „Spannungsfeld von Genialität und Selbstbewegung der Wissenschaft" interpretiert werden. In deutscher Übersetzung lauten die ersten vier:

1. Die Philosophie muß protestieren gegen die Einteilung der Wissenschaften in spekulative und exakte, und die Berechtigung dieses Protestes ist das Recht ihrer Existenz selbst. 2. Die Philosophie muß protestieren gegen die Zumutung, ihre Prinzipien der Theologie zu entnehmen, und gegen die Behauptung, daß durch die Existenz einer übernatürlichen Offenbarung ein fruchtbares Philosophieren erst möglich wird. 3. Nichtsdestoweniger ist es richtig, daß die theologisch festgestellten Wahrheiten der philosophischen Forschung als Fingerzeige [in der lateinischen Version: stellae rectrices – also Leitsterne. E. T.] zu dienen geeignet sind. 4. Die wahre Methode der Philosophie ist keine andere als die der Naturwissenschaften.[14]

Mehr als die erste These, die als Kampfansage Brentanos an die Würzburger Schellingianer in der Habilitationskommission gilt, und mehr als die vierte These mit ihrer – wie auch immer genau zu deutenden – Forderung nach einer der Naturwissenschaft analogen Methodik in der Philosophie irritierten die zweite und dritte These zum

12 HUSSERL, E., Anhang II: Erinnerungen an Franz Brentano, in: Franz Brentano. Zur Kenntnis seines Lebens und seiner Lehre. Mit Beiträgen von Carl Stumpf und Edmund Husserl, hrsg. von KRAUS, O., München 1919, S. 154. Zu weiteren Zeugnissen dieser Art vgl. TIEFENSEE, E., Philosophie und Religion bei Franz Brentano (wie Anm. 10), S. 57.

13 Vgl. HUSSERL, E., Anhang II (wie Anm. 12), S. 153f., und Husserls persönliche Mitteilung in BRÜCK, M., Über das Verhältnis Edmund Husserls zu Franz Brentano. Vornehmlich mit Rücksicht auf Brentanos Psychologie, Würzburg 1933, S. 3.

14 Vgl. BRENTANO, F., Über die Zukunft der Philosophie (wie Anm. 10), S. 137; im Original waren die Thesen in Latein: „1. Philosophia neget oportet, scientias in speculativas et exactas divide posse; quod si non recte negaretur, esse eam ipsam non esset. 2. Philosophia et eos, qui eam principia sua a Theologia sumere volunt, et eos rejicere debet, qui, nisi sit supernaturalis revelatio, eam omnem operam perdere contendunt. 3. Nihilominus verum est, sententias Theologia probatas eas esse, quae philosophis quasi stellae rectrices sint. 4. Vera philosophiae methodus nulla alia nisi scientiae naturalis est." Es folgten weitere Thesen.

Verhältnis von Philosophie und übernatürlichem Offenbarungsglauben bzw. übernatürlicher Theologie seine Schüler von damals und beschäftigen die Brentano-Forschung bis heute. Besonders die dritte These, wonach bewährte Sätze der Theologie *stellae rectrices* für die Philosophie seien, steht in den Augen der Interpreten im Kontrast zu den Aussagen der anderen Thesen und deren teils aggressivem Stil, weshalb sie gern biographisch oder kirchengeschichtlich relativiert wird: Die Formulierung findet sich immerhin im antimodernistischen Syllabus Pius IX. von 1846.[15]

Doch läßt sich zeigen, daß für Brentano selbst eine wie auch immer zu verstehende Philosophie *more geometrico et empirico* im engen Zusammenhang mit der Leitsternfunktion von andernorts her ‚eingegebenen' Wahrheiten steht. Hier ist natürlich zunächst an die genannten „theologisch festgestellten Wahrheiten" zu denken. Doch verweisen spätere Vorlesungsmanuskripte wie schon seine Handnotizen zu den Thesen illustrierend auf eine Reihe von Namen wie Archimedes, Kolumbus, den jungen Pascal und Newton[16] – allesamt keine Theologen! Offensichtlich wollte Brentano bei seinen mündlichen Ausführungen auf Beispiele verweisen, wo ganz allgemein das Ergebnis in logisch oder empirisch defizienter Form, aber mit wahrscheinlich richtigem Inhalt vorgegeben war und so das Geschäft der endgültigen Verifikation erleichtert, wenn nicht sogar erst ermöglicht wurde. Die Analogie zum Verhältnis von übernatürlicher Theologie und Philosophie bestand für ihn also darin, daß die formal defizienten Aussagen der Glaubenswissenschaft, sobald ihr Inhalt hinreichend sicher ist, eine motivierende und korrigierende Hilfe für die philosophische Theologie bilden – ohne diese ersetzen zu dürfen.

Der geniale Einfall des Lehrers als neuer „Leitstern"

Die sich hier andeutende Wendung ins Säkulare bekräftigt Brentano selbst. Auch er kennt die von Max Weber angesprochene Konstellation, daß sich ein Einfall erst aufgrund langer Vorarbeit einstellt;[17] Genie und einfacher strukturierter Geist unterscheiden sich seiner Meinung nach letztlich nur graduell. Solche gewollt unspektakulären Thesen zu einem gern ins Mysteriöse tendierende Thema sind in seinem Vortrag „Das Genie" von 1892 zu finden.[18] Im folgenden soll es jedoch um die

15 Vgl. DENZINGER, H., Enchiridion symbolorum definitionum et declarationem de rebus fidei et morum/Kompendium der Glaubensbekenntnisse und kirchlichen Lehrentscheidungen, hrsg. von HÜNERMANN, P., Freiburg i. Br. u. a., ^{37}1991, Nr. 2901–2980.

16 Vgl. BRENTANO, F., Über die Zukunft der Philosophie (wie Anm. 10), S. 168, Anm. 3, sowie BRENTANO, F., Geschichte der mittelalterlichen Philosophie im christlichen Abendland. Aus dem Nachlaß hrsg. und eingeleitet von HEDWIG, K. (Philosophische Bibliothek 323), Hamburg ^{2}1980.

17 Vgl. WEBER, M., Wissenschaft als Beruf (wie Anm. 1), S. 6.

18 Jetzt in: BRENTANO, F., Grundzüge der Ästhetik. Aus dem Nachlaß hrsg. von MAYER-HILLEBRAND, F. (Philosophische Bibliothek 312), Hamburg, ^{2}1988, S. 88–119.

Funktion des Genies bzw. seines Einfalls gehen: Die neue Leitfigur Brentanos wird Aristoteles, an dessen Tugendlehre sich auch Jesus und seine Ethik zu messen hätten, und wie der Vollkommenheitsgrad einer Religion einzuschätzen ist, bestimmt die Philosophie, deren metaphysische Gotteslehre den religiösen Glauben zugleich stützen wie schrittweise ablösen soll.[19] Übersetzt man somit das strittige Verhältnis Offenbarung und Vernunft ins Säkulare, dann bekommt man das *missing link* im Spannungsfeld von genialem persönlichen Einfall, der an sich wenigstens in formaler Hinsicht noch defizient ist, und der an der Sache orientierten Selbstbewegung der Wissenschaft als Institution zu fassen, ja es ist sogar zu vermuten, daß sich auf dieser Ebene der alte Kampf zwischen Offenbarung und Vernunft – das fundamentaltheologische Problem par excellence – wiederholt. Nur ist es diesmal der geniale Einfall, der als Leitstern für die weitere wissenschaftliche Explikation fungiert – zunächst für den wissenschaftlichen Lehrer selbst wie dann für seine Schüler. Der Einfall darf eigentlich nicht reglementieren, um die Autonomie der wissenschaftlichen Bemühungen nicht zu beschädigen, versieht jedoch den Fortschritt in der Sache mit einer Teleologie, die ihm wie jede Teleologie sowohl innerlich wie äußerlich ist. Er motiviert nicht nur (als „Fingerzeig" sozusagen von innen heraus), sondern bildet nötigenfalls (als darüber stehender „Leitstern" eher äußerlich) auch ein kritisches Korrektiv bei der Frage, in welche Richtung wissenschaftliche Bemühungen weitergehen sollen oder als weniger erfolgreich abzubrechen sind.

Damit wechselt die als hilfreich apostrophierte Offenbarungskomponente in den persönlichen Bereich des subjektiven Einfalls. Auf diesem Weg mutiert der als Leitstern bzw. Fingerzeig geltende quasi-geoffenbarte Gedanke zur charismatischen Leitfigur, zum Vorbild des Lehrers und Schulgründers. Die wissenschaftlich gezähmte Vernunft und nicht zuletzt die *scientific community* erhält somit die Funktion, ähnlich wie in ihrem Bereich das kirchliche Lehramt und der *sensus fidelium* die charismatischen Impulse kontrolliert und geregelt weiterzugeben (und so den Professionellen vom Dilettanten zu scheiden), ohne auf diese Anreize wirklich verzichten zu können. Die Folgen sind allerdings von analoger Problematik, wie sie die Theologiegeschichte kennt und nun auch diese Geschichte zeigen kann: Es kommt einerseits zu Abhängigkeiten, die im Fall Brentano dazu führen, daß bis in die zweite Schüler-Generation hinein versucht wurde, aus seinen handschriftlichen Fragmenten so etwas wie eine „Lehre" zu rekonstruieren und diese mit in editorischer Hinsicht zweifelhaften Veröffentlichungen unter das an Philosophie interessierte

19 Vgl. vor allem BRENTANO, F., Die Lehre Jesu und ihre bleibende Bedeutung. Mit einem Anhang: Kurze Darstellung der christlichen Glaubenslehre, hrsg. aus seinem Nachlasse von KASTIL, A., Leipzig 1922; zum Gesamtkomplex des Verhältnisses von Religion und Philosophie vgl. TIEFENSEE, E., Philosophie und Religion bei Franz Brentano, in: Von Gott reden in säkularer Gesellschaft (FS Konrad Feiereis) (Erfurter Theologische Studien 71) hrsg. von CORETH, E./ERNST, W./TIEFENSEE, E., Leipzig 1996, S. 175–195; sowie TIEFENSEE, E., Philosophie und Religion bei Franz Brentano (wie Anm. 10).

Volk zu bringen.[20] Andererseits bleiben auch diesmal Häresieverdächtigungen gegenüber Emanzipationsbestrebungen nicht aus, wie der Streit Brentanos mit seinem Schüler Husserl zeigt, von dem er sich nicht richtig verstanden und sogar verraten fühlte, als dieser nämlich den gegen ihn selbst gerichteten Psychologismus-Vorwurf Gottlieb Freges an seinen Lehrer Brentano weiterreichte.[21] Ein ähnliches Schicksal erlitt dann wiederum Husserl, der die Weiterführung seiner phänomenologischen Ansätze durch eigene Schüler wie Alexander Pfänder, Rudolf Otto (hier im religionswissenschaftlichen Bereich) und nicht zuletzt Martin Heidegger mit Missfallen verfolgte.[22] Offensichtlich hatte auch er – wie zuvor sein Lehrer Brentano ihm gegenüber – den Eindruck, daß sich die geniale Innensicht des zu verfolgenden Problems und die damit zusammenhängende Methodik nur begrenzt vermitteln ließe, was scheinbar unvermeidlich mit Schäden für die weitere Entwicklung dieses Forschungsprogramms (bzw. der „Schule") verbunden wäre.

Bildet also die *scientific community* eine neue Gemeinschaft der Glaubenden bzw. das Quasi-Lehramt einer wissenschaftlich-technisch geprägten Kultur? Man wird sich an dieser Stelle an Auguste Comte und seine Konstruktion eines positivistischen Heiligenkalenders erinnern – was Brentano zwar als „Katholizismus minus Christentum"[23] verspottete; aber so leicht läßt sich die Problematik nicht eliminieren, die sich hintergründig zeigt: Tatsächlich zeigen sich dem nun geschärften Blick über das Lehrer-Schüler-Verhältnis hinaus weitere Parallelen zwischen der problematischen Konstellation von genialem Einfall und wissenschaftlicher Explikation einerseits und der altbekannten Spannung von theologischer Vorgabe (Glaube) und deren philosophischer Realisierung (Vernunft) andererseits. Der Jesuit Erich Przywara, der sich als erste katholische Stimme 1928 eingehender zu Brentano äußerte, sieht in diesem eine paradigmatische Gestalt des zeitgenössischen kirchenfernen

---

20 Vgl. zum Stand der Nachlaßveröffentlichungen TIEFENSEE, E., Philosophie und Religion bei Franz Brentano (wie Anm. 10), S. 43–47.

21 Vgl. zum gesamten Konflikt TIEFENSEE, E., Philosophie und Religion bei Franz Brentano (wie Anm. 10), S. 164, Anm. 266.

22 Vgl. zu Pfänder: HUSSERL, E., Brief an Ingarden vom 24.12.21, in: DERS., Briefwechsel III (Die Göttinger Schule) (Husserliana Dokumente 3/3), hrsg. von SCHUHMANN, K., Dordrecht/Boston/London 1994, S. 214f.; zu Otto vgl. AVE-LALLEMANT, E., Edmund Husserl zu Metaphysik und Religion, in: Husserl in Halle. Spurensuche im Anfang der Phänomenologie (Daedalus 5), hrsg. von GERLACH, H. M./SEPP, H. R., Frankfurt a. M. 1994, S. 85–108; zu Heidegger vgl. OTT, H., Phänomenologie und Ontologie. Edith Stein zwischen Edmund Husserl und Martin Heidegger, in: Gelehrtenrepublik – Lebenswelt. Edmund Husserl und Alfred Schütz in der Krisis der phänomenologischen Bewegung (Passagen – Philosophie), hrsg. von BÄUMER, A./BENEDIKT, M., Wien 1993, S. 169–187, hier S. 173f.

23 BRENTANO, F., Religion und Philosophie. Ihr Verhältnis zueinander und ihre gemeinsamen Aufgaben. Aus dem Nachlaß mit Zugrundelegung der Vorarbeiten A. Kastils, hrsg. von MAYER-HILLEBRAND, F., Bern 1954, S. 85.

Intellektuellen „auf der Flucht vor dem unbegreiflichen Gott"[24] und voller widersprüchlicher Ansichten, dem „die Theologie in die Philosophie gewandert"[25] sei, was heißt: Die Philosophie soll jetzt deren Erbe (und das der Religion) antreten. Dann erinnert auch Husserls Versuch eines atheistischen Weges zu Gott an Brentanos religionsphilosophische Bemühungen, nur diesmal phänomenologisch gewendet und auf einer deutlich schwächeren metaphysischen Basis. Er versuche, sein Ziel „ohne theologische Beweise, Methoden und Stützpunkte zu erreichen, nämlich zu Gott ohne Gott zu gelangen", gestand Husserl seiner Schülerin, der Benediktinerin Adelgundis Jaegerschmid.[26] Daß er den Hymnus „Veni Creator Spiritus" schätzte, verriet er nur in einem persönlichen Brief an einen Freund.[27]

Es ist von daher zu vermuten, daß Brentano sich bei seinem Wissenschaftsprogramm besonders hinsichtlich der Leitsternfunktion der Offenbarung nicht nur als ein typisches Kind der neuscholastisch ausgerichteten Philosophie und Theologie der zweiten Jahrhunderthälfte nach Kant und Hegel darstellt, die er als Student und Doktorand eingesogen hatte. Wenn die vor dem jugendverführenden Geist rhetorisch-propagandistischer Prophetie warnenden Ausführungen Max Webers nicht zufällig an der Schwelle zum 20. Jahrhundert mit seiner erhofften Wende zum Positivismus und Naturalismus stehen,[28] dann erweist sich diese bei Brentano auffallende eigenartige Mischung von empirischer Nüchternheit und schwärmerischer Genialität, von wissenschaftlichem Überzeugungsgeist und meisterlicher Überredungskunst als paradigmatisch für das ganze 19. Jahrhundert mit seinen pseudoreligiösen „wissenschaftlichen Weltanschauungen" überhaupt.

Nur für das 19. Jahrhundert? Immerhin findet diese Konstellation sogar noch in Webers entzauberter Welt ein Plätzchen, hört man auf den verrätselten Schlußsatz seines Vortrags, wonach jeder denjenigen Dämon finden und ihm gehorchen müsse, „der seines Lebens Fäden hält".[29] Das dürfte mehr als eine rhetorische Metapher sein: Gabe und Aufgabe, Berufung und Beruf, Charisma und Wissenschaft sollten zwar möglichst unterschieden werden, sind aber offensichtlich nicht zu trennen.

---

24 PRZYWARA, E., Rezension zu F. Brentano, Kategorienlehre, in: Stimmen der Zeit 127 (1934), S. 63–64, hier S. 64.

25 PRZYWARA, E., Platonismus. Platon – Baader – Franz Brentano, in: Stimmen der Zeit 114 (1927/28), S. 270–283, hier S. 280.

26 JAEGERSCHMID, A., Gespräche mit Edmund Husserl (1931–1936), in: Edith Stein. Wege zur inneren Stille, hrsg. von HERBSTRITH, W., Aschaffenburg 1987, S. 205–239, hier S. 219.

27 Vgl. HUSSERL, E., Brief an G. Albrecht vom 27.9.1917, in: DERS., Briefwechsel IX (Familienbriefe) (Husserliana Dokumente 3/9), hrsg. von SCHUHMANN, K., Dordrecht/Boston/London 1993, S. 54.

28 Vgl. WEBER, M., Wissenschaft als Beruf (wie Anm. 1), S. 14f.

29 WEBER, M., Wissenschaft als Beruf (wie Anm. 1), S. 23.

Hans Günter Dosch

Albert Einstein – ein charismatischer Wissenschaftler?

Da ich hier als ausgesprochener Exot auf einer Tagung über Charisma spreche, ist es keine rhetorische Übertreibung, wenn ich den *topos modestiae zu* einer *confessio incompetentiae* erweitere. Um dennoch nicht nur über Dinge zu sprechen, die ich nicht – oder was noch schlimmer wäre – nur halb verstanden habe, möchte ich meinen Vortrag mit einem Punkt beginnen, auf dem ich mich dann doch kompetent fühle. Ich werde zunächst kurz begründen, warum Einsteins Rolle als bedeutendster Physiker des 20. Jh. unbestritten ist.

In diesem *anno mirabile* 2005 konnte einem kaum entgehen, daß Einstein vor hundert Jahren drei Arbeiten veröffentlichte, die entscheidend für den weiteren Verlauf der Physik waren.[1] Es waren dies die Arbeiten:

- „Über einen die Erzeugung und Verwandlung des Lichtes betreffenden heuristischen Gesichtspunkt". Es ist die revolutionärste Arbeit Einsteins, die dort aufgestellte Lichtquantenhypothese bildete ein Fundament der Quantenphysik.

- „Über die von der molekularkinetischen Theorie der Wärme geforderte Bewegung von in ruhenden Flüssigkeiten suspendierten Teilchen". Diese konventionellste und meistzitierte Arbeit Einsteins war die Grundlage für die Experimente, die der Atomhypothese zum Durchbruch verhalfen.

- „Zur Elektrodynamik bewegter Körper", die Grundlage der speziellen Relativitätstheorie.

Diese drei Arbeiten allein hätten Einstein schon den Ruf eines der führenden Physiker des Jahrhunderts eingebracht, seine Karriere verlief denn auch nach wenigen Jahren steil nach oben. Aber ich sagte bewußt *einer der* führenden Physiker, denn auf allen Gebieten, die diese Arbeiten behandelten, hatten auch andere Physiker ent-

1 In: Annalen der Physik 4,17 (1905), S. 132ff; S. 549ff.; S. 891ff.

scheidende Beiträge geleistet, darunter so erlauchte Namen wie Poincare, Lorentz, Planck und Bohr. Selbst die berühmte Formel $E = mc^2$ war, wenn auch in wesentlich eingeschränkter Form, bekannt.

Einstein wurde dadurch eine singuläre Gestalt, daß er im Alleingang die sogenannte „Allgemeine Relativitätstheorie" geschaffen hat. Diese bringt die von Galilei, Huygens und vor allem von Newton eingeleitete Entwicklung der klassischen Physik zu einem krönenden Abschluß; heute gilt die allgemeine Relativitätstheorie als die am besten getestete klassische Theorie.[2] Ihre Behandlung im Rahmen der Quantenphysik ist die große Herausforderung an die Physik des 21. Jahrhunderts. Es ist deswegen sicher keine Übertreibung, Einstein mit Newton auf eine Stufe zu stellen; er selbst hätte sich dabei noch Faraday und Maxwell als Gesellschaft ausgesucht.

Soweit zur rein innerwissenschaftlichen Stellung Einsteins, doch kommen wir nun zur Frage: „War Einstein ein charismatischer Physiker?" Daß wir uns hier nicht auf die frühchristliche Terminologie zurückziehen können ist klar, es bietet sich also an, die säkularisierten Charisma-Begriffe, die Max Weber ausgiebig verwendet,[3] auf ihre Brauchbarkeit zu überprüfen. Die allgemeinste Definition von Charisma findet sich bei ihm in der *Wirtschaftsethik der Weltreligionen*: „Es soll bei den nachfolgenden Erörterungen unter dem Ausdruck: ‚Charisma' eine außeralltägliche Qualität eines Menschen verstanden werden."[4]

Nach dem oben Gesagten und mit dieser Definition ist die Frage natürlich leicht beantwortet, denn niemand wird Einstein „außeralltägliche Fähigkeiten" absprechen. Doch hier stehe ich vor einem Dilemma: Ich könnte zwar den Vortrag hier beenden, doch ich handelte gegen mein Gewissen: Auch als aufgeklärter Agnostiker möchte ich einer solchen Reduktion des Charisma nicht zustimmen.

Berücksichtigen wir also, daß nach Weber in den Kulturwissenschaften – im Gegensatz zu den Naturwissenschaften – gerade die umfassendsten Gattungsbegriffe die inhaltsleersten und wertlosesten sind, da sie von der Fülle der Wirklichkeit wegführen,[5] und wenden uns deshalb den konkreteren Definitionen zu. Erb- und Amts-Charisma kommen nicht in Frage. Weder entstammte Einstein einer Gelehrtendynastie noch zog er irgendein Prestige aus seinen Ämtern. Er hatte zwar die bedeutendsten Positionen inne, aber eher gewannen die Institutionen Ansehen durch ihn als umgekehrt.

Auch der modifizierte Begriff des Herrschafts-Charismas kommt nicht in Frage. Im Gegensatz etwa zu Niels Bohr oder Arnold Sommerfeld gründete Einstein keine Schule und auch als Leitfigur diente er innerhalb der Gemeinschaft der Wissenschaft-

---

2 Vgl. z. B. DAMOUR, T., Experimental tests of gravitational theories, in: Physical Review Letters, B592 (2004), S. 186ff.

3 Vgl. WEBER, M., Wirtschaft und Gesellschaft. Grundriß der verstehenden Soziologie. Studienausgabe, Tübingen [5]1972.

4 Ebd., S. 56.

5 Zur „Objektivität" sozialwissenschaftlicher und sozialpolitischer Erkenntnis, vgl. ebd., S. 61.

ler kaum: Als er immer stärker die von ihm mitbegründete Quantenphysik ablehnte, folgten ihm die Kollegen keineswegs. Versuchen wir es also mit einem eigenen Ansatz: Führen wir die Tatsache, daß Einstein schon zu Lebzeiten zu einer *Ikone* wurde, als Nachweis seines Charismas an.

Ein Buch zum Einsteinjahr, „Einstein on the Beach“[6], benannt nach der gleichnamigen Oper von Philip Glass und Robert Wilson, beschäftigt sich ausführlich mit der Ikonographie Einsteins.

Als sozusagen akademieinternen Hinweis auf die Ikonifizierung Einsteins möchte ich den Umschlag eines Buches der Ethnologin Ina Rösing über „Intelligenz und Dummheit“[7] anführen, auf dem Einstein abgebildet ist. Das Umschlagbild scheint mir ikonographisch besonders interessant, weil unerwartet. Ich hatte Frau Rösing gefragt, was sie bewogen habe, Einstein auf dem Umschlag abzubilden, und sie schrieb mir, er stehe als *negative Ikone* für die eingeschränkte, rein analytische Intelligenz. Damit sieht sie ihn ähnlich wie Bertolt Brecht[8], der von einem „brillanten fachgehirn (…) in einem schlechten violinspieler und ewigem gymnasiasten mit einer schwäche für generalisierungen über politik[9]“ spricht.

Weniger subtil sind die Kostproben, die Sie in großer Menge im Internet und in der Reklame finden können. Dabei sind wir den populären Heiligenbildern gar nicht so fern: Die wirren weißen Haare können einen Heiligenschein symbolisieren, die unordentlich-legere Kleidung die Verachtung von Äußerlichkeiten, der oft als Attribut auftretende Geigenkasten repräsentiert das Schöngeistige. Will man dagegen einen revolutionär-frechen Einstein, gibt es auch noch das Bild mit der herausgestreckten Zunge. Vermutlich ist dies alles im *„Albert Einstein Style Guide“* der Agentur Richmond ausführlich beschrieben und bewertet.

Es gibt übrigens nicht nur den pop-artigen Albert Einstein, der für alles steht, sondern auch den postmodernen. Berühmt durch Steven Weinberg wurde folgendes Zitat von Jacques Derrida:

Die Einsteinsche Konstante ist keine Konstante. Sie ist das genaue Konzept der Variabilität – sie ist schlussendlich das Konzept des Spiels. In anderen Worten, sie ist nicht das Konzept von etwas von einem Zentrum von dem ein Beobachter das Feld beherrschen könnte – sondern das genaue Konzept des Spiels.[10]

---

6 HAGNER, M. (Hg.), Einstein on the Beach. Der Physiker als Phänomen, Frankfurt a. M. 2005.

7 RÖSING, I., Intelligenz und Dummheit, Heidelberg 2004.

8 Vgl. BRECHT, B., Arbeitsjournal 2, S. 473, zitiert nach HAGNER, M. (wie Anm. 6), S. 256.

9 Einstein hatte, wie viele Intellektuelle, die Sowjetunion anfänglich unterstützt, aber den stalinistischen Terror abgelehnt.

10 In: Structure, sign, and play in the discourse of human sciences in the structuralist controversy, hrsg. von MACKSEY, R./DONATO, E., Baltimore, MD 1972.

Es kommt mir hier nicht auf eine Interpretation des Inhalts an, sondern auf das, weswegen Weinberg den Satz zitierte: Das, worüber geredet wird, gibt es nicht, es gibt keine „Einstein'sche Konstante". Aber, so möchte man hinzufügen, das *passepartout Einstein,* wenn man tief und unverständlich klingen möchte.

Dies hinterläßt einen etwas schalen Geschmack. Man spürt, daß es zu schön wäre, um wahr zu sein, wenn all dieser Rummel als Anerkennung der überwältigenden wissenschaftlichen Leistungen gelten könnte. Daß dem auch in der Tat nicht so ist, will ich im folgenden zeigen.

Der Beginn der Medienpräsenz Einsteins läßt sich recht genau datieren: Einstein hatte für die Ablenkung des Lichts eines Sternes durch das Gravitationsfeld der Sonne im Rahmen der allgemeinen Relativitätstheorie eine sehr präzise Vorhersage gemacht. Der britische Physiker und Astronom Arthur Stanley Eddington regte eine Expedition an, die bei einer Sonnenfinsternis den von Einstein vorhergesagten Wert der Lichtablenkung im Rahmen der Meßfehler bestätigte. Dies führte zu einem gewaltigen Publikumsinteresse an der allgemeinen Relativitätstheorie und auch der Person Einsteins. Sein Freund Max Born, selbst als einer der Väter der modernen Quantentheorie ein bedeutende Physiker, nutzte das große Interesse an der Theorie aus, um durch öffentliche Vorträge in der schwierigen Zeit nach dem ersten Weltkrieg den Institutsetat aufzubessern, aber er verurteilte die Fokussierung auf die Person Einsteins.[11] Dies führte sogar zu einem zeitweiligen Zerwürfnis zwischen den befreundeten Frauen der beiden Wissenschaftler. Frau Born warf – wohl nicht ganz zu Unrecht – Frau Einstein vor, sie genieße die Publizität ihres Mannes.

Es ist übrigens typisch, daß in fast allen Berichten der Eindruck erweckt wird, die Tatsache, daß das Licht überhaupt abgelenkt werde, sei die entscheidende Vorhersage Einsteins und daß der Nachweis einer Lichtablenkung generell die allgemeine Relativitätstheorie bestätigt habe. Dem ist aber nicht so. Tatsächlich ist die Ablenkung des Lichts im Schwerefeld zu erwarten und war auch vor Einstein vorhergesagt worden. Die Ablenkung eines leichten Körpers im Gravitationsfeld eines sehr schweren ist unabhängig von der Masse des kleinen Körpers. Dies ist auch der Grund für die beinahe universelle Gültigkeit der Keplerschen Gesetze. Da bekannt war, daß elektrische Felder träge Masse besitzen, lag es nicht zu fern, anzunehmen, daß auf diese Masse die Gravitation wirkt. Für die Lichtablenkung kann man dann die bekannten Formeln verwenden, man muß nur für die Geschwindigkeit des Körpers die Lichtgeschwindigkeit einsetzen[12]. Entscheidend ist, daß der Wert, der aus

11 EINSTEIN, A./BORN, H./BORN, M., Briefwechsel, München 1969, Briefe vom Oktober 1920.

12 Die Formel für Winkelablenkung eines den Sonnenrand streifenden Teilchens ist $\Delta\varphi = (2M_\odot G_N) / R_\odot v$, wobei $M_\odot$, $R_\odot$ und G_N Masse und Radius der Sonne sowie die Newtonsche Gravitationskonstante sind, v ist die Geschwindigkeit des Teilchens weit entfernt von der Sonne. Diese Rechnungen hatte G. v. Soldner im Rahmen der Korpusculartheorie des Lichts durchgeführt und 1804 veröffentlicht. Offenbar waren aber diese Arbeiten um 1919 vollkommen in Vergessenheit geraten.

solchen einfachen Überlegungen folgt, nur halb so groß ist wie der von Einstein berechnete und tatsächlich gemessene Wert. Ich bin auf diesen Sachverhalt deswegen etwas ausführlicher eingegangen, weil er mir typisch für die Berichte über die Relativitätstheorie zu sein scheint. Die Multiplikation mit einem Faktor 2 sollte auch einem extremen ἀγεωμετρικῷ zuzumuten sein, aber offenbar ist die Mitteilung, Einstein habe den genauen Wert richtig vorhergesagt nicht reißerisch genug und man bleibt bei der Aussage, Einstein habe – offenbar ganz allgemein – die Lichtablenkung vorhergesagt. Umgekehrt haben die antisemitischen Feinde Einsteins die Tatsache, daß die Lichtablenkung schon vorher (falsch) berechnet war, auszunützen versuchten, um Einstein des Plagiats zu bezichtigen. Hätte Eddingtons Expedition damals tatsächlich den halben Wert des von Einstein vorhergesagten Ablenkungswinkels gefunden, wäre damit das Herzstück der Theorie, die Geometrisierung der Gravitation, widerlegt gewesen.

Ich komme zu einem weiteren und weit gravierenderen Beispiel für die Desinformation der Öffentlichkeit. Im Einstein-Jahr 2005 wollte sich auch das Land Baden-Württemberg in dessen Lichte sonnen. In einer Anzeige wurde er als „der Beitrag des Landes zum Einsteinjahr“ bezeichnet, denn immerhin war er in Ulm geboren und lebte dort etwas mehr als ein Jahr. Dem Lande blieb er allerdings formal noch einige Zeit länger erhalten, da er sich erst im Alter von 16 Jahren durch Zahlung einer Gebühr von 3 Mark von der württembergischen Staatsbürgerschaft befreite.

In der Anzeige des Landes wird versucht, die Relativität der Zeitdauer zu „erklären“, allerdings falsch: Es wird behauptet, daß man in einem Zug oder in einem Flugzeug mit der Lektüre eines Buches schneller fertig werde, da dort die Zeit gedehnt sei. Signifikant erscheint mir bei dieser Fehlleistung zweierlei: Einmal kümmerten sich die Auftraggeber überhaupt nicht um die Richtigkeit und die Falschheit der Aussage. In einer Fragestunde auf die Kritik von Physikprofessoren an der Anzeige angesprochen, meinte der Ministerpräsident nur, er zöge es vor, daß sich die Professoren auf die Lehre konzentrierten. Zum anderen aber ist typisch, daß die Fehlleistung dadurch zustandekommt, daß man etwas, was nicht unsrer Alltagserfahrung entspricht und deshalb unsrer Anschauung nicht direkt einleuchtet, direkt in die Alltagserfahrung einzubetten versucht. Damit erscheint die Theorie magisch, Einstein ist der große, für „normale“ Menschen unverständliche Zauberer. Hierzu paßt auch die immer wieder kolportierte Legende, nur 5 oder 9 Personen hätten die Einsteinsche Relativitätstheorie verstanden.

Hier können wir nun wieder bei Weber fündig werden, und zwar bei der Stelle in Wirtschaft und Gesellschaft, wo er über das archaische Charisma der Handwerker spricht. Er berichtet, daß gerade Handwerker – im Gegensatz zu den Bauern – die Ausrottung der Magie aktiv vollzogen haben, aber:

Der Handwerker speziell ist (...) in den Anfängen der Berufsdifferenzierung ganz besonders tief in magische Schranken verstrickt. Denn alle spezifizierte, nicht all-

tägliche, nicht allgemein verbreitete, ‚Kunst' gilt als magisches Charisma (...) [das] seinen Träger tabuistisch, zuweilen totemistisch, aus der Gemeinschaft der Alltagsmenschen (Bauern) absondert, (...) und auch die Manipulationen des Handwerkers, seine Technik, magisch stereotypiert.[13]

Diese Totemisierung und Stereotypisierung in Begriffe wie „unverständlich" verhindern oft die Wirkung des aufklärerischen Pathos, das den meisten Naturwissenschaftlern eignet. Ein offenbar vorhandenes Bedürfnis nach magischer Welterklärung – siehe die Erfolge Harry Potters – vereint mit weit verbreiteter geistiger Trägheit setzen dem Erfolg der Bemühungen aber enge Grenzen. Albert Einstein war zutiefst aufklärerisch veranlagt. Er versuchte in einer populärwissenschaftlichen Schrift „Über die spezielle und allgemeine Relativitätstheorie, gemeinverständlich"[14] die Grundzüge seiner Theorien weitestgehend verbal, also ohne Gebrauch von Mathematik, darzustellen. Dies hatte allerdings auch negative Folgen. Charles Nordmann[15] zeigt überzeugend, daß Bergsons „Widerlegung" der speziellen Relativitätstheorie genau die rein verbalen Schilderungen in Einsteins populärwissenschaftlicher Schrift betrifft, die in der Tat anfechtbar oder zumindest mehrdeutig auslegbar sind. Bergsons diesbezügliche Monographie „Durée et Simultanéité"[16] wurde dann allerdings nicht in seine Gesamtwerke aufgenommen, Einsteins Reaktion war: „Gott verzeih' ihm"[17]. Zur Zeit der Veröffentlichung von Bergsons kleinem Buch war allerdings die Wirkung außerhalb der Gemeinschaft der Physiker groß. Selbst im Vorschlag für die Verleihung des Nobel-Preises wurden Bergsons Ausführungen als einer der Gründe dafür angeführt, daß Einstein den Preis für die Erklärung des Photoeffektes und nicht für die Relativitätstheorie erhielt.[18] Die Ironie an dieser Geschichte ist, daß gerade der Versuch Einsteins, bei einem breiteren Publikum die Relativitätstheorie vom Geruch der Zauberei zu befreien, dazu beitrug, diesen Ruf zu festigen.

Ich hatte bereits die Analogie der Einstein-Ikonen mit populären Heiligenbildern erwähnt, diese Analogie geht noch weiter. Es gibt auch eine Einstein-Reliquie, sein Gehirn. Es sorgte nach Einsteins Tod für Aufregung in den Medien (weniger in der Hirnforschung), wurde von dem Pathologen, der es entnahm, regelrecht aus Princeton entführt und wie eine mittelalterliche Reliquie kreuz und quer durch Amerika

---

13 WEBER, M., Wirtschaft und Gesellschaft (wie Anm. 3), S. 990.

14 EINSTEIN, A., Über die spezielle und allgemeine Relativitätstheorie, gemeinverständlich, Braunschweig 1917, 70 Seiten.

15 NORDMANN, C., The tyranny of time, London 1925, S .157ff.

16 BERGSON, H., Durée et Simultanéité, Paris 1922.

17 Andere „philosophische" Gegner lasen allerdings nicht einmal diese populäre Schrift, sondern offenbar nur den Titel „Relativitätstheorie".

18 Vgl. PAIS, A., Subtle is the Lord, Oxford 1982.

gejagt.[19] Kurz nach Einsteins Tod regte es Roland Barthes zu einem kurzen geistvollen Essay an.[20] Ihm geht es dabei nicht um Einstein selbst, sondern um die Ergründung des *Mythos* Einstein. Damit kommen wir vom Bild über den Körper zum Wort. Da es Barthes nur auf die Mythogenese ankommt, geht er nicht auf die Frage ein, ob der Mythos berechtigt oder unberechtigt sei, er würde diese Unterscheidung wohl eher als eine praemoderne Naivität betrachten. Er kommt aber doch zu Schlüssen, die die Mythogenese Einsteins in die Nähe der Entstehung des archaischen Handwerker-Charisma rücken. Nach dem Mythos, wie Barthes ihn sieht, ist Einstein Forscher und Entdecker: Die Forschung ist Aufgabe des Gehirns, das wie das Räderwerk einer Maschine funktioniert, die Entdeckung dagegen ist ihrem Wesen nach magisch und „einfach" wie eine ursprüngliche Substanz, z. B. wie der Stein der Weisen. Daß Einstein als Entdecker letztlich scheiterte, da er starb, bevor er die Weltformel fand, ist ein notwendiger Teil des Mythos.

Wie der Handwerker, durch seine besonderen Fähigkeiten Nützliches schaffend an der Bekämpfung des Magischen aktiv teilnimmt, aber dennoch als ein unheimliche Künste beherrschender Zauberer abgesondert und damit in seine Schranken gewiesen wird, so entsteht auch der Mythos Einstein aus zwei Wurzeln. Barthes schließt seinen Essay:

So genügt Einstein vollkommen dem Mythos, der sich über Widersprüche hinweggesetzt, vorausgesetzt er führt zu einer euphorischen Sicherheit: Gleichzeitig Magier und Maschine, ewiger Forscher und unbefriedigter Erfinder, der das Schlimmste und das Beste bewirkt, Gehirn und Gewissen, erfüllt Einstein die widersprüchlichsten Träume, versöhnt auf mythische Weise die unendliche Macht des Menschen über die Natur mit der dunklen Schicksalshaftigkeit von etwas Heiligem, das er noch nicht in seine Schranken weisen kann.[21]

Ich komme zum letzten Punkt, der für eine charismatische Begabung au-schlaggebend sein könnte, nämlich zur Eingebung des Entdeckers, zur „Intuition". In seinem Beitrag „Autobiographishes" zu Schlipps „Library of living philosophers"[22] schrieb Einstein mit 67 Jahren „so etwas wie den eigenen Nekrolog". Darin ist auch in ein paar Sätzen sein „erkenntnistheoretisches Credo" ausgedrückt. Unter anderem heißt es:

Ich sehe auf der einen Seite die Gesamtheit der Sinnen-Erlebnisse, auf der anderen Seite die Gesamtheit der Begriffe und Sätze (...) Die Beziehungen zwischen den Begriffen und Sätzen unter einander sind logischer Art. (...) Die Begriffe und Sätze erhal-

19 HAGNER, M., AEG, in: Einstein on the Beach, (wie Anm. 6),. S. 249ff.

20 BARTHES, R., Le cerveau de Einstein, in: DERS., Mythologies, Paris 1957.

21 Ebd., S. 93.

22 SCHUPP, P. A., Albert Einstein. Philosopher-Scientist, New York 1951.

ten ‚Sinn' bzw. ‚Inhalt' nur durch ihre Beziehungen zu Sinnes-Erlebnissen. Die Verbindung der letzteren mit den ersteren ist rein intuitiv, nicht selbst von logischer Natur. Der Grad der Sicherheit mit der diese Beziehung bzw. intuitive Verknüpfung hergestellt werden kann, und nichts anderes, unterscheidet die leere Phantasterei von der wissenschaftlichen ‚Wahrheit'.[23]

Durch die Wortwahl Einsteins „rein intuitiv, nicht logischer Natur" besteht in der Tat die Gefahr, diese Intuition etwa mit der Intuition oder „Eingebung" eines Künstlers zu verwechseln. Diesem Irrtum ist z. B. Friedrich Dürrenmatt in seinem Vortrag an der ETH Zürich erlegen.[24] Aber diese Art von Intuition, die ein psychologischer oder vielleicht neurophysiologischer Begriff ist. ist nicht zu vermengen mit dem an dieser Stelle von Einstein intendierten epistemologischen Begriff, der den Gegensatz von logisch deduktiv bildet. Der jüngere Einstein, der von Ernst Mach beeinflußt war, hätte vielleicht anstatt intuitiv „denk-ökonomisch" geschrieben, oder etwa, Jules Henri Poincaré folgend, „konventionell".

Bevor ich zum Abschluß komme, möchte ich noch einmal auf die „psychologischen Intuitionen" zu sprechen kommen. Ich will sie – dem Gebrauch in der Gemeinschaft folgend – Einfälle oder Ideen oder „neue Theorien" nennen, Thomas Samuel Kuhn nannte sie, mit direktem Bezug auf die Gestaltpsychologie, „Neue Sichtweisen". Auf dieser Tagung wäre vielleicht „Eingebung" angemessener weil es dem Thema mehr entspricht. Diese psychische Intuition spielt sicher beim Fortgang der exakten Wissenschaften – und wie Weber richtig bemerkt, auch bei unternehmerischen Entscheidungen – eine ähnlich wichtige Rolle wie bei den Künsten. Auch in einer so rein deduktiv logischen Wissenschaft wie der Mathematik ist die psychologische Intuition für die Kreation eminent wichtig, ob es die erkenntnistheoretische auch ist, ist seit der Grundlagenkrise der Mathematik ein Streitpunkt.

Es gibt die große Intuition, die zum Nobelpreis führen kann, genauso wie die kleine Intuition zur Lösung einer Aufgabe in der Diplomarbeit. Hier können wir zwei Extremfälle unterscheiden: Solche neuen Ideen, die man sofort nachvollziehen kann, und bei denen man sich manchmal wundert, daß man, oder vielleicht sogar man selbst, nicht schon früher darauf kam, und solche, bei denen man die Argumentation nicht oder nur sehr schwer nachvollziehen kann und wo man sich wundert, wie überhaupt jemand auf diesen Einfall kam. Dementsprechend schreibt Steven Weinberg, selbst einer der bedeutendsten Physiker der zweiten Hälfte des 20. Jh., in seinem populärwissenschaftlichen Buch „Dreams of a final theory"[25], daß theoretische Physiker in Arbeiten in denen die Intuition am erfolgreichsten war eine der beiden Rollen spielen: entweder die des „Weisen" oder die des „Zauberers". Als

23 Ebd., S. 12.

24 In: Vierteljahresschrift der naturforschenden Gesellschaft in Zürich 124,1 (1979), S. 58–73.

25 WEINBERG, S, Dreams of a final theory, New York 1992.

Beispiel für einen Weisen *par excellence* nennt Weinberg Albert Einstein, insbesondere bei der Entwicklung der allgemeinen Relativitätstheorie, dagegen als Beispiel für einen Zauberer Werner Heisenberg, insbesondere bei seiner Arbeit von 1925, die die Geburt der modernen Quantenphysik bedeutete.[26]

Heisenberg war auch einer der ganz hervorragenden Physiker des 20. Jahrhunderts, zusammen mit Niels Bohr, Paul Dirac und Enrico Fermi wäre er wohl direkt nach Einstein zu nennen. Doch würde man ihm kaum Charisma zusprechen, zumindest wenn man das Kriterion der Ikonifizierung anlegt. Aus dem Vergleich ähnlich bedeutender Gelehrter ließe sich sicher viel lernen. Da ich aber vermute, daß schon einiges, was ich bisher gesagt habe, auf Widerspruch stoßen wird, möchte ich meine Ausführungen mit einigen hoffentlich provozierenden Folgerungen beschließen.

• Auch die säkularisierten Charisma-Begriffe Max Webers sind innerhalb der Wissenschaft wenig hilfreich.

• Die Tatsache, daß Einstein zu einer der Ikone des 20. Jh. wurde, ist eher ein Produkt bewußter und unbewußter Manipulationen als eine Konsequenz seiner eminenten Bedeutung in der Wissenschaft. Diese Manipulationen zielen auf eine Absonderung des exakten Wissenschaftlers und haben eine Parallele in der Absonderung der Handwerker (z.B. Schmiede) in primitiven Gesellschaften. Hier besteht eine Beziehung zum „Handwerker-Charisma", das bei Max Weber auch kurz angesprochen wird.

• Spricht man Einstein Charisma zu, so ist seine singuläre wissenschaftliche Bedeutung nur dafür relevant, daß sich sein Ruf als charismatischer Physiker so lange Zeit hält. Die Feuilletonisten hätten ihr Interesse an Einstein längst verloren, wenn sein Name nicht regelmäßig bei Meldungen aus der Wissenschaftsredaktion auftauchte.

• Ob Einstein ein charismatischer Wissenschaftler war, ist und war für seine wissenschaftliche Wirkung irrelevant.

---

26 Ebd., S. 66.

3 Das Charisma in Mystik, Frömmigkeit und religiöser Praxis

3.1 Religion als ‚Begabung' im mittelalterlichen Christentum

Albrecht Diem

Organisierte Keuschheit – organisierte Heiligkeit

Individuum und Institutionalisierung im frühen gallo-fränkischen Klosterwesen[1]

Eine Verknüpfung des Weberschen Charismakonzeptes mit dem Themenbereich der Sexualität, des Triebes, Begehrens und deren Beherrschung könnte sich als eine explosive Kombination erweisen, die sich in endlose, teils sicherlich inspirierende, möglicherweise skandalöse aber auch absurde Assoziationsketten entlädt.[2] Der hier vorliegende Aufsatz strebt allerdings weder nach der großen Synthese zwischen Charisma und Sexualität, noch nach dem Skandal im Detail, sondern begnügt sich damit, an Bruchstücken zu arbeiten und diese miteinander zu verbinden. Betrachtet wird zum einen die Entwicklung frühmittelalterlicher klösterlicher Heiligkeit als bedeutende Manifestation dessen, was Max Weber als Charisma analysiert hat. Die Entstehung der Institution Kloster – einer der wohl prägendsten Institutionalisierungspozesse der westlichen Geschichte – wird als Prozeß der Transformation von Heiligkeit analysiert, für den die Untersuchung des sich verändernden monastischen Diskurses über Keuschheit und Sexualität einen wichtigen Zugang liefert.

I. Das Ende des Keuschheitskampfes?

Ein spätantiker monastischer Asket war ein durch und durch sexuelles Wesen.[3] Die Auseinandersetzung mit seinem oder besser der Kampf gegen sein sexuelles Begehren war ein wesentlicher Teil seines asketischen Streites. Keuschheit – *castitas* –

---

1 Dieser Artikel entstand im Rahmen des Wittgensteinpreis–Projektes „Ethnische Identitäten im frühmittelalterlichen Europa“ am Institut für Mittelalterforschung der Österreichischen Akademie der Wissenschaften, Wien, finanziert durch den Fonds zur Förderung der wissenschaftlichen Forschung. Dank gilt Maximilian Diesenberger, Pavlína Rychterová und Christopher Zwanzig für ihre Kommentare und Verbesserungsvorschläge.

2 Siehe z.B. RADKAU, J., Max Weber: Die Leidenschaft des Denkens, München 2005, S. 253–315 u. 602–613.

3 Zur Geschichte des sexuellen Begehrens im spätantiken Klosterwesen siehe vor allem: BROWN, P., The Body and Society. Men, Women and Sexual Renunciation in Early Christianity, New York/London 1989; ROUSELLE, A., Porneia. On Desire and the Body in Antiquity, Oxford 1988.

war nicht mehr als ein unerreichbares Ziel, dem er sich allenfalls annähren konnte. Die Unfähigkeit zur perfekten Keuschheit gehört zu den wichtigsten Gründen, warum er die vollkommene Hingabe an Gott, das vollkommene Gebet, die *puritas cordis*, niemals dauerhaft erreichen kann.[4]

Glaubt ein Asket, seine Sexualität überwunden zu haben, läuft er Gefahr, einer noch viel schlimmeren Sünde anheim zu fallen, nämlich dem Hochmut, der ihn nicht selten trotz aller Keuschheit ins Verderben stürzt.[5] Aus diesem Grund ist es beinahe als heilsam und gesund anzusehen, daß selbst den enthaltsamsten Heiligen physische Symptome seiner immer noch vorhandenen Sexualität, wie nächtliche Samenergüsse oder spontane Erektionen, immer wieder daran erinnern, daß das sexuelle Begehren als besonders zäher Aspekt menschlicher Sündigkeit noch stets in ihm lauert.[6]

Dies ist, grob zusammengefaßt, der Eindruck, den uns die lateinischen Texte der Wüstenväter, das Erbe der *sancti patres*, vermitteln.[7] Texte, wie die Vita Antonii, die Klosterregeln des Pachomius († 346) und Basilius († 379), monastische Anekdotensammlungen, die Werke von Euagrios Pontikos († 399) und vor allem Johannes Cassians († 430) Werke analysieren und systematisieren das sexuelle Begehren, geben aber auch praktische Ratschläge, wie sich jeder Mönch dem Keuschheitskampf durch Weltflucht, Fasten, Meditation und Nachtwachen stellen kann. Oft personifizieren monastische Autoren Versuchung und sexuelles Begehren als Dämonen, die sich dem Mönch in der Wüste entgegenstellen – nicht selten verkleidet als unbekleidete begehrenswerte Frauen. Die Tatsache, daß jeder Asket unausweichlich durch sexuelle Anfechtungen gequält wird, darf allerdings keinesfalls als Ausrede

4 Siehe vor allem CASSIAN, Collationes XXII–XXIII, hrsg. von PICHERY, E:, in: Sources Chrétiennes (SC) 64, S. 114–168; LEYSER, C., Authority and Asceticism from Augustine to Gregory the Great, Oxford 2000, S. 33–61; NAGEL, D. VON, Puritas cordis – Reinheit des Herzens. Sinn und Ziel einer Mönchsübung nach den Schriften des Johannes Kassian, in: Munen muso, ungegenständliche Meditation. Festschrift für Hugo M. Enomiya-Lasalle zum 80. Geburtstag, hrsg. von STACHEL, G., Mainz 1978, S. 127–155; RAASCH, J., The Monastic Concept of Purity of Heart and its Sources, in: Studia Monastica 8 (1966), S. 7–33 und S. 183–213; 10 (1968), S. 7–55; 11 (1969), S. 269–314; 12 (1970), S. 7–41.

5 Siehe zum Beispiel DIONYSIUS EXIGUUS, Vita Pachomii, in: CRANENBURGH, H. VAN, La vie latine de Saint Pachôme. Traduite du Grec par Denys le Petit (Subisida Hagiographica, Bd. 46), Brüssel 1969, c. 9, S. 100.

6 LEYSER, C., Masculinity in Flux: Nocturnal Emission and the Limits of Celibacy in the Early Middle Ages, in: Masculinity in Medieval Europe, hrsg. von HADLEY, D. M., London/New York 1999, S. 103–120; BRAKKE, D., The Problematization of Nocturnal Emissions in Early Christian Syria, Egypt, and Gaul, in: Journal of Early Christian Studies 3 (1995), S. 419–460. Zum Problem spontaner Erektionen siehe zum Beispiel PELAGIUS, Verba seniorum V, in: PL 73, c. 1, 873D–874A.

7 Siehe auch DIEM, A., Das monastische Experiment. Die Rolle der Keuschheit bei der Entstehung des westlichen Klosterwesens (Vita Regularis, Bd. 24), Münster 2005, S. 33–129.

dienen, diesen zu erliegen. Der menschliche Wille ist, wie vor allem Johannes Cassian feststellt, grundsätzlich stärker als alle Dämonen.[8]

Verlassen wir die Welt der Wüstenväter und begeben wir uns ins spätantike Gallien und ins Merowingerreich, entsteht ein völlig anderes Bild. So sehr, wie ein Mönch der Spätantike sexuell war, ist ein idealer Mönch des Frühmittelalters asexuell. In den monastischen hagiographischen Texten des Frühmittelalters, vor allem der fränkischen Welt, wird ein *vir Dei* fast immer als unberührt von seiner Geburt an beschrieben.[9] *Castitas*, das von den Wüstenvätern noch so mühevoll angestrebte, doch nie erreichte Gut, wurde zur selbstverständlichen Bedingung klösterlicher Existenz. Der Keuschheitskampf, der das Leben der *sancti patres* bestimmte, fand nun, zumindest auf den ersten Blick, nicht mehr statt. Die wenigen Dämonen, die es tatsächlich noch wagen, sich einem heiligen Mönch zu nähern, wurden erbarmungslos vertrieben bzw. ausgetrieben.[10] Diese Abwesenheit des Keuschheitskampfes und Immunität gegenüber dämonischer Verführung gilt hierbei übrigens nicht nur für den Protagonisten frühmittelalterlicher Heiligenleben, sondern auch für die ihn umgebende Gemeinschaft. Auch wenn ein frühmittelalterlicher Heiliger selbstverständlich keusch war, war er doch nie „keuscher" als die anderen Mitglieder seiner Gemeinschaft.

Kein frühmittelalterlicher monastischer Text setzt die bis ins sechste Jahrhundert hinein betriebenen Diskussionen über Visionen, Träume, sexuelles Begehren und seine physischen Symptome fort. Exemplarisch lässt sich diese augenscheinlich massive Veränderung des asketischen Diskurses anhand zweier Texte verdeutlichen, die zwar nicht in Gallien entstanden sind, sich jedoch prägend auf das gesamte frühmittelalterliche Klosterwesen ausgewirkt haben: das zweite Buch der Dialogi Papst Gregors I. († 604), also die Lebensbeschreibung Benedikts von Nursia, sowie die eben jenem zugeschriebene Regula Benedicti.

Gregors Dialogi liefern die vielleicht treffendste Metapher für das Ende des Keuschheitskampfes: Benedikt wurde zu Beginn seines monastischen Lebens plötzlich von einer heftigen Versuchung heimgesucht. Er wälzte sich daraufhin nackt in einem Dornenbusch.[11] Nach dieser überaus drastischen Maßnahme war für ihn das Problem des sexuellen Begehrens für den Rest seines Lebens ein für alle Mal erledigt. Damit fing Benedikt, so könnte man sagen, als spätantiker Asket an; mit seinem Sprung in die Dornen verwandelte er sich in einen frühmittelalterlichen Heiligen.

8 CASSIAN, Collationes VII, in: SC 42, 242–277; VIII, in: SC 54, 8–37. Siehe dazu auch DIEM, A., Encounters between Monks and Demons, in: Miracles and the Miraculous in Medieval Latin and Germanic Literature (Germania Latina, Bd. 5), hrsg. v. HARBUS, A./HOFSTRA, T./OLSEN, K., Groningen 2004, S. 51–67, hier S. 56–69.

9 DIEM, A., Das monastische Experiment (wie Anm. 7), S. 289–321.

10 DIEM, A., Encounters (wie Anm. 8), S. 64–67.

11 GREGOR I., Dialogi II, hrsg. von VOGÜÉ, A. DE/ANTIN, P., in: SC 260, c. 2, S. 136–140, hier S. 139.

In einer anderen Episode desselben Werkes liefert Gregor eine Variante des häufig benutzten Wüstenväter-Topos der Konfrontation zwischen Mönchen und als nackte Frauen verkleideten Dämonen. Obwohl Gregor an anderer Stelle immer wieder Dämonen auf Mönche treffen ließ, sind es in diesem Fall echte Frauen, die – selbstverständlich erfolglos – von einem feindlich gesinnten Priester ins Kloster geschickt werden, um die Moral von Benedikts Gemeinschaft zu unterwandern.[12] Das Motiv der Externalisierung des sexuellen Begehrens wandelt sich somit zum praktischen Problem der Geschlechtertrennung.

Eine der Hauptquellen für die Regula Benedicti war das Werk des großen monastischen Theologen und Augustinuszeitgenossen Johannes Cassian, dessen „Collationes" und „Institutiones" die wohl genaueste Analyse und theologische Ausarbeitung des asketischen Kampfes um die Keuschheit enthalten. Sie lieferten den Mönchen ein breites Handlungsrepertoire, sich diesem Kampf zu stellen.[13] Nur die Bibel wird in der Regula Benedicti häufiger zitiert als Cassian; Adalbert de Vogüé und Jean Neufville identifizierten in ihrer Edition der Regula Benedicti fast 270 Zitate und Anspielungen aus Cassians Werken. Trotzdem schafft es der Autor der Regula Benedicti den Kampf um die Keuschheit, die unerreichbare *castitas* und das asketische Ziel der *puritas cordis* fast vollständig aus dem Text herauszuhalten. Ein Blick auf den Index fontium zur Regula Benedicti zeigt, daß genau jene Bücher aus Cassians Werken, in denen der Keuschheitskampf im Mittelpunkt steht (also Institutiones VI; Collationes XII, XXII, XXIII) nicht oder kaum in der Regula zitiert werden, während alle anderen Bücher ausführlich vertreten sind.[14] Diese selektive Rezeption der Wüstenvätertradition manifestiert sich auch in anderen frühmittelalterlichen monastischen Texten.[15]

a. Objekte des Begehrens

Im spätantiken und im gallo-fränkisches Klosterwesen bestanden also, so scheint es, deutlich unterschiedliche Konzepte von *castitas*. Spätantike *castitas* bedeutete die Überwindung beziehungsweise Kontrolle des jedem Menschen innewohnenden sexuellen Begehrens. Für frühmittelalterliche *castitas* genügte die vollständige Unterlassung jeglichen sexuellen Handelns und, im Idealfall, die sexuelle Enthaltsamkeit

12 Ebd., c. 8, S. 162.

13 CASSIAN, Institutiones, hrsg. von GUY, J. -C., in: SC 109; Collationes, in: SC 42/54/64. Siehe dazu FOUCAULT, M., The Battle for Chastity, in: Western Sexuality. Practice and Precept in Past and Present Times, hrsg. von ARIÈS, P./ BÉJIN, A., Oxford 1985, S. 14–25; LEYSER, C., Authority and Asceticism (wie Anm. 4), S. 33–61; DIEM A., Das monastische Experiment (wie Anm. 7), S. 99–111.

14 VOGÜÉ, A. DE/NEUFVILLE, in: SC 186, S. 1418–1442. Siehe auch DIEM, A., Das monastische Experiment (wie Anm. 7), S. 126.

15 Ebd., S. 112–128.

von Geburt an. Bevor diese Transformation eines asketischen Diskurses eingehend diskutiert wird, sollen zunächst ein paar Beobachtungen zum spätantiken monastischen Umgang mit dem sexuellen Begehren, vor allem zur Frage des Objektes formuliert werden.

Sowohl bei Cassian als auch bei den Texten der Wüstenväter fällt auf, daß zwar immer wieder vom sexuellen Begehren (*concupiscentia*), von unkontrollierten Gedanken (*cogitationes*) und von Versuchungen (*temptationes*) die Rede ist, doch das Objekt des Begehrens fast nie erwähnt wird. Ob eine Versuchung von einer Frau, einem anderen Mönch, einem Knaben oder dem eigenen Körper ausgeht, scheint diese selbst weder zu definieren noch zu qualifizieren. Zwischen der bereits im frühen Christentum aufkeimenden Sonderbeurteilung gleichgeschlechtlicher Sexualität – vom Barnabasbrief bis hin zur „homosexuellen" Auslegung des biblischen Berichts über die Zerstörung von Sodom[16] – und dem monastischen Diskurs zur Keuschheit gibt es fast keine Berührpunkte. Dies ändert sich erst mit dem Aufkommen von Bußbüchern.[17]

Auch wenn Frauen, Mitmönche und Knaben gleichermaßen eine Gefahr für die Keuschheit eines Mönches darstellen konnten,[18] galt es allerdings, dieser Gefahr mit jeweils unterschiedlichen Maßnahmen präventiv und disziplinierend zu begegnen. Da es unmöglich war, das sexuelle Begehren gänzlich zu besiegen, entwickelten frühe Klosterregeln, angefangen bei der Regula Basilii und der Regula Pachomii, ein zunehmend verfeinertes Repertoire von disziplinierenden Bestimmungen, die zum Ziel hatten, durch Strafe, Überwachung und die Schaffung einer möglichst „reizfreien" Umgebung zu verhindern, daß sexuelles Begehren in sexuelles Handeln umschlug. Heterosexuelles Handeln ließ sich hierbei durch konsequente Geschlechtertrennung und strikte Überwachung aller Situationen, in denen die Mönche auf Frauen treffen konnten, relativ einfach aus der Klostergemeinschaft verbannen.[19] Gleichgeschlechtliches Begehren war ein größeres Problem, zumal hierbei nicht nur der einzelne Mönch Gefahr lief, seinen Keuschheitskampf zu verlieren, sondern auch andere Mitglieder der Gemeinschaft dabei involviert werden konnten. Deshalb

---

16 Siehe dazu JORDAN, M., The Invention of Sodomy in Christian Theology, Chicago/London 1997, S. 29–44.

17 Z. B. COLUMBAN, Poenitentiale B, hrsg. und übers. von WALKER, G. S. M., in: DERS., Columbani Opera, Dublin 1970, c. 15, S. 172. Zur Rolle von homosexuellem Verhalten in Bußbüchern, siehe FRANTZEN, A. J., Before the Closet: Same-Sex Love from Beowulf to Angels in America, Chicago/London 1998.

18 Als Beispiel mag die auf Arabisch überlieferte und erst im 17. Jahrhundert ins Lateinische übersetzte Regula Isaiae Abbatis dienen, in der bereits im ersten Kapitel fast alle potentiellen Gefährdungen der Keuschheit nebeneinander aufgeführt werden: Regula Isaiae abbatis, in: PL 103,c. 1, Sp. 429A: „Cave ne comedas cum muliere, aut fraternitatem ineas cum puero, aut dormias cum adolescente super eadem storea. Cum exuis vestem tuam, ne aspicias corpus tuum."

19 Regula patrum tertia, hrsg. von VOGÜÉ, A. DE, in: SC 298, c.4, S. 534–536; Konzil von Agde (506), hrsg. von MUNIER, C. in: CCSL 148, c. 28, S. 205; Konzil von Epao (517), hrsg. von DE CLERCQ, C. in: CCSL 148A, c. 38, S. 34; Konzil von Tours (567), ebd., c. 17, S. 182; Konzil von Auxerre (561/605), ebd., c. 24, S. 268.

nahm gleichgeschlechtliches sexuelles Handeln auf der Ebene der Prävention und Disziplinierung einen deutlich breiteren Raum ein als heterosexuelles Handeln.[20] Klosterregeln enthalten ein beachtliches Repertoire von Bestimmungen zur Trennung der Körper,[21] der Seelen – also der Unterbindung von Freundschaften[22] – und der Generationen.[23] Besonders in der ägyptischen Regula Pachomii nehmen diese Bestimmungen gegen „homosexuelles" Verhalten einen großen Raum ein.[24] Die koptische Vita Pachomii gehört zu den ganz wenigen vormodernen Texten, in denen tatsächlich etwas beschrieben wird, das in etwa unseren modernen Vorstellungen einer sexuellen Orientierung ähnelt: Pachomius lehrt, daß Mönche, die Begehren zum eigenen Geschlecht entwickeln, für das Klosterleben ungeeignet sind und ihr Heil besser als Eremiten in der Wüste suchen sollten. Seine koptische (nicht auf Latein überlieferte) *Vita* berichtet, wie er einmal in einer „Säuberungsaktion" nicht weniger als hundert der dreihundertfünfzig Mönche seines Klosters aus diesem Grund aus dem Kloster entfernt hat.[25]

Für den Westen liefern wieder die bereits erwähnten Institutiones des Johannes Cassian ein besonders illustratives Beispiel für den gesonderten Umgang mit gleichgeschlechtlichem Begehren. Das zweite Buch enthält eine scharfe Bestimmung gegen Verhalten, das auch nur den Verdacht der Gleichgeschlechtlichkeit wecken könnte, nicht etwa, weil es sich dabei um eine besondere Form der Unkeuschheit handelt, sondern weil sich hier ein sexuelles Vergehen mit einem sozialen, der Zerstörung der Gemeinschaft, verbindet: „Sie achten nämlich vor allem darauf, daß kei-

20 BACHT, H., Ein Wort zur Ehrenrettung der ältesten Mönchsregel, in: Zeitschrift für katholische Theologie 72 (1950), S. 350–359.

21 Regula Pachomii, praecepta atque iudicia, in: BACHT, H., Das Vermächtnis des Ursprungs, Bd. 2, Würzburg 1983, c. 95, S. 105; Regula magistri, hrsg. von VOGÜÉ, A. DE in: SC 106, c. 11.109–111, S. 30; Regula Benedicti hrsg. von NEUFVILLLE, J./VOGÜÉ, A. DE, in: SC 182, c. 22, S. 540–542; Regula Orientalis, hrsg. von VOGÜÉ, A. de, in: SC 298, c. 44, S. 494; Regula Aureliani ad monachos, in: SCHMIDT, A., Zur Komposition der Mönchsregel des Heiligen Aurelian von Arles I, in: Studia Monastica 18 (1975), S. 237–256, hier c. 33, S. 250; Regula Ferrioli, in: DESPREZ, V., La Regula Ferrioli. Texte critique, in: Revue Mabillon 60 (1982), S. 117–148, hier c. 33, S. 141–142.

22 Regula Pachomii, Praecepta atque iudicia, in: BACHT, H., Vermächtnis des Ursprungs (wie Anm. 21), c.7, S. 257; Regula Tarnatensis, in: VILLEGAS, F., La „regula monasterii Tarnatensis". Texte, sources et datation, in: Revue Bénédictine 84 (1974), c. 13.4, S. 7–65, hier S. 32; Regula Orientalis (wie Anm. 21), c. 18, S. 476.

23 Zur Trennung zwischen den Generationen, siehe z.B. Regula Pachomii (wie Anm. 21), Praecepta atque iudicia, c. 7, S. 257; Regula Orientalis (wie Anm. 21), c. 18, S. 476; Regula Benedicti (wie Anm. 21), c. 22.7, S. 540; Regula Aureliani ad monachos (wie Anm. 21), c. 35, S. 250. Siehe hierzu und zum folgenden: DIEM, A., Organisierte Keuschheit. Sexualprävention im Mönchtum der Spätantike und des frühen Mittelalters, in: Invertito. Jahrbuch für die Geschichte der Homosexualitäten 3 (2001), S. 8–37.

24 Regula Pachomii (wie Anm. 21), Praecepta, c. 87–89/92–97/109, S. 104–107.

25 Koptische (bohairische) Vita Pachomii, in: VEILLEUX, A., Pachomian Koinonia 1 (Cistercian Studies Series, Bd. 45), Kalamazoo 1982, c. 107, S. 156–159. Siehe auch Horsiesios, Instruction VII, in: VEILLEUX, A., Pachomian Koinonia 3 (Cistercian Studies Series, Bd. 47), Kalamazoo 1982, c. 4-10, S. 146–149.

ner – besonders von den Jüngeren – mit einem anderen auch nur einen Augenblick alleine zusammen ist, sich irgendwohin mit ihm zurückzieht oder daß sie sich gegenseitig bei der Hand fassen. Diejenigen, die gegen diese Regelforderung verstoßen, indem sie etwas von dem Untersagten tun, gelten als Verächter und Übertreter der Gebote und machen sich nicht geringer Strafe schuldig. Selbst dem Verdacht eines Aufruhrs und boshafter Ratschläge können sie nicht entgehen. Tilgen sie diese Schuld nicht in öffentlicher Buße vor der ganzen Brüderversammlung, so darf keiner von ihnen am gemeinsamen Gebet der Brüder teilnehmen."[26]

b. Organisierte Keuschheit

Im Gegensatz zum eingangs beschriebenen Kampf gegen das sexuelle Begehren kommt der disziplinierende und kontrollierende Diskurs zur Verhinderung sexuellen *Handelns* in der monastischen Welt des fränkischen Reiches nicht zum Ende. Im Gegenteil: klösterliche Texte des sechsten und siebten Jahrhunderts fügen dem spätantiken Repertoire noch weitere Bestimmungen hinzu. Eine der wohl tiefgreifendsten strukturellen Veränderungen im frühmittelalterlichen Klosterwesen bestand in der Erfindung des Dormitoriums. Adalbert de Vogüé bezeichnete die Einführung von Gemeinschaftsschlafsälen wohl zu Recht als eine „stille Revolution",[27] die sich vermutlich flächendeckend im Laufe des sechsten Jahrhunderts vollzogen hat. Die ersten textlichen Belege für die Existenz von bewachten Gemeinschafts-Schlafsälen finden sich in der Nonnenregel und der Mönchsregel des Caesarius von Arles zu Beginn des sechsten Jahrhunderts, aber auch in der *Regula magistri* und der *Regula Benedicti*.[28] Der älteste narrative Text, der gemeinschaftliche Schlafsäle erwähnt, ist die *Vita patrum Iurensium*, die gegen 515 entstand, also zur selben Zeit wie Caesarius' Nonnenregel.[29]

---

26 Cassian, Institutiones II, (wie Anm. 13), c. 15.2, S. 86, übers. in: FRANK, K. S., Frühes Mönchtum im Abendland, Bd. 1, Zürich/München 1975, S. 143–144. Eine weitere Stellungnahme findet sich in CASSIAN, Institutiones XII, c. 20, S. 478/480: „Novi quendam de fratrum numero – quem utinam minime scissem, siquidem post haec ordinis mei gradu se passus est praegravari –, qui probatissimo cuidam senum vitio carnis semet ipsum gravissimo confessus est inpugnari: nam contra usum naturae desiderio patiendi magis quam inferendi ignominiam intolerabili aestu libidinis urebatur. Tum illum ut spiritalem verumque medicum interiorem causam morbi huius et originem protinus pervidisse: qui graviter suspirans, nequaquam, ait, tam nequam spiritui tradi te Dominus permisisset, nisi aliquid blasphemasses in eum."

27 VOGÜE, A. DE, „Comment les moines dormiront." Commentaire d'un chapitre de la Règle de Saint Benoît, in: Studia Monastica 7 (1965), S. 25–62.

28 CAESARIUS VON ARLES, Regula ad virgines, hrsg. von COURREAU, J./VOGÜE, A. DE, in: S.C. 345, c. 4.3, S. 182; c. 9, S. 186–188; c. 51.1, S. 236; Regula Benedicti (wie Anm. 21), in: SC 182, c 22, S. 540; Regula magistri, in: SC 106, c. 11, 08-21, S. 30–32.

29 Vita patrum Iurensium, hrsg. von MARTINE, F., in: SC 142, c. 170, S. 422.

Ab dem siebten Jahrhunderts finden sich, zumindest im fränkischen Klosterwesen, keine Hinweise mehr auf die Existenz von Einzelzellen in Klöstern. Besonders eindrucksvoll verordnen und erklären die Einführung des Dormitoriums die Akten des bischöflichen Konzils von Tours des Jahres 567: „Dies, damit die Gelegenheit nicht dem Ruf der Ehrenhaftigkeit schadet, weil gewisse Laien, während sie unterschiedlichste Formen der Unzucht ausführen, das, was sie von sich selbst kennen, anderen unterstellen. Seneca sagt darüber, daß das schlechteste Laster in dem ist, der das, was er an Torheiten betreibt, auch bei anderen vermutet. Um auch Menschen, die so denken und dies unterstellen, den Boden zu entziehen, soll kein Priester und Mönch es wagen, einen anderen in sein Bett aufzunehmen. Mönchen ist es nicht erlaubt, gemeinsame Zellen zu haben, wo sie entweder zu zweit verbleiben oder Besitztümer aufbewahren können. In gemeinsamer Anstrengung soll eine *scola* gebaut werden, wo alle in Anwesenheit entweder des Abtes oder des Priors zu liegen haben. Damit sollen, während zwei oder drei abwechselnd sowohl lesen als auch wachen, die anderen getröstet werden, damit nicht nur die Bewachung der Körper bestehe, sondern auch der Fortschritt der Seele durch die beständige Lesung zunimmt.“[30]

Dieser Konzilsbeschluß gibt wichtige Hinweise darauf, warum der individuelle asketische Kampf um die Keuschheit aus den Texten verschwand und sich trotzdem der Versuch, Keuschheit durch klösterliche Disziplin zu organisieren, weiter ausweitete. Den Bischöfen von Tours ging es nicht mehr um den einzelnen Mönch, der um sein Seelenheil streitet, sondern um die klösterliche Gemeinschaft als ganze, und zwar vor allem in ihrer Wahrnehmung durch die Außenwelt. Dieses Interesse der Außenwelt an der garantierten Abwesenheit von Sexualität im Kloster manifestiert sich seit dem sechsten Jahrhundert nicht allein in dieser Konzilsentscheidung. Immer wieder erscheint in Klosterregeln und in den Akten bischöflicher Konzilien die *fama custodienda* des Klosters als Grund für disziplinierende Maßnahmen.[31]

Bestimmungen zur Kontrolle, Überwachung und Bestrafung, die in früheren monastischen Texten dazu dienen sollten, den einzelnen Mönch vor sich selbst zu schützen und in seinem Keuschheitskampf zu unterstützen, dienen nun der Gemein-

30 Konzil von Tours (567), in: CCSL 148 A, c. 15, S. 181: „Et ne occasio famam laceret honestatis, quia aliqui laici, dum diversa perpetrant adulteria, hoc, quod de se sciunt, in aliis suspicantur, sicut ait Senica: ‚Pessimum in eum uitium esse, qui in id, quod insanit, ceteros putat furere', ut et ipsis putantibus aut certe estimantibus locus amputetur, nullus sacerdotum ac monachorum colligere alium in lecto suo praesumat nec liceat monachis cellas habere communis, ubi aut bini maneant aut peculiarea reponi possint, sed scola laborem communi construatur, ubi omnes iaceant aut abbate aut praeposito inminentem, ut, dum duo vel tres vicissim et legunt et excubant, alii consolentur, ut non solum sit custodia corporum, sed et surgat pro lectione assidua profectus animarum.“

31 Siehe zum Beispiel Konzil von Agde, in: CCSL 148, c. 10, S. 199–200; CAESARIUS VON ARLES, Regula ad virgines (wie Anm. 28), c. 36.1, S. 218; c. 46.2, S. 232; Regula patrum tertia (wie Anm. 19), S. 34–536; Regula cuiusdam ad virgines, in: PL 88, c. 3.5, Sp. 1056B (eine Neuedition des Textes ist in Vorbereitung).

schaft, ihrem reibungslosen Funktionieren und ihrem Ruf in den Augen der Aussenwelt.

c. Kloster und Welt

An dieser Stelle müssen wir bei dem Versuch, diesen Transformationsprozeß und das Ende des individuellen Keuschheitskampf zu erklären, vom Thema des sexuellen Begehrens abweichen und etwas breiter ansetzen mit der Frage, aus welchen Wurzeln heraus sich das westliche Klosterwesen überhaupt entwickelt hat. Frühmittelalterliche monastische Quellen erheben immer wieder den Anspruch, das von ihnen beschriebene klösterliche Leben stehe in der Tradition der *sancti patres*. Die Texte der Wüstenväter werden, soweit sie in der lateinischen Welt verfügbar waren, beständig zitiert und deren (teils legendarische) Protagonisten – Antonius, Paul der Eremit, Pachomius, Martin und andere – immer wieder implizit oder explizit als Vorbilder angeführt. Damit ließ sich allerdings nicht verschleiern, daß frühmittelalterliche Klöster fundamental anders waren als die ägyptischen und syrischen Wüstenväterkolonien und ihre ersten „Filialen" im Westen.[32] Klöster waren nun keine Gemeinschaften mehr, die sich spontan um einen charismatischen Asketen herum gebildet hatten, sondern Institutionen, die bewußt gegründet wurden, ohne daß ihr Gründer vorhatte, selbst ins Kloster einzutreten.[33]

32 Eine – keinesfalls vollständige – Liste von Referenzen an die Wüstenvätertradition: SULPICIUS SEVERUS, Dialogi I, hrsg. von HALM, C., in: CSEL 1, c. 4, S. 156; CASSIAN, Institutiones, Prolog (wie Anm. 13), S. 24–32; EUGIPPIUS, Vita Severini, hrsg. und übers. von NÜSSLEIN, T., Stuttgart 1986, c. 9.5 und c. 43.3, S. 52 u. 112; Regula Benedicti (wie Anm. 21), c. 73.5, S. 672; Vita patrum Iurensium (wie Anm. 29), c. 11 und c. 174, S. 250–252 u. 426–428; COLUMBAN, Poenitentiale B (wie Anm. 17), S. 172; JONAS VON BOBBIO, Vita Columbani I, hrsg. von KRUSCH, B., in: MGH SRG 37, c. 1, S. 151-152; Passio Praeiecti, Prolog, hrsg. von KRUSCH, B., in: MGH SRM 5, S. 225. Ein Teil dieser Referenzen, vor allem bei Sulpicus Severus und in der Vita Patrum Iurensium, stellt ausdrücklich fest, daß das entstehende gallische Klosterwesen der *sancti patres*–Tradition trotz deutlicher Sonderentwicklungen auf jeden Fall gleichwertig war. Für eine detaillierte Analyse der Rolle und Funktion der Wüstenvätertradition zur Konstruktion einer gallischen klösterlichen Identität, siehe DIEM, A., The Rule of an Iro–Egyptian Monk in Gaul (erscheint demnächst).

33 Den immer noch besten Überblick über frühe Klostergründungen in Gallien liefert UEDING, L., Geschichte der Klostergründungen der frühen Merowingerzeit (Historische Studien, Bd. 261), Berlin 1935. Siehe auch PRINZ, F., Frühes Mönchtum im Frankenreich. Kultur und Gesellschaft in Gallien, den Rheinlanden und Bayern am Beispiel der monastischen Entwicklung (4. bis 8. Jhd.), München/Wien [2]1988; BRUNERT, M. -E., Das Ideal der Wüstenaskese und seine Rezeption in Gallien bis zum Ende des 6. Jahrhunderts (Beiträge zur Geschichte des alten Mönchtums und des Benediktinertums, Bd. 42), Münster 1994.

In der fränkischen Welt traten zunächst Bischöfe als Klostergründer auf, später Könige, dann auch adlige Familien.[34] Die Ausstattung und Unterstützung von Klöstern manifestierte sich in den Quellen zunächst als Gabe zur Sicherung des eigenen Seelenheils. Zunehmend deutlich wurde dann allerdings eine Gegengabe erwartet, nämlich das als wirkungsmächtig angesehene Gebet der „heiligen" klösterlichen Gemeinschaft.

Bischof Caesarius († 542), Gründer eines Nonnenklosters in Arles, war zu Beginn des sechsten Jahrhunderts einer der ersten Klostergründer, der die Erwartung formulierte, daß die Bewohner seiner Klostergründung die durch monastisches Leben entwickelte Heiligkeit in Gebet umsetzten – zugunsten ihres Gründers, aber auch aller Christen in der Stadt.[35] Ab dem siebten Jahrhundert wurde die Aufgabe der Klöster, für den König und die Stabilität des Reiches zu beten, in Gründungsurkunden und Urkunden zur Verleihung von Immunitäten und Privilegien festgeschrieben.[36] Im selben Zeitraum begannen kirchliche und weltliche Machthaber aktiv Klosterpolitik zu betreiben, d.h. sich mit der Rechtsstellung, der wirtschaftlichen Situation, den internen Strukturen und der Disziplin im Kloster auseinanderzusetzen.[37]

---

34 Siehe hierzu vor allem KLINGSHIRN, W. E., Caesarius's Monastery for Women in Arles and the Composition of the 'Vita Caesarii', in: Revue Bénédictine 100 (1990), S. 441–481; MARKUS, R. A., The End of Ancient Christianity, Cambridge 1990; RICHE, P., Columbanus, his Followers and the Merowingian Church, in: Columbanus and Merovingian Monasticism (BAR International Series, Bd. 113), hrsg. von CLARKE, H. B./BRENNAN, M., Oxford 1981, S. 59–72; WOOD, I. N., Jonas, the Merovingians, and Pope Honorius: Diplomata and the Vita Columbani, in: After Rome's Fall. Narrators and Sources of Early Medieval History. Essays presented to Walter Goffart, hrsg. von MURRAY, A. C., Toronto/Buffalo/London 1998, S. 99–120.

35 Vita Caesarii I, c. 28, hrsg. von KRUSCH, B., in: MGH SRM 3, S. 467; PAPST HORMISDAS, Brief an Caesarius, hrsg. von COURREAU, J./VOGÜÉ, A. DE, in: SC 345, c.1.1, S. 352; CAESARIUS VON ARLES, Regula ad virgines (wie Anm. 28), c. 40.1–2, S. 222.

36 Die fünf ältesten Klosterurkunden, in denen stellvertretendes Gebet ausdrücklich gefordert wurde, sind Urkunde von Dagobert I († 639) für das Kloster Saint–Denis (632/633), hrsg. von KÖLZER, TH., in: MGH Die Urkunden der Merowinger 1, Nr. 41, S. 108–110; Urkunde von Chlodwig II († 658) für Saint–Denis (654), Nr. 85, S. 217–200; Privileg für Rebais (636), in: Diplomata. Chartae, epistolae, leges aliaque instrumenta ad res Gallo–Francicas spectantia 2, hrsg. von PARDESSUS, J. M., Paris 1849, Nr. 276, S. 31–41; Gründungsurkunde von Eligius von Noyon († 660) für das Kloster Solignac (632), hrsg. von KRUSCH, B., in: MGH SRM 4, S. 746–749. Siehe auch EWIG, E., Die Gebetsklausel für König und Reich in den merowingischen Königsurkunden, in: Tradition als historische Kraft. Interdisziplinäre Forschungen zur Geschichte des früheren Mittelalters. Festschrift für Karl Hauck, hrsg. von KAMP, N./ WOLLASCH, J., Berlin/New York, 1982, S. 87–99.

37 Zu Klosterpolitik, siehe DIEM, A., Monks, kings and the transformation of sanctity. Jonas of Bobbio and the end of the holy man, in: Speculum 82,3 (2007), S. 521-559; ROSENWEIN, B. H.,Negotiating Space: Power, Restraint, and Privileges of Immunity in Early Medieval Europe, Ithaca 1998; DE JONG, M., Carolingian Monasticism: the Power of Prayer, in: The New Cambridge Medieval History, Bd. 2, hrsg. von MCKITTERICK, R., Cambridge 1995, S. 622–653 u. 995–1002.

Ein Außeninteresse an klösterlicher sexueller Enthaltsamkeit im Sinne einer gesicherten Abwesenheit jeglichen sexuellen Handelns im Kloster war eine unmittelbare Folge der Funktionalisierung der Klöster als Orte des Gebetes. Abgesehen von einer strikten liturgischen Disziplin hatten Mönche und Nonnen einem Lebensstil zu folgen, der nicht mehr an erster Stelle der Sicherung des eigenen Seelenheils diente, sondern vor allem sicherstellte, daß das stellvertretend für andere gesprochene Gebet tatsächlich Gott erreichte und seine Wirkung entfaltete. Als Grundbedingung hierfür wurde die Abwesenheit von Gewalt und von Sexualität im Kloster angesehen.[38]

Das Ende des Keuschheitskampfes und eines klösterlichen Diskurses, der sich auf das unüberwindliche sexuelle Begehren des individuellen Mönchs und seinen Kampf um sein Seelenheil richtet, wird vor diesem Hintergrund ebenfalls verständlich. Mächtige, die Klöster als Orte institutionalisierter Heiligkeit, als „Hotlines to Heaven", gründeten und von deren Bewohnern an erster Stelle garantierte Reinheit und wirkungsvolles Gebet erwarteten, hatten sicherlich kein Interesse daran, daß sich ihr Kloster als ausdrücklich unsicherer Kampfplatz gegen das jedem Menschen innewohnende Begehren präsentierte.

Insbesondere die merowingische monastische Hagiographie reagierte auf diese Entwicklung. *Conversio*-Heilige oder gar die in der Spätantike sehr beliebten heiligen Prostituierten,[39] erscheinen in der merowingischen Hagiographie gar nicht mehr. Stattdessen wird der jungfräuliche und stets anfechtungsfreie Asket propagiert, der häufig schon vor dem Eintritt ins Kloster heimlich wie ein Mönch gelebt hat.

Ein weiteres wichtiges Symptom dieses Umschwungs ist die klösterliche Rekrutierungspraxis. Die Oblation, die rituelle Aufnahme von Kindern, die sich im Laufe der Zeit zur wichtigsten Rekrutierungsform entwickelte, lieferte zum einen Mönche bzw. Nonnen, die unbeschmutzt von jeglicher sexuellen Vergangenheit ein klösterliches Leben führen konnten. Zudem bot sie der Außenwelt auch die Möglichkeit, durch die Schenkung von Kindern ins gemeinschaftliche Seelenheil zu investieren.[40]

---

38 Zum Thema sexuelle Reinheit und Kultfähigkeit, siehe ANGENENDT, A., „Mit reinen Händen". Das Motiv der kultischen Reinheit in der abendländischen Askese, in: Herrschaft, Kirche, Kultur. Festschrift für Friedrich Prinz zu seinem 65. Geburtstag (Monographien zur Geschichte des Mittelalters, Bd. 37), hrsg. von JENAL, G./HAARLÄNDER, S., Stuttgart 1993, S. 297–316; DE JONG, M., „Immitatio Morum." The Cloister and Clerical Purity in the Carolingian World, in: Medieval Purity and Piety. Essays on Medieval Clerical Celibacy and Religious Reform, hrsg. von FRASSETTO, M., New York/London 1998, S. 49–80; DIEM, A., Das monastische Experiment, S. 276–286.

39 Vita Mariae meretricis; Vita Thaisis meretricis; Vita Pelagiae; Vita Mariae Aegypticae, in: PL 73, Sp. 651–690.

40 DE JONG, M., In Samuel's Image. Child Oblation in the Early Medieval West, Leiden/New York/Köln 1996; DIES., Immitatio Morum (wie Anm. 38).

II. Organisierte Heiligkeit

Frühere Präsentationen der hier formulierten Ideen zur Ersetzung des Keuschheitskampfes durch ein reinheitsorientiertes Disziplinieren sexuellen Handelns führten zur – berechtigten – Frage, ob dies nicht das Bild bestätige, das Frühmittelalter sei eine Periode eines „archaisierenden Christentums" gewesen, geprägt von ritualistischem und formalistischem religiösen Denken, das sich aus dem intellektuellen und theologischen Verfall der post-römischen Welt entwickelt habe.[41] Auf den ersten Blick mag vielleicht tatsächlich der Eindruck entstehen, daß hier ein tief in patristischer Theologie, aber auch klassischer Philosophie und in medizinischen Texten wurzelnder asketischer Diskurs über das Individuum, seine Sündigkeit, die wüste Landschaft seiner Seele und die entlarvenden Reaktionen seines Körpers zusammen mit der römischen Welt der Spätantike zugrunde gegangen ist.[42]

Dem war allerdings nicht so, wie der zweite Teil dieses Aufsatzes zu belegen sucht. Der Keuschheitskampf mit allen seinen Implikationen verschwand nicht, er wurde lediglich überlagert durch einen neuen und, wie sich gerade in den Texten der fränkischen Welt zeigt, theologisch kaum weniger hoch entwickelten Diskurs, der sich allerdings nicht mehr an erster Stelle mit dem Individuum auseinandersetzte, sondern mit der monastischen Gemeinschaft und deren Funktion für die christliche Gemeinschaft als ganze.

Um diesen neuen Diskurs zu analysieren, muß der eingangs beschriebenen Funktionalisierung des Klosters als Ort des Gebetes eingehender untersucht werden, und zwar vor allem im Hinblick auf die Frage, wie Klöster die für erfolgreiches *intercessio*-Gebet nötige gemeinschaftliche Heiligkeit entwickelt haben. Hierbei wird von der folgenden Ausgangshypothese ausgegangen: Klösterliches stellvertretendes Gebet hat sich als Synthese zweier Elemente entwickelt. Auf der einen Seite steht die *intercessio* des spätantiken heiligen Asketen, auf den sich sowohl Peter Browns Modell des „Holy Man"[43] als auch Max Webers Modell der charismatischen Persön-

41 Diese Sichtweise wird zum Beispiel formuliert in ANGENENDT, A., Das Frühmittelalter, Stuttgart/Berlin/Köln 1990, S. 42–45.

42 Siehe zum spätantiken Diskurs über Sexualität und Begehren auch FOUCAULT, M., Die Sorge um sich. Sexualität und Wahrheit, Bd. 3, Frankfurt am Main 1989.

43 BROWN, P., The Rise and the Function of the Holy Man, in: The Journal of Roman Studies 61 (1971), S. 80–101, repr. (mit bibliographischen Ergänzungen) in: DERS., Society and the Holy, Berkeley 1982, S. 103–152. Siehe auch DERS., The World of Late Antiquity, London 1971, S. 96–112; DERS., The Cult of the Saints. Its Rise and Function in Latin Christianity, Chicago 1981; DERS., Authority and the Sacred. Aspects of the Christianisation of the Roman World, Cambridge 1995, S. 57–78; sowie: The Cult of Saints in Late Antiquity and the Middle Ages. Essays on the Contribution of Peter Brown, hrsg. von HOWARD-JOHNSTON, J./HAYWARD P. A., Oxford 1999 und das von S. ELM herausgegebene Sonderheft zum 25. Jahrestag des Erscheinens von Peter Browns „Rise and Function": Journal of Early Christian Studies 6, Nr. 3 (1998); MARKUS, R. A., The End of Ancient Christianity, Cambridge 1990, S. 137–228.

lichkeit anwenden läßt. Peter Brown erklärt schlüssig, in welchem historischen Kontext sich der spätantike „Holy Man" entwickelt hat. Max Webers Modelle, vor allem zur Perpetualisierung von Charisma, sind dagegen hilfreich, wenn es darum geht, zu erklären, wie sich im Frühmittelalter das Konzept des monastisch-asketischen Heiligen im Frühmittelalter weiterentwickelt, d.h. institutionalisiert hat.[44]

Das zweite Element bildet das schon sehr früh belegte geordnete und disziplinierte Gebet der klösterlichen Gemeinschaft. Die klösterlichen Gebetszeiten gab es, wenn wir Cassian glauben wollen, bereits in den ägyptischen Wüstenklöstern,[45] und es ist anzunehmen, daß sie auch bei allen gallischen und fränkischen Klöstern von Anfang an den Kern des Gemeinschaftslebens bildeten.

Wenn man beide Elemente, die *intercessio* des Heiligen und das Gebet der Gemeinschaft, miteinander verbinden will, muß in irgendeiner Form eine Übertragung der Heiligkeit bzw. des Charisma vom Heiligen auf die Gemeinschaft stattfinden, wobei die Gemeinschaft als Trägerin von Heiligkeit gegenüber dem *vir Dei* den klaren Vorteil hat, daß sie gegründet und auf Dauerhaftigkeit hin organisiert werden kann. Die Texte der Wüstenväter zeigen noch kaum Spuren einer solchen Übertragung von Heiligkeit. Werke, wie die Historia Lausiaca, die Historia Monachorum, die Heiligenleben der Wüstenväter und die großen Sammlungen von Anekdoten und Sprüchen der Wüstenväter, schreiben der asketischen Gemeinschaft fast immer eine passive Rolle zu. Sie fungiert als Empfängerin der Lehre des Heiligen, ist Zeuge seiner Wundertätigkeit, wird aber niemals selbst wundertätig. Nur sehr selten geht aus der Klostergemeinschaft ein neuer *Vir Dei* hervor.

Dieser Eindruck setzt sich fort in den Adaptionen der Wüstenvätertradition im Westen, einschließlich der Werke des Sulpicius Severus († 420/425) und Johannes Cassians. Auch Gregor von Tours († 594) und Papst Gregor I. vertreten in ihren hagiographischen Werken zumindest implizit noch die Ansicht, daß eine Übertragung von Heiligkeit oder eine organisierte gemeinschaftliche Heiligkeit nicht möglich ist.[46] Gregor von Tours wurde allerdings schon damals mit dieser Ansicht von der Wirklichkeit eingeholt: in der fränkischen Welt hat man, wie im folgenden ausgeführt wird, bereits im sechsten Jahrhundert mit Konzepten gemeinschaftlicher monastischer Heiligkeit experimentiert, was Gregor sowohl in seinen „Decem Libri Historiarum" als auch in seinen hagiographischen Werken geflissentlich ignorierte.

Aus den Quellen lassen sich drei Modelle der Übertragung von Heiligkeit auf die klösterliche Gemeinschaft isolieren, die in der Anwendung durchaus miteinander vereinbar waren und in verschiedenen Formen der Synthese allesamt wesentlich zum Entstehen eines klösterlichen Konzeptes beigetragen haben, das das Mittelalter prägte.

---

44 Max Webers Theorien zu Charisma finden sich an diversen Stellen in seinem Hauptwerk Wirtschaft und Gesellschaft. Tübingen [5]1972, vor allem S. 140–148 und 654–684.

45 CASSIAN, Institutiones II–III (wie Anm. 13), S. 56–116.

46 Siehe hierzu GREGOR VON TOURS, Liber vitae patrum und Liber in gloria confessorum, hrsg. von KRUSCH, B., in: MGH SRM 1, S. 661–820; GREGOR I., Dialogi (wie Anm. 11).

Das erste Modell ist der Versuch, gemeinschaftliche Heiligkeit durch klösterliche Disziplin zu organisieren, ohne daß dabei irgendein heiliges Individuum eine Rolle spielen würde, sozusagen eine *sanctitas ex nihilo*. Das zweite Modell beruht auf einem bewußten Akt der Übertragung von Heiligkeit durch den Heiligen selbst, dessen wichtigste Wundertat somit darin bestand, sich in einer heiligen, sein Werk fortsetzenden Gemeinschaft zu reproduzieren. Das dritte Modell besteht darin, daß der Heilige mit seiner *virtus* durch seine Reliquien auch nach seinem Ableben präsent bleibt. In diesem Fall ist die Gemeinschaft eigentlich weniger der Träger, sondern eher der Verwalter der Heiligkeit. Zu diesem Modell ist bislang am meisten gearbeitet worden,[47] deshalb werden hier vor allem die ersten beiden Modelle besprochen.

a. Modell 1: Heiligkeit ohne Heilige

Der erste uns bekannte Versuch, eine *congregatio sancta* zu organisieren *und* ihr die Aufgabe zuzuteilen, ihre erworbene Heiligkeit der Außenwelt zunutze werden zu lassen, betrifft eine Frauengemeinschaft, nämlich das bereits erwähnte Nonnenkloster, das Caesarius von Arles im Jahr 506 in seiner Bischofsstadt gegründet hat und an dessen Regel er bis zum Jahr 532 arbeitete. Bekannt ist diese Regel vor allem als der Text, in dem das Konzept der totalen Klausur zum ersten Mal formuliert worden ist.[48] Anstatt lediglich die Irreversibilität der klösterlichen Profeß zu fordern,[49] ordnete Caesarius an, daß eine Nonne nach ihrem Eintritt ins Kloster auch das Gebäude unter keinen Umständen mehr verlassen darf.[50]

Bedeutsamer als dieses uns heute extrem anmutende Programm der lebenslangen Einsperrung ist allerdings das Konzept der Organisierung von Heiligkeit, das sich hinter diesem Klausurprogramm verbirgt. Ausgangspunkt bildet die Idee, das Klos-

---

47 Siehe zum Beispiel ANGENENDT, A., Heilige und Reliquien. Die Geschichte ihres Kultes vom frühen Christentum bis zur Gegenwart. München 1994; HEINZELMANN, M., Translationsberichte und andere Quellen des Reliquienkultes (Typologie des sources du Moyen Age, Bd. 33), Turnhout 1979.

48 Zur klösterlichen Klausur, siehe NOLTE, C., Klosterleben von Frauen in der frühen Merowingerzeit. Überlegungen zur Regula ad virgines des Caesarius von Arles, in: Frauen in der Geschichte, Bd. 7, hrsg. von AFFELDT, W./KUHN, A., Düsseldorf 1986, S. 257–271; VAN ROSSEM, M., De poort in de muur. Vrouwenkloosters onder de Regel van Caesarius, in: Jaarboek voor vrouwengeschiedenis 4 (1983), S. 41–91; SCHULENBURG, J. T., Strict active enclosure and its effects on the female monastic experience (ca. 500–1100), in: Medieval Religious Women, Bd. 1: Distant Echoes (Cistercian Studies Series, Bd. 71), hrsg. von NICHOLS, J. A./SHANK, L. T., Kalamazoo 1984, S. 51–86.

49 Siehe Konzil von Chalkedon (451), hrsg. und übers. von TANNER, N. P., Decrees of the Ecumenical Councils, Bd. 1, London/Washington 1990, c.4, S. 89; Caesarius, Regula ad monachos, hrsg. von COURREAU, J./VOGÜÉ, A. DE, in: SC 398, c. 1, S. 204–206.

50 CAESARIUS VON ARLES, Regula ad virgines (wie Anm. 28), c. 2.2–3, S. 180; c. 5.6, S. 184; c. 36–37, S. 218–220; c. 39, S. 220–222; c. 42.6–7, S. 224; c. 50, S. 236; c. 51.2, S. 236–238; c. 53–54, S. 240; c. 59.1–2, S. 252; c. 73.1–2, S. 272.

ter und seine Bewohnerinnen als einen von der Welt strikt getrennten Raum zu organisieren.[51] Caesarius verband das *saeculum renuntiare* mit dem Ideal des Klosters als Paradies.[52] Wer durch den Klostereintritt die Welt verlassen hat und bereits in einer Art irdischem Paradies lebt, hat keinerlei Gründe, diesen geschützten Raum wieder zu verlassen.

Eine wesentliche Funktion dieses Raumes war, den Nonnen die Möglichkeit zu geben, die Sündigkeit des im Irdischen gefangenen Menschen zu überwinden, sich bereits auf Erden einem Zustand der Heiligkeit so weit wie möglich anzunähern und tatsächlich so etwas wie eine heilige Gemeinschaft zu bilden.[53] Caesarius drückt diese Zielsetzung unter anderem dadurch aus, daß in seiner Nonnenregel zum ersten Mal überhaupt und mehr als in jeder später verfaßten Klosterregel von der Klostergemeinschaft als *sancta congregatio*, *sancta societas*, *grex sancta* bzw. *ovile sanctum* die Rede ist.[54]

Caesarius hat das Konzept einer ‚außerirdischen' und heiligen Klostergemeinschaft nicht von einem Moment zum anderen erfunden, sondern über einen längeren Zeitraum hinweg entwickelt. Seine während fast dreißig Jahren immer wieder veränderte und ergänzte Klosterregel bietet die Hauptquelle für diesen Entstehungsprozeß. Ursprünglich mag Caesarius mit seinem Nonnenkloster das simple Ziel verfolgt haben, den *virgines sacratae* unter seiner bischöflichen Verantwortung eine gesicherte klösterliche Lebensweise anzubieten. Von der lebenslangen Einschliessung abgesehen, finden sich in den ersten (und vermutlich ältesten) Kapiteln der Regel kaum Hinweise auf das Ideal einer heiligen Klostergemeinschaft. Erst in den (mindestens) zwei ergänzenden Blöcken von Bestimmungen[55] findet sich die Terminologie der heiligen Gemeinschaft in Verbindung mit Bestimmungen zur absoluten (auch die Außenwelt vollkommen ausschließenden) Klausur. In diesem Teil der Klosterregel taucht neben der Klausur noch eine weitere Neuerung auf, die für das Klosterwesen im Mittelalter wegweisend wurde: der Regeltext selbst erhielt eine wesentliche Rolle für die Sicherstellung gemeinschaftlicher Heiligkeit.

Caesarius hatte seine Regel ursprünglich, wie er selbst schrieb, als Kompilation von Auszügen der *instituta sanctorum patrum* konzipiert, die für Frauengemein-

---

51 Bemerkenswert ist hierbei, daß Caesarius selbst nach einem Konflikt aus seinem Kloster Lérins ausgetreten und in die Welt zurückgekehrt ist. Siehe Vita Caesarii I (wie Anm. 35), c. 7, S. 459–460.

52 Anspielungen zum Kloster als Paradies finden sich unter anderem in Regula Macharii, hrsg. von VOGÜÉ, A. DE, in: SC 297, c. 6, S. 374; Regula Magistri (wie Anm. 21), in SC 105, c. 3, S. 84–94, c. 10.5–9, in: SC 106, S. 418; c. 10.92–122, S. 438–444; Regula cuiusdam ad virgines (wie Anm. 31), Sp. 1054B; c. 3.3, Sp. 1056A.

53 Siehe hierzu ausführlicher DIEM, A., Das monastische Experiment (wie Anm. 7), S. 162–202.

54 CAESARIUS VON ARLES, Regula ad virgines (wie Anm. 28), c. 21.3, S. 196; c. 47.1, S. 232; c. 59.3, S. 242; c. 61.2, S. 244; c. 72.3, S. 270; c. 73.2, S. 272.

55 Siehe zu den Entstehungsschritten der Regel DIEM, A., Das monastische Experiment (wie Anm. 7), S. 173–193; VOGÜE, A. DE/COURREAU, J., in: SC 345, S. 45–68

schaften geeignet waren, also als eine Art Florilegium, ähnlich anderen Klosterregeln.[56] Im Mittelteil der Regel veränderte sich der Charakter des Textes. Nun ist nicht mehr nur von der *sancta congregatio* die Rede, sondern auch von der *sancta regula*, beziehungsweise sogar von der *sancta oboedientia* gegenüber dieser *sancta regula*.[57] Neben der konsequenten Trennung von der Welt wird damit die Unterwerfung unter die Regel ein zweites zentrales Instrument, um gemeinschaftliche Heiligkeit zu organisieren.

Im zuletzt verfaßten Teil der Regel, der so genannten *recapitulatio*, sind die Klausur und die Unveränderlichkeit der Regel deutlich die wichtigsten Themen. Caesarius betont nicht weniger als vier Mal, daß an der *sancta regula* kein Wort verändert werden darf und daß weder die Nonnen, noch die Äbtissin, noch die Aussenwelt noch die Bischöfe vom Text abweichen dürfen.[58] Die Regel endet, gänzlich ungewöhnlich, mit den bestätigenden Unterschriften von drei Bischöfen und vier Laien, mit denen ebenfalls ihre Unveränderlichkeit sichergestellt werden sollte. Damit bietet die Nonnenregel des Caesarius das erste und – vor den karolingischen Klosterreformen wahrscheinlich auch einzige – Beispiel von echter textbezogener klösterlicher Observanz.[59] Unter den etwa dreißig bewahrten Klosterregeln ist die Nonnenregel des Caesarius die einzige, von der wir Belege haben, daß sie tatsächlich dauerhaft als geschriebene klösterliche Norm eingesetzt wurde.[60]

Caesarius' Ansatz, sündige Nonnen durch die vollkommene Trennung von der Welt und die Unterwerfung unter eine „heilige" Regel in eine heilige Gemeinschaft zu verwandeln, könnte man sich heutzutage visualisieren als den Versuch, Menschen in eine absolut keimfreie Umgebung einzuschließen und einer strikten Diät zu unterwerfen, um ihnen so ein biblisches Alter zu ermöglichen. Funktioniert hat der Versuch einer vollkommenen Trennung von der Welt wohl dauerhaft kaum, obwohl immerhin Aurelianus († 551), einer der Nachfolger des Caesarius, eine ähnliche Klausurregel verfaßt hat, die sowohl in einer Fassung für ein Nonnenkloster als auch für ein Mönchskloster überliefert ist.[61] Aber auch ohne totale Klausur haben beide Neuerungen, die Rolle des Textes zur Organisierung von Heiligkeit und das

56 CAESARIUS VON ARLES, Regula ad virgines (wie Anm. 28), c. 2, S. 180.

57 CAESARIUS VON ARLES, Regula ad virgines (wie Anm. 28), c. 47.2, S. 232: „Credo tamen de dei misericordia, quod non pro aliqua neglegentia reatum incurrere, sed pro sancta et deo placita oboedientia ad aeternam beatitudinem possitis feliciter pervenire"; c. 62.1, S. 246; c. 64.5, S. 250.

58 CAESARIUS, Regula ad virgines (wie Anm. 28), c. 48, S. 232–234; c. 58, S. 242; c. 62.2, S. 246; c. 63–65, S. 246–252.

59 Die Frage, inwieweit vor den karolingischen Klosterreformen textuelle Observanz existierte, wird diskutiert in DIEM, A., Das monastische Experiment (wie Anm. 7), S. 131–146.

60 Siehe Vita Rusticulae, hrsg. von KRUSCH, B., in: MGH SRM 4, c. 10, S. 344; GREGOR VON TOURS, Decem libri historiarum IX, hrsg. von KRUSCH, B., in: MGH SRM 1, c. 39, S. 462; CAESARIUS VON ARLES, Brief an Radegunde von Poitiers, hrsg. von COURREAU, J./ VOGÜÉ, A. DE, in: SC 345, v. 63, S. 486.

61 Regula Aureliani ad monachos (wie Anm. 21), c. 2, S. 240; c. 14, S. 245; c. 15, S. 245; c. 16, S. 245–246; Regula Aurelini ad virgines, in: PL 68,Sp. 399–408.

Ideal der Trennung von Kloster und Außenwelt, dem westlichen Klosterwesen ihren Stempel aufgedrückt.

Wie bereits erwähnt, bestand die Gegenleistung, die die Nonnen ihrem Klostergründer, aber auch der gesamten Christengemeinschaft gegenüber erbringen mußten, im Gebet, wobei Caesarius immer wieder seinen Nonnen gegenüber explizit deutlich machte, daß sie den sündigen Menschen *in* der Welt – und auch seiner eigenen Person – an Heiligkeit und damit auch an Gebetsmacht deutlich überlegen waren.[62]

Zwischen Caesarius' Konzept des Klosters als ‚außerirdischen' Raumes und dem mittelalterlichen Kloster besteht allerdings ein fundamentaler Unterschied. Caesarius' Kloster ist noch kein *locus sanctus*, also noch kein Ort, der als solcher Träger der Heiligkeit ist. Allerdings ist zu vermuten, daß die Entwicklung des klösterlichen Raumes zum heiligen Ort – eine Entwicklung die etwa hundert Jahre nach Caesarius, also zu Beginn des siebten Jahrhunderts einsetzte – wesentlich von Caesarius' Nonnenklosterexperiment inspiriert war.[63]

Klostergründer nach Caesarius sahen sich beim Versuch, Heiligkeit zu lokalisieren vor allem mit zwei Problemen konfrontiert: Zum einen war eine konsequente Abtrennung des klösterlichen Raumes von der Außenwelt auf die Dauer nicht haltbar.[64] Zum anderen ist Caesarius' Optimismus, menschliche Sündigkeit durch konsequente Trennung von der sündigen und unreinen Welt überwinden zu können,

---

62 CAESARIUS VON ARLES, Regula ad virgines (wie Anm. 28), c. 1.4–6, S. 172: „Et ideo vos sacras virgines et deo deditas animas rogo, quae incensis lampadibus cum secura conscientia domini praestolatis adventum, ut quia me pro construendo vobis monasterio laborasse cognoscitis, vestri me itineris socium fieri sanctis orationibus postuletis, ut cum in regno cum sanctis ac sapientibus virginibus feliciter introibitis, me cum stultis non remanere foris vestro suffragio obtineatis. Orantem pro me sanctimoniam vestram et inter pretiosissimas ecclesiae gemmas micantem favor divinus et praesentibus repleat bonis et dignam reddat aeternis." Caesarius formuliert die grundsätzliche Unterlegenheit gewöhnlicher Christen gegenüber Klosterbewohnern auch immer wieder in seinen Predigten an Mönche. Siehe zum Beispiel CAESARIUS, Sermo 234, in: SC 398, c. 5, S. 92: „Ego tamen iterum atque iterum cum omni humilitate supplico, ut me sanctis et inlustribus meritis simul ac precibus vestris ita assidue Domino commendetis, ut, quia me in hoc saeculo multum laetificat sancta conversatio vestra, vos in futuro non contristent merita mea; et cum vos a iusto iudice Deo receperitis gloriam, ego, sicut iam superius supplicavi, suffragantibus vobis vel peccatorum indulgentiam obtinere promerear..." Ähnlich: Sermo 235, c. 6, S. 104; Sermo 236, c. 1, S. 108; Sermo 237, c. 5, S. 132; Vita Rusticulae (wie Anm. 60), Prolog, c. 30, S. 340–351.

63 Der Begriff *locus sanctus* findet sich in frühmittelalterlichen Quellen zunächst ausschließlich in Verbindung mit Kirchen. Erst ab dem siebten Jahrhundert erscheint *locus sanctus* regelmäßig auch im Zusammenhang mit Klöstern, vor allem in bischöflichen Privilegien, königlichen Immunitäten und anderen Klosterurkunden. Zur Rolle des Columbanischen Klosterwesens für die Entstehung klösterlicher Ortssakralität, siehe DIEM, A., Monks, Kings (wie Anm. 37), S. 531-543.

64 Ausgerechnet in einem der Klöster, in denen tatsächlich die Regel des Caesarius galt, ereignete sich der wohl aufsehenerregendste Klosteraufstand des Frühmittelalters, dessen Verlauf von Gregor von Tours drastisch geschildert wurde. Siehe dazu SCHEIBELREITER, G., Königstöcher im Kloster. Radegund († 587) und der Nonnenaufstand von Poitiers (589), in: Mitteilungen des Instituts für Österreichische Geschichtsforschung 87 (1979), S. 1–37.

sicherlich schon bald von der Realität eingeholt worden. Mit Klausur und Gehorsam läßt sich weder der Kampf um die Keuschheit noch der Streit um andere Aspekte menschlicher Sündigkeit zum Sieg bringen.

Ein Quantensprung in diesem Streit stellte sich etwa hundert Jahre später mit dem Beginn des so genannten iro-fränkischen Klosterwesens ein, der vom irischen Wandermönch Columban († 615) initiierten Bewegung von Klostergründungen im nördlichen Frankenreich.[65] In der Columban zugeschriebenen *Regula coenobialis* wird zum ersten Mal die Idee formuliert, daß Beichte und Buße als Mittel dienen können, direkt von Gott Vergebung für Sünden zu erhalten, sich also sowohl individuell als auch gemeinschaftlich rein zu waschen.[66] Beichte hat es in Klosterregeln schon vorher gegeben, allerdings vor allem als Mittel, das durch Selbstkonfrontation und Beschämung handlungskorrigierend wirken sollte. Zwar ist in der *Regula coenobialis* noch nicht explizit ausgedrückt, daß Beichte der Sicherstellung gemeinschaftlicher Heiligkeit dienen sollte, doch ist zu vermuten, daß genau das gemeint war. Fast alle der häufig grausamen Strafbestimmungen der Regel beziehen sich auf Vergehen, die entweder die Qualität des Gebetes oder die Heiligkeit oder das Funktionieren der Gemeinschaft betreffen.[67]

Perfektioniert wird das Beichtprinzip allerdings erst eine Generation später in der letzten und wohl faszinierendsten frühmittelalterlichen Klosterregel überhaupt, der *Regula cuiusdam ad virgines*.[68] Diese Regel stellt den wohl konsequentesten Versuch dar, Heiligkeit ohne Heilige zu organisieren und damit das zu vollenden, was Caesarius begonnen hat. Wenn man genau hinsieht, stellt sich sogar heraus, daß es sich bei diesem Text gar nicht um eine selbständige Klosterregel handelt, sondern um eine die iro-fränkische Tradition verarbeitende Ergänzung, ein ‚Update'

---

65 Siehe dazu WOOD, I. N., Jonas, the Merovingians, and Pope Honorius: *Diplomata* and the *Vita Columbani*, in: After Rome's Fall. Narrators and Sources of Early Medieval History. Essays presented to Walter Goffart, hrsg. von MURRAY, A. C., Toronto/Buffalo/London 1998, S. 99–120; DERS., The *Vita Columbani* and Merovingian Hagiography, in: Peritia 1 (1982), S. 63–80; STANCLIFFE, C. E., Jonas' Life of Columbanus and his Disciples, in: Studies in Irish Hagioghraphy, hrsg. von CAREY, J./HERBERT, M./PADRAIG T. R.,Dublin 1999, S. 189–220; DIEM, A., Monks, kings (wie Anm. 37).

66 COLUMBAN, Regula coenobialis, in: WALKER, G. S. M., Columbani Opera, c.1, S. 144–146: „Statutum est, fratres carissimi, a sanctis patribus, ut demus confessionem ante mensam sive ante lectorum introitum aut quandocumque fuerit facile de omnibus non solum capitalibus criminibus sed etiam de minoribus neglegentiis quia confessio et paenitentia de morte liberant. Ergo nec ipsa parva a confessione sunt neglegenda peccata, quia ut scriptum est, Qui parva neglegit paulatim defluit (...)" (vgl. Sir 19,1).

67 Siehe dazu DIEM, Das monastische Experiment, (wie Anm. 7), S. 143–146.

68 Ediert unter dem (nicht korrekten) Titel Regula cuiusdam patris ad virgines in: PL 88, Sp. 1053–1070. Die Regel wird ohne schlüssige Gründe immer wieder Waldebert von Luxeuil zugeschrieben und wird in der Literatur als Regula Waldeberti geführt. Eine kritische Neuedition der Regel ist in Vorbereitung. Zitiert wird mit Referenz zur Satznumerierung der Neuedition, die weitgehend mit der Satznumerierung in der Concordia Regularum Benedicts von Aniane übereinstimmt (hrsg. von BONERUE, P., in: CCCM 168A).

zur Nonnenregel des Caesarius.[69] Der Autor bzw. die Autorin der *Regula cuiusdam* baut fort auf Caesarius' Klausurkonzept, nutzt aber auch Columbans Idee der direkt vergebungswirksamen Beichte.[70] Weit ausführlicher als bei Columban wird im Text erklärt, warum Beichte in Verbindung mit dem als Liebesakt dargebrachten Gebet der Gemeinschaft tatsächlich Sünden abwaschen kann.[71]

Die Idee der *intercessio* durch Gebet wird dann mit der Beichte zu einem kollektiven Reinigungsritual verbunden: Alle Nonnen müssen dreimal täglich zusammenkommen, wobei jede einzelne bei dieser Gelegenheit alle Taten, Gedanken, Träume, alles Sündige, was sie gehört oder gesehen hat, zu beichten hat, während der Rest der Gemeinschaft im selben Moment ihre Fähigkeit zur *intercessio* zugunsten der jeweiligen Nonne einsetzt. Ist die Nonne fertig und von ihren Sünden gereinigt, kehrt sie in den Kreis der betenden Nonnen zurück, es sei denn, ihre Beichte hätte Sünden enthüllt, die nicht so leicht abzuwaschen sind und eine spezielle Bußleistung erfordern. In diesem Fall ist sie nicht mehr für das fürbittende Gebet geeignet, wird so lange ausgeschlossen bis entsprechende Bußleistungen erbracht sind.[72] Auch wenn hierbei die Keuschheit nicht mehr explizit erwähnt ist, ist doch anzunehmen, daß es sich hierbei auch um einen Versuch handelt, den Keuschheitskampf kollektiv zu gewinnen.

Dieses Programm einer permanenten Selbstreinigung durch Beichte und Gebet war allerdings nur *ein* Aspekt des Versuches, eine heilige Gemeinschaft zu organisieren. Dreimal täglich alle Sünden zu bekennen, bietet schließlich keine Garantie dafür, daß die Gemeinschaft nicht zwischen den Momenten der Beichte durch die Sündigkeit der einzelnen Nonne beschmutzt werden könne. Um dies zu verhindern, verlieh die *Regula cuiusdam ad virgines* einem bereits von Anfang an etablierten Element monastischer Askese, dem Schweigen, eine neue Funktion. Klösterliches Schweigen existierte seit jeher als asketischer Akt, aber auch als Strafe und gele-

69 Siehe DIEM, A., Das monastische Experiment (wie Anm. 7), S. 260–266 und (ausführlicher) den Kommentar zur demnächst erscheinenden Edition.

70 Regula cuiusdam ad virgines (wie Anm. 31), c. 6–7, Sp. 1059A–1060B.

71 Kernsätze sind: Regula cuiusdam ad virgines (wie Anm. 31), c.5.18–6, S. 1058D–1059A: „Remittamus proximis, ut ab omnipotente remittatur nobis. Date, inquit, et dabitur uobis. O quam iusta commutatio! O quam pia miseratio, dando accepisse, accipiendo donasse, si nulla iurgiorum incrementa nullaue nutrimenta retineantur! (...) Sic et orando dicimus: Dimitte nobis debita nostra sicut et nos dimittimus debitoribus nostris. Debitoribus dimittendo nos laxamur a debito. Soluamus ergo per dilectionem et amorem proximos, ut nos a nostris criminibus pietate et misericordia soluat deus." Sowie c. 6.11–16, Sp. 1059C: „Quaeramus ergo ibi misericordiam, ubi redemptionem manere iam noviums copiosam. Crescat dolor post ruinam, ut culpae inveniatur medicina. Confiteamur invicem delicta, ut nostra nobis omnipotens dimittat peccata. Sic nos scriptura dicendo ortatur: confitemini alterutrum peccata vestra, et orate pro invicem. Quanta clementis iudicis pietas erga nos diffusa dinoscitur, ut quod actibus erumnosis facimus contractum fuit, mutua prece sovatur! Detur ergo mutuae orationis solactium, ut invicem orando capiatur presidium."

72 Regula cuiusdam ad virgines (wie Anm. 31), c. 6.19–30, Sp. 1059D–1060A.

gentlich auch als Mittel der Sündenvorbeugung,[73] doch keine Klosterregel legt einer Gemeinschaft ein derartig strenges Schweigeprogramm auf wie die *Regula cuiusdam*. So nachhaltig die Nonnen im Moment der Beichte – und unhörbar für alle anderen Nonnen, außer der Äbtissin – ihre ganze Sündigkeit in Worte zu fassen hatten, so nachdrücklich mußten sie zwischen den Beichtsituationen schweigen. Alle Aspekte des klösterlichen Lebens, einschließlich aller Aufgaben im Kloster, waren so organisiert, daß niemals zwei Nonnen allein waren. Bei jeglichem aus purer Notwendigkeit gesprochenen Wort mußte eine dritte als Zeuge dabei sein.[74] Wenn es schon unmöglich war, die Sünde zu besiegen, so wollte man wenigstens dafür sorgen, daß die einzelne Nonne ihre Sündigkeit für sich behielt und nicht den klösterlichen Raum oder andere Nonnen infizierte. Die *Regula cuiusdam* stellte für das Frühmittelalter den wohl radikalsten Versuch dar, mit Hilfe von Disziplinierung und einer umfassenden Kontrolle Heiligkeit zu organisieren.

b. Modell 2: Übertragung der Heiligkeit

Klöster der Spätantike waren, wie bereits erwähnt, keine heiligen Gemeinschaften, sondern allenfalls Gemeinschaften, die sich um einen Heiligen scharten. Ein ebenso anschauliches wie amüsantes Beispiel hierfür liefert eine Anekdote aus den Apophtegmata Patrum des Paschasius von Dumio (6. Jhd.). Erzählt wird von einem heiligen Mann, der sich weigert, einen Dämon auszutreiben. Die ihn umgebende Gemeinschaft ist deshalb gezwungen, eine List anzuwenden. Sie trägt dem vom Dämon Besessenen auf, während des Gottesdienstes so zu tun, als schliefe er. Als der Heilige daraufhin den vermeintlich Schlafenden anspricht mit den Worten „erhebe Dich und geh hinaus", bezieht der Dämon die Worte des Heiligen auf sich und verschwindet.[75] Deutlich wird an dieser Geschichte, wie sehr die Gemeinschaft auf die Wunderfähigkeit des Heiligen angewiesen ist. Keiner der anderen Mönche konnte etwas für den Besessenen tun.

Einer der frühsten Texte, die hier eine neue Sicht formulieren, ist die *Vita patrum Iurensium*, geschrieben wahrscheinlich zu Beginn des sechsten Jahrhunderts, etwa zeitgleich mit der Nonnenregel des Caesarius. Diese programmatische Lebensbeschreibung[76] dreier Äbte einer im Jura entstehenden Klosterkolonie beschreibt vor allem den sanften Übergang von einer dem Wüstenvätermodell nach-

73 LATTEUR, E., Silence du Christ et silence monastique, in: Collenctane Cistercensis 38 (1976), S. 185–198; MIQUEL, P., Silence, in: Dictionnaire de Spiritualité, Bd. 14, Paris 1990, Sp. 829–842; WATHEN, A., Silence in the Rule of St Benedict (Cistercian Studies Series, Bd. 22), Washington 1973.

74 Regula cuiusdam ad virgines (wie Anm. 31), c. 9, Sp. 1061B–1062A; c. 12.9–12, Sp. 1064A–B; c. 12.18, Sp. 1064B; c. 14.15, Sp. 1065B–C.

75 PASCHASIUS VON DUMIO, Apophtegmata patrum XXXV, hrsg. v. FREIRE, J. G., Coimbra 1971, c. 3, S. 225.

76 Der Text nennt sich *Vita vel regula*.

empfundenen Eremitenkolonie zu einem dauerhaft existierenden und in die christliche Umwelt eingebundenen Klosternetzwerk. Alle drei Äbte treten – traditionell – als Wunderheiler und Exorzisten in Erscheinung. Ihr Ruf und ihre Fähigkeiten sorgten dafür, daß ihr Kloster zum Magnet für alle Mühseligen und Beladenen wurde. Neu ist allerdings, daß die Vita für jeden einzelnen Abt ausdrücklich feststellt, daß nicht nur er allein in der Lage war, Wunder zu verrichten, sondern diese Eigenschaft auch auf seine Mitmönche übertrug. Zu Abt Romanus lautet die entsprechende Stelle folgendermaßen: „Der seligste Romanus glänzte nicht allein in seinem Kloster durch seine *virtus*. Das Vorbild seiner Perfektheit und Liebe war derartig, daß alle Brüder in ihren Wundertaten dem Modell folgten, welches er jedem bot. Man konnte also dort sehen, wie viele Leute Schlangengift entzogen und Horden von Dämonen austrieben.“[77] Zu Eugendus schreibt der anonyme Autor: „Der gesegnete Vater war allerdings nicht der einzige in der Gemeinschaft, der die Gnadengabe besaß, gute Werke zu tun, sondern auch die Priester und viele andere Brüder dort. Um ihr eifriges Begehren zu mindern, delegierte der Mann Gottes ihnen die Ausführung von Heilungen eher, als daß er sie für sich selbst behielt.“[78]

Diese Aussagen markieren den wohl dramatischsten Bruchpunkt in der Organisierung von Heiligkeit im Mittelalter. Möglicherweise war die *Vita vel regula* der Juraväter mit ihrem Konzept kollektiver Heiligkeit in ihrer Zeit noch eine krasse Ausnahme. Gregor von Tours, dessen hagiographische Werke drei Generationen später entstanden, wollte von Klöstern als heiligen Gemeinschaften beziehungsweise von einer Übertragung von Heiligkeit auf die Gemeinschaft, wie bereits erwähnt, noch nichts wissen. Für ihn, der vor allem bischöfliche Macht und Autorität propagieren wollte, spielten Klöster eher eine marginale Rolle. Bischöflich anerkannte Heilige Männer dürfen in seinen Texten ihre Wunder tun und Anhänger um sich scharen, andere werden dagegen gnadenlos verketzert.[79] Klostergemeinschaften, die als ganze Heiligkeit und die Fähigkeit zur *intercessio* beanspruchen wollten, paßten wahrscheinlich nicht in Gregors Konzept einer vom Bischofsamt dominierten Kirche. Möglicherweise findet sich gerade deshalb in seinem Werk auch kein einziges Wort zu Caesarius' Experiment, während die Juraklöster ohne jegliche Anspielung auf gemeinschaftliche Heiligkeit dargestellt werden.[80]

---

77 Vita patrum Iurensium (wie Anm. 29), c. 51, S. 294: „Nec enim beatissimus Romanus solus in his virtutibus fulgebat in monasterio. Forma namque perfectionis et caritatis tales erant in mirabilibus cuncti, qualem se omnibus praebebat exemplum. Nam crebro illic a multis et serpentum pellebantur venena et daemonum eliminabatur catervae...“

78 Ebd., c. 148, S. 398: „Neque solus beatissius pater in coenobio, sed et presbyteri multique inibi fratres potiebantur charismata meritorum, et, zeli ambitione cessante, illis potissimum quam sibi Dei homo medendi delegabat officium.“ Siehe auch c. 114, S. 358–360 zu Lupizinus.

79 Siehe zum Beispiel GREGOR VON TOURS, Decem libri historiarum (wie Anm. 60), IX, c. 6, S. 417–418, sowie X, c. 29, S. 522–525.

80 GREGOR VON TOURS, Liber vitae patrum I (wie Anm. 40), S. 663–668.

Auch im Bezug auf diese Form der Transformation von Heiligkeit stellt das irofränkische Klosterwesen einen Wendepunkt dar. Hier sind in der Tat nicht nur beide Konzepte, das der Heiligkeit durch Disziplin und das der übertragenen Heiligkeit, miteinander verbunden, sondern diese Synthese wird dann auch noch weit expliziter als jemals zuvor in den Dienst weltlicher Politik und Herrschaftssicherung gestellt. Die *Vita Columbani* des Jonas von Bobbio († 655/665), ist ähnlich wie die *Vita patrum Iurensium* eine Art Regel und Programm eines neuen Klosterkonzeptes.

Jonas' Darstellung beginnt mit dem Thema des Heiligen Mannes, der, von allen selbstverständlich anerkannt, den weltlichen Herrschern, nun den fränkischen Königen, seine Überlegenheit zeigt, indem er sie entweder berät und ihnen als Prophet dient, oder sie tadelt und bedroht.[81] Soweit ist Columbanus von dem Autor nach seinen Vorläufern in älteren Heiligenleben modelliert. Einer der zentralen Inhalte, die Columbanus seinen Königen mit unterschiedlichem Erfolg beibringt, ist allerdings neu, nämlich, daß die Klostergemeinschaft erstens genauso gut behandelt werden muß wie der Heilige Mann selbst, sonst drohen Strafwunder (bis hin zur Ausrottung eines ganzen Zweiges der merowingischen Königsfamilie).[82] Der klösterliche Raum und die *quies* der Mönche müssen unter allen Umständen respektiert werden. Es ist durchaus möglich, daß Jonas damit das bereits existierende Raumkonzept des Caesarius weiterentwickelt hat. Klöster sind als permanente Orte institutionalisierter Heiligkeit einem *vir Dei* in jedem Fall vorzuziehen. Heilige Männer gehen weg oder sterben, doch Klöster bringen Heil, solange man sie unterstützt und ihre Grenzen respektiert.[83]

Jonas verdeutlicht dies im zweiten Teil seiner *Vita*. Columbanus, der, wie Jonas erzählt, schon zu Lebzeiten immer wieder *in absentia* seine Macht bewiesen und damit von seiner persönlichen Anwesenheit getrennt hat, stirbt am Ende des ersten Buches. Im beinahe genau so langen zweiten Buch ist Columbanus nicht einmal in Form seiner Reliquien präsent; den Verlauf der Erzählung bestimmt nun die *Regula Columbani* als das durch ihn inspirierte klösterliche Ideal. Auf Basis dieser *Regula Columbani* entsteht, wie uns Jonas erzählt, ein überaus erfolgreiches Netzwerk von Klostergründun-

---

81 Vgl. vor allem JONAS VON BOBBIO, Vita Columbani I (wie Anm. 32), c. 18–29, S. 186–220.

82 Ebd., c. 19–20, S. 187–198. Siehe auch DIEM, A., Monks, kings (wie Anm. 7).

83 Siehe insbesondere JONAS VON BOBBIO, Vita Columbani I (wie Anm. 32), c. 30, S. 223–224: „Dimissum post haec ad Chlotharium remeare iubet talibusque responsis regias mulciri imperat aures, seque retro repedare nullatenus ratum duceret; tantummodo posecere, ut sodales suos, qui Luxovio incolebant, regali adminiculo ac presidio foveret. Litteras castigationum effamine plenas regi dirigit. Gratissimum munus rex velut pignus foederis viri Dei ovans recepit nec eius petitioni oblivionis noxam preponit. Omni presidio supradictum monasterium munire studet, annuis censibus ditat, terminos undique, prout voluntas venerabilis Eusthasii erat, auget omnique conatu ad auxilium inibi habitantium ob viri Dei amorem intendit. Porro beatus Columbanus, expleto anni circulo, in antedictu caenubio Ebobiensi vita beata functus, animam membris solutam caelo reddidit VIIII. Kl. Decembris. Cuius strenuitatem si quis nosse vellit, in eius dictis repperiet. Reliquiaeque eius eo habentur in loco conditae, ubi et virtutum decore pollent presole Christo, cui est gloria per omnia secula seculorum. Amen."

gen. Auch wenn wir es tunlichst unterlassen sollten, dieses durch Jonas entwickelte Programm einer Übertragung und Institutionalisierung von Charisma als Tatsachenbericht und nicht als geschliffene Propaganda zu lesen, bleibt doch festzustellen, daß die meisten Klostergründungen des Columbanischen Netzwerks jene institutionelle Kontinuität erreicht haben, die fast allen älteren Klöstern, einschließlich derer, die noch zwei Generationen früher von Gregor von Tours beschrieben wurden, versagt blieb. Viele Columbanische Klöster wurden erst während der Französischen Revolution aufgelöst.

Zusammenfassung

Irgendwann während des sechsten Jahrhunderts hörten Mönche im lateinischen Westen, vor allem in Gallien, damit auf, den Kampf um ihre individuelle Sündigkeit, insbesondere ihr sexuelles Begehren, in Worte zu fassen. Der Kampf des einzelnen um seine Keuschheit, der eine zentrale Rolle im asketischen Leben der frühen Wüstenväter spielte, wurde ersetzt durch einen Diskurs zur Sicherstellung der Abwesenheit jeglichen sexuellen Handelns in der Klostergemeinschaft und im klösterlichen Raum. Keuschheit war kein zu erstrebendes Gut mehr, sondern die Grundbedingung klösterlicher Existenz. Diese Verschiebung ist nicht, wie man zunächst annehmen könnte, ein Symptom des intellektuellen Niedergangs, des Übergangs vom patristischen Zeitalter zum dunklen Frühmittelalter, sondern vielmehr ein wesentlicher Teil des Entwicklungsprozesses des mittelalterlichen Klosterwesens als Versuch, heilige und zu wirkungsvoller Gebets-*intercessio* fähige Gemeinschaften zu organisieren. Für dieses „monastische Experiment" der Übertragung von Heiligkeit vom einzelnen *vir Dei* auf die klösterliche Gemeinschaft bzw. die Institution Kloster war es nötig, den Blick nicht mehr so sehr auf den Einzelnen und dessen individuellen Kampf gegen die unüberwindliche Sündigkeit zu richten, sondern auf die Gemeinschaft als ganze. Die angewandten Techniken, eine gemeinschaftliche Heiligkeit zu organisieren bzw. individuelle Heiligkeit auf die Gemeinschaft zu übertragen, wurzeln, meist implizit, in dem textuellen Repertoire, das der spätantike Keuschheitskampf bereitgestellt hat, bildeten aber auch eine kreative Erweiterung, die in Tiefgang und intellektueller Leistung keinesfalls dem Klischee vom intellektuellen Verfall der nachrömischen Welt entspricht. Das Resultat war der für das Abendland wohl prägendste Institutionalisierungsprozeß: die Entstehung des mittelalterlichen Klosterwesens.

Matthias Vollet

Die „dunkle Nacht" des Juan de la Cruz – ein charismatisches Geschehen?

Einleitung

Die Verbindung mit Gott ist für die christliche Theologie und Philosophie des Mittelalters das vorgegebene Endziel der menschlichen Existenz. Menschliche Erkenntnis- und Handlungsbemühungen werden daran gemessen, ob sie diesem Ziel gerecht werden. Dies gilt auch für die sogenannten Charismata, geistige Gnadengaben wie Prophetie oder Zungenrede, die Erkenntnis- und Handlungsweisen ermöglichen, welche dem Menschen natürlicher Weise unmöglich sind. In der mit Paulus anhebenden Geschichte der Auseinandersetzung mit den Charismata ist eine Radikalisierung ihrer Bewertung zu beobachten, die letztlich zu ihrer vollständigen Abwertung führt: die Frage, ob sie zur angestrebten Gotteinung beitragen, wird am Ende des Mittelalters bei Juan de la Cruz, der den Höhepunkt dieser Entwicklung bildet, klar verneint. Die vorliegende Untersuchung verfolgt im Kontext der Charismata-Diskussion ein doppeltes Ziel: zum einen soll untersucht werden, welche Rolle den Charismata im Kontext der Lehre des Juan de la Cruz vom Aufstieg in der „dunklen Nacht" zukommt; zum anderen wird dabei zu bedenken sein, inwieweit dieses Aufstiegsgeschehen selbst als charismatisch zu bezeichnen ist. Sie nimmt also die paulinischen Bewertungen dieser so benannten Phänomene auf und untersucht, welchen Platz sie beim Autor der „Dunklen Nacht" und des „Aufstiegs auf den Berg Karmel" haben.[1]

Nach einleitenden Bemerkungen zu Johannes vom Kreuz hebt der Gedankengang bei der paulinischen Auffassung der Charismata und deren Aufgaben an; diese werden gekennzeichnet als einerseits göttliche Gaben, die aber andererseits einen

1 Diese Arbeit verfolgt also ein gänzlich anderes Interesse als an dem Weberschen Ansatz orientierte typologische Arbeiten. Sie faßt „Charisma" nicht als vorgegebenes Erklärungsmittel, sondern als Problem. Sie versucht nicht, Handlungsweisen einem Typus zuzuordnen, sondern greift den Begriff Charisma auf, der bestimmten Phänomenen gegeben wurde, und untersucht, ob diese solchermaßen begrifflich gefaßten Phänomene auch noch bei Johannes vom Kreuz als ihrem ursprünglichen Anspruch angemessen angesehen wurden.

spezifischen (ambiguen) Zweck haben und diesen nur in der korrekten Verwendung durch die so Begabten erfüllen, nämlich in der Gemeinde einander für den Aufstieg zu Gott Hilfe zu leisten. Als wichtige Zwischenstation der Überlieferung findet die Plazierung der Charismata in der Begriffsökonomie des Thomas von Aquin Erwähnung; die paulinischen Charismata erscheinen als *gratiae gratis datae* und dienen zur zwischenmenschlichen Vorbereitung zur Verbindung mit Gott (in Abhebung zur *gratia gratum faciens*, die den Menschen direkt mit Gott verbindet). Die Charismata haben also lediglich vorbereitenden Charakter, finden aber dadurch auch Anerkennung. Ganz anders stellt sich schließlich die Situation bei Johannes vom Kreuz dar: im Kontext seiner Mystik wird den Charismata nicht nur keine positive Rolle zuerkannt, sondern sie werden sogar als eine potentielle Gefährdung des Aufstiegs erkannt – wodurch aber letztlich nur eine Tendenz, die bereits bei Paulus und Thomas von Aquin sichtbar ist, auf die Spitze getrieben wird. Das Aufstiegsgeschehen in der Schilderung des Johannes verdient aber dennoch, charismatisch genannt zu werden, da es seine Grundlage allein in der Gnade Gottes hat und alles überschreitet, was dem Menschen von alleine zugänglich und machbar ist.

Charismata bei Paulus und Thomas von Aquin

Paulus behandelt in 1 Kor 12–14 das Problem der Charismata. In der korinthischen Gemeinde gibt es ein vermehrtes Auftreten von Phänomenen wie Prophetien, Heilungen, Zungenreden, Wundertaten, die auf die Gnade des Heiligen Geistes zurückgeführt werden.[2] Paulus versucht eine Ordnung dieser Charismata aufzustellen und heißt sie gut wegen ihrer Nützlichkeit für die Gemeinde, d. h. wegen der gegenseitigen Unterstützung im Glauben, die sie mit sich bringen.[3] Die Gemeindemitglieder

2 1 Kor 12,11. Näheres zu Paulus findet sich im Beitrag von Hildegard Scherer in diesem Band. – Vgl. a.: WOLFF, Chr., Der erste Brief des Paulus an die Korinther (Theologischer Handkommentar zum neuen Testament 7), Leipzig 1996, S. 281–348; ORTKEMPER, F.-J., 1. Korintherbrief (Stuttgarter Kleiner Kommentar, Neues Testament, NF 7), Stuttgart 1993, S. 112, 142; KREMER, J., Der erste Brief an die Korinther. Übersetzt und erklärt von Jacob Kremer (Regensburger Neues Testament), Regensburg 1997, S. 257-317; KOCH, O., Der Geist Gottes und der neue Mensch. Der Heilige Geist als Grundkraft und Norm des christlichen Lebens in Kirche und Welt nach dem Zeugnis des Apostels Paulus, Stuttgart 1975.

3 1 Kor 12, 7; vgl. bes. die Leibmetapher in 1 Kor 12, 12-30. In 1 Kor 14 wird u.a. die Rangordnung der Charismata vorgenommen und ihr Nutzen näher behandelt. Dabei tritt auch zutage, dass die mit den Charismata einhergehenden Hauptgefahren einerseits Hochmut und Bosheit sowie andererseits die Zerrüttung der Ordnung waren. Ihre Rangordnung richtet sich nach dem Nutzen für die Gemeinde, nicht nach der in ihnen liegenden Nähe zu Gott. Diese Axiologie betrachtet also die Charismata, insofern sie innerweltliches Geschehen sind. Deswegen spielt auch die Verständlichkeit für alle eine zentrale Rolle; die Charismata müssen dem menschlichen Geist (noûs/mens) zugänglich sein (1 Kor 14, 15). Die paulinische Axiologie der Charismata orientiert sich also nicht an deren (vertikalem) Heilspotential, das für Johannes später das entscheidende sein wird, sondern an deren (horizontalem) innermenschlichem

sollten aber nach *charismata kreittona*[4] streben, nach höheren Gnadengaben, und er weist zudem einen noch „überlegeneren Weg“,[5] nämlich die Liebe. Das ist der Ort des bekannten „Hoheliedes der Liebe“.[6] Die Charismata werden so der Liebe untergeordnet, sie ist ihr eigentliches Wirkungsprinzip. Die Charismata schweben, da sie zwischenmenschlich verwandt werden, ständig in der Gefahr, daß ihre eigentliche Handlungsrichtung aus dem Auge verloren wird, nämlich die Verbindung zur Sphäre des Göttlichen herzustellen – so zumindest wird diese Struktur bei Johannes vom Kreuz verschärft wieder aufzufinden sein.

Thomas von Aquin hat eine begriffliche Klärung vorgenommen, die die scharfe Position des Johannes vom Kreuz erst möglich macht. Er wird hier also auch wegen seiner systematischen und nicht nur wegen seiner historischen Funktion behandelt. Johannes hat in seinem Studium Thomas gelesen, wie an verschiedenen Stellen der behandelten Werke deutlich wird;[7] sein Verweis auf die *gratiae gratis datae* und

---

Kommunikations- und Ordnungspotential, an ihrem Vermögen, zum geordneten Miteinander der Gemeinde beizutragen. An dieser sozialen Dimension der Charismata setzt m. E. ausschließlich deren Betrachtung in den Sozialwissenschaften des 20. Jahrhunderts an; vgl. z. B. MÖDRITZER, H., Stigma und Charisma im Neuen Testament und seiner Umwelt. Zur Soziologie des Urchristentums, Freiburg (Schweiz)/Göttingen 1994. Aber auch KOCH, Geist (wie Anm. 2), betont die Rolle der Kirche und die der Charismata für diese.

WOLFF, Korinther 1 (wie Anm. 2), insbes. S. 287f., betont zunächst ihr Wesen als von Gott kommende „eschatologische Heilsgaben“: „Charisma ist die aus Gottes Gnade (…) kommende Gabe, durch die sich das eschatologische Heilswerk Gottes am und durch den einzelnen Christen in dieser Welt auswirkt.“ Der „andere Aspekt der Geistesgabe“ ist für ihn die „Förderung der Gemeinde“ (ibid., S. 288), nach der sich die Rangfolge der Charismata richtet (ibid., z.B. S. 294, 327ff.). ORTKEMPER, 1. Korintherbrief (wie Anm. 2), S. 114: “Zwei Gedanken sind ihm dabei besonders wichtig: 1. Das Charisma ist Geschenk, Gabe, es ist unverdient, es entspringt der souveränen Freiheit Gottes. Also verbietet sich jede Überheblichkeit. (…) 2. Das Charisma ist den einzelnen Christen geschenkt, damit es anderen nützt”. Die Liebe in 1 Kor 13 bezieht sich für Ortkemper ganz allein auf Aufbau und Förderung der Gemeinde (vgl. S. 122f.). Die agapê ist, so Ortkemper, in ihrer Nüchternheit (im Vergleich zum eros) bewußt von Paulus gewählt. Aber: “Was Paulus hier über die Liebe sagt, sagt auch etwas über Gott aus! Liebe ist immer Antwort auf die zuvorkommende Liebe Gottes” (S. 124).

Die vorliegende Untersuchung hingegen richtet den Blick auf diese Diskussion in 1 Kor 12–14 bewußt aus dieser Perspektive, die auch die der späteren mittelalterlichen Interpreten ist: Ihr geht es darum, wie Paulus gelesen worden ist. Die Liebe wird dann bei Johannes durchaus den Aspekt des eros zwischen Gott und Seele gewinnen. Sie ist dann die Liebe Gottes, die den Menschen zu Gott hinzieht, nicht mehr die zu den anderen Menschen. Weil diese Liebe nurmehr so verstanden wird, können die ihr verbundenen Charismata ganz wegfallen.

4 1 Kor 12,31.

5 1 Kor 12,31.

6 1 Kor 13. – Vgl. dazu WOLFF, Korinther 1 (wie Anm. 2), S. 309ff., insbes. S. 314 mit Anmerkung 381.

7 Z. B. JOHANNES VOM KREUZ, Aufstieg auf den Berg Karmel. Vollständige Neuübersetzung. Hrsg., übers. und eingel. von U. DOBHAN, E. Hense und E. Peeters, Freiburg u. a. ²2003, S. 294 mit Anm. 652. – Spanische kritische Ausgabe: JUAN DE LA CRUZ, Subida del Monte Carmelo, in: DERS., Obras Com-

ihre systematische Einordnung verdankt sich wohl eben dieser Lektüre.[8] Thomas von Aquin behandelt die Charismata in größerem Zusammenhang in seiner „Summa theologiae“ (S. th.) I-II, q. 109–114 („De gratia“) und im Einzelnen in S. th. II-II, q. 171–78 (besondere Gnadengaben, d.h. spezielle *gratiae gratis datae: prophetia, gratia linguarum, gratia sermonis sapientiae/scientiae, gratia miraculorum*). In den Quaestionen der *Prima secundae* wird (nachdem sich der erste Teil der Seligkeit, dem Willen, dem Guten und den Leidenschaften, der zweite sich den inneren Bewegungsursachen sittlichen Handelns widmete,[9] d.h. den *habitus*, *virtutes* und *eis adjuncta dona*[10], *beatitudines* und *fructus*) die Gnade im Teil über die äußeren Bewegungsursachen zum Guten hin besprochen.[11] Nach der Lehre von den Gesetzen behandelt Thomas die Gnade als die göttliche Hilfe bei der Erfüllung des Gesetzes.[12] Die gratia wird u. a. in *gratia gratum faciens* und *gratiae gratis datae* eingeteilt (und das ist die hier vor allem interessierende): durch die erstgenannte „heilig

---

pletas. Edición crítica, notas y apendices por RUANO DE LA IGLESIA, L., Madrid (Biblioteca de Autores Cristianos, 15) ²2002, S. 253–482, hier libro II, capítulo 26, S. 12.

8 Ein genauer philologischer Nachweis war im Rahmen dieser Untersuchung nicht möglich und dürfte auch wegen der Quellenlage, was Johannes betrifft, nur mit einigem Aufwand durchführbar sein. Der Name des Thomas taucht, wahrscheinlich wegen übergroßer Familiarität, nicht eigens in den behandelten Werken auf (Aristoteles erscheint typischerweise einige Male als „el filósofo“).

9 Vgl. [THOMAS VON AQUIN], Divi Thomae Aquinatis Summa Theologica, Rom 1886/1887 [S. th.] I-II, q. 49 (introductio): „Post actus, et passiones considerandum est de principiis humanorum actuum. Et primo de principiis intrinsecis (...). Principium autem intrinsecum est potentia et habitus (...), nunc restat de habitibus considerandum. Et primo quidem in generali: secundo vero de virtutibus, et vitiis, et hujusmodi aliis habitibus, qui sunt humanorum actuum principia“.

10 THOMAS VON AQUIN, S. th. I-II, q. 55 (Einleitung der quaestio): „Consequenter considerandum est de habitibus in speciali (...); primo dicendum est de habitibus bonis, qui sunt virtutes, et alia eis adjuncta, scilicet dona, beatitudines, et fructus“. Die dona sind nach I IIae die gottgegebenen Anlagen, die den Menschen aus sich heraus dazu geeignet sein lassen, nach Maßgabe der göttlichen Inspiration sich zu bewegen. Q. 68, a. 1, corpus: „Oportet igitur inesse homini altiores perfectiones [als menschliche Tugend und Vernunft, M. V.], secundum quas sit dispositus ad hoc, quod divinitus moveatur et istae perfectiones vocantur dona, non solum quia infunduntur a Deo, sed quia secundum ea homo disponitur, ut efficiatur prompte mobilis ab inspiratione divina“. Q. 68, a. 4, corpus: „Dona sunt quidam habitus perficientes hominem ad hoc, quod prompte sequatur instinctum Spiritus Sancti“. Sie sind eine zwar von Gott gegebene, aber doch innere Disposition der eigenwüchsigen Vermögen und dadurch Bewegungsursache; dadurch unterscheiden sie sich von den Gnadengaben (gratiae), die ganz von Gott kommen. – Zu *dona* und *virtutes* s. den Beitrag von Mechthild Dreyer in diesem Band. S. a. HORST, U., Die Gaben des Heiligen Geistes nach Thomas von Aquin, Berlin 2001.

11 THOMAS VON AQUIN, S. th. I-II, q. 90 (introductio): „Consequenter considerandum est de principiis exterioribus actuum. (...) Principium autem exterius movens ad bonum est Deus, qui et nos instruit per legem, et juvat per gratiam“.

12 THOMAS VON AQUIN, S. th. I-II, q. 109 (introductio): „Consequenter considerandum est de exteriori principio humanorum actuum, scilicet de deo, prout ab ipso per gratiam adjuvamur ad recte agendum“.

machende Gnade” wird der jeweilige Mensch selbst direkt mit Gott verbunden;[13] durch die zweite, die „frei gewährte Gnade” – die paulinischen *charismata* (also Prophetie, Zungenrede etc.) – wirkt ein Mensch bei anderen Menschen mit, daß diese vorbereitet werden für die Verbindung mit Gott.[14] Sie wird durch diese begriffliche Unterscheidung vom individuellen gnadenhaften Heilsgeschehen abgekoppelt und ist also gekennzeichnet durch ihre zwischenmenschliche Orientierung und den Nutzen, den sie für die Rechtfertigung der Anderen bringt. In S. th. I-II, q. 111 a. 5 stellt Thomas fest – und legt hier den systematischen Grund für die spätere Position des Johannes vom Kreuz –, daß die frei gewährten Gnaden an Würde hinter der heilig machenden Gnade zurückstehen, da jene (also die paulinischen Charismata) nur auf die Vorbereitung zum letzten Ziel gehen, auf das Gemeinwohl der ganzen Kirche aus sind und nicht selbst die Verbindung des anderen Menschen mit Gott stiften können, während die heilig machende Gnade direkt auf das Wohl des einzelnen Menschen gerichtet ist und direkt das letzte Ziel anstrebt;[15] so sei die 1 Kor 12, 31 angezielte Liebe eine *gratia gratum faciens* (q. 111, a. 5, sed contra).[16] Hans-Urs von Balthasar verweist in seinem Kommentar in der deutschen Thomasausgabe ausdrücklich auf die erstmals von Thomas vorgenommene „Gleichset-

13 Zur *gratia gratum faciens*: MIRALLES, A., Gracia y economía sacramentaria, in: Tommaso d'Aquino nel suo settimo centenario. Atti del congresso internazionale (Roma–Napoli 1974), Bd. 4: Problemi di Teologia. A cura della segreteria del congresso, Neapel 1976, S. 444–454.

14 THOMAS VON AQUIN, S. th. I-II, q. 111, a. 1, corpus: „Duplex est gratia: una quidem, per quam ipse homo Deo conjungitur, quae vocatur gratia gratum faciens: alia vero, per quam unus homo cooperatur alteri ad hoc, quod ad Deum reducatur: hujusmodi autem donum vocatur gratia gratis data: quia supra facultatem naturae, et supra meritum personae homini conceditur: sed quia non datur ad hoc, ut homo ipse per eam justificetur, sed potius ut ad justificationem alterius cooperetur, ideo non vocatur gratum faciens: et de hac dicit Apostolus 1. ad Cor. 12: *Unicuique datur manifestatio Spiritus ad utilitatem*, scilicet aliorum”.

15 THOMAS VON AQUIN, S. th. I-II, q. 111, a. 5, corpus: „Gratia autem gratum faciens ordinet hominem immediate ad conjunctionem ultimi finis: gratiae autem gratis datae ordinant hominem ad quaedam praeparatoria finis ultimi: sicut per prophetiam, et miracula, et alia hujusmodi homines inducuntur ad hoc, quod ultimo fini conjungantur; et ideo gratia gratum faciens est multo excellentior, quam gratia gratis data”. Ibid., ad primum: „Gratia autem gratis data ordinatur ad bonum commune Ecclesiae, quod est ordo ecclesiasticus: sed gratia gratum faciens ordinatur ad bonum commune separatum, quod est ipse Deus; et ideo gratia gratum faciens est nobilior”. Ibid., ad secundum: „Per gratiam gratis datam homo non potest causare in alio conjunctionem ad Deum, quam ipse habet per gratiam gratum facientem; sed causat quasdam dispositiones ad hoc; et ideo non oportet, quod gratia gratis data sit excellentior”. Insofern die *gratiae gratis datae* Dispositionen zur Wirksamkeit Gottes erzeugen, rücken sie in die Nähe der *dona* (hier Fn. 10), die jedoch einen anderen systematischen Platz im Gefüge der S. th. haben. Der Frage des Unterschieds der beiden Disponierungen kann hier nicht nachgegangen werden.

16 THOMAS VON AQUIN, S. th. I-II, q. 111, a. 5, sed contra: „Sed contra est, quod Apostolus 1. ad Cor. 12, enumeratis gratiis gratis datis, subdit: *Aduc excellentiorem viam vobis demonstro*: et, sicut per subsequentia patet, loquitur de charitate, quae pertinet ad gratiam gratum facienten”. Vgl. II-II, q. 24, 2: Der Glaube ist eine „infusa communicatio beatitudinis aeternae secundum dona gratuita”.

zung des Begriffs der frei gewährten Gnade mit dem Begriff des Charisma im engeren, technischen Sinne".[17]

Die – für den Gedankengang dieses Beitrags nicht notwendigerweise weiter zu verfolgende – ausführliche Besprechung der einzelnen *gratiae gratis datae* folgt in der „Secunda Secundae" auf die detailliert dargelegte Tugendlehre (theologale und Kardinaltugenden) und geht der Lehre von den zwei Lebensweisen und den kirchlichen Ständen voraus. Die in S. th. II-II, q. 171ff. behandelten Charismata *prophetia* und *raptus*, *gratia linguarum*, *gratia sermonis sapientiae vel scientiae* und *gratia miraculorum* stehen unter dem oben genannten Generalvorbehalt: sie sind lediglich in der Heilsvorbereitung nützlich für den jeweils anderen bzw. die Kirche, können aber nicht selbst das Heil bringen, da dieses gänzlich von der heilbringenden Gnade abhängt. Neben ihrem nur eingeschränkten, indirekten Nutzen sind sie für Thomas aber zusätzlich auf mehrere Weisen prekär: zum einen kann eine Prophetie, deren Ursprung keine ausdrückliche Offenbarung ist, sondern *per quemdam instinctum occultissimum* geschieht, Anlaß zu Unsicherheit und Irrtum in der Auslegung geben.[18] Die Phänomene wie Prophetie oder Wunder können zudem aber auch vom Bösen stammen, da auch die gefallenen Engel dem Menschen überlegene Geister sind.[19]

Zusammenfassend ist also festzuhalten, daß Thomas (ebenso wie, wenn auch weniger prägnant, Paulus) die Charismata des ersten Korintherbriefes als zwar gottgegebenes, aber doch zwischenmenschliches Geschehen unter der Perspektive des zu erlangenden Heils beurteilt. Die Charismata werden in ihrer Heilsfunktion mit gewisser Vorsicht bewertet; sie sind nur indirektes Heilmittel, richten sich in ihrer Wirkung mehr auf die anderen Menschen als auf die direkte Verbindung zu Gott. Zudem ist bei Ihnen prinzipiell die Gefahr gegeben, daß sie zu Irrtum führen oder gar vom „Bösen" kommen können. Gerade durch diese Auffassung erweist sich Thomas als den Charismata gegenüber noch skeptischer als Paulus.

Die dunkle Nacht bei Johannes vom Kreuz

Juan de la Cruz, deutsch Johannes vom Kreuz (1542–1591), einer der großen spanischen Mystiker, Reformator des Karmeliterordens im Gefolge von Teresa von Avila,[20] ist der Nachwelt vor allem bekannt durch seine wenigen Gedichte und deren auf Bitten seiner Mitbrüder verfaßte Auslegungen – beide in spanischer Sprache ge-

---

17 THOMAS VON AQUIN, Besondere Gnadengaben und die zwei Wege menschlichen Lebens (Deutsche Thomas-Ausgabe 23), hrsg. v. BALTHASAR, H.-U. v., Graz 1954, S. 268.

18 THOMAS VON AQUIN, S. th. I-II, q. 171, a. 5, corpus. – Zur Irrtumsgefahr s. a. z. B. KREMER, Erster Korintherbrief (wie Anm. 2), S. 260.

19 THOMAS VON AQUIN, S. th. I-II, q. 172, a. 5; q. 178, a. 2.

20 Zur Biographie: BRENNAN, G., San Juan de la Cruz, Barcelona 2001 (Original: St. John of the Cross, 1973); GUTIERREZ, M., San Juan de la Cruz, Barcelona 2004.

schrieben. Sein wohl bekanntestes Gedicht, „In einer dunklen Nacht” („En una noche oscura“), hat er in zwei Werken ausgelegt: „Der Aufstieg auf den Berg Karmel”[21] und „Die dunkle Nacht”[22]. Auf diese beiden Werke beziehen sich die folgenden Bemerkungen.

Das Grundanliegen dieser Werke ist nicht in engem Sinne theologisch-philosophisch, sondern pastoral.[23] Es birgt jedoch ausgeprägte philosophische Gedankengänge und Implikationen, weswegen seine Behandlung außerhalb seines selbstgesetzten Kontextes durchaus fruchtbar ist. Im üblicherweise „Noche oscura” betitelten Gedicht[24] schildert er (in der Tradition des Hoheliedes bzw. der Brautmystik)[25] den Aufstieg der Seele zu Gott. In den Auslegungen des Gedichtes geht es Johannes darum, Erläuterungen dieses Weges zu geben aus der Sicht dessen, der ihn schon gegangen ist. Es handelt sich um Hilfestellungen und Warnhinweise einerseits für diejenigen, die ihn gehen, und andererseits für jene, die als Seelenführer den Aufsteigenden zur Seite stehen. Sein Interesse besteht also nicht in erster Linie in Begriffsdefinitionen und -ordnungen, sondern in der fast phänomenologisch zu nennenden, aus lebensweltlicher Perspektive unternommenen Beschreibung und Begleitung eines Vorganges. Natürlich kennt Johannes durch sein Studium in Salamanca[26] die biblische Überlieferung und mittelalterliche Theologie und Philosophie; sie liefert – auf der Grundlage eigener Erfahrungen – Beschreibungsmuster für das Geschehen des Aufstiegs in der dunklen Nacht und seines Kontextes. In den Erläuterungen des Geschehens der dunklen Nacht findet sich auch eine Diskussion und Bewertung der Charismata, wie sie seit Paulus in ihrer Bedeutung für das Heilsgeschehen diskutiert werden.[27]

---

21 Wie oben Anm. 7.

22 JOHANNES VOM KREUZ, Die dunkle Nacht. Vollständige Neuübersetzung, hrsg. v. DOBHAN, U. u. a., Freiburg u. a., 1995. Spanische kritische Ausgabe: JUAN DE LA CRUZ, La noche oscura, in: DERS., Obras Completas (wie Anm. 7), S. 483–585.

23 Vgl. z. B. BALTHASAR, H.-U. v., Kapitel „Juan de la Cruz”, in: Herrlichkeit. Eine theologische Ästhetik. Zweiter Band: Fächer der Stille, Einsiedeln 1962, S. 463–531, hierfür S. 466f. MOSIS, R., Der Mensch und die Dinge nach Johannes vom Kreuz, Würzburg 1964, S. 25.

24 Im Anhang dieses Beitrags zitiert nach: JUAN DE LA CRUZ, Obras completas (wie Anm. 7), S.106f. – JOHANNES VOM KREUZ, Empor den Karmelberg. Übertragen von SCHNEIDER, O. Einsiedeln [5]2002, S. 3f.

25 Zur Rolle des *Canticum Canticorum* für Juan vgl. O'REILLY, T., El ‚Cántico espiritual' y la interpretación mística del ‚Cantar de los Cantares', in: Hermenéutica y mística: San Juan de la Cruz, hrsg. von VALENTE, J. A., GARRIDO, J. L.,. Madrid 1995, S. 271–280.

26 Zum Studium in Salamanca vgl. BRENNAN, San Juan de la Cruz (wie Anm. 20) S. 20ff., RI, P., „Erleuchtung” in der Mystik des Juan de la Cruz, Frankfurt a.M. 1989, S.15ff.; BEGOVIC, T., Gott – der Weg des Menschen zu sich selbst. Zur theologischen Anthropologie in der mystischen Lehre des heiligen Johannes vom Kreuz, Frankfurt a. M. u. a. 1990, S. 1ff.

27 Das Wort ‚Charisma' kommt im spanischen Text nicht vor, Johannes zählt die Charismata aber an einer Stelle – Subida (wie Anm. 7), libro III, capítulo 30, § 1 – als „dones y gracias dados de Dios que exceden la facultad y la virtud natural, que se llaman gratis datae” mit Bezug auf 1 Kor 12, 9–10 auf, vgl.

Johannes kommt aus verschiedenen Gründen dazu, die Gnadengaben als für den individuellen Aufstieg zu Gott letztlich irrelevant, nämlich als zu überwindende Stufe zu beschreiben. Die paulinischen Vorbehalte gegen die Charismata, die bei Thomas unter einem zugespitzten systematischen Aspekt aufgegriffen und auch begrifflich vorangetrieben werden, werden bei Johannes – wenn er auch ihre generelle systematische Einordnung und Beschreibung von Thomas übernimmt[28] – zudem bis zum Umschlag in ihre Ablehnung verschärft, wenn es darum geht, das Geschehen der dunklen Nacht zu beschreiben und Ratschläge zu erteilen, wie mit den Phänomenen des Aufstiegs umzugehen sei. Der zentrale Begriff im Entwurf des Johannes ist die Liebe, welche, gerade auch in der „Dunklen Nacht", durchaus erotische Züge trägt, nicht die Nächstenliebe und erst recht nicht die tätige Liebe zu den Gemeindemitgliedern. Die Liebe Gottes zieht den Menschen an und entfacht in ihm das lebendige Feuer der Liebe zu Gott,[29] durch welches er in der dunklen Nacht aus seinem Haus entweicht – so der Beginn des Gedichtes.

Zunächst einige grundlegende Hinweise über die „dunkle Nacht": Aus dem Metaphernbestand europäischer Mystik genommen,[30] bezeichnet sie die Phase des Auslöschens der weltlichen Erkenntnis- und Handlungsaktivitäten und die anhebende Überformung in Gott. Die im Gedicht beschriebene nächtliche Flucht über eine Treppe aus dem zur Ruhe gekommenen Haus, das durch diese Flucht als Gefängnis deutlich wird,[31] wird bewirkt von einem gesandten inneren Licht und Brennen und findet seine Erfüllung in der Überformung (*transformación*) der Liebenden durch den

---

JUAN DE LA CRUZ, Obras completas (wie Anm. 7), S. 456 und JOHANNES VOM KREUZ, Aufstieg auf den Berg Karmel (wie Anm. 7), S. 422.

28 Vgl. z.B. JUAN DE LA CRUZ, Subida (wie Anm. 7), libro II, capítulo 26, § 12, S. 384f. JOHANNES VOM KREUZ, Aufstieg (wie Anm. 7), S. 294 mit Anmerkung 652.

29 So der Titel eines anderen Gedichtes, das Johannes ebenfalls kommentiert hat: „Oh llama de amor viva!", in: JUAN DE LA CRUZ, Obras completas (wie Anm. 7), S. 110f, 901–1039. Deutsche Ausgabe: JOHANNES VOM KREUZ, Die lebendige Flamme. Die Briefe und die kleinen Schriften. Übersetzt von Irene Behn (Lectio spiritualis 9), Einsiedeln [4]1993.

30 Vgl. HAAS, A. M., Die dunkle Nacht der Sinne und des Geistes. Mystische Leiderfahrung nach Johannes vom Kreuz, in: DERS., Mystik als Aussage. Erfahrungs-, Denk- und Redeformen christlicher Mystik, Frankfurt a. M. 1997, S. 446–464; dort auch Literaturangaben zum Motiv der Nacht, vgl. S. 446f., Anm. 3. AARON, N. G., Thought and Poetic Structure in San Juan de la Cruz's Symbol of Night, New York 2005. Zu den Quellen bzw. Einflüssen auf Johannes s. z.B. ORCIBAL, J., Saint Jean de la Croix et les Mystiques Rhéno-flamands, Brügge 1966; SWIETLICKI, C., Spanish Cristian Cabala: The Works of Luis de Leon, Santa Teresa de Jesus, and San Juan de la Cruz, Columbia/MO 1987; LOPEZ-BARALT, L., San Juan de la Cruz y el Islam: Estudio sobre las filiaciones semíticas de su literatura mística, Puerto Rico 1986. S. a.: STEIN, E. Kreuzeswissenschaft. Studi über Johannes vom Kreuz. Neu bearb. und eingel. von U. Dobhan (Edith Stein Gesamtausgabe, Bd. 18) Freiburg u.a. 2003.

31 Eine eindringliche Schilderung der Kerkerhaft bei den Beschuhten Karmelitern bei BRENNAN, San Juan de la Cruz (wie Anm. 20), S. 47ff. Immer wieder gerne wurden das persönliche Schicksal Juans und sein Gedicht „Noche oscura" in Zusammenhang gebracht; ein (allzu) nahe liegender, aber zum Verständnis nicht notwendiger Gedanke.

Geliebten im neuen Morgenrot. Ziel ist also eine ganz personal zu denkende Einung mit Gott (*divina unión*), zu deren Empfang sich der Mensch bereit machen muß.

Johannes unterscheidet Phasen der Nacht – besser gesagt: Strukturelemente, denn im tatsächlichen Geschehen finden die diversen Bestandteile durchaus gleichzeitig statt.[32] Das Dunkel der Nacht wie das zur Ruhe gekommene Haus bezeichnen die Auslöschung aller vertrauten Weisen des Erkennens und Erlebens – auch des (sinnlichen wie geistigen) religiösen Lebens und Erlebens. Johannes unterscheidet eine aktive Nacht der Sinne sowie des Geistes (beide behandelt im „Aufstieg auf den Berg Karmel") und eine passive Nacht der Sinne sowie des Geistes (behandelt in der „Dunklen Nacht"). Die aktive Nacht ist dabei Voraussetzung (im strukturellen, nicht zeitlichen Sinne) für die passive Nacht, in der das eigentliche Aufstiegsgeschehen erlebt wird. Da nach dem mehrfach von Johannes angeführten neuplatonisch-scholastischen Grundsatz das Erkannte im Erkennenden der Weise des Erkennenden folgend erkannt wird,[33] kann der Mensch keine selbstgegründete Gotteserkenntnis haben. Die aktive Nacht der Sinne bezeichnet die deswegen notwendige, aktiv zu betreibende Ablösung des Menschen von sinnlichen (auch religiösen!) Erlebnissen; diese halten den Menschen nur in seinem „Haus" fest und müssen negiert werden. Die aktive Nacht des Geistes betreibt die Abtötung der geistigen Vollzüge menschlicher Natur, das heißt auch aller klaren und deutlichen diskursiven Erkenntnis.[34] Die Meditation als Aufstiegsstufe, welche mithilfe des diskursiven

32 Vgl. den Aufsatz von HAAS, A. M., Die dunkle Nacht (wie Anm. 30). SANCHEZ DE MURILLO, J., Der Strukturgedanke in der mystischen Purifikation bei Johannes vom Kreuz. Versuch einer Interpretation, in: Philosophisches Jahrbuch 83 (1976), S. 266–292. – OFILADA MINA, M., S. Juan de la Cruz. El sentido experiencial del conocimiento de Dios. Claves para un acercamiento filosófico al santo Doctor, Burgos 2002, hierfür insbes. S. 212–44.

33 JUAN DE LA CRUZ, Noche (wie Anm. 22), libro I, capítulo 4, § 2 (JUAN DE LA CRUZ, Obras completas [wie Anm. 7], S. 493): „Porque, como dice el Filósofo, cualquiera cosa que [se (Einfügung des Hg.; M. V.)] recibe está en el recipiente al modo del mismo recipiente, y así en estos principios y aun cuando ya el alma está aprovechada, como está la sensualidad imperfecta, recibe el espíritu de Dios con la misma imperfección muchas veces." – Libro II, capitulo 16, § 4 (Obras completas, S. 559): „Porque, como dice el Filósofo, cualquier cosa que se recibe [está en el recipiente del modo que lo recibe (Einfügung des Hg.; M. V.)]; de donde, porque estas naturales potencias no tienen puteza, ni fuerza, ni caudal para poder recibir y gustar las cosas sobrenaturales al modo dellas, que es divino, sino sólo al suyo, que es humano y bajo (como habemos dicho), conviene que sean oscurecidas también acerca de esto divino, por que, destetadas y purgadas y aniquiladas en aquello primero, pierdan aquel bajo y humano modo de recibir y obrar."

34 JUAN DE LA CRUZ, Subida (wie Anm. 7), libro III, capítulo 7, § 2: „Ich sage nun: Um dieses Gut zu erlangen, darf der Mensch niemals über die klaren, deutlichen Dinge [las cosas claras y distintas], die ihm auf übernatürlichem Wege widerfahren sind, nachsinnen, um so die Formen und Gestalten und Einsichten dieser Dinge in sich / zu bewahren, denn wir haben immer von dieser Voraussetzung auszugehen: Je mehr ein Mensch eine deutliche und klare, natürliche oder übernatürliche Wahrnehmung [aprehensión natural o sobratural distinta y clara] als Beute festhält, desto geringer ist seine Fähigkeit und Bereitschaft, um in den Abgrund des Glaubens [abismo de la fe] einzutreten, wo alles übrige verschluckt wird. Denn, wie gesagt, keine der übernatürlichen Formen oder Einsichten, die ins Erinnerungsvermö-

Verstandes unternommen wird, wird ebenfalls überstiegen.[35] Das Zurückweisen, das Abtöten dieser Bemühungen des natürlichen Verstandes bedeutet Zustimmung zur Eingießung des Geistes. In dieser Zurückweisung liegt die in diesem Geschehen einzig mögliche Aktivität des Menschen.[36] Sie macht den Aufsteigenden frei für die reine, gegenstandslose, überbegriffliche und deswegen (aus der Sicht des Menschen) undeutliche und dunkle Kontemplation, die als Eingießung erfahren wird.[37] Die Erfahrung, die der Mensch in der passiven Nacht macht, ist der vollständige Verlust seiner sinnlichen und geistigen Erkenntnismöglichkeiten; sie wird auch erfahren als Verlust der bisherigen sinnlichen und geistigen Erfahrungen und Erkenntnisse über Gott. Deswegen ist diese Nacht besonders schmerzhaft.[38] Dies ist

---

gen fallen können, ist Gott, und von allem, was nicht Gott ist, muss der Mensch sich leer machen, um zu Gott zu gehen" (JOHANNES VOM KREUZ, Aufstieg [wie Anm. 7], S. 347f.; JUAN DE LA CRUZ, Obras completas [wie Anm. 7], S. 413).

JUAN DE LA CRUZ, Subida (wie Anm. 7), libro II, capítulo 4, § 4: „Und so behindert sich ein Mensch, um zu dieser hohen Verfassung der Gotteinung zu kommen, sehr, wenn er irgend etwas, was mit Verstehen, Fühlen, Erdenken, Dafürhalten oder Wollen zu tun hat [entender, sentir, imginar, parecer, voluntad], oder seiner Eigenart [modo suyo] oder sonst irgend etwas anderem oder dem eigenen Tun verhaftet ist, weil er es nicht versteht, sich von all dem zu lösen und frei zu machen" (JOHANNES VOM KREUZ, Aufstieg [wie Anm. 7], S. 135; JUAN DE LA CRUZ, Obras completas [wie Anm. 7], S. 29).

JUAN DE LA CRUZ, Subida (wie Anm. 7), libro II, capítulo 4, § 5: "Insofern ist auf diesem Weg das Betreten des Weges Verlassen des eigenen Weges, oder besser gesagt, es ist Hindurchgehen zum Ziel, und seine Eigenformen zu lassen [dejar su modo], ist, in das einzutreten, was keine Eigenform hat [que no tiene modo], Gott" (JOHANNES VOM KREUZ, Aufstieg [wie Anm. 7], S. 135; JUAN DE LA CRUZ, Obras completas [wie Anm. 7], S. 300). – Vgl. auch JUAN DE LA CRUZ, Noche (wie Anm. 22), libro II, capítulo 9, § 3.

35 JUAN DE LA CRUZ, Subida (wie Anm. 7), libro II, capítulo 13; nach libro II, capítulo 12, § 3, ist Meditation „ein Akt des Nachdenkens mittels Bilder [sic!], Formen und Gestalten", vgl. JOHANNES VOM KREUZ, Aufstieg (wie Anm. 7), S. 183 mit Anm. 431.

36 JUAN DE LA CRUZ, Noche (wie Anm. 22), libro II, capítulo 11, § 2.

37 Z. B. JUAN DE LA CRUZ, Noche (wie Anm. 22), libro I, capítulo 10, § 6; s. a capítulo 13, § 15, und capítulo 14 sowie Subida (wie Anm. 7), libro II, capítulo 14, § 6: „(...) esta noticia general y confusa (...) que será después de todas las aprehensiones particulares del entendimiento" (JUAN DE LA CRUZ, Obras completas [wie Anm. 7], S. 330).

38 Z. B. JUAN DE LA CRUZ, Noche (wie Anm. 22), libro I, capítulo 8, § 2; capítulo 9, § 8. – Vgl. JUAN DE LA CRUZ, Subida (wie Anm. 7), libro II, capítulo 2, § 2: „Der Glaube ist auch dunkler als die erste Nacht, denn diese gehört zum niedrigeren Bereich des Menschen, dem der Sinne, der folglich äußerlicher ist. Diese zweite Nacht des Glaubens nun gehört zum höheren Bereich des Menschen, dem der Vernunft, und ist folglich innerlicher und dunkler, denn sie entzieht ihm das Licht der Vernunft, oder besser gesagt, sie macht ihn blind. Darum wird sie treffend mit der Mitte der Nacht verglichen, die der tiefste und dunkelste Augenblick der Nacht ist", zitiert nach JOHANNES VOM Kreuz, Aufstieg (wie Anm. 7), S. 126. Vgl. hierzu z. B. RUIZ, F., Saint Jean de la Croix, mystique et maître spirituel, Paris 1994 (Original: Místico y Maestro, San Juan de la Cruz, Madrid 1986), S. 241ff.

der „Weg des dunklen und puren Glaubens”,[39] erhellt durch den „Strahl der Finsternis”.[40] Dieses Geschehen ist eingegossene Gnadengabe.[41] Der Mensch kann die innere Flamme nicht selbst hervorrufen, z.B. durch Gebete oder gute Taten. Der eigentliche Aufstieg wird vom Menschen passiv erlebt.

Die Stellung der Charismata

Die in den Kommentarwerken erfolgende Diskussion der Charismata hat ihren Ort, wie gesagt, im Zusammenhang der Nacht der Sinne: In der aktiven Nacht der Sinne werden die Strebungen nach den sinnlich erfahrbaren Dingen abgetötet (*mortificación*),[42] da sie unfrei machen und unfähig zur Aufnahme der göttlichen Liebe. Das Ziel ist, wie es Juan in Aufnahme aristotelischer und platonischer Motive beschreibt, die Tafel der Seele nicht durch Sinneneindrücke weiter beschreiben zu lassen und der Seele im Kerker des Leibes nicht weiter durch Fenster sinnliche Eindrücke zukommen zu lassen.[43] Erst wenn das Erkenntnisvermögen nicht mehr vom sinnlichen Licht geblendet ist, kann es das übersinnliche wahrnehmen.[44] Solange es das sinnliche Licht annimmt, wird es vom übersinnlichen geblendet. Zu dem, wovon sich der Mensch befreien muß, gehört auch die durchaus sinnliche Lust an außerordentlichen Bußübungen. Johannes kritisiert mehrfach den grundlegenden Irrtum, durch solche athletisch-asketischen Kasteiungen etwas für den Aufstieg zu tun; tatsächlich bedeuten sie eine Verhaftetheit in der sinnlichen Erfahrungswelt.[45] Der Blinde muß, so Johannes, ganz blind sein, um sich ganz vom Blindenführer führen zu lassen.[46] Der Mensch muß seine Eigenart (*modo suyo*) ganz lassen, um in diesem Leben der Gnade des Glaubens teilhaftig werden zu können. Er kann nur in die Einung mit Gott, der ohne Eigenart (*modo*) ist, gelangen, wenn er auf das Beute machen, das Schätzen und Verkosten des Erkannten verzichtet.[47] Seine natürliche Erkenntnis nützt ihm also zum Aufstieg nichts, da nichts von dem, was er natürlicherweise erkennen kann, Gott ähnlich ist. Übernatürliche Erkenntnisse, die ihm auf menschlich faßliche Wei-

39 JUAN DE LA CRUZ, Noche (wie Anm. 22), libro II, capítulo 2, § 5: „Oscura y pura fe“; s. a. libro I, capítulo 11, § 4: „Pura fe“; dazu auch capítulo 4, § 1 und DERS., Subida (wie Anm. 7), libro II, capítulo 10, § 4: „inteligencia general“, und capítulo 14, § 6: „noticia general y confusa“.

40 JUAN DE LA CRUZ, Noche (wie Anm. 22), libro II, capítulo 5, § 3 (mit einem ausdrücklichen Verweis auf Pseudo-Dionysios, – es liegt hier eine charakteristische Form der negativen Theologie vor).

41 JUAN DE LA CRUZ, Subida (wie Anm. 7), libro II, capitulo 5, § 4; libro III, capítulo 2, § 13; DERS., Noche (wie Anm. 22), libro II, capítulo 23, § 10.

42 JUAN DE LA CRUZ, Subida (wie Anm. 7), libro II, capítulo 5.

43 JUAN DE LA CRUZ, Subida (wie Anm. 7), libro I, capítulo 3, § 3f.

44 JUAN DE LA CRUZ, Subida (wie Anm. 7), libro I, capítulo 8, § 3.

45 JUAN DE LA CRUZ, Noche (wie Anm. 22), libro I, capítulo 1, § 3.

46 JUAN DE LA CRUZ, Subida (wie Anm. 7), libro II, capítulo 4, § 4f.

47 JUAN DE LA CRUZ, Subida (wie Anm. 7), libro II, capítulo 4, § 6; vgl. oben Anm. 32.

se zuteil werden, nützen ebensowenig. Die üblicherweise akzeptierten Erkenntnisse übernatürlichen Ursprungs wie Visionen, Auditionen etc., wie auch alle Arten der Charismata (*mercedes*),[48] der sinnenhaften Wahrnehmungen oder Imaginationen als Meditationshilfen,[49] lehnt Johannes konsequenterweise energisch ab als für den Aufstieg nicht hilfreich.[50] Die Hauptgründe für die Ablehnung liegen grundsätzlich in der Verhaftung an das Gegenständliche und sind im Einzelnen folgendermaßen zu systematisieren: zunächst sind, da der Mensch in seiner hiesigen Verfassung zur Erkenntnis Gottes prinzipiell nicht imstande ist, die Visionen und sonstigen übernatürlichen Gaben trotz ihres göttlichen Ursprungs nach den menschlichen Erkenntnismöglichkeiten geprägt, da sie andernfalls vom Menschen nicht aufzufassen wären; schon Paulus hatte darauf hingewiesen, daß die Charismata dem Verstand zugänglich sein müßten.[51] Sie geben also bereits keine adäquate Erkenntnis ihres Ursprungs. Wenn aber zum Aufstiegsgeschehen die Abwendung von allem spezifisch menschlichen Vermögen gehören muß, können die Charismata keine konstitutive Rolle für den Aufstieg bilden. Zudem können sie wegen der Prägung nach dem menschlichen Erkenntnisvermögen Ursache von Täuschungen Anderer wie auch des Sehenden selbst sein.[52] Sie zu nutzen ist somit auf jeden Fall eine Verfehlung.[53] Zudem aber sind die Visionen und dergleichen Charismata u. U. dazu geeignet, die „geistige Naschsucht",[54] Ruhmsucht oder Eitelkeit[55] zu nähren sowie den Glauben zu beeinträchtigen;[56] neben der erkenntnistheoretischen steht also auch eine ethische

48 JUAN DE LA CRUZ, Subida (wie Anm. 7), libro II, capítulo 11, § 9.

49 JUAN DE LA CRUZ, Subida (wie Anm. 7), libro II, capítulo 12.

50 JUAN DE LA CRUZ, Subida (wie Anm. 7), libro II, capítulo 11; auch capítulo 16ff.; capítulo 19 zu Prophetien.

51 1 Kor 14, 15; vgl. oben, Anm. 3.

52 JUAN DE LA CRUZ, Subida (wie Anm. 7), libro III, capítulo 31, § 1f.

53 JUAN DE LA CRUZ, Subida (wie Anm. 7), libro II, capítulo 21, § 4: „Jedoch auf übernatürlichem Wege Dinge erfahren zu wollen, halte ich für viel schlimmer, als sich sonstige geistliche Wohlgefühle im Sinnenbereich zu wünschen. Denn ich sehe nicht, auf welchem Wege der Mensch, der sie beansprucht, es unterließe, zumindest läßliche Sünden zu begehen, auch wenn er noch so gute Zwecke verfolgte (...). Denn es besteht dafür keinerlei Notwendigkeit, da es die natürliche Vernunft und das Gesetz und die Lehre des Evangeliums gibt, die als Richtschnur völlig ausreichen (...). Ja, so sehr haben wir aus der Vernunft und der Lehre des Evangeliums Nutzen zu ziehen, daß wir von übernatürlichen Dingen nur das annehmen dürfen, was der Vernunft und dem Gesetz des Evangeliums sehr entsprechend ist". Es springt ins Auge, daß hier die übernatürlichen Mitteilungen noch unter die – im Aufstieg ja auch abzutötende – Vernunft gestellt werden. Zitiert nach JOHANNES VOM KREUZ, Aufstieg (wie Anm. 7), S. 252f; vgl. dort Anm. 576.

54 JUAN DE LA CRUZ, Subida (wie Anm. 7), libro II, capítulo 7, § 5.

55 JUAN DE LA CRUZ, Subida (wie Anm. 7), libro II, capítulo 11, § 4; libro III, capítulo 31, § 1. – In DERS., Noche (wie Anm. 22), libro II, capítulo 2, ist von der *soberbia* als erster Fehlhaltung der Anfänger die Rede, die z. B. in Verbindung mit Prophezeiungen auftreten kann.

56 Vgl. JUAN DE LA CRUZ, Noche (wie Anm. 22), libro I, capítulo 2, § 3: „Deshalb geben sie diese [ihren Geist und ihr Frommsein] nach außen hin in Bewegungen, Seufzern und anderen Zeremonien zu erkennen, ja manchmal in Verzückungen – lieber öffentlich als insgeheim -, und der Böse hilft ihnen dabei. Sie gefallen sich in dem, was die Menschen von ihnen denken, ja oft sind sie darauf versessen" (Zit. nach JO-

Begründung für ihre Ablehnung. Sie können zudem auch vom „Bösen" stammen.[57] Deswegen warnt Johannes auch in der für dieses Thema einschlägigsten Stelle, wo er sich ausdrücklich auf die Diskussion der Charismata in 1 Kor 12 ff bezieht,[58] vor deren Überschätzung: „In Bezug auf den ersten Vorteil, welcher der zeitliche ist [Heilung, Prophezeiung etc., M. V.], verdienen die übernatürlichen Werke und Wunder wenig oder keine Freude von Seiten des Menschen, denn bei Ausschluß des zweiten Vorteils [Gotteserkenntnis durch diese Werke, M. V.] bedeuten sie für den Menschen nur wenig oder nichts, da sie aus sich heraus kein Mittel sind, um den Menschen mit Gott zu einen, wenn keine Liebe da ist. Und diese übernatürlichen Werke und Wunder können ausgeführt werden, ohne in Gnade und Liebe zu stehen".[59] Johannes verweist hier ausdrücklich auf das in die Charismatadiskussion eingeschaltete bekannte „Hohelied der Liebe".[60] Die Liebe Gottes allein bringt die Vereinigung zustande. Ohne die göttliche Gabe der Liebe sind die Charismata also mindestens aber nutzlos, u. U. sogar schädlich. Die Zurückstellung (*negación*) der Freude an diesen Gnadengaben bringt hingegen die großen Vorteile der Erhöhung Gottes und der Erhöhung des Menschen.[61]

Johannes verschärft also die paulinische und thomasische Deutung der Charismata noch, indem er an mehreren Stellen die Charismata als ganz zu verlassende bezeichnet, und zwar aus erkenntnistheoretischen und ethischen Gründen sowie aus Erwägungen über ihren möglichen Ursprung und ihre Tragweite für das Heilsgeschehen. Dadurch können die Charismata in der Auffassung Johannes' für den unbedingt gnadenhaften Aufstieg zu Gott keine Rolle mehr spielen. Johannes lenkt den Blick weg von der sinnlich erfahrbaren übernatürlichen Gnade der *gratiae gratis datae* hin zu jener nochmals höheren übernatürlichen Gnade, deren Wirkung

---

HANNES VOM KREUZ, Nacht, [wie Anm. 22], S. 36. Vgl. auch Noche [wie Anm. 22] libro II, capítulo 2, § 3). Hierzu gehört auch seine kritische Einstellung gegenüber der Bilderverehrung und sonstigem Anhaften an äußerlichem Schmuck liturgischer Geräte und Orte (Subida [wie Anm. 7], libro III, capítulo 37ff.).

57 JUAN DE LA CRUZ, Subida (wie Anm. 7), libro III, capítulo 31, § 5; s. a. capítulo 37, § 1.

58 „Dones y gracias dados de Dios que exceden la facultad y virtud natural, que se llaman *gratis datas*", JUAN DE LA CRUZ, Subida (wie Anm. 7), libro III, capítulo 30, § 1, S. 456.

59 JUAN DE LA CRUZ, Subida (wie Anm. 7), libro III, capítulo 30, § 4.

60 Stellvertretend für eine hier nicht mögliche nähere Behandlung dieses Zusammenhangs und auch der Rolle des Augustinus für Johannes s. JUAN DE LA CRUZ, Noche (wie Anm. 22), libro II, capítulo 19, § 4: „Die vierte Stufe dieser [zehnstufigen, M. V.] Liebestreppe ist jene, auf der in der Menschenseel um des Geliebten willen ein ständiges Erdulden, ohne jemals zu ermüden, verursacht wird; denn wie der heilige Augustinus sagt [Sermo 70, cap.3], ‚lässt die Liebe alles Große, Schwere und Drückende als beinahe nichts erscheinen'.Auf dieser Stufe spricht die Braut, wenn sie schon voller Sehnsucht, auf der letzten Stufe zu stehen, zum Bräutigam sagte: ‚Lege mich wie ein Siegel auf dein Herz, wie ein Siegel an deinen Arm; denn die Liebe', das heißt das Handeln und Wirken der Liebe, ‘ist stark wie der Tod und die Eifersucht hart und erbittert wie die Unterwelt' [Hld 8,6]." (Zit. nach: JOHANNES VOM KREUZ, Nacht [wie Anm. 22], S. 176.)

61 JUAN DE LA CRUZ, Subida (wie Anm. 7), libro III, capítulo 32.

ganz aus dem sinnlichen und menschlich-geistigen Bereich herausfällt, ja sogar die Vernichtung dieses Bereiches erzwingt.

Diese prinzipielle Ablehnung der sinnlichen Interpretation und Annahme übernatürlicher Hilfe hat ihre Parallele aber auch für das Hauptwirkungsfeld der Charismata, ihre soziale Einbettung bzw. Funktion, die bei Paulus und Thomas den *gratiae gratis datae* ihre eigentliche Funktion gibt. Der gnadenhafte Aufstieg ist für jeden Menschen ein einzelner. Da der andere Mensch stets in der Sphäre der Sinnlichkeit bzw. irdischen Geistigkeit begegnet, kann er natürlich für den Aufstieg keine konstitutive Rolle spielen. Das gemeinsame Mönchsleben der Karmeliter ist auch lediglich äußere Stütze beim Aufstieg, der aber im individuellen, stillen Gebet gesucht wird.[62] Einzig die Figur des Beichtvaters bzw. Seelenführers wird als dritte Instanz von Johannes immer wieder angeführt. Dieser dient besonders Anfängern als Stütze und Ratgeber und ist dabei durchaus nicht unfehlbar (s. z. B. die Ermahnungen in der Einleitung zum „Aufstieg"). Seine Rolle ist diejenige dessen, der den Weg bereits beschritten hat und den Fortschreitenden durch seine Erfahrungen Hilfestellung geben kann. Das heißt, daß seine Rolle nicht die eines Botschafters ist, der Gnadengaben in die Welt trägt, sondern sie beruht auf eigener Erfahrung des Verlassens eben des Kontextes, indem diese Gnadengaben wirksam würden. Der Weg des Aufstiegs ist jedoch stets so unterschiedlich, daß er in seiner Eigenheit unzugänglich ist; im weiteren Aufstieg können auch geistlichen Meister keine Stütze mehr sein.[63] „Es ist Gott selbst, der hier im Menschen ohne dessen Zutun am Werk ist, und darum vermag er nichts".[64] Die Liebe Gottes ist also, so läßt es schon Paulus anklingen, die eigentliche Gnadengabe, das eigentliche Charisma; diese ist ganz von Gott gegeben und gänzlich ungegenständlich, für ihre Annahme ist die Abwendung von allen Charismata im Rahmen dieser sinnlichen Welt geradezu notwendig.

Schluß

Das Geschehen der dunklen Nacht kann ein charismatisches Geschehen genannt werden[65] – freilich in einer speziellen Weise: die klassischen innerweltlichen speziellen Charismata, wie sie Paulus in 1 Kor 12 und 14 nennt (und Thomas aufnimmt), werden abgelehnt; in der kompromißlosen Sicht des Johannes nützen sie für die direkte Gottesbeziehung des einzelnen Menschen nicht. Sinnliches und geistiges Geschehen können für den Aufstieg ins Göttliche nur hinderlich sein. Es spielt sich hier also so etwas wie eine Unterscheidung der Geister auf der Metaebene ab:

62 Zur oración interior bzw. oración mental vgl. auch BRENNAN, San Juan de la Cruz (wie Anm. 20), z. B. S. 77 und S. 84f.

63 JUAN DE LA CRUZ, Noche (wie Anm. 22), libro II, capítulo 7, § 3.

64 JUAN DE LA CRUZ, Noche (wie Anm. 22), libro II, capítulo 8, § 1.

65 So auch BALTHASAR, Herrlichkeit (wie Anm. 23), S. 529f.

alles hängt davon ab, zu erkennen, was für den Aufstieg wichtig ist und was nicht, und wie man sich gegenüber Phänomenen, die währenddessen auftreten, und gegenüber denjenigen, die nur vorgeben, solche des Aufstiegs zu sein, zu verhalten hat. Die Lösung ist radikal und besteht in der Ablehnung aller üblichen innerweltlichen, auch intersubjektiven Akte. Der sinnliche und geistige Aktivität gewöhnte Mensch kann nur als von diesen Akten Entwöhnter empfänglich werden für die Erleuchtung, die ihn zur *unio divina* bringt. Die Aufstiegsbewegung kann nur gelingen, wenn der Mensch auf eigene natürliche Erkenntnisaktivität verzichtet. Johannes zieht dadurch eine radikale Konsequenz aus dem unendlichen Abstand zwischen Schöpfer und Schöpfung: es kann keine Aktivität von Seiten des Menschen geben, durch die er selbsttätig die *unio* betreiben kann, selbst wenn er dies wollte. Der tatsächlich aktive Teil im Aufstieg liegt allein in Gottes Hand. Dadurch tritt auch der Mensch als soziales Wesen zurück: im strikt unvertretbaren Geschehen des Aufstiegs hat die Gemeinschaft keinen substantiellen Rang, der andere Mensch lediglich als Seelenführer Platz; als solcher kann er den Aufsteigenden begleiten, aber nicht gemeinsam mit ihm den Aufstieg erleben oder ihn vertreten; weder von einem individuellen Charisma des Seelenführers noch von kommunitären charismatischen Erlebnissen hat der Einzelne substantielle Hilfe zu erwarten. Allein der reine Glaube[66] befähigt für den Aufstieg, und auch dieser ist ein gnadenhaftes Geschenk.[67] Es entsteht so eine radikal individualistische und innerliche Konzeption eines mystischen Geschehens, das den Abbruch jeder Brücke zur materiellen, sozialen, sinnlichen und geistigen Welt soweit wie möglich selbst betreibt und in radikaler Passivität auf das Einströmen des Geistes setzt.

---

66 JUAN DE LA CRUZ, Noche (wie Anm. 22), libro II, capítulo 2, § 5: „So sehr der niedrigere Bereich auch an diesen geistlichen Mitteilungen teilhat, so können diese doch niemals so intensiv, rein und stark sein, wie es für die genannte (Gott-)Einung [sic!] erforderlich ist. Deshalb muß der Mensch, um zu ihr zu kommen, in die zweite Nacht, die des Geistes eintreten, in der Sinnenbereich und Geist von all diesen Wahrnehmungen und Köstlichkeiten gänzlich entblößt und auf den Weg des dunklen und puren Glaubens gebracht werden, der das eigentliche und angemessene Mittel ist, durch das der Mensch mit Gott geeint wird“. Zitiert nach JOHANNES VOM KREUZ, Nacht (wie Anm.22), S. 98; JUAN DE LA CRUZ, Obras (wie Anm. 7), S. 524: „en oscura y pura fé“.

67 Vgl. z. B. JUAN DE LA CRUZ, Noche (wie Anm. 22), libro II, capítulo 13, § 11: *merced*.

En una noche oscura,
con ansias, en amores inflamada,
¡oh dichosa ventura!,
salí sin ser notada,
estando ya mi casa sosegada;

a oscuras y segura
por la secreta escala, disfrazada,
¡oh dichosa ventura!,
a oscuras y encelada,
estando ya mi casa sosegada;

en la noche dichosa,
en secreto, que naide me veía
ni yo miraba cosa,
sin otra luz y guía
sino la que en el corazón ardía.

Aquesta me guiaba
más cierta que la luz del mediodía
adonde me esperaba
quien yo bien me sabía,
en parte donde naide parecía.

¡Oh noche que guiaste!;
¡oh noche amable más que la alborada!;
¡oh noche que juntaste
Amado con amada,
amada en el Amado transformada!

En mi pecho florido,
que entero para él solo se guardaba,
allí quedó dormido,
y yo le regalaba,
y el ventalle de cedros aire daba.

El aire del almena,
cuando yo sus cabellos esparcía,
con su mano serena
en mi cuello hería,
y todos mis sentidos suspendía.

Quedéme y olvidéme,
el rostro recliné sobre el Amado;
cesó todo y dejéme,
dejando mi cuidado
entre las azucenas olvidado.

In einer dunklen Nacht,
die Liebesglut – o glückliches Geschehen! –
zum Sehnsuchtsbrand entfacht,
entfloh ich ungesehen
und ließ mein Haus schon tief in Ruhe stehen.

Ich konnt in Heimlichkeit,
vermummt, auf schmaler Treppe sicher gehen,
gedeckt von Dunkelheit
– o glückliches Geschehen! –
und ließ mein Haus schon tief in Ruhe stehen.

Sollt' niemand meiner achten
in dieser Segensnacht; auch wollte ich
mir selbst kein Ding betrachten;
nicht andres führte mich,
als nur mein Licht im Herzen innerlich.

Dies hat mich hingeleitet,
viel sich'rer als das volle Licht am Tage,
wo Er sich mir bereitet,
zu dem ich Liebe trage;
und kein Geschöpf uns dort zu stören wage.

O Nacht, die holder scheint
als Morgenrot, in ihren dunklen Falten
die Liebenden vereint,
bis göttliche Gewalten
die Liebste in den Liebsten umgestalten!

An meiner Brust, allein
für Ihn erblüht, genoß Er traute Rast;
hier schlief er friedlich ein;
ich labte meinen Gast,
und Kühlung fächelte ein Zedernast.

Als schon der Morgenwind
Sein Haar umspielte, fühlt' am Nacken streichen
ich Seine Hand, so lind;
dies traf mich ohnegleichen
und ließ mir alle Sinne süß entweichen.

Vergessen sog mich ein.
Ich blieb, das Haupt dem Liebsten angeschmiegt,
und ließ mein ganzes Sein
entschwinden. Eingewiegt,
ist unter Lilien mein Gram versiegt.[68]

---

68 Spanischer Text nach JUAN DE LA CRUZ, Obras completas (wie Anm. 7), S. 106f.; deutsche Übersetzung aus: JOHANNES VOM KREUZ, Empor den Karmelberg (wie Anm. 24), S. 3f.

3.2 Religiöses Virtuosentum im Islam

Agnes Imhof

„Wer den Preis für Lob zahlt, wird gepriesen."

Muḥammads Charisma in der altarabischen Gesellschaft

I. Einleitung

„Ich treibe meine Kamelstute an", sagt Ḥassān b. Ṯābit[1] und lobt den Fürsten Nuʿmān III.[2] einen halben Vers später weiter: „wobei sie zu einem reist, der sein Vermögen um Lobpreis gab / und wer den Preis für Lob zahlt, wird gepriesen." Nun, möchte der naive moderne Leser vielleicht einwenden, wenn das so einfach ist, warum dann das höchst komplizierte Verhältnis zwischen Muḥammads Prophetentum und zeitgenössischen Dichtern? Warum dann die Dichter als Leute bezeichnen, die „sagen, was sie nicht tun" (Sure 26/226), sie dem göttlichen Zorn anheimstellen, gar zum Opfer politischer Morde werden lassen? Nicht nur der Prophet des Islam hatte ein gespaltenes Verhältnis zur Poesie. Er teilte dieses ureigene prophetische Mißtrauen dem Dichter gegenüber mit seinesgleichen in anderen Religionen. Aber warum? Es greift zu kurz, die Dichter schlichtweg zu einer Art para-religiöser Spezies zu erklären, die somit in einem direkten Konkurrenzverhältnis zum Propheten stand.[3] Denn hätten sie sich ihr Lob sonst abkaufen lassen, wie uns Ḥassān sagt und wie es noch heute in der arabischen Welt durchaus üblich ist? Um diese Frage zu beantworten, müssen wir uns ein wenig in die altarabische Gesellschaft hineinversetzen.

---

1 Reimkonsonant: *Dāl*, Metrum: *Ṭawīl*. Ausgabe von WALĪD ʿARAFĀT, Dīwān Ḥassān b. Ṯābit, 2 Bände, London 1971, Bd. 1, Qaṣīda Nr. 2, V. 14f.

2 Gemeint ist Nuʿmān III., König von al-Ḥīra, regierte etwa 580–602 CE.

3 So geschehen etwa in AMMANN, L., Die Geburt des Islam. Historische Innovation durch Offenbarung. Essener Kulturwissenschaftliche Vorträge Bd. 12, Göttingen 2001, S. 45ff. Zu dem Problem der *ǧāwūn* und den Dichtern, sowie der Frage zur Wahrhaftigkeit – *ṣidq* – des Propheten siehe auch SHAHID, I., Another contribution to coranic exegesis. The sura of the poets (26), in: Journal of Arabic Literature 14 (1983), S. 1–21, s. S. 6ff.

II. Der Anführer in der altarabischen Gesellschaft, oder: Warum für Lob ein Preis entrichtet werden muß

Die altarabische Gesellschaft oszilliert, einfach gesagt, zwischen den Polen von Stadt und Nomadentum. Das beduinische Weltbild ist im 7. Jahrhundert auch in den Städten weit verbreitet: Die meisten Städte auf der Halbinsel sind tribal organisiert – also etwa in Stadtviertel unterteilt, die jeweils von eigenen Clans bewohnt werden. Auch wenn sich etwa ab Mitte des 6. Jhs bereits vor- und frühstaatliche Institutionen herausgebildet hatten – parallel zur zunehmenden Teilhabe am arabischen Fernhandel – bleiben die Städter in ihrem Weltbild doch weiterhin auch beduinischen Wertvorstellungen verhaftet. Am deutlichsten zeigt sich dies in der Funktion des Dichters, die sich in den vorislamischen Städten nicht von der des Beduinendichters unterscheidet – und sich deshalb für eine wissenschaftliche Untersuchung dieses Zeitraums ausgezeichnet eignet.[4]

Der altarabische Dichter ist, wie in vielen mündlichen (oralen) und oligoliteralen Gesellschaften, eine Instanz, deren Funktion in vieler Hinsicht mit der moderner Medien verglichen werden kann: Er tradiert die Wertvorstellungen seiner Bezugsgruppe, aber diese Werte unterliegen zugleich auch seiner Redaktion. Er vermittelt das Wissen (in den Worten von M. Halbwachs: das *kollektive Gedächtnis*) seiner Bezugsgruppe, aber er formt es auch und paßt es den jeweiligen Verhältnissen an. So kann in einer mündlichen Gesellschaft etwa die Anzahl der Ahnherren unversehens ansteigen, sobald eine neue Gruppe sich dem Stamm anschließt: denn somit wird ein zusätzlicher Ahne aus derselben Familie benötigt, um den *Status quo* der gesellschaftlichen Beziehungen wieder zu legitimieren. Dieses Phänomen der homöostatischen Anpassung wurde bei mündlichen Gesellschaften mehrfach dokumentiert.[5] Mit vorsätzlichem Betrug hat das nichts zu tun – das Verhältnis zur eigenen Geschichte ist weniger ein deskriptives als ein normatives. Tradition ist nicht Gegenstand von Beschreibung, sondern normgebende Instanz, die ihre Autorität aus der Gewohnheit bezieht (sie ist also zu unterscheiden von der *invented tradition,* wie sie nur in literalen Gesellschaften vorkommt). „Ich tue einfach dasselbe wie letztes Jahr", erwiderte ein Fox-Indianer auf die Frage, woher er seine Normen nehme.[6] Tradition ist also das zentrale Element der altarabischen Beduinengesellschaft, die wir deshalb in Anlehnung an Max Weber eine *traditionale* nennen wol-

4 IMHOF, A., Religiöser Wandel und die Genese des Islam. Das Menschenbild altarabischer Panegyriker im 7. Jahrhundert, Würzburg 2004, S. 32ff. Eine Sammlung von Essays zum Thema bietet: The Arabs and Arabia on the eve of Islam (The formation of the classical islamic world 3), hrsg. von PETERS, F.E., Aldershot/Brookfield 1999.

5 GOODY, J./WATT, J./GOUGH, K., Entstehung und Folgen der Schriftkultur, Frankfurt/M. 1986, S. 69ff.

6 MILLER, W.B., Two concepts of authority, zitiert nach HENNEN, M./PRIGGE, W.-U., Autorität und Herrschaft, Darmstadt 1977, S. 91.

len. Weiterhin ist diese Gesellschaft als *akephal* und *segmentär* zu beschreiben, da sie ein natürlicher Sozialverband ohne staatliche Hierarchisierung und Herrscherinstanz ist und über kein zentrales Rechtssystem mit eigener Exekutive verfügt. Außerdem besteht sie aus einer Vielzahl prinzipiell selbständiger Segmente, bedingt durch die Wanderung der Clans, die sich jahreszeitlich begrenzt zu Großbünden vereinen und wieder trennen – Orientalisten kennen den Topos der *aṭlāl*, der genau dies zum Thema hat.

Anders als im Islam gibt es hier keine Vorstellung von Schuld gegenüber Gott. Zwar verehrt man Götter – doch da diese nicht Quelle der Normen sind, ist ein Verstoß gegen die Norm auch keine Schuld gegen die Götter. Die Begriffe Gut und Böse, die Jan Assmann[7] als existentiellen Bestandteil einer religiös geprägten Schuldkultur ausgemacht hat, existieren hier also nicht. Zur Kontrolle der Mitglieder dient statt dessen das Begriffspaar von Ehre und Schande.

Was ehrenvoll oder schändlich ist, bestimmt die Tradition – und deren Anwalt ist der Dichter. Wenn er einen Stammesfürsten lobt oder tadelt, dann beinhaltet dies zugleich immer eine Mitteilung an die Öffentlichkeit: Dies ist ehrenvoll, das ist schändlich. Da eine nichtstaatliche Gesellschaft wie die der Beduinen keine Ämter kennt, resultieren Ansehen und Einfluß immer nur aus der Person des Einzelnen und seiner Übereinstimmung mit dem traditionellen Ehrenkodex. Der Dichter ist damit diejenige Instanz, die einen Fürsten machen oder stürzen kann – durchaus vergleichbar mit der Macht moderner Massenmedien.[8]

Zugleich gibt der Dichter über Lob und Tadel dem Wertekodex seiner Bezugsgruppe Ausdruck. Wie aber sieht dieser Kodex aus?[9] Der ideale Anführer muß diversen Anforderungen an *ḥasab* und *nasab* genügen. Er muß also persönliche Tugenden aufweisen – etwa Tapferkeit, Großzügigkeit oder Reichtum – und zugleich eine vorzeigbare Abstammung haben: wie der Vater, so der Sohn. Wer keine ruhmreichen Ahnen aufzuweisen hatte, tat sich schwer, Prestige und die daraus resultierende Macht zu erringen. Tugenden sind aber auch keine festen Eigenschaften: Sie stehen jederzeit auf dem Prüfstand und müssen stets aufs Neue bewiesen werden. Man kann also sein Ansehen ebenso schnell verlieren wie erringen.[10]

Auch heutzutage ist Finanzkraft ein Machtfaktor. In der altarabischen Gesellschaft aber ist sie – wie für segmentäre Gesellschaften typisch – von herausragender Wichtigkeit. Marcel Mauss hat dies in seinem Buch „Die Gabe“ bereits vor mehr als vierzig Jahren am Beispiel Nordamerikas beschrieben: Reichtum muß ebenso „bewiesen“ werden wie alle anderen Tugenden auch, und das heißt im Klartext: er muß ausgegeben werden! Am Beispiel des *Potlatch*, jenes indianischen Festes, das, vereinfacht gesagt, dem wetteifernden Güterverschleudern und Um-die-Wette-Schen-

---

7 ASSMANN, J., Die mosaische Unterscheidung oder: der Preis des Monotheismus, München 2003.

8 IMHOF, Religiöser Wandel (wie Anm. 4), S. 32ff.

9 Im Detail siehe IMHOF, Religiöser Wandel (wie Anm. 4), S. 259ff.

10 Am Beispiel v.a. des Dichters Labīd, vgl. IMHOF, Religiöser Wandel (wie Anm. 4), S. 62ff.

ken gewidmet ist, zeigte Mauss, daß ein Geschenk immer eine Herausforderung an den Beschenkten ist: Erwidere es! Wer das nicht kann, verliert sein Gesicht, und mit seinem Prestige auch seinen Einfluß. Wenn diese Erwiderung nicht in Form eines Gegengeschenks geschieht, etwa, weil der Beschenkte nicht den gleichen Rang innehat wie der Schenkende, dann eben in der des öffentlichen Lobs.[11] Und hier tritt der Dichter auf den Plan. Nun muß, was Mauss bezüglich Nordamerikas feststellte, nicht zwangsläufig auch auf das alte Arabien anwendbar sein. In unserem Fall bietet sich dies allerdings an:

Selbst wer nicht aus der altarabischen Dichtung zitieren kann, kennt u.U. den Topos der Tadlerin: Der Dichter wehrt sich gegen seine zänkische Ehefrau, die ihm vorwirft, er verschenke noch sein (und ihr!) letztes Hemd. Er begründet sein Handeln als etwas, wozu die Ehre ihn verpflichte. So preist sich Ḥassān ibn Ṯābit dafür, wegen seiner Großzügigkeit dem finanziellen Ruin ins Auge zu sehen: „Und wenn meine Vermögenskraft auch vom Aufwand der Ausgaben ausgepreßt wird, so ist das lobenswert.“[12] Er scheut keine *Herausforderung* (sic) beim Schenken.[13] Bei Labīd finden wir sogar noch stärkere Parallelen, etwa wenn er nämlich bezüglich des *maisir*-Spiels sagt: „Ich anerkenne keine Großzügigkeit, es sei denn, etwas wird dabei zerstört!“[14] Das bezieht sich auf den Aspekt, daß wie beim *Potlatch* auch beim altarabischen *maisir*-Spiel weniger das Schenken, als das Ausgeben – und wenn es reine Verschwendung ist – im Vordergrund steht. In diesem Kontext steht auch das exzessive Kamelschlachten und Weintrinken bis zur Besinnungslosigkeit, das immer wieder auftaucht.[15] Und so kann man sich Lob eben im wahrsten Sinne des Wortes kaufen: M. F. Nanah zitiert in seiner Arbeit über „Freigebigkeit und Geiz in der Vorstellungswelt der vorislamischen arabischen Dichter“: „Ein edler Jüngling kauft sich Lob mit seinem Vermögen“ (Laqīṭ Zurāra), oder „Ich erkaufe mir Lob mit lobenswertem Handeln“ (Ḥāṭim).[16] Im selben Kontext steht Ḥassān mit dem Preis für Lob.

11 MAUSS, M., Die Gabe. Form und Funktion des Austausches in archaischen Gesellschaften, Frankfurt a. Main 1968.

12 Vgl. ʿARAFĀT, Dīwān (wie Anm. 1), Text Nr. 2 V. 3.

13 Vgl. ʿARAFĀT, Dīwān (wie Anm. 1), Text Nr. 2 V. 3.

14 BROCKELMANN, C., Die Gedichte des Lebīd, Leiden 1891.

15 Etwa Texte 26 und 36 der Ausgabe von ABBĀS, I., Dīwān Labīd b. Rabīʿa, Kuwayt 1962, übersetzt in IMHOF, A., Religiöser Wandel (wie Anm. 4), S. 82ff und 62ff.

16 NANAH, M. F., Freigebigkeit und Geiz in der Vorstellungswelt der vorislamischen arabischen Dichter, Erlangen/Nürnberg 1987, S. 42ff. NANAH zitiert auch die beiden Verse (S. 43).

III. Das Problem, oder: Das Charisma will den Preis für Lob nicht zahlen

Religiöse Spezialisten wie Propheten sind gewöhnlich nicht Gegenstand des Dichterlobs. Und tatsächlich war das Verhältnis Muḥammads zu den Dichtern zunächst, gelinde gesagt, gespalten. Politische Morde an Dichtern waren besonders zu Anfang der medinensischen Zeit – 622 bis etwa 629 – durchaus probates Mittel, um ungünstige Propaganda in Grenzen zu halten.[17] Was aber warfen die Dichter dem Propheten vor? Warum war er überhaupt ein Thema für sie? Und warum änderte er ihre Ansichten nicht einfach mit einem großzügigen Geschenk?

Aus der mekkanischen Zeit des Propheten sind uns keine Schmähungen gegen ihn überliefert. Dies scheint erst einzusetzen, als Muḥammads Botschaft in Medina neben der rein religiösen Komponente auch eine politische bekommt und Muḥammad ein Gemeinwesen errichtet, Kriege führt, Botschafter schickt und die Konversion von Unterworfenen einfordert. Es ist also eng verbunden mit seinem Anspruch auf eine nicht mehr rein religiöse, sondern auch politische Funktion, kurz: mit dem Anspruch auf eine Art „Anführertum“.

Nun entsprach der Prophet in vieler Hinsicht nicht dem, was ein altarabischer Poet von einem Stammesführer erwartete:[18] er war zwar entfernt mit dem Stamm der Ḫazraǧ in Medina verwandt, aber dennoch ein Fremder, während der traditionelle Stammesführer natürlich zuallererst einmal zum Stamm gehören mußte. Vielfach verletzten Muḥammad oder seine Anhänger die Normen ihrer Umwelt. Es ist auffällig, was etwa Sammāk al-Yahūdī dem Propheten nach der Ermordung des jüdischen Dichters Kaʿb b. al-Ašrāf durch einen Muslim vorwirft: Der Ermordete sei einem Opfertier vergleichbar, das schuldlos geschlachtet wird, die alten Werte würden von den Muslimen mißachtet, denn der Dichter sei von seinem eigenen, zum Islam konvertierten Bruder schmählich verraten worden.

Sammāk wirft Muḥammad also nicht den Mord an sich vor. Dichter lebten aufgrund ihrer Funktion latent gefährlich, und auch in vorislamischer Zeit wurden Spott-

---

17 Zum koranischen Verhältnis der Dichter zu den Propheten vgl. Sure 69/40–43 und 81/19–25. Verse gegen Dichter, etwa 21/5, sowie 26/227f, 37/36f und 52/30 bestätigen diese Haltung. Vgl. auch FAHD, T., Art. Shāʾir, in: The Encyclopaedia of Islam, New Edition, hrsg. von BOSWORTH, C. E. et al., Bd. 9, Leiden 1997, S. 225–245, hier: 1. A. Pre-islamic and Umayyad periods, S. 225-229. Die Sīrat an-Nabīy (hrsg. von WÜSTENFELD, F., Göttingen 1859) erwähnt diverse politische Morde, u. a. an der Dichterin und mehrfachen Mutter ʿAṣmāʾ und an Kaʿb b. al-Ašrāf (S. 548ff). Auf den letzteren Mord verfaßte der Panegyriker Kaʿb b. Mālik ein Gedicht (TARRĀD, M., Dīwān Kaʿb b. Mālik, Beirut 1997). Vgl. auch RUBIN, U., The assassination of Kaʿb b. al-Ašraf (sic), in: Oriens 32 (1990), S. 65–96 und (zu ʿAṣmāʾ) LECKER, M., Muslims, Jews and pagans. Studies on early islamic Medina, Leiden 1995.

18 Zum altarabischen Tugendkatalog des Stammesfürsten siehe IMHOF, Religiöser Wandel (wie Anm.4), S. 273ff.

gedichte als ein Akt von Gewalt verstanden, der bisweilen durchaus mit Handgreiflichkeiten geahndet werden konnte. Sammāk wirft Muḥammad vor, er habe den Dichter getötet, ohne daß es einen Grund gegeben hätte. Und er wirft ihm vor, der Bruder des Opfers habe den Dichter verraten und beim Mord geholfen.[19] Beides sind schwere Verstöße gegen den traditionellen Wertekodex: Tötungen fordern Blutrache heraus und sind deshalb streng geregelt. Es gibt kein staatliches Gewaltmonopol, aber eine strenge soziale Kontrolle: Die Familie war verpflichtet, den Mord an einem Mitglied zu rächen bzw. Blutgeld anzunehmen. Familiäre Bindungen sind in der altarabischen Gesellschaft die engste Form der Bindung überhaupt. Brudermord ist somit eines der schwersten Verbrechen, das für die Stammesgesellschaft denkbar ist. So sagt Kaʿb b. Zuhair zu seinem Bruder, der den Stamm verläßt, um sich Muḥammad anzuschließen: „Du hast die Bande des rechten Weges (hudā) zerrissen und bist ihm gefolgt. Oh weh, wozu hat dich da ein anderer geführt! Zu dem Charakter, nicht mit Vater und Mutter vertraut zu sein! Bei ihm bekommst du aber auch keinen Bruder!“[20]

Warum aber zahlte Muḥammad nicht einfach den Preis für Lob? Der Grund liegt in dem diametralen Gegensatz des prophetischen Charismas gegenüber der Tradition. Muḥammad ist nicht einfach ein heiliger Mann, der innerhalb einer Ordnung auftritt. Er stellt diese Ordnung auf den Kopf: Das beginnt damit, daß er eine neue normgebende Instanz als verbindlich anerkennt und diese Anerkennung auch von seiner Umgebung fordert. Nicht mehr die Tradition, sondern das Wort Gottes, inlibriert im Koran, ist die neue normgebende Instanz. Nicht Ehre und Schande bestimmen sein Verhalten, sondern Gehorsam gegenüber Gott, der über das Begriffspaar von Gut und Böse geregelt ist. Bereits Max Weber stellte fest, daß das Charisma *per definitionem* innovativ ist: „Die Alten haben gesagt (...) ich aber sage euch“. Aufgrund des Anspruchs, göttlich inspiriert zu sein, wird das alte Wertesystem für obsolet erklärt.[21] Das ursprüngliche Prinzip der Gemeinschaft der Gläubigen, der *Umma*, auch wenn Wissenschaftler diese Gemeinschaft immer wieder als „Super-tribe“ bezeichnet haben, ist radikal gegen die Stammesgesellschaft gerichtet: Nicht Verwandtschaft, sondern Teilhabe an der Offenbarung bestimmt die Zugehörigkeit. Nicht traditionelle Werte, sondern die Offenbarung bestimmen den Verhaltenskodex. Nicht der Tradition und seinem Prestige ist der Einzelne Rechenschaft schuldig, sondern Gott. Nicht die Übereinstimmung mit gesellschaftlichen

19 WÜSTENFELD, Sīra (wie Anm. 17), S. 658f zitiert diesen Text.

20 Zur Stammessolidarität s. auch IZUTSU, T., Ethico-religious concepts in the Qurʾān, Montreal 1966, S. 55 und NICHOLSON, R. A., A literary history of the Arabs, Richmond 1993 (Reprint), S. 83: beide zitieren Durayd b. al-Ṣimma, der lieber mit seinem Stamm im Unrecht als ohne ihn im Recht sein will. Die bereits erwähnte Poetin ʿAṣmāʾ bt. Marwān wirft den medinensischen Aus vor, mit Muḥammad einem Fremden zu gehorchen.

21 MAX WEBER zitiert nach HENNEN/PRIGGE, Autorität (wie Anm. 6), S. 74. Zum prophetischen Charisma siehe WATT, W. M., The conception of the charismatic community in Islam, in: Numen 7 (1960), S. 77–90.

Normen, sondern die Gnade der göttlichen Offenbarung legitimiert den Führungsanspruch. Radikal formuliert das Kaʿb b. Mālik, wenn er den verräterischen Bruder des besagten ermordeten Dichters als „kühnen Vertrauensmann“ lobt[22] oder sagt: „Wir kümmern uns nicht darum, ob wir ererbtes oder erworbenes Gut zerstören!“[23]

Es war also nicht, wie oft in der Forschung behauptet, eine wie auch immer geartete Offenbarungs-Rivalität zwischen Dichter und Prophet, die zu Streit führte, etwa der Art: Gott inspiriert den Propheten, Geister die Dichter – wer hat recht? Nein, es war ein grundlegender Unterschied der normgebenden Instanzen – Koran gegen Tradition – der hier zum Streit führte. Wie waren diese unvereinbar scheinenden Gegensätze zusammenzubringen?

IV. Muḥammad zahlt den Preis für Lob, oder: Die Traditionalisierung des Charisma

Ab etwa 624, also dem Datum der Schlacht von Badr, dem ersten nennenswerten militärischen Erfolg Muḥammads, treten zunehmend auch Dichter auf, die den Propheten und seine Aktionen preisen. Was ist geschehen?

Wenn wir uns die frühe panegyrische Poesie auf den Propheten ansehen, so fällt auf, daß bei den meisten Dichtern das altarabische Weltbild nicht tiefgreifend verändert ist. Eine Ausnahme ist Kaʿb b. Mālik, ein Dichter, der bereits sehr jung zum Islam konvertierte. Seinen Fall, den ich in meiner Dissertation ausführlich besprochen habe, möchte ich hier ausklammern. Zwar lassen sich auch bei den anderen Prophetenpanegyrikern leichte Unterschiede ausmachen, die in ihrer Herkunft, ihrer gesellschaftlichen Stellung und ihrem Alter zum Zeitpunkt der Konversion begründet sind.[24] Doch fällt auf, daß die meisten von ihnen nach wie vor mit der Tradition, nicht mit dem Koran, argumentieren. Und die meisten von ihnen reden nicht von Gut und Böse, sondern von Ehre und Schande.

Ich möchte einige Beispiele geben: Im Text Nr. 15,[25] der bekannten Ode auf die Schlacht von Badr, preist Ḥassān b. Ṯābit zunächst einmal ausgiebig den eigenen Stamm, der Muḥammad schützt und die Gegner besiegt: „vor Muḥammad stehend hatten sie ihn gegen die Feinde abgeschirmt, im Tumult der Kriegshandlungen“ (V. 9). Gott verhilft zum Sieg gegen die Feinde – doch dieser Topos ist an sich noch nicht islamisch. Auch die Polytheisten führten teilweise ihre Idole mit in den Krieg, in der Hoffnung, so das Schlachtenglück beeinflussen zu können. Erst gegen Ende des Textes wird der Anspruch Muḥammads erwähnt, als er nach dem Sieg zu den

22 Text 23 der Edition von TARRĀD, Dīwān (wie Anm. 17).

23 Text 42 der Edition von TARRĀD, Dīwān (wie Anm. 17).

24 Ausführlich in IMHOF, Religiöser Wandel (wie Anm. 4), S. 259ff.

25 Zitiert nach ʿARAFĀT, Dīwān (wie Anm. 12).

gefallenen Feinden sagt: „Fandet ihr meine Rede nun etwa nicht wahr? Wahrlich, die Autorität (amr) Gottes ergreift die Herzen“ (V. 15). Interessant ist dabei, daß die Wahrheit des Anspruchs im Zusammenhang mit dem Kriegserfolg steht: Genau wie ein altarabischer Fürst seine Tugenden ständig beweisen muß, wird auch der Anspruch des Islam nicht durch Glaubensüberzeugung plausibel, sondern durch den Erfolg im Krieg: Gott muß sozusagen seine Tugenden als Stammesführer unter Beweis stellen. Muḥammad selbst spielt keine eigene politische Rolle in diesem frühen Text, er ist nur der Verkünder von Gottes Anspruch (was ja durchaus dem Selbstverständnis eines Propheten entspricht). Für den Schlachtenerfolg sind vor allem die Helden aus Ḥassāns Stamm zuständig, die ausgiebig und genüßlich gepriesen werden. Noch ein weiterer wichtiger Aspekt offenbart sich in Vers 5, wenn Ḥassān auf Gott zu sprechen kommt: „Berichte von ihm, an dem keine Schande ist.“ Die Religion wird also nicht nach Wahrheit oder Unwahrheit, sondern nach Ehre und Schande bewertet! Ganz deutlich wird diese höchst traditionelle Sicht der Dinge auch im Text 1 derselben Edition: V. 24ff, als der Dichter auf die Schmähpoesie gegen den Propheten antwortet, die der mekkanische Poet Abū Sufyān vor der Schlacht um Mekka ausstieß:

Schmähst du ihn, wo du ihm nicht ebenbürtig bist? Da wäre ja der Schlechtere von euch dem Besseren gleich!/Du schmähst einen Gesegneten, frommen Ḥanīfen, einen Vertrauenswürdigen Gottes (amīn Allāh), dessen Charakteranlage Loyalität ist (...) und wahrlich, mein Vater und dessen Vater, und meine Ehre sind für die Ehre Muḥammads Schutz vor euch (...) Meine Zunge ist scharf, keine Schande ist in ihr(...).

Auch hier, sechs Jahre später, werden also munter traditionale Kriterien der Autorität mit dem Charismatiker verbunden. Und auch hier ist Muḥammad nicht eigentlich Objekt der Panegyrik: Ḥassān lobt letztlich sich selbst als den, der ihn verteidigt. Er argumentiert weiterhin mit Ehre und Schande. Islamische Inhalte werden von den Dichtern kaum zitiert, geschweige denn damit argumentiert. Statt dessen werden Tugenden umgedeutet: Nicht mehr der Fürst ist großzügig, sondern Gott.[26] Kaʿb b. Zuhair lobt Muḥammad, abgesehen von einem kurzen Rekurs auf den Koran, ebenfalls nach rein traditionalen Kriterien – seine Macht, seine Vertrauenswürdigkeit, seine edle Haltung – und geht im übrigen gegen Ende des Textes sehr schnell und sichtlich erleichtert zum Lob der *Muhāǧirīn*, also der mekkanischen Prophetengenossen über, die er nach rein traditionellen Kriterien (als Krieger) preist. Bei Kaʿb b. Zuhair taucht immer wieder das Thema der Loyalität auf – zunächst als Loyalität gegenüber dem eigenen Stamm, dann ebenso als Loyalität gegenüber der *Umma*, nachdem der Stamm als Schutz versagt hat:

26 So auch Kaʿb b. Zuhair in der berühmten Burda: „Gemach! Es möge dich rechtleiten, der dir das Geschenk des Koran gab!“ (V. 38), Text Nr. 23 der Edition von NAǦM, M. Y., Dīwān Kab Ibn Zuhair, Beirut 1995.

Unter dem Einfluß der Drohung, einem politischen Mord zum Opfer zu fallen, konvertiert der Dichter zum Islam. Denn der Stamm wird seiner Schutzfunktion nicht gerecht: Kaʿb wird von Muḥammad bedroht, aber keiner seiner Stammesbrüder steht zu ihm, um ihm zu helfen: „Und jeder gute Freund, auf den ich hoffte, sagte: Verlaß dich nicht auf mich, ich habe anderweitig zu tun.“[27] Da der Stamm so seine Pflicht vernachlässigt, kann Kaʿb nun seinerseits seine Loyalität dem Stamm gegenüber brechen und sich der *Umma* anschließen, ohne schändlich zu handeln. Er unterwirft sich formal der Autorität des Koran und stellt seine Dichtung in den Dienst der neuen normgebenden Instanz.[28] Der wichtigste Vers in dem Text ist V. 39, in dem der Dichter den Propheten anspricht: „Zieh mich nicht anhand dessen zur Rechenschaft, was die Verleumder sagen. Ich habe nicht gesündigt, wenn auch die Leute schlecht über mich reden.“

Kaʿbs Menschenbild ist völlig altarabisch: Es ist aus seiner Perspektive keine Sünde, daß er früher den Propheten geschmäht hat. Denn damals war er ja noch Teil seines (polytheistischen) Stammes und es war seine Pflicht, den Stamm zu loben und dessen Gegner zu schmähen. Wenn er jetzt aber einer neuen Gruppe, der *Umma*, beitritt, wird er diese genauso treu verteidigen, wie er es früher mit seinem Stamm getan hat. Ein Sündenverständnis, daß es generell Sünde sei, den Islam zu schmähen, ganz gleich zu welcher Gruppe man gehört, kennt er nicht – und das wäre auch von einem frisch Konvertierten nicht zu erwarten.

Die sprunghafte Zunahme an Lobgedichten im islamischen Kontext geht natürlich mit der Konversion von Dichtern einher: Am deutlichsten wird das im Fall von Kaʿb b. Zuhair: Er „verewigt“ seine Konversion in seiner Ode: eine Unterwerfungsgeste, wie die Analyse des Textes[29] gezeigt hat. So stellt er seine Poesie in den Dienst des Propheten.

Der zweite Grund für diese Zunahme ist die mehr und mehr politische Wahrnehmung Muḥammads und der *Umma*. Mit Kriegszügen und Herrschaftsanspruch werden sie zu einem politischen Faktor, und der Anspruch auf Autorität wird – ganz traditionell – durch die Poesie untermauert. Indem der Prophet Dichter in den Dienst nimmt, gewinnt er Autorität – anders wäre das in der traditionalen Gesellschaft nicht möglich. Allerdings verläßt er damit auch ein Stück weit die eigentliche Autoritätsquelle des Charisma, die sich theoretisch ja rein aus der göttlichen Offenbarung speist.

Insgesamt läßt sich feststellen, daß die frühislamische Poesie dazu tendiert, die traditionellen Werte Großzügigkeit, Tapferkeit etc. auf Gott zu verschieben (vor allem bei den jüngeren Dichtern wie Kaʿb b. Mālik). Zunehmend wird das Vasallenverhältnis Fürst-Dichter zu einem Vasallenverhältnis Gott-Mensch. Es findet al-

27 V. 34 der zitierten *Burda*.

28 V. 38: „Gemach! Es möge dich der rechtleiten, der dir das Geschenk des Koran machte, in dem Ermahnungen und ausführliche Details sind.“

29 IMHOF, Religiöser Wandel (wie Anm. 4), S. 126–158.

so keine Umdeutung des Wertsystems statt, wie etwa von T. Izutsu behauptet wurde, sondern nur eine Verschiebung.[30]

So muß man zusammenfassend sagen: Nicht allein der Islam hat die Dichter verändert. Wenn Muḥammad sie in seine Dienste nahm, behielten sie vielmehr ihre alte Funktion bei: Normen zu tradieren, zu redigieren und dem Umfeld und der Situation anzupassen. Unabhängig vom Koran nahmen sie Einfluß auf das Welt- und Menschenbild der Rezipienten der Offenbarung. Über die wechselseitige Einflußnahme zwischen Dichtern und Islam bildete sich das heraus, was der Soziologe „Traditionalisierung von Charisma" nennt. Diese Traditionalisierung setzte schon zu Lebzeiten des Propheten ein. Unter den Umayyaden sollte das altarabische Wertsystem dann noch eine Renaissance erleben. Aber, wie ein etwas modernerer und eher bajuwarischer denn arabischer Dichter sagt: „Dies ist eine andere Geschichte, und soll ein andermal erzählt werden (…)."

---

30 IMHOF, Religiöser Wandel, (wie Anm.4), S. 286–292. IZUTSU, Ethico-religious concepts (wie Anm. 20), z. B. S. 75 und S. 77ff.

Susanne Kurz

Verehrt und verlacht: Sufis[1] und ihre Gnadengaben (*karāmāt*[2]) in persischen Witzen und Anekdoten[3]

Nicht nur zur Zeit des Propheten Mohammed oder innerhalb der Schia sind charismatische Elemente und Konzepte auszumachen. Die hier vorgestellten Texte sind in sunnitisch dominiertem Milieu entstanden, allerdings zu Zeiten, in denen das Profil von Sunna und Schia zumindest in Iran nicht immer scharf voneinander abgegrenzt werden kann. Einer dieser Texte lautet wie folgt:

Man verlangte karāmāt von einem Derwisch. Er antwortete: „Unseren karāmāt ist damit Genüge getan, daß wir mit mehreren Eselslasten Sünden auf dem Buckel des Weges gehen."[4]

Die Antwort des Derwischs in dieser pointierten Erzählung kann, muß aber nicht zwangsläufig als grundsätzliche Ablehnung von *karāmāt* verstanden werden. Sie enthält jedoch in jedem Falle eine kritische Spitze gegen den Glauben an *karāmāt* als einzige religiöse Legitimation eines „Gottesfreundes" (arab.: *walī*). Vermutlich wirft die Erzählung aber zunächst mindestens eine grundlegende Frage auf, die zu Beginn geklärt werden soll, die Frage nämlich: „Was sind *karāmāt*?"

---

1 Aus Gründen der Allgemeinverständlichkeit, wie sie bei interdisziplinärer Arbeit erforderlich ist, wird der Begriff „Sufis" hier als Oberbegriff für islamische Mystiker unterschiedlichster Couleur verwendet, nicht in einem systematisch, regional oder zeitlich begrenzten Sinne.

2 In diesem Beitrag wird ein weit gefaßtes Verständnis von *karāmāt* zugrunde gelegt. Das Konzept der *karāmāt* ist nicht nur im Zusammenhang mit Sufis anzutreffen. Vgl. dazu GRAMLICH, R., Die Wunder der Freunde Gottes. Theologien und Erscheinungsformen des islamischen Heiligenwunders, Stuttgart 1987.

3 Anmerkung zur Umschrift: Bereits voll eingedeutschte Namen und Begriffe wie Mohammed, Sufi und Schia werden in der üblichen Schreibweise angegeben; arabische Begrifflichkeiten, Namen arabisch schreibender Autoren und arabische Ortsnamen werden nach Maßgabe der Umschriftkonventionen der Deutschen Morgenländischen Gesellschaft (DMG) arabisch umschrieben; Namen persisch schreibender Autoren, persische Buchtitel, die Namen im persischsprachigen Raum liegender Orte und Begriffe innerhalb eines im Original persisch vorliegenden Textes werden nach Maßgabe der Umschriftkonventionen der DMG für das nach-mongolische Persisch umschrieben.

4 ANON., Laṭā'ef va ẓarā'ef, Lithographie 1295 h./1878. Staatsbibliothek Preußischer Kulturbesitz Berlin, Zv. 2230/30, S. 34, Nr. 155.

Der Begriff *karāmāt* wird unter anderem mit „Huldwunder" übersetzt. Darunter werden zunächst einmal „die Gewohnheit durchbrechende Handlungen" von „Gottesfreunden" im Diesseits verstanden, die aber im Unterschied zu den „Machtwundern" (arab. Sg.: *muʿǧiza*) der Propheten nicht mit einem Anspruch auf Prophetie verbunden werden.[5] Als „Gottesfreunde" gelten Menschen, denen Gott nahe ist, die Gott nahe sind und denen der Gehorsam gegen Gott nahe ist und daher leicht fällt,[6] die also ihre religiösen Pflichten besonders gut erfüllen. Unter anderen werden die Prophetengenossen und die schiitischen Imame, aber auch häufig Sufis zu ihnen gezählt. Wir können an dieser Stelle nicht auf die Unterscheidung zwischen den Wundern Gottes, der Propheten und der „Gottesfreunde" eingehen. Es sei nur soviel mitgeteilt: Zu den „Huldwundern" der „Gottesfreunde", den *karāmāt*, gehören Fähigkeiten wie die, über das Wasser zu gehen, die Zukunft vorherzusehen etc. Auch eine Unfähigkeit zu gewöhnlichen Tätigkeiten kann als „Huldwunder" verstanden werden.[7] Zu der Fähigkeit, Wunder zu wirken, gehört aber auch, daß die Anwesenheit eines „Gottesfreundes", sein Körper und Gegenstände, die er berührt hat, eine Aura von Wundermacht ausstrahlen und dadurch z. B. vor feindlichen Angriffen schützen oder Krankheiten heilen können.[8] Solche *karāmāt* werden auf die Segensmacht des Gottesfreundes zurückgeführt, die arabisch *baraka* heißt. *Karāmāt* sind demnach als Auswirkung von *baraka* zu verstehen. Verliehen werden diese Wunder von Gott, als dessen Gabe an den „Gottesfreund" sie verstanden werden. Gesellschaftlich bedeutsam wird das Phänomen der *karāmāt* in dem Moment, in dem von der Fähigkeit, *karāmāt* zu wirken, ein Anspruch auf besondere religiöse Autorität abgeleitet wird bzw. die *karāmāt* als Legitimation solcher Autorität verstanden werden. Dies ist reichlich geschehen, und zwar ganz besonders seitens der Sufi-Scheiche und ihrer Anhänger in der Zeit des ersten hier vorzustellenden Autors. Da die Wundermacht eines Scheiches nicht nur nutzen, sondern auch schaden konnte, falls er jemandem zürnte, wurden als wundermächtig geltende Scheiche nicht nur hoch verehrt, sondern auch gefürchtet. Die Fähigkeit, *karāmāt* zu wirken, barg auch die Möglichkeit, beträchtliche Volksmengen zu mobilisieren, und damit nicht unerhebliche weltliche Macht und Einflußmöglichkeiten.

Es ist begreiflich, daß dies gerade im Falle der Sufis nicht unbestritten blieb. Besonders umstritten war der mystische Zugang zu Gott naturgemäß unter den Religionsgelehrten,[9] da der mystische „Weg" neben und außerhalb der etablierten religiösen Formen verlaufen konnte und das persönliche Gotteserlebnis nicht unbedingt

---

5 GRAMLICH, Wunder (wie Anm.2), S. 38 (nach Qušairī, ʿAbd ar-Raʾūf Munāwī u.a.).

6 Der in der Regel mit „Gottesfreund" übersetzte arabische Begriff *walī* leitet sich ab von dem Verb *waliya* („nahe sein"). Die im Text gegebene Definition stammt aus GRAMLICH, Wunder (wie Anm. 2), S. 58 (nach Qušairī, Faḫr ad-Dīn ar-Rāzī und dem Biographen von Abū Isḥāq al-Kāzarūnī).

7 GRAMLICH, Wunder (wie Anm.2), S. 142f.

8 GRAMLICH, Wunder (wie Anm.2), S. 130-145.

9 Vgl. auch TRIMINGHAM, J. S., The Sufi Orders in Islam, Oxford 1971, S. 1.

religiöse Bildung voraussetzte.[10] Die historisch faßbaren Reaktionen auf das – wie bereits erwähnt nicht nur sufische – Phänomen der *karāmāt* und den Glauben daran reichen von direkter Leugnung ihrer Realität über eingeschränkte Zugeständnisse an die Möglichkeit ihrer Existenz bis hin zur Überzeugung von einer uneingeschränkten Möglichkeit der *karāmāt.*[11]

Der Begriff *karāmāt* oder, im Singular, *karāma* weist also deutliche Bezüge zum Begriff „Charisma" als einer „spezifisch außeralltäglichen"[12] oder gar „antialltäglichen"[13] Qualität auf, mit der ein Anspruch auf Vorbildlichkeit[14] und auch eine „Führerfunktion" des Trägers einhergehen kann. Ebenfalls erkennbar ist jedoch, daß *karāma* keineswegs als arabische Entsprechung des Begriffes „Charisma" durchgehen kann. Der Begriff *karāma* ist sehr viel enger gefaßt, schon allein durch die Einschränkung, daß man *karāmāt* nur bestimmten Personengruppen zuschreibt, zu denen in jedem Falle die Propheten *nicht* gehören. Es handelt sich vielmehr um den erkennbaren Ausfluß einer Form persönlichen Charismas. Da sufische *karāmāt* infolge einer engen, persönlichen Gottesbeziehung möglich werden, die sich in ekstatischen Erlebnissen bis hin zur „Entwerdung" (arab.: *fanā'*) realisiert, werde ich mich im folgenden zudem auch auf Texte beziehen, die mit sufischer Ekstase zu tun haben.

Der erste hier interessierende Autor und Sammler, ʿObeyd-e Zākānī, lebte im 14. Jahrhundert in Iran, und schon seine Sammlung von Witzen und pointierten Erzählungen enthält Texte, in denen man einen eklatanten Mangel an Respekt vor sufischer Segensmacht (*baraka*) und den – angeblichen – Wundern der Sufis erkennen kann. Ein Beispiel:

Ein Derwisch kam an den Eingang eines Dorfes und sah dort eine Gruppe von Dorfältesten sitzen. Er sagte: „Gebt mir etwas! Ansonsten tue ich mit diesem Dorf, bei Gott, genau das, was ich mit dem letzten Dorf getan habe." Sie fürchteten sich und sagten untereinander: „Wenn das bloß kein Magier (sāḥer) oder Gottesfreund (valī) ist, durch den unser Dorf Schaden nehmen könnte!" Sie gaben ihm, was er wollte. Danach fragten sie ihn: „Was hast du denn mit dem anderen Dorf getan?" Antwort: „Dort habe ich auch um etwas gebeten, aber man hat mir nichts gegeben.

---

10 Vgl. jedoch Anm. 17.

11 GARDET, L., Art. „Karāma", in: The Encyclopedia of Islam. CD-ROM-Edition, Leiden 2003; GRAMLICH, Wunder (wie Anm.2), S. 111-121.

12 WEBER, M., zitiert bei KEHRER, G., Art. „Charisma" in: Handbuch religionswissenschaftlicher Grundbegriffe, Bd.2, hrsg. von CANCIK H., Stuttgart 1990, S. 196.

13 EBERTZ, M., Art. „Charisma I. Religionswissenschaftlich" in: Religion in Geschichte und Gegenwart, Bd.2, hrsg von BETZ, D. u. a., Tübingen ^{4}1999, Sp. 112.

14 Vgl. KEHRER, Charisma (wie Anm. 12), S. 196.

Dann bin ich hierher gekommen, und wenn ihr mir auch nichts gegeben hättet, so hätte ich auch dieses Dorf verlassen und wäre zu einem anderen Dorf gegangen.“[15]

Hier wird klar, daß in den vorliegenden Witzen in der Regel nicht die *karāmāt* selbst, sondern der verbreitete *Glaube daran* und die dadurch ermöglichten Auswüchse verspottet werden. Zugleich scheint dem aber eine skeptisch-spöttische Grundhaltung auch gegenüber der Glaubwürdigkeit des Phänomens selbst zugrunde zu liegen. Nimmt man zu diesen Witzen noch kurze Texte aus zwei satirischen Schriften desselben Autors hinzu, so stößt man zusätzlich auf beißenden Spott über die lange heftig umstrittenen Ekstasepraktiken mancher Sufis.[16] Schließlich läßt eine Äußerung deutlich auf grundsätzlichen Zweifel gegenüber der Wundermacht zumindest der zeitgenössischen Scheiche schließen: Träume, in denen ein Scheich z. B. einem Anhänger erscheint, zählen ebenfalls zu den *karāmāt* des Scheichs. ʿObeyd-e Zākānī bezeichnet solche Träume als „Fieberwahn“.[17] Da sowohl in dieser als auch in der nächsten zu betrachtenden Sammlung die Witze mit einem direkten Bezug zu *karāmāt*, *baraka* oder sufischer Ekstase sehr selten sind, läßt sich ein deutlicheres Bild von der Haltung der Sammler nur gewinnen, indem man diese wenigen Texte in Bezug zum sehr viel besser belegten Gesamtbild der Sufis in diesen Sammlungen setzt. In ʿObeyds Sammlung entsteht ein im wesentlichen negatives Sufibild. Zusätzlich zu verschiedenen unerfreulichen Eigenschaften und Verhaltensweisen wird direkt und indirekt der Vorwurf geäußert, die Sufis würden insgesamt ihrem mystischen Anspruch der Weltabgewandtheit und Konzentration auf Gott in ihrem tatsächlichen Verhalten nicht gerecht. Die Scheiche werden außerdem in die Nähe der verhaßten Machthaber der Zeit gerückt. – Als Fazit läßt sich also festhalten, daß spöttische Skepsis im Hinblick auf die Wundermacht der Sufis und den zugrunde liegenden Anspruch auf eine persönliche Gottesbeziehung bei ʿObeyd-e Zākānī mit einem insgesamt negativ geprägten Sufibild einhergeht, das wesentlich durch die spezifische zeitgenössische Situation bedingt sein dürfte.

---

15 ZĀKĀNĪ, Neẓām od-Dīn ʿObeydollāh [= ʿOBEYD], Dah Faṣl (Ed. Atābakī), in: DERS., Kollīyāt-e ʿObeyd-e Zākānī šāmel-e qaṣāyed, ġazaliyāt, qaṭaʿāt, robāʿiyyāt, masnaviyyāt. Unter Heranziehung der Edition ʿAbbās Eqbāls und weiterer Handschriften hrsg., erläutert u. mit Übers. aus dem Arab. versehen v. ATĀBAKĪ, P. Tehrān ²1343 š/1964-5, S. 307, Nr. 266.

16 ʿOBEYD, Resāle-ye Dah Faṣl, in: DERS., Kollīyāt-e ʿObeyd-e Zākānī/Collected Works (Mağmūʿe-ye motūn-e fārsī; selsele-ye nou, šomāre-ye 2/Persian Text Series; New Series, no. 2), hrsg. von MAHJOUB, M.–J., New York 1999. S. 329, Faṣl 8, Def. 1-6. (Def. 1: „Das Haschisch: Das die Sufis in Ekstase versetzt.“ Def. 2: „Das Schachspiel: Das Werkzeug zur Ekstase der Sufis.“ Def. 3: „Die Trommel und die Flöte: Das Instrument zur Ekstase des Sufi.“ Def. 4: „Der Winkel und das schöne Gesicht: Der Ort der Ekstase des Sufi.“ Def. 5: „Die *Harīsa*, der Reis und die Süßigkeiten: Die Speisen zur Ekstase des Sufi.“ Def. 6: „Der grobe Wollstoff, der Teppich und der Stoff aus Ziegenwolle: Die Kleidung zur Ekstase des Sufi.“).

17 ʿOBEYD, Resāle-ye Dah Faṣl (wie Anm. 16), S. 327, Faṣl 4, Def. 5.

Charakteristisch für Iran im 14. Jahrhundert war eine enorme Unsicherheit: Ausbeutung, Krieg, Epidemien, Überfälle und die Nachwirkungen einer jahrzehntelang nichtmuslimischen Herrschaft kennzeichneten die Situation und machten die Menschen besonders aufnahmefähig für Askese und Wunderglauben. Sufibruderschaften erfreuten sich großer Beliebtheit. Zudem nahmen die Sufis in den Augen der Bevölkerung und vieler Mächtiger immer mehr die Rolle von offiziellen Vertretern der islamischen Religion ein. Dies mißfiel den Religionsgelehrten, denen diese Rolle traditionell zukam. Der große Einfluß der Derwische auf enorme Volksmassen machte sie ebenso wie ihre Beliebtheit bei den Machthabern zu einer Bedrohung für Autorität, Einfluß und damit letztlich auch materielle Interessen der Religionsgelehrten. Ein weiteres Kennzeichen der Zeit war daher eine besonders ausgeprägte Konkurrenz zwischen Religionsgelehrten und Sufis.[18] Zwar glaubte auch die einfache Bevölkerung Wunder nicht einfach, sondern unterzog angeblich wundermächtige Scheiche Prüfungen, doch die alleinige Legitimierung der religiösen Autorität eines Scheiches durch seine Fähigkeit zu *karāmāt* war ein Angebot an Scharlatane und Betrüger.[19]

Vor diesem Hintergrund ist es nicht verwunderlich, wenn umfassend gebildete, auch in den religiösen Wissenschaften bewanderte Dichter der Zeit wie ʿObeyd-e Zākānī den Wunderglauben und seine Auswüchse mit Spott übergießen und dabei in satirischer Überspitzung so allgemeine Formulierungen verwenden, daß sie zumindest den Eindruck grundsätzlichen Zweifels an *karāmāt* und der Berechtigung des charismatischen Autoritätsanspruchs der Sufi-Scheiche erwecken. Auch ʿObeyds Zeitgenosse, der ebenso gelehrte, weltbekannte persische Dichter Ḥāfeẓ, zeichnet in seiner Poesie ein vergleichbar unfreundliches Bild von Sufis und Scheichen und qualifiziert die *karāmāt*-Ansprüche der Sufis unverhohlen als Aberglauben.[20] Diese Gelehrten schlugen sich jedoch im Machtkampf zwischen Sufis und Religionsgelehrten nicht eindeutig auf eine der beiden Seiten und sind auch nicht der herrschenden Schicht und ihrem Apparat zuzurechnen, obwohl sie über die notwendige Ausbildung verfügten und die erforderlichen Kenntnisse hatten, um sowohl die Qualitäten und Mängel der Religionsgelehrten wie die ihrer Gegner einschätzen zu können. Angesichts der Zielrichtung ihrer Spitzen ist allerdings schwer festzustellen, ob hier grundsätzliche Skepsis nur mit sichtbarem, grassierendem Mißbrauch und Betrug in Verbindung steht oder auch mit einem generellen

---

18 Es hat jedoch immer auch gelehrte Sufis und in der Mystik engagierte Religionsgelehrte gegeben. Für einen weiter ausgreifenden Überblick s. z. B. ESS, J. v., Sufism and its Opponents. Reflections on Topoi, Tribulations, and Transformations, in: Islamic Mysticism Contested, hrsg. von DE JONG, F./RADTKE, B., Leiden/Boston/Köln 1999, S. 22-44.

19 Zum Verhältnis zwischen Sufis und Religionsgelehrten zu dieser Zeit und zur allgemeinen Situation vgl. GRONKE, M., Derwische im Vorhof der Macht. Sozial- und Wirtschaftsgeschichte Nordwestirans im 13. und 14. Jahrhundert (Freiburger Islamstudien XV), Stuttgart 1993.

20 *Ḫorāfāt*, auch: Unsinn, dummes Geschwätz; Märchen.

Mißtrauen gegenüber dem mystischen „Weg" und charismatischen Ansprüchen auf religiöse Autorität, was zumindest nicht unwahrscheinlich ist.

Beim Verfasser einer Sammlung aus dem frühen 16. Jahrhundert scheint dagegen lediglich eine kritische Haltung gegenüber Betrug und einer *nur* auf *karāmāt* beruhenden religiösen Autorität vorzuliegen. Faḫr od-Dīn ʿAlī-ye Ṣafī war ein Religionsgelehrter, der in Nachfolge seines Vaters (Ḥoseyn Vāʿeẓ-e Kāšefī) das Amt des Predigers von Herāt übernahm und auch Kontakte sowohl zu dem persischen Dichter Ǧāmī als auch zum Timuridenhof in Herāt pflegte – im 15. Jahrhundert das Zentrum der Kultur und Gelehrsamkeit im Osten. Wesentlich für unser Thema ist jedoch v. a. die Tatsache, daß nicht nur Ṣafī selbst, sondern auch seine gesamte nähere Umgebung, ja die wichtigsten kulturellen und politischen Größen in Herāt zu seiner Zeit Anhänger der Sufibruderschaft der *Naqšbandiyya* waren.[21] Sowohl Ṣafīs Zugehörigkeit zum gelehrten religiösen „Establishment" als auch die zur *Naqšbandiyya* erklären m. E. wesentliche Züge seiner Textauswahl zum Thema Sufis. Zudem war diese doppelte Zugehörigkeit Ṣafīs geradezu beispielhaft für die Entwicklung in seiner Zeit, nämlich eine enge Verbindung zwischen der Gesetzesgelehrsamkeit und der Mystik.[22] Gerade die *Naqšbandiyya* hatte zahlreiche Mitglieder, die eine Ausbildung als Religionsgelehrte vorweisen konnten, und schätzte die Gelehrsamkeit hoch ein.[23] Im Hinblick auf sufische *karāmāt* und Ekstase ist die Tendenz in Ṣafīs Sammlung der bei ʿObeyd-e Zākānī aber auf signifikante Weise ähnlich. *Ein* in ʿObeyds Sammlung enthaltener Witz ist sogar auf die mystische Ekstase zugespitzt und damit in seiner gegen den Sufi-Protagonisten gerichteten Pointe noch verschärft:

Ein Sufi war mit einigen Jüngern unterwegs, als er einen Bauern sah, der ein fettes Rind mit Weizen und einem Schlauch Schafsfett obenauf führte. Er begann zu tanzen und Laute der Verzückung auszustoßen. Von den Jüngern nach dem auslösenden Verzückungsmoment (ḥāl) gefragt, antwortete er: „Ich habe Harīsa[24] gesehen, die auf ihren eigenen Beinen des Weges ging."[25]

---

21 Zu den Persönlichkeiten des Herāter Hofes und dessen nächster Umgebung zu dieser Zeit s. u. a. die einschlägigen Artikel der Encyclopaedia of Islam (vgl. dazu Anm. 11) zu: „D̲j̲āmī" (HUART, C. [MASSE, H.]); „Mīr ʿAlī S̲h̲īr Nawāʾī" (SUBTELNY, M. E.); „Kās̲h̲ifī" (YOUSOFI, G-H.); „Ṣafī" (HANAWAY, W. L.); „Sulṭān Ḥusayn Mīrzā b. Manṣūr b. Bayḳara" (GANDJEĪ, T.).

22 MĪR-ǦAʿFARĪ, Ḥ., Tārīḫ-e taḥavvolāt-e siyāsī, eǧtemāʿī, eqteṣādī va farhangī-ye Īrān dar doure-ye Teymūriyān va Torkamānān. Čāp-e dovvom (2. Aufl.). Tehrān: Sāzemān-e moṭāleʿe va tadvīn-e kotob-e ʿolūm-e ensānī-ye dānešgāh-hā; Eṣfahān 1379 š/2000. (Entešārāt-e Dānešgāh-e Eṣfahān, 297 / Sāzemān-e moṭāleʿe va tadvīn-e kotob-e ʿolūm-e ensānī-ye dānešgāh-hā, 460, Tārīḫ, 13).S. 177.

23 PAUL, J., Die politische und soziale Bedeutung der Naqšbandiyya in Mittelasien im 15. Jahrhundert, Berlin/New York 1991, S. 30f.

24 Heute eine scharfe Paste oder Gewürzmischung; damals eine Speise aus Fleisch, Weizen und Fett.

25 ṢAFĪ, Faḫr od-Dīn ʿAlī b. Ḥoseyn Vāʿeẓ-e Kāšefī, Laṭāʾef oṭ-ṭavāʾef. Be saʿy va ehtemām-e Aḥmad-e Golčīn-e Maʿānī. Čāp-e čahārom, Tehrān [4]1362 š/1983, S. 354, Bāb 11, Faṣl 5, Nr. 9.

Dabei ist die direkte Verbindung zur mystischen Verzückung im Vergleich zu ʿObeyds Version neu hinzugetreten, während dort noch v. a. auf die Gefräßigkeit des Sufis gezielt wurde.[26] Auch die Witze, in denen *karāmāt* vorkommen, deuten in keine sufi-freundliche Richtung: Hier erscheinen die Sufis als Betrüger, die sich die Neigung der Bevölkerung, an *karāmāt* zu glauben, schamlos für ihren eigenen materiellen Vorteil zunutze machen. Dennoch ist die Pointe mindestens einmal so gestaltet, daß der Betrüger am Ende seinen Willen bekommt und der Leser sich mit ihm freut. Bedingt ist dies durch die explizite Abqualifizierung der Betrogenen als „Dummköpfe“, die – wie es scheint – nichts Besseres verdient haben und selbst schuld sind, wenn sie auf angebliche „Wundertäter“ hereinfallen. Auch hier also scharfe Kritik an einem Wunderglauben, der *karāmāt* zur einzigen Legitimation der religiösen Autorität eines Sufis macht und geschickten Scharlatanen damit ebenso Tür und Tor öffnet wie Personen, die möglicherweise einer Verlockung des Satans erlegen sein könnten.

Erklärungsbedürftig ist der Befund jedoch vor allem vor dem Hintergrund, daß der Verfasser der Sammlung selbst als *Naqšbandī* in den Kontext der islamischen Mystik gehört. Insgesamt hält sich die Zahl der Sufi-Witze in Ṣafīs Sammlung denn auch sehr in Grenzen, und das gezeichnete Gesamtbild ist nicht annähernd so negativ wie das bei ʿObeyd greifbare. Die negative Zeichnung von offen ausgelebten Verzückungszuständen und dem unkritischen Glauben an *karāmāt* sind daher auffällig, aber – ebenso wie andere negativ erscheinende Merkmale der Sufis und Scheiche in den Erzählungen bei Ṣafī – vor dem *Naqšbandī*-Hintergrund des Verfassers und seiner Umgebung plausibel zu erklären. Die *Naqšbandīs* bestanden nämlich auf strenger Einhaltung der religiösen Pflichten wie Ritualgebet und Fasten[27] und wandten sich strikt gegen jede Art von Bettelei und Tricks zum Erwerb des Lebensunterhalts.[28] Zudem gehörten die *Naqšbandīs* zur „nüchternen“ Art der Sufis, hielten also nichts von den umstrittenen Ekstasepraktiken anderer Gruppierungen.[29] Ihr wesentliches Prinzip war die „Einsamkeit in der Versammlung“ (*ḫelvat dar anǧoman*), was in etwa bedeutet, daß ein *Naqšbandī* sich *unauffällig* zu verhalten hatte und während der alltäglichen Beschäftigungen innerlich bei Gott weilen sollte.[30] So ist es denn auch wenig verwunderlich, daß bei Ṣafī gerade Witze über Phänomene wie offen erkennbare Verzückungszustände und von Betrügern instrumentalisierten Wunderglauben vertreten sind, er im übrigen aber wenige und

26 Text bei ʿOBEYD: „An einem Sufi kam eine mit Weizen beladene Kuh vorbei. Er ließ einen Schrei fahren. Auf die Frage nach dem Grund sagte er: ‚Ich habe Harīsa auf dem Boden gehen gesehen.‘“ (ʿOBEYD, Resāle-ye delgošā, in: DERS., Kollīyāt-e ʿObeyd-e Zākānī/Collected Works [wie Anm. 16], S. 260, Nr. 31.)

27 PAUL, Naqšbandiyya (wie Anm.23), S. 27, S. 36.

28 PAUL, Naqšbandiyya (wie Anm.23), S. 60f.

29 PAUL, Naqšbandiyya (wie Anm.23), S. 28.

30 MĪR-ǦAʿFARĪ, Tārīḫ (wie Anm. 22), S. 178; PAUL, Naqšbandiyya (wie Anm.23), S. 37f.

insgesamt auch weniger scharfe Sufi-Witze anführt als z. B. ʿObeyd. Auch alle sonstigen negativ dargestellten Merkmale von Sufis sind solche, die von der *Naqšbandī*-Doktrin verworfen werden. Umgekehrt erscheinen Sufis positiv, die nicht in Konflikt mit den Überzeugungen der *Naqšbandīs* geraten. Der Einfluß liegt daher auf der Hand und erklärt die Tendenz der Texte.

Bei den *karāmāt* haben wir es also mit islamischen Phänomenen zu tun, die wir dem Begriff „Charisma" zuordnen können, und gerade am Beispiel der *karāmāt* zeigt sich zugleich zu verschiedenen Zeiten und – wie eben demonstriert – aus unterschiedlichen Gründen eine große Bandbreite an Haltungen und Meinungen über diese Phänomene, die zeitgleich von tiefer Verehrung bis hin zu bissigem Spott und einem hohen Maß an Skepsis reichen konnten.

4 Charisma und Politik

4.1 Charismatische Legitimation und Delegitimation von Herrschaft im Christentum

Martin Wihoda

Die Herrschaftslegitimation im böhmischen Fürstentum des 11. Jahrhunderts

Kontinuitäten und Wandlungen[1]

Der Autor der Chronica Boemorum, Cosmas von Prag (um 1045–1125), vermerkt für das Jahr 1086,

> *(...) Egilbert, Erzbischof von Trier, [sei] gemäß den Auflagen des Kaisers nach Prag gekommen, wo er am 15. Juni während des Festgottesdienstes den königlich gekleideten Herzog Wratislaw zum König salbte und ihm und seiner Frau Swatawa, die ebenfalls wie eine Königin gekleidet war, die Krone auf das Haupt setzte, wobei der gesamte Klerus und alle weltlichen Herren dreimal riefen: Ein erfülltes Leben, Königsheil und Erfolg dem wunderbaren, friedlichen und von Gott gekrönten Wratislaw, dem König von Böhmen und Polen (...).*[2]

Der Chronist beschreibt hier die Entstehung des sogenannten ersten böhmischen Königtums. Dieses wurde mit dem Empfang der Krone aus den Händen des römischen Kaisers Heinrich IV. und der darauffolgenden Salbung Wratislaws I. (1061–

---

1 Diese Studie wurde im Rahmen des Projektes MSM 0021 622 426 (Forschungszentrum für mitteleuropäische Geschichte: Quellen – Land – Kultur) vorbereitet. Für Hinweise und Korrekturen zu diesem Artikel danke ich Pavlina Rychterová.

2 COSMAS VON PRAG, Cosmae Pragensis Chronica Boemorum/Die Chronik der Böhmen des Cosmas von Prag (MGH Scriptores rerum Germanicarum NS 2), hrsg. von BRETHOLZ, B., Berlin 1923, S. 140–141: „(...) Interea Egilbertus Treverensis archiepiscopus iussis obtemperans imperatoris, adveniens metropolim Pragam XVII° kal. Iulii inter sacra missarum sollempnia regalibus fascibus indutum unxit in regem Wratizlaum et imposuit diadema super caput tam ipsius quam eius coniugis Zuataue cyclade regia amicte clericis et universis satrapis ter acclamantibus: Wratizlao regi quam Boemico tam Polonico, magnifico et pacifico, a Deo coronato, vita, salus et victoria (...)." (Diese wie auch die folgenden deutschen Übersetzungen der lateinischen Zitate aus der Chronik von Cosmas sind entnommen aus: [COSMAS VON PRAG], Des Dekan Cosmas Chronik von Böhmen. Nach der Ausgabe der Monumenta Germaniae übersetzt von Georg Grandaur. Mit einem Nachtrag zur Einleitung von Wilhelm Wattenbach [Die Geschichtsschreiber der deutschen Vorzeit. Zwölftes Jahrhundert 17], Leipzig 1895.) Zu der Krönungszeremonie von Wratislaw siehe zuletzt MALAŤÁK, D., Korunovace Vratislava II., in Časopis Matice Moravské 121 (2002), S. 267–285.

1092) in Prag im Jahr 1085 formal ins Leben gerufen, fand jedoch, da es ausschließlich an die Person des Königs gebunden war, mit dessen Tod gleichfalls formal sein Ende, ohne in den Machtstrukturen des böhmischen Fürstentums sichtbare Spuren zu hinterlassen. Die folgenden Ausführungen werden den möglichen Ursachen dafür auf den Grund gehen, daß der Fürst und König Wratislaw mit seinen Bemühungen, eine breit angelegte Anerkennung für seinen Königstitel zu bekommen, erfolglos blieb.[3] Im Zentrum der Aufmerksamkeit steht dabei das Problem der Legitimität als einer „Überhöhung der faktischen Machtverhältnisse"[4]. Das erste, aber auch das zweite böhmische Königtum[5] rangen mit dem Problem der Anerkennung der neuen königlichen Würde durch die „Untertanen" (im Sinne Max Webers)[6], in diesem Falle also durch die herrschende Elite Böhmens. Diese Elite, weltliche wie auch kirchliche, war in der Mitte des 11. Jahrhunderts mit der Herrschaft der Přemysliden grundsätzlich einverstanden: Die letzte innere Auseinandersetzung gipfelte im Jahr 995 in dem Überfall auf Libice, den Sitz des Slawnikidengeschlechts,[7] und in der Flucht des Prager Slawnikiden-Bischofs Adalbert aus Böhmen. Die Přemysliden herrschten jedoch als Fürsten. Wratislaws Königskrone brachte die Notwendigkeit einer neuen Konfiguration der bestehenden Machtverhältnisse und eine große Belastung für die gewohnten politischen Kommunikationsstrategien mit sich. Dies spiegelt sich vor allem in den überlieferten narrativen

---

3 Die tschechische Geschichtsschreibung betrachtet das erste přemyslidische Königtum im Zusammenhang mit den gescheiterten Bemühungen der böhmischen Fürsten um das Jahr 1000, für Prag die Erhebung zum Erzbistum zu erlangen (womit das kirchenpolitische Vermächtnis des heiligen Adalberts erfüllt werden sollte). Das Streben nach der Königswürde ging mit diesen Hand in Hand und blieb zunächst gleichfalls erfolglos. Man spricht daher von einer „Krise" der Herrschaft um das Jahr 1000. Siehe dazu zuletzt TŘEŠTÍK, D., Sv. Vojtěch a formování střední Evropy, in: Svatý Vojtěch, Čechové a Evropa. Mezinárodní sympozium uspořádané Českou křesťanskou akademií a Historickým ústavem Akademie věd ČR 19.–20. listopadu v Praze, hrsg. von TŘEŠTÍK, D./ŽEMLIČKA, J., Prag 1998, S. 81–108; DERS., Von Svatopluk zu Boleslav Chrobry. Die Entstehung Mitteleuropa aus der Kraft des Tatsächlichen und aus einer Idee, in: The Neighbours of Poland in the 10th Century, hrsg. von URBAŃCZYK, P., Warschau 2000, S. 111–145.

4 GOTTER, U., Die Nemesis des Allgemein-Gültigen. Max Webers Charisma-Konzept und die antiken Monarchien, im vorliegenden Band, S. 178.

5 Die Königskrone erhielt für seine Person im Jahr 1158 von Friedrich I. Barbarossa auch der böhmische Fürst Wladislaw II. (1142–1172). Siehe dazu zuletzt ŽEMLIČKA, J., Čechy v době knížecí, Prag 1997, S. 230–239, 253–264.

6 Vgl. GOTTER, Die Nemesis (wie Anm. 4).

7 Siehe dazu NOVÝ, R./SLÁMA, J./ZACHOVÁ, J. (Hgg.), Slavníkovci ve středověkém písemnictví, Prag 1987; SLÁMA, J., Slavníkovci – významná či okrajová záležitost českých dějin 10. století?, in: Archeologické rozhledy 47 (1995), S. 182–224; TŘEŠTÍK, D., Počátky Přemyslovců, Prag 1997, S. 420–426; SLÁMA, J., Slavníkovci, in: Svatý Vojtěch, Čechové a Evropa, hrsg. von TŘEŠTÍK, D./ŽEMLIČKA, J., Prag 1998, S. 17–36; DERS., Český kníže Boleslav II., in: Přemyslovský stát kolem roku 1000. Na paměť knížete Boleslava II. († 7. února 999), hrsg. von LUBOŠ POLANSKÝ, L./SLÁMA, J./TŘEŠTÍK, D., Prag 2000, S. 9–26, hier S. 22f.

Quellen aus der gegebenen Zeit; ihre vergleichende Analyse bildet daher den Kern der folgenden Ausführungen.

Cosmas beschreibt die Krönungszeremonie äußerst weihevoll, seine Formulierungen dürfen wir allerdings nicht wortwörtlich nehmen: Die zitierten Zeilen sind in ihrer literarischen Ausprägung stark von der Weltchronik des Regino von Prüm inspiriert.[8] Cosmas hatte nämlich bald nach dem Jahr 1074 Prag verlassen und war erst um das Jahr 1090 wieder nach Böhmen zurückgekehrt. Den Krönungsakt sowie andere erwähnungswürdige Taten des ersten Böhmenkönigs kannte er bestenfalls aus Erzählungen. Seine Chronik bildet dennoch die wichtigste narrative Quelle für die genannte Zeit und Region, und die Intention des Chronisten ist daher von besonderer Bedeutung. Aus der Perspektive des Chronisten auf die gesamte dreißigjährige Herrschaft von Wratislaw und insbesondere auf dessen letzte, königliche Periode läßt sich viel über die Atmosphäre in den Kreisen der böhmischen herrschenden Eliten erschließen, denen gegenüber Wratislaw seinen Königstitel und sein damit verbundenes „neues“ Würde- und Machtverständnis durchzusetzen versuchte.

Die Schilderung der Schlacht bei Mailberg (1082), eines wichtigen kriegerischen Ereignisses des Investiturstreites, beleuchtet Grundeinstellungen des Cosmas gegenüber der Herrschaft Wratislaws. Der spätere böhmische König, ein treuer Anhänger des Kaisers Heinrich IV., besiegte hier mit Unterstützung bayerischer und mährischer Adeliger das Aufgebot des österreichischen Markgrafen Leopold II.[9]

Dem eigentlichen Gefecht, das im Frühjahr des genannten Jahres stattfand, gingen Cosmas zufolge[10] kleinere Raubzüge auf beiden Seiten der mährisch-österreichischen Grenze voraus, „(...) da [diese] nicht durch Wälder, Berge oder eine andere natürliche Barriere gekennzeichnet war, sondern nur durch den kleinen Fluß Tha-

8 Vgl. hierzu TŘEŠTÍK, D., Kosmas a Regino. Ke kritice Kosmovy kroniky, in: Československý časopis historický 8 (1960), S. 564–587.

9 Zu den kriegerischen Auseinandersetzungen vgl. näher AUER, L., Die Schlacht bei Mailberg am 12. Mai 1082 (Militärhistorische Schriftenreihe 31), Wien 1976.

10 Cosmas bediente sich bei Schilderung der Schlacht wiederum des Wortschatzes Reginos von Prüm. Des Weiteren vgl. COSMAS VON PRAG, Chronica Boemorum (wie Anm. 2), S. 133: „(...) Ipse autem ubi erat confertissima hostium acies, in ipsa fronte Martis iubet exercitum suum descendere et pedestri congressione cum adversariis decertarie. Qui cicius dicto ab equis dissilientes et clamores exhortationis dato, sicut ignis in siccam stipulam immissus furit et in momento cuncta comburit, ita vires adversariorum ferro conterunt terreque eos prosternunt, et de tanta multitudine vix residuus fuit, qui cum ipso marchione aufugit (...).“ Vgl. außerdem REGINO VON PRÜM, Reginonis abbatis Prumensis Chronicon cum continuatione Treverensi (MGH Scriptores rerum Germanicarum in usum scholarum separatim editi 50), hrsg. von KURZE, F., Hannover 1890, S. 137–138: „(...) Rex felle commotus exercitum iubet descendere et pedestri congressione cum adversariis decertari. Qui dicto citius ab equis desilientes clamore exhortationis dato presidium inimicorum inrumpunt et Deo vires caelitus administrante eos usque ad internecionem ferro cedunt terraeque prosternunt, ita ut ex innumerabili multitudine vix residuus esset, qui ad classem adversus nuntium reportaret (...).“

ya, der als Grenzfluß in einer Ebene fließt, (…)“[11]. Nach einer gewissen Zeit weiteten sich diese und ähnliche lokale Streitigkeiten zu einer persönlichen Auseinandersetzung zwischen Wratislaws Bruder, dem Brünner Teilfürsten Konrad, und dem österreichischen Markgrafen Leopold aus, und als der Babenbergerhof die versöhnungsbereiten Vorschläge des mährischen Widersachers zurückwies, wandte sich Konrad an seinen Bruder, der in Regensburg ein Kontingent erfahrener Kriegsmannen anführte und in die babenbergischen Besitzungen einfiel. Unweit von Mailberg traf er auf ein spärlich bewaffnetes Aufgebot des Markgrafen, in das alle „(…) vom Schweinehirten bis zum Rinderhirten (…)“[12] zusammengewürfelt waren. Das darauffolgende siegreiche Gefecht kostete den böhmischen Fürsten jedoch manchen seiner besten Männer[13].

Cosmas' Schilderung läßt nun darauf schließen, daß die böhmischen, mährischen und bayrischen Verbände aus relativ belanglosen Gründen bei Mailberg auftauchten, möglicherweise lediglich wegen einer gekränkten Eitelkeit des mährischen Teilfürsten Konrad:

(…) Und wie durch einen Funken oft ein Flächenbrand entsteht, so gereichte es den genannten Herren – natürlich auch der zugehörigen Bevölkerung – zu großem Schaden, weil sie es versäumten, diesem Treiben rechtzeitig Einhalt zu gebieten (…).[14]

Die Geschichte wirkt insgesamt sehr schlüssig und in den zeitgenössischen Zusammenhängen betrachtet geradezu unwiderstehlich glaubwürdig. Man fragt sich jedoch, warum sich in einen rein lokalen Konflikt der Bischof von Regensburg persönlich einschalten mußte, wie Cosmas berichtet, und wie es möglich ist, daß in einem ungleichen Kampf zwischen den gepanzerten Reitern und den im Kampf ungeübten Hirten, die „(…) mit allen möglichen Waffen, von der Pfrieme bis zum Treibstecken (…)“ ausgerüstet waren, vier (wenn nicht mehr) Adlige ihr Leben ließen.

Die Vermutung, daß sich der Mailberger Zusammenstoß eventuell anders abgespielt haben könnte, gewinnt konkrete Konturen, wenn man die Schilderung des Cosmas mit den entsprechenden Zeilen in der Vita des Passauer Bischofs Altmann

---

11 COSMAS VON PRAG, Chronica Boemorum (wie Anm. 2), S. 131: „(…) Cum enim utrarumque provinciarum terminos non silva, non montes, non aliqua obstacula dirimant, sed rivulus, nomine Dia, fluens per plana loca vix eas disterminat (…).“

12 COSMAS VON PRAG, Chronica Boemorum (wie Anm. 2), S. 132: „(…) Ad hec marchio efficitur letus et a subulco usque ad bubulcum armatos omnigena specie ferri, a subula usque ad stimulum, omnes iubet paratos esse ad bellum (…).“

13 COSMAS VON PRAG, Chronica Boemorum (wie Anm. 2), S. 133: „(…) Hac in cede occisi sunt Ztan cum fratre Radim et Gridon, filius Zanek, et Dobrogost, filius Hines, et alii non adeo multi (…).“

14 COSMAS VON PRAG, Chronica Boemorum (wie Anm. 2), S. 131: „(…) Et sicut sepe parvula scintilla magnum excitat ignem, ita isti, de quibus diximus, domini, quia noluerunt nocivum extinguere fomitem, ex his minimis rebus ad magnam suorum deveniunt perniciem (…).“

vergleicht[15], in der folgendes zu lesen ist: Leopold berief 1081 nach einem eindringlichen Appell des Passauer Bischofs Altmann für Anfang Juli eine große Versammlung nach Tulln ein, die entscheiden sollte, ob man dem römisch-deutschen König Heinrich die Treue halten wolle. Die Mehrzahl der Anwesenden sprach sich für einen Wechsel in das Lager der Aufständischen aus, was der König bald darauf als Treuebruch verurteilte. Der Markgraf wurde geächtet, und seine Lehen fielen an den Böhmenfürsten Wratislaw II. Nach Auskunft des Chronisten stammte dieser aus einem Geschlecht von Tyrannen, da

(...) er um sich Slawen und Bajuwaren versammelt hat, um in feindlicher Absicht das Land Altmanns und Leopolds zu überfallen und darin alles mit Feuer und Schwert nieder zu machen. Diesem stellte sich Leopold mit all seinen Leuten in den Weg, und an dem Mouriberch genannten Ort hinderte er ihn am weiteren Vorrücken. Hier formierten sich die Streitkräfte, und auf beiden Seiten erschallten die Kriegsfanfaren. Zuerst kämpfte man mit Lanzen und Speeren, schließlich griff man auch zu den Schwertern. Furchtbar tobte der Kampf, und da dieser auf beiden Seiten mit aller Kraft geführt wurde, fielen hier wie dort viele Krieger bis der Feind durch göttliche Fügung den Sieg davon trug (...).[16]

Der Göttweiger Bericht beleuchtet im Unterschied zu Cosmas' Werk die reichspolitischen Zusammenhänge des Konflikts. Leopold büßte demnach für seine Parteinahme im Investiturstreit, und bei Mailberg trafen zwei gleichwertige militärische Verbände aufeinander, von denen der zahlenmäßig stärkere schließlich siegte.[17] Cosmas dagegen reduziert dieses hochpolitische Ereignis auf eine unbedeutende Rauferei.[18]

---

15 Das schmale Werk entstand im Skriptorium des Klosters Göttweig kurz nach 1132, es beruht auf heutzutage verschollenen älteren Annalen. Des Weiteren vgl. Annales Gotwicenses, hrsg. von WATTENBACH, W., in: Chronica et annales aevi Salici (MGH Scriptores in Folio 9), hrsg. von PERTZ, G. H. u. a., Hannover 1851, S. 600–604, hier S. 601: „(...) Hoc anno 4. Idus Maii, feria quinta, bellum ad Mauriberg est actum et cum maximo nostrarium excidio terminatum (...)." Vgl. außerdem HIRSCH, H., Die Vita Altmanni episcopi Pataviensis, in: Jahrbuch für Landeskunde von Niederösterreich NF 15/16 (1916/1917), S. 349–366.

16 Vita Altmanni episcopi Pataviensis (obiit 1091), hrsg. von WATTENBACH, W., in: Historiae aevi Salici (MGH Scriptores in Folio 12), hrsg. von PERTZ, G. H. u. a., Hannover 1856, S. 226–243, hier S. 236–237: „(...) Dux vero animo crudelis, collectis Sclavis et Bawaris, fines Altmanni et Liupaldi hostiliter intrat, cuncta igne et ferro vastat; cui Liupaldus cum omni populo suo in loco, qui Mouriberch dicitur, occurit, eum ultra progedi non sinit. Ibi instructa acie, utrimque tubis clangentibus, primitus cum telis et pilis concurrunt, deinde gladios cominus stringunt. Ingens ibi certamen magnis viribus geritur, multus utrimque populus saucius sternitur, tan dem occulto Dei iudicio hostis victoria potitur (...)."

17 In ähnlichem Geist berichten über das Ereignis auch diverse zeitgenössische Chroniken aus dem Donauraum. Vgl. etwa Annales Mellicenses a. 1–1123, hrsg. von WATTENBACH, W., in: Chronica et annales aevi Salici (wie Anm. 15), S. 479–501, hier S. 500; Annales Admuntenses a. 1–1139, hrsg. von WATTENBACH, W., in: Chronica et annales aevi Salici (wie Anm. 15), S. 569–579, hier S. 576; Continuatio

Cosmas versteht die Epoche der Herrschaft Wratislaws II. als ein schicksalhaftes Ringen „(...) zwischen den beiden Säulen der Kirche (...)“[19], die er je nach Bedarf entweder im vierten Bruder Wratislaws, dem Prager Bischof Jaromir, und in dem von Wratislaw designierten mährischen Bischof Johann erblickt – Wratislaw erneuerte im Jahr 1063 das mährische Bistum als Stütze seiner eigenen Herrschaft in den mährischen Teilfürstentümern seiner übrigen drei Brüder – oder in Jaromir und Wratislaw selbst. Die Gestalt des Prager Bischofs Jaromir avanciert bisweilen zur Zentralfigur der Chronik, für eine Schilderung der Taten Wratislaws auf diplomatischem und militärischem Feld bleibt nicht viel Raum.[20] Hiervon hat Cosmas lediglich drei Ereignisse ausgewählt: die erwähnte Schlacht bei Mailberg im Jahre 1082, Wratislaws Krönung drei Jahre später und schließlich die Auseinandersetzung Wratislaws mit seinem Nachfolger auf dem Thron, dem Brünner Teilfürsten Konrad, und seinem ältesten Sohn Břetislaw im Jahre 1091, kurz vor dem Tod des Königs.

Im Zusammenhang mit den Auseinandersetzungen Wratislaws mit seinem Bischof, die ein wichtiger Bestandteil der Geschichte von Wratislaws Herrschaft sind, ist verwunderlich, wie viele der auch für diese Auseinandersetzung wichtigen Ereignisse Cosmas in seinem Werk ausspart: die Eroberung der Heiligen Lanze in der Schlacht bei Flarchheim am 27. Januar 1080,[21] die Stiftung des Wischehrader Kapi-

---

Claustroneoburgensis prima a. 1075–1168, hrsg. von WATTENBACH, W., in: Chronica et annales aevi Salici (wie Anm. 15), S. 607–613, hier S. 608; Auctarium Vindobonense a. 893–1273, hrsg. von WATTENBACH, W., in: Chronica et annales aevi Salici (wie Anm. 15), S. 722–724, hier S. 723.

18 Die Cosmasche Erzählung und der Bericht aus der Vita Altmanni können allerdings auch als sich ergänzende, jeweils aus einem anderen Blickwinkel erzählte Berichte betrachtet werden. NOVOTNÝ, V., České dějiny I.2. Od Břetislava I. do Přemysla I, Prag 1913, S. 235–238 deutet die von Cosmas geschilderten Grenzstreitereien eher als eine Begleiterscheinung der reichspolitischen Auseinandersetzung, wobei die bei Cosmas erwähnten Hirten mit der Bemerkung der Vita in Verbindung zu bringen sind, daß Leopold mit dem ganzen Volk gegen die böhmischen Angreifer zog.

19 COSMAS VON PRAG, Chronica Boemorum (wie Anm. 2), S. 122: „(...) Hec fuit prima causa et fomes atque inicium tocius discordie, que post inter duas columnas ecclesie orta est huius ex occasione calumpnie (...).“ Zu Cosmas und seiner Chronik vgl. näher TŘEŠTÍK, D., Kosmova kronika. Studie k počátkům českého dějepisectví a politického myšlení, Prag 1968; DERS., Kosmas, Prag ^{2}1972, S. 47.

20 Der Prager Bischof wird von Cosmas differenziert und kritisch geschildert und auch sonst wäre es irreführend, den Grund für die mangelnde Sympathie des Chronisten zu seinem König in seiner (hypothetischen) Anhängerschaft zum Bischof zu suchen. Des Weiteren vgl. WIHODA, M., Between the Emperor and the Pope. A Traumatic Century of Czech History, in: The Neighbours of Poland in the 11th century, hrsg. von URBAŃCZYK, P., Warschau 2002, S. 111–136.

21 Vgl. näher EKKEHARD VON AURA, Ekkehardi monachi Uraugiensis Chronicon universale ad a. 1106, hrsg. von WAITZ, G., in: Chronica et annales aevi Salici (MGH Scriptores in Folio 6), hrsg. von PERTZ, G. H. u. a., Hannover 1844, S. 33–256, hier 203: „(...) Ibi dux Boemiae Fratizlaus regalem lanceam Ruodolfi adeptus est; quae exinde permissione regis Heinrici semper quemvis illius gentis ducatu insignem in omni festiva processione precedit (...).“ Das mährische Bistum knüpfte womöglich an das formal nie aufgehobene Bistum des Großmährischen Reiches aus dem 10. Jahrhundert an. Siehe dazu zuletzt ŽEMLIČKA, Čechy (wie Anm. 5), S. 97–99, dort auch weitere Literatur.

tels im Jahre 1070[22] oder die Wiederherstellung des mährischen Bistums in Olmütz[23] und die Erneuerung des Klosters Sazau[24] zu Beginn der sechziger Jahre des 11. Jahrhunderts.

Das fragwürdige Niveau der Berichterstattung über Wratislaws Herrschaft läßt sich nicht mit dem Verweis auf die oben erwähnte mehrjährige Abwesenheit des Chronisten verteidigen. Cosmas standen mündliche wie schriftliche Zeugnisse zur Verfügung, aus denen sich mühelos eine ausgewogene und bruchlose Darstellung hätte rekonstruieren lassen. Cosmas nimmt jedoch eine offen feindliche und ablehnende Haltung gegenüber Wratislaws Herrschaft ein. Der erste böhmische König ist in seinen Augen keineswegs ein würdiger Erbe des Přemyslidenthrones, was er im Kommentar zum Tode des Fürsten Spytihniew II. (1055–1061) zum Ausdruck bringt, dessen Nachfolger Wratislaw war: Es sei „(...) ein uns verborgener Beschluß Gottes, daß die Bösen auf der Erde bleiben, die Guten aber von uns genommen werden (...)“[25]

Gebührende Aufmerksamkeit widmete der Chronist seinem ungeliebten König nur in einem Fall, nämlich bei der Beschreibung der Belagerung Brünns im Jahr 1091: Angeblich führten Wratislaw niedere Beweggründe vor die Befestigungen Brünns. Cosmas zufolge ließ sich Wratislaw durch Zorn leiten, weil sein Bruder Konrad sich der vertriebenen Nachfahren seines kurz zuvor verstorbenen Bruders, des Olmützer Teilfürsten Otto, annahm – Wratislaw beanspruchte das Teilfürstentum für seinen Sohn aus der dritten Ehe, Boleslaw.

22 Vgl. näher Codex diplomaticus et epistolaris regni Bohemiae I, hrsg. von FRIEDRICH, G., Prag 1904–1907, S. 365–367, Nr. 384, oder Anhang II: Gründung der Kirche von Wischehrad, hrsg. von BRETHOLZ, B., in: COSMAS VON PRAG, Chronica Boemorum (wie Anm. 2), S. 252–254.

23 Granum catalogi praesulum Moraviae, hrsg. von LOSERTH, J., in: Archiv für österreichische Geschichte 78 (1892), S. 67: „(...) 1063 dux Wratislaus Boemie de consensu Severi Pragensis episcopi sexti Moraviensem episcopatum a Pragensis episcopo divisit tempore Alexandri pape secundi et Henrici imperatoris tercii Johannemque canonicum Pragensem Moraviensem episcopum tercium instituit (...).“

24 Anhang I: Gründung des Klosters Sazawa, hrsg. von BRETHOLZ, B., in: COSMAS VON PRAG, Chronica Boemorum (wie Anm. 2), S. 243–251, hier 248–249: „(...) Defuncto igitur Zpitigneo duce divinitas fideli suo servo Wratizlao memorali titulo ducatus gubernaculum tradidit, qui cum divinum ecclesie diligeret unice cultum, etiam illum toto cordis affectu locum dilexit. Qui missit legatis Hunorum ad regem de exilio Vitum abbatem et fratres eius cum honore reduxit et in loco suo decenter restituit (...).“

25 COSMAS VON PRAG, Chronica Boemorum (wie Anm. 2), S. 109: „(...) Sed quia sepius videmus occulto Dei iudicio malos relinqui, bonos subtrahi de medio, hic vira tante probitatis est (...).“ Mit barschen Ausfällen versah Cosmas Wratislaw auch, wenn er durch den Mund des Vorfahren Smil Jaromirs Rechte auf den Stuhl des Prager Bischofs verteidigte und sich schließlich zum dritten Male über den Charakter des ungeliebten Herrschers im Kommentar zum Tode des Bischofs Severus ausließ. So beschrieb er Wratislaw wie folgt, COSMAS VON PRAG, Chronica Boemorum (wie Anm. 2), S. 114: „(...) At ille, sicut erat in simulandis et dissimulandis rerum causis vir ingeniosus atque dolosus, ut vulpecula, que non illuc fugit, quo suam iactavit caudam, ita dux aliud clausum retinens in pectore, aliud promit suis fratribus ore (...).“

Mit der Schilderung der darauffolgenden Geschehnisse füllt Cosmas ganze sechs Kapitel des zweiten Buches seiner Chronik,[26] was schon an sich die ungeheure Bedeutung bestätigt, die Cosmas dem Bruderzwist zuschrieb: Wratislaw schlug zusammen mit seinem ältesten Sohn Břetislaw das Lager vor den Mauern Brünns auf; nach einem blutigen Streit mit seinen Ratgebern verließ ihn der Sohn jedoch, und zusammen mit ihm ging auch der Großteil des Heeres. Die neue Situation zwang Wratislaw dazu, mit Konrad einen raschen Waffenstillstand zu schließen. Dem Senioratsrecht folgend bestätigte er dabei in Anwesenheit der führenden Adeligen des Landes den Bruder als seinen Nachfolger und versicherte sich dadurch seiner weiteren Loyalität. Der Prinz Břetislaw zog sich zunächst auf seine ostböhmischen Güter zurück, um sich schließlich mit seinen Getreuen dem Schutz des ungarischen Königs zu unterstellen.

Die grundlegende Achse von Cosmas' Schilderung wird kunstfertig durch zahlreiche stilistische Anleihen angereichert, derentwegen die ganze Geschichte eher in den Bereich der Belletristik gehört.[27] Dennoch glossiert er zum Schluß nüchtern, daß Wratislaw damals „(...) den Frieden nicht aus innerster Überzeugung, sondern nur der Not gehorchend geschlossen hatte (...)".[28] Die Not war, will man Cosmas Glauben schenken, groß: Wratislaw II. hatte mit der Versöhnung anscheinend dem Druck der Adeligen (und wohl auch seines eigenen Sohnes Břetislaw) nachgegeben, und gab es auf, ihnen gegenüber seine Königswürde durchzusetzen. Der Thron, um den es vor den Mauern Brünns ging, war nicht der Thron eines Königs, sondern der Thron des böhmischen Fürsten, eines von den Mitgliedern des Adels gewählten Herrschers, der zwar aus dem auserwählten, vom hl. Wenzel charismatisierten Geschlecht der Přemysliden stammen mußte, der aber trotzdem nur einer unter mehreren war. Sollte dem in der Tat so gewesen sein, dann wäre es vor Brünn im Jahre 1091 nicht um irgendwelche kleinlichen persönlichen Streitereien gegangen, sondern um die Krone, mit der die böhmischen Adeligen, der Brünner Teilfürst Konrad und auch der Königssohn Břetislaw nichts gemein haben wollten.[29]

26 COSMAS VON PRAG, Chronica Boemorum (wie Anm. 2), S. 149–155.

27 So wird z. B. die dringend notwendige Versöhnung Wratislaws mit Konrad als Folge der Fürsprache Konrads wunderschöner Ehefrau geschildert, die insgeheim Wratislaw in seinem Feldlager aufsucht und ihn mit einer kunstvollen Rede zu Tränen bewegt; vgl. COSMAS VON PRAG, Chronica Boemorum (wie Anm. 2), S. 149–155.

28 COSMAS VON PRAG, Chronica Boemorum (wie Anm. 2), S. 153: „(...) Post hec Bracizlaus intelligens suum patrem non ex corde sed pro necessitate (...)."

29 Die Adeligen waren durchaus imstande, auch bei anderen Gelegenheiten ihren Willen gegen den des Herrschers durchzusetzen. Im Jahr 1067 versuchte Wratislaw den gerade vakant gewordenen Prager Bischofsstuhl mit einem eigenen Prätendenten zu besetzen und löste damit einen regelrechten Aufstand aus. Die Ursache dieses adeligen Aufstandes war dabei wohl vielmehr als das Vorrecht des früher designierten Kandidaten, Wratislaws Bruders Jaromír (Gebhard), ein Traditionsbruch, den Wratislaw mit seiner Aktion einzuleiten veruchte: In einer improvisierten Versammlung ernannte er seinen Kandidaten zum Bischof und übergab ihm Bischofsring und –stab. Dies wurde von den Anwesenden als eine uner-

Im Lichte dieses Berichtes von Cosmas kann man viele der von ihm verschwiegenen oder heruntergespielten Ereignisse als Elemente der Strategie Wratislaws betrachten, eine neue Definition der Herrschaft in Böhmen durchzusetzen. Diese Strategie gelangte bei seiner Krönung auf ihren Höhepunkt und endete bei der Belagerung Brünns im Jahr 1091 mit einer endgültigen Niederlage. Bald darauf, im Januar 1092, verletzte sich der anscheinend sonst recht rüstige König bei der Jagd tödlich.

Im Jahre 1091 verlor Wratislaw, zugespitzt gesagt, sein Königtum. Doch wie sah dieses aus und in welche Tradition gliederte es sich ein? Vielen Einwänden und direkten stilistischen Anleihen zum Trotz hatte Cosmas die Krönung Wratislaws nicht erfunden. Dies bestätigen eine zwar spätere, von der Chronik des Cosmas aber völlig unabhängige Glosse in den Altenzeller Annalen[30] sowie ein kurzer Eintrag in den Jahrbüchern von Paderborn.[31] Die Krone ist allerdings nicht direkt vom Himmel auf den Kopf des böhmischen Fürsten gefallen. Als einen der ersten Schritte auf dem langen und schwierigen Weg zu ihr kann man die Gründung des mährischen Bistums[32] und das wohl damit verbundene Recht betrachten, das der Papst Alexander II. dem Fürsten Wratislaw verlieh: bei festlichen Gelegenheiten durfte der böhmische Fürst eine „Mitra", d. h. eine bischöfliche Chorkappe, tragen.[33] Wratislaw hoffte anscheinend, sich unter anderem durch die reiche Schenkung und die pünktliche Entrichtung des jährlichen Zinses für die Mitra die Unterstützung des Papsttums auch in anderen Angelegenheiten zu sichern.

Wenige Jahre nach der Gründung des mährischen Bistums unternahm Wratislaw einen neuen weitreichenden Eingriff in die bestehenden Strukturen der böhmischen

---

lässliche Usurpation der kaiserlichen Rechte verstanden, dem Herrscher wurde sogar Cosmas zufolge mit einer Klage beim Kaiser gedroht (COSMAS VON PRAG, Chronica Boemorum [wie Anm. 2], S. 113–117). Wratislaw mußte schließlich nachgeben. Siehe dazu NOVOTNÝ, České dějiny (wie Anm. 18), S. 128–131, der Wratislaws Übergriff als eine taktische, situationsabhängige Handlung deutet. Dies mag durchaus stimmen, die von Cosmas beschriebene Empörung belegt im jeden Fall eine hohe Bedeutung der symbolischen Handlungen dieser Art unter den herrschenden Eliten Böhmens.

30 Annales Veterocellenses, hrsg. von PERTZ, G. H., in: Annales aevi Suevici (MGH Scriptores in Folio 16), hrsg. von PERTZ, G. H. u. a., Hannover 1859, S. 41–47, hier 41: „(...) Henricus III imperator Maguncie in presencia electorum tam spiritualium quam secularium principem Wratislaum ducem Bohemie magnifice decoravit, coronam regalem capiti suo imponens, sublimavit in regem, precipiens archiepiscopo Treverensi, ut Praga in ecclesia metropolitana iuxta morem unctionis Romanorum regum, hoc est in capite, pectore, inter et trans scapulas atque manus ungat in regem et ipsum regalibus insigniis in proprio suo regno decoret. Quod et fecit et tam ipsum quam uxorem suam coronis regalibus insignivit. Que unctio iuxta morem Romanorum regum in coronacione singulorum regum Boemie in eius perhennem memoriam iugiter observatur (...)."

31 Annales Patherbrunnenses, hrsg. von SCHEFFER-BOICHORST, P., Innsbruck 1870, S. 100: „(...) dux Bohemie sue gentis rex factus est unctione Eilberti archiepiscopi Trevirensis (...)."

32 Siehe dazu zuletzt ŽEMLIČKA, Čechy (wie Anm. 5), S. 98f. Dort auch weitere Literatur.

33 Die Gründung des Bistums und das Privileg Alexanders II. bringt Václav Novotný miteinander in Verbindung. Das Recht, eine „Mitra" zu tragen besaß auch Wratislaws Vorgänger auf dem Fürstenthron, Spytihnew. Siehe NOVOTNÝ, České dějiny (wie Anm. 18), S. 124f; vgl. ŽEMLIČKA, Čechy (wie Anm. 5), S. 99.

Kirche und in die mit ihr verbundene Staatlichkeit. Um das Jahr 1070 stiftete er die Kirche und das Kapitel auf der Burg Wischehrad.[34] Die reiche Schenkung wird üblicherweise von der Forschung als eine Folge der andauernden Auseinandersetzungen des Herrschers mit dem amtierenden Prager Bischof gedeutet.[35] Das ist sie zwar auch, aber anscheinend ist dies nicht die einzige Erklärung: Einen wichtigen Kontext der Wischehrader Stiftung bilden die Bestrebungen von Wratislaws Vater, dem Fürsten Břetislaw I. (1035–1055), und von dessen Bruder und Nachfolger Spytihniew II. (1055–1061). Beide Herrscher bemühten sich, für Prag den erzbischöflichen Stuhl zu erlangen. Eine gezielte politische Aktivität Wratislaws in dieser Richtung ist zwar nicht zu belegen, aber die Tatsache bleibt, daß sein Königstitel durch den „eigenen" Metropoliten eine bedeutende Unterstützung bekommen hätte.[36] Der künftige Erzbischof hätte freilich seinen Sitz nicht an der Kirche des hl. Veit gehabt, wo die Prager Bischöfe residierten, sondern vermutlich zu St. Peter auf dem nahen Wischehrad.

Den exklusiven Status der neuen Kirche betonte Wratislaw unter anderem dadurch, daß er „(...) auf den eigenen Schultern zwölf volle Körbe mit Steinen zur Ehre des hl. Erlösers herbeitrug, so wie Kaiser Konstantin einst die römische Kirche begründet hatte (...)".[37] Die Privilegien ließen nicht lange auf sich warten: Papst Alexander II. verfügte etwa um 1070, daß „(...) diese sakrosankte Kirche verehrt werde und als Haupt des ganzen Landes gelte (...)".[38] Darüber hinaus begab sich der Legat der Kurie Johannes, Bischof von Tusculum, nach Böhmen, um hier einen Vertrag über die Exterritorialität der neuen Kirche gegenüber der Jurisdiktion des Prager Bischofs zu kodifizieren. Zugleich wurden Probst, Priester, Diakon und Subdiakon der Kirche mit dem Recht ausgestattet, Mitra und Sandalen zu benutzen, und zwar dergestalt, wie dies „(...) die sieben Kardinäle am Altar des hl. Petrus (...)" in Rom täten.[39] 1074 versprach der neugewählte Papst Gregor VII. (1073–1085) dem Wratislaw, die Kirche mit den erbetenen Reliquien der Heiligen sowie

---

34 Vgl. dazu NECHVÁTAL, B., Vyšehrad a archeologie, in: Královský Vyšehrad. Sborník příspěvků k 900. výročí úmrtí prvního českého krále Vratislava II. (1061–1092), hrsg. von HUBER, J./NECHVÁTAL, B., Prag 1992, S. 112–141.

35 Siehe dazu zuletzt ŽEMLIČKA, Čechy (wie Anm. 5), S. 99.

36 Siehe dazu sehr plausible Vermutung von ŽEMLIČKA, Čechy (wie Anm. 5), S. 107.

37 KANONIKER VON WISCHEHRAD, Canonici Wissegradensis continuatio Cosmae, hrsg. von EMLER, J., in: Cosmae Chronicon Bohemorum cum continuatoribus (Fontes rerum Bohemicarum 2), hrsg. von EMLER, J., Prag 1874, S. 206–207: „(...) quod tali modo fundavit, portans propriis humeris XII cophinos plenos lapidibus in honore salvatoris, ut Constantinus imperator fundavit Romanam ecclesiam (...)."

38 Anhang II: Gründung der Kirche von Wischehrad, (wie Anm. 22), S. 253: „(...) Quam sacrosanctam ecclesiam totius provincie caput dici (...)."

39 Anhang II: Gründung der Kirche von Wischehrad, (wie Anm. 22), S. 254: „(...) Huius vero conditionis gratia cunctis celsior in eadem regione ut videretur ecclesiis, qualicumque apparamento septem cardinales altari sancti Petri ministrare student, mitra, sandaliis, simili modo ispius ecclesie prepositum, presbyterum, diaconum, subdiaconum incedere precepimus (...)."

den oben genannten Freiheiten auszustatten.[40] Es war jedoch der Herrscher selbst, der nach der Erlangung der Königswürde die entsprechende Urkunde ausstellte: Er glaubte wohl, als König den Papst für einen solchen Akt nicht mehr zu benötigen.[41] Bewunderung und Neid weckte der vermachte Besitz, der sich nicht nur in Böhmen befand, sondern sich auch auf Mähren erstreckte.[42] Darüber hinaus zwang der Fürst zum Unmut der einheimischen Geistlichkeit die beiden Bischöfe, jeweils auf einen Teil ihrer Pfründe zu verzichten.[43]

Die Kirche zu St. Peter blieb nicht lange allein. In ihrer Nachbarschaft errichtete man die Basilika des hl. Laurentius, und noch vor dem Ende des 11. Jahrhunderts wurde die St.-Martins-Rotunde vollendet. Den Kirchenkomplex ergänzte bald der Neubau des fürstlichen Hofes mit Palast, in dessen Mauern fortan die Herrscher residieren sollten. Das machtpolitische Ringen zwischen dem Fürsten und dem Bischof von Prag, dessen Folge die Gründung Wischehrad war, barg in sich, zugespitzt gesagt, einen vollständigen Abschied von der Vergangenheit.

Der Fürst und König erreichte damit aber die Grenzen des Möglichen: Nicht nur der Fürstenpalast auf der Prager Burg mit dem steinernen Thron der böhmischen Fürsten,[44] sondern auch die St.-Veits-Kirche mit den Reliquien des hl. Wenzel und Adalbert, die St.-Georgs-Basilika mit den Gräbern der Vorfahren und insbesondere die Wahlstimme der einheimischen Adeligen sollten in Vergessenheit geraten bzw. unmittelbar der neuen Ideologie des Königreichs Böhmen geopfert werden.[45]

Die Krone wurde allerdings nicht mit der Gründung Wischehrad und auch nicht mit Hilfe des Papsttums erlangt. Die entscheidende Rolle fiel am Ende dem Römi-

---

40 Gregorii VII Registrum (MGH Epistolae selectae II/1), hrsg. von CASPAR, E., München 1916, S. 89–90, Nr. I/61: „(...) De reliquiis et privilegio, unde nos rogasti, cum nuntiis tuis finita et perfecta ecclesia consecrationis consilium a nobis quesierit, voluntati tue satisfacere benigne procurabimus (...)."

41 NOVOTNÝ, České dějiny (wie Anm. 18), S. 145.

42 FRIEDRICH (Hg.), Codex (wie Anm. 22), S. 371–391, Nr. 387, und HRUBÝ, V., Tři studie k české diplomatice. Z rukopisu připravil k tisku J. Šebánek. Spisy Filosofické fakulty Masarykovy university v Brně, Brünn 1936, S. 151–165, Nr. 42, oder NOVÝ, R., Přemyslovský stát 11. a 12. století (Acta Universitatis Carolinae. Philosophica et historica. Monographia 43), Prag 1972, S. 126–130.

43 Anhang II: Gründung der Kirche von Wischehrad, (wie Anm. 22), S. 253–254: „(...) Episcopi eius sub dominio suis de decimis trecentos homines ad eandem ecclesiam segregaverunt, presul Pragensis ducentos, Olomucensis centum, fratrum suorum Conradi, Ottonis consensu (...)."

44 Auf eine hohe symbolische Bedeutung des steinernen Thrones auf der Prager Burg weist der Chronist Vincentius (nach 1172) hin, wenn er den Kampf von Fürst Wladislaw (1141–1172) um den Thron im Jahr 1142 schildert. VINZENZ VON PRAG, Vincentii canonici Pragensis annales, hrsg. von EMLER, J., in: Cosmae Chronicon Bohemorum cum continuatoribus (wie Anm. 37), S. 412: „(...) Dux itaque Wladizlaus firmata predicta civitate fratrem quoque suum Thebaldum in ea cum domna Gertrude, uxore sua, cui maxime in hoc articulo confidebat, cum quibusdam militibus ualde bellicosis pro tuenda civitate et principali throno, quodam saxo, quod etiam nunc in medio civitatis est, pro quo non solum nunc, sed etiam ab antiquo multa millia militum bello corruerunt (...)."

45 Zur Bedeutung der Wischehrader Burg vgl. zuletzt PLESCZYŃSKI, A., Przestrzeń i polityka. Studium rezydencji władzy wcześniejszego średniowiecza. Przykład czeskiego Wyszegradu, Lublin 2000.

schen König und Kaiser Heinrich IV. und dem beispiellosen Konflikt zu, in den er am Anfang seiner Herrschaft geriet und der ihn selbst um mehrere Jahrzehnte überleben sollte. In der Mitte der siebziger Jahre brach der Investiturstreit aus.[46] Der böhmische Fürst schlug sich in diesem Streit auf die Seite des Königs, die er in den folgenden Jahren nicht einmal wechselte.[47] Nach zehn Jahren, im Jahr 1085, belohnte Heinrich, nun schon als Römischer Kaiser, Wratislaws Treue mit dem Königstitel. Die Krönung Wratislaws wurde dabei in zwei voneinander getrennten Zeremonien durchgeführt: Gekrönt hatte den böhmischen Fürsten während einer Reichsversammlung in Mainz der Kaiser selbst, die Salbung dagegen wurde vom mächtigsten Prälaten des Reiches, dem Trierer Erzbischof, in Prag durchgeführt. Der Chronist Cosmas berichtet:

(...) Bei diesem Anlaß setzte der Kaiser selbst in Gegenwart und mit Zustimmung aller Großen des Reiches, der Herzöge, Markgrafen, Grafen und Bischöfe dem Böhmenherzog Wratislaw die Königskrone auf das Haupt und wies den Erzbischof von Trier namens Egilbert an, ihn in seiner Hauptstadt Prag zu salben und zu krönen (...).[48]

Der Titel bezog sich ausschließlich auf die Person Wratislaws – auf das Erbkönigtum mußten die Přemysliden noch mehr als ein Jahrhundert warten,[49] aber der Titel, die Krone und die beiden Krönungszeremonien des Jahres 1085 hätten unter Umständen einen Grundstein für die zukünftige königliche Würde der Přemysliden legen können, und in Teilen haben sie das auch getan. Einen Bestandteil der Kö-

---

46 Siehe dazu zuletzt WEINFURTER, ST., Canossa. Die Entzauberung der Welt, München 2006.

47 Zu der Rolle Wratislaws als eines treuen Unterstützers von Heinrich IV., vor allem was seine militärischen Auseinandersetzungen mit den Gegenkönigen Rudolf von Schwaben (1077–1080) und Herman von Salm und Luxemburg (1081–1088) betrifft, eingehend NOVOTNÝ, České dějiny (wie Anm. 18), S. 176–277, der die Rolle des böhmischen Fürsten im Invesiturstreit ungemein hochschätzt, indem er ihn bisweilen als die einzige Stütze Heinrichs IV. darstellt. Die Heere des böhmischen Fürsten fungierten anscheinend oft als Straf- und Expeditionseinheiten, die vor allem in den rebellischen Meißen, Bayern und vor allem Sachsen die königlichen Interessen hin und wieder durchzusetzen halfen. Differenziert dazu ŽEMLIČKA, Čechy (wie Anm. 5), S. 105–107. Die zahlreichen Berichte über die Rolle der böhmischen Heere in den Kriegen des Investiturstreits bei WATTENBACH, W./HOLTZMANN, R. (Hgg.), Deutschlands Geschichtsquellen im Mitelalter. Die Zeit der Sachsen und Salier. Bd. II: Das Zeitalter des Investiturstreits (1050–1125), Neuausgabe besorgt von Franz Josef Schmale, Köln/Graz 1967; Bd. III: Italien (1050–1125), England (900–1135). Nachträge zum ersten und zweiten Teil. Neuausgabe besorgt von Franz Josef Schmale, Darmstadt 1971.

48 COSMAS VON PRAG, Chronica Boemorum (wie Anm. 2), S. 135: „(...) In quo conventu idem cesar omnibus sui regni optimatibus, ducibus, marchionibus, satrapis et episcopis assencientibus et collaudantibus ducem Boemorum Wratizlaum tam Boemie quam Polonie prefecit et inponens capiti eius manu sua regalem circulum iussit archiepiscopum Treverensem nomine Egilbertum, ut eum in sede sua metropoli Praga in regem ungat et diadema capiti eius inponat (...)."

49 Siehe dazu WIHODA, M., Zlatá bula sicilská. Podivuhodný příběh ve vrstvách paměti, Prag 2005.

nigssalbung in Prag bildete anscheinend die *regalis lancea* Rudolfs von Schwaben, die Wratislaw in der Schlacht bei Flarchheim am 27. Januar 1080 erobert hatte. In der Schlacht trafen die Heere Heinrichs IV. und Rudolfs von Schwaben aufeinander, ohne, daß einer der beiden den klaren Sieg davongetragen hätte. Die Lanze wurde allerdings als eine bedeutende Beute betrachtet, und Wratislaw bekam vom König das Privileg, daß diese ihm und seinen Nachfolgern bei feierlichen Anlässen vorangetragen werden durfte.[50] Es war anscheinend dieser Gegenstand, den eine spätere königliche Tradition in die wunderbringende Lanze des Heiligen Wenzel als eines Beschützers des Landes und vor allem der böhmischen Heere verwandelte.[51]

Obwohl als unbestritten gelten darf, daß von Wratislaws Nachfolgern immer wieder auf etliche Elemente einer symbolischen Repräsentation der königlichen Würde zurückgegriffen wurde, die Wratislaw ins Leben gerufen hatte, akzeptierten ihn die Adeligen, sein Bischof und auch sein Chronist nicht als König. Als einen Beleg dafür kann man mit einem gewissen Vorbehalt eine Rede betrachten, die der Pegauer Annalist irgendwann um die Mitte des 12. Jahrhunderts dem Freund und Verbündeten des böhmischen Fürsten und Königs Wiprecht von Groitzsch (um 1050–1124) in den Mund gelegt hat. Dem Text entsprechend will Wiprecht den böhmischen Fürsten dazu bewegen, daß er sich bei König Heinrich IV. um die königliche Würde bemühen solle:[52]

(...) Ich bekenne, daß ich mich nicht der Verwunderung verschließen kann, daß ein solcher Mann mit einem solchen Namen und derartiger Macht gleichgültig die Schmach und Verachtung des königlichen Namens und der Autorität erduldet. Dies offenbart sich klar darin, daß die Grafen und Adeligen, die mit großer Stärke und

50 EKKEHARD VON AURA, Chronicon universale (wie Anm. 21), S. 203: „(...) Ibi dux Boemiae Fratizlaus regalem lanceam Ruodolfi adeptus est; quiae exinde permissione regis Heinrici semper quemvis illius gentis ducatu insignem in omni festiva processione precedit (...).“ Vgl. dazu auch BAUER, O., Kopí svatého Václava, in: Český časopis historický 36 (1930), S. 351–359; WEGENER, W., Die Lanze des heiligen Wenzel. Ein Versuch zur Geschichte der mittelalterlichen Herrschaftszeichen, in: Zeitschrift der Savigny-Stiftung GA 72 (1955), S. 56–82; TŘEŠTÍK, Kosmova kronika (wie Anm. 19) S. 204–207, und zuletzt NOVÝ, R., Symboly české státnosti v 10.–12. století, in: Folia Historica Bohemica 12 (1988), S. 47–59.

51 Siehe dazu zuletzt ŽEMLIČKA, Čechy (wie Anm. 5), S. 106, Anm. 74. Über die Rolle des heiligen Wenzels als Heeresbeschützers und zur Entwicklung der Wenzelsideologie in der Zeit der Herrschaft von Přemysliden und Luxemburgern eingehend GRAUS, F., Der Heilige als Schlachtenhelfer. Zur Nationalisierung einer Wundererzählung in der mittelalterlichen Chronistik, in: Festschrift für Helmut Beumann zum 65. Geburtstag, hrsg. von JAESCHKE, K.-U./WENSKUS, R., Sigmaringen 1977, S. 330–348; DERS., Lebendige Vergangenheit. Überlieferung im Mittelalter und in den Vorstellungen vom Mittelalter, Köln/Wien 1975, S. 159–182; DERS., Kirchliche und heidnische (magische) Komponente der Stellung der Přemysliden. Přemyslidensage und St. Wenzelsideologie, in: Siedlung und Verfassung Böhmens in der Frühzeit, hrsg. von GRAUS, F./LUDAT, H., Wiesbaden 1967, S. 148–160.

52 Näher dazu vgl. PATZE, H., Die Pegauer Annalen, die Königserhebung Wratislaws von Böhmen und die Anfänge der Stadt Pegau, in: Jahrbuch für Geschichte Mittel- und Ostdeutschlands 12 (1963/64), S. 1–62.

Ehren herrschen und die Deinen Vorfahren Treue und Gehorsam gelobten, es ablehnen, sich Deiner Macht zu unterwerfen (...).[53]

Waren aber die Krone und der Königstitel im Böhmen dieser Zeit tatsächlich so schockierend fremd? Darauf wirft der zweiter Teil der fiktiven Rede Wiprechts von Groitzsch Licht:

(...) Ich erinnere mich, daß berichtet wird, einer Deiner Vorfahren sei Bougo gewesen, unter dessen Herrschaft nicht allein Grafen und andere an Adel und Reichtum herausragende Persönlichkeiten ehrenvoll dienten, sondern auch Fürsten und Markgrafen. Und derjenige, der Herrschaft und königlichen Namen empfing, dehnte seine Besitzungen bis zur Provinz der Seringer aus und erhob sich ruhmreich über die anderen ebenfalls mächtigen Fürsten. Wenn Du also die Schmähung des königlichen Namens rächen willst, bedenke, daß jetzt die geeignete Zeit hierfür ist und daß die Wirren in den öffentlichen Angelegenheiten eine gute und günstige Gelegenheit bieten (...).[54]

In der Mitte des 12. Jahrhunderts, d.h. nicht allzu lange nach den hier behandelten Ereignissen, kursierte in Böhmen und Umgebung eine Legende vom mächtigen Přemyslidenkönig Bougo, dessen Einfluß bis in die entlegenen Winkel irgendwo im Osten reichte.[55] Man könnte diesen „Bougo" mit einem der drei Přemyslidenfürsten identifizieren, die hintereinander um das Jahr 1000 herrschten und den Namen Boleslaw trugen. Somit wäre im Skriptorium des Pegauer Klosters ein Beleg für eine

53 Annales Pegavienses et Bosovienses, hrsg. von PERTZ, G. H., in: Annales aevi Suevici, (wie Anm. 30), S. 232–270, hier S. 236: „(...) Mirari satis (...) non posse me fateor, quod tantus vir, tanti nominis ac potestatis, aequanimiter feras detrimentum et abiectionem regii nominis et auctoritatis. Quod in hoc satis apparet, quia comites et ingenui, magna potestate vel honore praediti, antecessoribus tuis sub iureiurando fidem et hominium servantes, tuo recusat dominio subici. Hoc quam indecens et incongruum sit aperiam. (...)."

54 PERTZ (Hg.), Annales Pegavienses et Bosovienses, (wie Anm. 53), S. 232–270, hier S. 236: „(...) Memini quendam antecessorum tuorum Bougonem dici, cuius principatui non dicam cimites aliosve nobilitate opibusque pollentes, immo duces et marchiones militabant. Is adeptus dominium nomenque regium, in provinciam Seringorum suum dilataverat imperium, aliisque principibus aeque potentibus famosior et eminentior claruit. Quare si regii nominis detrimenta recuperare desideres, considera iam oportunum tempus adesse, turbataque res publica utilem et efficacem dabit occasionem (...)." Des Weiteren vgl. TŘEŠTÍK, D., „Gloria regni" Vratislava II. Hymnus „Versus post missam" a kronikář Kosmas, in: Verba in imaginibus. Františku Šmahelovi k 70. narozeninám, hrsg. von NODL, M./SOMMER, P., Prag 2004, S. 285–298.

55 Zum „Ost"-Horizont der mittelalterlichen Geschichtsschreiber vgl. MALECZYŃSKI, K., Sarmatae i Scytae w pismach Gerberta z Aurillac z lat 986–998, in: Europa – Słowiańszczyzna – Polska. Studia ku uczczeniu profesora Kazimierza Tymienieckiego (Prace Wydziału Filozoficzno-Historycznego 36), hrsg. von BARDACH, J. u. a., Posen 1970, S. 59–69.

halb vergessene alte Tradition erhalten geblieben, die irgendwann in die Zeit nach dem Jahr 1000 reichte.[56]

In jedem Fall stimmt die weiter oben zitierte Cosmas'sche Beschreibung der Mainzer Krönungszeremonie auffällig mit dem Gnesener Akt aus dem Jahre 1000 überein, mit dem Kaiser Otto III. den polnischen König Boleslaw Chrobry zum Kooperator seines imposant entworfenen Konzeptes einer sakralen Renovatio imperii Romanorum erhob.[57] Und nicht nur das: Wratislaw wurde Cosmas zufolge nicht nur zum böhmischen König gekrönt, sondern erlangte auch den polnischen Königstitel! Die ungewöhnliche Kombination der böhmischen und polnischen Krone interpretiert Cosmas als böhmische Herrschaft über Polen.[58] Dies ist freilich nicht möglich. Wratislaw II. betrachtete den regierenden polnischen Fürsten (und auch seinen Schwiegersohn) Wladislaw Herman als engen Verbündeten, und er sah keinen Grund, das beinahe harmonische Zusammenleben von Böhmen und Polen zu beenden. Von einer angeblichen Oberhoheit Wratislaws über Polen berichten weder die Annalen in Altenzelle noch in Paderborn. Dagegen schrieb anscheinend auch der Mainzer Erzbischof Wratislaw den polnischen Königstitel zu, indem er in zweien der von ihm ausgestellten Urkunden die Titulatur „König der Polanen" verwandte.[59]

Da nicht bekannt ist, daß sich Wratislaw II. um eine unmittelbare Machtausübung in den Besitzungen der Piasten bemüht hätte, muß sein Titel eine andere Bedeutung haben. Die von Legenden umwobene Wallfahrt Kaiser Ottos III. zu den Überresten des hl. Adalbert und die Gnesener Fürstenversammlung im Jahre 1000 wurden zu ihrer Zeit im Reich nicht ohne Vorbehalt akzeptiert.[60] Auch Boleslaws Krönung

---

56 Zu Sagen und Mythen in frühmittelalterlichen Böhmen vgl. TŘEŠTÍK, D., Historické povědomí českého raného středověku, in: Dawna świadomość historyczna w Polsce, Czechach i Słowacji. Práce Polsko-Czechosłowackiej komisji historycznej, hrsg. von HECKA, R., Breslau 1978, S. 5–21.

57 Des Weiteren vgl. TŘEŠTÍK, D., Sv. Vojtěch (wie Anm. 3), S. 81–108; DERS., Von Svatopluk zu Boleslav Chrobry, (wie Anm. 3), S. 111–145.

58 COSMAS VON PRAG, Chronica Boemorum (wie Anm. 2), S. 135: „(...) In quo conventu idem cesar omnibus sui regni optimatibus, ducibus, marchionibus, satrapis et episcopis assencientibus et collaudantibus ducem Boemorum Wratizlaum tam Boemie quam Polonie prefecit (...)."

59 Die Briefe an Wratislaw II., hrsg. von ERDMANN, C., in: Briefsammlungen der Zeit Heinrichs IV. (MGH Epistolae 5), hrsg. von ERDMANN, C., Weimar 1950, Nr. 2, S. 389–391: „(...) Significavit autem nobis rex Boloniorum (...)."; Nr. 10, S. 398–400: „(...) Glorioso Boloniorum regi O tam venerando quam desiderabili W. gratia Dei quod est (...)." Vgl. näher SCHMEIDLER, B., Kaiser Heinrich IV. und seine Helfer im Investiturstreit. Stilkritische und sachkritische Untersuchungen, Leipzig 1927, S. 151–156, und KOLLER, H., Zur Echtheitsfrage des Codex Udalrici, in: Mitteilungen der Wiener Diplomata-Abteilung der Monumenta Germaniae Historica III. Anzeiger der Österreichischen Akademie der Wissenschaften, philosophisch-historische Klasse 25 (1952), S. 402–419.

60 So vor allem THIETMAR VON MERSEBURG, Thietmari Merseburgensis episcopi Chronicon (MGH Scriptores rerum Germanicarum 54), hrsg. von KURZE, F., Hannover 1889, S. 89–90, Nr. IV/45–46, oder Gesta archiepiscoporum Magdeburgensium, hrsg. von SCHUM, W., in: Supplementa tomorum I–XII, pars II. Supplementum tomi XIII (MGH Scriptores in Folio 14), hrsg. von WAITZ, G., Hannover 1883, S. 391. Aus der umfangreichen Literatur zum Akt von Gnesen vgl. vor allem FRIED, J., Otto III. und Boles-

zum König im Jahre 1025 entbehrte des Zeichens der Legitimität.[61] Der Sturz von Boleslaw Chrobrys Sohn und Nachfolger Mieszko II. (1025–1034) leitete eine dramatische Wende in den Beziehungen zwischen dem Reich und Polen ein. Den Hildesheimer Annalen aus dem Jahre 1031 zufolge überreichte der neue polnische Herzog Bezprym Kaiser Konrad II. die Krone und weitere Insignien, die sein Bruder Mieszko II. widerrechtlich in Besitz gehalten hatte, und durch den Mund seiner Boten gelobte er, sich dem kaiserlichen Willen unterzuordnen.[62] Der polnische

---

law Chrobry. Das Widmungsbild des Aachener Evangeliars, der „Akt von Gnesen" und das frühe polnische und ungarische Königtum. Eine Bildanalyse und ihre historische Folgen (Frankfurter Historische Abhandlungen 30), Stuttgart 1989; DERS., Gnesen – Aachen – Rom. Otto III. und der Kult des hl. Adalbert. Beobachtungen zum älteren Adalbertsleben, in: Polen und Deutschland vor 1000 Jahren. Die Berliner Tagung über den „Akt von Gnesen" (Europa im Mittelalter. Abhandlungen und Beiträge zur historischen Komparatistik 5), hrsg. von BORGOLTE, M., Berlin 2002, S. 235–279. Die polnische Mediävistik hat jedoch Frieds Thesen mehr oder weniger abgelehnt. Des Weiteren vgl. z. B. STRZELCZYK, J., Niemiecki głos o Zjeździe Gnieźnieńskim, in: Czasopismo Prawno-Historyczne 43 (1991), S. 141–151, oder LABUDA, G., Zjazd Gnieźnieński roku 1000 w oświetleniu ikonograficznym, in: Kwartalnik Historyczny 98 (1991), S. 3–18; DERS., Der „Akt von Gnesen" vom Jahre 1000. Bericht über die Forschungsvorhaben und -ergebnisse, in: Quaestiones Medii Aevi Novae 5 (2000), S. 145–188.

61 Der polnische Chronist Gallus jedoch datiert Boleslaws Krönung auf das Jahr 1000; vgl. GALLUS ANONYMUS, Galli Anonymi Cronica et Gesta ducum sive principum Polonorum (Monumenta Poloniae Historica NS II), hrsg. von MALECZYŃSKI, K., Krakau 1952, Nr. I/6, S. 19–20: „(...) Non est dignum tantum ac virum talem sicut unum de principibus ducem aut comitem nominari, sed in regale solium glorianter redimitum diademate sublimari. Et accipiens imperiale diadema capitis sui, capiti Bolezlaui in amicicie feudus inposuit et pro vexillo triumphali clavum ei de cruce Domini cum lancea sancti Mauritii dono dedit, pro quibus illi Bolezlauus sancti Adalberti brachium redonavit. Et tanta sunt illadie dileccione couniti, quod imperator eum fratrem et cooperatorem imperii constituit (...)." Des Weiteren vgl. WASILEWSKI, T., La couronne royale – symbole de dépendance à l'époque du haut Moyen Age. Les deux couronnements de Boleslas le Vaillant prince de Pologne, in: La Pologne au XVe Congrès International des Sciences Historiques à Bucarest. Etudes sur l'histoire de la culture de l'Europe centrale-orientale, hrsg. von BYLINA, S., Breslau/Warschau/Krakau/Danzig 1980, S. 25–50; SCHRAMM, P. E., Das polnische Königtum. Ein Längsschnitt durch die polnische Geschichte im Hinblick auf die Krönung, die Herrschaftszeichen und die Staatssymbolik, in: Herrschaftszeichen und Staatsymbolik. Beiträge zu ihrer Geschichte vom dritten bis zum sechzehnten Jahrhundert (Schriften der MGH XIII/3), hrsg. von SCHRAMM, P. E., Stuttgart 1956, S. 939–942.

62 Annales Hildesheimenses (MGH Scriptores rerum Germanicarum in usum scholarum separatim editi 8), hrsg. von WAITZ, G., Hannover 1878, S. 36: „(...) Sed idem Bezprimo imperatori coronam cum aliis regalibus, quae sibi frater eius iniuste usurpaverat, transmisit, ac semet humili mandamine per legatos suos imperatori subditurum promissit (...)." Ein wenig abweichend hiervon betrachtet die Episode die Chronik des Klosters Braunweiler. Brunwilarensis monasterii fundatorum actus, hrsg. von WAITZ, G., in: Supplementa tomorum I–XII (wie Anm. 60), S. 137: „(...) Accepit namque ab ipsa duarum, ipsius regisque sui coniugis, coronarum insignia concessitque ei, eadem in suo sicut in regno proprio, quoad viveret, auctoritate potiri semper eademque gloria, congrua plane sibi reddita vicissitudine; cuius totum venit ex munere, quicquid suum extra limitem Romanum imperium magnificentiae eius ad sese contraxit in tempore. Nam patrata mox super Polanos expeditione, triumphatoque sub tributo Misechone cum tota

Herrscher verlor zweifellos die Krone und sein Königtum, und dieser Zustand wurde im Juli des Jahres 1032 sanktioniert, als der begnadigte Mieszko – nun Herzog, nicht mehr König – nach Merseburg reiste, wo er sich dem Kaiser unterwarf und die Krone und die übrigen Zeichen der Königswürde „vergaß".[63] Das Reich hatte kein Interesse an einem mächtigen König im Osten: Mieszkos Enkel, Boleslaw II. der Kühne (1058–1079), verlor die Gunst des Römischen Königs mit seiner unverkennbaren Absicht, den Boden für seine Krönung zu bereiten, zu der es dann in der Tat am 25. Dezember 1076 kam.[64] Nach einem Aufstand der Adligen mußte der frischgebackene König jedoch das Land verlassen und starb im ungarischen Exil. Sein Nachfolger, Wratislaws Verbündeter Wladislaw Herman (1079–1102), verzichtete auf die Krone.

Man sollte den polnischen Titel des Přemyslidenkönigs wohl vor diesem Hintergrund verstehen: als eine Warnung für die zu selbständig handelnden polnischen Herzöge und als symbolischen Ausdruck einer Festlegung der Kompetenzen. Über die Königswürde in den benachbarten Fürstentümern, die von den Römischen Königen und Kaisern als Reichslehen verstanden wurden, hat nur der Römische Kaiser zu entscheiden und niemand sonst.[65]

In diesem Zusammenhang mag die Spekulation verlockend klingen, daß in Mainz im Jahre 1085 das veraltete Konzept Kaiser Ottos III. entstaubt und – durch die Wiederholung des Krönungsrituals – das Zentrum der slawischen Welt nach Böhmen verlagert worden sei. Dies scheint von einer Bemerkung in den Hildesheimer Annalen bestätigt zu werden, die die Gnesener Versammlung des Jahres 1000

Sclavorum gente, victorie tropheum duplici quidem sub corona sortitus est (...)." Des Weiteren vgl. auch LABUDA, G., Uwiezenie polskich insygniów koronacyjnych do Niemiec w 1031 roku, in: Kultura średniowieczna i staropolska. Studia ofiarowane Aleksandrowi Gieysztorowi w pięćdziesięciolecie pracy naukowej, hrsg. von GAWINOWA, D. u. a., Warschau 1991, S. 217–239.

63 Annales Hildesheimenses (wie Anm. 62), S. 57: „(...) Et postmodum imperatore consentiente Merseburg venit, et semet Non. Iulii in imperatorem potestatem, coronae scilicet ac tocius raegalis ornamenti oblitus, humuliter dedit (...)." Vgl. auch LABUDA, G., Mieszko II król Polski (1025–1034). Czasy przełomu w dziejach państwa polskiego, Krakau 1992, S. 88–90.

64 Vgl. näher Gregorii VII Registrum (wie Anm. 40), S. 233–235, Nr. II/73, und GRUDZIŃSKI, T., Polityka papieża Grzegorza VII wobec państw Europy środkowej i wschodniej (1073–1080), Thorn 1959, S. 108–112; DERS., Bolesław Śmiały-Szczodry i biskup Stanisław. Dzieje konfliktu, Warschau 1982, S. 59–60.

65 So zuletzt ŽEMLIČKA, J., Čechy (wie Anm. 5), S. 107f., der zudem darauf hinweist, dass Wratislaw nach dem polnischen Adelsaufstand vermutlich eine Zeit lang die Stadt Krakau hielt, womit er die Residenzstadt von Boleslaw II. kontrollierte. Sein Königstitel wäre dann ein Ausdruck dieser konkreten, an sich unbedeutenden machtpolitischen Situation. Außerdem: Für den neuen böhmischen König bildete vor allem die neueste polnische Erfahrung kein besonders würdiges Beispiel: Boleslaw II. verlor sein Königtum anscheinend gerade deswegen, weil er seine neue Stellung gegenüber dem Landadel durchzusetzen versuchte. Der böhmische König Wratislaw hatte im Jahr 1091 vor Brünn mehr Glück: Sein Bruder Konrad stärkte ihm im letzten Moment den Rücken.

in „die Hauptstadt der Slawen Prag" verlegte.[66] Dušan Třeštík vermutet, daß dies mit Absicht geschehen sei, zumal sich Prag noch zu Beginn des 11. Jahrhunderts des Rufs der natürlichen Metropole aller Slawen erfreut habe.[67] Die Hypothese einer Wiederherstellung der „Sclawinia" muß aber mit Vorsicht bewertet werden. Von einem derartigen Schritt weiß keiner der zeitgenössischen Chronisten zu berichten, nicht einmal die durch den Pegauer Annalisten verewigte, nebulöse mitteleuropäische Erinnerung an den „König Bougo". Ähnliches gilt für die Hypothese, daß Wratislaws Streben nach der Krone einen Schritt im Prozeß der Heilung des přemyslidischen „Traumas" des Jahres 1000[68] bedeutete. Den ersten Schritt soll Fürst Břetislaw (1035–1055) unternommen haben, als er die Überreste des hl. Adalbert nach Prag überführte und den Papst um die Erhebung Prags zur kirchlichen Metropole bat.[69] Die ottonisch anmutende Krönungszeremonie von Wratislaw und sein mysteriöser polnischer Königstitel würden dann die Translatio des Königsstuhls von Polen nach Böhmen symbolisieren.[70] Dies alles sind allerdings Konstrukte, deren Bestätigung aufgrund der spärlichen Quellen nicht mehr möglich ist.

66 Annales Hildesheimenses (wie Anm. 62), S. 28: „(...) Imperator Otto tertius causa orationis ad sanctum Adalbertum episcopum et martirem quadragesimae tempore Sclaviam intravit. Ibique coadunata sinodo episcopia septem disposuit, et Gaudentium, fratrem beati Adalberti, in principali urbe Sclavorum Praga ordinari fecit archiepiscopum, licentia Romani pontificis, causa petitionis Bolizlavonis Boemiorum ducis, ob amorem pocius et honorem sui venerandi fratris, digni pontificis et martiris (...)." Zu dieser Stelle vgl. GÖRICH, K., Ein Erzbistum in Prag oder Gnesen?, in: Zeitschrift für Ostforschung. Länder und Völker im östlichen Mitteleuropa 40 (1991), S. 10–27.

67 Vgl. näher die Vita Heinrici II. imperatoris auctore Adalboldo, hrsg. von WAITZ, G., in: Annales, chronica et historiae aevi Carolini et Saxonici (MGH Scriptores in Folio 4), hrsg. von PERTZ, G. H., Hannover 1841, S. 694, und TŘEŠTÍK, Sv. Vojtěch (wie Anm. 3), S. 91–92, sowie Anm. 46 u. 47.

68 Siehe oben, Anm. 3.

69 Annalista Saxo a. 741–1139, hrsg. von WAITZ, G., in: Chronica et annales aevi Salici (wie Anm. 21), S. 685: „(...) Interim Severus Pragensis episcopus conperit, Bardonem Mogontinum metropolitanum sinodali iure eum velle inquietare, eo quod destructor esset eclesiarum Polonie et reliquias sancti Adalberti et aliorum sanctorum ibi quiscentium raptu transtulisset in Boemiam, palium autem aput apostolicum contra ius et fas sibi usurpare vellet (...)." Siehe dazu JUREK, T., Losy arycbiskupstwa gnieźnieńskiego w XI wieku, in: 1000 lat Archidiecezji Gnieźnieńskiej (Bibliotheca Millennium 1), hrsg. von GÓRNEGO, J./STRZELCZYKA, J., Gnesen 2000, S. 49–72; vgl. HLAVÁČEK, I., Angebliche Versuche der Přemysliden des 11. Jhs. um das Landeserzbistum in Prag, in: Prusy – Polska – Europa. Studia z dziejów średniowiecza i czasów wczesnonowożytnych. Prace ofiarowane profesorowi Zenonowi Hubertowi Nowakowi w 65 rocznicę urodzin i 40 pracy naukowej, hrsg. von RADZIMIŃSKIEGO, A./TANDECKIEGO, J., Thorn 1999, S. 35–44.

70 Siehe dazu MALAŤÁK, Korunovace Vratislava II. (wie Anm. 2), S. 276.

Fazit

Wratislaw II. scheiterte am Ende. Er unterschätzte die Kraft der Tradition, und gerade deshalb erlangte er nicht die Gunst des Chronisten Cosmas, den darüber hinaus auch störte, daß der erste böhmische König in seinen Schenkungsplänen das Kapitel zu St. Veit nicht berücksichtigt hatte.

Eine Mißachtung der Traditionen und bewährten Werte war der Verstoß, den Cosmas mißbilligte und den er als resoluter Verfechter des *fürstlichen* Přemysliden-Mythos im Grunde nicht einmal tolerieren konnte. Der Prager Domdekan legte außerordentlichen Nachdruck auf die Legitimität der herrschenden Dynastie, deren Rechte in einem charismatischen Vertrag definiert waren, den die freien Tschechen im Morgenrot der Geschichte mit dem mythischen Urvater, Přemysl dem Pflüger, geschlossen hatten. Dieser Vertrag wurde dann durch die rituelle Fürstenwahl erneuert, der sich jeder neue Thronprätendent unterwerfen mußte, auch ein Nachfahre und Erbe jenes Přemysl des Pflügers und des christlichen heiligen Fürsten Wenzel.

Jedwede andere Vorgehensweise stellte zweifellos die Grundlagen der böhmischen Staatlichkeit selbst in Frage, was Cosmas nicht zulassen wollte. Daher charakterisierte er den König Wratislaw als einen hinterlistigen Herrscher, der grausam an seinen Widersachern Rache nahm, nicht auf seine engsten Vertrauten hörte und sogar seinen eigenen Sohn fürchtete. Er sprach damit dem ersten böhmischen König jegliche Königswürde und jegliches Herrschercharisma ab: er schilderte einen König, der darin versagt, seine Untertanen zu beeindrucken, sie zu führen und von ihnen anerkannt zu werden.

Der Dekan zu St. Veit in Prag, Cosmas, beschuldigte Wratislaw, den Gründer von Wischehrad, des Vertragsbruches, allerdings nahmen nicht einmal die Repräsentanten des Landes das Konzept des böhmischen Königreiches an, da sie das Wahlrecht verloren und damit auch den direkten Einfluß auf die Besetzung des Königsthrones. Das Konzept des ersten böhmischen Königtums scheiterte bereits in dem Augenblick, in dem sich Wratislaw für Wischehrad als Residenz entschied, in dessen Mauern künftig die böhmischen Könige residieren sollten. Im Bemühen, das Erbe des fürstlichen Böhmen von seinem Königtum zu trennen, opferte Wratislaw der neuen Staatlichkeit den steinernen Thron der Přemyslidenfürsten, um den er den böhmischen Staat, die St.-Veits-Rotunde mit den Reliquien des hl. Wenzel und die Basilika des hl. Georg mit den Gräbern der Vorfahren errichtet sah.

Wenn man die mannigfaltigen Einzelentscheidungen, langläufigen Strategien, abrupten wie auch durchdachten Handlungen von Wratislaw II. betrachtet, kann man sich kaum des Eindrucks erwehren, daß sein Streben nach der Krone tatsächlich das „Trauma" des Jahres 1000 heilen sollte, d.h. das Scheitern der ehrgeizigen Pläne des Fürsten Boleslaw II., in Prag ein Erzbistum zu gründen und für sich den Königstitel zu gewinnen. Es wäre allerdings etwas gewagt, eine lebendige und schmerzhafte Memoria dieses „Mißerfolges“ vorauszusetzen, wie man überhaupt nur aus dem heutigen Blickwinkel von einem „Mißerfolg“ sprechen kann. Fest steht allerdings, daß eine stabile „Charismatisierung“ der eigenen Herrschaft den Přemyslidenfürsten mehrere Jahrhunderte nicht gelingen wollte. Darin waren ihnen die polnischen Piasten ähnlich. Die einheimische Tradition der Fürstenwahl, unklare Nachfolgeregelungen, eine frühe Vereinnahmung der Tradition des heiligen Wenzel durch den böhmischen Adel und damit seine faktische Trennung von dem herrschenden Geschlecht (die Přemysliden haben sich daher als eine *beata stirps* nie etabliert, obwohl mit dem heiligen Wenzel und Ludmila die besten Vorausetzungen dafür gelegt wurden) und nicht zuletzt das Römisch-Deutsche Reich, bzw. sein Herrscher, der als Vorbild, Lehnsherr, Richter und Feind zugleich fungierte, dies alles bildete fast unüberwindbare Hürden. Nicht zufällig wurde die charismatisch sakrale Herrschaftslegitimation des böhmischen Königtums, bzw. der Krone, erst dann zur Vollendung gebracht, als die Titel des römischen und böhmischen Königs in einer Person, nämlich im Halbpřemysliden Karl IV. (1346–1378) vereint wurden: Die Goldene Bulle aus dem Jahr 1356 regelte die Stellung des böhmischen Königs innerhalb des Reiches, die bisher bohemozentrische přemyslidische Tradition bekam einen europäischen Horizont. Aber das ist wieder ein anderes Thema.

Gerhard Krieger

Vom *charisma* zur *ratio*

Zur Legitimation politischer Herrschaft im Spätmittelalter

Der Begriff *Charisma* ist durch Max Weber technisch geworden zur Bezeichnung der Begnadung bestimmter Persönlichkeiten mit besonderen „außeralltäglichen" Fähigkeiten in den Augen einer verehrenden Gemeinde und Anhängerschaft. Dabei wendet Weber den Begriff nicht nur in der Religionssoziologie an, sondern auch in der politischen Soziologie mit der Unterscheidung der „traditionalen", der „rationalen" (bzw. „legalen") und der „charismatischen Herrschaft" und der betreffenden „Legitimationsgeltung"[1].

In Anlehnung an diese Unterscheidung richten die Überlegungen den Blick auf die Legitimation von Herrschaft bei Nikolaus von Kues im Vergleich zu der Dantes und des Marsilius von Padua. Dabei wird insoweit von einer Entwicklung vom *charisma* zur *ratio* gesprochen, als die fragliche Begründung bei Dante in ihrer Ausrichtung auf die Qualitäten des Fürsten im Sinne „charismatischer" Legitimation ansprechbar ist, die des Marsilius in ihrer anthropologisch-funktionalen Perspektive als „traditional" sowie die des Nikolaus als „rational", insofern dieser Herrschaft als Dienstleistung unter aus Freiheit Gleichen begreift.

Dem Vorgehen nach werde ich zunächst auf die angesprochene Unterscheidung Max Webers eingehen. In diesem Zusammenhang werde ich insbesondere erläutern, inwieweit diese Unterscheidung mit den genannten mittelalterlichen Herrschaftsbegründungen in Beziehung gesetzt werden kann. Danach werde ich auf diese drei Begründungen selbst näher eingehen.

---

1 Vgl. WEBER, M., Die drei reinen Typen der legitimen Herrschaft, in: Gesammelte Aufsätze zur Wissenschaftslehre, hrsg. von WINCKELMANN, J., Tübingen [3]1968, S. 475–488.

I.

Max Webers Unterscheidung basiert auf einem Verständnis von Herrschaft als einer wechselseitigen sozialen Beziehung, die ihrerseits den Glauben an die Legitimität einer ausgeübten Herrschaft zur Grundlage hat. Diesen „Legitimationsrahmen" füllen die drei genannten „reinen Typen" legitimer Herrschaft in folgender Weise aus: Die charismatische Herrschaft gründet in dem Glauben an die Begabtheit einer Person, die traditionale nimmt ihre Rechtmäßigkeit aus dem Glauben an die Wertigkeit überkommener Ordnung, und die legale Herrschaft liegt schließlich vor, wenn Herrschaftsbefugnisse rational per Satzung verliehen werden, diese Satzung gleichermaßen gilt und von den Betroffenen in Begründung und Anwendung anerkannt wird.

Wenn sich die folgenden Überlegungen in der Kennzeichnung der drei genannten mittelalterlichen Begründungen von Herrschaft an diese Unterscheidung Webers anlehnen, geschieht dies aus folgendem Grund: Weber versteht Herrschaft als „die Chance, Gehorsam für einen bestimmten Befehl zu finden." Insofern betrachtet Weber Herrschaft aus der Perspektive ihrer Akzeptanz, und in dieser Perspektive sucht er nach „Rechtsgründe[n], Gründe[n] ihrer ‚Legitimität'"[2]. Im Sinne dieser Perspektive fragen die weiteren Überlegungen ihrerseits nach der Legitimation von Herrschaft bei den genannten drei mittelalterlichen Autoren. Insofern suchen die weiteren Überlegungen nach Gründen für Herrschaft, die diese „innerlich"[3] stützen. Insoweit stimmen die folgenden Überlegungen der Fragestellung und der Perspektive ihrer Beantwortung nach überein mit Webers Betrachtung. Weiter verstehen sich die angesprochene Frage und deren Beantwortung gemäß der mittelalterlichen Auffassung im Sinne der moralischen Legitimation von Herrschaft, d.h. der Begründung gemäß der Differenz von ‚gut' und ‚böse' oder ‚moralisch richtig' und ‚falsch'. Auf diese Weise bieten die gesuchten Gründe gemäß dem Verständnis des Moralischen auf Seiten der mittelalterlichen Autoren die Chance zur allgemeinen Akzeptanz von Herrschaft (als des „Gehorsam[s] für einen Befehl"). Insofern eröffnet der Gesichtspunkt der moralischen Legitimation die Möglichkeit der Unterscheidung und der Beurteilung der drei in Betrachtung gezogenen Begründungsversuche: Unterscheiden sich diese Versuche erstens hinsichtlich der moralischen Legitimation, und sind mit diesen Unterschieden zweitens Differenzen in bezug auf die angestrebte allgemeine Akzeptanz von Herrschaft verbunden bzw. zu erwarten?

Im Ergebnis zeigt sich unter dem genannten Gesichtspunkt eine Entwicklung in dem Sinne, daß die Verbindung der moralischen Legitimation mit der Auszeichnung der Person des Herrschers zugunsten der moralischen Auszeichnung der Beherrschten als Grund der Herrschaft aufgelöst wird. Mit dieser Veränderung hinsichtlich der

2 Vgl. WEBER, Typen der legitimen Herrschaft (wie Anm. 1), S. 475.

3 Vgl. WEBER, Typen der legitimen Herrschaft (wie Anm. 1), S. 475.

moralischen Legitimation verbindet sich insoweit eine Differenz in bezug auf die allgemeine Akzeptanz, als erst mit der Begründung der Herrschaft kraft der moralischen Auszeichnung der Beherrschten die uneingeschränkt-allgemeine Akzeptanz der Herrschaft gegeben ist. Damit erlauben die folgenden Überlegungen über die skizzierte Übereinstimmung mit der Betrachtung Webers hinaus auch dem Ergebnis nach insoweit eine Anlehnung an diesen, als im Blick auf die skizzierte Veränderung von der Entwicklung vom *charisma* zur *ratio* gesprochen werden kann. Im Einzelnen versteht sich dies folgendermaßen: Bei Dante ist die moralische Begründung verknüpft mit der Herrschaft des Monarchen, der seine Autorität von Gott selbst her erfährt. Da die moralische Legitimation sich auf diese Weise mit der Auszeichnung einer Person verbindet, kann hier von einer „charismatischen" Herrschaftsbegründung (im Sinne Webers) gesprochen werden. Marsilius gibt die moralische zugunsten einer anthropologisch-funktionalen Begründung auf. Auf diese Weise erfolgt die Herrschaftsbegründung insoweit „traditional", d.h. aus dem Glauben an die Wertigkeit einer überkommenen Ordnung, als eben die Frage nach einer den relativen, weil im natürlichen Rahmen funktionalen, Wert übersteigenden Begründung unbeantwortet bzw. ungestellt bleibt. Eben diesen weitergehenden Schritt vollzieht Cusanus, und zwar so, daß er Herrschaft als Dienstleistung unter aus Freiheit Gleichen und damit (im Sinne Webers) „rational" begreift.

II.

Zu Beginn dieser den mittelalterlichen Begründungen im Einzelnen gewidmeten Überlegungen ist eine Vorbemerkung zum Vorgehen angebracht. Zunächst stehen die Auffassungen von Dante und Marsilius im Vordergrund. Dabei wird auf vorliegende Forschungsergebnisse zurückgegriffen, so daß die Darlegungen insoweit kurz gefaßt bleiben können. Danach wird auf Cusanus eingegangen werden. In diesem Falle werden die Ausführungen ausführlicher erfolgen, zum einen, um die darzustellende Position historisch und sachlich gegenüber den beiden anderen angemessen herauszuheben, zum anderen, weil dabei neue Forschungsergebnisse zur Sprache kommen.

Dante verfolgt mit seinem Werk erklärtermaßen drei Ziele:[4] 1. den Nachweis der Notwendigkeit der zeitlichen Monarchie als „der Herrschaft eines einzigen über alle anderen" für das Wohl der Welt; 2. die Beweisführung für den alleinigen Anspruch des römischen Volkes auf das Amt des Monarchen und 3. die Zurückführung der Autorität des Monarchen unmittelbar auf Gott. In bezug auf die Legitimation der

4 Vgl. DANTE ALIGHIERI, Monarchia. Studienausgabe lateinisch-deutsch. Einleitung, Übersetzung und Kommentar von Ruedi Imbach und Christoph Flüeler, Stuttgart 1989, I/ii, 3. Zur Definition der zeitlichen Monarchie vgl. I/ii, 2, S. 62: „Est ergo temporalis monarchia, quam dicunt imperium, unicus principatus et super omnes in tempore (...)."

Herrschaft sei hier an deren Aufgabenbestimmung durch Dante angeschlossen. Diese besteht darin, „die menschliche Gattung gemäß philosophischer Unterweisung zur zeitlichen Vollendung zu führen“[5]. Dante legitimiert auf diese Weise Herrschaft im Zusammenhang mit der Frage nach dem Ziel und Glück des Menschen.[6] Dabei geht er in der Zielfrage durchaus insoweit über Aristoteles hinaus, als er neben den von diesem in Betracht gezogenen Zielen (Individuum, Haus, *civitas*) mit Averroes den Gedanken eines der Menschheit als ganzer eigenen Zieles und Werkes zu begründen sucht.[7]

Zunächst stellt sich die Frage, inwieweit Dante mit seiner genannten Aufgabenbestimmung der Herrschaft noch mit Aristoteles den Grundsatz teilt, daß der Mensch ein zur Gemeinschaft bestimmtes Wesen sei und in dieser den eigentlichen „Ort“ seiner Erfüllung finde. Rüedi Imbach hat dazu die These vertreten, daß Dante, obzwar er diesen Grundsatz in der Monarchia nicht erwähnt, „die Notwendigkeit einer staatlich organisierten menschlichen Gemeinschaft (...) in der Natur der menschlichen Vernunft“ begründe. Insoweit dürfe die Lehre „vom gemeinsamen Werk [der Erkenntnis], an dem alle Menschen arbeiten“, als eine Auslegung der Aristotelischen These vom Menschen als *animal politicum* gelesen werden.[8] Insofern der genannte Interpret betont, daß die Menschen zur Realisierung des Zieles der Erkenntnis „einander brauchen und deshalb eine *civitas* gründen“, legt sich nahe, seine These im Sinne der Kennzeichnung der Gemeinschaft als notwendiger Bedingung zu verstehen. Dabei mag offen bleiben, ob damit dem Sinn des Aristotelischen Grundsatzes in Gänze entsprochen wird.

Unabhängig davon läßt sich in bezug auf die Aufgabenbestimmung der Herrschaft durch Dante auf jeden Fall zweierlei festhalten: Insofern der Monarch diese Aufgabe „gemäß philosophischer Unterweisung“ (*secundum philosophica documenta*) realisiert, vollzieht Dante erstens „die strikte und konsequente Loslösung weltlicher Herrschaft von geistlichen Ansprüchen“. Da die Philosophie auf diese Weise „zur zeitlichen Vollendung“ (*ad temporalem felicitatem*) führt bzw. führen soll, werden zwei-

5 DANTE ALIGHIERI, Monarchia (wie Anm. 4), III/xv, 10, S. 10: „Propter quod opus fuit homini duplici directivo secundum duplicem finem: scilicet summo Pontifice (...) et Imperatore, qui secundum phylosophica documenta genus humanum ad temporalem felicitatem dirigeret."

6 Vgl. DANTE ALIGHIERI, Monarchia (wie Anm. 4), I/ii, 7, S. 64: „[C]um in operabilibus principium et causa omnium sit ultimus finis (...), consequens est ut omnis ratio eorum que sunt ad finem ab ipso fine summatur."

7 Vgl. DANTE ALIGHIERI, Monarchia (wie Anm. 4), I/iii, 4, S. 66: „Est ergo aliqua propria operatio humane universitatis, ad quam ipsa universitas hominum in tanta multitudine ordinatur; ad quam quidem operationem nec homo unus, nec domus una, nec una vicinia, nec una civitas, nec regnum particulare pertingere potest. Que autem sit illa, manifestum fiet si ultimum de potentia totius humanitatis appareat."

8 Vgl. IMBACH, R., Die politische Dimension von Herrschaft bei Dante Alighieri, in: Gewalt und ihre Legitimation im Mittelalter, hrsg. von MENSCHING, G., Würzburg 2003, S. 248–265, hier S. 38.

tens „Politik und Herrschaft (...) letztlich moralisch begründet und legitimiert“[9]. Schließlich legt sich in bezug auf die sachliche Problematik der Herrschaftskonzeption Dantes die Frage oder Vermutung nahe, daß „der Ort, an dem der Imperator oder Monarch sich befindet, in einem politisch funktionalen Sinn ‚leer'“[10] ist.

Die Verbindung zwischen der Herrschaftsbegründung bei Dante und der des Marsilius von Padua ergibt sich unter dem moralischen Aspekt. Denn dieser wird bei Marsilius aufgegeben; und zwar zugunsten einer anthropologischen Betrachtung, die die Möglichkeit der praktischen Gestaltung dieser Vorgabe nur insoweit einschließt, als diese nach Maßgabe des Zieles der Sicherung menschlicher Existenz erfolgt: Im Blick auf seine zunächst ganz traditionell anmutende Kennzeichnung des Zieles oder Zweckes des Staates[11] läßt Marsilius die Unterscheidung von Leben und gutem Leben außer Betracht. Vielmehr richtet er seine Aufmerksamkeit darauf, daß „alle Menschen (...) von Natur aus ein befriedigendes Leben erstreben und das einem solchen Leben Schädliche fliehen und meiden“[12]. Insofern begreift Marsilius den Staat vor allem „als Instrument für ein befriedigendes menschliches Dasein“. „Für Marsilius kommt alles darauf an, das Funktionieren des Gemeinwesens zu sichern, während er dem *bene vivere*, also den Zielen, die es oder besser die die Menschen in ihm zu verwirklichen trachten, keine Aufmerksamkeit widmet.“[13]

Im Zusammenhang dieses Hinweises auf die Verschiebung von der moralischen hin zu anthropologischen Betrachtung bei Marsilius sei noch erwähnt, daß für diesen ebenfalls innere Einstellungen und Vollzüge außerhalb des staatlich-öffentlichen Raums liegen. Wenn sich jemand „gegen theoretische und praktische Lehren versündigt“ („quantumque peccans contra disciplinas speculativas aut operativas quascumque“), kann er deswegen nicht in dieser Welt zur Rechenschaft gezogen

9 WIELAND, G., Politik und Religion. Das Friedenskonzept des Marsilius von Padua, in: Friedensethik im Spätmittelalter. Theologie im Ringen um die gottgegebene Ordnung, hrsg. von BEESTERMÖLLER, G. u. a., Stuttgart 1999, S. 79–94, hier S. 82.

10 BROKMEIER, P., Zur Legitimation von Herrschaft bei Dante Alighieri, in: Gewalt und ihre Legitimation im Mittelalter (wie Anm. 8), S. 248–265, hier S. 254.

11 Vgl. MARSILIUS VON PADUA, Defensor pacis (MGH Fontes iuris Germanici antiqui in usum scholarum separatim editi 7), hrsg.von SCHOLZ, R., Hannover 1932/33, I/4, §1, S. 16: „Quod autem dixit Aristoteles: *vivendi gracia facta, existens autem gracia bene vivendi*, significat causam finalem ipsius perfectam, quoniam viventes civiliter non solum vivunt, quomodo faciunt bestie aut servi, sed bene vivunt, vacantes scilicet operibus liberalibus, qualia sunt virtutum tam practice, quam speculative anime“ (Hervorhebung im Original).

12 MARSILIUS VON PADUA, Defensor pacis, I/4, §2, S. 38: „[O]mnes (...) homines non orbatos aut aliter impeditos naturaliter sufficientem vitam appetere, huic quoque nociva refugere et declinare.“ – Die deutsche Übersetzung lehnt sich an an MARSILIUS VON PADUA, Der Verteidiger des Friedens (Defensor pacis). Auf Grund der Übersetzung von Walter Kunzmann bearbeitet und eingeleitet von KUSCH, H., Berlin 1958.

13 WIELAND, Politik und Religion (wie Anm.9), dort das erste Zitat S. 83, das zweite S. 86.

und bestraft werden.[14] Insofern gehören Häretiker und Ungläubige nicht vor ein weltliches Gericht, weil dieses nur Verstöße gegen menschliches Gesetz, also äußere Handlungen bestrafen kann.[15] „Dem systematischen Ansatz nach vollzieht Marsilius die Trennung von Politik und Moral, von Politik und Religion."[16]

Gemessen an den mit dem Gesichtspunkt der moralischen Legitimation gegebenen Möglichkeiten der Unterscheidung und der Beurteilung der in Betrachtung gezogenen Begründungsversuche läßt sich Folgendes festhalten: Erstens unterscheiden sich diese hinsichtlich der moralischen Legitimation, insofern Marsilius diesen Gesichtspunkt zugunsten der anthropologischen Betrachtung aufgibt. Zweitens ist damit insoweit eine Differenz in bezug auf die Akzeptanz von Herrschaft verbunden, als diese bei Dante unter der Bedingung der moralischen Dignität des Monarchen und deren Anerkennung steht. Insofern kann nur in eingeschränktem Sinne eine allgemeine Akzeptanz von Herrschaft gegeben sein. Bei Marsilius wird Herrschaft funktional begriffen, insofern bleibt ihre allgemeine Akzeptanz außer Betracht.

III.

Im Blick auf die jetzt zur Diskussion stehende Auffassung des Nikolaus von Kues ist vorweg eine Bemerkung in methodischer Hinsicht angebracht: Bekanntlich hat dieser sich nicht *ex professo* zu ethischen und politischen Fragen geäußert. Weder ist er Professor gewesen, noch hat er gar einen Ethik- und Politik-Kommentar verfaßt. Wenn dennoch von Ethik und Politik bei Cusanus im traditionellen Verständnis die Rede sein soll, legitimiert sich diese Auffassung methodisch mit einer Reihe von Texten des Kardinals aus seinem gesamten Werk einschließlich der Predigten.[17] Insofern ist Cusanus in seinem Denken insgesamt im Sinne mittelalterlicher Intellektualität ansprechbar, soweit sie ihre Gestalt in der Universität erfährt und entwickelt.[18]

Weiter sei das Vorgehen der folgenden Überlegungen skizziert: Zunächst gilt es, die individuelle Basis aller moralischen Betrachtung und Bestimmung im Verständnis des Cusanus darzustellen. Insofern bleibt die ethische Betrachtung an die Bedin-

---

14 Vgl. MARSILIUS VON PADUA, Defensor pacis (wie Anm. 11), II/10, §3, S. 247: „[N]emo quantumcumque peccans contra disciplinas speculativas aut operativas quascumque punitur vel arcetur in hoc seculo (...)."

15 Vgl. MARSILIUS VON PADUA, Defensor pacis (wie Anm. 11), II/10, §7, S. 250: „Sed peccans in legem divinam, hereticus scilicet, tali peccato eciam humana lege prohibito punitur <in hoc seculo>, inquantum peccans in legem humanam."

16 WIELAND, Politik und Religion (wie Anm.9), S. 90.

17 Vgl. dazu NIKOLAUS VON KUES, Über Ethik und Politik, hrsg. v. KRIEGER, G. und THOMAS, S., Trier 2007.

18 Vgl. dazu KRIEGER, G., Die Rückkehr des Sokrates. Oder: Wo liegen die Grenzen mittelalterlichen Denkens, in: Grenze und Grenzüberschreitung im Mittelalter. 11. Symposium des Mediävistenverbandes vom 14. bis 17. März 2005 in Frankfurt an der Oder, hrsg. von KNEFELKAMP, U. und BOSSELMANN-CYRAM, C., Berlin 2007.

gung tatsächlicher moralischer Gewißheit und Überzeugung gebunden. Im zweiten Schritt wird diesem individuellen oder subjektiven Ausgangspunkt die Begründung der moralischen Hinsicht als solcher an die Seite gestellt. Dem folgt die Behandlung der Goldenen Regel als Inbegriff moralischer Beurteilung. Um hier von vornherein einem möglicherweise nahe liegenden Mißverständnis entgegenzuwirken, sei betont, daß die Goldene Regel damit nicht als Kriterium des Moralischen selbst angesehen wird, vergleichbar etwa dem Kategorischen Imperativ. Sie ist vielmehr zentrale Handlungsbedingung im moralischen Sinne. Damit ist gemeint, daß das Gute gegebenenfalls nicht ohne Beachtung der Goldenen Regel zu realisieren ist, aber dies garantiert noch nicht das Gute selbst. Abschließend erfolgt die Thematisierung der Begründung von Herrschaft bei Cusanus. Insofern darin das eigentliche Ziel der weiteren Überlegungen liegt und dieser Schritt auch dem Umfang nach ausführlicher ausfällt, wird dieser in einem eigenen Abschnitt durchgeführt (IV).

Damit zum ersten der zuvor angesprochenen Punkte, der individuellen Basis aller moralischen Betrachtung und Bestimmung. Der Zusammenhang, in dem Cusanus die betreffende Festlegung vornimmt, betrifft der Sache nach seine Überlegungen zur Sinnlichkeit und zum Intellekt als den zwei Quellen menschlicher Erkenntnis. In bezug auf den Intellekt hebt Cusanus zunächst dessen Unabhängigkeit und Ursprünglichkeit hervor. Demgemäß kann der Intellekt ohne weitere Hilfe das Urteil hervorbringen, daß jegliches sei oder nicht sei.[19] Insoweit ist Cusanus also der Auffassung, daß jegliche Erkenntnis von der Hypothese der Realität von Vorkommnissen auszugehen hat.

Daß Cusanus diesen Ausgangspunkt weiter im Sinne subjektiver Gewissheit oder Evidenz versteht, ergibt die nähere Betrachtung seines Verständnisses der Mutmaßung (*coniectura*) im engeren Sinne. Cusanus kennzeichnet diese als eine „bejahende Feststellung" (*positiva assertio*):[20] Insofern es sich um eine *assertio* handelt, stellt die Mutmaßung ein Urteilsverhältnis dar, und dessen Positivität bringt die Haltung des Für-wahr-Haltens dieses Urteils zum Ausdruck. Insofern meint Mutmaßung im eigentlichen Sinne subjektive Gewissheit. Im Ergebnis kann damit festgehalten werden: Cusanus begreift die subjektive Selbstgewissheit der

---

19 Vgl. NIKOLAUS VON KUES, Kompendium (Schriften in deutscher Übersetzung; PhB 267), übersetzt und herausgegeben von Bruno Decker und Karl Bormann, Hamburg ^{3}1996, XI n. 36, S. 46: „Intellectus enim non dependet ab aliquo, ut intelligibilia intelligat, et nullo alio a se ipso indiget instrumento, cum sit suarum actionum principium. Intelligt enim hoc complexum: ‚quodlibet est vel non est,' sine aliquo instrumento seu medio (…)." Eine weitere Erwähnung dieses Urteils findet sich in NIKOLAUS VON KUES, Die Jagd nach Weisheit (Schriften in deutscher Übersetzung; PhB 549), auf der Grundlage der Ausgabe von Paul Wilpert neu herausgegeben von Karl Bormann, Hamburg 2002, XIII n. 38.

20 Vgl. NIKOLAUS VON KUES, Mutmaßungen (Schriften in deutscher Übersetzung; PhB 268), übersetzt und herausgegeben von Winfried Happ und Josef Koch, Hamburg ^{3}2002, p. I c. XI n. 57, S. 66: „Coniectura igitur est positiva assertio (…)."

Vernunft als unhintergehbaren Ausgangspunkt aller weiteren theoretischen und praktischen Erkenntnis.

Diesem individuellen oder subjektiven Ausgangspunkt soll jetzt die Begründung der praktischen Perspektive und Beurteilung als solcher an die Seite gestellt werden. Dazu ist als erstes auf die praktische Vernunft in bezug auf eben diese konstitutive Aufgabe einzugehen. Die praktische Vernunft ist für Cusanus in ihrer Spontaneität und Ursprünglichkeit sowohl der Grund dafür, daß eine Tätigkeit im objektiven Sinne unter die Differenz von Gut und Böse fällt, als auch für den normativen Anspruch und insoweit für die subjektive Natur praktischer Beurteilung. In diesem Sinne betont der Kardinal, daß der menschliche Geist von Natur aus und nicht erst aufgrund von Übung sowohl über Gutsein und Gerechtigkeit urteile, wie er ebenso tadele, wenn wir vom Rechten abweichen. Dabei verfügt der menschliche Geist von sich aus über keine inhaltlichen Erkenntnisse in bezug auf das Gute und Gerechte.[21]

In einer Predigt bringt der Kardinal diese Auffassung in bezug auf sein Verständnis des Naturgesetzes (*lex naturalis*) zum Ausdruck: Zum einen benennt Cusanus den vernünftigen Geist des Menschen als den Ursprungsort des natürlichen Gesetzes. Zum anderen legt Cusanus den praktischen Sinn des Naturgesetzes dar: Dieser Sinn zeigt sich zunächst in dem Grundsatz der Unterscheidung von Gut und Böse sowie dessen normativer Natur (*ostendit lex illa mores bonos differe a malos et bonos eligendos*). Insoweit reflektiert Cusanus in dieser Predigt in Parallele zum zuvor analysierten Text die Begründung der praktischen oder moralischen Differenz in ihrer objektiven und in ihrer subjektiven Hinsicht. Hinzu tritt der Hinweis, daß der praktische Grundsatz seine Weitergabe im Modus praktischen Wissens einschließt (*est docilis, eo quod intellecta familiaribus suis scit esse revelanda*).[22] Insofern gibt Cusanus in der Predigt zusätzlich die Begründung praktischen oder moralischen Wissens als solchen und damit auch die seiner eigenen konkreten Predigttätigkeit.

Im nächsten Punkt geht es um die Goldene Regel. Bevor auf die betreffenden Überlegungen des Cusanus selbst eingegangen wird, ist noch eine Bemerkung zum

---

21 Vgl. NIKOLAUS VON KUES, Der Laie über den Geist (Schriften in deutscher Übersetzung; PhB 432), übersetzt und herausgegeben von Renate Steiger, Hamburg 1995, 4, n. 77–78, S. 30–32: „In hoc igitur Aristoteles videtur bene opinari animae non esse notiones ab initio concreatas, quas incorporando perdiderit. Verum quoniam non potest proficere, si omni caret iudicio, sicut surdus numquam proficeret (...), quare mens nostra habet sibi concreatum iudicium, sine quo proficere nequiret. Haec vis iudiciaria est menti naturaliter concreata, per quam iudicat per se de rationibus, an sint debiles, fortes aut concludentes (...). Nam clare experimur spiritum in mente nostra loquentem et iudicantem hoc bonum, hoc iustum, hoc verum, et nos reprehendentem, si declinamus a iusto. Quam loquelam et quod iudicium nequaquam didicit, sed sibi connatum est."

22 Vgl. NIKOLAUS VON KUES, Sermo CCLXXII, in: DERS., Sermones IV (1455–1463) (Opera omnia XIX), hrsg. von RIEMANN, H. D., n. 22, S. 506: „Nonne Adam positus fuit in via verae iustitiae? (...) [E]o ipso, quod creatus fuit et adeptus rationalem spiritum, in ipso spiritu naturalem legem scilicet viam iustitiae repperit, quae lex est, ut Deus agnitus veneraretur. Ostendit enim lex illa mores bonos differe a malis et bonos eligendos (...) et est docilis, eo quod intellecta familiaribus suis scit esse revelanda."

Verständnis der Goldenen Regel bei Thomas angebracht. Bei diesem fällt die Goldene Regel als derjenige Grundsatz, nach dem die Ordnung der zwischenmenschlichen Beziehungen zu gestalten ist, mit dem Naturgesetz zusammen, soweit sich dieses auf den zwischenmenschlichen Bereich bezieht.[23] Insoweit stimmt Thomas mit dem überein, was bereits in der Patristik und in der Frühscholastik so gesehen wurde.[24] Thomas geht jedoch darüber hinaus und versteht unter dem Naturgesetz bekanntlich den Inbegriff all jener Forderungen, die der Mensch kraft seiner Vernunft als Verpflichtung im Hinblick auf sein Endziel erkennt, und dazu gehören nicht nur Forderungen in bezug auf den Mitmenschen, sondern ebenso Forderungen in bezug auf sich selbst und in bezug auf Gott.[25]

Als Ansatzpunkt der Analyse der Überlegungen des Kardinals legen sich dessen Bemerkungen dazu nahe, daß die Goldene Regel ein Gesetz des Verstandes darstellt, das mit anderen Gesetzen „entsprechend der Verschiedenheit von Ort und Zeit als Hilfsmittel für die wider den Verstand sich versündigenden Menschen verkündet" wurde („leges ex ipsa ratione elicitae secundum diversitatem loci et temporis pro remediis in rationem peccantium promulgatae"). Denn indem Cusanus damit einen Unterschied macht zwischen, modern gesprochen, Genesis und Geltung von Verstandesprinzipien, begründet er die normative Natur der Goldenen Regel gemäß der Ursprünglichkeit und Selbstständigkeit der praktischen Vernunft.

Weiter sind folgende Bemerkungen des Kardinals im jetzt zur Debatte stehenden Zusammenhang von Belang: Die Goldene Regel ist das Gesetz der Gleichheit der Einheit („[...] lex ‚quod tibi vis fieri, alteri fac' aequalitatem unitatis figurat"[26]), in diesem Gesetz gründet die Gerechtigkeit („iustitia in regula aequalitatis ‚quod tibi vis fieri, alteri fac!' fundatur"[27]), so daß die Beachtung der Goldenen Regel gerecht sein lässt und vor falschen Zielen bewahrt. In diesem Gesetz ist alle sittliche Kraft eingefaltet („[...] in ea ipsa aequalitate [...] omnem moralem complicari virtutem [...]"[28]), so daß es als Mitte der Gleichheit Mitte jeglicher Tugend darstellt („omnis virtus, quoniam in medio, quod est aequalitas, consistit"[29]), und es Tugend nur geben kann in der Teilhabe an dieser Gleichheit („[...] nec virtutem esse posse, nisi in

23 Vgl. THOMAS VON AQUIN, Das Gesetz. Kommentiert von Otto Hermann Pesch [S. th. I–II, q. 90–105] (Die deutsche Thomas-Ausgabe 13), Graz 1977, S. th. I–II, q. 94, a. 4 ad 1.

24 Vgl. den Kommentar von PESCH, O.H., in: THOMAS VON AQUIN, Das Gesetz (wie Anm. 23), S. 569.

25 Vgl. WIELAND, G., Gesetz und Geschichte, in: Thomas von Aquin: Die Summa theologiae. Werkinterpretationen, hrsg. von SPEER, A., Berlin/New York 2005, S. 223–245, hier S. 236f.

26 NIKOLAUS VON KUES, Mutmaßungen (wie Anm. 20), p. II c. XVII n. 183, S. 214.

27 NIKOLAUS VON KUES, De aequalitate, in: DERS., De aequalitate (Vita erat lux hominum). Responsio de intellectu evangelii Ioannis (Quomodo ratio divina sit vita) (Opera omnia X: Opuscula II, fasc. 1), hrsg. v. SENGER, H. G., Hamburg 2001, n. 27, S. 35f.

28 NIKOLAUS VON KUES, Mutmaßungen (wie Anm. 20), p. II c. XVII n. 183, S. 214.

29 NIKOLAUS VON KUES, De aequalitate (wie Anm. 27), n. 27, S. 36.

huius aequalitatis participatione existat"[30]). Weiter ist die Goldene Regel das bedeutendste Gesetz (*potissima legum*) und der sicherste Weg (*tutissimus*), der Unglück, Armut und Reichtum, Ehre und Tadel ertragen lässt.[31]

Der Sache nach lassen sich diese Bemerkungen insgesamt unter zwei Hinsichten zusammenfassend deuten: Zum einen geht es um die Bedeutung der Goldenen Regel als moralischer Handlungsbedingung. Damit ist gemeint, daß das Gute gegebenenfalls nicht ohne Beachtung der Goldenen Regel zu realisieren ist, aber dies garantiert noch nicht das Gute selbst. Die angesprochene Differenz zwischen einer Handlungsbedingung und dem Guten selbst läßt sich beispielhaft so verdeutlichen: Den Mitgliedern der eigenen Familie nicht zu schaden, stellt eine Bedingung dar, die einer Hilfeleistung möglicherweise Grenzen setzt. Der Sinn oder das Gute der Hilfeleistung gegenüber dem in Not Geratenen aber ist die Hilfeleistung selbst.

Zweitens ist die Goldene Regel für Cusanus die zentrale Bedingung der Gerechtigkeit, und diese stellt wiederum die zentrale Tugend dar, d.h. die Goldene Regel ist zentrale Handlungsbedingung im moralischen Sinne: Gemäß ihrem Bedingungscharakter gibt die Goldene Regel an, wie das vorausgesetzte Gute der Gerechtigkeit zu realisieren ist, nicht aber, daß Gerechtigkeit ein Gut ist. Auf diese Weise leitet die Goldene Regel dazu an, der individuellen Bedingtheit des Handelns Aufmerksamkeit zu schenken, und zwar nach deren allgemeiner Relevanz, nämlich insoweit der Einzelne auf seine Mitmenschen angewiesen ist. Insofern lässt die Goldene Regel auf der einen Seite an der faktischen menschlichen Existenz anknüpfen. Auf der anderen Seite zielt sie auf eine anthropologische Bedingung ab. Damit vermag zwischen dem unterschieden zu werden, was für den Einzelnen als wünschenswert oder schädlich angesehen werden kann, und dem, was in dessen wohl verstandenem Interesse liegt. Gemäß dem angesprochenen Zusammenhang zwischen der Goldenen Regel und der Gerechtigkeit wird die Betrachtung auf den zwischenmenschlichen Bereich begrenzt. Dabei dürfte die Vorrangigkeit der Gerechtigkeit einerseits der Anerkennung der äußeren Bedingtheit menschlicher Existenz entsprechen, insofern der Mensch eben deswegen auf das Zusammenleben mit anderen angewiesen ist. Andererseits wird das Zusammenleben auf diese Weise über seine funktionale Bedeutung hinaus insoweit moralisch qualifiziert, als es das Ziel und die entsprechende Gestaltung des individuellen Handelns in einer Gemeinschaft betrifft: Das Ziel liegt in der Tugend der Gerechtigkeit, und die betreffende Gestaltung erfolgt nach der Bedingung der Goldenen Regel. Deswegen garantiert im Ergebnis die Beachtung der Goldenen Regel das gerechte und damit das moralisch gute Handeln. Schließlich ist die Goldene Regel als innere Handlungsbedingung bzw. ihre Beach-

30 Vgl. NIKOLAUS VON KUES, Mutmaßungen (wie Anm. 20), p. II c. XVII, n. 183, S. 214.

31 Vgl. NIKOLAUS VON KUES, Die belehrte Unwissenheit. Übersetzt und herausgegeben von Paul Wilpert und Hans Gerhard Senger, Buch III (Schriften in deutscher Übersetzung; PhB 264c), 2., verbesserte Auflage, besorgt von Hans Gerhard Senger, Hamburg 1999, c. VI, n. 216, S. 40 (potissima legum); DERS., Mutmaßungen (wie Anm. 20), p. II c. XVII, n. 183, S. 214 (tutissimus).

tung allein in die Macht des Handelnden selbst gestellt, während alle äußeren Handlungsbedingungen wie positive oder negative Schicksalsschläge, relativer Wohlstand, öffentliches Ansehen sowie persönliche Anerkennung und Wertschätzung mehr oder weniger zufällig sind.

Die dargelegte Bedeutung der Goldenen Regel als zentraler Handlungsbedingung im moralischen Sinne bringt Cusanus in zugespitzter Weise in jener bereits näher analysierten Predigt zum Ausdruck, in der er die praktische oder moralische Differenz sowohl in ihrer objektiven und subjektiven Hinsicht kennzeichnet als auch gemäß ihrer Weitergabe im Modus praktischen Wissens anspricht. In diesem Zusammenhang faßt er nämlich seinerseits die Goldene Regel als den Inbegriff der in objektiver und subjektiver Hinsicht charakterisierten moralischen Differenz zusammen. Zugleich erläutert er auf diese Weise das Bild des auf den Weg der Gerechtigkeit (*via iustitiae*) gestellten Adam:[32] Ziel und Gutes ist die Gerechtigkeit, der Weg dorthin, d.h. die Realisierung der Gerechtigkeit, erfolgt durch die Beachtung der Goldenen Regel. Damit wird zugleich dem Grundsatz der moralischen Differenz entsprochen, insofern sowohl die Verfolgung des Zieles der Gerechtigkeit als auch deren Realisierung nach Maßgabe der Goldenen Regel kraft der Einsicht des menschlichen Geistes erfolgen. Schließlich ist in eben dem Maße, in dem die Goldene Regel zentrale moralische Handlungsbedingung und Inbegriff des praktischen Wissens ist, das praktische Wissen seinerseits moralische Handlungsbedingung, insofern es als solches nicht selbst Ziel sein kann.

In historischer Hinsicht trägt Cusanus in seinem bisher erörterten Verständnis der Goldenen Regel einerseits den skizzierten Auffassungen von Thomas und von Marsilius Rechung. Er geht andererseits zugleich über diese hinaus, indem er beide Auffassungen miteinander verknüpft: Mit Marsilius begrenzt er die Betrachtung auf anthropologische Gesichtspunkte, und mit Thomas beschränkt er sich auf den zwischenmenschlichen Bereich. Insofern er die Goldene Regel zugleich als zentrale Bedingung von Gerechtigkeit im Besonderen und von moralischer Tugend im Allgemeinen begreift, stellt er eine Verbindung zum moralischen Feld her, ohne freilich zur Aristotelischen Betrachtung der Polis zurückzukehren. Insofern erlaubt das bisher dargelegte Verständnis der Goldenen Regel die Feststellung, daß Cusanus die im Blick auf die Politik von Marsilius unberücksichtigt gelassene moralische Perspektive insoweit zurückgewinnt, als es um das Ziel des individuellen Handelns in einer Gemeinschaft und dessen Gestaltung geht.

Gemäß dieser Auffassung führt Cusanus ebenso über die Verhältnisbestimmung von Religion und Politik bei Marsilius hinaus. Das deutet sich zunächst insoweit an, als der Kardinal dem staatlichen Gesetzgeber lediglich abverlangt, am Vorrang der

32 Vgl. NIKOLAUS VON KUES, Sermo CCLXXII (wie Anm. 22), n. 22, S. 506: „Nonne Adam positus fuit in via verae iustitiae? (...) eo ipso, quod creatus fuit et adeptus rationalem spiritum, in ipso spiritu naturalem legem scilicet viam iustitiae repperit, quae lex est, ut Deus agnitus veneraretur. Ostendit enim lex illa mores bonos differe a malis et bonos eligendos, scilicet alteri non facere, quod ipse non vult pati".

transzendenten vor der weltimmanenten Sinnausrichtung festzuhalten. „Die von rechtschaffenen Gesetzgebern (...) erlassenen Gesetze tragen dazu bei [*cooperantur*]“, „daß das Ewige den Vorrang vor dem Zeitlichen hat und das Reine und Heilige vor dem Nichtigen und Unreinen.“[33] Im Unterschied dazu fordert Marsilius immerhin noch entsprechende Dienstleistungen von staatlicher Seite ein, und zudem sieht er durchaus, daß die Religion nützlich ist für das gegenwärtige Leben.[34] Ganz deutlich verändert Cusanus die Sicht des Verhältnisses von Religion und Politik gegenüber Marsilius aber mit folgendem Schritt: Im Rahmen einer Auslegung zum Vaterunser in einer sowohl in Latein als auch in Moselfränkisch überlieferten Predigt von 1441 stellt der Kardinal eine Verbindung zwischen der an Gott gerichteten Vergebungsbitte und der Goldenen Regel her. Und zwar fungiert diese zum einen als Maßstab unserer als Inbegriff christlicher Praxis verstandenen Vergebung, soweit diese das Beispiel für die von Gott erbetene Vergebung darstellt. Zweitens wird sie in dieser Funktion als „Gesetz Christi“ angesprochen: „In diesem heiligen Vaterunser, in dem alles, was uns nötig ist, zusammengefasst ist, finden wir das, was wir tun sollen, nur in diesem Satz. Da steht ‚Wie wir vergeben unseren Schuldigern’. Darum sind hier alle Gebote Christi, die wir erfüllen sollen, zusammengefasst: das ist ‚vergeben!’. Christus lehrt uns, daß uns Gott nicht anders vergibt, als wie wir vergeben. Daraus erkenne, das es Christi Gesetz ist, daß ‚du tust anderen, wie du willst, daß sie dir tun’. Das zeigen die Worte ‚Vergib uns unsere Schuld, wie wir vergeben unseren Schuldigern’. (...) Und Gott will den von dir <seiner Schuld> entledigt haben ebenso wohl, wie <es> dich dünkt, für dich sei es gut, daß Gott an dir solches tue, das du deinem Schuldiger nicht tun willst.“[35] Cusanus macht also zweierlei: Er bringt die Goldene Regel im religiösen Bereich zur Anwendung, und er gibt ihr eine spezifisch religiöse Begründung. Damit entspricht er einerseits der von Marsilius vollzogenen Trennung von Politik und Religion. Auf der anderen Seite entwirft er aber für den religiösen Bereich keine Sondermoral. Der Sache nach gilt hier der gleiche Grundsatz wie im nicht-religiösen Feld, wenn auch die Begründung eine spezifisch religiöse ist. Damit verändert Cusanus die Sicht des Verhältnisses von Politik und Religion insoweit, als er nicht eigentlich im Sinne einer Trennung als vielmehr zwischen sachlicher Einheit und, modern gesprochen, gesellschaftlicher Differenzierung der genannten beiden Bereiche unterscheidet.

---

33 NIKOLAUS VON KUES, Die belehrte Unwissenheit (wie Anm. 31), c. VI n. 216, S. 42/43: „Et est potissima legum (...)[,] quod aeterna temporalibus praeponantur et munda atque sancta caducis et immundis. Et ad hoc cooperantur leges ex ipsa ratione elicitae a sanctissimis legislatoribus (...)“ (deusche Übersetzung leicht modifiziert).

34 Vgl. MARSILIUS VON PADUA, Defensor pacis (wie Anm. 11), I/5, §10: „Superest autem nobis de sacerdotalis partis necessitate dicere. (...) Convenerunt tamen omnes gentes in hoc, quod ipsum conveniens sit instituere propter Dei cultum et honoracionem et consequens inde commodum pro statu presentis seculi vel venturi.“

35 NIKOLAUS VON KUES, Sermo XXIV n. 39.

Im Zusammenhang dieser Überlegung zum Verhältnis von Religion und Politik bzw. Sozialität bei Cusanus sei noch eine kurze Bemerkung zur sozialen Praxis des Kardinals erlaubt: Dieser hat bekanntlich ein Armenhospital gegründet, das St. Nikolaus-Hospital in Kues, das bis auf den heutigen Tag besteht. In der Stiftungsurkunde gibt der Kardinal Auskunft sowohl über seine Motive als auch über Bedingungen der Aufnahme, die Einrichtung und das innere Leben. Grund der Stiftung ist die Sorge des Kardinals um seine Rechtfertigung vor Gott. Da alle Menschen am Ende ihres irdischen Lebens vor „den Richterstuhl Christi" treten, um ihren Lohn oder ihre Strafe zu empfangen, möchte Cusanus ein Werk der Barmherzigkeit tun. Für ihn steht fest, daß der Mensch das, was er im Himmel ernten will, auf Erden säen muß. Der Mensch kann demnach keinen Lohn vom Herrn erwarten, wenn er nicht Zeit seines Lebens barmherzige Werke tut.[36] Dieses Verständnis des Verhältnisses von irdischen Taten und himmlischer Entlohnung kann man in Entsprechung zur Goldenen Regel deuten: Wer sich die Barmherzigkeit und Vergebung Gottes wünscht, soll seinerseits barmherzig sein und Vergebung üben.

IV.

Im letzten Punkt der Überlegungen zu Cusanus soll es um seine Begründung von Herrschaft gehen. Die These, die hier dazu entwickelt werden soll, besagt, daß Herrschaft für Cusanus Dienstleistung unter aus Freiheit Gleichen ist.

Im Zusammenhang mit dem zuvor dargelegten Verständnis der Goldenen Regel bedeutet diese Begründung von Herrschaft Folgendes: Cusanus gelingt es mit seinem Verständnis dieser Regel, das Zusammenleben auf eine moralische Grundlage zu stellen, ohne über das Gute selbst zu urteilen. Mit der angesprochenen Herrschaftsbegründung vermag er darüber hinaus der Gemeinschaft im Ganzen eine moralische Legitimation zu geben, wiederum ohne über das Gute im Ganzen zu urteilen. Er kann dem Leben in einer Gemeinschaft über den äußeren Zweck der Existenzsicherung hinaus einen inneren Sinn geben, ohne über die wahre Bestimmung des Menschen zu urteilen und damit dem Einzelnen einen definitiven Lebenssinn vorzugeben.

In der näheren Erläuterung dieser These soll zunächst eine Auffassung aus der Forschung zur Herrschaftsbegründung bei Cusanus referiert werden, um dann über diese hinausgehend die zuvor skizzierte These zu entwickeln. Die angesprochene Auffassung umfaßt einen historischen und einen systematischen Aspekt, und sie besagt zunächst in historischer Hinsicht Folgendes: Im Prooemium zum dritten Buch von „De concordantia catholica" greift Cusanus auf den „Defensor pacis" des Marsilius zurück, „indem er [d.h. Cusanus] sich hinter den großen Namen eines Aristoteles,

36 Vgl. MARX, J., Geschichte des Arme-Hospitals zum h. Nikolaus von Cues, Trier 1907, S. 53–64.

eines Platon (...) und eines Cicero verbirgt." Auf diese Weise macht Cusanus „auf der philosophisch-politischen Ebene von [Marsilius] Gebrauch", und das vermag er, weil der betreffende Teil des genannten Werkes des Marsilius „als ein entscheidend aristotelisches Stück angesehen wurde, und das heißt als ein philosophisch-‚wissenschaftliches' Stück, dessen objektive Gültigkeit durch die päpstliche Verurteilung des marsilischen Werkes nicht kompromittiert zu sein schien."[37]

Der Sache nach vertritt Cusanus im angesprochenen Text gemäß der hier in Betracht gezogenen Auffassung „die These von der Notwendigkeit des *consensus*, um das Gesetz und die Regierung zu legitimieren (...) Dieser *consensus* gründet sich auf die von Natur aus gegebene Gleichheit und auf die Freiheit der Menschen und hat als Hintergrund eine hierarchische Vision des Universums und der Gesellschaft." In dieser sachlichen Sicht stimmt Cusanus auf der einen Seite mit Marsilius darin überein, daß Konsens die Grundlage von Gesetz und Herrschaft bildet. Auf der anderen Seite unterscheidet sich Cusanus von Marsilius darin, daß er über den Konsens hinaus auf Natur verweist. Daraus erklärt sich nach der hier in Betracht gezogenen Auffassung weiter „die auffallende Divergenz (...) in der Behandlung des Themas des „Törichten" [im Zusammenhang des angesprochenen Textes]; denn dieser muß „von Natur aus" zustimmen, sich von dem, der höhere Gaben besitzt, regieren zu lassen."[38]

Soweit die Auffassung, über die hinausgehend die hier vertretene These entwickelt werden soll. Zunächst sei die Differenz zu dieser in historischer Hinsicht beschrieben: Cusanus weicht nicht darin von Marsilius ab, daß er der Herrschaft eine anthropologische Grundlage gibt und damit zwar über diesen hinausgeht, doch durchaus in dessen Linie bleibt. Vielmehr transzendiert Cusanus den Rahmen der marsilischen Betrachtung, indem er zweierlei tut. Erstens hat Herrschaft für Cusanus in Übereinstimmung mit Marsilius darin eine naturale Grundlage, daß sie die Organisation des menschlichen Zusammenlebens zum Zwecke der Existenzsicherung der Mitglieder ist bzw. zur Aufgabe hat. Darüber hinaus gibt es für Cusanus im Unterschied zu Marsilius Herrschaft, weil wir sie wollen, d.h. weil wir ihr als in Freiheit Gleiche zustimmen.

Der Sache nach ergeben sich damit in zwei Punkten Differenzen zwischen Marsilius und Cusanus, die beide den allgemeinen Konsens als Grundlage von Herrschaft betreffen: Der erste Punkt liegt in der Differenz in bezug auf das Verhältnis des Konsenses zum göttlichen Willen. In diesem Punkte unterscheidet sich Cusanus insoweit von Marsilius, als dieser von einer grundsätzlichen Harmonie zwischen menschlichem Konsens und göttlichem Willen ausgeht,[39] während Cusanus diese

---

37 PIAIA, G., Marsilius von Padua und Nicolaus Cusanus: Eine zweideutige Beziehung?, in: Mitteilungen und Forschungsbeiträge der Cusanus-Gesellschaft 24 (1998), S. 171–193, hier S. 190.

38 PIAIA, Marsilius von Padua und Nicolaus Cusanus (wie Anm. 37), S. 184.

39 Vgl. MARSILIUS VON PADUA, Defensor pacis (wie Anm. 11), I/9, §2: „Alia vero est principatuum institucio, que scilicet ab humana mente immediate provenit, licet a De tamquam a causa remota, qui omnem

Übereinstimmung vom Ergebnis her legitimiert, damit also, „daß die Menschen offensichtlich erkannt haben, daß Zusammengehörigkeit zu ihrem Nutzen beiträgt".[40] Gemäß dieser Differenz vermag Cusanus ebenfalls den bei Marsilius fehlenden Gedanken des Naturgesetzes aufzugreifen und im Sinne des Rechtes jedes Lebewesens auf Existenzsicherung zu interpretieren.[41] Denn insofern dieser Gedanke etwa bei Thomas gerade anthropologische und moralische Betrachtung im Zusammenhang entwickelt und zur Geltung bringt, kann Cusanus diesen Gedanken aufgreifen, da er den angesprochenen Zusammenhang ebenfalls – wenn auch auf andere Weise als Thomas - zu fassen vermag, während das bei Marsilius nicht der Fall zu sein scheint. Jedenfalls stellt Cusanus nicht nur die Übereinstimmung zwischen menschlichem Konsens und göttlichem Willen bzw. Gesetz fest, sondern ebenso zwischen menschlichem Konsens und dem natürlichen Recht eines jeden Lebewesens auf Existenzsicherung.[42]

Die Annahme liegt nahe, daß sich diese Differenz mit dem zweiten Unterschied zwischen Cusanus und Marsilius erklärt, der Rückbindung des Konsenses an Freiheit. Insofern diese nämlich Einsicht in die innere Notwendigkeit des Handelns ist, liegt es nahe, die Übereinstimmung des allgemeinen Konsenses mit natürlichem Gesetz und göttlichem Willen im Ergebnis des kraft menschlicher Freiheit bzw. dieses Konsenses zustande kommenden Handelns zu sehen, soweit dieses Ergebnis anthropologisch vorgezeichnet ist. Im Übrigen entspricht Cusanus auf diese Weise seinem theoretischen Wissenschaftsverständnis, das die Annahme einer dem menschlichen Weltverhältnis ontologisch vorgegebenen Ordnung nicht zuläßt.[43]

---

principatum terrenum eciam concedit, (...) quod tamen non est immediate semper, quinimo ut in pluribus et ubique quasi hos statuit per hominum mentes (...)."

40 NIKOLAUS VON KUES, De concordantia catholica (Opera omnia XIV), Hamburg 1968, lib. III, n. 270, S. 314: „Divina quidem superadmiranda ac omnibus gratiose collata lege apertum est, ut intelligerent homines maxime eorum utilitati consoliditates conferre (...)."

41 Vgl. NIKOLAUS VON KUES, De concordantia catholica (wie Anm. 40), lib. III, n. 268, S. 313: „Naturalia quidem iura cunctas humanas considerationes et antecedunt et ad omnia illa principia sunt. Omni autem generi animantium primum a natura tribuitur, ut tueatur se, corpus vitamque, declinet nocitura, acquiratque necessaria (...) Quare ad hoc, ut quaelibet essentia sit, habet connata ad hoc principia, instinctum, appetitum aut rationem. Ex quo evenit secundum naturarum diversitatem varia esse media propter esse et conservari naturaliter instinctui inedita."

42 Vgl. NIKOLAUS VON KUES, De concordantia catholica (wie Anm. 40), lib. III, n. 270, S. 314: „Quoniam (...) dum communi consensu res pro conservatione rei publicae tractantur, maior pars populi, civium aut heroicorum a recta via ac pro trempore utili non deficiet."

43 Vgl. dazu KRIEGER, G., „In sui ipsius larga diffusione". Cusanus über Ursprung und Grund der Offenbarung, in: Wozu Offenbarung. Zur philosophischen und theologischen Begründung von Religion, hrsg. von KRIEGER, G./DÖRFLINGER, B./SCHEUER, M., Paderborn 2006, S. 84–116 und KRIEGER, G., Medialität als humane Möglichkeit. Zum Verständnis der Medialität im mittelalterlichen Denken, in: Das Mittelalter 9 (2004), S. 135–145.

Den Nachweis der Freiheit als des Grundes des allgemeinen Konsenses führt Cusanus im Blick auf das Thema des „Törichten“ und die Frage der Zustimmung zu Herrschaft aufgrund von dessen Unterlegenheit. Die entscheidende Feststellung in diesem Zusammenhang lautet: „Nicht Natur macht den Unterlegenen, sondern der Mangel an Uneinsichtigkeit. Ebenso wird man nicht durch Entlassung frei, sondern durch Disziplin. Daher ist Esau frei geboren und zum Sklaven gemacht worden, Josef wurde in die Sklaverei verkauft und zur Herrschaft auserwählt.“ („Non ergo natura servum facit, sed insipientia, nec manumissio liberum, sed disciplina. Denique Esau liber natus est et servus factus, Ioseph venditus in servitutem est et electus ad potestatem“[44]). Insofern begründet sich Unterlegenheit nicht natural, sondern funktional, d.h. aufgrund von Einsicht in eine sachliche Notwendigkeit: „Die Törichten sind notwendigerweise zu Sklaven der Weisen geworden, da sie sich nicht selbst regieren konnten.“[45] Damit ist ihre Überwindung nicht Zufall oder Gnade, sondern eine Sache der Disziplin, d.h. eine Frage des Wollens oder der Freiheit. Die Zustimmung zur Herrschaft durch den Unterlegenen erfolgt somit letztlich kraft der Freiheit.

Herrschaft, verstanden als Unterwerfung unter die der Existenzsicherung der Gemeinschaft verpflichteten Obrigkeit, erfolgt somit „auf freiwillige Art und Weise um der Notwendigkeit willen“ („voluntaria subiectio propter necessitatem“[46]). Herrschaft beruht also für Cusanus auf der Anerkennung und Übernahme der inneren und äußeren Bedingtheit unseres Daseins und Handelns. Insofern ist sie Dienstleistung unter aus Freiheit Gleichen.

V.

Zum Abschluß legt sich zunächst eine Bemerkung zum „rationalen“ Charakter der Cusanischen Herrschaft nahe: Weber versteht darunter, daß Herrschaftsbefugnisse per Satzung verliehen werden, diese Satzung gleichermaßen gilt und von den Betroffenen in Begründung und Anwendung anerkannt wird. Alle drei Aspekte treffen auf die „Legitimationsgeltung“ der Herrschaft zu, soweit sie im Sinne des Kardinals Dienstleistung unter aus Freiheit Gleichen ist: Sie ist per Satzung verliehen, insofern sie Unterwerfung unter das der Existenzsicherung dienende Gesetz zur Folge hat und diese sowohl für Herrscher wie Beherrschte zutrifft. Die Satzung, d.h. das Gesetz, gilt also gleichermaßen und ausnahmslos, und sie bzw. es wird von den Betroffenen, d.h. von allen, in Begründung und Anwendung anerkannt.

Weiter unterscheidet sich die Auffassung des Kardinals im Verhältnis zu den anderen beiden zur Diskussion stehenden Versuchen erstens darin, daß sie die mo-

44 NIKOLAUS VON KUES, De concordantia catholica (wie Anm. 40), lib. III, n. 272, S. 316.

45 NIKOLAUS VON KUES, De concordantia catholica (wie Anm. 40), lib. III, n. 274, S. 317: „(...) [L]icet ex necessitate insipientes, quia se ipsos regere non poterant, servi sapientum effecti sunt“.

46 NIKOLAUS VON KUES, De concordantia catholica (wie Anm. 40), lib. III, n. 273, S. 317.

ralische Legitimation der Herrschaft aus der moralischen Qualität ausnahms- und unterschiedslos aller herleitet. Im Unterschied dazu ist die moralische Qualität der Herrschaft im Verständnis Dantes primär durch die Person des Herrschers gegeben, insofern dieser sich kraft ihres göttlichen Ursprungs gerade darin von allen unterscheidet und in seinem Herrschaftsanspruch legitimiert. Bei Marsilius bleibt die Frage der moralischen Legitimation der Herrschaft ganz außer Betracht. In entsprechender Weise ist damit zugleich auch die Differenz in bezug auf die Akzeptanz der Herrschaft gegeben: Bei Dante steht diese unter der Bedingung der moralischen Dignität des Monarchen und dessen Anerkennung, bei Marsilius bleibt dieser Aspekt wiederum außer Betracht, und bei Cusanus ist kraft der Freiheit als dem moralischen Legitimationsgrund der Herrschaft zugleich deren allgemeine Akzeptanz gegeben.

Schließlich sei im Blick auf die Auffassung des Nikolaus von Kues zusammenfassend festgehalten, daß sich sein ethisches Denken im Besonderen auf dessen Verbindung mit der Politik richtet. Dies geschieht, indem er das menschliche Zusammenleben über seine anthropologisch-funktionale Ordnung hinaus in zweifacher Hinsicht moralisch qualifiziert: zum einen in Hinsicht auf das individuelle Handeln, insoweit dieses nach Maßgabe der Tugend der Gerechtigkeit und der Bedingung der Goldenen Regel gestaltbar erscheint. Und zum anderen in Hinsicht auf das Ziel des Zusammenlebens als solchen, insoweit dieses über den äußeren Zweck der Existenzsicherung hinaus den inneren Sinn der Realisierung menschlicher Freiheit und Gleichheit besitzt. Auf diese Weise führt Cusanus sowohl über die betreffende Diskussion seiner Zeit selbst hinaus, wie er zugleich Grundideen formuliert, die bis in die gegenwärtige Diskussion des Zusammenhangs von Ethik und Politik Anerkennung genießen.

Pavlína Rychterová

Jan Hus: der Führer, Märtyrer und Prophet

Das Charisma im Prozeß der Kommunikation

Hanc diram ignominiosam et crudelem mortem propter evangelium tuum et praedicationem verbi tui volo patientissime et humiliter sustinere.[1]

Nullus enim modo humano melius et efficacius preter te tuos adherentes poterit ad viam veritatis reducere.[2]

Die Entstehung und Reproduktion eines – zugeschriebenen – Charismas kann man als Ergebnis der Kommunikation[3] zwischen dem Charismatiker und seiner Anhängerschaft auffassen.[4] Schon von Anfang an, d. h. ab dem Augenblick, in dem der potentielle Charismatiker mit seiner potentiellen Anhängerschaft erstmals in Interaktion tritt, ist das Charisma im allgemeinen somit unbeständig und dynamisch; es befindet sich im Zustand einer kontinuierlichen Transformation. Diese permanente Wandlung muß nicht unbedingt als eine „Veralltäglichung" betrachtet werden, die nämlich das Vorliegen eines linearen Prozeß voraussetzte. In einigen historischen Fällen könnte diese Annahme sogar irreführend sein: vor allem dann, wenn das Problem des Charismas und der charismatischen Autorität von der charismatischen Herrschaft getrennt wird, gleichgültig ob sie konzeptuell-theoretisch oder historisch-konkret aufgefaßt wird.

Für die Frage nach der Entstehung und den Wandlungen eines Charismas im Prozeß der Kommunikation liefert die Persönlichkeit des böhmischen Reformators

1 [PETRUS VON MLADENOWITZ], Petri de Mladoňowic relatio de Magistro Johanne Hus, in: Documenta Mag. Joannis Hus vitam, doctrinam, causam in Constantiensi concilio actam et controversias de religione in Bohemia annis 1403–1418 motas illustrantia, hrsg. von PALACKÝ, F., Prag 1869.

2 STEPHAN VON PALECZ, Antihus, in: Miscellanea Husitica Ioannis Sedlák, hrsg. von POLC, J./SEDLÁK, J., Prag 1996.

3 ‚Kommunikation' wird hier im systhemtheoretischen Sinne als Hervorbringung von sozialem, d. h. von für die Beteiligten relevantem Sinn unter den Bedingungen doppelter Kontingenz verstanden.

4 Vgl. dazu SCHNEIDER, RAUER und GOTTER in diesem Band.

Jan Hus geradezu ideales Untersuchungsmaterial:[5] Die Quellenbelege zu seiner Person sind zahlreich und vielfältig. Auf der einen Seite stehen Ich-Zeugnisse, wie sie z. B. in Hussens Predigten, Traktaten[6] und vor allem Briefen[7] enthalten sind; dazu treten Zeugnisse seiner Anhänger und Widersacher, die noch zu Lebzeiten des Reformators niedergelegt worden sind, mit der bemerkenswerten „Relatio de Magistro Johanne Hus" im Zentrum. Dabei handelt es sich um einen ausführlichen Bericht über den Verlauf der Verteidigung Hussens vor dem Konstanzer Konzil und seinen Tod 1415 in Konstanz aus der Feder des Petrus von Mladenowitz[8], eines Prager Juristen und Anhängers von Hus. Das andere Ende des Spektrums markieren Zeugnisse eines sich langsam etablierenden Kultes des „heiligen" Jan Hus in Böhmen,[9] vor allem aus den wenigen Jahren vor und den ersten Jahren nach dem Ausbruch des gewalttätigen Aufstandes im Jahr 1419, der sich rasch zu den sogenannten Hussitenkriegen ausweiten sollte.

---

5 Persönlichkeiten, die man als Charismatiker oder Träger eines Charismas bezeichnen kann, sind in mediävistischem Verständnis vor allem (männliche wie weibliche) Ordens- und Klostergründer, Visionäre und Mystiker. Die Informationen über diese Personen und über den Charakter ihres Charismas sind fast ausschließlich bestimmten Quellentypen zu entnehmen, nämlich vor allem Viten und Legenden, seltener Eigenbiographien und später regelmäßig informationsreichen Kanonisationsprotokollen. Stellvertretend sei hier das Quellencorpus zur Person des Franziskus von Assisi erwähnt. Siehe dazu TREXLER, R. C., The Stigmatized Body of Francis of Assisi. Conceived, Processed, Disappeared, in: Frömmigkeit im Mittelalter. Politisch-soziale Kontexte, visuelle Praxis, körperliche Ausdrucksformen, hrsg. von SCHREINER, K., München 2002, S. 463–497; programmatisch dann ANDENNA, G./BREITENSTEIN, M./MELVILLE, G. (Hgg.), Charisma und religiöse Gemeinschaften im Mittelalter. Akten des 3. Internationalen Kongresses des „Italienisch-deutschen Zentrums für Vergleichende Ordensgeschichte" (Vita regularis. Ordnungen und Deutungen religiosen Lebens im Mittelalter. Abhandlungen 26), Münster 2005.

6 Zu den zahreichen Editionen und Übersetzungen des Werkes von Jan Hus vgl. die Bibliographie in: Jan Hus – Zwischen Zeiten, Völkern, Konfessionen. Vorträge des internationalen Symposions in Bayreuth vom 22. bis 26. September 1993 (Veröffentlichungen des Collegium Carolinum 85), hrsg. von SEIBT, F., München 1997, S. 419–500.

7 [JAN HUS], M. Jana Husi korespondence a dokumenty (Spisy M. Jana Husi 9; Sbírka pramenů českého hnutí náboženského ve XIV. a XV. století 14), hrsg. von NOVOTNÝ, V., Prag 1920.

8 PETRUS VON MLADENOWITZ, Relatio (wie Anm. 1), S. 237–324; siehe auch die neuere Edition [PETRUS VON MLADENOWITZ], Petri de Mladoňowic opera historica nec non aliae de M. Johanne Hus et M. Hieronymo Pragensi relationes et memoriae/Historické spisy Petra z Mladoňovic a jiné zprávy a paměti o M. Janovi Husovi a M. Jeronýmovi z Prahy (Fontes rerum bohemicarum 8), hrsg. von NOVOTNÝ, V., Prag 1932, S. 25–120. Zu dem Bericht und seinem Autor siehe zuletzt ŠMAHEL, F., Die Hussitische Revolution (MGH Schriften 43), Hannover 2002, Bd. I, S. 2. Dort wird auch die ältere Literatur nachgewiesen.

9 PETRUS VON MLADENOWITZ, Opera historica (wie Anm. 8), S. 231–484. Erste Zeugnisse des Kultes sind liturgischen Charakters. Siehe dazu zuletzt HOLETON, D. R., „O felix Bohemia – O felix Constantia". Liturgická úcta Mistra Jana Husa, in: Jan Hus mezi epochami, národy a konfesemi, hrsg. von LÁŠEK, J. B., Prag 1995, S. 154–170.

Die gegenwärtige tschechische Historiographie charakterisiert Hus als Mann der Tat:[10] als einen Mann, dessen die universitätstheologisch-mystische Reformbewegung bedurfte, um die Grenzen von Universitätsdisputationen und mystisch-eschatologischem Schrifttum zu überschreiten und zu einer gesellschaftlich dominanten, dynamischen Kraft zu werden. Gerade die Tat und nicht etwa theologische bzw. mystische Ausführungen und/oder eine vorbildliche Lebensweise führten schließlich zu Hussens charismatischer Führerrolle sowie zu seinem nicht auszuräumenden Konflikt mit der Institution, obgleich auf dem Konstanzer Konzil nicht seine Taten, sondern seine Schriften den Gegenstand der Anklage bildeten. Für seine Schriften konnte sogar ein Mensch, der kein religiöser Führer war – oder der nicht ex post zu einem Heiligen stilisiert wurde – verbrannt werden.[11]

Hus wird in der Forschungstradition ganz und gar im Weberschen Sinne als charismatischer Führer gedeutet, allerdings geschieht dies heutzutage einigermaßen differenziert:

Hus zählte seinem Wesen nach nicht zu den mit dem Kopf gegen die Wand rennenden Exzentrikern. Mit der machtpolitischen Unterstützung einflußreicher Anhänger im Rücken strebte er bei der Erreichung seiner Ziele ein schnelleres Tempo an, in umgekehrten Fällen verhielt er sich jedoch abwartend und stellte sich nicht gegen einen annehmbaren Kompromiß.[12]

In der tschechischen hussitologischen Forschung wird bis heute zum Thema Hus meist auf zwei umfangreiche Monographien verwiesen,[13] nämlich auf die von Jan Sedlák[14] aus dem Jahr 1915 und namentlich auf die vier Jahre später erschienene Biographie von Václav Novotný[15]. Beide Biographien sind forschungspolemisch ausgerichtet. Als Reaktion auf eine unkritische Verehrung Hussens in der national-

---

10 ŠMAHEL, Die Hussitische Revolution (wie Anm. 8), Bd. I, S. 577f.: „Um 1400 hatte die Reformtheorie noch zahlreiche gewichtige Aufgaben vor sich, auch wenn sie in vielerei Richtung die Reformpraxis vorzeichnete. Gerade deshalb jedoch benötigte die Erneuerungsbewegung eine neue Tribüne des Wortes und einen Mann der Tat. Beider Aufgaben nahm sich Jan Hus an und erfüllte sie in höchstem Maße." Da hier von der personifizierten Reformtheorie bzw. Reformtheologie ausgegangen wird, erscheint Hussens Erfolg und das (An-)Erkanntwerden durch seine Anhängerschaft als ein notwendiger Teil dessen, was die Reformtheorie schon war.

11 Die Verbindung zwischen der auf dem Scheiterhaufen endenden Begine Marguerite Porete und der gleichfalls verbrannten mystischen Schrift „Le Mirouer des simples ames" mußte von den Historikern erst hergestellt werden; definitive Gewißheit war freilich nicht zu erlangen. Siehe dazu stellvertretend RUH, K., Geschichte der abendländischen Mystik. Bd. II: Frauenmystik und Franziskanische Mystik der Frühzeit, München 1993, S. 338–366.

12 ŠMAHEL, Die Hussitische Revolution (wie Anm. 8), Bd. I, S. 579.

13 ŠMAHEL, Die Hussitische Revolution (wie Anm. 8), Bd. I, S. 578.

14 SEDLÁK, J., Mistr Jan Hus, Prag 1915.

15 NOVOTNÝ, V., M. Jan Hus. Život a učení. Bd. I: Život a dílo, Prag 1919.

tschechischen Gesellschaft des beginnenden 20. Jahrhunderts entstand die Arbeit Sedláks, der, ausgehend von seinen akribischen Forschungen zum (reform-)theologischen Schrifttum aus den ersten Jahrzehnten des 15. Jahrhunderts, Hussens Persönlichkeit und sein Wirken in den Kontext der nationaltschechischen Geschichte stellte. Sedlák sah Hus durchaus kritisch; es blieb ihm nicht verborgen, was schon František Palacký in seinem durchaus positiven Gesamturteil feststellte: Nach Palacký appellierte Hus vor allem an den Verstand seiner Zuhörer, was ihn von den sonstigen europäischen reformatorischen und apokalyptischen Eiferern unterschied. Hus habe sich durch außerordentliche Gelehrsamkeit ausgezeichnet, durch strenge moralische Prinzipien, Handlungskonsequenz, lebendigen Glauben und treue Liebe zu Freunden und Anhängern. Dies alles habe ihn dazu prädestiniert, in den Rang einer moralischen Autorität aufzurücken. Allerdings, schreibt Palacký, seien diese Eigenschaften ergänzt worden durch außerordentliche Kühnheit, Kompromißlosigkeit, Schonungslosigkeit gegenüber den Feinden sowie durch die Gier nach Annerkennung und Verehrung seitens des Volkes, durch die Gier nach Ruhm, die im Streben nach der Märtyrerkrone ihren deutlichsten Ausdruck gefunden hätten.[16]

Sedlák schließt seine vergleichbare Beschreibung mit der Festellung, Hussens Popularität sei, einmal erworben, mit gleichen Mitteln in immer breitere Schichten der Bevölkerung getragen worden. Sie sei vor allem dadurch genährt worden, daß es Hus gelungen sei, den Eindruck zu erwecken, er werde ausschließlich für seine Reformbemühungen verfolgt und leide auch als Verteidiger der Ehre der tschechischsprachigen böhmischen Nation.[17]

---

16 PALACKÝ, F., Dějiny národu českého v Čechách a v Moravě dle půwodních pramenůw wyprawuje František Palacký. Nowé wydání pro lid. S podobiznou spisovatele we fotografickém swětlotisku a s jeho životopisem od Dra. Josefa Kalouska. Bd. III/1: Od roku 1403 do 1420, Prag ^{3}1877, S. 84: „Byv méně hrubým v řečech nežli někdy Kunrat Waldhauser, a méně blauznivým v myšlénkách nežli Milíč, nerozbuřoval také posluchačův v té míře jako tito jeho předchůdcové: za to ale účinek jaho kázání byl trvalejším. Mluvívalť zajisté především k rozumu, vodil ku přemýšlení, a poučiv i přesvědčiv dříve, teprv užívával také slov dojímavých a pronikavých. Bystrota i jasnost mysli jeho, způsobilost zvláštní uhoditi všude do jádra věci a rozvinouti je před očima jednoho každého, neobyčejná zběhlost ve knihách vůbec a zvláště v písmě svatém, rázné a důsledné hájení celé soustavy článků učebních, to vše dávalo mu patrnou převahu nade druhy a vrstevníky jeho. K tomu pojila se přísná opravdovost ve všem jednání, mysl nábožná, víra živá i pevná, obcování i dle soudu nepřátel bezúhonné, cit něžný k přátelům, horlivá snaha o ušlechtění národu a opravení všeho, co v církvi tehdáž porušeného bylo, ale spolu také neobyčejná smělost, neustupnost a nešetrnost proti nepřátelům, do oka padající chtivost po lásce u lidu a po cti a slávě, ale slávě takové, která vrch svůj naléžá v koruně mučednické."

17 SEDLÁK, Jan Hus (wie Anm. 14), S. 376: „V to prostředí zasáhl Hus. Není pochybnosti, že mnoho působila jeho *osobnost*. Mravní bezúhonnost a horlivost, bystrá výmluvnost a smělost získávaly jak studenty na universitě tak posluchače v Betlemě. Ušlechtilá snaha opravná poutala, veřejné kárání chyb kněžských a kritisování představených strhovalo mládež i lid. A popularita jednou získaná šířila se týmiž prostředky ve vrstvy stále širší, zvláště když se Hus nepodrobil arcibiskupovi ani Římu a když se v lidu vzbudilo přesvědčení, že jest Hus *stíhán jen pro opravné snahy*. V takové půdě ujímaly se snadno myš-

Diesem Urteil – in gewissem Sinne handelt es sich um die Kritik an Hus als einem verantwortungslosen Manipulator der Volksmassen – versuchte Václav Novotný mit seiner akribischen Monographie entgegenzutreten. Er hebt die Rechtmäßigkeit von Hussens Streit mit der Kirche und seine moralische Überlegenheit über seine Widersacher hervor. Diese Deutung erforderte eine andere Lesart der Quellen, nämlich den Übergang von der Betonung der Kommunikation mit der Anhängerschaft bei Sedlák zu einer moralisierenden Sichtweise, die sich ausschließlich auf den „Wahrheitsgehalt“ der Inhalte konzentriert und dabei die Unterschiede in der Wirkung ein wenig aus dem Blick läßt, die Hussens Lehre vor verschiedenem Publikum, zu verschiedenen Zeiten und an verschiedenen Orten entfalten konnte. Nicht zufällig entwarf Novotný sein Bild des Jan Hus weniger vor dem Hintergrund von dessen theologischem Werk als vielmehr auf der Basis der Korrespondenz des Reformators. Indem er die Korrespondenz ausschließlich inhaltlich analysierte, gelang es ihm, die kommunikationsstrategische Dimension dieses Quellentypus auszublenden. Was übrig blieb, waren Hussens hohe moralische und ethische Ansprüche gegenüber sich selbst wie gegenüber den anderen und die Bereitschaft, für „die Wahrheit“ kompromißlos das eigene Leben einzusetzen. Das Bestehen auf „der Wahrheit“ überlagerte alle anderen Züge der Persönlichkeit des Jan Hus sowie die konkreten Wege, auf denen sich die Kommunikation mit seiner Anhängerschaft ereignete.[18]

Ganz offensichtlich – und die heutige Forschung ist sich darin weitgehend einig – war es die Predigttätigkeit, die aus Hus einen Charismatiker machte, das heißt einen Führer, der eine Anhängerschaft auf sich zieht und an sich bindet;[19] mit anderen Worten: das Predigen sehen alle modernen Biographen als sein Hauptcharakteristikum an. Anscheinend war Hus dennoch niemand, an dem seine Umgebung zu seinen Lebzeiten eine besondere Offenbarung Gottes wahrgenommen hätte, wie dies offensichtlich etwa auf den zwei Generationen älteren Reformprediger Milicius von Kremsier zutraf. Dafür war Hus, wie Šmahel deutlich macht,[20] zu wenig Exzentriker und zu sehr Politiker (im Unterschied gerade zu Milicius, einem in jedem Fall vorbildlichen Ex-

---

lenky viklefské a bujely tím více, že jejich hlavní odpůrci byli němečtí mistři a že jejich obránce jevil se *obráncem cti národní.*“

18 Siehe dazu JAN HUS, Korespondence a dokumenty (wie Anm. 7), S. 1: „Známe dnes Husa vyškoleného filozofa z jeho odborných kvestií a traktátů, známe sčetlého a vroucně zbožného theologa z jeho učených a přesvědčivých výkladů, známe (...) ohnivého kazatele, (...) známe příkladného a horlivého vychovatele lidu, (...) a přece bychom Husa neznali, kdyby nebylo jeho listů.“ („Wir kennen Hus heute als gelehrten Philosophen aus seinen Quästionen und Traktaten, als belesenen und glühend frommen Theologen aus seinen gelehrten und überzeugenden Auslegungen, als feurigen Prediger, wir kennen ihn als fleißigen und beispielhaften Erzieher des Volkes, und dennoch würden wir Hus nicht kennen, wenn seine Briefe nicht wären.“)

19 Documenta Mag. Joannis Hus (wie Anm. 1). Nr. 28, S. 405: „Ecce appellavi contra mandata archiepiscopi et ex nunc appello: ‚Tamen vultis mihi adherere?‘ Ad quod totus populus clamando respondit in vulgari bohemico in effectu: ‚Volumus et adheremus.‘“

20 Vgl. ŠMAHEL, Die Hussitische Revolution (wie Anm. 8), Bd. II, S. 788–878.

zentriker). Das von Hus propagierte Konzept wurde zunächst nur formuliert, nicht unbedingt „vorgelebt". Dies bedeutet wiederum nicht, Hus habe eben die Verhaltensweisen gepflegt, die er an der Priesterschaft allgemein kritisierte: Verweltlichung, Geldgier, Mangel an sexueller Enthaltsamkeit und weiteres mehr. Erst in den Konstanzer Kerkern wurde Hussens Lehre im eigentlichen Sinn praktisch.

Zuletzt hat sich einer der erfahrensten tschechischen Hussitologen, Jiří Kejř, die Frage nach Persönlichkeit und Charakter Hussens gestellt. Er gelangte zu dem Schluß, in seiner strengen und sehr subjektiven Auffassung des Glaubens und des Gewissens sei Hus am Ende seines Lebens mehr und mehr der Realität entrückt worden und dies habe ihn in letzter Konsequenz das Leben gekostet. Kejřs Interpretation mag durchaus zutreffen, sie stützt sich aber primär auf eine in gewissem Sinn „werkimanente" Auffassung Hussens als einer von der Umgebung nicht beeinflußbaren psychologischen Einheit (besser gesagt: derjenigen Quellen, insbesondere der Briefe, aus denen man auf die Persönlichkeit des Reformators schließen kann).[21]

Hussens Ruhm wurde durch seinen Märtyrertod besiegelt, und es kann sein, daß dieser Tod sowie der sich danach rasch etablierende Kult manches aus der Zeit vor dem verhängnisvollen Jahr 1415 anders erscheinen lassen und manchen Quellen und den darin enthaltenen Aussagen ein anderes Gewicht geben, als es der Fall gewesen wäre, wenn Hus vor dem Konzil seinen „ketzerischen Artikeln" abgeschworen hätte. Sein Leidensgenosse Hieronymus von Prag, der weltgewandte Magister artium dreier Universitäten, hat dies getan. Und er blieb für immer im Schatten Hussens, auch wenn er schließlich seine Schwäche derart bereute, daß er ein Jahr nach Hus den Feuertod gewissermaßen freiwillig auf sich nahm. (In der hussitischen Liturgie wurde seiner von Anfang an stets zusammen mit Hus gedacht.) Hieronymus war duchaus imstande, durch auffällige Selbstinszenierungen einen tiefen Eindruck bei seinen Zeitgenossen zu hinterlassen.[22] Seine Auftritte auf universitärem Boden wie z. B. der im Rahmen des gewichtigen Quodlibet von Matthias Knin im Jahr 1409 waren gleichfalls erinnerungswürdig.[23] Als Redner und Polemiker

---

21 Dem entspricht die Formulierung Kejřs, Hussens innere Welt sei zunehmend und schließlich vollständig von der äußeren Welt abgeschottet gewesen. Siehe KEJŘ, J., Jan Hus sám o sobě, in: Z počátků české reformace (Deus et gentes 6), hrsg. von KEJŘ, J., Brünn 2006, S. 2–48, hier S. 36f.

22 Siehe den Brief des Krakauer Bischofs Albrecht, der über den Aufenthalt von Hieronymus am königlichen Hof in Krakau im Jahre 1413 berichtet: „Venit huc personaliter, et prima die barbatus apparuit, secunda vero imberbis stolatus, tunica rubra et caputio foderato, pellibus griseis, se gloriosum ostendebat, coram ipso rege, regina, principum, baronum ac procerum frequentia. Qui tamen licet his paucis diebus moraretur, maiores in clero et populo fecit commotiones, quam fuere factae a memoria hominum in dioecesi ista (…). Terra nostra ad semen suum videtur esse arida capiendum et fructum afferendum, eo quod simplex plebicula tanti philosophi dogmata comprehendere non valet, et multo minus terrae Lituanorum et Russiae (…)." Zitiert nach PALACKÝ, Dějiny (wie Anm. 16), Anm. 245, S. 170f.

23 Siehe dazu ŠMAHEL, F., Jeroným Pražský, Prag 1966, S. 85–95, S. 137–143; zu Hieronymus von Prag vgl. auch DERS., Leben und Werk des Magisters Hieronymus von Prag (Historica. Les sciences histori-

dürfte Hieronymus dem Jan Hus zeitweise überlegen gewesen sein, und seine Fähigkeit, Anhängerschaft um sich zu scharen, stand der Hussens in nichts nach. Während des Quodlibet Hussens vom 17. Juli 1412, in dem es um die päpstliche Ablaßpraxis ging, gegen die Reformtheologen und -prediger allesamt eiferten, zog am Ende Hieronymus die Aufmerksamkeit des Publikums vollständig auf sich und wurde schließlich als der eigentliche Sieger des Disputs von seinen Anhängern aus dem Saal geleitet.[24]

Sein „stoischer" Mut angesichts des Todes brachte ihm die Bewunderung des italienischen Humanisten Poggio Bracciolini ein.[25] Hussens Tod dagegen mobilisierte eine große, aus Mitgliedern aller sozialen Schichten zusammengesetzte Anhängerschaft. Diese verdankte sich freilich nicht nur dem Märtyrertod selbst, sondern vor allem der sorgfältig gestalteten kommunikativen Interaktion mit seinen Anhängern, die anscheinend bis wenige Stunden vor seinem Tod ununterbrochen fortbestand. Bezeichnend ist in diesem Zusammenhang Hussens Brief an seine Gefolgschaft, den er unmittelbar vor seiner Abreise nach Konstanz abfaßte und in Prag hinterließ. Die

---

ques en Tchécoslovaquie 13), Prag 1966, S. 81–111; DERS., Die Hussitische Revolution (wie Anm. 8), Bd. II, S. 828f.

24 Vgl. hierzu den Augenzeugenbericht in PALACKÝ, F. (Hg.), Staří letopisové čeští od roku 1378 do 1527, čili Pokračování v kronikách Přibíka Pulkavy a Beneše z Hořovic z rukopisů starých vydané (Scriptores rerum bohemicarum 3), Prag 1829 [kommentierte Ausgabe], S. 16: „Velmi dlúho řeč svú rozšířil a výmluvně vypravoval. A z té řeči schopiv se z svého miesta a povstav, a chtieše ihned jíti na rathús před konšely, chtě před nimi státi o to, že jsú to falešní odpustci. S nímž množstvie veliké studentóv vstalo a jíti s ním chtělo: a s notnú túhů rektor Universitatis to uklidi pěknú řečí. Však M. Jeronym toto slovo k M. Markovi řeče česky: ‚Slyšíš-li Mistře Marku! Však ty za mě svého hrdla nedáš, jáť sám za se svú šíji dám.' Po tomto slovu ihned zase v řeč latinskú udeři: ‚Nonne S. Paulus dixit: Scio, cui credidi, et certus sum, quia potens est depositum meum servare in illum diem?' Když pak bylo dokonáno to aktum, ten den mnohem viece studentóv šlo za Mistrem Jeronýmem než na Mistrem Husi: neb se jim líbieše řeč, kterúž jest na tom hádání učinil." („Er sprach ausführlich und beredt. Während seiner Rede erhob er sich von seinem Platz, um sich zum Rathaus zu begeben und vor den Stadträten die Falschheit der Abläße zu behaupten. Eine große Menge Studenten wollte ihn begleiten. Mit großer Anstrengung gelang es dem *Rector Universitatis*, die Menge zu beschwichtigen. Magister Hieronymus wandte sich in tschechischer Sprache an Magister Marcus: ‚Höre mich an, Magister Marek! Du wirst nicht deinen Hals für mich hinhalten müssen, ich werde [für meine Worte] selbst einstehen!' Danach wechselte er wieder ins Lateinische: ‚Nonne S. Paulus dixit: Scio, cui credidi, et certus sum, quia potens est depositum meum servare in illum diem?' Als schließlich [das Streitgespräch] beendet war, folgten viel mehr Studenten dem Magister Hieronymus als dem Magister Hus nach, weil ihnen die Rede gefallen hatte, die er bei der Disputation gehalten hatte.")

25 [POGGIO BRACCIOLINI], Poggii Florentini ad Leonardum Arentinum epistola de M. Hieronymi de Praga supplicio, in: PETRUS VON MLADENOWITZ, Opera historica (wie Anm. 8), S. 323–334. Siehe dazu ŠMAHEL, F., Poggio und Hieronymus von Prag. Zur Frage des hussitischen Humanismus, in: Studien zum Humanismus in den böhmischen Ländern, hrsg. von HARDER, H. B./ROTHE, H., Köln/Wien 1988, S. 75–91. Vgl. PATSCHOVSKY, A., Der italienische Humanismus auf dem Konstanzer Konzil (1414–1418) (Konstanzer Universitätsreden 198), Konstanz 1999.

Anhänger werden darin ermahnt, sich weiter nur an den Schülern des Reformators zu orientieren; Hus entwirft eine schroffe Antithese zwischen schlechten und guten Predigern, wobei die „Wahrheit Gottes“ bei Hus und „seinen Predigern“ liegt.[26] Dies alles wurde von der Kanzel verkündigt und damit auch der mögliche (obschon durchaus nicht sichere) Ausgang des Prozeßes in Konstanz vorab gedeutet.

Die Hinweise auf „treue“ Prediger entsprechen jenen in anderen Zeugnissen, die von den Mitstreitern Hussens wie auch von seinen Widersachern stammen. Stephan von Palecz warf Hus vor, die eigenen Schüler vorzuschicken, um durch sie seine häretischen Gedanken überall im Lande verbreiten zu lassen.[27] Hus selbst nannte seine Schüler (wobei er durchaus seinem Vorbild John Wicliff folgte) „Prediger der heiligen Wahrheit“ (oder auch „Tätigkeit“).[28] Die ununterbrochene Kommunikation mit diesen seinen Schülern, mit Priestern, Predigern sowie mit den Laien war die wesentliche Leistung Hussens in den letzten Lebensmonaten: Seine letzten Briefe, ein geistiges Vermächtnis, bildeten den natürlichen Kern seines Kultes und ermöglichten diesem, bis auf den heutigen Tage zu bestehen.[29]

---

26 JAN HUS, Korespondence a dokumenty (wie Anm. 7), S. 207; vgl. PETRUS VON MLADENOWITZ, Opera historica (wie Anm. 8), S. 30 [Petri de Mladoniowicz Relatio]: „A byl sem umínil vám kázati před svú jézdú, než bych odjel k svolánie do Constancie, a z jména vám ohlásiti křivé svědectvie i svědky, jenž sú proti mně lživě svědčili, jež mám šecky popsány s jich svědectvími; a tiť vám budú ohlášeni proto, aby, potupili mě neb na smrt odsúdie, aby vy to vědúce, nelekali sě, bych pro které kacířstvie, jež bych držel, byl odsúzen, a také proto, abyste stáli v té pravdě beze strachu a bez viklánie, kterúž dal vám pán bóh skrze věrné kazatele a skrze mě nestatečného poznati, a třetí proto, abyste sě uměli lstivých a pokrytých kazatelóv varovati.“ („Und ich hatte vor, zu euch zu predigen, ehe ich die Reise zu dem nach Konstanz einberufenen [Konzil] antrat, um euch vor allem auf die falschen Zeugnisse und auf die Zeugen hinzuweisen, die falsch gegen mich ausgesagt haben. Ich habe sie alle samt ihren Zeugnissen namhaft gemacht. Und ich will zm ersten auf sie hinweisen, damit ihr nicht zu fürchten braucht, ich sei wegen irgendeiner Ketzerei verurteilt worden, wenn es dazu kommen sollte, daß diese mich verlästern oder zum Tode verurteilen; zum zweiten, damit ihr ohne zu schwanken und ohne Furcht in der Wahrheit verharrt, die euch Gott durch treue Prediger und durch mich erkennen ließ, zum dritten, damit es euch gelingt, die heuchlerischen und falschen Prediger zu meiden.“)

27 STEPHAN VON PALECZ, Antihus (wie Anm. 2), S. 366–514, hier: S. 451: „Audiant ergo Wikleffiste et abhorreant plures esse ecclesias romanas vel plures esse papas, scriptura ista patule attestant, quam negare non possunt, et qui ecclesiastici corporis et ordinis conpagem discordie sue seminacione rescindere conantur et per civitates et villas novos apostolos suos mittunt, ut quedam recencia scismatis sui fundamenta constituant, cito ad ecclesie redeant unitatem, cum aliis concorditer sencientes.“ Siehe dazu SEDLÁK, Jan Hus (wie Anm. 14), S. 377.

28 Siehe JAN HUS, Korespondence a dokumenty (wie Anm. 7), S. 84: „(...) et ubicumque in civitate vel opido, sive villa aut in castro comparet sancte conversacionis [in der zweiten überlieferten Hs.: *veritatis*] predictor, caterwatim confluunt populi, clerum indispositum aspernentes.“ Vgl. auch ŠMAHEL, Die Hussitische Revolution (wie Anm. 8), Bd. I, S. 534f.

29 In der alttschechischen „Erzählung über den Tod des Jan Hus“ (Vypravování o smrti Husově) vom Anfang der 30er Jahre des 15. Jahrhunderts werden unter den Briefen, die Hus aus dem Konstanzer Kerker geschrieben haben soll, Episteln an Prager, Saazer, Pilsner und Launer genannt. Allerdings sind kei-

Zentral wurde in diesen Briefen die in den letzten Lebensjahren Hussens immer deutlicher aufscheinende Bereitschaft zum gleichsam freiwilligen Märtyrertod, die aus seiner ganz offensichtlichen Überzeugung vom baldigen Kommen Christi und von der Notwendigkeit des Kampfes gegen den Antichrist resultierte.[30] Sich selbst sah er zunehmend in der Rolle eines aktiven Gegners des Antichrist, was aus seinen Briefen der letzten Lebensjahre deutlich erhellt. Die Bereitschaft zum Martyrium ist für Hus schließlich das endgültige Identifikationskriterium der Mitglieder der „wahren" Kirche. Dies formuliert er in einem der Briefe, die später die liturgische Funktion der „Episteln" innerhalb von Hussens Offizium erfüllten.[31]

---

ne derartigen Briefe überliefert. Es liegt der Schluß nahe, daß der Autor der Erzählung eine Angleichung der Briefe Hussens an die Episteln des Paulus an die Römer, Korinther, Epheser usw. vorgenommen hat. Siehe PETRUS VON MLADENOWITZ, Opera historica (wie Anm. 8), S. 223 [Vypravování o smrti Husově]: „I psal jest v žaláři o svém vězenie Čechóm milujícím boha, Praským, Žatecským, Lúnským i tudiež Plzenským (...)."

30 Zuletzt dazu HOLEČEK, F. J., „Ministri dei possunt in dampnacionem perpetuam papam male viventem detrudere..." (Hus a problém Antikrista), in: Jan Hus na přelomu tisíciletí. Mezinárodní rozprava o českém reformátoru 15. století a o jeho recepci na prahu třetího milénia. Papežská lateránská univerzita Řím, 15.–18. prosince 1999 (Husitský Tábor Supplementum 1), hrsg. von DRDA, M./HOLEČEK, F. J./VYBÍRAL, Z., Tabor 2001, S. 219–245. Den Glauben an das baldige Kommen des Antichrist teilte Hus mit seinem engen Gefährten Jakobellus von Mies, der wohl in der Absicht, dem Antichrist eine „reine" Kirche entgegenzustellen, die Trenunng der böhmischen Reformbewegung von der römischen Kirche betrieben hatte. Zur Stellung des Antichrist in der Theologie des Jakobellus von Mies siehe ŠMAHEL, Die Hussitische Revolution (wie Anm. 6), Bd. I, S. 612. Vgl. auch die Formulierung, die aus einem von Hus aus Konstanz an Jakobellus gerichteten, aber verlorengegangenen Brief stammt, in: JAN HUS, Korespondence a dokumenty (wie Anm. 7), S. 222: „Inimici mei dixerunt, quod nulla mihi dabitur audiencia, nisi prius solvam duo milia ducatorum Antichristi ministris pro impensis." Siehe auch unten Anm. 31.

31 Siehe JAN HUS, Korespondence a dokumenty (wie Anm. 7), S. 146: „Biskupové, kněžie, mistři a zákoníci, Herodes i Pilát, měštěné Jerusalemščí i obec pravdu sú odsúdili i mrtvili i v hrob položili, ona pak, vstavši, přemohla jest všechny, za jednoho kazatele (...) dala jim jich dvanácte i více. A táž pravda za hus jednu nestatečnau dala jest Praze orlúv mnoho i sokolúv, jenž zrak dobrý mají (...) a dobře králi a pánu Ježíšovi práky loví. On jich posílí i všech svých věrných. (...) I co ztratíme, když pro něho zboží, prátely, čest i bídný svět i život bídný složíme? (...) kdo pro Krista umře, ten vítězí. (...) Tuto řeč vám všem píšu, bratři milí i sestry milé, aby stálí byli." („Bischöfe, Priester, Magister und Richter, Herodes und Pilatus, die Bürger von Jerusalem sowie die Gemeinde verurteilten die Wahrheit [Christus], töteten sie und legten sie ins Grab; indem die Wahrheit schließlich auferstand, überwältigte sie alle, für einen Prediger [Christus] zwölf und mehr zu geben. Und die gleiche Wahrheit gab der Stadt Prag für eine unvollkommene Gans [Jan Hus] eine Menge an Adlern und Falken, die gute Augen haben, durch die Gnade sehr hoch fliegen und gut dem König und Herrn Jesus Christus die Vögel jagen; er wird sie und alle seine Getreuen stärken. Was verlieren wir, wenn wir für ihn unsere Besitztümer und Freunde, unsere Ehre, die elende Welt und das elende Leben aufgeben? Wer für Christus stirbt, wird siegen. Diese Rede schreibe ich euch, meine lieben Brüder und Schwestern, damit ihr standhaft bleibt.") Der Brief an die Prager Anhängerschaft wurde etwa im November 1412 verfaßt, als Hus unter Androhung des Interdikts Prag verlassen mußte. In einer der überlieferten Abschriften wird der Brief im Hinblick auf seine liturgische Funktion als „die sechste Epistel" bezeichnet. Eine andere Abschrift gibt den Brief mit folgender Überschrift wieder: „Es

Der Kampf gegen den Antichrist als Aufgabe, die Predigt als Mittel und das Martyrium als Ziel kann man als die wichtigsten Elemente des von Hus selbst wie auch von seinen Nachfolgern konstruierten Charismas des Reformators bezeichnen.[32] Symbolisch ausgedrückt weisen sie ein hohes Potential an Flexibilität auf – sie sind verknüpfbar mit alt- wie auch mit neutestamentlichen Vorbildern, können immer wieder in neue Kontexte übertragen sowie an aktuelle Bedürfnisse angepaßt werden. Daß auch Hussens Nachfolger zunächst die genannten drei Elemente als voneinander untrennbare Charakteristika des Reformators betrachteten, belegt die alttschechische Auslegung der Apokalypse durch Jakobellus von Mies[33] aus dem Jahr 1421; Jacobellus war Magister der Prager Universität, einer der engsten Gefährten des Jan Hus und leidenschaftlicher Reformer sowie Hauptideologe der Bewegung nach Hussens Tod.

Magister Jan Hus war Gottes guter Engel, den Jesus Christus gesandt hatte, damit er seine Predigt gegen den Antichrist richte. Er hat dessen Hochmut, Gier, Ketzertum und Heuchelei offenkundig gemacht; er hat gezeigt, daß der Antichrist eine andere Sonne ist als Christus. Der Antichrist sandte daher gegen ihn das Feuer und gegen dieses Land das Blutvergießen.[34]

An der frömmigkeitstheologischen Kontextualisierung des Todes von Hus sowie an seiner moralisch-analogischen Typologisierung hat Jakobellus von Mies (gest. 1429) sehr wohl entscheidend mitgewirkt. Die sogenannte „Passio (...) secundum Johannem Barbatum" aus den 20er Jahren des 15. Jh., verfaßt von einem Augenzeugen von Hussens Tod,[35] wurde von Jakobellus von Mies um die theologisch-eschatologische Auslegung des Martyriums des Reformators ergänzt.[36] In dem Text wurden die Grundtypologien des Kultes des Jan Hus als eines Heiligen festgelegt:

---

beginnt eine andere, sehr schöne und nützliche Rede des Magisters Jan Hus heiligen Angedenkens, so in Bethlehem gepredigt." („Počíná se jiná řeč velmi pěkná a užitečná od M. Jana Husi svaté paměti kázaná v Betlémě takto.") Siehe JAN HUS, Korespondence a dokumenty (wie Anm. 7), S. 14.

32 Siehe die einleitende Formel zur Schilderung von Hussens Feuertod durch einen seiner Anhänger, Johannes Barbatus, in PETRUS VON MLADENOWITZ, Opera historica (wie Anm. 8), S. 14 [Passio (...) secundum Johannem Barbatum]: „Sic et carissimus vel frater noster zelo zelavit pro domo domini, pro veritate Christi et fide eius amplianda, Magister Hus, verbo docendo, vita demonstranda opposuit se usque ad mortem ignis (...)."

33 Zu Jakobellus siehe ŠMAHEL, Die Hussitische Revolution (wie Anm. 8), Bd. I, S. 604–624. Dort auch ältere Literatur.

34 JAKOBELLUS VON MIES, Výklad na Zjevenie sv. Jana, hrsg. von ŠIMEK, F., Prag 1933, Bd. II, S. 31f.: „Mistr Jan Hus byl anděl boží dobrý, kteréhož poslal Kristus, aby vylil báni svú a kázánie proti němu. Onť jest jistě zjevil pajchu jeho a lakomstvie a kacieřstvie a pokrytstvie, ukázal, že jest Antikristus jiné slunce než Kristus. I vypustil jest zase proti němu Antikrist voheň a proti zemi této vyzdvihl krveprolitie."

35 Siehe oben, Anm. 30.

36 Siehe dazu NOVOTNÝ, V., in: PETRUS VON MLADENOWITZ, Opera historica (wie Anm. 8), S. XII–XVII.

Der Name „Hus" wird – in der Weise eines Akronyms – gedeutet als „Hauriens Virtutes Sanctorum"[37]. Dann werden die Parallelen zu Universalheiligen und ersten Märtyrern (wie dem heiligen Laurenz) ausgezogen;[38] in einer überlieferten Abschrift der „Passio" wird die Parallelisierung um weitere Märtyrer des Alten und Neuen Testaments wie Jesaia, Jeremia, Elia, Ezechiel und Daniel sowie die Makkabäer und Johannes den Täufer ergänzt.[39] Ob diese Ergänzung von Jakobellus selbst stammt, ist ungewiß; allerdings ist klar, daß sein Text die Gleichstellung Hussens mit Christus, die den ganzen Bericht von Johannes Barbatus kennzeichnet, durchbricht.[40] Der Weg zur „ketzerischen Heiligsprechung" wie auch zur Festigung der neuen Kirche wurde mittels der gängigen Symbolik gebahnt. Das wichtigste Symbol, um das herum sich der neue Glaube gestalten ließ, nämlich den Laienkelch, lieferte der Reformbewegung gleichfalls Jakobellus von Mies.[41] Auch das letzte Hin-

---

[37]37Dazu PETRUS VON MLADENOWITZ, Opera historica (wie Anm. 8), S. 20 [Passio (...) secundum Johannem Barbatum]: „Et ideo nomen cum re Hus, id est hauriens virtutes sanctorum, est digne sortitus, eo quod mundum carni, carnem spiritui et spiritum domino servire coegit."

38 Siehe PETRUS VON MLADENOWITZ, Opera historica (wie Anm. 8), S. 22 [Passio (...) secundum Johannem Barbatum]: „Propter quod canticum martiris eximii Laurencii non inmerito decantare poterit: ‚Igne me examinasti, et non est inventa in me iniquitas', qua scilicet cetus prelatorum me asserit maculatum."

39 Vergleiche PETRUS VON MLADENOWITZ, Opera historica (wie Anm. 8), S. 24 [Passio (...) secundum Johannem Barbatum]: „Nota multis de causis potest quis fieri martir, scilicet pro iustitia, ut Abel, pro lege, ut Machabei prima Machab. 2^a, pro salute populi, ut Christus, pro fide, ut Stephanus Act. 7, pro Christo, ut Innocentes, qui non loquendo, sed innocenter paciendo, pro assercione veritatis, ut Isayas, Yeremias et alii prophete, Elyas, Ezechiel, Daniel, pro arguicione peccati, ut Johannes Baptista; similiter Magister noster Johannes Hus istas condiciones habuit primo, 2° et sic de aliis, ut patet, ideo martir Christi effectus est."

40 Siehe PETRUS VON MLADENOWITZ, Opera historica (wie Anm. 8), S. 17f. [Passio (...) secundum Johannem Barbatum]: „Pervenientes autem ad locum Calvarie, columpne eius corpuscullum affixerunt. Qui stans affixus cathenis et vinculis, strue lignorum circumseptus undique, clamitabat domino undique decantando: ‚Christe, fili dei vivi, miserere mei' iterando. Urens autem flamma virtutes vitales devincebat et oracionem crucifixi dicere compellebat: ‚In manus tuas, domine, commendo spiritum meum.' Qua completa, solvendo nature debitum, non valens ore, sed annuens capitis mocione, valediccionem turbe prestitit et spiritum domino commendavit."

41 Eine bemerkenswerte Verbindung zwischen dem Märtyrer Hus, dem Kelch und Jakobellus von Mies wird in der alttschechischen „Erzählung über den Tod des Jan Hus" überliefert (siehe oben, Anm. 29). Der anonyme Autor beginnt seine „Erzählung" mit einem fiktiven Dialog zwischen Jan Hus und einem seiner Gefährten, dem Universitätsmagister Johannes von Reinstein, gen. Kardinal, unmittelbar nach deren Ankunft in Konstanz; in diesem Dialog warnt Johannes von Reinstein Hus, der Laienkelch, von dem Hus gerade an den „berühmten und ausgezeichneten Prediger, Magister Jakobellus" geschrieben habe, werde vor dem Konzil wohl nicht durchzusetzen sein. Siehe PETRUS VON MLADENOWITZ, Opera historica (wie Anm. 8), S. 222 [Vypravování o smrti Husově]: „Když jest přijěl s služebníky krále Václava českého, večer psal Misstru Jacúbkovi řečeněmu ze Střiebra. To uzřev Mistr Jan Kardinál, i vece: ‚Co píšeš, mistře, o krvi božie z kalicha přijímánie?. Však těžko to bude přijieti křesťanství nynějšieho běhu.'" Die Rolle des Jan Hus als des Initiators einer Einführung des Laienkelches ist unwahrscheinlich: Jakobellus von Mies begann die Kelchkommunion für die Laien eigenmächtig in der Zeit zu praktizie-

dernis, die geistliche Autorität der Hierarchie der römischen Kirche, räumte er aus dem Weg der neuen Konfession: Im Jahr 1417 erklärte sich die Prager Universität zur obersten geistlichen Autorität im Lande.[42]

Sehr wahrscheinlich ist das spätere Durchsetzungspotential der utraquistischen Konfession gegenüber dem katholischen Glauben, das namentlich in den Basler Kompaktaten von 1434 seinen Ausdruck finden sollte, mehr oder weniger das Werk des Jakobellus. Dies gilt, obwohl er anscheinend – zumindest nach František Šmahel – keine personengebundene Anziehungskraft auf Hussens Nachfolger ausgeübt habe; das könne mit seiner „elitären Einstellung" zusammenhängen.[43] Freilich wurde auch Hussens „Charisma" größtenteils von Jakobellus konstruiert. Dieser selbst fand nach seinem Tode allerdings keinen vergleichbaren Konstrukteur für sein eigenes Charisma, ebensowenig wie Jan Želivský (gest. 1421), ein anderer religiöser Führer der böhmischen Revolte.

Jan Želivský, der Reformprediger und Volkstribun radikaler Schichten der Prager Bevölkerung in den ersten Jahren der bewaffneten Revolte, böte möglicherweise ein besseres Beispiel für den historischen Fall eines „charismatischen Führers" als Hus selbst.[44] Die Kommunikationsmittel und -strategien, deren sich Želivský bediente, waren denjenigen, die auch Hus zur Verfügung standen, gleich oder doch zu-

---

ren, als Hus schon in Konstanz war und keinen direkten Einfluß mehr auf die Angelegenheiten in Prag nehmen konnte. Siehe ŠMAHEL, Die Hussitische Revolution (wie Anm. 8), Bd. I, S. 613–615.

42 ŠMAHEL, Die Hussitische Revolution (wie Anm. 8), Bd. I, S. 611.

43 ŠMAHEL, Die Hussitische Revolution (wie Anm. 8), Bd. I, S. 606f.: „Die Bethlehemskapelle büßte unter Jakobells Leitung viel von ihrer Bedeutung als Quell der Reform und Schauplatz von Volksgeschehen ein, wie sie sie zu Hussens Zeit besessen hatte. Ursache hierfür war nicht allein, daß sich der Schauplatz gelehrter Auseinandersetzungen gänzlich auf den Boden der Universität verlagert hatte, daß in den Prager Städten die Zahl der Kanzeln in stetem Zunehmen begriffen war und einer wachsenden Zahl von reformorientierten Predigern und Priestern eine Agitationsplattform bot, sondern Jakobell besaß offenbar nicht das Charisma eines Volkstribunen. (...) [Seine] elitäre Einstellung entfremdete ihn auch von Tabor."

44 Siehe dazu das Urteil von PALACKÝ, Dějiny (wie Anm. 16), S. 291f.: „V kostele Matky Boží Sněžné na Novém městě, jenž husitům byl od krále propůjčen, kázával tehdáž jistý mnich Jan, ušlý z premonstrátského kláštera Želivského, muž povahy nevšední, a horlitel i vůdce lidu odvážný, jakoví jen v nejbauřlivějších dobách historie tytýž se vyskytují, celé spausty lidu rozkvašeného za sebou potahujíce. V těchto nebezpečných pro stranu jeho dobách vybíral sobě nejraději texty a obrazy apokalyptické ku kázání svému, rozněcovav obraznost posluchačův líčením blížícího se spolu s pronásledováním věrných posledního saudu, kdežto nádoby hněvu božího vylity býti mají na bezbožníky tohoto světa." („In der Kirche Maria am Schnee in der Prager Neustadt, die den Hussiten vom König überlassen worden war, predigte damals ein gewisser Mönch, der aus dem Prämonstratenserkloster in Zeliv geflüchtet war. Er war ein Mann von ungewöhnlichem Charakter, einer der kühnen Eiferer und Volksführer, wie sie nur in stürmischsten Zeiten der Geschichte auftauchen und riesige Mengen aufgeregten Volkes anziehen. In Zeiten, die für seine Partei gefährlich waren, wählte er am liebsten apokalyptische Texte und bildliche Darstellungen für seine Predigten; die Einbildungskraft seiner Zuhörer speiste er mit Schilderungen des nahenden letzten Gerichtes, vor dem die Getreuen Verfolgung leiden, während die Gefäße des göttlichen Zorns auf alle Gottlosen dieser Welt ausgeschüttet werden.")

mindest ähnlich; zunächst eine Kanzel in einer topographisch vorteilhaft situierten Prager Kirche: Hus predigte in der Bethlehemskapelle, Želivský in der Kirche Maria am Schnee; beide Gotteshäuser befinden sich nicht weit voneinander entfernt an der strategisch wichtigen Grenze zwischen Prager Altstadt und Prager Neustadt. Hinzu kommen Wortgewandtheit und die Fähigkeit, Dinge rhetorisch auf die Spitze zu treiben: Hus bediente sich in seinen Predigten konkreter Beispiele der grausamen Verfolgung von Anhängern der Reformpartei, d. h. seiner Anhänger, um die Zuhörer zu mobilisieren, während Želivský sich wortreich gegen König Sigismund wandte und schließlich die Grenze verbaler Mobilisierung überschritt, indem er die aufgeheizte Menge vor das Rathaus der Prager Neustadt führte. Die Ratsherren fielen der schnell eskalierenden Rebellion zum Opfer und verloren ihr Leben. Der Prager Fenstersturz vom 30. Juli 1419 eröffnete die zweite, gewalttätige Phase der hussitischen Reformation. In Prag selbst begann um die Mitte des Jahres 1421 die sogenannte Diktatur des Jan Želivský,[45] die erst mit seiner Hinrichtung im März 1422 endete.[46]

Beide religiöse Führer gleichen sich daher auch in ihrem gewaltsamen Tod. Der „Relatio" des Petrus von Mladenowitz steht dabei der anonyme Bericht eines Augenzeugen über den Tod des Jan Želivský gegenüber, wie er in den sogenannten „Alten böhmischen Annalen" überliefert ist.[47] Der von Mladenowitz überlieferten Verteidigung Hussens vor dem Konstanzer Konzil entsprechend, charakterisiert der anonyme Annalist die von den Prager Ratsherren befohlene Verhaftung Želivskýs als einen gescheiterten Disput:

(...) Ich habe gesehen und gehört, wie seine tückischen Feinde zu ihm sprachen, schlau und als ob sie ihm entgegenkommen wollten, und wie er ihnen aufrichtig Rede und Antwort stand (...).[48]

---

45 ŠMAHEL, Die Hussitische Revolution (wie Anm. 8), Bd. II, S. 1188–1251.

46 Einen bemerkenswerten Vergleich der Hussitenkriege mit der Französischen Revolution in ihren einzelnen Phasen zieht PATSCHOVSKY, A., Das Revolutionäre an der hussitischen Revolution, in: Mediaevalia Augiensia. Forschungen zur Geschichte des Mittelalters (Vorträge und Forschugen 54), hrsg. von PETERSOHN, J., Stuttgart 2001, S. 407–428. Dort findet sich auch die Analyse der Begrifflichkeit, mit der sich die hussitologische Forschung an die Terminologie der französischen Revolution von 1789 anlehnt.

47 Siehe dazu HAVRÁNEK, B./HRABÁK, J./DAŇHELKA, J. (Hgg.), Výbor z české literatury doby husitské, Prag 1963, Bd. I, S. 481–486.

48 HAVRÁNEK U. A., Výbor (wie Anm. 45), S. 481: „(...) jenž sem viděl a slyšel, kterak jsú se k němu měli lstivě a ochotně jeho pokrytí nepřietelé, a kterak jest on jim zase upřímě odpoviedal (...)." Vgl. dazu die Schilderung der Gefangennahme Hussens durch Petrus von Mladenowitz in Konstanz, die sich allerdings deutlich an den neutestamentlichen Bericht über die Gefangennahme Christi anlehnt. PETRUS VON MLADENOWITZ, Opera historica (wie Anm. 8), S. 37f., hier S. 38 [Petri de Mladoniwicz Relatio]: „Et dicti episcopi et alii ad ipsum Magistrum Iohannem Hus venientes sub illa collocucione amicabili, qua ipsum Magistrum Hus amicabiliter petebant, ut veniat ad dictos cardinales, quia ipsi vellent loqui sibi,

Ebenso wie die Berichterstatter Hus bis zum Scheiterhaufen folgten, wohnt der anonyme Annalist den letzten Augenblicken des Prager Tribuns Želivský bei. Die realen Geschehnisse überlagerten jedoch zum Schluß alle Versuche, die Ereignisse durch die Darstellung als exemplarisch auszuweisen: Želivskýs Kopf wurde der vor dem Rathaus versammelten Menge seiner Anhänger gezeigt, worauf ein Chaos ausgebrochen zu sein scheint. Ein Kind bemächtigte sich schließlich der Reliquie und lief mit ihr weinend durch die Straßen. Es kam zu einem regelrechten Aufstand, ein Teil der beiden Prager Städte wurde in Schutt und Asche gelegt, v. a. die prächtigen Häuser der verschwörerischen Ratsherren; besonders gelitten haben auch die Universität und das jüdische Ghetto.

Hus und Želivský sollten nicht als mehr oder weniger „erfolgreiche Charismatiker" betrachtet und beurteilt werden. Beide waren ohne Zweifel Männer, die die Position religiöser Führer anstrebten: Beide waren Priester und Theologen, aufgrund ihrer universitären Ausbildung in der scholastischen Disputationspraxis geübt, und zugleich Prediger und griffen zu ähnlichen Mitteln, um die potentielle Anhängerschaft zu mobilisieren und zu lenken. Darin unterschied sich der bereits erwähnte Hieronymus von Prag von Hus und Želivský: Als einem Laien blieb Hieronymus die Kanzel verwehrt; anscheinend war er auch nicht in derselben Weise imstande, die Kommunikation mit seiner Anhängerschaft auf Dauer zu stellen; von ihm sind keine Briefe überliefert, die denen von Jan Hus gleichen.[49] Freilich ist dies bei Želivský ebensowenig der Fall: Hus und Želivský operierten in unterschiedlichen sozialen und kommunikativen Räumen und unter unterschiedlichen Bedingungen. Folgt man den Zeugnissen über die Herrschaft Želivskýs in Prag, rekrutierte sich dessen Anhängerschaft überwiegend aus den niedrigeren sozialen Schichten; allerdings fehlte es auch nicht an manchen reicheren, radikalisierten Bürgern sowie an Priestern und Predigern. Ein weiteres kam hinzu: Obgleich er als Märtyrer betrachtet wurde, konnte Želivský – im Unterschied zu Hus und den „Märtyrern der ersten Generation" – in der innerlich gespaltenen Bewegung nicht in den Rang eines breit anerkannten Heiligen aufsteigen.[50]

Dazu genügte auch seine zwar glühende, aber sozial wenig differenzierte und teilweise auch wenig gebildete Anhängerschaft nicht. Die Erinnerung an den neuen

munierant domum habitacionis Magistri Hus et aliquot alias circumcirca vicinas armatis de dicta civitate." Die Darstellung des Todes Želivskýs wird als Augenzeugenbericht stilisiert. Unter dieser Perspektive ist die Wiedergabe des Dialogs mit den Ratsherren, der mit der Festnahme und der unmittelbar darauffolgenden Hinrichtung endet, besonders interessant, da sie das Gespräch als Parodie auf einen Kriegsrat erscheinen läßt. Želivský wird von den Ratsherren höhnisch gefragt, welche Entscheidungen seiner Meinung nach für das Wohl der Stadt getroffen werden sollten. Želivský antwortet ihnen in der Haltung eines Herrschers, der schließlich von seinen Widersachern verspottet wird. Die Authentizität des Berichts wird von der Forschung allgemein anerkannt.

49 Siehe dazu ŠMAHEL, Jeroným Pražský (wie Anm. 23), S. 10f.

50 ŠMAHEL, Die Hussitische Revolution (wie Anm. 8), Bd. II, S. 1249.

Märtyrer auf Dauer zu stellen und seinen Kult auszugestalten, konnte nur vermittels symbolischer Formen und Ausdruckweisen gelingen, die dem hypothetischen Publikum – zunächst die Prager Bürger und sonstigen Stadtbewohner, die die Predigten der priesterlichen Anhänger von Hus hörten –[51] verständlich waren und in ihre Vorstellungswelt integriert werden konnten. Ebenso wie im Fall anderer hagiographischer Quellen erlauben die Zeugnisse über den Hus-Kult bis zu einem gewissen Grad, eine Typologie der symbolischen Repräsentationen seiner Heiligkeit aufzustellen. Diese Repräsentationsformen wiederholen sich im Laufe der Zeit in den einzelnen Texten immer wieder, rekurrieren aufeinander und lehnen sich aneinander an; dabei werden sie jedoch durchgehend umgewichtet, uminterpretiert und ergänzt. Man hat daher auch im Fall von Jan Hus schließlich mit einem textuell, wenn nicht sogar literarisch konstruierten Heiligen[52] zu tun, der als solcher im Gedächtnis seiner Anhänger auf Dauer verankert blieb.

Die Erinnerung an den Märtyrer erfüllte bei der Entstehung der Institution einer utraquistischen Kirche wichtige Funktionen, die im Laufe der Zeit langsamen, gelegentlich aber auch schnelleren Wandlungen unterlagen.[53] Mit zunehmender Radikalisierung der Reformbewegung nach dem Tod Hussens wurde dieser zur namensgebenden symbolischen Figur der Bewegung; dabei kam es zu Neugestaltungen und Uminterpretationen seiner Person. In dieser Hinsicht ist zu fragen, welche symbolischen Repräsentationen von Hussens Charisma in den Quellen zu seinem Leben und Tod greifbar werden. Wie unterscheiden sich dabei die Zeugnisse, die vor seinem Tod und nach seinem Tod entstanden sind? Wie weit und wie schnell werden die einzelnen symbolischen Repräsentationen seines Charismas von den offiziellen Mustern und Vorbildern beeinflußt, also denjenigen, die von der gegnerischen Institution anerkannt sind? Wie weit ist der Weg von einem religiösen Führer zu einer Person, die als Offenbarer einer transzendenten Autorität angesehen und verstanden wird?

Die allgemeine Wahrnehmung Hussens als eines auserwählten, heiligen Märtyrers durch seine Nachfolger und in der späteren Tradition der utraquistischen Kirche stützte sich nicht überwiegend auf das Werk des Jakobellus von Mies oder anderer Führer der Reform bzw. der Revolution, sondern auf die schon erwähnte „Relatio

51 Allerdings bemühte sich Jakobellus von Mies darum, die von Johannes Barbatus gebotene Darstellung des Todes von Jan Hus (siehe oben), ergänzt um seinen eigenen Text, schnell auf dem Land zu verbreiten. Siehe PETRUS VON MLADENOWITZ, Opera historica (wie Anm. 8), S. 24 [Passio (...) secundum Johannem Barbatum]: „Hec scripsit Jacubellus Moraviam cuidam plebano in Strzemilow Wiglefiste et eadem scribit multis per partes diversas."

52 Zum Prozeß der literarischen Gestaltung eines Heiligenlebens im Mittelalter siehe grundlegend RUHRBERG, C., Der literarische Körper der Heiligen. Leben und Viten der Christina von Stommeln (1242–1312), Tübingen 1995.

53 Zu den Funktionen der symbolischen Repräsentationen des frühmittelalterlichen „heiligen Mannes" siehe den Aufsatz von ALBRECHT DIEM in diesem Band.

de magistro Johanne Hus"[54] des Petrus von Mladenowitz, eines jungen Juristen und Schreibers, der in Konstanz als Gefolgsmann der adligen Begleiter und Beschützer Hussens auftrat.

Mladenowitz' „Relatio" stellt die bedeutendste Quelle v. a. für Hussens Aufenthalt in Konstanz dar, und zwar für dessen Zeitgenossen wie für die moderne Forschung. Die große Bedeutung der Schrift wird auch durch die Tatsache bestätigt, daß kaum eine Abschrift mit der anderen identisch ist. Das Werk wurde eifrig rezipiert und kopiert, jedoch stets mit signifikanten Auslassungen und Ergänzungen. Der erste moderne Herausgeber, František Palacký, teilte das Werk in drei Abschnitte ein; deren letzter ist in einigen Handschriften mit „Passio martyris gloriosi Magistri Iohannis Hus, patroni incliti Bohemorum"[55] überschrieben und enthält die eigentliche Schilderung von Hussens Martyrium. Gerade dieses Stück hat die spätere Wahrnehmung des Reformators als eines „Heiligen" entscheinend geprägt, und zwar vor allem dadurch, daß es (im Unterschied z. B. zu der oben erwähnten „Passio" von Johannes Barbatus) seit den Anfängen des Kultes von Jan Hus als Teil der Liturgie zu seinem Andenken verwandt wurde.

Mladenowitz' „Passio" hat den Charakter eines Primärtextes, sie konzentriert sich auf das Geschehen, ohne, wie Mladenowitz selbst betont, die Schilderung mit schönen Worten zu schmücken und sie so ihres sachlichen und tatsächlichen Kerns zu berauben.[56] Mladenowitz präsentiert Hus als Verteidiger der göttlichen Wahrheit gegen das Konzil und als demütigen Märtyrer. Hussens Charisma wird nicht symbolisch vermittelt, es wird nicht in typologische Horizonte gestellt. Der Grund liegt wohl darin, daß der Autor eher die juristische Seite von Hussens Prozeß im Auge hat. Außerdem wurde die literarische Neugestaltung von Hussens Tod wie auch seiner Person erst dann notwendig, als man ihn zum symbolischen Zentrum der Bewegung machte; diese Absicht konnte Jakobellus von Mies schnell und leicht umsetzen: Johannes Barbatus, von dem zuvor bereits die Rede gewesen ist, schildert in seiner „Passio" Hussens Flammentod in einer deutlich stärkeren Anlehnung an die neutestamentliche Passion Christi, als dies bei Peter von Mladenowitz geschieht, bei dem

54 Der Titel stammt von František Palacký. Siehe NOVOTNÝ, V., in: PETRUS VON MLADENOWITZ, Opera historica (wie Anm. 8), S. XXIII.

55 PETRUS VON MLADENOWITZ, Opera historica (wie Anm. 8), S. 111 [Petri de Mladoniwicz Relatio]. Eine andere überlieferte Überschrift lautet: „Finale des sancto viro et reverendo Magistro Iohanne Hus, zelatore Iesu Christi veritatis, et sua passio, quam humiliter passus est" (ebenda).

56 PETRUS VON MLADENOWITZ, Opera historica (wie Anm. 8), S. 120 [Petri de Mladoniwicz Relatio]: „Hanc autem preclare in decursu quoque temporis vivacius recolende memorie mortis et agonie seriem incliti Magistri Iohannis Hus, predicatoris egregii ewangelice veritatis, perstrinxi planissime, hoc nepme preponderans, ut non in confeccione presencium fallerata fucatorum verborum cortice facta, gesteque rei nucleo spoliata, hac dumtaxat pasci gliscencium aures pruriendo demulceam, quin pocius ut medullam, rei quoque et processus ordinem premissorum, quem tam ex visis quamque auditis clare didici, ipso, qui singula novit, teste, non menciens, verborum incultorum pocius tollerata inepcia pro futura dicti Magistri agoniste constantissimi vivaci memoria testimonium agnite prehibeam veritati."

jedoch dieselbe Tendenz mindestens durchscheint. Beispielsweise stimmte Hus nach Mladenowitz auf dem Scheiterhaufen liturgische Gesänge (etwa das „Miserere" und das „Qui natus est") an und starb während des dritten Gesanges.[57] Hingegen lauteten seine letzten Worte (im Rückgriff auf Lk 23,46) nach Johannes Barbatus: „In manus tuas, domine, commendo spiritum meum".[58] Im Unterschied zu Johannes Barbatus, der das Rheinufer, auf dem sich der Scheiterhaufen befand, als *locus Calvariae* bezeichnet, spricht Petrus von Mladenowitz lediglich von einem *locus tormentorum*. Beiden Berichterstattern zufolge wurden nach Hussens Tod die noch unverbrannten Überreste seines Körpers und seiner Kleidung zu Asche verbrannt und in den Rhein gestreut; bei Johannes Barbatus dagegen werden die Kleidungsstücke des Reformators – wie im neutestamentlichen Bericht über die Kreuzigung Christi – seinen Henkern übergeben, die sie unter sich aufteilen.[59]

Differenzierte Einblicke in spätere Bearbeitungen von Hussens Vita ermöglichen weitere Werke, die vor allem in Anlehnung an Mladenowitz' „Passio" verfaßt wurden. Schon die ersten Überarbeitungen der „Passio" (vor allem deren volkssprachliche, alttschechische Übersetzungen) werden um Schilderungen der besonderen Demut und Frömmigkeit des Märtyrers ergänzt.[60] Auch werden die Schlußworte des

57 PETRUS VON MLADENOWITZ, Opera historica (wie Anm. 8), S. 119 [Petri de Mladoniowicz Relatio]: „Quem mox lictores succederunt, et Magister mox alta voce cantavit primo: ‚Christe, fili dei vivi, miserere nobis'; secundo: ‚Christe, fili dei vivi, miserere mei'; tercio: ‚Qui natus es ex Maria virgine'. Et sic cum tertio cantare cepisset, mox ventus flammam sibi commovit in faciem, et sic in se ipso orans, labiis movens et capite, exspiravit in domino. In tempore vero silencii moveri videbatur, antequam exspiravit, ad tantum tempus, quo cite dici possint duo vel maxime tria Pater noster."

58 Siehe oben, Anm. 40.

59 PETRUS VON MLADENOWITZ, Opera historica (wie Anm. 8), S. 18 [Passio (...) secundum Johannem Barbatum]: „Postmodum autem exeuntes de civitate, invenerunt partem corporis nondum combustam et iusserunt comburi, et kleem Theutonicus, cui traditus fuerat per regem Ungarie, dixit: ‚Ne Bohemi ydolatriam committant venerando corpus et reliquias eius, funditus cum terra evellentes in profundum aque fluentis, Renum nominate, demergatis.' Sic ergo omnes reliquias eciam cum cineribus in aquam proicerunt, ymmo et vestes, quas tortores pro se usurpaverant, prefatus Klem mandavit comburere, seque spopondit tortoribus precium vestium triplicare." Vgl. PETRUS VON MLADENOWITZ, Opera historica (wie Anm. 8), S. 119f. [Petri de Mladoniowicz Relatio]: „Cum vero ligna dictorum fasciculorum et funium exusta fuissent et adhuc gleba corporis staret in dicta katena pendens per collum, mox lictores dictam glebam una cum statua truserunt in terram et ignibus amplius et tercia biga de lignis auctis exurebant, et circumeuntes fustibus ossa concuciebant, ut eo cicius incinerarentur. Et invento capite, illud fuste diviserunt in partes et iterum in ignem proiecerunt. Invento vero corde ipsius inter intestina, illud, fustem exacuentes, ad instar veruti fini infixerunt, et specialiter assantes et concremantes contis percuciebant et finaliter totam massam illam incinerantes. Et tunicam ex mandato dictorum Clem et marsalkonis lictores iecerunt una cum sotularibus in ignem dicentes: ‚Ne forte Boemi illud pro reliquiis habeant, et nos dabimus tibi precium tuum pro illo.' Quod et fecerunt. Et sic una cum singulis dictis ticionum cineribus cuidam carruce imponentes, ad Reni flumen vicinum ibidem dimersum proiecerunt."

60 PETRUS VON MLADENOWITZ, Opera historica (wie Anm. 8), S. 143 [Petra z Mladoňovic Pašije Mistra Jana Husi s překladem]: „Tandem petiit ab eis, ut liceret sibi carcerius sui custodes alloqui. Quibus, ubi

Verfassers in dem Sinne geändert, daß nicht mehr (wie in der ersten Fassung) „das bloße Geschehen ohne Ausschmückungen" geschildert werden soll; vielmehr möge der Leser dem Verfasser vergeben, sollte dieser Wesentliches vergessen haben (*si quid hic omiserim*).[61] Damit waren weiteren Ergänzungen und „frommen Verbesserungen" Tür und Tor geöffnet.

In einer etwa gleichzeitig, nämlich um das Jahr 1430 verfaßten, kompilatorischen alttschechischen „Erzählung vom Tode des Jan Hus", die möglicherweise als erste überlieferte Legende im eigentlichen Sinne bertrachtet werden kann,[62] stattet der anonyme Autor Hus mit einer ganzen Reihe von gängigen symbolischen Repräsentationen eines konstruierten, institutionalisierten Heiligen aus.

Unter anderem legt er Hus eine Prophezeiung gegenüber dem Konzil und König Sigismund in den Mund:

Was diese Versammlung im Sommer getan hat [d. h. die Verurteilung Hussens Anfang Juli 1415], wird Früchte tragen, sobald der Winter kommt: Alle werden wie die Störche auseinanderfliegen, und aus ihren Beschlüssen wird Spreu. (...) Und dir, König, wird, was du erstrebst, nicht gelingen, da du, versteckt hinter deinen Geleitbriefen, Leben nimmst! Was du erstrebst, wird dir nicht gelingen: Du wirst nicht Römischer Kaiser und auch nicht König von Böhmen werden![63]

Nicht mehr nur Prediger, Gegner des Antichrist und Märtyrer soll Hus nun gewesen sein, sondern auch ein Prophet. Die prophetische Tradition war bereits in der Schil-

---

ad eum accessere, inquit: ‚Gracias vobis ago, fratres mei dilectissimi, de omnibus beneficiis, quae consulistis in me. Nam fratres michi charissimi fuistis, nedum custodes mei. Ac scitote, quod constanter credo salvatori suo, cuius nomine hoc genus mortis aequo animo volo preferre, una cum eo me hodie regnatum iri.'" Ebenda: „I prosieše aby ještě s svými žalářným mohl mluviti. A když tu přistúpichu, jim děkováše a řka: ‚Děkuji vám, milí bratřie, ze všeho dobrého, což ste mi učinili. Nebo netoliko byli ste moji strážní, ale moji milí bratřie. A vězte to, žeť pevně ufám svému milému spasiteli, pro jehož svatý zákon tu smrt chci mile trpěti, žež s ním dnes kralovati budu.'"

61 PETRUS VON MLADENOWITZ, Opera historica (wie Anm. 8), S. 148 [Petra z Mladoňovic Pašije Mistra Jana Husi s překladem]: „Porro ego precor, ut oracionis meae simplicitatem, qua historiam Hussii, charissimi mei magistri, complexus sum, lectores boni consulant. Deinde, ut fideles hoc monumento viri pientissimi habito, ac imprimis illi, qui multa bona ex eo audiverant, de sui ducis constantia grati, ipsum imitarentur, pro me quoque misero deum deprecentur, ut mihi, si quid hic omiserim, benigne ignoscat. Nam mihi conscius sum, dedita opera me hic nihil falsi, nihil iniqui scripsisse, quo vel quenquam contumelia afficiam, vel adulatione demerear. Cuius rei sane puderet me in conspectu illius, qui omnem cum veritatem tum mendacium in iudicio vivorum et mortuorum et patefacturus est. Cui laus sit in saeculas. Amen."

62 So auch schon NOVOTNÝ, V., in: PETRUS VON MLADENOWITZ, Opera historica (wie Anm. 8), S. LXVII, der allerdings über eine „Belletrisierung des Stoffes" redet.

63 PETRUS VON MLADENOWITZ, Opera historica (wie Anm. 8), S. 225 [Vypravování o smrti Husově]: „A což jěst tento sbor v létě učinil, poznáť, když zima přijde; rozlétajíť sě jako čápi a jich ustavenie stane jako poučiny." (...) Králi, oč stojíš, toběť to nepůjde, neb za svými listy glejtovnými o život připravuješ! Oč stojíš, toběť to nepuojde. Ciesařem Římským nebudeš ani králem v Čechách."

derung von Hus' Feuertod präsent, die sich wohl an Jakobellus von Mies anlehnt:[64] In einer der alttschechischen Versionen der „Passio“ des Petrus von Mladenowitz, die sich in einem Druck des sechzehnten Jahrhunderts erhalten hat,[65] wird Hussens Scheiterhaufen mit dem Feuerwagen des Propheten Elias verglichen; der Feuertod des Reformators wird als Werk Gottes und als legitimer Weg zur Erlösung gepriesen.[66] Hus in dieser Weise als einen Propheten zu deuten, konnte sich möglicherweise auf einen der Briefe des Reformators aus dem Konstanzer Kerker stützen. In diesem vom 9. Juni 1415 datierenden Schreiben an seine Freunde und Unterstützer in Konstanz teilt er den Adressaten mehrere prophetishe Träume mit, die sämtlich in Erfüllung gegangen seien. Dies tue er allerdings nicht, weil er sich für einen Propheten halte; vielmehr wolle er eingestehen, einer großen Versuchung ausgesetzt gewesen zu sein, wohl aus Hochmut gegen die Gebote Christi zu verstoßen.[67] Tatsächlich wurden zu jener Zeit prophetische Träume eher als Teufelswerk angesehen,[68] und zwar nicht allein wegen ihrer Inhalte, sondern auch wegen der Tatsache, daß die prophetische Botschaft im Schlaf erteilt wurde: Eine im Wachzustand erfahrene Vision galt demgegenüber als etwas weniger dubios. Ganz anderes Gewicht

---

64 Vgl. dazu die Ausführungen weiter oben.

65 NOVOTNÝ, V., in: PETRUS VON MLADENOWITZ, Opera historica (wie Anm. 8), S. LXIf.

66 PETRUS VON MLADENOWITZ, Opera historica (wie Anm. 8), S. 148 [Petra z Mladoňovic Pašije Mistra Jana Husi s překladem]: „A tak jest ráčil učiniti milý Pán Bůh, aby ani jeden vlásek, ani který prášek tohoto člověka svatého od slávy jeho umenšen nebyl, než aby všecek do pokladnice boží a do odpočinutí věčného byl shromážděn, a jako onn svatý Elijáš na ohnivém voze do nebe jest přenesen.“

67 JAN HUS, Korespondence a dokumenty (wie Anm. 7), S. 265: „Sciatis pro certo, quia magnam pugnam habui cum sompniis, ne ad ipsa declinarem; nam evasionem pape ante sompniavi, et post narracionem dominus Johannes [Johannes von Chlum] statim in nocte dixit: ‚Vobis papa redibit‘; captivitatem Magistri Ieronimi [Hieronymus von Prag] eciam, licet non in forma. Omnes carceraciones, quo ducar et qualiter, patuerunt, licet non precise in forma. Serpentes multi sepius apparuerunt, habentes capita eciam in cauda, sed nullus potuit me mordere et multa alia. Ista scribo, non quod me estimem prophetam et extollam, sed ad dicendum vobis, quod temptaciones habui in corpore et in mente, et maximum timorem, ne transgrederer madnatum domini Ihesu Christi.“ Gegenüber den Prophezeiungen war Hus anscheinend reativ offen. Seine Überzeugung, die letzten Tage seien gekommen, schöpfte er aus der Prophezeiung des Jacobus Palladini von Terramo; dies wurde ihm auch seitens des Konzils vorgeworfen. Siehe dazu SEDLÁK, Mistr Jan Hus (wie Anm. 14), Beilagen: 19 Articuli e Processu Mgri J. Hus Constantiensi, darin: 2 Articuli testium: b) [Articulus testium] Pragensium, Nr. 9: „Idem Iohannes Huss dixit in vulgari ad populum: ‚Ecce impleta est prophetia, quam praedixit Jacobus de Tharamo, quod a. D. MCCCCIX surget unus, qui evangelium et epistola et fidem Christi persequetur.‘“ (S. 342). Siehe dazu HOLEČEK, F. J., M. Jan Hus a proroctví Giacoma Palladiniho z Terama, in: Nový Mars Moravicus aneb Sborník příspěvků, jež věnovali Prof. Dr. Josefu Válkovi jeho žáci a přátelé k sedmdesátinám, hrsg. von CHOCHOLÁČ, B./JAN, L./KNOZ, T., Brünn 1999, S. 111–118. Vgl. auch DERS., Ministri dei (wie Anm. 30), S. 219–244.

68 In diesem Sinn bestehen bemerkenswerte Differenzen z. B. zwischen den einzelnen Versionen der Legende des hl. Wenzel. In der ältesten Version wird ein prophetischer Traum Wenzels über die Zerstörung der Prager Kirche überliefert, in den jüngeren Versionen wird die Stelle abgeschwächt, umgedeutet, schließlich verschwindet sie ganz.

kam freilich einer Prophezeiung zu, die in den Mund eines institutionell sanktionierten Heiligen gelegt wurde; dies war beispielsweise bei Birgitta von Schweden und ihren berühmten päpstlichen Prophezeiungen der Fall.[69]

Der Text der „Erzählung vom Tode des Jan Hus“ belegt, wie schnell nach Hus' Ende, nämlich mit einem zeitlichen Abstand von nur ungefähr 15 bis 20 Jahren, die Anpassung seiner Person, seiner Lebens- und vor allem Todesgeschichte an die überlieferten Vorbilder begann. Der reale Charismatiker wurde zu einem konstruierten Charismatiker, und dazu wurden alle Primärquellen verwandt: seine Briefe wie auch die nüchterne, juristisch angelegte „Relatio“ des Petrus von Mladenowitz. Diese Quellen wurden in den institutionell generierten Rastern neu kontextualisiert und interpretiert. Der ursprünglich juristisch-theologisch getragene reformatorische Diskurs wurde so allmählich um einen Frömmigkeitsdiskurs erweitert, und beide Linien sollten künftig nebeneinander herlaufen; dabei wurde Hus' Persönlichkeit vollständig vom Frömmigkeitsdiskurs vereinnahmt und durch ihn uminterpretiert.

Hussens Leben wird etwa in der alttschechischen Vita des Johannes des Eremiten aus den 80er Jahren des 15. Jahrhunderts gänzlich in der Darstellungstradition der asketischen Lebensführung von Charismatikern vom Typ eines Heinrich Seuse erzählt: In Antizipation seines Märtyrertodes legt sich Jan Hus ein glühendes Holzscheit auf den Rücken, um sich zu vergewissern, was er für Gott zu leiden bereit sei. Seine vor dem Ofen unter Schmerzen vollzogene Kontemplation wird von einem in den Flammen stehenden Engel begleitet. Es fehlt auch nicht an einem weiteren Requisit der Viten- und Legendenliteratur, nämlich an der Figur eines Zeugen – – einem jungen Adligen – dem von Hus untersagt wird, von seinen asketischen Übungen und Wundern irgendetwas weiterzuerzählen.[70]

---

69 Siehe dazu RYCHTEROVÁ, P., Die Offenbarungen der heiligen Birgitta von Schweden. Eine Untersuchung zur alttschechischen Übersetzung des Thomas von Štítné (Beihefte zum Archiv für Kulturgeschichte 58, hrsg. von NEUHAUS, H.), Köln/Weimar/Wien 2004, S. 44–57.

70 PETRUS VON MLADENOWITZ, Opera historica (wie Anm. 8), S. 378 [Život, to jest šlechetné obcování ctného svatého kněze, Mistra Jana Husi, kazatele českého od kněze Jiříka Heremity, věrného kazatele českého, sepsaný a nyní v nově vytištěny]: „Neb i toto mezi jinými trápeními činíval, že když zimním časem vstana, v noci sobě zatápěl, kleče před nístějí aneb před prskem a hledě na ten plamen, nábožně se pánu bohu modlíval. A v tom modlení vezma rozpálené dřevo, k nahému tělu je přičinil, a ožha se, odtrhl od těla a povrha tú hlavní, i modlil se pánu bohu, vyznávaje mdlobu svau a řka: ‚Ó, pane bože, ty znáš mdlobu mau a vidíš, kterak k trpení nestatečný jsem, neb tělo jsem, i leč ty mi ráčíš svou pomoc dáti, nebudu moci zvítěziti ani práce tvé svaté bez tebe vykonati.' a když to činíval, událo se jednomu člověku urozenému (kterýž tu s ním obýváše v domu) v noci povstati, chtě jemu zatopiti, i vida jej, an klečí před ohněm a modlí se pánu bohu, čině tak, jakž svrchu pověděno jest, i zastaviv se na schodě, poklekl jest, dívaje se jemu, co by činil. A v tom popatřivši na oheň i uhlédal anděla stojícího v plameni. I lekši se, padl jest na schodě, nesměje se Mistru Janovi ohlásiti. Až potom některau chvíli, jsa s Mistrem Janem v samotném rozmlauvání, i pověděl mu to vidění. Tehdy Mistr Jan zaklel ho, by toho žádnému nepravil, takto jemu řka: ‚Jakž to nejprvé komu povíš, věziž, že dlauho živ nebudeš.' A on, boje se, toho žádnému pověděti jest nesměl až do smrti Mistrovy a potom leth drahně.“

Durch textuelle Kontextualisierungen werden die wichtigsten symbolischen Repräsentationen des Märtyrers in die Ikonographie übertragen. Die wichtigsten bleiben dabei der Scheiterhaufen, einige *Arma Christi*, v. a. aber die mit tanzenden Teufeln bemalte Ketzerkappe. Weiterhin werden eifrig Analogien zu frühchristlichen Märtyrerheiligen, wie dem heiligen Laurentius, hergestellt; außerdem kann eine textuelle wie auch ikonographische Analogie zum hl. Sebastian beleget werden, die wohl von der Säule herrührt, an die beide Märtyrer gefesselt worden waren. Anfangs des 16. Jahrhunderts verband sich mit Hus' Scheiterhaufen ein komplexes Gefüge von Bedeutungen und Konnotationen. Eine der bekanntesten Abbildungen des böhmischen Märtyrers, eine Illumination aus dem Gradual von Leitmeritz aus dem Jahr 1517, kann als ein Beleg für die grundsätzliche Mehrdeutigkeit und Dynamik der charismatischen symbolischen Repräsentationen dienen: Die Seele des gerade hingerichteten Ketzers wird auf der Rauchwolke, die von seinem Scheiterhaufen ausgeht, in die himmlische Glorie getragen, um dort von den Engelschören empfangen zu werden. Dies alles beruht auf einer detaillierten Uminterpretation, die zugleich die Anpassung an die üblichen bildlichen Kodierungen von symbolischen Repräsentationen eines religiösen Charismas ermöglicht: Die Seelen der Heiligen steigen auf Wolken in den Himmel empor.

Das wichtigste der traditionellen Attribute der Heiligkeit ist allerdings der Heiligenschein. Erst das zuvor genannte Gradual von Leitmeritz aber präsentiert Hus konsequent mit dem Nimbus.[71] Bis dahin ist der Heiligenschein nur anhand einiger weniger erhaltener Altarbilder zu belegen. Anstelle des Heiligenscheins erscheint in den ersten Darstellungen die mit Teufeln bemalte Ketzerkappe, z. B. auf dem Altarbild aus Vlinev aus dem letzten Drittel des 15. Jahrhunderts. Die Darstellung zeigt Hus als heiligen Märtyrer zusammen mit dem Landespatron, dem heiligen Adalbert, der gleichfalls eines Märtyrertodes gestorben ist.[72]

71 Der Heiligenschein kommt auch in der Szene der Verbrennung des Jan Hus im sogenannten „Alttschechischen Passional" aus dem Jahr 1495 vor; siehe dazu ROYT, J., Ikonografie Mistra Jana Husa v 15. až 18. století, in: Jan Hus na přelomu tisíciletí (wie Anm. 30), S. 405–452, hier: S. 424, Abb. 2/B.

72 Als einen Landespatron nennen Hus etliche schriftliche Zeugnisse, z. B. einige Abschriften der „Relatio" des Petrus von Mladenowitz. Hussens Zugehörigkeit zur tschechischen Sprachnation hebt z. B. die alttschechische „Erzählung über den Tod des Jan Hus" hervor. Siehe PETRUS VON MLADENOWITZ, Opera historica (wie Anm. 8), S. 226 [Vypravování o smrti Husově]: „Tehdy inhed někaké kniežky podobné k jeho počěchu upalovati a za kacieřstvie odsuzovati. Odpověďě Mistr Jan Hus i vece: Kterak vy mé české písmo odsuzujite a za kacieřstvie potupujěte, jěhož ste nečtli, byste chtěli, neumiete." („Dann haben sie [die Henker] angefangen, etliche Bücher zu verbrennen und als Ketzerei zu verurteilen, die den seinen [Hussens] ähnelten. Da sagte Magister Jan Hus: ‚Wie könnt ihr es wagen, meine tschechischen Schriften zu verurteilen und als Ketzerei zu verunglimpfen! Ihr habt sie nicht gelesen, da ihr der Sprache nicht mächtig seid.'") Während des Prozeßes ging es selbstverständlich v. a. um die lateinischen Schriften von Hus. Zum Problem des tschechischen Protonationalismus des 15. Jahrhunderts siehe grundlegend ŠMAHEL, F., Idea národa v husitských Čechách, Prag 2000 (zweite überarbeitete und erweiterte Auflage).

Die Ikonographie folgte der literarischen Neugestaltung Hussens als des Märtyrers und Heiligen der neuen Kirche bzw. Konfession erst mit deutlichem zeitlichem Abstand.[73] Dies ist nicht unbedingt üblich. Die symbolische Darstellung der Heiligkeit bei mehr oder weniger anerkannten Charismatikerinnen und Charismatikern liefen durchweg parallel in Schrift und Bild, oder die Bilder folgten den ersten schriftlichen Zeugnissen doch unmittelbar nach.[74] Im Fall des Jan Hus jedoch erscheinen die ersten ikonographischen Zeugnisse, die die symbolischen Repräsentationen anerkannten Heiligkeit gebrauchen, im letzten Drittel des 15. Jahrhunderts und im 16. Jahrhundert, und zwar im Zusammenhang mit der Durchsetzung des Utraquismus und der Stabilisierung der Utraquistischen Kirche. Daß ältere ikonographische Darstellungen nicht überliefert sind, kann freilich auch mit der Strittigkeit der Frage nach der Verehrung von Heiligen und heiligen Bildern zusammenhängen, die schließlich in den ersten Jahren der bewaffneten Revolte in den sogenannten hussitischen Ikonoklasmus mündete.[75] Allgemein gesprochen heißt das: Erst, wenn die Institution stark genug ist, wird der Charismatiker mit Hilfe symbolischer, zunehmend an der Tradition orientierter Repräsentationen mit Blick auf die Legitimation der Institution dargestellt.[76]

Das Charisma des religiösen Führers und die anschließende Metamorphose in einen Heiligen entstand im Fall des Jan Hus in der Kommunikation zwischen diesem und seiner Anhängerschaft. Diese Kommunikation wurde mittels aller greifbarer Verbreitungsmedien betrieben: universitärer Disput, Predigt, Flugblätter und Bekanntmachungen, die an Kirchentüren genagelt wurden, Traktate, Briefe, pastorale Abhandlungen, Polemiken usw. Sie verdichtete sich letztendlich in der gemeinsamen Erwartung von Hus' sinnstiftendem Märtyrertod. In der oben mehrfach ange-

73 ROYT, Ikonografie (wie Anm. 71), S . 407. Die ersten bildlichen Darstellung von Hus als Märtyrer stammen aus der Zeit nach 1430. Eine Beschwerde des Konstanzer Konzils, gerichtet an König Sigismund von Luxemburg, behauptet, in böhmischen Kirchen würden Johannes Hus und Hieronymus von Prag wie Selige dargestellt. Belege für diese Behauptung fehlen jedoch; vgl. ebenda, S. 406.

74 RYCHTEROVÁ, P., Ikonografický motiv Narození Páně adoračního typu a vidění svaté Brigity Švédské, in: Verba in imaginibus. Františku Šmahelovi k 70. narozeninám, hrsg. von NODL, M./SOMMER, P., Prag 2004, S. 97–111.

75 Siehe dazu etwas schematisch HALAMA, O., Otázka svatých v české reformaci. Její proměny od doby Karla IV. do doby České konfese, Brünn 2002. Vgl. auch ŠMAHEL, Die Hussitische Revolution (wie Anm. 8), Bd. I, Anm. 218, S. 608, wo auch die ältere Literatur verzeichnet ist. Zu den einzelnen Vorfällen siehe ŠMAHEL, Die Hussitische Revolution (wie Anm. 8), Bd. III, S. 2211 (das Stichwort „Ikonoklasmus" im Sachregister zu den drei Bänden der Monographie).

76 Ein anderes Problem ist die mit den Anfängen der Reformation bzw. mit Luther selbst verbundene Darstellung von Hus als eines Vorläufers oder geistigen Vaters der Reformation. Die Attribute des heiligen Märtyrers und Predigers ersetzen die Attribute, die Hus als Universitätsgelehrten bzw. reformatorischen Theologen kennzeichnen. Mit Luther und der Reformation ist auch die Verbreitung des Motivs der Gans bzw. des Schwans zur Darstellung Hussens in der Rolle des geistigen Vorläufers (Propheten) der Reformation in der zweiten Hälfte des 16. Jahrhunderts verbunden.

führten „Relatio“ des Petrus von Mladenowitz wird ein Gespräch überliefert, das Jan Hus am Tag vor seiner Verurteilung in Konstanz mit seinen adligen Begleitern und Beschützern geführt haben soll. Der Ritter Johannes von Chlum ermahnt Hus dabei, nur dem abzuschwören, was er tatsächlich aufgrund eines Irrtums behauptet habe. Im übrigen aber solle er beharrlich auf seiner Unschuld bestehen und bis zum bitteren Tod in der göttlichen Wahrheit beständig bleiben.[77] Dieser Dialog mag durchaus auf literarischer Freiheit des Berichterstatters beruhen; freilich kommt dieser Frage nur geringe Bedeutung zu. Wesentlich ist vielmehr, daß die Auffassungen der Laienanhängerschaft bei der letzten Entscheidung des Märtyrers, sein Martyrium auf sich zu nehmen, die wesentliche Rolle spielen. Das einmal geweckte und über die Jahre hinweg gepflegte Vertrauen durfte nicht verraten werden, die hohen Erwartungen durften nicht unerfüllt bleiben. Der Lohn dafür war die kollektive Memoria der charismatischen Tat, die Jahrhunderte überdauern sollte.

77 PETRUS VON MLADENOWITZ, Opera historica (wie Anm. 8), S. 111 [Petri de Mladoniowicz Relatio]: „Cui extra de carceribus producto dominus Johannes de Chlum dixit: ‚Ecce, Magister Iohannes, nos sumus laici et nescimus tibi consulere; et ergo videas, si sentis te esse in aliquibus illorum, que tibi opponuntur obnoxium, non verearis de illis instrui et revocare. Si vero non sentis te esse reum illorum, que tibi obiciuntur, dictante tibi consciencia tua, nullo modo facias contra conscienciam tuam, nec in conspectu dei menciaris, sed pocius sta ad mortem in ea, quam cognovisti veritatem.‘“

4.2 Politisches Charismatikertum im Islam

Heinz Halm

Das Charisma der Imame

Der Imam weist Zeichen auf. Er muß der kenntnisreichste aller Menschen sein, der weiseste, frömmste, mutigste, freigebigste und der am häufigsten Betende. Er muß schon beschnitten zur Welt kommen, sauber und rein. Er muß sehen können, was hinter ihm ist, so wie das, was vor ihm ist. Er darf keinen Schatten werfen. Wenn er aus dem Mutterleib kommt, fällt er auf seine beiden Handflächen [d. h. in Gebetshaltung] und erhebt seine Stimme mit dem zwiefachen Glaubensbekenntnis. Nur seine Augen können schlafen, nicht aber sein Herz, und er hat keine unreinen Träume. Er wird vom Engel Gabriel angeredet. Der Harnisch des Gottgesandten [Mohammed] muß ihm passen, und sein Schwert ist Ḏū l-fiqār [das Schwert des Propheten]. Weder sein Urin noch seine Exkremente kann man sehen, denn Gott hat der Erde befohlen, alles zu verschlingen, was aus seinem Körper kommt. Sein Duft ist wohlriechender als Moschus (...)[1]

Die Auflistung der Zeichen, an denen der wahre Imam erkennbar ist, geht noch ein ganzes Stück weiter. Dieser Text ist einem der schiitischen Imame selbst in den Mund gelegt, nämlich dem achten, ʿAlī ar-Riḍā.

„Imām" bedeutet „Anführer", „Leiter", „Lenker" der Gemeinde. Der Glaube an zwölf charismatische Imame ist eine Besonderheit der Schiiten; nach deren Auffassung waren sie die allein rechtmäßigen, von Gott selbst berufenen Nachfolger des Propheten Mohammed. Der sunnitische Islam dagegen kennt eine solche charismatische Führerschaft nicht; bei den Sunniten geht die Autorität allein vom Wort aus, vom geoffenbarten Wort Gottes im Koran und von den überlieferten Aussprüchen des Propheten, und das Wort wird ausgelegt von dafür qualifizierten Schriftgelehrten (*ʿulamāʾ*).

---

1 AYOUB, M., Redemptive Suffering in Islam, Paris 1978, S. 66, nach TABARSĪ, Kitāb al-Iḥtiǧāǧ, Naǧaf 1966, S. 230.

Die untenstehende Grafik[2] zeigt den Stammbaum der zwölf Imame. Da der Prophet Mohammed keinen Sohn hinterlassen hat, ist sein Vetter und Schwiegersohn ʿAlī, der Ehemann seiner Tochter Fāṭima, sein Erbe und damit der erste Imam; die beiden Söhne aus dieser Ehe, Ḥasan und Ḥusain, sind die einzigen leiblichen Enkel Mohammeds; sie werden als der zweite und der dritte Imam gezählt, und in der husainidischen Linie vererbt sich dann das Charisma des Propheten.

Die ersten elf Imame sind also historische Personen. Sie haben schon zu ihren Lebzeiten Anhänger gehabt, ihre „Partei", die Šīʿa, besonders nachdem der siebte Imam im Jahre 796 von dem Kalifen Hārūn ar-Rašīd in den Irak deportiert worden war. In ihrem goldenen Käfig, ihrer streng überwachten Internierung erst am Hof von Bagdad, dann in der Palaststadt Samarra am mittleren Tigris, empfingen sie die Abgesandten der schiitischen Gemeinden, erteilten Weisungen, gaben den Gläubigen Richtlinien für ihr Verhalten und empfingen Geschenke und Abgaben. Offenbar wuchs ihr Prestige und mehrte sich ihr Charisma, je größer ihre Ohnmacht und die ihrer Anhänger war.

Der elfte Imam al-Ḥasan al-ʿAskarī ist Ende 973 oder Anfang 974 in Samarra gestorben. Daß er keinen Sohn hinterlassen habe, wie die historische Überlieferung glaubhaft versichert, ließen seine Anhänger, die Schiiten, nicht gelten; bei ihnen setzte sich die Überzeugung durch, er habe seinen kleinen Sohn namens Muḥammad schon im Kindesalter verborgen, um ihn dem Zugriff der Kalifen zu entziehen, und dieser zwölfte Imam lebe seitdem – bis auf den heutigen Tag – in der Verborgenheit oder „Abwesenheit" (*ġaiba*), aus der er irgendwann als siegreicher Retter, als der Mahdī („der Rechtgeleitete") hervortreten werde, um die Schia zu Sieg und Herrschaft zu führen. Im Unterschied zu den elf ersten Imamen ist der zwölfte, der „Verborgene", also eine mythische, messianische Retterfigur.

So wie die Sunniten tausende und abertausende Aussprüche des Propheten Mohammed gesammelt und schriftlich fixiert haben, so tradieren die Schiiten solche Dikta des Propheten und der Imame. Die sogenannten „Vier Bücher" sind Sammlungen dieser Imam-Aussprüche und Imam-Anekdoten; sie entstanden im 10. und 11. Jahrhundert. Die letzte Sammlung dieser Art, verfaßt von dem Iraner Maǧlesī, der im Jahr 1700 starb, umfaßt im modernen Druck 110 Bände. Diese Traditionsmasse ist natürlich langsam gewachsen, doch stammt der Grundstock schon aus dem 9. Jahrhundert, ist also zu Lebzeiten der letzten Imame entstanden; die älteste Sammlung, die des Kulīnī, entstand bereits vor 940. In diesen Traditionen wird – umgekehrt proportional zur politischen Macht und Bedeutung der Imame – deren Charisma ins Übermenschliche gesteigert. So wird ihnen nachgerühmt, daß sie nicht nur präexistent waren – also schon vor der Erschaffung Adams als Lichter im Umkreis des Schöpfers existiert hatten – , sondern es wird auch – immer in Form von Aussprüchen eines Imams – gesagt, daß das Universum keinen Bestand haben

2 Vgl. unten, S. 455.

könne, wenn nicht ein Imam existiere – letzteres natürlich ein starkes Argument zugunsten der Existenz eines Verborgenen Imams: die Fortdauer der Welt, des Universums, beweist, daß es einen Verborgenen Imam geben muß.

Schon zu Lebzeiten der letzten Imame ist auch eine Form der Imam-Verehrung entstanden, die die Schia später als „Übertreibung" (*ġulūw*) gebrandmarkt und aus ihrer Überlieferung ausgesondert und verworfen hat: die Vergöttlichung der Imame. Dikta werden überliefert, in denen die Imame selber diesen Extremismus verurteilen. Ein häufig zitierter Bestandteil dieser Überlieferung ist ein Wunder, in dem sich einer der Imame vor den Augen seiner verstörten Schülerschar in Mohammed verwandelt, dann in Fāṭima, in ʿAlī, Ḥasan und Ḥusain und dann die ganze Reihe der Imame, bis er wieder lächelnd seine eigene Gestalt annimmt, so daß den Schülern das Geheimnis offenbar wird, daß alle Imame nichts anderes als Inkarnationen Gottes sind. Dabei ist das Wort Inkarnation nicht wörtlich zu nehmen, denn die Imame haben nach der Tradition dieser „Übertreiber" (*ġulāt*) gar keinen Leib aus Fleisch und Blut, ihre sichtbaren Gestalten sind nur körperlose Schemen. Wie schon gesagt, ist diese Tradition der sog. „Übertreiber" wohl schon von Anfang an von der Mainstream-Schia als häretisch verworfen worden; sie lebt heute nur noch fort in der Sekte der Alawiten oder Nusairier in Syrien, der auch die Präsidentenfamilie al-Assad angehört.

Wenn auch solche Auswüchse rechtzeitig gekappt wurden, konnte doch ein großer Teil der übermenschlichen Eigenschaften der Imame bewahrt werde, was um so leichter fiel, als ihre Reihe mit dem Tode des elften im Jahre 873 oder 874 abriß – für die Schia ein Glücksfall, und vermutlich kein zufälliger. Denn mit dem Tode des elften Imams ist die Nachkommenschaft des Propheten Mohammed ja keineswegs ausgestorben. Die Nachkommen der Prophetenenkel Ḥasan und Ḥusain zählen heute nach hunderttausenden; der iranische Revolutionsführer Āyatollāh Chomeinī zählt ebenso dazu wie der König von Jordanien und der König von Marokko, oder auch der Schauspieler Omar Sharif. Und wenn auch der letztgenannte über Charme und Charisma verfügen mag, dann ist es jedenfalls nicht das der Imame. Denn wenn auch die Gene des Propheten sich bis auf den heutigen Tag fortpflanzen – das Charisma der 12 Imame vererbt sich nicht. Es wird in der Tat auch nicht als physisches Erbgut verstanden, sondern als ein Wissen (*ʿilm*), das weitergegeben wird. Es ist das Wissen, das die wahre Deutung und Auslegung des im Koran geoffenbarten göttlichen Willens garantiert. Dem jeweiligen Imam, dem „Herrn der Zeit" (*ṣāḥib az-zamān*), ist es von seinem Vorgänger anvertraut worden, und er gibt es an seinen Nachfolger weiter, und der Zwölfte Imam hat es mit sich in die Verborgenheit, die „Abwesenheit" mitgenommen, ohne es einem seiner zahlreichen Verwandten anzuvertrauen. Wurden die Schiiten also zu Lebzeiten der elf Imame durch deren direkten Weisungen gelenkt, so sind sie nun für ihr rechtes Verhalten auf andere Wege gewiesen.

Allerdings nimmt die schiitische Überlieferung zwischen dem Tod des elften Imams und der gänzlichen Abwesenheit des zwölften ein Zwischenstadium an, das von 874 bis 941 gedauert haben soll. Es heißt die „kleine Abwesenheit", und während dieser Zeit soll der Verborgene Imam noch über „Botschafter" mit den Gemeinden seiner Anhänger in Kontakt gestanden und die Schia indirekt geleitet haben. Vier solcher Botschafter macht die schiitische Überlieferung namhaft. Dann aber – im Jahr 941 – reißt der Kontakt endgültig ab: in einer letzten brieflichen Botschaft verkündet der 12. Imam, daß jeder, der in Zukunft mit der Behauptung auftreten werde, ihn, den Verborgenen Imam, gesehen oder gar gesprochen zu haben, ein Lügner sei. Und fortan hüllt er sich – bis heute – in absolutes Schweigen; seitdem herrscht die „große Abwesenheit", und die Schiiten sind ohne charismatische Leitung.

Dieser auf den ersten Blick missliche Umstand erweist sich bei näherem Hinsehen als das eigentliche Erfolgsrezept des Schiitentums. In ihren Anfängen wurde die Schia von charismatischen Personen – den Prophetennachkommen – geführt, deren wachsendes Charisma indes in schreiendem Gegensatz zu ihrer tatsächlichen Ohnmacht stand. Die erste günstige Gelegenheit – den kinderlosen Tod des elften Imams – haben die Schiiten daher genutzt, um ihre charismatische Führung auf ingeniöse Weise zu entsorgen und gleichzeitig zu konservieren. Zeitgenössische Quellen berichten, daß die Schia beim Tod des elften Imams zunächst in einen Zustand chaotischer Verwirrung verfiel, in dem nicht weniger als ein Dutzend verschiedener Lehrmeinungen über das Erbe seines Imamats entstanden; von diesen hat dann aber nur eine einzige überlebt, nämlich die Lehre von der Entrückung des zwölften Imams; sie hat sich durchsetzen können, weil sie alle Probleme gelöst hat.

Die Zwölfer-Schiiten nennen den Propheten Mohammed, seine Tochter Fāṭima und die zwölf Imame die „vierzehn Unfehlbaren". Sie – und nur sie – sind *maʿṣūm*, wörtlich: „gefeit", und zwar sowohl gegen Irrtum wie auch gegen Sünde; ihr Tun und Lassen, ihre Aussprüche und Weisungen sind daher absolut verbindlich für jeden Schiiten. Das Geniale an der schiitischen Lehre ist nun, daß die Unfehlbaren alle nicht (mehr) unter uns sind: dreizehn sind tot, und einer ist verborgen und absolut unzugänglich. Keiner der lebenden Menschen kann sich ihre Autorität anmaßen: neben den Vierzehn Unfehlbaren sind wir anderen alle fehlbar und dürfen es auch sein. Es ist ein erfolgreiches Modell der „Verstetigung" des Charismas, auch unter dem Aspekt der *longue durée*, denn es bewährt sich seit über tausend Jahren, und dies aufgrund eines Paradoxons: der charismatische Führer ist zwar gegenwärtig, aber nicht anwesend.

Es ist äußerst fraglich, ob die imamitische Schia so erfolgreich hätte werden können, wenn sie sich nicht zur Zwölfer-Schia gewandelt hätte. Das lehrt uns das Beispiel ihrer Schwestersekte, der Ismailiten, die einen Sohn des sechsten Imams namens Ismāʿīl als Imam anerkannten. Dessen Sohn war zunächst ebenfalls in der „Verborgenenheit", d. h. fiktiv, und entfaltete auf diese Weise seine höchste Wirksamkeit: im Namen des Verborgenen Imams spannten seine Jünger ein konspiratives Netz von Mission und Propaganda über die gesamte islamische Welt, von Spanien bis Afghanistan und Zentralasien, und bereiteten sich in geheimen bewaffneten

Stützpunkten auf sein Wiedererscheinen vor.[3] Der politisch-militärische Umsturz gelang dann auch tatsächlich im Jahr 909 im heutigen Tunesien, noch ehe der „Verborgene" erschienen war; allein der Glaube an seine Existenz riß seine Jünger mit. Doch dann geschah der Sündenfall: der Leiter der Geheimorganisation, ʿAbdallāh, konnte der Versuchung nicht widerstehen, selber als der erwartete Mahdī aufzutreten, und so kam er dann aus der Verborgenheit seines marokkanischen Exils, schon etwas älter an Jahren als verkündet und erwartet, und zudem begleitet von einem halbwüchsigen Sohn, den er als seinen Nachfolger vorstellte, um eine normale Dynastie zu errichten.

Die Ernüchterung blieb nicht aus. „Charismatische Herrschaft" verwirklicht sich – nach Max Weber – „kraft affektueller Hingabe an die Person des Herrn und ihre Gnadengaben (Charisma), insbesondere magische Fähigkeiten, Offenbarungen oder Heldentum, Macht des Geistes und der Rede." Fehlt aber „das ewig Neue, Außerwerktägliche, Niedagewesene", dann tritt das ein, was Max Weber die „Veralltäglichung des Charismas" genannt hat: der Nimbus verblasst rasch; die Jünger gehorchen „ganz ausschließlich dem Führer rein persönlich um seiner persönlichen, unwerktäglichen Qualitäten willen (...). Daher auch nur, solange ihm diese Qualitäten zugeschrieben werden: sein Charisma sich durch deren Erweise bewährt".[4] Schon ein Jahr nach dem Auftreten des Verborgenen Imams als Mahdī stellen die ehemaligen Missionare ihren Herrscher trotzig zur Rede und verlangen Wunderzeichen; da er dazu nicht fähig ist, muß er zum letzten Mittel greifen: in einer blutigen Säuberung räumt er unter den engsten Anhängern und Jüngern, die ihm zur Macht verholfen hatten, auf. Die charismatische Herrschaft wird also, nachdem sie nur ein Jahr gewährt hat, vom Träger des Charismas selbst liquidiert, und der Sohn wird als Thronfolger etabliert.[5] Der Dynastiegründer und angebliche Mahdī wird als 11. Imam in den Stammbaum integriert, sein Sohn als der 12. usw.

Die so in den Jahren 909-911 gegründete Dynastie des Mahdī, die Fatimiden – benannt nach Mohammeds Tocher Fāṭima, von der sie angeblich abstammte – , hat zwar noch bis 1173 zuerst in Tunesien, dann in Ägypten geherrscht, aber die religiöse Bewegung der Ismailiten, aus der sie hervorgegangen war, hat sich mehrfach gespalten, und diese Schismen dauern bis heute an. Mehrfach sind ismailitische Gruppen zur Erwartung eines verborgenen Imams zurückgekehrt, so etwa die größte Gruppe, die Bohoras, in Indien, Pakistan und Jemen, die an eine ununterbrochene Reihe von verborgenen Imamen glauben. Die zweite große Gruppe dagegen ist – ebenfalls nach vorübergehender „Verborgenheit" – zu einer ununterbrochenen Reihe von vorhandenen Imamen aus Fleisch und Blut zurückgekehrt: der Agha Khan

3 Dazu und zum folgenden: HALM, H., Das Reich des Mahdi. Der Aufstieg der Fatimiden (875–973), München 1991.

4 WEBER, M., Die drei Typen der legitimen Herrschaft, zit. nach: DERS., Soziologie, Universalgeschichtliche Analysen, Politik, Stuttgart 1973, S. 159ff.

5 HALM, Reich des Mahdi (wie Anm. 3), S. 148ff.

ist ihr 49. Imam. Zwar ist auch er ein charismatischer Führer, doch Wunder tut er nicht, und sein Charisma ist sicher blasser als das der Verborgenen Imame.

Der Glaube an die Existenz eines Verborgenen Imams verlangt indes nach Stellvertretung. Ist der charismatische Führer nicht da, dann muß jemand für ihn die alltäglichen Geschäfte führen, und zwar jemand, der die Abnutzung des Charismas durch Veralltäglichung nicht zu fürchten hat. In der irakisch-iranischen Zwölfer-Schia vertritt den Verborgenen 12. Imam bis zu dessen Wiederkunft der Berufsstand der Religionsgelehrten (*ʿulamāʾ*), also der Mollas und Ayatollahs, die allesamt keine Charismatiker, sondern Juristen sind, an Hochschulen ausgebildete Gelehrte, an deren Weisungen sich die einfachen Gläubigen zu halten haben, auch wenn diese „Fatwas" allesamt fehlbar und revidierbar sind. So sind die Schiiten letztlich doch zum selben Modell religiöser Autorität zurückgekehrt wie die Sunniten: zum Modell der Auslegung der Schrift, der überlieferten Aussprüche, durch räsonnierende, argumentierende, schlußfolgernde Intellektuelle, deren Lehrmeinungen allesamt – wie alles Irdische – vorläufig sind.

Ganz allerdings ist das Charisma der Imame nicht in der Verborgenheit verschwunden: es wird nicht nur in ihren Aussprüchen überliefert, die in den „Vier Büchern" gesammelt sind, sondern es weht auch um ihre Grabmoscheen, die Heiligen Stätten der Schiiten: der Schrein ʿAlīs in Naǧaf, der Ḥusains in Kerbelāʾ, der des 7. und des 9. Imams in al-Kāẓimiyya, einem nördlichen Vorort von Bagdad, der des 8. Imams im ostiranischen Mašhad – der Name der Stadt bedeutet nichts anderes als „Märtyrerschrein" – und der des 10. und des 11. Imams in Samarra, dessen vergoldete Kuppel am 23. 2. 2006 durch einen Bombenanschlag zerstört wurde. Bei diesem Schrein verehrt man auch die Stelle, an der der 12. Imam zum letzten Mal gesehen worden sein soll. Zu diesen Stätten wallfahren die Schiiten, sie begraben dort ihre Toten – Naǧaf und Kerbelāʾ sind von riesigen Friedhöfen umgeben – und sie lassen sich aus der Erde, die vom Blut des Märtyrerimams Ḥusain durchtränkt ist, kleine Lehmmedaillons formen, auf die sie beim Gebet die Stirn beugen, so daß sie des Charismas durch physische Berührung teilhaftig werden. Wie in jedem Reliquienkult ist das Charisma hier verdinglicht; es läßt sich somit anfassen und nach Hause tragen.

DER PROPHET MOHAMMED

Fāṭima ⚭ 1. ʿAlī (–661)

2. al-Ḥasan (–670?)

3. al-Ḥusain (–680)

4. ʿAlī Zain al-ʿĀbidīn (– um 713)

5. Muḥammad al-Bāqir (– um 733)

6. Ǧaʿfar aṣ-Ṣādiq (–765)

Ismāʿīl (–755)

11. ʿAbdallāh „al-Mahdī“
(der erste Fatimide,
reg. 909–934)

49. Agha Khan IV.
(seit 1957)

7. Mūsā al-Kāẓim (–799)

8. ʿAlī ar-Riḍā (–818)

9. Muḥammad al-Ǧawād (–835)

10. ʿAlī al-Hādī (–868)

11. al-Ḥasan al-ʿAskarī (–873 oder 874)

12. Muḥammad al-Mahdī,
der Verborgene Imam

Raphaela Veit

Andrea Alpago und Schah Ismāʿīl

Der Begründer der Ṣafavidendynastie im Zeugnis eines Venezianer Gesandtschaftsarztes, Händlers und Informanten

Andrea Alpago gilt als der wohl letzte bedeutende Übersetzer wissenschaftlicher Texte aus dem Arabischen ins Lateinische. Der Ruhm des um die Wende vom 15. zum 16. Jahrhundert dreißig Jahre lang als Arzt an der Venezianischen Gesandtschaft in Damaskus tätigen Alpago gründet in seiner Bearbeitung der im zwölften Jahrhundert von Gerhard von Cremona vorgelegten lateinischen Fassung von Avicennas Canon.[1] Doch sein Werk beschränkt sich nicht auf die Überarbeitung der lateinischen Fassung von Avicennas medizinischem Hauptwerk, es fällt vielmehr in drei Kategorien: Zum einen Erstübersetzungen von bis dahin in Europa noch nicht bekannten Traktaten aus dem Arabischen ins Lateinische sowie Bearbeitungen und Korrekturen älterer lateinischer Übersetzungen (darunter der Canon),[2] zum anderen seine Kommentare zu den bearbeiteten Texten, die Einblicke in sein orientalisches Umfeld bieten,[3] und schließlich seine Briefe mit in erster Linie politischen Inhalten.[4]

In Damaskus war Alpago nicht nur als Arzt, sondern auch als Händler und politischer Informant tätig. Zu seinem kulturellen Umfeld in Syrien liegen uns leider nur marginale Informationen vor, Alpago berichtet aber wiederholt von Begegnungen und Gesprächen mit Einheimischen, und an drei Stellen in seinem Werk betont er seine Freundschaft mit dem damaligen Oberhaupt der Damaszener Ärzteschaft, Ibn Makkī. Darüber hinaus dürfte Alpago die sein Werk begleitenden Informationen aus

1 LUCCHETTA, F., Il medico e filosofo bellunese Andrea Alpago († 1522), traduttore di Avicenna. Profilo biografico, Padua 1964, S. 49–54.

2 LEVI DELLA VIDA, G., Art. Alpago Andrea, in: Dizionario biografico degli Italiani II, Rom 1960, S. 524–527.

3 LEVI DELLA VIDA, Art. Alpago Andrea (wie Anm. 2).

4 Die in den Jahren 1504 bis 1514 formulierten Briefe des Alpago an Freunde und Autoritäten in Venedig wurden publiziert in: I Diarii di Marino Sanuto: 1496–1533, hrsg. von FULIN, R./STEFANI, F./BAROZZI, N., Venedig 1879–1903, VI, S. 57–58; XI, S. 477–480; XV, S. 355–358; XVIII, S. 155; S. 393–395; S. 395–396.

Kontakten mit aus Indien, Irak, Arabien oder Ägypten nach Damaskus kommenden Handelskarawanen bezogen haben.[5]

Eine Fülle von Details zum politischen wie wirtschaftlichen Geschehen der islamischen Gebiete der Zeit bieten auch seine für politische Kreise in Venedig verfaßten Briefe, von denen sechs über die „Diarii", die berühmte Quellensammlung des venezianischen Literaten, Bibliothekars, Historikers, Politikers und Tagebuchschreibers Marino Sanuto (1466–1536 [1535?]), erhalten sind.[6] Bei all diesen schriftlich fixierten Beobachtungen machte Alpago keinen Hehl aus seinen Sympathien für die Schia und insbesondere für Schah Ismāʿīl, den Begründer der Ṣafavidenherrschaft in Iran, der zu Beginn des 16. Jahrhunderts mit den Osmanen um die Vorherrschaft in Syrien rang. Über diese politischen Ereignisse berichtet Alpago in seinen Briefen nach Venedig in nüchterner, sachlicher, dem offiziellen Charakter der Briefe angemessener Form.

Aus Alpagos erstem erhaltenem Brief vom 15. März 1504 entnehmen wir, daß er von Seidenhändlern politische Informationen bezog. Die Händler von Bagdad erzählten demnach, daß der von Alpago als „Sofi" bezeichnete Ismāʿīl große Gebiete erobert habe, die von Bagdad aus drei Tage weit reichten. Der Herrscher von Bagdad habe große Angst und unternehme bereits Anstrengungen, um Ismāʿīl zu widerstehen, aber alle gingen schon davon aus, daß der genannte „Sofi" leicht und in kurzer Zeit nicht nur Bagdad, sondern auch alle an Indien angrenzenden Länder, schließlich dann auch Damaskus, unter seine Herrschaft bringen würde, denn er sei ein „großer Herr" (*grande signor*).[7] Diesen Brief charakterisiert eine Mischung aus Angst und Bewunderung.

Der „Sofi" Ismāʿīl wurde am 17. Juli 1487 (25. Rağab 892) geboren. Er wird nicht nur bei Alpago sondern auch in anderen westlichen Quellen als „Sofi" bezeichnet, wobei nicht ganz klar ist, ob „Sofi" als „Ṣūfī", also als islamischer Mystiker, zu lesen ist, oder vielleicht doch weniger wahrscheinlich als Verballhornung der Familie der Ṣafaviden. Beides hängt zusammen, denn bei den Ṣafaviden handelt es sich zunächst um nichts anderes als um einen in Ardabil in Aserbeidschan ansässigen Derwisch-Orden. Sein Gründer Ṣafī ad-Dīn stammte wohl aus einer ost-kurdischen Familie, lebte von 1252 bis 1334 in Aserbeidschan, hing der sunnitischen Richtung des Islams an, zeichnete sich nicht gerade durch große Bildung aus, aber letzten Endes ausschlaggebend für seine Anerkennung als Scheich war seine Befähigung, Wunder zu vollbringen.[8] Ṣafī ad-Dīn ist als für die Zeit und die Gegend typische Gestalt der Volksfrömmigkeit zu klassifizieren, sein Orden unterschied sich zunächst durch nichts von den vielen anderen Derwischgemeinschaften der Region.

---

5 VEIT, R., Der Arzt Andrea Alpago und sein medizinisches Umfeld im mamlukischen Syrien, in: Miscellanea Mediaevalia 33 (2006), S. 305–316, hier S. 308, S. 312–313.

6 Siehe Anm. 4.

7 Diarii VI (wie Anm. 4), S. 57–58.

8 Über diesen Aspekt der Legitimation vgl. den Beitrag von Susanne Kurz in diesem Band.

Er zeigte sich als begnadeter Organisator, hinterließ seinen Nachkommen ein reiches Erbe und eine zahlreiche Anhängerschaft, und diese nicht weniger befähigten Ordensleiter nach ihm führten nach und nach militärische Elemente in die Ordensstruktur ein. Großen Zulauf erhielt der Orden der Ṣafaviden durch schon in Aserbeidschan ansässige wie auch aus dem Osten neu hinzu kommende Turkmenengruppen, das heißt, zumeist nur oberflächlich islamisierte Reiternomaden, die begeistert Elemente der islamischen Volksfrömmigkeit wie Aspekte des Ṣūfītums aufnahmen. Traditionell Krieger, bewährten sie sich als enthusiastische Glaubenskämpfer, wobei es sie nicht störte, gegen muslimische Gegner wie die Osmanen anzutreten. Die Osmanen waren zu der Zeit bestrebt, unter Eingliederung dieser Reiternomaden in ihre Truppen ihr Einflußgebiet nach Osten auszudehnen. Diese weigerten sich jedoch, osmanischen Steuerforderungen und Regulierungsversuchen nachzukommen, und wandten sich mehr und mehr dem Orden der Ṣafaviden zu, der die politische Lage geschickt für seine Zwecke auszunutzen verstand, so daß sich um die Mitte des 15. Jahrhunderts die ursprünglich volkstümlich-mystische Bewegung zu einer straff organisierten und gut bewaffneten Gemeinschaft turkmenischer Glaubenskrieger gewandelt hatte. Der Ordensmeister Ḥaydar, der Vater von Ismāʿīl, führte angeblich aufgrund eines Traumes, in dem ihm der Prophetenschwiegersohn ʿAlī erschienen war, für seine turkmenischen Truppen eine rote Mütze mit zwölf Ausstülpungen ein, die man immer wieder als die zwölf Imāme, das heißt, als Symbol der Schia,[9] gedeutet hat. Deshalb nannte man diese Reiternomaden nun „Rotköpfe" (*Qızılbāš*).[10]

In der zweiten Hälfte des 15. Jahrhunderts, zur Zeit von Ismāʿīls Geburt, wurde Iran durch mehrere Lokaldynastien beherrscht, auf die im Einzelnen einzugehen den Rahmen dieses Beitrags sprengen würde, zu denen jedoch die Ṣafaviden zählten. Mit Hilfe der Qızılbāš gelang es Ismāʿīl, ganz Aserbeidschan unter seine Kontrolle zu bringen, und im Jahr 1501 ließ er sich in Tabriz zum *šāhān-šāh*, zum König der Könige, ausrufen. Dies ist der altiranische Königstitel, und daß der gerade erst fünfzehnjährige Ismāʿīl ihn annahm, offenbart bereits große Pläne für die Zukunft. Bis zum Jahr 1510 unterwarf Ismāʿīl ganz Iran, Westafghanistan und Irak

---

9 Vgl. den Beitrag von Heinz Halm in diesem Band.

10 Allg. zu den Ṣafaviden vgl. GRONKE, M., Geschichte Irans. Von der Islamisierung bis zur Gegenwart, München 2003, S. 65–73 sowie SAVORY, R. M./DE BRUIJN, J. T. P./NEWMAN, A. J., u. a., Art. Ṣafawids, in: The Encyclopaedia of Islam, New Edition (= EI^2), hrsg. von BOSWORTH, C. E. et al., Bd. 8, Leiden 1995, S. 765–793. Ausführlichere Darstellungen finden sich bei ROEMER, H. R., The Safavid Period, in: The Cambridge History of Iran VI, hrsg. von JACKSON, P., Cambridge u. a. 1986, S. 189–350, sowie bei NEWMAN, A. J., Safavid Iran. Rebirth of a Persian Empire, London 2006.Zu den Anfängen der Ṣafaviden vgl. insbesondere MAZZAOUI, M. M., The Origins of the Ṣafawids. Šīʿism, Ṣūfism, and the Ġulāt, Wiesbaden 1972 sowie SOHRWEIDE, H., Der Sieg der Ṣafaviden in Persien und seine Rückwirkungen auf die Schiiten Anatoliens im 16. Jahrhundert, in: Der Islam 41 (1965), S. 94–223, S. 96–164.

seiner Herrschaft. Damit war Iran erstmals seit der arabischen Eroberung im siebten Jahrhundert wieder unter einem Herrscher geeint.[11]

In dem bereits zitierten Brief Alpagos aus dem Jahr 1504 werden die Eroberungen Ismāʿīls erwähnt, nähere Details zu den Ṣafaviden unterbleiben. Am 15. Juli 1510, in seinem nächsten uns erhaltenen Brief, informiert Alpago über Gerüchte zu Kriegsvorbereitungen von Schah Ismāʿīl gegen die Osmanen. Ismāʿīl schrieb offenbar bereits damals geheime Briefe an europäische Herrscher, um diese zu einem Bündnis gegen die türkische Bedrohung im Westen zu gewinnen.[12] Alpago berichtet über einen Zwischenfall, bei dem Ismāʿīls Briefe nach Venedig abgefangen und an die Herrscher von Kairo und Aleppo übergeben wurden, was die Inhaftierung der Venezianischen Konsuln von Damaskus und Alexandria zur Folge hatte. Alpago äußert sich sehr besorgt über diesen Vorfall und fürchtet diplomatische Komplikationen, er rieche bereits ein „ungeheures Feuer" (*grandissimo foco*). Diese Informationen erhielt Alpago nach eigenen Angaben von einem Freund, der dem Herrn von Damaskus nahe stand und sich in dessen Gegenwart befand, als diplomatische Post verlesen wurde. Alpago beschließt diesen Brief mit Neuigkeiten, die sich am Osmanenhof zugetragen haben.[13]

Wiederum zwei Jahre später, am 25. September 1512, schwärmt Alpago von einer prächtigen Gesandtschaft Ismāʿīls an den Mamlūkenherrscher von Kairo, die in Damaskus Station machte und über 200 Pferde umfaßte, deren Reiter teils in Seide, teils in Goldbrokat gekleidet waren. Niemals zuvor sei eine derart prachtvolle Gesandtschaft von Persien nach Kairo gesandt worden. Obwohl die Botschaften der Gesandten geheim gehalten werden sollten, konnte Alpago über seine Kontaktmänner in Erfahrung bringen, daß hinter dieser Gesandtschaft der Wunsch Schah Ismāʿīls nach der Oberherrschaft über Mekka, Syrien und Ägypten stand – alles damals mamlūkisch kontrollierte Gebiete – und zwar, so Alpago, mit der Legitimation, Ismāʿīl sei der „einzige und wahre Abkömmling des Propheten Muḥammad" (*quale unico e vero discendente di Maometto*). Alpago erfährt auch von religiösen Beschuldigungen, die innerhalb der Gesandtschaft kursierten: Einerseits herrschte innerhalb der Teilnehmergruppe Unmut gegenüber Schah Ismāʿīl und seinem schiitischen Bekenntnis, andererseits wurden dem Mamlūkensultan von Kairo Verstöße gegen das islamische Gesetz vorgeworfen. Angesichts der die islamische Kultur konstituierenden Durchdringung von Religion und Politik kommt derartigen Anschuldigungen eine besondere Sprengkraft zu. Der Sultan von Kairo reagierte jedoch gelassen mit den Worten, er wolle seine Gebiete halten, solange es Gott gefalle. Alpago beschließt diesen Brief mit Ausführungen zu einem wenig geglückten diplomatischen Ränkespiel, durch das Ismāʿīl den Osmanenhof schwächen wollte,

---

11 SAVORY, R. M., Art. Ismāʿīl I, in: EI² (wie Anm. 10), Bd. 4 Leiden 1978, ND 1990, S. 186–187.

12 Siehe auch Anm. 29.

13 Diarii XI (wie Anm. 4), S. 477–480.

das aber schließlich zu einer Annäherung der Osmanen an die Mamlūkenherrscher von Aleppo, Damaskus und Kairo führte.[14]

Zum Verständnis dieser Briefe ist es wichtig festzuhalten, daß der Ṣafavidenorden ursprünglich sunnitisch war. Ismāʿīl selbst erhob das zwölfer-schiitische Bekenntnis zur Staatsreligion in einem damals noch vorwiegend sunnitisch geprägten Gebiet; auf ihn soll auch die Fälschung des Ṣafavidenstammbaums zurückgehen, nach dem sich die Ṣafaviden auf den siebten Imām Mūsā al-Kāẓim zurückführen. Es sollte bis zum Ende des 17. Jahrhunderts dauern, bis Iran schließlich ein überwiegend schiitisches Land wurde, wie es es bis heute ist.[15] Die Frage nach dem schiitischen Bekenntnis der ersten Ṣafaviden wurde in der Forschung heftig diskutiert. Lassen sich bei mehreren Vorgängern Ismāʿīls schiitische Züge festmachen, so war doch Ismāʿīl der erste, der sich dezidiert zur Schia bekannte.[16] Diese Probleme werden verständlich, wenn man sich die religiöse Situation zu der Zeit vor Augen führt: Vom 13. bis zum 15. Jahrhundert wurde die Region wiederholt durch Einfälle von Mongolen und Turk-Mongolen verheert. Die Schrecken der Kriegszüge von Dschingis Khan und Timur sind allgemein bekannt. Die mongolischen Fremdherrscher bekehrten sich erst nach und nach zum Islam, spätere Turkmeneneinfälle aus dem Osten erfolgten durch nur oberflächlich zum Islam konvertierte Krieger. Die Stimmung in der Bevölkerung war geprägt von Tod und wirtschaftlicher wie religiöser Unsicherheit. Dies erklärt einerseits die Hinwendung zu islamischer Mystik, wurde doch der in Orden organisierte Ṣūfismus zu einer wichtigen Strömung der Sunna dieser Zeit. Zum anderen wuchs die Hoffnung auf einen spirituellen Führer, der gemäß den vom Propheten Muḥammad formulierten Vorgaben religiöser und weltlicher Herrscher in einer Person sein sollte. Von hier zur Wiedererwartung der Erlösergestalt des Mahdīs nach schiitischen Vorstellungen ist kein weiter Weg. Betrachtet man wiederum die Ṣūfī-Scheichs mit ihrer teilweise großen Anhängerschaft, so verwundert es nicht, daß auch diese Ordensleiter die Rolle von politisch-religiösen Führergestalten annehmen konnten. Am Beispiel der Ṣafaviden wurde oben bereits ausgeführt, wie die Bewegung mehr und mehr militärische Züge annahm.[17]

Bei all diesen Diskussionen um Sunna und Schia und der Verschmelzung von Ideen beider Ausrichtungen befindet man sich zunächst auf der Ebene des „Volksislams", der hier sein in extrem unsicheren Zeiten entstandenes Bedürfnis nach einem religiösen Führer in Art eines Kriegsherrn artikuliert. Es profitierten von diesem

---

14 Diarii XV (wie Anm. 4), S. 355–58.

15 HALM, H., Die Schiiten, München 2005, S. 42–44.

16 Zu diesen Diskussionen ROEMER, The Safavid Period (wie Anm. 10), S. 196–197 sowie NEWMAN, Art. Ṣafawids (wie Anm. 10), S. 777.

17 GRONKE, Geschichte (wie Anm. 10), S. 49–64 sowie DIES., Derwische im Vorhof der Macht. Sozial- und Wirtschaftsgeschichte Nordwestirans im 13. und 14. Jahrhundert, Stuttgart 1993, S. 61–119. Zu schiitischen Mahdī-Vorstellungen vgl. HALM, Die Schiiten (wie Anm. 15), S. 36–39 sowie den Beitrag von Heinz Halm in diesem Band.

Bedürfnis zum einen dem sunnitischen Kontext zugehörige Ṣūfī-Scheichs, zum anderen schiitische Mahdī-Vorstellungen, die in sunnitisches Umfeld Eingang fanden.[18] Diese Beschreibung der religiösen Situation erklärt die Schwierigkeit festzustellen, ob und falls ja wann die Vorgänger Ismāʿīls sich zur Schia bekannten.

Ismāʿīl selbst setzte die in der Volksstimmung vorhandenen Hoffnungen auf einen Herrscher, der „endlich" wieder für religiöse und wirtschaftliche Sicherheit sorgen würde, bedenkenlos für seine Ziele ein, indem er sich als der von allen sehnlichst Erwartete präsentierte. Seine Qızılbāš-Truppen zogen begeistert für ihren Anführer ins Feld. Dieser kriegerische Erfolg konnte den Osmanen, die sich zeitgleich auf den Höhepunkt ihrer Macht zubewegten, nicht verborgen bleiben. Sie konzentrierten ihre Angriffe gegen den Ṣafaviden, und auch Ismāʿīl sah zunehmend an der Westgrenze die größte Bedrohung für sein junges Reich.[19]

Aus dem Jahr 1514 liegen gleich drei Briefe von Alpago vor. Am 23. Januar beschreibt er Ereignisse um den Mamlūkensultan und die damals ihre Handelsmacht ausbauenden Portugiesen.[20] Am 10. März dann berichtet Alpago über eine Veränderung in der Politik des „Sofi". Er konzentriere nun seine ganze Kraft gegen die Türken und versuche durch ein Heiratsabkommen zu einer Allianz mit dem Sultan von Kairo zu kommen, was ganz im Sinne der Venezianischen Herrschaft war, die beste Handelsbeziehungen mit den Arabern unterhielt und in den Osmanen eine Bedrohung ihrer Stellung im östlichen Mittelmeerraum sah. In diesem Brief erklärt Alpago offen seine Sympathien für den ṣafavidischen Herrscher, wegen seiner „Freigebigkeit und Gerechtigkeit" (*liberalità et iustitia*) wie auch wegen der großen Zahl „ehrenwertester Männer" (*valentissimi homeni*), die sich von ihm angezogen fühle.[21]

Alpagos letzter uns erhaltener Brief datiert vom 7. April 1514 und ist von Pessimismus geprägt, denn es zeichnet sich bereits ab, daß eine Eroberung Syriens durch die Perser unwahrscheinlich ist. Diese Einschätzung der politischen Situation wird durch die von Ismāʿīl verlorene Schlacht von Čāldirān im Herbst desselben Jahres gegen die Osmanen unter Sultan Selim I. bestätigt.[22] Als die Osmanen drei Jahre später, 1517, ihre Herrschaft nach Syrien ausdehnen, verläßt Alpago Damaskus und läßt sich vermutlich auf Zypern nieder, bevor er um das Jahr 1520 nach Italien zurückkehrt.[23]

Was war 1514 bei der Schlacht von Čāldirān im östlichen Aserbeidschan geschehen? Sultan Selim I. wollte den von den Qızılbāš ausgelösten Unruhen in Ostanatolien ein Ende bereiten und zwang Schah Ismāʿīl zu einer Entscheidungsschlacht.

---

18 SCARCIA AMORETTI, B., Religion in the Timurid and Safavid Periods, in: The Cambridge History of Iran VI, Cambridge 1986, S. 610–655, S. 610–640.

19 SAVORY, Art. Ṣafawids (wie Anm. 10), S. 767–768 sowie NEWMAN, Safavid Iran (wie Anm. 10), S. 13–15.

20 Diarii XVIII (wie Anm. 4), S. 155.

21 Diarii XVIII (wie Anm. 4), S. 393–395.

22 Diarii XVIII (wie Anm. 4), S. 395–396.

23 LUCCHETTA, Il medico (wie Anm. 1), S. 48.

Schon seit den Zeiten Mehmeds des Großen zeigten die Osmanen ein großes Interesse an moderner Artillerie und Feuerwaffen, und das in dieser Hinsicht aufs beste ausgerüstete Heer Selims fügte den Qızılbāš-Truppen eine verheerende Niederlage zu, die aus ihrem Kriegerethos heraus freiwillig auf Feuerwaffen verzichteten, weil sie ihnen als unmännlich erschienen.[24]

In einem im 16. Jahrhundert abgefaßten Bericht eines nicht namentlich bekannten italienischen Händlers lesen wir in diesem Zusammenhang:

Dieser Sofi wird von seinem Volk geliebt und als Gott verehrt, ganz besonders von seinen Soldaten, von denen viele ohne Rüstung in den Kampf ziehen mit der Erwartung, ihr Herr Ismāʿīl wache während des Kampfes über sie. Es gibt auch andere, die ohne Panzer in den Kampf ziehen, willig für ihren Monarchen zu sterben, voranstürmend mit nackter Brust und ‚Schah, Schah' rufend. In ganz Persien ist der Name Gottes vergessen und nur der Ismāʿīls wird bewahrt. Wenn einer beim Reiten fällt oder am Boden liegt, dann ruft er keinen anderen Gott an als ‚Schah'. Diese Bezeichnung wird in zweierlei Hinsicht verwendet: erstens als Gott ‚Schah', zweitens als Prophet; wie der Muslim sagt ‚Leylla, laylla Mahamet resuralla[25]*, so sagt der Perser ‚Laylla yllala Ismael velli-alla'.*[26] *Außerdem betrachtet ihn jeder und ganz besonders seine Soldaten als unsterblich, aber ich habe gehört, daß Ismāʿīl nicht darüber erfreut ist, Gott oder Prophet genannt zu werden.*[27]

Diese letzte Aussage widerspricht Quellenangaben, nach denen Ismāʿīl sich selbst zur Legitimation der göttlichen Natur des Herrschers und seiner Mission mit göttlichen Attributen geschmückt und auch den Rang des Verborgenen Imāms, des Mahdīs, für sich in Anspruch genommen hat.[28]

Mit der Niederlage von Čāldirān endete jedenfalls die ṣafavidische Expansion. Und nicht nur das: Schah Ismāʿīl verlor damit den Nimbus des Unbesiegbaren. Dies traf ihn derart, daß er während seiner letzten zehn Regierungsjahre an keiner militärischen Expedition mehr teilnahm. Vielmehr verlegte er seine Politik auf diplomatische Ränkespiele, indem er Briefe an europäische Herrscher schrieb, um sie zu einer Allianz gegen die Osmanen zu bewegen. Auf einen dieser Briefe an den Dogen

24 GRONKE, Geschichte (wie Anm. 10), S. 69–70.

25 Das islamische Glaubensbekenntnis lautet: „Es gibt keinen Gott außer Gott [Allah], und Muḥammad ist der Gesandte Gottes".

26 Hier wurden im islamischen Glaubensbekenntnis die Worte „Muḥammad ist der Gesandte Gottes" durch „Ismāʿīl ist der Freund (walī) Gottes" ersetzt.

27 A Narrative of Italian Travels in Persia, in the fifteenth and sixteenth centuries: Discourse of Messer Giovan Battista Ramusio on the Writings of Giovan Maria Angiolello/The Travels of a Merchant in Persia, übersetzt und hrsg. von GREY, C., London 1873, S. 206. Vgl. auch die u. a. auf europäischen Berichten basierende Charakterisierung Ismāʿīls bei ROEMER, The Safavid Period (wie Anm. 10), S. 226–227.

28 NEWMAN, Safavid Iran (wie Anm. 10), S. 13–15.

von Venedig verweist auch Alpago im Kommentar zu einer seiner Übersetzungen: In diesem Brief bezeichnet Ismāʿīl die Venezianer mit Bezug auf Jesus und Maria, die auch im Islam große Verehrung erfahren, als „Verwandte" (*voi sete a noi come buoni parenti, per causa de Christo e della immaculata Vergine*). Im folgenden führt er die Theorie der Präexistenz der Seele mit Koranbezügen aus, die als Basis für eine solide Freundschaft mit Venedig dienen soll.[29] Weitere diplomatische Kontakte bestanden mit den Königen von Frankreich und Ungarn, außerdem mit dem deutschen Kaiser Karl V.[30] Zu einer großen Allianz gegen die Osmanen kam es nicht, Ismāʿīl erwies sich jedoch in den letzten zehn Jahren seiner Herrschaft als umsichtiger, vorausschauender Politiker, der erfolgreich das Überleben des jungen ṣafavidischen Staates sicherte. Ismāʿīl starb am 23. Mai 1524 (19. Rağab 930). Er wurde in der Familiengrablege der Ṣafaviden in Ardabil beigesetzt. Die von ihm begründete Herrschaft der Ṣafaviden sollte bis 1722 Bestand haben.[31]

Schah Ismāʿīl gilt unbestritten als charismatische Dynastiegründer- und politische wie religiöse Führerfigur. Aus den Ausführungen dürfte deutlich geworden sein, daß er durchaus im Weberschen Sinne als „gottgesandt oder als vorbildlich und deshalb als 'Führer' gewertet"[32] werden kann. Zentral für seinen militärischen Erfolg war die Anerkennung durch die Reitertruppen der Qızılbāš, das heißt, durch diejenigen Menschen, die sich ihm als charismatischem Führer unterordneten, und zwar nicht aus Zwang, sondern – so wiederum Weber – „aus Begeisterung oder Not geborene[r], gläubige[r], ganz persönliche[r] Hingabe".[33] Hier liegt demnach der Fall vor, in dem „die persönliche Qualität, die von ihr erheischte Anerkennung und die Herrschaftslegitimation (…) zu einer untrennbaren, ‚notwendigen' Einheit zusammen[fallen]".[34] Am Beispiel Schah Ismāʿīls wird aber auch das Problem deutlich, daß charismatische Herrschaft als solche nicht fortbesteht, wenn sie zum Dauerzustand wird, das heißt, es müssen stets Situationen eintreten, in denen der Herrscher seine außergewöhnliche Begabung unter Beweis stellen kann, denn „die charismatische Herrschaft" ist – nach Weber –

(...) in ihrer genuinen Form spezifisch außeralltäglichen Charakters und stellt eine streng persönliche, an die Charisma-Geltung persönlicher Qualitäten und deren Bewährung geknüpfte soziale Beziehung dar. Bleibt diese nun aber nicht rein ephemer, sondern nimmt sie den Charakter einer Dauerbeziehung [...] an, so muß

29 Avicenna, Compendium de anima etc., Venedig 1546, ND Westmead 1969, f. 112r.

30 LOCKHART, L., European Contacts with Persia. 1350–1736, in: The Cambridge History of Iran VI, S. 373–411, S. 381–382, Cambridge 1986.

31 SAVORY, Art. Ismāʿīl I (wie Anm. 11), S. 187.

32 WEBER, M., Wirtschaft und Gesellschaft. Grundriß der verstehenden Soziologie, revidiert von WINCKELMANN, J. – Studienausgabe, Tübingen 1972, S. 140.

33 WEBER, Wirtschaft und Gesellschaft (wie Anm. 32).

34 SEIT, S., Charisma oder Recht?, in diesem Band, S. 42.

die charismatische Herrschaft, die sozusagen nur in statu nascendi in typischer Reinheit bestand, ihren Charakter wesentlich ändern: sie wird traditionalisiert oder rationalisiert (legalisiert) oder: beides in verschiedenen Hinsichten.[35]

Insofern ist es bemerkenswert, daß Schah Ismāʿīl seine Wirkung als charismatische Herrscherpersönlichkeit über zehn Jahre bewahren konnte. Aus diesem Blickfeld erklären sich aber auch die katastrophalen Auswirkungen der Niederlage von Čāldirān über den reinen Verlust an Menschen, Tieren und Material hinaus.

Schah Ismāʿīl gelang es, sein persönliches Charisma geschickt aufzubauen, zu bewahren und als Herrschaftsinstrument einzusetzen. Dies heißt nicht, daß er von seinem religiösen Anliegen nicht durchdrungen war, machtpolitische Überlegungen dürften aber bei seinen Entscheidungen eine nicht unerhebliche Rolle gespielt haben. Weber selbst formulierte seinen Charismabegriff als hermeneutischen Vorschlag, der sich erst in der Prüfung bewähren muß.[36] Im Falle Schah Ismāʿīls scheint die Bewährung geglückt.

---

35 WEBER, Wirtschaft und Gesellschaft (wie Anm. 32), S. 142–143.

36 WEBER, Wirtschaft und Gesellschaft (wie Anm. 32), S. 123.

Johannes Bergmann

Der Märtyrer als charismatische Person

Wenn von Märtyrern im Zusammenhang mit dem Islam die Rede ist, denkt man heute unweigerlich an Selbstmordattentäter. Die Attentäter des 11. September 2001 von New York oder die von London im vergangenen Jahr und jene Selbstmordattentäter in Israel, Afghanistan oder dem Irak,[1] die sich seit dem Sturz Ṣaddām Ḥusains im Frühjahr 2003 fast täglich in die Luft sprengen, sind ihrem Selbstverständnis nach muslimische Märtyrer – *Šuhadā'*. Ihre Attentate, die nicht nur den Tod anderer Menschen, sondern explizit den eigenen mit einschließen, nennen sie verklausuliert „Märtyreroperationen". Die Brutalität, die jenes „Martyrium" ausmacht, stößt nicht nur in der westlichen, sondern auch in weiten Teilen der islamischen Welt auf Abscheu und Verachtung. Zehntausende Jordanier demonstrierten im Herbst 2005 tagelang als Reaktion auf die Selbstmordanschläge gegen drei Hotels in der Hauptstadt Amman, um ihren Protest deutlich zu machen.[2]

Ich möchte auf drei Aspekte im Zusammenhang mit der islamischen Märtyrerkonzeption zu sprechen kommen: Erstens auf das Aufkommen von Selbstmordattentaten, die eine Neuakzentuierung dieser Konzeption darstellen. Zweitens die

---

1 Tatsächlich waren Selbstmordattentate, die heute in den Bürgerkriegsgebieten des Irak alltäglich sind, ein völlig unbekanntes Phänomen im Irak. Erst am 29. März 2003, zehn Tage nach dem Beginn des Angriffs auf den Irak durch amerikanische und britische Truppenverbände, sprengte sich ein Autobomber bei einem US-Stützpunkt in Nadschaf selbst in die Luft. Der irakische Präsident Ṣaddām Ḥusain hatte in den letzten Tagen vor dem Krieg damit gedroht, daß tausende Iraker bereit seien, sich im Falle eines Angriffs als Selbstmordattentäter in die Luft zu sprengen, eine Prophezeiung, die drei Jahre nach dem Sturz des Regimes grausame Wirklichkeit im Irak zu werden scheint. Die Begründung, die der irakische Vizepräsident Taha Jassin Ramadan damals dafür lieferte, war eine rein militärische und frei von religiöser Semantik: „Alle Mittel, die den Feind stoppen und ihn töten können, werden genutzt." Die Iraker könnten keine größeren Bomben entwickeln als sie die Amerikaner haben. „Alles, was die Iraker nun tun können ist, sich selber zur Bombe zu machen." Vgl. http://www.fr-aktuell.de/ressorts/nachrichten_und_politik/dpa_thema_des_tages/samstag/?cnt=184280.

2 Eine eindeutige Absage an Terror und Selbstmordattentate aus muslimisch-akademischer Sicht erteilen zum Beispiel GÜLEN, F./ÇAPAN, E. (Hg.), Terror und Selbstmordattentate aus islamischer Perspektive, Mörfelden-Walldorf 2005.

klassische Märtyrerkonzeption vorstellen, also der Frage nachgehen, wer nach der Tradition ein muslimischer Märtyrer ist, und drittens anhand von Märtyrerbiographien aus dem Band „aṭ-Ṭuyūr al-Ḫuḍr" (dt. „Die Grünen Vögel")[3], einer Schrift der HAMAS-Bewegung[4] darlegen, inwiefern der Märtyrer auch als charismatische Person verstanden werden kann, und welchen Sinn das macht.

1. Das Aufkommen des Suizidterrors als Neuakzentuierung der Märtyrerkonzeption (im radikal-islamischen Verständnis)

Die Wahrnehmung eines muslimischen Märtyrers als Selbstmordattentäter wäre noch vor etwa zehn Jahren völlig undenkbar gewesen. Die ersten Selbstmordattentate der jüngeren Geschichte[5] versuchten sogar ihren religiösen Hintergrund noch zu verschleiern. Selbstmordattentate im Nahen Osten, das heißt vornehmlich im Libanon, wurden zu Beginn der 1980er Jahre, vereinzelt bereits auch in den siebziger Jahren[6], zunächst auch nicht von islamischen Organisationen ausgeführt, sondern von säkularen Gruppen wie der „Libanesischen Kommunistischen Partei", der „Sozialistisch-Nasseristischen Organisation", der Syrischen „Baʿṯ"-Partei sowie der „Syrischen Nationalen Befreiungsbewegung im Libanon". Deren Mitglieder hatten mit Religion nicht viel im Sinn; in der zuletzt genannten Bewegung waren die Anhänger christlicher Konfessionen sogar am stärksten vertreten.

Eine bis dahin unbekannte Gruppe „Islamischer Ǧihād" gab an, 1981 die irakische Botschaft im Libanon durch einen mit Sprengstoff beladenen LKW in die Luft gejagt zu haben. Dabei kam nicht nur der Attentäter selbst, sondern auch zahlreiche

---

3 AL-KARMĪ, Ḥ., aṭ-Ṭuyūr al-Ḫuḍr, (dt. „Die Grünen Vögel"), Amman 1992.

4 Über Geschichte und Ziele der HAMAS-Bewegung siehe: MISHAL, S./SELA, A., The Palestinian Hamas. Vision, Violence, and Coexistence, New York 2000 sowie NÜSSE, A., Muslim Palestine. The Ideology of Hamas, Amsterdam 1998.

5 Auch in der weiter zurückliegenden Geschichte des Islam gab es einige „Wellen" von Selbstmordattentaten. Neben den weit in die Vergangenheit zurückreichenden Bewegungen der Ḫāriǧiten und der Nizāriten (Assassinen), die in diesem Kontext erwähnt werden können, sind es vor allem drei Wellen von Selbstmordattentaten, die von Muslimen zwischen dem 18. und dem frühen 20. Jahrhundert in Süd- und Südostasien verübt wurden: an der Malabarküste, dem heutigen Kerala, auf Atjeh, dem nordwestlichen Teil Sumatras sowie auf Jolo und Mindanao. Siehe dazu SEIDENSTICKER, T., Der religiöse und historische Hintergrund des Selbstmordattentats im Islam, in: Terror im Dienste Gottes. Die „Geistliche Anleitung" der Attentäter des 11. September 2001, hrsg. von KIPPENBERG, H. G./SEIDENSTICKER, T., Frankfurt 2004, S. 107–117.

6 Joseph Croitoru datiert den ersten palästinensischen Selbstmordanschlag auf April 1974, ausgeführt von der Volksfront für die Befreiung Palästinas (PFLP-GC) in Kirjat Schmona. Siehe CROITORU, J., Der Märtyrer als Waffe. Die historischen Wurzeln des Selbstmordattentats, München 2003, S. 169.

Botschaftsangehörige ums Leben. Die Tatsache, daß ein Muslim das Selbstmordverbot des Islam übertreten haben könnte und zudem gegen Grundsätze islamischen Rechts, das das Töten von Zivilisten, Frauen und Kindern ausdrücklich verbietet, verstieß, verhinderte damals ein wirklich eindeutiges Bekenntnis zu der Bluttat und macht deutlich, mit welchen Rechtfertigungsproblemen Islamisten noch vor zwei Jahrzehnten zu kämpfen hatten, um ein Selbsmordattentat vermeintlich islamisch zu legitimieren. Denn auch im Islam gilt der Selbstmord als verwerflich und als Verbrechen gegenüber Gott. Soviel Skrupel erscheinen in Hinblick auf die täglichen Attentate im Irak heute kaum noch nachvollziehbar. Was im Irak, in Israel und in weiten Teilen der Welt an der Tagesordnung ist, das war damals eine sensationell neue Waffe. Die verheerende Entwicklung macht auch deutlich, wie wenig terroristische Gruppen wie al-Qaida überhaupt noch um religiöse Rechtfertigung bemüht sind. Die Diskussion, ob Selbstmordattentate islamisch gerechtfertigt seien oder nicht – eine Diskussion, die vor allem im Kontext des Palästinakonflikts und nach dem 11. September 2001 geführt wurde – scheint in den Augen von Extremisten endgültig positiv geklärt zu sein.[7]

Zu Beginn der Welle von Selbstmordattentaten in Palästina war das anders. In zahlreichen Rechtsgutachten (sog. *fatwā*) bemühten sich mehr oder weniger anerkannte Autoritäten, das Selbstmordattentat islamisch zu rechtfertigen. Der Attentäter wurde in die islamische Tradition eines *Muǧāhid*, eines Kämpfers des *Ǧihād*, des Heiligen Kampfes, eingeordnet, dessen Tod nicht Selbstmord, sondern *Istišhād*, also Martyrium sei. Daß er durch seinen Anschlag Zivilisten tötete, wurde mit dem Hinweis entkräftet, daß schließlich alle israelischen Zivilisten auch potentielle Soldaten seien. Auf die Attentate in Irak oder die in Jordanien im vergangenen Jahr bezogen, greifen solche Argumente natürlich ins Leere.

Auch wenn in keinem Vers des Koran ein klares Verbot zum Selbstmord ausgesprochen ist, so gibt es doch eine ganze Reihe von Versen, die entsprechend gedeutet werden können und von der Tradition auch so gedeutet wurden, etwa Sure 2, 195, wo es u.a. heißt: „Und stürzt euch nicht selbst ins Verderben." Muslimische Gelehrte argumentieren aber weniger mit den entsprechenden Suren des Koran, um Selbstmord als illegitim herauszustellen, sondern eher dahingehend, daß der Mensch Eigentum Gottes ist, und daß er folglich nicht über seinen eigenen Körper verfügen darf. Der Mensch nimmt sich im Falle der Selbsttötung also ein Recht heraus, das ihm überhaupt nicht zusteht, indem er nämlich in die Schöpfung Gottes eingreift. Das Verbot der Selbsttötung im Islam ist derart rigide, daß auch bei Rechtsgutachten sämtliche denkbaren Rechtfertigungs- und Entschuldigungsgründe für einen Selbstmord immer abschlägig beurteilt wurden. Zu Beginn der 1980er

7 Dezidiert positive Ansichten zahlreicher muslimischer Gelehrter zum Selbstmordattentat hat NAWĀF HĀʾIL TAKRŪRĪ, ein der HAMAS-Bewegung nahestehender Verfasser, zusammengetragen: Al-ʿAmaliyyāt al-Istišhādīyya fī-l-mīzān al-Fiqhī, (dt. „Die Märtyreroperationen als Gegenstand des Rechts"), Damaskus, [2]2002.

Jahre hatten sich auch geistliche Führer der Ḥizballāh – wenn auch keineswegs eindeutig – aus eben diesem Grund zurückhaltend zum Einsatz von Selbstmordoperationen geäußert. Wohl nicht zu Unrecht fürchtete man um das positive Ansehen des Islam in der Welt.

Der damalige erste Anschlag gegen die irakische Botschaft 1981 war vermutlich von Ṣaddām Ḥusains Erzfeind Āyatallāh Ḫumainī im Iran initiiert worden und hatte damit einen schiitischen Hintergrund. Erst im April 1983 begann die Ḥizballāh (dt. die „Partei Gottes"), ebenfalls eine schiitische Gruppierung, mit dutzenden Selbstmordattentaten im Libanon mit dem erklärten Ziel, die israelischen Truppen aus dem Libanon zurückzudrängen, aus dem diese sich tatsächlich 1985 auch zurückzogen. Parallel dazu verübten die vorhin genannten säkularen Gruppen in derselben Weise wie Ḥizballāh ihre Selbstmordattentate weiter.

Ab 1993, also nach dem Ende der Ersten Intifada und dem Beginn des Osloer Friedensprozesses, begannen in den palästinensischen Gebieten auch die islamische Widerstandsbewegung HAMAS (gegründet 1987) und der Palästinensische Islamische Ǧihād (gegründet in den 1970er Jahren) vereinzelt mit dem Einsatz von Suizidoperationen. Beobachter überraschte diese Entwicklung auch deshalb, weil man bis dato annahm, nur der schiitische Islam verfüge über eine gewisse Disposition zum Selbstmordattentat. In keiner anderen islamischen Strömung als der Schia[8] wird seit ihrer Entstehung Leiden und Martyrium als ein Wesenszug dieser religiösen Richtung verstanden. Bis aufs Blut geißeln sich Gläubige in Prozessionen im Monat Muḥarram, bei denen des Märtyrertodes des heiligen Ḥusain, eines Enkels des Propheten, gedacht wird. Dieser hatte sich 680 in der Schlacht von Kerbelā' im heutigen Irak einer gewaltigen Übermacht von Soldaten gestellt und, trotz der Gewißheit, sich einem aussichtslosen Kampf zu stellen, erbittert bis zum Tode gekämpft. Āyatallāh Ḫumainī hatte es nach der iranischen Revolution 1979 verstanden, das Martyrium – zur Zeit des Schahs eher in Form von Folklore im Leben der Iraner präsent – in den Mittelpunkt seiner Staatsideologie zu stellen. Die Selbstopferung auf den Minenfeldern des irakisch-iranischen Krieges (von 1980–88) wurde für Tausende junger Soldaten zur Heiligen Pflicht erklärt. Als Lohn für ihren selbstmörderischen Einsatz wurde ihnen das Paradies versprochen. Religiöse Indoktrination wurde systematisch als Mittel zum Zweck im Krieg eingesetzt. Ein kleiner Schlüssel, den die jungen Männer und Kindersoldaten um den Hals trugen, war Symbol für den versprochenen Eingang ins Paradies.

Bis 1993 hat das Suizidattentat also keinen Eingang in den sunnitischen Islam gefunden, und die Rechtfertigungen, die die sunnitischen Gruppen HAMAS und der Palästinensische Islamische Ǧihād (PIJ) seither für ihre Selbstmordoperationen verlauten lassen, werden in der Regel auch nicht religiös, sondern als notwendiger Ver-

---

8 Zur konfessionellen Richtung der Schia im Islam siehe HALM, H., Die Schia, Darmstadt 1988. Zum Märtyrerkult der Schia vgl. dort, S. 177ff.

teidigungsakt gegenüber der israelischen Besatzungsmacht begründet, und dies in der Form „menschlicher Bomben" auch nur deshalb, weil man Israel ansonsten nichts Adäquates entgegen zu setzen hätte.[9]

Die bis dahin unbekannte Form des Terrors wurde, so darf vermutet werden, durch intensive Kontakte mit der Ḥizballāh eingeführt. Ungewollte Schützenhilfe leistete fataler Weise Israel selbst: Die illegale Ausweisung von über 400 HAMAS- und PIJ-Aktivisten 1992 aus den besetzten Gebieten in den Libanon führte die sunnitischen Gruppen mit den Schiiten der Ḥizballāh – die religiös kaum etwas verbindet, aber politisch eben der Haß auf Israel eint – zusammen. In militärischen Ausbildungslagern wurden die Aktivisten mit der probaten Waffe des Selbstmordattentats, die von der Ḥizballāh (nach dem Abzug der Israelis aus dem Libanon) selbst längst nicht mehr verwendet wird, vertraut gemacht, und technisch wie ideologisch geschult. Die so vorbereiteten palästinensischen Islamisten, die Israel schon bald darauf wieder zurück in die besetzten Gebiete einreisen lassen mußte, waren also bestens mit der neuen Spielart des Terrors vertraut, die sich dazu eignete, den gerade beginnenden Osloer Friedensprozeß zwischen Israelis und Palästinensern zu torpedieren.

Bis Mitte der neunziger Jahre wäre es also selbst einem religiösfun-damentalistischen (sunnitischen) Muslimen im Gazastreifen nicht in den Sinn gekommen, in erster Linie über Selbstmordattentäter zu sprechen, wenn man ihn nach muslimischen Märtyrern befragte. In Gesprächen mit Studenten der Islamischen Universität Gaza verwies man mich auf Schriften, die von den Märtyrern Palästinas handelten. In keiner dieser Schriften gab es einen Märtyrer, der sich den Ehrentitel eines *Šahīd* mittels eines Selbstmordattentats angeeignet hatte. Als Märtyrer wurden vielmehr die Opfer der israelischen Besatzung und der Intifada, die im Dezember 1987 ausbrach, verstanden. Märtyrer waren jene Kinder und Jugendlichen, die sich nach der Schule an Straßenkreuzungen verabredet hatten, um gegen Jeeps und Panzer Steine zu werfen, und dabei zu Tode kamen.

2. Der Märtyrer im klassisch-islamischen Verständnis

Bevor ich auf die genannten Texte der HAMAS komme und darin die Person des Märtyrers als charismatischer Person skizziere – und damit vom Bild des Märtyrers als Suizidattentäter abrücken werde – möchte ich nun aber das klassisch-islamische

---

9 So die Aussagen zahlreicher HAMAS-Funktionäre und des inzwischen getöteten Gründers des Palästinensischen Islamischen Ǧihād (PIJ), Fathi Shakaki. Nach eigenem Bekunden gilt der – ebenfalls selbstmörderische – Anschlag des jüdischen Extremisten Baruch Goldstein, eines Anhängers der radikalen Kach-Bewegung, auf betende Muslime in der Ibrahimmoschee in Hebron im Frühjahr 1994 als Initialzündung für den Einsatz der Selbstmordoperationen von HAMAS und PIJ. 29 Gläubige wurden damals getötet und über 150 schwer verletzt, bevor der Angreifer Goldstein überwältigt und getötet werden konnte.

Verständnis eines Märtyrers kurz skizzieren.[10] Dieses erschließt sich uns aus den kanonischen Quellen des Islam, dem *Koran* und der *Sunna*, der Prophetentradition (Aussprüche und Handlungen des Propheten): Ein Märtyrer ist nach klassisch-islamischem Verständnis jener, der im *ǧihād fī sabīl Allāh* kämpft, also einer, der sich im Heiligen Kampf für die Sache Gottes einsetzt, und dabei zu Tode kommt.[11] Der für den Begriff Märtyrer im Arabischen gebräuchliche ist *Šahīd* und meint in seiner Grundbedeutung „Zeuge", wohlgemerkt nicht Blutzeuge. Als solcher taucht der Begriff in verschiedenen Suren des Koran auf, wobei aber erst spätere Interpretatoren ihn dann auch in Hinblick auf die Bedeutung von Blutzeuge und Märtyrer verstanden wissen wollen.[12] So sind aber zunächst unter den *šuhadā'* (pl. von *šahīd*) jene im Koran zu verstehen, die bekennen, die Zeugnis ablegen für Gott und den Propheten, also im Sinne des islamischen Glaubensbekenntnisses, der *šahāda*, das beginnt mit dem Wort *ašhadu...*: ich bezeuge, nämlich, „daß es keinen Gott gibt, außer Gott. Und Muhammad der Gesandte Gottes ist."

Im Koran selbst wird für die Märtyrer eine Umschreibung benutzt, nämlich sie sind „diejenigen, die auf dem Wege Gottes getötet werden", sich also im Kampf, im *ǧihād fī sabīl Allāh*, auf dem Wege Gottes abmühen. Und im Koran ist über das Schicksal der *šuhadā'* zu erfahren:

---

10 Dabei stütze ich mich im wesentlichen auf zwei Abhandlungen von KOHLBERG, E., „Medieval Muslim Views on Martyrdom" (Mededelingen, Koninklijke Nederlandse Akademie van Wetenschappen, Afdeling Letterkunde, Neue Reihe, Bd. 60, Nr. 7), Amsterdam 1997. Und DERS., Martyrs and Martyrdom in Classical Islam, in: Religions and Cultures: First International Conference of Mediterraneum, hrsg. von DESTRO, A./PESCE, M., o.O. 2002, S. 91-120.

11 Der HAMAS-Führer ʿAbd al-ʿAzīz Rantizī verglich das passive Martyrium Jesu am Kreuz mit dem „Martyrium" der Selbstmordattentäter: „Was hat Jesus für die Menschen getan? Er hat sich geopfert. Das Gleiche tun diese Palästinenser. Sie opfern sich, um ihr Volk zu verteidigen. Sie opfern sich für das Heilige Land und für die Heiligen Stätten. Sie empfinden den nationalen Drang dazu." (taz-Interview mit Rantizī in der Ausgabe vom 26.11.2001, S. 6)

12 Es ist anzunehmen, daß jene Begriffserweiterung vom ursprünglichen (Nur-)Zeugen im Koran zum Blutzeugen, zum Märtyrer, unter christlichem Einfluß erfolgte, und das insbesondere deshalb, weil in christlichen Kreisen die neutestamentliche Vorstellung des griechischen *mártys* mit dem im Syrischen etymologisch verwandtem *šahīd* (*sāhdā*) übersetzt wurde. So konnten „Ähnlichkeiten in der Sache" mit demselben Begriff bezeichnet werden. Dies um so mehr, da im damaligen christlichen Umfeld, insbesondere im Volksglauben, sich die Konzeption eines christlichen Märtyrers gewandelt hatte. Mit ihm verband man nicht unbedingt jenen, der bis in den Tod für seinen Glauben Zeugnis ablegte, sondern – viel weltlicher – jenen, der sich durch ein besonderes vorbildhaftes Leben ausgezeichnet hatte und von Gott deshalb erhöht und reich belohnt würde. Dies erklärt ein wenig die Diskrepanz des uns im christlichen Kontext einsichtigeren Märtyrerbegriffs und der Geschichte des Märtyrers im Islam. Siehe dazu: WENSINCK, A. J., The oriental doctrine of the Martyrs, Amsterdam 1921 und SEIDENSTICKER, T., Die Transformation des christlichen Märtyrerbegriffs im Islam, in: Märtyrer und Märtyrerakten, hrsg. von AMELING, W., Wiesbaden 2002, S. 137–148.

„Und du darfst ja nicht meinen, daß diejenigen, die um Gottes willen getötet worden sind, (wirklich) tot sind. Nein, (sie sind) lebendig (im Jenseits), und ihnen wird bei ihrem Herrn (himmlische Speise) beschert. Dabei freuen sie sich über das, was Gott ihnen von seiner Huld gegeben hat, und sind froh über diejenigen, die hinter ihnen (nachkommen und) sie (noch) nicht eingeholt haben (in der Gewißheit), daß (auch) sie (wegen des Gerichts) keine Angst zu haben brauchen und (nach der Abrechnung am jüngsten Tag) nicht traurig sein werden. Sie sind froh über Gottes Gnade und Huld und (darüber), daß Gott die Gläubigen nicht um ihren Lohn bringt."[13]

Und dieser Lohn ist nach der Überlieferung nicht unerheblich: Den Märtyrer erwartet ewiges Leben im Paradies, die Erlaubnis, das Antlitz Gottes zu sehen, er kann Fürsprache für 70 Hinterbliebene seines Familien- und Freundeskreises einlegen, und schließlich stehen ihm 72 Jungfrauen im Paradies zur Verfügung. Letzteres klingt klischeehaft, ist aber wohl eine Vorstellung, die Islamisten zum Beispiel in Gaza oder die Attentäter des 11. September 2001 durchaus so wörtlich verstanden wissen wollten. Über die Motivation von Selbstmordattentätern ist damit aber nichts gesagt.

Die Vorstellung von der Verdienstlichkeit des Kampfes, einschließlich der Möglichkeit, in ihm den Tod zu finden und dafür entsprechende Belohnungen im Paradies zu erhalten, sollen allerdings bereits in den frühen Schlachten die Gläubigen zur Teilnahme motiviert haben. Von den drei Typen eines Kriegers, nämlich erstens jenen, die wohl in der Absicht losziehen, ihre Mitstreiter und Glaubensbrüder zu unterstützen, dabei aber weder töten noch getötet werden wollen, zweitens jenen, die den Feind töten, selbst aber dabei nicht zu Schaden kommen wollen und drittens eben jenen, die den Feind töten und dabei ihr Leben verlieren, soll der Prophet jene letztgenannten Krieger am meisten geschätzt haben. Zwar werden alle ihren Platz im Paradies bekommen, am Tag des Gerichts aber würden vor allem jene zuletzt Genannten mit größtem Respekt behandelt und die Möglichkeit haben, sich ihren Platz im Paradies selber zu wählen. Und daß jene Plätze offenbar unterschiedlicher Qualität sind, besagt eine weitere Überlieferung, in der es heißt: „Im Paradies gibt es einhundert Rangstufen, die Gott für jene bestimmt hat, die für seine Sache eintreten. Der Abstand zwischen zwei solcher Stufen entspricht dem zwischen Himmel und Erde. Und wenn ihr an Gott eine Frage richtet, so fragt ihn nach al-Firdaus! Dies ist der höchstgelegene und beste Teil des Paradieses" (nach Buḫārī).

Der für den Propheten Muḥammad vorzüglichste Kämpfer, „der Beste unter den Menschen", soll der Überlieferung nach derjenige sein, der im Kampf die Zügel seines Pferdes fest in der Hand hält, und sich überall dorthin stürzt, wo er Schlachtenlärm hört. Märtyrer sind solche Leute, die in der ersten Schlachtreihe kämpfen und sich nicht umwenden, bis sie getötet werden. Jene aber, die ohne die rechte Gesin-

13 3,169–171.

nung (*niyya*) in die Schlacht zogen – also nicht, um der Sache des Islam zu dienen, sondern um lediglich die Freuden des Paradieses zu erlangen – hat der Prophet verurteilt. Einigen Überlieferungen zufolge standen für sie die Qualen der Hölle bereit.[14]

Ungeklärt ist die Frage, wann und in welcher Form der Märtyrer den Zutritt ins Paradies findet. Ob die Seele und der Körper zugleich, oder doch erst die Seele und die körperliche Auferstehung später erfolgt, darüber sind sich muslimische Gelehrte nicht einig. Aus diesem Grunde tendieren viele dazu, daß der Leichnam eines Märtyrers auch nicht gewaschen und in ein Leichentuch gehüllt werden soll, da am Tage der Auferstehung jede Wunde den Duft von Moschus verströmen wird. Und die Blutflecken an der Kleidung, in der der Märtyrer den Tod fand, werden als Beweis für seine Taten herangezogen werden.

Auch werden die üblichen Totengebete nicht über den Märtyrer gesprochen, da ihm durch seinen Opfertod *per se* alle Sünden vergeben sind, und er folglich keine Fürsprecher mehr auf Erden benötigt. Im Gegenteil: Ihm kommt nun sogar eine Mittlerrolle zwischen Gott und den Gläubigen zu. Er wirkt nun als Fürsprecher für die Hinterbliebenen seiner Familie.

Der Märtyrerbegriff hat später in der *Hadīṯ*-Literatur[15] eine wesentliche Bedeutungserweiterung erfahren, die man möglicherweise auch als Reaktion auf ein überhandnehmendes Martyrium, ja als Reaktion auf eine Martyriumssucht, wird deuten können. Aber auch die Nähe zum im Islam verbotenen Suizid dürfte hier bereits eine Rolle gespielt haben. So sind jedenfalls zahlreiche Prophetenaussprüche überliefert, die neben den im *Ǧihād* Gefallenen noch jenen den *Šahīd*-Titel zuerkennen, die aus pathologischen oder katastrophischen Ursachen den Tod finden. Aber auch derjenige, der bei der Verrichtung seines Gebets oder während der Pilgerfahrt stirbt, wer bei der Verteidigung seines Besitzes oder wer in der Fremde sterben muß, wer im Gebirge abstürzt und dabei den Tod findet, an der Seekrankheit stirbt, die Frau, die bei der Geburt ihres Kindes stirbt; diejenigen, die von wilden Tieren zerrissen werden, ja gar diejenigen, welche aus Liebesgram sterben, all jene sterben als Märtyrer. Die Ausweitung des Märtyrerbegriffs dürfte außerdem als Reaktion auf solche Gruppen erfolgt sein, namentlich der Ḫāriǧiten, die ihren *Ǧihād* gegen die von ihnen als gottlos angesehene Regierung führten, und dabei das Martyrium suchten. Gemäßigte Theologen widersprachen der Auffassung, daß der Kampf gegen eine „unislamische" Regierung den Lohn für einen *Šahīd* im Paradies nachzöge. Viel wichtiger sei das Leben nach den sittlichen Grundsätzen des Koran. Wer in Frömmigkeit und Andacht bete, der werde von Gott den Märtyrern gleichgestellt.

14 Vgl. KOHLBERG, Martyrs and Martyrdom (wie Anm. 10), S. 108–109.

15 Aussprüche und Überlieferungen des Propheten Muhammad.

3. *Aṭ-Ṭuyūr al-Ḫuḍr* – „Die grünen Vögel" – Der Märtyrer als charismatische Person

Ich möchte nun aber zu der erwähnten Schrift „Aṭ-Ṭuyūr al-Ḫuḍr" aus Palästina kommen, einem Sammelband von rund 55 Märtyrerbiographien der Ersten Intifada[16], die im Dezember 1987 in den besetzten palästinensischen Gebieten ausbrach und bis etwa 1993 andauerte. In dem von der HAMAS-Bewegung herausgegebenen Band, zu deutsch: „Die grünen Vögel", ist die Intention des Verfassers Ḥāfiẓ al-Karmī nach eigenem Bekunden, daß die Lebensgeschichten der Intifada-Märtyrer nicht in Vergessenheit geraten, sondern im Gedächtnis der Bevölkerung Palästinas bleiben, für deren Befreiung die Märtyrer gestorben seien respektive den Märtyrertod erlitten hätten. Ihnen soll gleichsam ein „schriftliches Denkmal" gesetzt werden. Der Titel der Schrift „Die grünen Vögel" knüpft an eine klassisch-islamische Vorstellung an: In Konkretisierung der vorhin zitierten Sure 3,169 leben die Seelen der Märtyrer in Gestalt grüner Vögel im Paradies. Dort ernähren sie sich von den verschiedenen Früchten und laben sich an den Strömen des Paradieses. Wenn sie der Ruhe bedürfen, ziehen sie sich in goldene Lampen zurück, die direkt am Throne Gottes, Allahs, des Allmächtigen, hängen.

Der Aufbau der Schrift folgt im wesentlichen einem Muster: Zunächst wird eine allgemeine Einleitung zur Person des Märtyrers und zu den Umständen am Tag seines Martyriums gegeben. Darauf folgt ein kurzes Kapitel über sein Leben, zumeist überschrieben mit „Kindheit und Aufwachsen des Märtyrers". Darin wird zum Beispiel erzählt, in welche Schule der Märtyrer gegangen ist und wie seine schulischen Leistungen waren, ob er die Schule womöglich vorzeitig verlassen mußte, um zum Lebensunterhalt der Familie mitbeizutragen. Letzteres ist wohl in vielen Fällen der Fall gewesen.

Kennzeichnend für den Märtyrer ist sein aufgewecktes Wesen; der Junge, dessen soziales Engagement gewürdigt wird, gehört zu den Interessiertesten, Nachdenklichsten und Besten seiner Klasse. Da aber die Familie Not leidet, ist er gezwungen, die Schule vorzeitig zu verlassen, um im Betrieb seines Vaters oder Onkels mit anzupacken. Der Hinweis auf Vertreibung – 1948 in Folge der Staatsgründung Isra-

16 Zur Zeit der israelischen Besatzung war die Veröffentlichung dieser und ähnlicher Publikationen, mit denen der Intifadaopfer gedacht werden sollte, ein gewagtes Unternehmen, das mit harten Gefängnisstrafen – und natürlich auch mit der Konfiszierung der Schrift – geahndet wurde. Jede Form des Gedenkens, oft auch nur die Teilnahme an Bestattungen von Gefallenen, war den Palästinensern durch die israelische Militärbehörde untersagt. Selbst sogenannte Märtyrerlisten, die während der Intifadazeit publiziert wurden und lediglich Auskunft über Umstände, Ort, Zeit und Todesursache – oft ein gezielter Schuß in Kopf oder Herz – eines Intifadaopfers Auskunft gaben, waren unter israelischer Besatzung verboten. Von den Ausmaßen des Konflikts sollte die Weltöffentlichkeit nach Möglichkeit eben nicht erfahren.

els und 1967 in Folge des Sechs-Tage-Kriegs – und die damit verbundene Not der Palästinenser in den Flüchtlingslagern zieht sich wie ein roter Faden durch die Erzählungen. Märtyrer sind also durchaus auch einem permanenten Leidensdruck ausgesetzt, ein Aspekt, der wiederum dem christlichen Märtyrerverständnis nahe kommt. Das harte Schicksal des Jungen hält ihn aber nicht davon ab, sich außerhalb der Schule weiterzubilden. In seiner Freizeit, so berichtet der Verfasser, habe sich der Bub intensiv mit der Geschichte Palästinas beschäftigt und fleißig den Koran und andere religiöse Bücher gelesen. Von einem Märtyrer wird berichtet, daß er sich sogar eine umfangreiche Bibliothek mit islamischen Schiften, allen voran jenen von Sayyid Quṭb und Ḥasan al-Bannā, dem Gründer der ägyptischen Muslimbruderschaft, zugelegt habe.

In einem darauf folgenden Abschnitt berichtet Ḥāfiẓ al-Karmī über die jeweiligen Umstände des Martyriums. Dies hat der junge Mann in den allermeisten Fällen durch militärische Auseinandersetzungen mit israelischen Streitkräften erlitten. Andere wiederum als Folge eines nächtlichen Überfalls auf eine jüdische Siedlung, den der oder die Angreifer nicht überlebt hatten. Bemerkenswert ist aber, daß auch im letzteren Fall der Märtyrer, der jetzt auch ganz klar schon ein Attentäter – und eben nicht mehr „nur" das Opfer, der Steine werfende Bub ist – nicht davon ausgeht, einen solchen Anschlag nicht überleben zu können, sondern sein Schicksal gleichsam Gott anheim stellt.

In den Berichten über den gewaltsamen Tod, den der jugendliche Märtyrer nimmt, arbeitet der Biograph das heldenhafte Verhalten des Märtyrers im Kampf heraus: Wenn andere Buben bereits vor den Panzern zurückweichen, schleudert der künftige Märtyrer noch unbeirrt seine Steine gegen die israelischen Soldaten weiter, auch wenn sein Kampf aussichtslos scheint. Um das ganze Szenario glaubhaft zu machen, nennt der Verfasser penibel die Quellen seiner Darstellung, ganz im Stil klassisch-islamischer Wissensweitergabe, insofern auf die Gewährsmänner einer Geschichte verwiesen wird. Mehrfach findet Erwähnung, daß der Junge bei früheren Auseinandersetzungen bereits durch Kugeln schwer verletzt worden sei. Aber trotzdem zieht es ihn immer wieder unbeirrt in die „Schlacht" – ganz so, wie es in der *Ḥadīṯ*-Literatur über die besonders eifrigen „Schlachtfeld-Märtyrer" (*šuhadāʾ al-maʿraka*) aus frühislamischer Zeit überliefert wird – bis er schließlich seinen Tod findet.

Im Anschluß an diese Schilderung fügt der Verfasser ein Kapitel über das „Begräbnis des Märtyrers" an, ferner folgt diesem oft ein gesonderter Abschnitt über dessen „Charaktereigenschaften" und schließlich noch ein Absatz, der mit „Wunderanzeichen des Märtyrers" (*karāmāt*)[17] überschrieben ist. In diesem versucht der Verfasser „Beweise" oder „Indizien" anzuführen, durch die er das Intifadaopfer in den Rang eines *Šahīd* gestellt wissen will. Es soll gezeigt werden, daß der Märtyrer

---

17 *Karāmāt* bezeichnet eigentlich das „Huldwunder". Siehe dazu GRAMLICH, R., Die Wunder der Freunde Gottes, Wiesbaden 1987.

ein „tatsächlicher“ Märtyrer, d.h. letztlich auch ein von Gott auserwählter, gleichsam „vorherbestimmter“ Märtyrer ist. Denn die *Suche* nach dem eigenen Martyrium – womöglich ja verbunden mit dem Ruch der selbstmörderischen Absicht[18] – zieht eben nicht den erwarteten Lohn eines Märtyrers nach sich.

Die bisher eher sachliche Darstellung der Vita des Märtyrers geht dann in eine legendenhafte über: Das „Fühlen“ des nahenden Martyriums ist ein Kennzeichen fast aller dieser Märtyrerbiographien. In den Tagen vor seinem Tod bemerken die Verwandten nicht selten auch eine Veränderung im Leben des Märtyrers: Der Junge wirkte seither fröhlicher und ausgelassener, oft wird von einem Lächeln berichtet, daß sich in den Tagen oder Wochen vor seinem Tod fest in seinen Gesichtszügen manifestiert haben soll. Nach Darstellung in den Texten blieb dieses Lächeln den Menschen im Flüchtlingslager nicht verborgen. Über den Märtyrer Usama Baraka berichtet sein Bruder etwa: Das „glänzende Leuchten“ (*barīqan lāmiʿan*) in seinem Gesicht schien uns ein sicheres Zeichen für sein bevorstehendes Martyrium zu sein... Das war keiner von dieser (irdischen) Welt.“

Unter den Wunderanzeichen (*karāmāt*) finden sich zum Beispiel auch noch folgende: Nach dem Tod des Märtyrers riecht seine Wunde nach Moschus, also ganz so, wie es in der Überlieferung über die Märtyrer geschrieben steht. Das Blut gerinnt nicht, die Wunde trocknet nicht aus, sondern bleibt naß und blutet mitunter sogar noch lange nach, obwohl der Märtyrer bereits seit Stunden verstorben ist – ein vom medizinischen Standpunkt gänzlich undenkbarer Zustand.

Oft umspielt ein Lächeln die Lippen des Märtyrers, das auch nach seinem Tode den Gesichtsausdruck des Leichnams kennzeichnet. Mitunter wird von einem „besonderen Licht“ berichtet, das vom Körper des Märtyrers ausgegangen sein soll. Die Menschen wundern sich über das Licht, das aus dem Grab des Märtyrers kommt, sie heben verwirrt den Leichnam an, aber das Licht bleibt bestehen.

Oder, deutlich lebensnaher: Trotz widriger Umstände, etwa weil Straßensperren durch israelisches Militär errichtet wurden, gelangen die Menschen „wie durch ein Wunder“ durch die Absperrungen, um an der Beerdigung eines Märtyrers teilnehmen zu können. Während der Beisetzung verfärbt sich der Himmel tiefrot. Und niemand weiß, warum dem so ist.

Ebenfalls als Wunderanzeichen wird folgendes gewertet: Nicht selten habe der Märtyrer einige Tage oder Wochen vor seinem Tod den Wunsch geäußert, als Märtyrer zu sterben. Sein Verhalten habe sich seitdem auffallend positiv verändert. Der

---

18 Interessant ist, daß zur Zeit der Ersten Intifada die Selbstmordrate unter Jugendlichen in Palästina abnahm bzw. nach der Intifada wieder anstieg. Das könnte bestätigen, daß Jugendliche, die zur Suizidalität neigten, sich bewußt in der Intifada engagiert hatten, um dort einen „unverdächtigen“ und zugleich „ehrenvollen“ Selbstmord zu begehen. Andererseits könnte aber auch die Beteiligung an der Intifada potentielle Selbstmörder in Anbetracht eines neuen Lebenssinns, eben in Form des Widerstandskampfes, vom Selbstmord abgehalten haben. Siehe dazu den Bericht von AMR, W., „Increase of Palestinian Youth attempting suicide“, Nachrichtendienst Reuters (Jerusalem) am 5.8.1997.

Märtyrer sei noch religiöser geworden, die Moschee habe er noch häufiger besucht, und seine Geschwister immer wieder zum Beten ermahnt. Überhaupt war der Märtyrer ein frommer Mensch, der regelmäßig in die Moschee ging, betete, fastete und die Aufgaben der HAMAS immer zuverlässig befolgt hat.

Auffallend ist das Bemühen des Verfassers Ḥāfiẓ al-Karmī, das ehrenhafte und heldenhafte Verhalten der Märtyrer herauszustellen. Es sollen womöglich dadurch Zweifel zerstreut werden, daß der Märtyrer – wie vielleicht seine Eltern befürchten – bloß ein Steine werfender Junge war, der einen unsinnigen oder leichtsinnigen Tod gestorben ist, sondern einen sinnhaften und verdienstvollen Tod für Palästina gestorben ist. Das dürfte den Hinterbliebenen eines Märtyrers, seinen Eltern, Geschwistern und Freunden, helfen, ihren Schmerz und ihre Trauer zu mildern. Fast rührend wirkt es, wenn der Verfasser berichtet, ein kleiner Vogel habe sich Stunden später auf die blutverschmierte Schultasche eines Märtyrerbuben gesetzt. Dies ist sicher eine Anspielung auf die islamische Tradition, wonach die Seelen der Märtyrer in den Kröpfen grüner Vögel im Paradies weiterleben. Das Vogelmotiv findet sich auch in frühen islamischen Quellen, in denen Vögel, oft Sperlinge oder Tauben, als Sendboten den Menschen Zeichen oder Hinweise auf etwas geben.[19] Solche Zeichen sollen den Angehörigen Trost spenden, insofern sie den verstorbenen Sohn nun sicher im Paradies wähnen dürfen. Der Biograph bemüht sich hier – wie auch an anderen Stellen – bewußt darum, frühislamische Erzähltraditionen und islamische Glaubensvorstellungen mit der Lebenswirklichkeit der Intifadageneration zu verknüpfen.

4. Schluß

Ich fasse zusammen: Mit den eingangs genannten Selbstmordattentätern von heute haben die Märtyrer Palästinas vom Ende der 1980er und Anfang der 1990er Jahre nichts gemein. Der Märtyrer ist – in der Darstellung der untersuchten HAMAS-Schrift – von Ausnahmen abgesehen – in erster Linie ein Opfer, das – durch israelische Besatzung – lange Zeit gelitten, sich schließlich im Kampf für Palästina gegen die „Ungerechtigkeit" erhoben hat, und dabei einen heldenhaften Tod für die Befreiung gestorben ist.

19 Siehe dazu GOLDZIHER, I., Der Seelenvogel im islamischen Volksglauben, in: DERS., Gesammelte Schriften, Bd. IV, Hildesheim 1970, S. 403-406. Bisweilen kehren die Seelen der Verstorbenen in Gestalt grüner Vögel auch auf die Erde zurück, um etwa bei Entscheidungsfragen zur Nachfolge eines Scheichs ausschlaggebend zu sein. Goldziher erzählt von dem Nachfolger eines Scheichs namens Saʿd al-Ḥaddad, der aufgrund eines grünen Sperlings, der sich – nach dem man tagelang vergeblich versucht hatte, einen Nachfolger zu bestimmen – schließlich auf das Haupt eines Bauern niederließ und ihn damit zum Nachfolger bestimmte.

In der Retrospektive scheint ihr Leben bisweilen auf den Märtyrertod hinauszulaufen. Märtyrer scheinen auserwählt aufgrund ihres sozialen Engagements, das sie zu Lebzeiten in den Dienst ihrer Mitmenschen und Familien gestellt haben. Ihre Religiosität ist Vorbild für Geschwister und Freunde. Ihr Martyrium – *bewiesen* durch zahlreiche wundersamen Zeichen (*karāmāt*) – ist gleichsam der Lohn für ihre tadellose Lebensführung: Ein Platz im Paradies ist ihnen damit gewiß. Mut und Unerschrockenheit im Widerstandskampf werden wohl gewürdigt, scheinen aber in der Schrift, die ja aus einem religiösen und zugleich extremistischen Umfeld stammt, eher von nachgeordneter Bedeutung. Vor allem die Darstellung des tugendhaften Lebens, das den Märtyrer als charismatische Person auszeichnet, wird ihm ein ehrenhaftes Andenken in seiner Familie, seinem Viertel und darüber hinaus sichern.

Die zahllosen Selbstmordattentäter, die sich heute mitunter täglich im Irak in die Luft sprengen, werden kaum in solch respektvoller und verklärter Form in Erinnerung bleiben. Ihr vermeintliches „Martyrium" hinterläßt nur Tod und Zerstörung. Nur die Effektivität ihrer Tat, die Anzahl der Opfer, die aus ihren Anschlägen resultieren, sichert Ihnen für eine Weile Aufmerksamkeit in den Reihen ihrer Sympathisanten, die aber spätestens nach dem nächsten, spektakuläreren Anschlag wieder verblassen wird.[20]

20 Allerdings wird man ähnliche Schriften auch über Selbstmordattentäter von al-Qaida oder anderen Gruppen im Internet finden. Durch die Schnelllebigkeit des Terrors wird aber diesen Selbstmordattentätern nicht mehr die bleibende Aufmerksamkeit zuteil werden, wie sie die Märtyrer Palästinas als Widerstandskämpfer erfahren haben.

www.ingramcontent.com/pod-product-compliance
Lightning Source LLC
LaVergne TN
LVHW081357011026
849161LV00013BA/2838